Abbildungen

Dieter Blum, Esslingen 1
J. H. Darchinger, Bonn 2 u.
Simon Rick, Lechenich 4 o.
Lutz Kleinhans, Frankfurt 4 u.
Foto Zentrum, Wien 8 u.
dpa, Hamburg 10 m.
Eva Rönnau, Ulsnis 12 o.r.
Alle anderen: Archiv Lew Kopelew.

Die Deutsche Bibliothek – CIP-Einheitsaufnahme
Wir lebten in Köln: Aufzeichnungen und Erinnerungen/
Raissa Orlowa/Lew Kopelew.
Aus dem Russ. von Eva Rönnau.
– 1. Aufl. – Hamburg: Hoffmann und Campe, 1996
ISBN 3-455-11070-3
NE: Orlova-Kopeleva, Raisa; Kopelev, Lev Z.;
Rönnau, Eva [Übers.]

Copyright © 1996 by Hoffmann und Campe Verlag, Hamburg
Schutzumschlaggestaltung: Werner Rebhuhn
unter Verwendung eines Fotos von Alfred Koch
Satz: Dörlemann Satz, Lemförde
Gesetzt aus der Garamond
Druck und Bindung: Clausen & Bosse, Leck
Printed in Germany

Inhalt

Vorwort von Carola Stern 7

Einleitung 13

I. AUSGEBÜRGERT 17
   1980 21
   1981 42
   1982 89
   1983 118

II. STIMMEN VON DRÜBEN 139

III. IN ZWEI WELTEN 213
   1984 218
   1985 241
   1986 275

IV. NEUE HOFFNUNGEN 323
   1987 325
   1988 364
   1989 429

Nachwort von Klaus Bednarz 443

Vorwort

von
Carola Stern

Bücher wie dieses habe ich gern. Zwei Menschen, nicht allein der Ehemann – das geschieht ja häufiger –, auch nicht allein die Ehefrau – das ist immer noch sehr selten –, sondern ein Ehepaar läßt uns durch gemeinsame Aufzeichnungen teilhaben an seinem Leben. Wieviel die beiden zusammen machten! Was für ein Pensum sie bewältigten! Manchmal möchte man rufen: »Haltet ein! Es wird zuviel! Ihr müßt euch schonen!« Und weiß doch, daß es wenig nützen würde.

Bevor ich dieses Buch zur Hand nahm, meinte ich, das Leben der Kopelews recht gut gekannt zu haben. War ich nicht dabeigewesen, als Raissa zum erstenmal auf Deutsch in der Kölner Volkshochschule sprach? Hatte ich nicht miterlebt, wie Lew hohe Ehrungen zuteil geworden waren? Wir hatten zusammen gefeiert, zum Beispiel H. W. Richters 75. Geburtstag – übrigens war damals auch Uwe Johnson noch mit dabei –, und wir hatten zusammen getrauert am Grab von Heinrich Böll.

Und nun die große Überraschung: Ich erfahre von einem Teil des Lebens meiner Freunde, den ich bisher nicht kannte. In diesem Buch nehmen uns die beiden so lange eingeschränkten ehemaligen Sowjetbürger mit auf ihre vielen Reisen, und wir lernen, unsere Heimat und die große weite Welt mit ihren Augen neu zu sehen: die deutsche Malerei des Mittelalters im Stuttgarter Museum, den »Mann mit dem Goldhelm« in Berlin, das durchdringende Blau in Chagalls Mainzer Kirchenfenstern. Wien, Barcelona und Florenz, Nizza, London und Venedig – in einem Alter, in dem andere das viele Reisen aufgeben, weil es ihnen zu anstrengend geworden ist, machen sich die Kopelews mit beneidenswerter Begeisterung und jugendlicher Entdeckerfreude auf, die alten Städte, die großen

Kunstwerke Europas und den amerikanischen Kontinent endlich mit eigenen Augen zu sehen.

Fast überall haben sie Freunde; die russische Emigration ist über die ganze Welt verstreut. Wohin sie auch kommen, der Bezugspunkt bleibt die Heimat, die russische Landschaft, Geschichte und Kultur. Der Nordosten der Vereinigten Staaten, die Gegend um Boston mit ihren riesigen Waldgebieten, den hohen Gräsern und Farnen, erinnert sie stellenweise an Sibirien. In französischen Schlössern steigt die Erinnerung an die Zeitgenossenschaft von Ludwig XI. und Iwan III. auf. Häuser in Rom, Florenz und Baden-Baden gewinnen deshalb ihre Bedeutung, weil in dem einen Gogol »Die toten Seelen« schrieb, weil in dem anderen Dostojewskijs »Idiot« beendet wurde und schließlich in dem dritten viele Romane Turgenews entstanden.

Wo die Kopelews sich auch befinden, ohne Bücher, Zeitschriften und Zeitungen aus der Heimat ist ihr Leben nicht vorstellbar. Auch als Ausgebürgerte, Vertriebene leben sie mit Puschkin, Herzen, Blok, der Achmatowa, all ihren Dichtern und belegen uns auf ihre Weise, was Literatur bedeuten und bewirken kann: Sie bleibt eines der stärksten Bindeglieder zwischen der alten und der neuen Heimat, zwischen den Verstoßenen und ihren zurückgebliebenen Freunden. Der Briefwechsel zwischen Köln und Moskau/Leningrad veranschaulicht es. Bücher können trösten. Gegen Abend, wenn er ganz allein zu Hause ist und ihn Schwermut zu überfallen droht, greift Michail Arschanskij, der Freund in der Heimat, zu Tschechows Erzählungen, und sie werden für ihn zu lebensspendenden Quellen. Und so geht es auch den Kopelews. Wenn einer an des anderen Krankenbett vorliest, spüren beide: Die geliebten Dichter trösten, sie machen das Leben reicher und vielleicht das Sterben leichter.

In einem schönen Brief an Raissa vom Februar 1989 schreibt Karl Schlögel, der Schriftsteller und Gelehrte: »Es gibt keine Geschichtsschreibung ohne Anteilnahme ...« Das gilt gewiß auch für die Geschichtsbetrachtung von Laien. Und vielleicht besteht darin die wichtigste Funktion dieses Gemeinschaftswerkes der Kopelews und einiger ihrer Freunde: Vielfache Anschauung erleichtert es uns, Anteil zu nehmen am Leben der sowjetischen Intelligenzija in den achtziger Jahren.

Die Kopelews lebten schon fast fünf Jahre in ihrer zweiten Heimat Köln, als im Frühjahr 1985 der damals weithin unbekannte

Michail Gorbatschow zum Generalsekretär der KPdSU berufen wurde. Anhand ihrer Aufzeichnungen erleben wir mit, wie die Emigranten und ihre Freunde in der Heimat auf die Versprechungen des neuen Herrschers reagierten. Zunächst fast durchweg mit Ironie und Skepsis; zu oft schon waren aufkommende Hoffnungen im neuen Frost erfroren. Dann wurden Kriterien entwickelt, an denen der neue Kurs gemessen werden sollte. Dazu gehörte, ob bisher verbotene Bücher, auch Filme nun erscheinen durften, deren Wirkung dann wiederum den Reformprozeß vorantreiben würde. Dann registrierten kritische Intellektuelle, daß offiziell verkündet wurde, was sie im Freundeskreis schon seit Jahrzehnten sagten und wofür manch einer mit Deportation, Lager oder der Unterbringung in einer psychiatrischen Anstalt hatte zahlen müssen. Erneute Zweifel: Werden die Veränderungen von Dauer sein? Was muß geschehen, damit der eingeleitete Prozeß unumkehrbar wird?

Jene entscheidende Endphase der sowjetischen Politik wird noch einmal gegenwärtig in den von Hoffnungen und Zweifeln geprägten Aufzeichnungen der Kopelews und in den Briefen ihrer Freunde.

Jedem Leser prägt sich ein, was ihm besonders wichtig ist. Ich begriff erneut, was es bedeutet, ins Asyl gezwungen zu werden. Unter relativ günstigen Bedingungen kamen die Kopelews in unser Land. Sie hatten deutsche Freunde, Lew war zu Hause in unserer Sprache, vertraut mit unseren Dichtern. Wie schwer hatte es selbst dieses Paar, sich einzuleben! Das Heimweh zehrte an den Kräften, bemerkte Vorurteile schmerzten, die neue Welt erschien zuweilen unbegreiflich fremd. Und nun stelle man sich vor, Menschen aus dem Irak, dem Iran oder Kurden, denen alle günstigen Voraussetzungen fehlen, suchen Asyl bei uns zu finden und können dessen nicht einmal sicher sein. »Helft! Helft« schallt es uns aus diesem Buch entgegen.

Und: Vergeßt dabei auch jene nicht, die in ihren Heimatländern um ihrer Überzeugung willen Verfolgung leiden müssen und nicht flüchten können oder wollen. Sie bedürfen unserer Solidarität. Ich wußte es ja längst, ich hatte es ja öfter miterlebt, und doch hat mich bei der Lektüre wieder stark beeindruckt, was die Kopelews in den achtziger Jahren auch von Köln aus alles unternommen haben, um ihren Freunden und Gefährten in der Heimat beizustehen, die Sacharows aus der Verbannung zu befreien, andere aus Lagern und Gefängnissen. Nichts war ihnen wichtiger als diese tätige Hilfe.

Sie hatten ja die Heimat mitgenommen an den Rhein, nicht nur in der Erinnerung an jene, die weiterhin auf ihren Beistand hofften. Die Bande zu den Kindern, Enkeln, Freunden verfestigten sich noch. Und während die Kopelews das Bergische Land durchwanderten, konnte es geschehen, daß vor ihrem inneren Auge die Wäldchen von Peredelkino oder die Alasan-Ebene auftauchten. Dann verwischten sie das Traumbild wieder und besannen sich auf ihren Wunsch, Zugang zu finden zu all dem Neuen, das sie umgab, zu ergründen, zu verstehen, die Neugier ihrer Jugend auch ins Alter mitzunehmen. So erwarben sie die Fähigkeit, in zwei Welten gleichzeitig zu leben, eine neue Heimat zu gewinnen, ohne die alte aufzugeben, Heimatliebe und Weltoffenheit miteinander zu verbinden. Nur wer sich zu beidem bekennt und danach lebt, kann zum Brückenbauer zwischen Völkern und Nationen werden. Das haben die Kopelews geschafft, dafür schulden ihnen Deutsche und Russen gleichermaßen Dank.

Im Juni 1988 notierte meine Freundin Raja während einer Schiffsfahrt auf der Donau, wie sie nach überstandener schwerer Krankheit wieder Leben spürte: durch die Fürsorge der Liebsten, im Nachklang von Gedichten, bei der Arbeit – durch die Wiederkehr der Hoffnung. Geliebte tote Freundin! Wir alle, die dich kannten, werden dich nie vergessen. Wer lehrt uns hoffen so wie du?

In memoriam
Heinrich Böll (1917–1985)
Andrej Sacharow (1921–1989)

Einleitung

Durch einen Ukas vom 12. Januar 1981, unterschrieben von Breshnew, wurde uns beiden die sowjetische Staatsbürgerschaft aberkannt. Die Urheber dieser Verordnung glaubten, uns damit die Heimat nehmen und uns zu Ausgestoßenen machen zu können. Die Ignoranten begriffen nicht, daß wir in Moskau und Petersburg, in Tbilissi, Kiew, Nowosibirsk, in Shukowka, Peredelkino und Abramzewo bleiben würden, an all den vielen Orten, die sich unserer Erinnerung und unserer Seele eingeprägt haben; die ein Teil von uns geworden sind.

Und wir gewannen Köln hinzu: diese freundliche, freizügige, fröhliche Stadt – weltoffen und urwüchsig, und das nicht nur im bunten Treiben des Karnevals. Zuerst lernten wir Köln als Heinrich Bölls Stadt lieben, in der wir Zuflucht fanden. Im Laufe der Jahre festigte sich diese Verbundenheit mit der neuen Wahlheimat, drang ins Bewußtsein und Unterbewußtsein ein. Und wenn wir in anderen Städten oder Ländern waren, sagten wir vor der Rückfahrt nach Köln oft: Wir fahren nach Moskau zurück. Das war kein absichtlicher, aber auch kein zufälliger Versprecher. Schließlich war unser Leben von dem unablässigen Bemühen durchdrungen, Köln und Moskau, Russen und Deutsche einander näherzubringen. Rajas Bücher »Die Türen öffnen sich langsam« und »Briefe aus Köln über Bücher aus Moskau« waren Ausdruck dieses Bestrebens.

Wir haben oft gemeinsam geschrieben; mal entstand dabei ein einheitlicher Text, ein »Monolog zu zweit«, mal ein geteilter, in dem die Autoren abwechseln, einander ergänzend oder sogar widerstreitend, weil wir verschiedene Standpunkte vertraten. So ist das Buch unserer gemeinsamen und getrennten Erinnerungen »Wir lebten in Moskau, 1956–1980« aufgebaut, so war auch diese Fortsetzung geplant. Wir hatten die Gesamtstruktur, die chronologische Folge von Brief- und Tagebuchausschnitten schon abgesprochen, als Raja am 31. Mai 1989 starb.

Lange vermochte ich nicht, die Arbeit an unserem Buch wieder aufzunehmen, die gemeinsam durchdacht war, ja, in zahllosen vollgeschriebenen Blättern bereits existierte. Allzu schmerzlich war es, daran auch nur zu rühren, und ich sah mich völlig außerstande, mich wieder dahinein zu vertiefen und zum vergangenen Leben zurückzukehren. Außerdem forderten alte und neue Arbeiten immer mehr Kraft und Zeit. Ereignisse in Rußland und Deutschland – beim Fall der Berliner Mauer dachte ich, wie sehr Raja sich darüber gefreut hätte –, Ereignisse in der weiten Welt, aber auch in der kleinen Welt der täglichen Sorgen, Freuden und Kümmernisse machten es mir unmöglich, mich wieder den Erinnerungen zuzuwenden ...

Aber je deutlicher ich mein Ende nahen spüre, desto zwingender werde ich mir der Notwendigkeit bewußt, die Arbeit an diesem Buch fortzuführen und wenigstens im Entwurf abzuschließen. Es sind keine Memoiren, keine zusammenhängenden Erinnerungen, es ist auch kein historisches Traktat; unsere Vergangenheit ersteht hier nicht im Lichte neuer Erfahrungen oder neuer Erkenntnisse und Urteile, die den früheren widersprechen. In einzelnen Fällen werden sie in Kommentaren erwähnt; aber insgesamt ist dieses Buch ein schlichtes Zeugnis, »dokumentarisches Rohmaterial« für die Nachkommen. Es ist zusammengestellt aus Ausschnitten unserer Tagebücher und unserer Briefe an Freunde und Töchter sowie der Briefe, die wir von Freunden erhielten.

Weil wir der Post mißtrauten, haben wir die Briefe nach Rußland kopiert. So sind sie erhalten geblieben. Zu ihrem Wortlaut ist zu sagen, daß wir beim Schreiben stets mit der Möglichkeit rechnen mußten, daß viele von ihnen abgefangen oder zensiert werden könnten. Böswillige offizielle Mitleser waren denkbar, und wir wollten die Adressaten nicht gefährden. Die »Launen der Post« in Moskau hatten wir in den sechziger und besonders den siebziger Jahren selbst zur Genüge zu spüren bekommen; zuletzt erhielten wir überhaupt keine Auslandspost mehr. Daher sind unsere Episteln durch unsere eigene »immanente auktoriale Zensur« etwas beschnitten. Aber die Hauptsache ist, daß sie nicht verlorengingen und uns oft die Tagebucheintragungen ersetzt haben.

Diese Briefe bestimmen den Charakter des Buches. Bei der Zusammenstellung halfen unsere jüngste Tochter Marija Orlowa aus Moskau und unsere junge Freundin Maria Klassen aus Köln, die im Auftrag der Universität Bremen unser Archiv in Ordnung bringt. Meinen Mitarbeitern Mechthild Keller, Brigitte Segschneider-Brückner und Karl-Heinz Korn danke ich für ihre freundliche und kritische, stets sachliche und verständnisvolle Hilfe.

Unsere Hoffnung war immer, daß die Erfahrungen unseres Lebens, unsere Träume und Enttäuschungen den Lesern in Rußland und Deutschland helfen könnten.

Köln, im Sommer 1996   Lew Kopelew

I. Ausgebürgert

> 12. 11. (...) Abschiedsgeleit für die Kopelews – turbulent, groß, trunken. Trotz der Rückfahrkarte ... für immer. Eben doch eine Kapitulation. Abflug.
>
> *Tägliche Notizen. 1980.*
> *(David Samojlow)*

Die ersten drei Jahre in Köln waren für uns in vielerlei Hinsicht schwierig und schön zugleich. Eine neue Welt erschloß sich uns. Wir hatten von ihr gelesen und gehört, hatten geglaubt, sie zu kennen. Aber es stellte sich heraus, daß sie anders war – in manchem besser, in manchem schlechter –, jedenfalls völlig anders als gedacht und erwartet. In den ersten Kölner Jahren reisten wir viel, lernten neue Städte und Länder kennen, kamen erheblich mehr herum als jemals zuvor in unserem Leben. Aber wir fuhren nicht einfach als neugierige Reisende durch die Welt, um zu sehen, zu hören und kennenzulernen – immer und überallhin nahmen wir unsere Moskauer Sorgen, Ängste und Nöte mit. Erwartete und unerwartete Freuden, die größten Eindrücke – Paris, Amsterdam, Rom, Wien, Zürich, Genf und immer wieder die vollkommen unterschiedlichen Städte Deutschlands: Hamburg, München, Göttingen, Mainz, das westliche Berlin ... –, all das ließ die Erinnerung an die Schicksale von Andrej Sacharow, Anatolij Martschenko, Sergej Kowaljow, Iwan Switlitschnyj, Larissa Bogoras, Tatjana Welikanowa, Jurij Orlow, Wassyl Stus, russische und ukrainische Menschenrechtler und gewaltlose Regimekritiker, nicht verblassen; es ließ uns nicht vergessen, wer drüben in Lagern, Gefängnissen oder »psychiatrischen« Anstalten saß.

Wir fuhren zu Lesungen und Vorträgen auf Symposien und Konferenzen. Die Themen waren unterschiedlich. Aber immer und überall diskutierten wir, mahnten, suchten zu beweisen und davon zu überzeugen, daß die berühmte »Entspannung« und der unverminderte Kampf um atomare Abrüstung nicht gegen den konsequenten Einsatz für die Menschenrechte in der UdSSR, in Polen, der Tschechoslowakei und allen anderen Ostblockländern ausgespielt werden dürften. Manchmal war es unmöglich, den faulen geistigen Kurzschluß »Hauptsache, Frieden wahren, die Menschenrechte sind zweitrangig« zu überwinden.

In den ersten Kölner Jahren nahm unser persönliches Leben entscheidende neue Wendungen. Raja lernte so gut Deutsch, daß sie frei über jedes Thema sprechen konnte, Vorträge hielt und sich an Diskussionen beteiligte. Ihr erstes Buch »Die Türen öffnen sich langsam« erschien 1984; es wurde ein Bestseller, der viele Nachauflagen erlebte. Aus der Amerikanistin wurde eine Russistin; immer häufiger hielt Raja Lesungen über die russische, vor allem die zeitgenössische Literatur.

Vor den unterschiedlichsten Auditorien mußten wir beide immer wieder nachdrücklich gegen Vorurteile und irrige Meinungen angehen: etwa, daß Rußland nicht Europa sei; daß die russische Kultur zwar eine große Vergangenheit habe, es in der totalitären Sowjetunion aber keine echte Kultur geben könne; und daß nur das Werk von ausgebürgerten Russen, Emigranten und denen, die vom Sowjetregime unterdrückt oder vernichtet wurden, ernst zu nehmen sei. Die Vorstellungen von Verfall und hoffnungsloser Verkümmerung des geistigen Lebens in der Sowjetunion, ja in allen totalitären Ländern, wurden leider nur allzuoft auch von unseren Schicksalsgenossen, von emigrierten oder ausgebürgerten Literaten, verbreitet; mit ihnen ließen wir uns selten auf Diskussionen ein. Wir waren überzeugt, daß unsere Hauptfeinde im Kreml und in der Lubjanka[1] saßen und daß es unsere wichtigste Aufgabe sei, denen zu helfen, die dort in Rußland, in der Sowjetunion geblieben waren. Nicht nur jenen, die zu Lager und Gefängnis verurteilt waren, sondern auch denen, die im mühsamen Alltag als Wissenschaftler, Literaten, Journalisten weiterhin versuchten, zu arbeiten, kreativ tätig zu sein und das geistige Leben des Landes zu formen – dem kulturlosen, unmenschlichen Regime, den Tschekisten, Zensoren und »angepaßten« Kollegen zum Trotz.

All die Wechselfälle unseres privaten Lebens halfen und bestärkten uns in unserem Bestreben, diese einfachen Wahrheiten aufzuzeigen, die in Ost wie West so ungeheuerlich verzerrt oder vergessen werden. Und es gab viele Wechselfälle. Im Sommersemester 1981 hielt ich an der Universität Göttingen Vorlesungen und leitete

---

[1] KGB-Zentrale.

Seminare. Im Herbst 1981 waren wir zu Lesungen und Vorträgen in New York, Washington, Ann Arbor und San Francisco, unterbrochen von zwei Wochen in Deutschland, wo ich im Oktober den Friedenspreis des Deutschen Buchhandels entgegennahm.

1982 bekam ich eine feste Arbeit: eine Forschungsprofessur an der Bergischen Universität, Gesamthochschule Wuppertal. Damit begann das »Wuppertaler Projekt«, wie ich es abgekürzt zu nennen pflege, das Projekt zur Erforschung der Geschichte des gegenseitigen Kennenlernens von Russen und Deutschen und ihrer wechselvollen Fremden- und Feindbilder vom Mittelalter bis ins 20. Jahrhundert; für mich die Verwirklichung eines Jugendtraums: Werden und Wesen der geistigen »Wahlverwandtschaft« von russischer und deutscher Kultur zu erkunden und zu vergegenwärtigen. Es entstand eine dauerhafte Arbeitsgemeinschaft: Mechthild Keller leitet die Untersuchungen über Vorstellungen und Wissen, Urteile und Vorurteile von Deutschen über Russen und Rußland, Dagmar Herrmann die Parallelforschungen über entsprechende Deutschen- und Deutschlandbilder von Russen, und Karl-Heinz Korn ist wissenschaftlicher Sekretär und Koordinator.

In den dreißiger Jahren hatte ich als Student zum erstenmal Verse des Barocklyrikers Paul Fleming über Rußland gelesen: Das Poem über Nowgorod, die Sonette über Moskau, Gelegenheitsgedichte über die Wolga und die Wolgastädte. Es wunderte mich, daß ein deutscher Dichter »weltliche« Verse über Rußland geschrieben hatte, lange bevor russische Poeten das taten; und zwar voller Liebe und Begeisterung, während sein älterer russischer Zeitgenosse Iwan Chworostinin seine Landsleute nur verbittert bloßstellte: »Sie säen Roggen in die Erde, sind der Lüge ganz ergeben.« Etwa zur gleichen Zeit oder kurz danach las ich Thomas Manns Äußerungen über die »heilige russische Literatur« und »entdeckte« die russischen Motive bei Rilke.

So entstand der Plan, über »Rußland in der deutschen Literatur« zu schreiben. Ich begann, Texte zu diesem Thema zu suchen. Schiller hat ein Drama über den falschen Demetrius zu schreiben begonnen, Heine war eine Zeitlang überzeugt, daß Zar Nikolaus I. ein »Gonfaloniere der Freiheit«, ein Kämpfer gegen Reaktion und Kapitalismus, sei.

Aber ich sah damals schon, daß es unmöglich sein würde, diese Themen so gründlich und vielseitig zu erarbeiten, wie sie es verdienten. Zudem gab es in Thomas Manns und Rilkes Werken, die mich faszinierten, allzuviel »ideologisch Zweifelhaftes« und sogar direkt Widersprüchliches zu dem, was man uns gelehrt hatte. Einfacher war es mit den Klassikern – die galten offiziell als »Schätze der Weltliteratur«. Schiller liebte ich schon seit meiner Kindheit. Das erste Buch, das er in seiner Jugend veröffentlichte, trug den Titel »Anthologie auf das Jahr 1782« und hatte als fiktiven Erscheinungsort Tobolsk; sein letztes, unvollendetes Drama, »Demetrius«, galt den Ereignissen unserer »Zeit der Wirren« (1605–1613). Im Mai 1941 promovierte ich über Schiller. Die Idee aus der Studienzeit freilich mußte auf unbestimmte Zeit zurückgestellt werden; es kamen Krieg und Gulag.

Bis zum Krieg hatte ich es nicht geschafft, etwas Zusammenhängendes zu schreiben. In unserer »antifaschistischen Frontschule« für Kriegsgefangene und Überläufer erzählte ich, was ich schon herausgefunden hatte, und überzeugte mich endgültig davon, wie nötig es war, die wahre Geschichte der deutsch-russischen Beziehungen systematisch zu erforschen und die Kenntnis davon zu verbreiten, entgegen allem anderslautenden, pseudowissenschaftlichen Propagandagedröhn von beiden Seiten. Nach meiner Rehabilitierung 1956 gehörten ein Artikel über Paul Fleming, Übersetzungen seiner Sonette (die im »Ogonjok« [»Das Flämmchen«] erschienen) und der Artikel »Zur Geschichte der russisch-deutschen Literaturbeziehungen« (»Westnik istorii mirowoj kultury« [»Bote der Geschichte der Weltkultur«], Juli/August 1958) zu meinen ersten Arbeiten.

Erst das »Wuppertaler Projekt« bot mir Möglichkeiten, von denen ich nicht zu träumen gewagt hatte. 1985 erschien der erste Band der Forschungsreihe, 1996 sind es nun schon sechs, und drei weitere Bände befinden sich bei der Herstellung im Verlag.

Aus Rajas Vorlesungen, Gesprächen und Interviews entstand ihr Buch »Briefe aus Köln über Bücher aus Moskau«. Dabei arbeitete sie aber auch die ganze Zeit weiter über Alexander Herzen. Ihr Buch über ihn, »Als die Glocke verstummte«, erschien auf russisch und auf deutsch. Es gelang, aus Moskau das Manuskript zu ihrem autobiographischen Werk »Eine Vergangenheit, die nicht vergeht« nach Deutschland zu bringen. Sie überarbeitete und ergänzte es, und das Buch erschien auf russisch, deutsch und englisch. Hin und wieder rangen wir uns die Zeit ab, um unser gemeinsames Buch »Wir lebten in Moskau« fortzusetzen.

Die ersten drei Jahre unseres Kölner Lebens waren am dichtesten mit unerwarteten, bis dahin ungeahnten Freuden erfüllt. Sie brachten Keime und erste Früchte.

1980

R. 8. Mai

»Wir waren Kinder unserer Zeit, einer Epoche großer Illusionen. Wir kamen nicht ›aus Schächten, Feldern, Fluren tief‹ zum Kommunismus. Nein, ›vom Himmel der Poesie stürzten wir uns in den Kommunismus‹ (Majakowskij). Trotz all unserer jugendlich blinden Unterwerfung unter die kalten Konstruktionen des dialektischen Materialismus waren wir im Grunde genommen Idealisten reinsten Wassers. Unter den Schlägen der Unmenschlichkeit, die uns trafen, verblichen viele von Jugend an verinnerlichte ›Wahrheiten‹. Doch auch die schlimmsten Stürme konnten jene ›Kerze im Winde‹[1] nicht löschen, das geistige Erbe der russischen Intelligenz, das meine Generation als geheime Mitgift von ebenjenen Weisen und Poeten vom Anfang des Jahrhunderts bekommen hatte, die wir so eifrig kritisierten.

Wir glaubten, sie um einer neu gefundenen Wahrheit willen gestürzt zu haben. Doch in den Jahren der Prüfung stellte sich heraus, daß wir Fleisch von ihrem Fleisch waren. Denn sogar noch die Selbstverleugnung, mit der wir unseren neuen Weg verfolgten, hatten wir von ihnen, von ihrer Verachtung für die Sattheit des Körpers, von ihrem ewig dürstenden Geist.

›Und wir, die Weisen und Dichter, die Hüter von Glauben, Geheimnis, – wir tragen entzündete Lichter in Katakomben, Wüsten und Höhlen…‹ (Brjussow). Nein, wir waren keine Weisen. Im Gegenteil, unser mit Formeln überfrachteter Intellekt bahnte sich

---

[1] Bezieht sich auf Gedichte von Boris Pasternak: »Es brannte die Kerze«, und David Samojlow: »Solang in Rußland Puschkin dauert, bläst kein Sturm die Kerze aus«.

nur mit großer Mühe seinen Weg zum lebendigen Licht. Und dennoch gelang es uns, unsere ›entzündeten Lichter‹ in unsere Einzelzellen, Lagerbaracken, Karzer und durch die Schneestürme von Kolyma mitzunehmen, und nur diese Lichter waren es, die uns aus der totalen Finsternis heraushalfen« (J. Ginsburg, »Gratwanderung«, Erster Teil).

Diese Seite aus Rajas Tagebuch gibt genau die Gedanken und Empfindungen wieder, die wir in den letzten Monaten und Jahren in Moskau durchlebten.

Als man uns ins OWIR[1] bestellte und uns mitteilte, daß wir Auslandspässe mit einer einjährigen Aufenthaltsgenehmigung für die Bundesrepublik Deutschland erhalten würden, wußten wir, daß wir das den nachdrücklichen Einladungen von Heinrich Böll, Marion Gräfin Dönhoff, der Deutschen Akademie für Sprache und Dichtung in Darmstadt und Armin Ahrendt, dem Stadtdirektor von Bad Münstereifel, zu verdanken hatten, wo Gedenkfeiern zum zweihundertsten Geburtstag von Doktor Friedrich Joseph Haass geplant waren, ebenjenem »heiligen Doktor Fjodor Petrowitsch«, über den ich ein Buch und mehrere Artikel geschrieben hatte. Raja weigerte sich zunächst strikt mitzufahren: »Man wird uns nicht zurück lassen und uns ausbürgern wie Pjotr Grigorjewitsch Grigorenko.[2]« Aber dann gab sie den vereinten Überredungskünsten nach. Schließlich hatte man nicht uns, nicht irgend jemandem, sondern Willy Brandt und Egon Bahr persönlich – »auf höchster Ebene« – versprochen, daß wir nach einem Jahr ungehindert zurückkehren könnten, sofern ich mich nicht »politisch antisowjetisch« betätigte.

Am meisten beruhigte uns, daß die Visen auf ein Jahr ausgestellt waren, obwohl ich zwei Jahre beantragt hatte: Nein, für Reisen gäbe es nicht mehr als ein Jahr; ein längeres Visum sei nur für ständigen Auslandsaufenthalt möglich.

Die Abschiedsfeste für uns fingen schon Ende Oktober an. Es gab Essen mit vielen Freunden bei Bulat Okudshawa, David Samojlow, bei unserer Tochter Swetlana, unserer Tochter Lena und natürlich auch bei uns. Manchmal bekamen wir vorwurfsvoll und traurig so etwas zu hören wie: »Ihr werdet doch wohl nicht zu

---

[1] OWIR: Visaabteilung für Auslandsreisen.
[2] Pjotr G. Grigorenko (1906–1987) – Sowjetischer General; wurde zum engagierten Menschenrechtler, mehrere Jahre in Haft; 1977 zur Emigration gezwungen.

einem Gentlemen's Agreement mit unserem Regime kommen und still sein, wenn man uns einsperrt, verhaftet, verfolgt?!«

Schon im Oktober versuchte ich, eine Reisegenehmigung nach Gorkij zu bekommen, um Andrej Sacharow zu treffen. Aber das wurde entschieden abgelehnt. Am 27. Oktober schickte ich ihm einen Brief in zwei Exemplaren – als Einschreibbrief und auf persönlichem Weg:

L. 27. 10. 1980

Lieber Andrej!
Wir werden also wohl fahren – »wegfahren« will ich lieber nicht schreiben. Pässe und Visen haben wir schon; heute wollen wir unsere Rubel in Mark umtauschen; morgen bekommen wir in der Lenin-Bibliothek hoffentlich die Genehmigung zur Ausfuhr von zwei Dutzend Büchern, hauptsächlich deutschen. Wir fahren direkt zu Heinrich Böll. Er wartet schon seit dem Sommer und macht sich ziemliche Sorgen. Ich hoffe, Ende des Monats den 500. Geburtstag von Faust mitzuerleben; fast hätte ich gewohnheitsmäßig Anführungszeichen gesetzt, aber hier geht es ja um den wirklichen Doktor Faust, den Alchimisten, Magier und Hypnotiseur, der im Jahre 1480 im Ort Knittlingen in Schwaben geboren wurde. Vielleicht sage ich dort etwas über das Faust-Thema in Rußland, von Puschkin und Turgenew über Brjussow, Lunatscharskij, Gorkij (»Klim Samgin« steckt voller Faust-Reminiszenzen) bis zu Bulgakow und Pasternak ... Na, da schreibe ich einen Abschiedsbrief und lande in der Philologie oder weiß der Teufel wo. [...]
Wie fürchterlich schwer ist es, so Abschied zu nehmen. Wir hoffen fest darauf, wiederzukommen, und haben Rückfahrkarten genommen, die ein Jahr gültig sind. In einem Jahr um diese Zeit wollen wir wieder in Moskau sein – »entgegen aller Vernunft, den Elementen trotzend«... Bulat Okudshawa hat kürzlich folgenden Vierzeiler gedichtet:

> Ach, Freunde, hofft nicht auf ein Wunder,
> Auch dort tut sich Sesam nicht auf;
> Wir müssen noch weinen und weinen
> Eh' Moskau auf Tränen vertraut.[1]

---

[1] Im Volksmund heißt es: »Moskau glaubt nicht den Tränen.«

Der Phrasendrescher Danton hatte recht damit, daß »man die Heimat nicht an den Schuhsohlen mitnehmen kann«. Aber im Herzen, in der Erinnerung, in den Träumen kann man sie mitnehmen. Gestern sind wir zum Abschiednehmen nach Shukowka gefahren, sind am Abhang überm Fluß entlanggeschlendert, und auch in grau saurem Wetter, mit gefallenem Laub und kahlen Bäumen war es schön wie immer, wie in jenen Tagen, als wir mit den Kindern und mit Euch dort spazierengingen.

Die Heimat, die wir mit uns nehmen und bis zuletzt in uns tragen werden, das ist unser Shukowka und unsere chaotische Wohnung und unsere Kinder und Enkel und unsere Gräber auf vielen, nicht nur Moskauer Friedhöfen, und unsere Freunde, und Du und Ljusja, Ihr gehört zu den allerliebsten, allernächsten ...
So, nun kann ich einfach nicht mehr weiterschreiben.

L. DONNERSTAG, 6. NOVEMBER

Gestern war Abschied bei Klaus Bednarz. Viele deutsche und russische Freunde. Klaus zeigte unser Gespräch zu dritt (Bednarz, Böll und ich). Dann diskutierten wir über die Definition von Totalitarismus. Wolodja Kornilow[1] schimpfte auf Schiller: »Von dem haben wir die russischen Terroristen ...« Die ganzen Tage ist er gereizt und schwermütig.

Heinrich Böll hat angerufen. Er fühlt sich »physisch besser, psychisch schlecht«. Ob er Marion Dönhoff benachrichtigen solle: »Du willst doch keinen Sonderempfang.«

Ein pathetischer Trinkspruch von Bella[2]: »Wir entlassen euch nicht in die feindliche Fremde, sondern in die Heimat eines großen Traumes, einer großen Poesie ... Die deutsche und die russische Sprache waren nie verfeindet.«

ZWISCHENBEMERKUNG

Am 12. November 1980 flogen wir von Moskau nach Frankfurt. Es gab keine konkreten Pläne, wie wir uns in Deutschland einrichten würden, eigentlich war nur eines sicher: Wir werden zunächst bei der Familie Böll unterkommen.

---

[1] Wladimir N. Kornilow - Lyriker, Epiker, Menschenrechtler.
[2] Bella A. Achmadulina - Lyrikerin.

L. 14. November

Der dritte Tag in Köln. Das Unglaubliche wird zum Alltag. In der letzten Nacht in Moskau habe ich Briefe geschrieben. Raja beendete, was sie in den letzten Monaten geschrieben hat ...
 Das neue (Moskauer) Flughafengebäude ist riesig, düster, fabrikähnlich. Der Weg zum Zoll ist der endgültige. Lange, sture Kontrolle. Kalte, emotionslos geschäftige junge »Filz«-Beamte. Sie tasteten die Schuhnähte und -seiten ab. Nach dem Zoll noch eine Durchsuchung, die letzte. Bei der ersten haben sie uns die Schachtel mit Erde und Puschkins Gedichtband in der Ausgabe von 1974 weggenommen ... Als ich durch irgendein Kontrollgerät ging, löste ich Alarm aus. Ich mußte alle Taschen ausleeren, ehe sie herausbekamen, daß der Alarm von der Metallspitze des Spazierstocks und den Hosenträgerschnallen kam. Endlich ging es durch einen Riesenschlauch ins Flugzeug, eine freundliche Stewardeß mit Begrüßungsfloskeln ... Die Kabine fast leer, höchstens ein Dutzend Passagiere. Das Abheben merkten wir kaum. Während des Flugs ab und zu Löcher in der grauweißlichen, dicht geballten Wolkenmasse, in den Löchern dunkle Landkarten.
 In Frankfurt empfing uns Eva Moosbrugger[1] direkt vor der Tür des Flugzeugs. Ein freundlicher dicker Zollbeamter, wohl ein Oberstleutnant, und noch ein Bärtiger mit »Lufthansa«-Mütze begrüßten uns ebenfalls. Am Ausgang aus dem Schlauch ein Schwarm von Journalisten und Blitzlichtgewitter. Ich sagte alles, was ich vorbereitet hatte: »Wir danken allen, die unsere Reise nach Deutschland ermöglicht haben. Wir kommen auf private Einladung, um zu sehen, nicht um uns zu zeigen, um zu lernen, nicht um zu lehren, um zu lesen, nicht um zu schreiben. Keine Interviews! Alle Fragen bitte in einem Jahr in Moskau!«
 Keine Gereiztheit durch die Journalisten, nur Ermüdung und das Wissen: Morgen ist alles vergessen, eine Augenblickssensation. Sehr aufdringlich war noch ein Korrespondent von »Bild«. Ich täuschte Taubheit vor, und es rauschte mir wirklich in den Ohren. Wiederholte mehrmals, daß ich keine Publicity will.

---

[1] Eva Moosbrugger – Mitarbeiterin an der deutschen Botschaft in Moskau.

Wir wurden ins Polizeibüro geführt. Dort warteten Lena[1], Hannelore, Igor, René und Vincent. Ich erkannte die Böll-Söhne nicht sofort; beide sind inzwischen bärtig geworden, gut aussehend, freundlich entgegenkommend.

Die Straße Frankfurt-Köln erinnert stellenweise an Georgien, leicht gewellte Hügel, überraschend das viele Grün, wir haben doch November. In Moskau ist alles kahl. Und hier nur hin und wieder ein Hauch von Gelb im dichten Grün von Bäumen, Sträuchern, Gras.

R. 13. NOVEMBER

Wir fuhren in zwei Autos nach Köln. Ein sehr schöner Weg, aber doch immerhin fast zwei Stunden.

[...] Die Bölls bieten uns an, die ganze Zeit hier zu wohnen, aber das geht natürlich nicht. Wir bringen ihren ganzen Lebensrhythmus schon so fürchterlich durcheinander, und Heinrich ist noch sehr krank. In etwa zwei Wochen wollen sie in den Süden, wohin, wissen sie noch nicht. Erstmal fahren wir zusammen in ihr Ferienhaus, was auch dringend nötig ist, denn wir haben es fertiggebracht, auch hier schon eine kleine »Kopelewka« zu organisieren ...

Lew hat bereits mit Bahr telefoniert (»Ihr Besuch hier ist mir ein persönliches Geschenk«). Brandt ist in Madrid, den werden wir auch treffen, wenn er zurückkommt. [...]

Nach dem Abendbrot sind wir mit Heinrich spazierengegangen – er auf Krücken, aber er muß gehen –, an den Rhein hinunter. Mir kommt das alles noch völlig unwirklich vor. Nur vor dem Einschlafen, wenn ich allein bin, finde ich wieder zu mir, zu Euch, Ihr Lieben, und sehe immer wieder, daß ich innerlich nicht weggefahren bin und nicht wegfahren werde. Obwohl ich wirklich alles tue, um diese sonderbare Welt verstehen zu lernen.

Heute morgen kam Klaus[2]. Er wird Euch die ersten Nachrichten bringen. Jetzt ist Fritz[3] da, und bald kommt Marion[4] ...

---

[1] Jelena S. Wargaftik (1933-1989) – Philologin, Theaterwissenschaftlerin; emigrierte 1978 in den Westen; arbeitete bei der »Deutschen Welle«.
Igor Burichin – Lyriker; Mann von J. Wargaftik.
Hannelore – eine Stuttgarter Ärztin, Brieffreundin von R. O. und L. K.
[2] Klaus Bednarz.
[3] Fritz Pleitgen.
[4] Marion Gräfin Dönhoff.

L. 14. November

Spaziergänge mit Heinrich durch Köln; am Tag ist die Stadt ganz anders als abends; da war sie halb dunkel und still. Tagsüber ist es im Zentrum bunt und laut. Die Geschäftsstraßen ähneln dem GUM[1] oder der Passage ohne Dach. Unendlich vielseitig, vielfarbig und wie selbstgefälliger Luxus. […]
Heinrich ist sehr krank. Er sagt, mehr seelisch krank (nervlich) als körperlich. Wenn er auflebt, dann lächelt er ganz wie früher, aber meist sieht man das Leiden, die Bitterkeit in seinen Augen und den Falten um den Mund. Annemarie strahlt Güte aus. Sie ist auch eine sehr zärtliche Oma und Schwiegermutter. Von ihrer jüngeren Schwiegertochter, der Ekuadorianerin Teresa, erzählt sie mütterlich liebevoll, wie außergewöhnlich selbstlos sie ein ganzes Jahr lang bis an den Rand ihrer Kräfte gearbeitet hatte, um ein Haus für ihre Mutter zu bauen.

R. 14. November

Lew ist glücklich und voller Begeisterung. Ich bin (von Augenblikken der Verzweiflung abgesehen) ruhiger, als ich gedacht hätte. Ihr wißt ja, daß die visuellen Eindrücke für mich nicht das wichtigste sind, und dieses so sonderbare Leben möchte ich schon gern verstehen lernen. Vom ersten Tag an.
Gestern war ich mit Annemarie in einem Lebensmittelgeschäft… Es gefiel mir, diese Berge von Obst und Gemüse. Es gibt überhaupt alles, und alle Verkäuferinnen sind ungewöhnlich freundlich. Aber darauf war ich ja vorbereitet, das wußte ich schon vorher… Man hatte mich gewarnt, daß die »Einheimischen« hier ganz anders sind, als wenn sie auf Reisen zu uns kommen, was anzunehmen ist. Bisher haben wir davon noch nichts gemerkt.
Ich warte immer, daß der Wirbel um Lew aufhört, hier geht doch alles schnell vorüber. Dann kann man vielleicht anfangen, etwas zu verstehen.
… Erst mal bin ich noch eine »reisende Gräfin«, ein Zustand, an den ich überhaupt nicht gewöhnt bin. Und an den ich mich auch nicht gewöhnen werde… Ich sehe durch die Verehrung, Begeisterung und Liebe (die besonders bei unseren Gastgebern sehr aufrich-

---

[1] Großes Kaufhaus in Moskau.

tig ist) hindurch und sehe jene Menge der »Meinen« auf dem Flughafen – alle zusammen und jeden einzeln. Und nichts wird sie mir je ersetzen können.

... Der allgemeine Tagesablauf geht hier so: Morgens Kaffee, Eier, Käse, Quark und Marmelade und warmes (weißes) Brot. Etwa um eins Lunch, mit Suppe. Danach Mittagsruhe. Ich habe mich an beiden Tagen hingelegt, Lew auch. Das Essen, das ist Abendessen, ist sehr reichlich, für mich zuviel ...

Wir kommen aus der Stadt, Heinrich ist sehr erschöpft (er geht ja auf Krücken). Wir haben eine Brille für Lew bestellt; das ist teurer als ein Jeansanzug. Man muß sich gut umsehen und nichts übereilen ... In den Dom konnten wir nicht, der wird für den Papstbesuch vorbereitet.

R. 15. November

... Oft denke ich, daß jemand anderes an meiner Stelle sein müßte. [...] Vorgestern abend, als wir Renés Verlag sahen, war es sehr konkret [...]. Die meisten Bücher betreffen Probleme Lateinamerikas. Seine bezaubernde Frau Carmen-Alicia, auch eine Ekuadorianerin, erzieht nicht nur zwei Kinder, Samay und Boris, und macht den Haushalt, sondern redigiert auch noch die spanischen Texte, übersetzt usw. René und Vincent sprechen beide gut Spanisch. Vincent hat uns gestern Dias von Ekuador gezeigt. (In Teresas Familie sind zehn Personen. Zwei ihrer Schwestern wohnen hier in Köln, in dieser großen Wohnung.)

Und Vincent hat drüben schon einen Kindergarten und eine Schule gebaut. Im Februar fahren sie wieder rüber. Er hat einen neuen Auftrag: Diesmal Wohnhäuser in Quito ... Ich liebe Dias nicht besonders, aber diese waren sehr interessant; man sah die furchtbare Armut neben der Zivilisation und der Amerikanisierung deutlich. [...] Heute verfolgen alle den Papstbesuch in Köln im Fernsehen. (Die Kommentare sind eher ironisch.) Wie und wovon ich hier leben werde, weiß ich noch nicht ... Ich bemühe mich sehr, einen Zugang zu diesem komischen, komischen Leben zu finden.

R. 16. November

»Ach, Kinder!« Das sagt Heinrich am Anfang eines Gesprächs und oft auch mittendrin in unnachahmlich musikalischem Tonfall.

Wir gehen durch Langenbroich, das Dorf, in dem Bölls Sommerhaus steht. Himmlische Stille. [...] Eine Dorfschenke (im Nachbarort). Die Gegend erinnert an Tarussa im September, nur daß hier noch Äpfel hängen.

Heinrich klagt, er habe die Schmerzen satt... habe Angst vor den Schmerzen, Angst vor der Nacht, Angst vor Reisen. Ich versuche, seine frühen Erzählungen (auf deutsch) zu lesen. Es ist schwierig. Aber sein Essay über den 21. August 1968 ist sehr leicht. Heinrich scherzt: »Raja lernt Deutsch vom polnischen Papst.« Das stimmt. Seine Sprache verstehe ich. Eine lange Predigt über die Arbeit, darüber, daß Christus und die Apostel mit eigenen Händen gearbeitet haben. Heinrich sagt, das sei Show.

Von sich selbst behauptet er, daß er früher anders gewesen sei. »Jetzt ist es mühsam, sich zu bewegen.« Er habe den Geschmack am Leben verloren und teilweise auch das Interesse. Ein wenig haben wir es wieder geweckt.

L. Sonntag, 16. November. Langenbroich

Wir sind gestern mittag hier angekommen... Das Wichtigste seit dem Morgen: der Papstbesuch. Wir sitzen immer wieder vor dem Fernseher. Zur feierlichen Messe haben sich bei Regen 250 000 bis 260 000 versammelt (die Stadt hat etwa eine Million Einwohner). Der Papst las vom Blatt ab, auf deutsch, verbesserte sich gewissenhaft und wiederholte falsch ausgesprochene Wörter. Starker östlicher (slawischer) Akzent. [...]

In den Dörfern und kleinen Städten hier (wir fuhren durch Düren, wo Heinrichs Mutter geboren ist, und durch Kerpen) ist der Unterschied zu unseren Dörfern ungeheuer; die andere Welt, man spürt sie hier mehr. Kein Vergleich mit unseren kleinen Städten. Phantastische Straßen! – Schaufenster, Autos am Straßenrand. Eigentlich alles genauso wie in Köln, auch die Kleidung und das äußere Straßenbild.

Gestern waren wir beim einzigen Bauern hier und haben Milch geholt. Er ist schon älter, die Gestalt eines Römers – sehr freundlich. Er bot uns an, uns zum russischen Friedhof zu fahren, wo 44 russische Soldaten begraben sind, »die in deutschen Uniformen waren, und auch noch Arbeiter«.

Heinrichs Freund Pastor Falken, ein Künstler, wohnt in diesem Dorf, aber seine Kirche ist in einem anderen.

R. 20. November

Brandt und Bahr empfingen uns, »auf höchster Ebene«, ohne Presse (hinterher wurde allerdings fotografiert). [...] Natürlich habe ich längst nicht alles verstanden. [...]
Massenhaft Einladungen, Bitten um Autogramme [...]. Und nun spricht Lew jene Worte aus, die ich mir verbiete: »Ich will nach Hause.« Einfach so, inmitten von Ruhm und allen möglichen Ehrungen. »Ich will zu uns nach Hause ...«

L. 20. November

Gestern sind wir aus der Eifel (Langenbroich) zurückgekommen. Die letzten Spazierwege mit Heinrich schon im Dunkeln.
... Wir haben zwei Apfelbäume abgeerntet. Es war wie in der Kindheit.

R. 21. November

Wir sehen hier täglich fern [...]; ich wegen der Sprache; ich versuche zu verstehen, die TV-Sprache ist deutlicher als die Umgangssprache. Und Lew interessiert natürlich alles, was in der Welt geschieht. Wir, unser Land, fehlen in diesen Sendungen fast völlig. Ich habe nicht ein einziges Mal etwas darüber gesehen, nur einmal etwas über einen großen Kredit gehört. [...]
Heute werden wir etwas über die Postmöglichkeiten herausbekommen, was bis jetzt noch völlig unklar ist. Zu allem Überfluß streiken auch noch die Postangestellten. Zuerst werden wir zu einem Professor der Universität Köln gehen, einem Slawisten. Lew will mit ihm über eine oder mehrere Vorlesungen sprechen.

L. Freitag, 21. November

Gestern waren wir mit Heinrich bei Willy Brandt. Heute vormittag hat Heinrich uns durch Köln geführt. Am Rhein entlang. Das Wasser ist trüb dunkelgrün; Fische gibt es hier nicht, die sind schon ab Basel vergiftet. Heinrich erzählt, daß die Rheinschiffer die freiesten Menschen seien, frei und auch wohlhabend.
Der Dom!!! Heinrich mag die romanischen Kirchen lieber. Sankt Georg: im Hof ein kleiner Friedhof, Gräber aus dem 6./7. Jahrhundert. Die Kirche ist nach der Zerbombung wieder aufgebaut

worden. Sankt Severin. In der Krypta Gräber der ersten Christen. Das älteste vom Jahre 170. Diakon Bach, jugendlich, energisch, rotblond, dem Aussehen nach eher Ingenieur, erzählt interessant die Geschichte der Kirche. Dann: »Ist es unbescheiden, Herr Böll, wenn ich Ihnen jetzt ein Buch bringe und Sie um ein Autogramm bitte?«

Ausführlich sprechen wir über die Grundlagen von Kultur und Zivilisation in den frühen christlichen Jahrhunderten, von dem, was Rom und Frankreich für Köln bedeuten. Die französischen Republikaner haben den goldenen Schrein eingeschmolzen (Dreikönigsschrein) und die Mönche verjagt. Dreimal ist Köln schwer erschüttert worden: von den Franzosen, 1794 bis 1814, dann durch den Bismarckschen Kulturkampf in den siebziger Jahren und schließlich 1933 von Hitler (auf dem Platz vor dem Dom sahen wir eine grölende Gruppe von Jungen mit »Heil Hitler« marschieren).

Abends bei Egon Bahr in seinem Bungalow bei Bonn.

ZWISCHENBEMERKUNG

Vom 21. bis 27. November waren wir Gäste des Grafen Hatzfeldt[1] auf Schloß Crottorf; wir hatten uns ja schon in Moskau mit ihm angefreundet.

R. 24. NOVEMBER

Nun sind wir also ins Märchenland geraten. [...] Wir haben uns in diesen prächtigen Sälen voller Ahnenporträts und schöner Gemälde verirrt. Stellt Euch einen Augenblick vor, Ihr wäret in der Eremitage, aber als Bewohner, nicht als Kunstbetrachter ... Mit Mühe fanden wir morgens die Küche. Eine freundliche Frau kam uns entgegen und fragte, was wir wünschten. [...] Wir baten um Kaffee, und Lew sagte: »Wir können in der Küche trinken«, aber die Frau sah uns an wie Verrückte und bat uns ins Eßzimmer, wo der Tisch schon üppig mit fünf Tellern für jeden und viel Essen gedeckt war. Da haben wir gefrühstückt. [...] Im Schloßgewölbe gibt es eine riesige, himmlische Bibliothek. [...] Dort habe ich zum erstenmal im Leben die vollständige Enzyklopädie von Diderot gesehen [...] und Napoleons Memoiren, massenhaft Bücher in

---

[1] Hermann Graf Hatzfeldt – Neffe von Marion Gräfin Dönhoff.

allen möglichen Sprachen, darunter auch sehr alte. Dort am Kamin zu sitzen, wo das Brennholz schon bereitliegt, nachzudenken, vielleicht auch zu schreiben ... [...]

Auf dem Schloß weht die Fahne des Geschlechts; sein Wappen zeigt drei Rosen und irgendwelche gebogenen Eisen wie Anker. Es ist sehr teuer, ein solches Schloß zu unterhalten. [...] Als ich ihn danach fragte, sagte mir Hermann, daß er, als er sich hier niedergelassen hatte, gesehen habe, daß es hier nur zwei Möglichkeiten gebe: Entweder man gehöre zum Inventar wie ein Möbelstück, oder man müsse so leben, als gäbe es das alles nicht; als sei es eine ganz gewöhnliche Wohnung. Und er entschied sich klar für das zweite.

Lew telefoniert gerade wieder mit verschiedenen Städten und Ländern.

L. 28. NOVEMBER

Das Schloß übertraf alle Erwartungen. Hier zu wohnen ist so, als wohnte man in der Eremitage oder im Kremlpalast.

Am 22. hat Hermann uns seinen Wildpark gezeigt; da gibt es Hirsche und Mufflons. Das Laub der Kiefern, Buchen und Eichen ist noch dicht, wenn auch schon gelblich.

Am 25. kam die Direktorin einer Galerie in Bonn, um die Bilder im Schloß zu untersuchen. Wir haben mit ihr über die Möglichkeit einer Boris-Birger-Ausstellung gesprochen.[1]

Wir erfuhren, daß ein Drittel der Fläche der Bundesrepublik Wald ist, und ein Drittel der Wälder befindet sich in Privatbesitz.

Hermann sagt, daß er das Schloß beherrscht und nicht das Schloß ihn; er sei kein »lebendes Möbelstück«. Zur Zeit erstellt er ein Inventar aller Bilder, Teppiche und Möbel. Sie haben bisher unbekannte Briefe von Marx an Gräfin Hatzfeldt nach dem Tod von Lassalle gefunden.

Am 25. ist Marion (Dönhoff) gekommen, per Flugzeug aus München. Am 27. muß sie schon in Hamburg sein und zwei Tage später in Paris. Das ist *the way of life* einer 72jährigen. Am 26. vormittags hat sie uns nach Adelebsen gefahren. Das ist ein Schloß in der Nähe von Göttingen. Der Turm aus dem 13. Jahrhundert und ein Renaissance-Anbau. Und innen supermodern, weiße Kunst-

---

[1] Der Maler Boris Birger wurde als Menschenrechtler in Moskau bedrängt.

stoffwände, abstrakte Gemälde. Und gleich nebenan Porträts aus dem 18. Jahrhundert, Rokoko- und Jugendstilmöbel. Die Zimmer in Krankenhausweiß... Blaurote Ornamente und Lampen in merkwürdigem, italo-amerikanischem Design. Der Schloßbesitzer ist ein Verwandter von Marion und Hermann. Von sehr einnehmendem Äußeren, gepflegt, elegant, »beflissen« in der Kunst und der Landwirtschaft. (Die Rübenernte bringt im Schnitt 750 Zentner pro Hektar, Weizen 30 bis 35 Zentner, die Kühe geben einen mittleren Milchertrag von 30 Litern pro Tag. Es ist ein Milch- und Fleischbetrieb – 1200 Schweine. Außerdem vermietet er Wohnungen; er ist bereit, uns für 100 D-Mark eine möblierte Dreizimmerwohnung zur Verfügung zu stellen oder für 150 D-Mark eine wunderschöne Wohnung in einem Fachwerkbau über einem mittelalterlichen Steinhaus.)

Am 26. sind wir nach Göttingen gefahren, zu Professor Schöne, Autor zahlreicher Arbeiten über Goethe. [...] Die herrliche Bibliothek der Universität Göttingen; ich halte Bücher und Karteikarten mit persönlichen Notizen der Brüder Grimm in Händen. Drei enthusiastische Bibliothekarinnen, die den unsrigen sehr ähneln.

R. 28. NOVEMBER

Heute bin ich das erste Mal allein geblieben. Lew ist zu seinen Lagergenossen[1] nach Duisburg gefahren. (Auch dort wird uns eine Wohnung angeboten...) Einer von ihnen, Max, ist in »Tröste meine Trauer« beschrieben – derjenige, der bei den Deutschen Gruppensprecher war. [...]

R. 1. DEZEMBER

In meinem ganzen langen Leben war ich noch nie so vollkommen und für mich so unerträglich abhängig – von der Sprache, vom Geld, durch das Fehlen der Arbeit, das Fehlen meiner Umgebung, ohne die die anderen auskommen, aber ich kann es nicht und werde es nie können. Ich klage und weine; ganz seltene Minuten von Freude, wie gestern an der Elbe. Und von morgens bis nachts muß ich mir vorsagen: »Untersteh dich, dich selbst zu bemitleiden.«

---

[1] Max Adam, Gerhard Klatt – Zusammen mit L. K. Häftlinge in einem Moskauer Sondergefängnis.

L. 3. Dezember. Hamburg

Wir sind gestern hier angekommen. Vorgestern waren wir in Bremen bei Heddy Pross[1]. Dorthin kamen abends Professor Eichwede, ein sehr sympathischer Historiker (Osteuropäische Geschichte) und Zdenek Mlynař – schön, stattlich, römisches Profil, gibt sich einfach, aber dezent, spricht Deutsch mit leichtem, kaum merklichem tschechischem Akzent und Russisch fließend. Wieder und wieder sprechen wir über Polen. Er vergleicht die russischen und die tschechischen Emigranten. Bei den Tschechen gibt es weniger Zank und Streit.

Wir haben das Renaissance-Rathaus bewundert und den Roland mit dem Wappenschild auf dem Rathausplatz. (Eine Reiterstatue von Bismarck gibt es natürlich auch.)

Heddy hat uns nach Hamburg gefahren. An der Stadt fällt sofort die Weitläufigkeit auf – eine Weltstadt –, weniger alte Bauten als in Köln, überhaupt kaum welche (jedenfalls haben wir sie noch nicht bemerkt).

Vom Bahnhof gleich zum Verlag Hoffmann und Campe. Wir haben die Lektoren kennengelernt und die »Pressechefin«, eine sehr schöne blonde Dame. Geschäftliche Gespräche am Tisch mit Kaffee, Obst, Gebäck.

Abends bei Marion Dönhoff. Dabei auch Hermann und Ehepaar Kunert, Eva Schmidt-Häuer und Fritz Raddatz. Ein heftiger Disput mit ihm; er wird teilweise von Kunert unterstützt, wir von Marion und Eva. Raddatz behauptet: »Unter dem Druck eines zentralisierten totalitären Staates kann es kein geistiges Leben geben.« Das kann es nicht geben, und fertig. Ich widerspreche ihm: »Diamanten entstehen unter höllischem Druck.« Aber er ist absolut überzeugt: »Es kann bei Ihnen keine freie Kultur geben, keine freie Literatur ... keine Freiheit des Experiments.« Ich widerspreche: »Sie sind noch zu sehr Marxist, Positivist.« Von der Literatur verlangt er »Ziele und Nutzen« für »die Humanisierung der Nation«.

... Erst jetzt haben wir erfahren, daß Andrej Amalrik[2] am Tag unseres Abflugs nach Deutschland bei einem Autounfall ums Leben gekommen ist ... Verfluchtes Jahr ... Unser Glück hier scheint zuweilen empörend sündhaft.

---

[1] Heddy Pross-Weerth – Übersetzerin der ersten Bücher von L. K. ins Deutsche.
[2] Andrej A. Amalrik – Schriftsteller, Historiker, mehrmals in der UdSSR verhaftet; 1976 Emigration in die Niederlande.

L. 5. Dezember

Abends bei den Schmidt-Häuers[1]. Wir setzen unseren Disput mit Raddatz fort, aber auf einer anderen Ebene; Streit über den »Kanon«. Braucht man ein Pflichtminimum an allgemeinbildender Lektüre für Schüler? Theo Sommer[2] und wir sind dafür, Greiner[3] ist gegen »Kulturbürokratie und Lesezwang«; sie verderben nur Lust und Geschmack. Schmidt-Häuer lacht über jeden Witz, unterstützt aber Theo Sommer und uns. Eva neigt eher den »Anarchisten« zu.

R. 6. Dezember

In Hamburg haben wir in einem kleinen Hotel gewohnt. Morgens gingen wir ins Erdgeschoß hinunter, wo wir freundlich mit europäischem Frühstück bewirtet wurden. Als die Wirtin sah, daß Lew »Die Welt« las, sagte sie: »›Die Zeit‹, Herr Kopelew, bekommen Sie am Donnerstag zum Frühstück.«

Am Vormittag holte uns Marion ab und fuhr mit uns durch Hamburg. [...] Unterwegs fiel Lew ein Gedicht über Hamburg ein, das er als Kind geschrieben hat, über die Weltrevolution.

Wir haben große Speicher an der Elbe gesehen, das alte Rathaus, Kirchen. Endlich erreichten wir das Zentrum (die Stadt ist riesig [...]).

Wir waren bei der »Zeit«; zu komisch, daß das nicht bei uns zu Hause in der Krasnoarmejskaja-Straße ist, sondern wirklich hier.

L. 6. Dezember

Wir sind von den Engelberts[4] aus zum Bahnhof gefahren. Es war schön bei ihnen, wie zu Hause. Sie gaben uns zu essen, ließen uns etwas schlafen und begleiteten uns bis zum Bahnhof.

Am Tag davor haben wir eine Goya-Ausstellung gesehen – junge »marxistische« Führer, sehr überzeugt, die flüssig von den »wirt-

---

[1] Christian Schmidt-Häuer – Korrespondent der »Zeit« und seine Frau Eva.
[2] Theo Sommer – Herausgeber der »Zeit«.
[3] Ulrich Greiner – Korrespondent der »Zeit«.
[4] Otto Engelbert – Als Kriegsgefangener ab 1942 an der antifaschistischen Frontschule und freundete sich mit L. K. an, besonders wegen der gemeinsamen Liebe zu R. M. Rilke.

schaftlichen und staatspolitischen Bedingungen in Spanien« redeten: »Leibeigenschaft – Rückständigkeit des Handels ... Stierkampf – Opium für das Volk« usw.

R. 7. Dezember

Wir haben Einladungen von verschiedenen Universitäten und zwei Verträge mit dem Verlag[1], einen für das Buch über Dr. Haass und einen für »Verbietet die Verbote!«. [...] Das heißt, wir haben jetzt Geld; und so haben wir beschlossen, eine Wohnung zu mieten.

L. 7. Dezember

An den beiden letzten Tagen in Hamburg fiel dicker Schnee, am 5. abends war sogar Schneesturm. Und plötzlich war diese fremdländische Stadt vertraut und den unseren ähnlich, allerdings mehr Petersburg als Moskau. [...]

Im Zug von Bremen nach Köln sah ein dreijähriger, dunkeläugiger Junge in unser Abteil: »Bist du der Nikolaus?« Es tat mir leid, daß ich nicht einmal ein Bonbon für ihn hatte.

Auf einer langen Taxifahrt kommen wir mit dem Chauffeur ins Gespräch; jugendlich, dunkellockig, mit Backenbart, schön, mit etwas kühlen blauen Augen ... Ein Jugoslawe aus Zagreb, seit vierzehn Jahren in Hamburg. – »Natürlich Kroate ... Ja, Katholik. Aber die Feindschaft mit den Serben ist eine Erfindung der politischen Emigranten.« [...] Er will wissen, wie Taxichauffeure in Moskau arbeiten. Gut, daß sie freie Tage haben, gut, daß die Wohnungen billiger sind, aber wie lange müssen sie arbeiten, um sich ihr eigenes Auto kaufen zu können? ... Ja, der Sozialismus ist nur als Idee gut.

Aber unsere jungen Gastgeberinnen hier – Bölls Schwiegertochter Teresa, ihre Schwestern Eugenia und Marianna und ihre Freundin Martha (eine sehr hübsche Schwarze) –, die sind alle für den Sozialismus. – »Bei euch in Rußland, das ist kein echter Sozialismus. Und die Kubaner haben es schwer, weil sie boykottiert und isoliert werden. Aber Fidel will den echten Sozialismus.«

---

[1] Hoffmann und Campe.

R. 9. Dezember

Gestern hat Lew eine Einladung bekommen – die beste von allen: eine sogenannte Gastprofessur in Göttingen; zwei Vorlesungen die Woche. [...] Wir müssen heute Lebenslauf, Bibliographie und anderes abschicken. Damit ist er gerade beschäftigt.

R. 12. Dezember

Ein Monat ist vergangen. Er hat sich sehr lange hingezogen. Wir kommen gerade von Lews erster Vorlesung an der Universität Köln zurück (»Faust in Rußland«). Ich kann mich nicht entsinnen, daß er jemals so aufgeregt war, und ich kann das gut verstehen. Aber alles ging prächtig. Ein großer, überfüllter Hörsaal. Die Plätze reichten nicht aus, die Leute standen an den Wänden. Gott sei Dank hatten wir gestern noch erfahren, daß die Studenten [...] hier ihre Zustimmung durch Klopfen aufs Pult äußern; wenn wir das nicht gewußt hätten, hätten wir es vielleicht als Kritik verstanden! Aber sie klopften sowohl am Anfang als auch besonders stark am Ende.

L. 14. Dezember

Immerfort muß ich dringend etwas schreiben, Korrektur lesen, die Vorlesung vorbereiten, Telefonate führen – und wir waren doch schon gar kein Telefon mehr gewöhnt... Manchmal kann einen dieser Streß schon verrückt machen. Und immer zunehmende Sorge um Polen. Wir sehen hier jeden Tag Nachrichten im Fernsehen, die »Tagesschau« – das machen sie hier sehr gut –, und die Angst wird schlimmer. Es wird doch wohl keine Wiederholung vom August '68 geben?! Und wenn sie sich dazu nicht entschließen, wird dann der Druck im Inneren stärker? Werden sie »die Schrauben anziehen«? Man hört ja schon wieder die altbekannte Forderung, die »Wachsamkeit zu erhöhen«.

Ein paarmal habe ich die »Prawda« gekauft und einmal die »Literaturnaja gaseta« (»Die Literaturzeitung«). Es wird einem speiübel!!! Und hier rundum herrscht übersatter Wohlstand, buntes, komfortables Leben. So fremd, so fern all dem unsrigen, daß es weder Neid noch Begeisterung noch Zorn erregt, sondern nur eine gewisse staunende Neugier und traurige Vergleiche... Aber gute Menschen gibt es viele um uns herum.

R. 17. Dezember

Heute bin ich zum erstenmal ins Slawische Seminar gefahren, einfach um in der Bibliothek zu arbeiten. Die Bücher sind in völliger Unordnung, aber das eine oder andere kann man schon finden. Noch drei Tage, dann fahren wir nach Frankfurt, um unsere »amerikanischen« Kinder und Enkel[1] abzuholen. [...]
Wir schlafen ein und wachen auf mit dem Gedanken an Polen. Es ist eben allzu eng verbunden mit unserem allgemeinen und persönlichen Schicksal. Wir haben viel über Polen im Fernsehen gesehen, und nicht nur Lew, sondern auch ich greifen morgens zur Zeitung: Was ist da los?!

L. 17. Dezember

Gestern ein halb mißlungener Abend bei den Slawisten über die »Dorfprosa«. Ich freute mich, daß viele Leute gekommen waren, daß sie gut zuhörten, und redete von diesem und jenem ohne geschlossene Konzeption. Eine ganze Stunde lang bemühte ich mich, eine Diskussion in Gang zu bringen, und statt dessen wurde halbwegs eine Vorlesung daraus, aber auch das nicht richtig, sondern so eine Art Einblick mit Ergänzungsfragen. Aber es wurde freundlich aufgenommen ...
Danach Abendessen bei einer Freundin von Professor Kasacks Frau, aber der Organisator war Geoffrey Hosking[2], der liebe, gute Geoffrey, der Moskauer Freund von Kostja Bogatyrjow[3] und Iwan Roshanskij[4]. Wir haben den Plan für ein Buch über Kostja besprochen, mit Übersetzungen und Erinnerungen an ihn. Die Frau von Professor Kasack[5] und er selbst – energisch und zielstrebig – wollen helfen.

---

[1] Maja, die älteste Tochter von L. K. und ihr Mann Pawel Litwinow, der im August 1968 eine Protestdemonstration auf dem Roten Platz anführte; wurden verbannt und 1974 ausgebürgert, seither in den USA.
[2] Geoffrey Hosking – Englischer Slawist.
[3] Konstantin P. Bogatyrjow (1925–1976) – Nachdichter von Rilke, Kästner, Brecht; Menschenrechtler, Freund von Sacharow, wurde 1976 von »Unbekannten« zusammengeschlagen und starb.
[4] Iwan D. Roshanskij (1913–1994) – Physiker, Historiker, Philosoph; Frontkamerad und Freund von L. K.
[5] Wolfgang Kasack – Slawist, Literaturwissenschaftler, Kulturhistoriker, Übersetzer.

L. 23. Dezember. Schloss Crottorf

Am 20., vormittags, sind wir nach Frankfurt gefahren, um Maja und Pawel abzuholen. Im Zug gab es eine Szene »wie aus einem schlechten Roman«: Atemlos stürzt eine junge Frau mit rundlichem Gesicht ins Abteil, »gerade noch geschafft«, und fragt einen Augenblick später, nachdem sie uns miteinander hat sprechen hören: »Welche Sprache sprechen Sie?« ... »Ich weiß wenig über Rußland, aber zwei Russen schätze ich sehr: Sacharow und Kopelew ... Warum lachen Sie?« Raja darauf: »Das hier ist Kopelew.« – »Ach!«, und sie fällt mir um den Hals. Das war Helga Range, eine Krankenschwester, Frau eines Physikers, drei Söhne. Sie fuhr nach Frankfurt zum Geburtstag ihrer Großmutter. Diese Begegnung ist ein unerwartetes Geschenk.

Helga möchte unbedingt Menschen in Rußland helfen: »Wem kann man Geld schicken? Wenn man hört und liest, wie schrecklich es dort ist ... Aber wenn man so unmittelbar mit Menschen spricht, dann fühlt man's richtig. Ich werde mit allen Freunden und Bekannten sprechen, jetzt vor Weihnachten sollen sie besonders hilfsbereit sein, sollen an ihr Gewissen denken.« Wir haben abgemacht, daß ich ihr die Anschrift des Fonds mitteile, den Ljubarskij[1] in München gegründet hat.

Zwischenbemerkung

Am 22. Dezember holten wir auf dem Frankfurter Flughafen unsere Tochter Maja mit ihrem Mann Pawel und den Kindern Dima und Lara ab. Wir hatten uns im Februar 1974 in Moskau von ihnen verabschiedet – wie es schien, für immer.

Pawel mietete gleich am Flughafen ein Auto, einen Mercedes, und wir fuhren nach Crottorf ... Sowjetisch-amerikanische Kinder auf einem gräflichen Schloß. Am schnellsten gewöhnte Lara sich ein; sie frühstückte allein im riesigen, leeren Eßzimmer und spielte auf dem Flügel im Rittersaal. Und war sichtlich verliebt in Hermann. Abends fuhren wir nach Bonn in die Wohnung von Angelika Dönhoff. Die war mit ihren Kindern in Afrika. Eine Wohnung über zwei Stockwerke mit zwei Telefonen und der Adresse »Am Römerlager«!

---

[1] Cronid A. Ljubarskij (1934–1996) – Physiker, Menschenrechtler; verbrachte fünf Jahre im Straflager, wurde ausgewiesen. Lebte bis 1990 in München, kehrte nach Moskau zurück.

Es war eine Fahrt mit Zwischenfällen. In einem Auto fuhren Hermann und ich mit Lara, in einem anderen Pawel, Raja, Maja und Dima; sie verloren uns und wußten den Weg nicht, und keiner von ihnen hatte die Adresse behalten. Raja schaffte es, den Satz »Wir sind Ausländer, wir sind verloren« zu bauen, und an einer Tankstelle ließ man sie telefonieren. In Bonn kannte sie nur die Telefonnummer von Musa Schubart, einer mit einem Schweizer verheirateten Kiewerin. Und die fand im Telefonbuch die Adresse von Angelika Dönhoff. Wir haben uns ganz gewaltig aufgeregt, bis endlich alle zusammen waren. Hermann hetzte sofort in irgendeiner wichtigen Angelegenheit weg, aber vorher hatte er es fertiggebracht, uns den Kühlschrank mit allem möglichen Eßbaren vollzustopfen, inklusive mehrerer Flaschen Wein und Wodka.

L. 24. Dezember

Heiligabend in der Wohnung der Bölls. Heinrich und Annemarie sind in einem Sanatorium. Gastgeber sind die Jungen. Viele Gäste verschiedener Stämme und Völker, Spanisch herrscht vor. Lara ist enttäuscht, daß kein Tannenbaum da ist und die Kinder keine Weihnachtslieder singen.

L. 26. Dezember

Weihnachten bei den Meiers[1]. Es ist erstaunlich, wie Kinder sich auch ohne gemeinsame Sprache verstehen. Sie singen zur Melodie »Stille Nacht, Heilige Nacht« – Lara auf englisch, die anderen auf deutsch und schweizerisch, dann spielen sie die Weihnachtsgeschichte. Lara beansprucht die Rolle der Maria, Simon ist das Jesuskind.

L. 28. Dezember

Gestern sind wir nach Münstereifel gefahren, in die Stadt des Dr. Haass. Es hatte geschneit, und der Schnee blieb einige Stunden

---

[1] Kathrin Meier-Rust und Reinhard Meier – Beide Korrespondenten der »Neuen Zürcher Zeitung«, Freunde von R. O. und L. K. schon in Moskau.

liegen. Das Städtchen ist wie aus einem Grimmschen Märchen. Das Zentrum ist von einer Stadtmauer mit Türmen und Toren umgeben, über den Toren alte Wappen. Die Kirche aus dem 12. Jahrhundert, das Rathaus ist jünger, aus dem 14. Jahrhundert; dort wurden wir vom Stadtdirektor empfangen. […] Wir schlenderten durch Gäßchen mit zauberhaften Fachwerkhäusern; die oberen Stockwerke treten weiter vor als die unteren; spitze Dächer, einige tragen an Balken und Giebeln erbauliche Inschriften im hiesigen Dialekt: »Wer die Klagen und Bitten der Armen nicht erhört und sich ihrer nicht erbarmt, den wird auch der Herr beim Jüngsten Gericht nicht erhören.« […] In der Bibliothek des Gymnasiums, das im 16. Jahrhundert von Jesuiten gegründet wurde (hier lernte der Apothekerssohn Friedrich Joseph Haass), Atlanten und geographische Traktate jener Zeit mit wundervollen Stichen; Kiew ist da noch eine Stadt des »Litauischen Großherzogtums«; es gibt ein Buch mit handschriftlichen Eintragungen von Melanchthon (Luthers Gehilfen).

Der patriotische Bürgermeister und ein Abgeordneter des Bundestags, Alois Mertes von der CDU (Vorsitzender des Auswärtigen Ausschusses), der extra gekommen ist, um beim Treffen mit uns dabeizusein, betonen immer wieder, daß die Nazis hier nie mehr als 30 Prozent der Stimmen bekommen haben, manchmal sogar weniger als 20 Prozent, und das noch im März 1933. Hier war einst eines der wichtigsten Zentren der Gegenreformation und des Widerstands gegen das Preußentum. […]

Ein Mitarbeiter des Bürgermeisters (Typ eines Abtes aus einem alten Schwank), der die gesamte Stadtchronik auswendig kennt, führte uns. Was wann von wem erbaut wurde, wie die Familien entstanden und sich verzweigten – bis heute leben in dieser Stadt Leute, deren Stammbaum (kein adliger, sondern ein bürgerlicher, von Handwerkern) Jahrhunderte zurückzuverfolgen ist. Interessant ist das Gefühl der *Realität von Geschichte*. Uralte Überlieferungen und Mythen, die gleichsam unmittelbar weiterwirken. Der Abstand zu den Vorfahren scheint so kurz wie die Entfernung nach Köln, Bonn oder Koblenz.

1981

L. 1. Januar

Wir haben Neujahr bei Lena und Igor auf ihrer Schmitzhöhe gefeiert ..., ganz ohne besonderes Programm, schön und familiär. Erst haben wir den Jahreswechsel nach Moskauer Zeit, dann nach westlicher begangen. Igor hat Raketen steigen lassen; im ganzen Dorf gab es um Mitternacht Raketen, Knallfrösche, Feuerwerk. Freunde von Lena und Igor haben aus Leningrad telefoniert, wir haben Lena[1] in Moskau angerufen. Sie hat mit ihrer Mutter und Tante Jekaterina Georgijewna Neujahr gefeiert. Wir haben auch Swetlana[2] in Peredelkino erreicht. Um ein Uhr sind wir aufgebrochen. Lara schlief.

Dima ist erst im Morgengrauen aus Paris zurückgekommen. Er war auch in Portugal. Im Zug hatte er einen jungen Deutschen namens Udo kennengelernt, der in Paris studiert und als Möbelspediteur arbeitet, und war mit ihm in seinem Kleinbus nach Portugal gefahren. Eine internationale Gesellschaft: Deutsche, Franzosen, Amerikaner.

Ein langes, wichtiges Gespräch mit Dima: Ich entdecke meinen Enkel. Mag er auch ein wenig jugendlich posieren, aber er ist ein guter, gescheiter Kerl; wichtig ist schließlich auch, *was* und *wie* er sich darstellt.

Wir haben über den Sinn des Lebens gesprochen: Warum lohnt es sich überhaupt zu leben? Was kommt danach? Da schaltet sich Lara ein: »Ich finde die Vorstellung, daß nach dem Tode gar nichts ist, schrecklich. Es gibt etwas über dem Menschen.« Sie braucht

---

[1] Jelena (Lena) Kopelewa – Tochter aus L. K.s erster Ehe.
[2] Swetlana (Sweta) Iwanowa – Tochter aus R. O.s erster Ehe.

die Kirche, aber Dima reicht das nicht. Er fragt und fragt und versucht zu antworten. »Wie entsteht Kunst? Wozu ist sie nötig? Kunst ist eine Offenbarung.« Er nennt es »revelation«. Er fährt fort: »Ein Mädchen sagt: ›Jim, ich liebe dich.‹ Darauf plötzliche Freude, die plötzliche Freude von Sonne, von Blumen. Ich erwecke gern ein Lächeln bei einem Menschen, der weint ... Ich liebe Kinder, weil sie unverdorben sind und nicht lügen können. Hier gibt es doch auch viel Schlechtes. Hier leben fast alle um des Geldes willen ... Ich habe Angst vor der Menge. Ich weiß nicht, ob Freiheit möglich ist, ob Gleichheit aller Menschen möglich ist ... Ich will leben, ohne jemanden nachzuahmen, ganz für mich. Aber das wollen Schmarotzer ja auch. Daher die Jagd nach den Drogen.« (Dima selber hat alles durchprobiert; außer Heroin).

Er kann gut zuhören, wir haben über seine Berufung gesprochen. Ich glaube, seine Berufung sind Kinder und Sprachen. Wir sprechen darüber, daß Einstein im 30. Jahrhundert jedem Rechnungsführer ebenbürtig sein wird; wir reden über die Fruchtbarkeit postumer geistiger Atome, über die Religion der Bruderschaft ... Es ist für mich leicht und selbstverständlich, mit ihm wie mit einem gleichen zu sprechen, und es ist sehr interessant, ihm zuzuhören, und schön, die Achtung, die brüderliche Achtung vor dem Enkel zu erleben. Und dann wieder die schnöde Angst: Womit werde ich für diese Freude zahlen müssen?

R. 5. JANUAR

Außer unseren alten Freunden wollen und können wir niemanden sehen. Außerdem waren unsere Kinder und Enkel aus den USA zwei Wochen lang hier (wir haben uns sieben Jahre lang nicht gesehen!), so daß wir in dieser Zeit nur mit unseren persönlichen Sachen beschäftigt waren und alles andere warten mußte.

Zu unserer Situation: Wir wollen wirklich zurück und hoffen darauf (ich spreche hier nur von uns – die andere Seite hängt nicht von uns ab), denn Lew hat von Anfang an, schon in Moskau, gesagt, daß er keine Interviews zu politischen Themen geben wird. [...] Mit großer Mühe kehrt er zu seinem geliebten Beruf zurück, den er lange Jahre nicht ausüben konnte.

R. 7. JANUAR

Wir haben Silvester natürlich um 22 Uhr, das heißt nach Moskauer Zeit, zu feiern begonnen. Lew und ich haben verschwörerische Blicke gewechselt und beide dasselbe gedacht. [...] Wir haben nach Leningrad und Moskau telefoniert.

L. 8. JANUAR

Heute sind wir in »unsere« neue Wohnung gezogen: Eugen-Langen-Straße 29. In diesem Haus hat früher Klaus von Bismarck gewohnt, der frühere Intendant des WDR. [...]
Teresa, ihre Freundin und Viktor Böll haben uns hergebracht. Er ist helläugig, blondbärtig, sieht aus wie ein junger Russe.

Gestern sind die Materialien über Kostja Bogatyrjow an Kasack gegangen; er ist ein erfahrener Herausgeber, und wir haben gleich abgemacht, daß er der leitende Herausgeber wird. Wahrscheinlich kann das Buch noch in diesem Jahr erscheinen.

Ich schreibe eine Rezension über eine hervorragende Onegin-Übersetzung von Rolf-Dietrich Keil – demselben Keil, über den Pasternak uns im März 1960 erzählt hat.

R. 10. JANUAR

Einer der wichtigsten und stärksten Eindrücke dieser ganzen Zeit ist die Offenheit der Welt, ihre *Grenzenlosigkeit* im ursprünglichen Sinn des Wortes. Es gibt keine Grenzen. Die Leute fahren endlos herum, ziehen um und bekommen viel zu sehen. Eine Extensität, die – wie es wohl auch nicht anders sein kann – teilweise zu Lasten der Intensität geht. [...] Die ungeheure Masse an geistigem Angebot (wieviel Bücher allein!) ist nicht zu schlucken. Oder es wird unzulänglich geschluckt.

R. 11. JANUAR

Wir sind umgezogen und eingerichtet. Fast alles Nötige ist da: Möbel, Geschirr und Küchenausrüstung hat man uns vom Radio gegeben. Weiteres haben Freunde gesammelt. Einige wenige Sachen habe ich auch gekauft.

Ich hatte keine Wohnung einrichten wollen, aber jetzt bin ich

froh, auch über das (relative) Alleinsein. Schon heute haben wir Besuch aus Paris: Igor Alexandrowitsch Kriwoscheïn[1]. [...]
Wir haben Bilder aufgehängt, Fotos von unserer Wohnung. Genau gegenüber meinem Bett – wie dort – ein Stück blaue Wand mit Mamas Fotografie. Darunter Koktebel.[2]

L. 14. JANUAR

Das Alte, das russische Neujahr! Heute ist Igor Kriwoscheïn abgereist. Er war am Samstag, dem 10., gekommen.

L. 15. JANUAR. WÜRZBURG

Wir sind gestern mit dem Zug hierhergekommen ... Die hiesigen Philologen wissen sehr wenig über uns; von den Zeitgenossen kennen sie Pasternak, Scholochow, Solshenizyn. Sonst haben sie von niemandem etwas gehört, und auch die haben sie nicht besonders gut gelesen. [...] Heute war die erste Vorlesung (»Faust in Rußland«), etwa 400 Hörer. Ich gebe mir für die Vorlesung eine 3+. Das einzige, was gut gelang, war, die direkte Verbindung von Puschkin zu Dostojewskij und von Dostojewskij zu Bulgakow aufzuzeigen: »Im Gegensatz zum Teufel will der Mensch das Gute, schafft aber das Böse.« Es gab viele Fragen ...

Wir sind durch die Stadt gegangen. Ein prächtiger Rokokopark. Alles verschneit. Ein Warnschild »Dachlawine«, die Autos kommen kaum voran, immer wieder Staus.

Wie wird aus Eklektizismus Kunst? Riemenschneider – das ist geschickte handwerkliche Nachahmung und große, schöne Kunst.

... Sturz des Senats in Berlin. Die sozialliberale Koalition ist in Gefahr. Was sind das für Leute, die hiesigen jungen Politiker? Wie frei sie vor den Fernsehkameras sprechen! In diesen Sendungen liegt der Vorteil, manchmal aber auch die Schwäche der Demokratie.

---

[1] Igor A. Kriwoscheïn (1899–1987) – Russisch-französischer Ingenieur, Offizier im Ersten Weltkrieg und Weißer Offizier im Bürgerkrieg. Emigrierte nach Frankreich, 1947 aus Frankreich in die Sowjetunion deportiert. 1948 bis 1954 inhaftiert. Seit 1975 wieder in Frankreich.
[2] Koktebel – Dorf im Osten der Krim, wo seit Jahrzehnten im Haus des Dichters Maximilian Woloschin und in seiner Nähe viele russische Literaten weilten.

L. 22. JANUAR

Heute haben wir von unserer Ausbürgerung erfahren. Die Nacht war qualvoll. Kopfschmerzen, Alpträume. Am Morgen in der Post der Brief von der Botschaft.

»20. Januar 1981. Bonn
Ich habe den Auftrag, Ihnen mitzuteilen, daß Ihnen durch den Ukas des Präsidiums des Obersten Sowjets der UdSSR vom 12. Januar 1981 wegen Handlungen, die den hohen Rang eines Bürgers der UdSSR schädigen, gemäß Artikel 18 des Gesetzes ›Über die Staatsbürgerschaft der UdSSR‹ die Staatsbürgerschaft der UdSSR aberkannt wird.

Ihren sowjetischen Paß, der mit Wirkung des oben genannten Datums ungültig ist, wollen Sie bitte persönlich oder postalisch bei der Konsularabteilung der Botschaft der UdSSR, 5300 Bonn 2, Waldstraße 42, abgeben.

Der Konsul der Botschaft der UdSSR in der BRD
W. Sorokin.«

R. 23. JANUAR

Gestern, am 22., hat Lew bei Böll angerufen, und Viktor (der Neffe) sagte aufgeregt, daß zwei Briefe von der sowjetischen Botschaft da seien. [...] Viktor ist hergekommen. [...] Ich habe den gleichen Text bekommen. [...] Ich fing sofort an zu weinen und habe fast nicht mehr aufgehört. Die Wohnung füllte sich mit Leuten. Es mußte auch gleich eine Erklärung für die Pressekonferenz gemacht werden. Und das Telefon begann zu klingeln und hörte ebenfalls bis zum späten Abend nicht mehr auf. [...] Das Fernsehen soll kommen. [...] Lew sagte sehr streng: »Untersteh dich zu weinen!« Ihm selbst standen Tränen in den Augen, aber er beherrschte sich. [...]

Heute morgen Pressekonferenz in Bonn. [...] Lews Verleger aus Hamburg ist gekommen, der hat die Pressekonferenz veranstaltet. [...] Abends sahen wir noch fern. Um 19 und um 20 Uhr wurde die Nachricht gebracht und um 22.30 Uhr eine lange Sendung.[1] [...] Ich konnte es schon nicht mehr hören. Aber dann kam noch einmal über eine Stunde lang das Interview mit Böll, Fotos von unseren Abschiedsfesten und wie Lew und ich in Shukowka spazierengehen usw. [...] Natürlich ist mir noch nicht wirklich bewußt, was geschehen ist, aber der Schmerz hört nicht auf.

---

[1] Filme von Fritz Pleitgen und Klaus Bednarz.

Übermorgen, am Sonntag, fahren wir nach Wien. Was haben wir jetzt noch zu fürchten? Nichts ...

Presseerklärung

Von unserer Ausbürgerung erfuhren wir am 22. Januar, genau am ersten Jahrestag der Verbannung von Andrej Sacharow. Das ist wohl ein Zufall, aber für uns ist er symbolisch. Unser Schicksal ist schwer, aber noch schwerer haben es unsere Landsleute, unsere Freunde, bekannte und unbekannte Freunde, die in den Gefängnissen, in Straflagern und in den sogenannten psychiatrischen Zuchthäusern sind. Ich will und ich muß eben jetzt, wenn auch nur einige Namen nennen, das sind Igor Ogurzow, Jurij Orlow, Sergej Kowaljow, Mykola Rudenko, Tatjana Welikanowa, Gleb Jakunin, Leonard Ternowskij, Viktor Nekipelow, Alexander Lawut und der neulich vor Weihnachten verhaftete Konstantin Asadowskij. In diesen Stunden denken wir an sie und bitten alle, die unsere Worte hören oder lesen werden, auch daran zu denken: Solange bei uns in der Sowjetunion Menschen wie Sacharow und all die, die für Wahrheit und Recht auftreten, verfolgt werden, kann niemand auf unserem Planeten sich in Sicherheit fühlen.

Wir kamen in die Bundesrepublik, wie wir es in den ersten Tagen den Journalisten sagten, ganz privat, auf Einladung deutscher Freunde; wir kamen, um zu studieren, um zu sehen, um zu hören. Wir wollten uns keinesfalls irgendwie politisch betätigen. Denn wir wollten ja in einem Jahr zurückfahren, zu unseren Kindern, Enkeln, Freunden, in unser Moskauer Arbeitszimmer. Eben deswegen weigerten wir uns, uns politisch zu äußern, weil wir wußten, daß eine beliebige Äußerung böswillig mißdeutet werden kann. Und doch hat man uns ausgebürgert. Es soll heißen, daß wir keine Heimat mehr haben dürfen. Das ist so gemein wie dumm. Die Heimat bleibt mit uns, bleibt in uns, solange wir leben. Daß wir nicht mehr nach Hause kommen dürfen, ist wohl das Schlimmste, was wir uns heute vorstellen können. Aber es ändert nichts an unserer inneren Haltung. Wir bleiben so, wie wir sind. Trotz alledem und alledem glauben wir treu an Rußland, an den unsterblichen Geist Rußlands, an seine Zukunft.

Willy Brandt publizierte in der »Zeit« einen »offenen Brief« an uns:

Lieber Herr Kopelew,
ich bin traurig und erzürnt, und ich möchte Ihnen und Ihrer Frau gerade jetzt meine Verbundenheit bekunden.

Traurig bin ich, weil ich mir ausmalen kann, wie hart die Ausbürgerung einen russischen Patrioten trifft. Und weil es mächtige Apparatleute gibt, die ja wohl allen Ernstes meinen, mit solchen Maßnahmen die Interessen ihres Staates zu wahren, während andere Leute, die es besser wissen müssen, nicht wirksam werden.

Erzürnt bin ich, weil ich mich getäuscht sehe. Man hatte mir den Eindruck vermittelt, Sie würden bei uns in der Bundesrepublik ein Jahr wissenschaftlich und literarisch arbeiten und danach mit Ihrer Frau nach Moskau zurückkehren können. Als Sie mich gemeinsam mit Heinrich Böll vor Weihnachten besuchten, sagten Sie mir von sich aus, daß Sie sich politischer Aktivitäten enthalten würden, um niemandem einen Vorwand zu geben, sich der gegebenen Zusage zu entziehen. Egon Bahr, der bei Ihrem Besuch zugegen war, hat am Donnerstag – in meinem Sinne mit – erklärt, die Ihnen gegenüber getroffene Maßnahme sei »ein eklatanter Verstoß gegen Treu und Glauben«.

Lieber Lew Kopelew, ich denke gern an jenen sommerlichen Spätnachmittag im Jahre 1975 zurück, als wir in Pleitgens damaliger Moskauer Wohnung miteinander mit gemeinsamen Freunden sprachen. Vieles in der Welt ist seitdem noch schwieriger geworden. Ich möchte trotzdem nicht resignieren, sondern mich weiterhin engagieren – vor allem dafür, daß es nicht zum Schlimmsten kommt. Und nicht zuletzt dafür, den geistig Schaffenden das Leben etwas leichter zu machen.

Nachdem Marion Dönhoff und Heinrich Böll Sie eingeladen hatten, habe ich sowjetische Behörden mehrfach wissen lassen, daß ich es begrüßen würde, wenn man Ihnen Ausreise und Rückkehr genehmigte. Ich bin nun mit in der Verantwortung. Jedenfalls, wenn Sie meinen Rat brauchen, zögern Sie, bitte, nicht, ihn in Anspruch zu nehmen.

Mit freundlicher Empfehlung an Ihre Frau und mit guten Wünschen für die Arbeit grüßt Sie

Ihr Willy Brandt
(der auch, allerdings in jüngerem Alter, ausgebürgert war.)

L. 27. Januar. Wien
Wir sind gestern mit dem Zug angekommen. Vorher wahnsinnige Tage.

Kunsthistorisches Museum. Eine großartige Entdeckung: Averkamp!!! Ich sehe ihn zum erstenmal, Breughel verwandt, aber feiner, zarter, detaillierter. Herrliche Winterfrische, viele Menschen auf dem Eis ...

Nationalbibliothek. Marija Andrejewna Rasumowskaja übersetzt Zwetajewa und schreibt über sie und wirkt selbst weniger wie eine wienerische als vielmehr wie eine Leningrader oder Moskauer poesiebesessene Philologin (sie ist eine Ur-Urenkelin jenes Rasumowskij, der zu Beginn des 19. Jahrhunderts Österreicher, also Untertan der österreichischen Habsburger, wurde).

Ein neues »österreichisches« Wort: Jause. Es hat dieselbe Wurzel wie das russische Ushin und bezeichnet eine Nahrungsaufnahme zwischen Mittagessen und spätem Abendbrot (Vesper?).

L. 1. Februar. Wien
Ein übervoller Tag. Vormittags Mozarts Messe in der Kapelle der Hofburg. Eine Musik, die an diesem Ort seit 1776 erklingt; und die Worte seit fast zweitausend Jahren: Credo ... Pater Noster ... Agnus Dei ...

Mittags bei Doktor Faust. Er ist in Petersburg geboren, emigrierte, war amerikanischer Soldat und ist heute Staatsbürger der USA.

Wiener Wald. Die Gedächtniskapelle für Jan Sobieski, der Wien 1684 von der Belagerung der Türken befreite.

Abends Frischs »Triptychon« im Burgtheater. Harte Lyrik und strenge Philosophie im Drama. Frischs ständige, quälende, unlösbare Themen: die Liebe und die Unfähigkeit, sie auszudrücken, zu glauben, sie glaubbar zu machen; die Unlebbarkeit der Liebe (J'adore, ce que me brûle), die Untrennbarkeit von Liebe und Tod, die Banalität des Todes und die Unwiderruflichkeit schon gewordenen Seins (und Alltags), die Ewigkeit und Unabänderlichkeit des Gewesenen. Ein großartiges Schauspiel und sehr gute Diskussionen hinterher ...

Wir saßen neben Bruno Kreisky. Er sagte: »Sie kennen mich nicht, aber ich kenne Sie. Ich bin Kreisky.« Er ähnelt sehr einer wohlwollenden Karikatur von ihm, die wir in einer Konditorei gesehen haben. Erstaunlich unkompliziert, rötlich, behäbig, gelassen ... Ein Intellektueller (kein Gelehrter, eher Manager oder Ökonom), absolut natürlich, keine Spur von Dünkel, urteilt aber im Gespräch entschieden. Über Polen: »Ich bin ein Pessimist; wenn es so weitergeht, werden die Sowjets einmarschieren... Was glauben Sie, die Russen werden eine SD-Regierung in Polen zulassen?«

L. Dienstag, Mittwoch, 3.-4. Februar

Die letzte Nacht in Wien. Morgens habe ich einen Brief wegen Asadowskij[1] und Druskin[2] an Kreisky geschickt.

Abschied von Frisch und Alice. Sie hat ein feines, scharf geschnittenes Gesicht, helle und manchmal verlegene Augen, goldblondes, welliges Haar. Anmutig und nervös. Sie liebt Max sehr und freut sich, wenn man ihn ehrt. Sie ist besorgt um ihn und leidet an seinen Schmerzen mit. Er wirkt manchmal wie ein Buddha. Woher hat ein Schweizer (Österreicher, Deutscher) diesen fast mongolischen, kasachischen Augenschnitt? Das Weiße ist kaum zu sehen, breite Backenknochen, die stämmige, kräftige Statur eines Steppenmenschen. Im Mai wird er siebzig. Er will nicht in der Schweiz feiern. Da überkommt ihn Bitterkeit: »Ich will nichts mit der Obrigkeit zu tun haben.« Er wird zu der Zeit wahrscheinlich in Amerika oder in Frankfurt sein (Verleger Unseld hat ihn eingeladen). Als ich versprach, daß wir dann kommen werden, freute er sich.

Am Abend vorher mit Mlynař[3] bei den Kohouts. Pavel Kohouts Charme liegt in seiner offenen Fröhlichkeit, sein Lächeln überzeugt sofort. Er ist klug, gewandt, gutmütig und verläßlich. Und Mlynař gefiel mir bei dieser zweiten Begegnung viel besser als beim ersten Kennenlernen in Bremen, [...] seine Selbstsicherheit (aus alten Funktionärs- und Staatsanwaltstagen) ist weniger aufdringlich.

Der tschechische Samisdat: exzellent herausgegebene, gebundene, illustrierte Bücher mit Autorensignatur. Der neue Ausdruck

---

[1] Konstantin M. Asadowskij – Leningrader Germanist (Rilke-Forscher), wurde als Dissident unter einem fingierten Vorwand verhaftet.
[2] Lew S. Druskin (1921-1990) – Lyriker, Menschenrechtler, schwerbehindert, wurde ausgebürgert, lebte und starb in Tübingen.
[3] Jiři Mlynař – Tschechischer Politiker, Verfechter eines »Sozialismus mit menschlichem Gesicht«. Nach 1968 emigriert, lehrt in Wien.

»sich arrangieren«. Zum Beispiel: »X hat sich vor seinem Tod mit den Machthabern arrangiert.«

Vor der Abreise haben wir es heute noch geschafft, in die Albertina zu gehen; Raffaels Zeichnungen, die Skizzen von Jesuskind und Engeln, Dürers betende Hände. Wie soll man mit Worten beschreiben, warum das genial ist? Eine offenkundige, über Jahrhunderte unbestreitbare zeichnerische Genialität. Nicht die Genauigkeit – er sucht ja noch –, aber die Genialität von Dürer ist unverkennbar, sie fällt ins Auge, sowohl in den Zeichnungen wie in den Aquarellen, die unwahrscheinliche Echtheit und eben doch die Exaktheit: die kleinen Höfe, die Bäume, Gräser, der Hase, der sagenhafte »Kopf eines alten Mannes«!!! Die Bartlocken mit den winzigsten Spiralen. Der Künstler genoß die Ausdruckskraft des einzelnen Strichs. Das ist auch in den betenden Händen so … Auch Rubens war ein wundervoller Zeichner, seine Zeichnungen gefallen mir besser als seine Gemälde. (Das Selbstporträt!)

R. 6. Februar

Es ist hier in gewisser Weise viel schwieriger als bei uns, man selbst zu bleiben – für mich jedenfalls. Man schwimmt leicht einfach im Strom mit.

Über Lew bricht es jetzt von allen Seiten herein – Frisch hatte ihm das schon in Wien vorausgesagt. Jeder will sein Süppchen kochen; auch verschiedene »Menschenrechtsorganisationen« drängen auf ihn ein.

R. 21. Februar

Wir wollen in die Schweiz. Da gibt es wieder ein Stück von Frisch. Lew hat ein Interview, und ich will nach Genf zu Herzens Orten; es könnte ja sein, daß ich noch irgendwelche Materialien finde. Und in Lausanne haben wir Bekannte. […]

Köln bereitet sich auf den Karneval vor, und Lew will sehen, worüber er so viel gelesen hat.

Immer noch kommen liebevolle, rührende Briefe. Und gestern – er las in einer großen Buchhandlung ein Kapitel aus »Tröste meine Trauer« – hat ihm eine Frau einen Umschlag mit russischer Erde gegeben, aus Leningrad, von der Fontanka.

L. 2. März

(Weiberfastnacht). Abends ist Klaus Bednarz aus Moskau gekommen. Er hat von all unseren Verwandten erzählt, hat uns gerührt und traurig gemacht und uns zu einem Kneipenbummel eingeladen. Raja wollte natürlich überhaupt nicht, aber ich bin mitgegangen. Wir haben beide Bier getrunken, Leute beobachtet und Lieder mitgesungen. Wenn Kölsch gesungen wurde, konnte ich mit Mühe ein Drittel verstehen, und Klaus konnte mir auch nicht helfen: »Ich bin hier genauso sehr Ausländer wie du.«

[...] Es tobte der Karneval. Wir hatten Karten für eine Tribüne am alten Rathaus. Ich habe mehrmals was an Stirn und Nase gekriegt, mal ein Bonbon, mal ein Päckchen Waffeln, und auch eine Tafel Schokolade traf.

Cornelia Gerstenmaier, die an diesem Tag wegen der Veröffentlichung von Wolodja Kornilows Buch anrief, fragte mich nach dem Karneval und beschämte mich mit der berechtigten Bemerkung: »In Köln, Bonn und Aachen tritt man auf Bonbons und überißt sich an Schokolade, und in Polen wird der Zucker auf Karten ausgegeben, und die Kinder haben nicht genug.«

Auch hier beschweren sich einige über den »Karnevalskommerz«, die völlige Entfesselung, den tanzenden, singenden Rummel. [...] Ich habe die Neugier noch nicht verloren, die simpelste Eigenschaft eines Häftlings.

Heute hat Wolf Biermann aus Hamburg angerufen und versucht, mich davon zu überzeugen, daß Hamburg die beste Stadt in Deutschland und überhaupt in der ganzen Welt sei und daß wir dort wohnen müßten. Wir haben auch schon eine Einladung zum Innenminister des Landes Nordrhein-Westfalen wegen unserer künftigen Staatsbürgerschaft. Wenn die Bundesrepublik uns ohne die übliche Wartezeit von fünf bis zehn Jahren als Bürger aufnimmt, dann heißt das, daß wir auch nach Bulgarien, Rumänien und Ungarn fahren und unsere Lieben dort treffen können.

L. 8. März. Genf

Heute ein langes Gespräch mit Efim Etkind[1] im Haus von Georges Nivat[2]: Über das Wesen der sowjetischen Pornographie (im Volks-

---

[1] Efim G. Etkind – Leningrader Romanist und Germanist, lebt in Paris.
[2] Georges Nivat – Französischer Slawist, lehrt in Genf.

mund »pornucha«; Beispiele Limonow, Aleschkowskij[1]). Es gibt ja
Tabus, die für die Entwicklung einer gesunden, einer lebendigen
Kunst notwendig sind. Aber keine tot erstarrten Tabus. Das Verletzen solcher Tabus durch Genies wie Goethe, Puschkin oder brillante Talente wie Barkow[2] kann manchmal auch wahre Kunst
hervorbringen. Aber es ist immer das Wagnis eines einzelnen, wobei für die anderen die Tabus doch bestehen bleiben. Wenn überhaupt alle Tabus abgeschafft werden und Wandkritzeleien aus
öffentlichen Toiletten zu einer Alltagsgewohnheit und von Handwerkern als wohlfeile Lektüre angeeignet werden, dann ist das
einfach zotig, Krämerkram. (Man vergleiche all die sündigen Liebesbeziehungen von Manon Lescaut mit einem gewöhnlichen Bordell, wo es einen Kassierer, einen Rausschmeißer und eine gewerkschaftliche Versicherung gibt.)

L. Mitte März

Drei Tage Zürich, ein halber Tag Bern, drei Tage Genf und jeweils
ein paar Stunden in Lausanne und Montreux (bei W. E. Nabokowa). Und ebenso lange waren wir in Frankreich, in Savoyen (bei
Georges Nivat). Entlang der schönen Uferstraße reihen sich von
Lausanne bis Genf Ortschaften, kleine Städte, Guts- und Bauernhöfe aneinander. Und überall in der Schweiz spürt man deutlich,
daß es hier seit undenklichen Zeiten keine Kriege, keine Revolutionen gegeben hat; es sind keine Bomben und Geschosse explodiert,
es gab keine Erschießungen, Erhängungen, keine Großbrände ...
Diese sauberen, schmucken Häuser, die bunten Aushängeschilder,
die Schaufenster voller Eßbarem, voller Plunder, Kostbarkeiten,
Nippes und unzähligen, bunten Verpackungen ...

Gerade in Zürich und Genf konnte ich manchmal jene jungen
Leute verstehen – ohne sie damit entschuldigen zu wollen –,
die angesichts des trüben Alltags von Gastarbeitern, eingedenk
der Filme und Fotos von schrecklicher Armut, welche sie gese-

---

[1] Russische Literaten, bekannt als Autoren pornographischer und in Rotwelsch
verfaßter Texte.
[2] Iwan S. Barkow (1732–1768) – Lyriker, Nachdichter, Übersetzer; Autor mehrerer
frivoler Gedichte, die bis vor kurzem nicht gedruckt werden durften und als
»Samisdat« von Hand zu Hand gingen.

hen haben, von Somaliern, Kambodschanern, Nikaraguanern, die vom Hunger aufgebläht oder zu Skeletten vertrocknet sind – die in Anbetracht all dessen Ziegelsteine in diese Schaufenster werfen, wütende Losungen an die Wände schreiben und sich selbst und ihren satten Wohlstand verfluchen. (Losungen an den Mauern in Zürich: »Wir sind die, vor denen unsere Eltern uns gewarnt haben«, »Es lebe die Anarchie!«, »Bakunin lebt!« usw.)

R. 17. März

Ein Freund aus Moskauer Zeiten hat uns ins Konzert eingeladen. Auf der Einladung stand: »Im Keller«. Aber daß es ein Keller aus dem 2. Jahrhundert war, stand nicht dabei. Römerzeit. Ein Privathaus. Eine Gesellschaft von Musikfreunden. Es spielen Alexander Bagrinskij und Tanja Remennikowa, Flügel und Cello. Sie ist eine Schülerin von Rostropowitsch. Eine wundervolle Cellistin. Hindemith, César Franck, Beethoven. Auf den »stürmischen, nicht enden wollenden Applaus« folgten als Zugaben Rachmaninow und de Falla.

R. 27. März

Lew hatte eine Vorlesung »Deutsche Literatur in der UdSSR« in Bonn bei der Organisation »Inter Nationes«, von der er und andere sowjetische Germanisten seit vielen Jahren Bücher bekommen. Es waren lauter »Prominente« aller Couleur da, Professoren, Schriftsteller. Die Einleitungsworte sprach Heinrich Böll; kurz und wie immer sehr gut – er ist ein Dissident im tiefsten Sinn des Wortes –, er wollte deutlich jenen »Verehrungsdunst« durchbrechen, von dem Lew umgeben ist. Er sagte, daß der »Archipel Gulag« hier gelesen werde, und das sei gut, aber wieviel Leser könnte er in seiner Heimat haben! Und er sagte, daß Bücher über die deutschen KZs hier durchaus nicht so aufmerksam gelesen würden ...

L. 25.–27. März. Bad Münstereifel

Heute um ein Uhr hat mich Pastor Anton Hamm besucht, Autor eines Buches über Haass und Priester am hiesigen Franziskanerinnen-Kloster. Er ist mit mir ins Trappisten-Kloster Mariawald,

25 Kilometer von hier, gefahren (offizielle Bezeichnung: »Zisterzienserorden strengster Ordnung«). Es existiert seit 1568, mit einer Unterbrechung: Die atheistischen Franzosen vertrieben die Mönche 1804, und erst 1860 wurde das Kloster vollständig wieder aufgebaut. In seiner Geschichte gibt es auch eine Episode, die mit Rußland zu tun hat: 1799 machte sich eine Gruppe von Mönchen zu Fuß auf den Weg nach Moskau, um dort eine Niederlassung zu gründen. Sie kamen bis Petersburg, von wo man sie verscheuchte, und sie kehrten genauso zu Fuß zurück an den Rhein.

Das Klostergebäude ist teils sehr alt, teils nach dem Krieg neu aufgebaut; deutsche Pioniere hatten es beim Rückzug vor den Amerikanern zerstört. Es ist weiß mit einem kleinen Glockenturm, den Kern bildet ein geschlossenes Viereck, das »Claustrum«, das für Außenstehende geschlossen ist [...], mit einem offenen, inneren Quadrat. Die hohen Gewölbe und Fenster (ohne Buntglas) bewirken eine reine Schönheit; das Refektorium ist ebenso weiß und kahl, lange Holztische, schlichte Schemel, vor jedem auf dem Tisch ein Gedeck: Krug, Seidel, Blechnapf ... Der Prior sagte: »Im Gefängnis haben Sie wahrscheinlich auch aus Blechnäpfen gegessen.« Auch der Schlafsaal hat ein hohes Gewölbe und innen hölzerne Trennwände aus bläulichen Brettern. Es sind Zellen ohne einzelne Zimmerdecke, statt der Türen schwarze Vorhänge.[...]

Der Prior führte uns ins Zimmer für Gespräche – ein großer quadratischer Raum, Stühle an den Wänden und ein kleines Tischchen mit ... Mikrofon. Sie wollten eine Tonbandaufzeichnung machen, aber das Gerät war kaputt. Auf den Stühlen ringsum saßen 25 Männer, fast alle in grauen Soutanen mit schwarzen Schürzen, drei in Braun (Arbeitskleidung) und drei in »Zivil«. Einer davon war ein Gast, ein holländischer Trappist, die beiden anderen, die im Gästehaus des Klosters wohnten, bereiteten sich auf die Mönchsweihe vor und wollten sich eingewöhnen. Insgesamt hat das Kloster heute etwas über dreißig Brüder. Zum Alltag der Patres gehören ein Kuhstall (Bruder Peter betreut dort fünfzig Kühe und gilt außerdem als Spezialist für russische Literatur, vor allem für Dostojewskij und Solshenizyn), die Herstellung von Likör und Schnäpsen und die Nebenwirtschaft zur Selbstversorgung. (Zum Abschied bekam ich eine Flasche Likör »für die Gattin«, die nicht hatte mitkommen dürfen, weil der Zutritt für Frauen strengstens verboten ist, und eine Flasche Schnaps für mich, der »Trockener Likör« heißt.) [...]

Und so sitze ich plötzlich umringt von Mönchen, denn die Stühle stehen im Kreis, und es ist nur das eine Tischchen mit dem Mikrofon da. Im stillen komme ich mir blöd vor Hilflosigkeit vor – was soll ich sagen, womit anfangen? ...

Mit der Entschuldigung, daß ich nicht wisse, was die »ehrwürdigen Brüder« interessiere, erzähle ich zuerst irgend etwas über die Bücher, die hier in Deutschland von mir erschienen sind, kurz zusammenfassend und mit der Bitte um Fragen. Und schon ging es los: »Erklären Sie uns, wie Sie zum Kommunismus kamen. Woran haben Sie geglaubt? ... Bei Ihnen in Rußland gibt es mutige Menschen, die als Dissidenten bezeichnet werden. Einige werden dafür gefoltert und kommen ins Gefängnis. Was veranlaßt sie zu solchem Handeln? Sind sie alle religiös? Welchen Glaubensrichtungen gehören sie an? Wie kann ein Ungläubiger sich selbst aufopfern? In wessen Namen? ... Gibt es in Rußland Haß auf die Deutschen? Solshenizyn hat gegen die offizielle Kirche geschrieben. Hat er Anhänger in Rußland, Gläubige, die auch gegen die Staatskirche sind? Welche Qualen haben Sie selbst in der Haft durchgemacht? Wie kann man an das Gute im Menschen glauben, wenn man nicht an Gott glaubt? ... Der amerikanische Präsident sagt, daß die Sowjets die Weltrevolution wollen und darum Afghanistan und Kuba besetzt haben und ebenso auch Polen besetzen wollen. Aber das zaristische Rußland hat doch schon im vorigen Jahrhundert mit dem britischen Imperium rivalisiert, Länder erobert und bereits damals Polen besetzt. Worin besteht der Unterschied? ... Finden Sie, daß die Menschen in Deutschland frei sind? Sie sehen doch sicherlich auch, welche Macht das Geld, der Staat, die verschiedenen Interessengemeinschaften, die Presse, das Fernsehen haben. Wie kann man da von Freiheit sprechen? Wie verändern sich die Menschen in Rußland durch die Industrialisierung und unter dem Einfluß von Ideologie und Massenmedien? Bei uns haben sich die Menschen in den letzten Jahren sehr verändert, sie sind eigennütziger, einsamer und weniger hilfsbereit geworden. Und wie ist das in Ihrem Lande? ... Worauf hoffen Sie für Rußland? Wird es sich von diesem Regime befreien können und wie? ... Unser verstorbener Prior, Pater Otto, glaubte, daß die Zukunft einem vereinten Europa mit einem christlichen Rußland an der Spitze gehört. Er glaubte, daß der Kommunismus Rußland zu Christus führen wird. Was halten Sie davon? ... Wir hatten hier einen Emigranten aus Rußland, einen Baron Wladimir von Lindenberg. Der hat auch Bücher über das alte Rußland, die Revolution und die Emigration geschrieben. Er sagte, daß die Menschen in Rußland in einem weiten Raum leben, durch große, freie Landstriche voneinander getrennt, und daß es sie deswegen zueinander hinzieht, während sie in Deutschland eng zusammengepfercht leben und deswegen voneinander abgestoßen werden. Was meinen Sie dazu?«... Und so ging es weiter.

Ich antwortete, so gut ich konnte. Auf die immer wiederkehrende Frage »Was glauben Sie selbst?« erklärte ich, unter Vermeidung einer direkten Polemik, warum ich nicht an die Möglichkeit glauben kann, daß ein sterblicher Mensch oder selbst eine große Gemeinschaft Sterblicher das Wesen und den Willen übermenschlicher Mächte, Gottes oder der Vorsehung zu erkennen vermag, und daß ich um so weniger irgend jemandem das Recht zugestehen kann, sich selbst für den einzig gerechten Deuter und Bevollmächtigten des göttlichen Willens zu halten, besonders dann, wenn das zu militanter Intoleranz, Verfolgung, Krieg und Hinrichtungen führt.

Sie hörten mir aufmerksam, fast könnte man sagen demütig, zu. Pastor Hamm wurde unruhig und »ergriff das Wort«. Er erklärte, daß ich den Begriff »Agnostik« anders gebrauche als sie. Für sie bedeute Agnostizismus Gleichgültigkeit gegenüber dem Glauben und damit auch gegenüber der Sittlichkeit, für den Herrn Professor sei es aber ein bescheidenes Eingeständnis seiner Unfähigkeit, Gott zu erkennen usw.

Dann habe ich versucht, ihnen möglichst klar mein Verständnis von Menschlichkeit und der Bruderschaft darzulegen, als der einzigen Möglichkeit zum real wirksamen Guten für jeden Menschen. Sie sagten: »Lehren Sie uns, wie man Bruderschaft verwirklicht... Sie verhalten sich zum Beispiel brüderlich zu den Deutschen, den ehemaligen Feinden. Wie können Sie das ohne religiösen Glauben?« Und ich sagte immer wieder, daß ich niemanden belehren könne und wolle, und daß es mir nicht möglich sei, die Frage nach Gott und Religion mit irgend jemandem zu erörtern, schon gar nicht mit gläubigen Menschen. Ich sei vielmehr überzeugt, daß das eine höchst private Angelegenheit jedes einzelnen sei. Und ich brachte Beispiele großer unreligiöser Menschlichkeit, von Selbstaufopferung bis hin zum Märtyrertum im Dienste der Wahrheit und der Menschen – Sacharow, Orlow, Kowaljow...

Auf Fragen nach den religiösen Bewegungen in der UdSSR habe ich natürlich eingehend über Sergej Alexejewitsch[1], Shenja Barabanow[2] und Gleb Jakunin[3] gesprochen und ihre aufrichtige Toleranz, ihre ökumenische Haltung usw. unterstrichen. Zum Schluß applaudierten die Mönche einmütig, was mich nun wirklich überraschte.

R. 1. APRIL

Heute ein schönes Ereignis: Die Universität Wuppertal trägt Lew eine Forschungsprofessur für drei Jahre an. Wenn er will, kann er Vorlesungen halten, wenn nicht, dann nicht. Und er wird sein Buch »Rußland in der deutschen Literatur« schreiben. Nach dem Gespräch mit dem Rektor, Professor Grünther, einem sehr stattlichen Mann, war Lew einfach glücklich.

L. 19. APRIL

Ich will über den Eindruck von einem vereinten Europa schreiben, der hier immer stärker und dichter wird. Durch die Reisen der Leute, die persönlichen Verbindungen und den ständigen Kulturaustausch ist es wirklich eine Gemeinschaft. Und für die Besten bleibt sie nicht auf Europa beschränkt, sondern schließt auch die Dritte Welt, Lateinamerika und Afrika mit ein. Sicher, leider trifft man auch eine sehr negative Einstellung gegenüber Gastarbeitern an; es gibt weniger Arbeitsplätze als Anwärter darauf. Aber eben auch das andere – jene Philanthropie, auf die wir verächtlich herabsehen sollten, wie man uns gelehrt hatte, und die ich einst mit gönnerhaften Damen assoziierte.

Andererseits habe ich in Deutschland viele Menschen zu sehen bekommen, die ihr Leben der Hilfe für andere widmen. Natürlich ist das hier erheblich einfacher als bei uns. Niemandem droht dafür der Verlust der Arbeit. Aber wie überall drohen viele Unannehmlichkeiten. Und ohne die lebt es sich leichter. Dennoch, die Leute wählen den schwereren Weg.

---

[1] Vater Sergej A. Sheludkow (1910–1984) – Theologe der Ökumene, Menschenrechtler.
[2] Jewgenij V. Barabanow – Theologe, unterrichtet an der Universität Tübingen.
[3] Gleb P. Jakunin – Geistlicher, Menschenrechtler, Duma-Abgeordneter.

R. 27. APRIL

Anläßlich des Kriegsausbruchs vor vierzig Jahren erscheint das Buch »Heinrich Böll. Lew Kopelew. Warum haben wir aufeinander geschossen?«. Ein früheres Fernsehinterview von Klaus Bednarz, neue Artikel von beiden Autoren, Erinnerungen ehemaliger Schüler der antifaschistischen Schule, deutscher Kriegsgefangener. Herausgeber ist Bölls Sohn René. Er wollte in diesem Buch auch noch Materialien eines deutschen Historikers bringen. Aber der Autor des Artikels, ein Historiker und Journalist aus Hamburg, erwies sich als eingefleischter, sturer Stalinist. Auf Lews rigorose Alternative – »Entweder ohne den Artikel oder ohne meine Beiträge« – sagte René sofort, daß er auf den Artikel verzichte. Ein bedeutsamer Zwischenfall.

L. 30. APRIL. GÖTTINGEN

Im Tagebuch ist eine Lücke von vielen Tagen. Dieses Chaos muß entschieden ausgeglichen werden, das ist allein mit Briefkopien nicht zu machen. Die fünfzig Tage, das waren Schweiz und Paris – Begegnungen, Begegnungen, Briefe.

In Paris waren wir an meinem Geburtstag. Wir haben Igor Kriwoscheïn und Efim Etkind getroffen und in der leeren Wohnung von Efims österreichischen Freunden gewohnt, dicht beim Invalidendom. Am ersten Tag sind wir nur zu zweit über die Brücke Alexandre III bis zum Louvre gegangen. Als Pilger zur Venus von Milo, zur Nike von Samothrake, zur Mona Lisa ...

Vergeblich suchen wir nach Worten für Gefühle und Gedanken, wenn wir sehen, erkennen, was uns aus Büchern, Bildern, Filmen längst bekannt ist ... Manchmal staunen wir: Die »reine Jungfrau von Milo« ist haargenau so, wie Heine oder Uspenskij[1] sie beschrieben haben. Doch häufiger ist es mit Worten nicht wiederzugeben. Die Empfindung: Schönheit, seit Jahrhunderten existierend – und plötzlich hat man sie vor sich, so überschaubar, greifbar, alltäglich ... Wie schreibt man das im Gedächtnis fest? Wie soll man darüber berichten?

... Die Freude des Wiedererkennens: die Galerie der Impressionisten – das ist für einen Moskauer nicht neu. Dank sei Schtschukin und Morosow. Aber es ist immer wieder schön.

---
[1] Gleb Uspenskij (1843–1902) – Schriftsteller.

Die Antiquare am Seine-Ufer sind so, wie Anatole France sie geschildert hat. Und immer wieder müssen wir an die Karamasowschen Worte von den »heiligen Gräbern Europas« denken.

ZWISCHENBEMERKUNG

Der Siedler-Verlag drängte mir einen Vertrag für mein Buch über Heine, das ich schon 1968 beendet hatte, förmlich auf. Damals hatte man in der Sowjetunion aufgehört, meine Arbeiten zu veröffentlichen. Die Bücher über Andrej Sacharow und Konstantin Bogatyrjow waren schon zur Frankfurter Buchmesse 1981 fertig, ebenso der Sammelband mit Heinrich Böll »Warum haben wir aufeinander geschossen?«.

All das waren unerwartete, ungeahnte Freuden. Am deutlichsten wurde mir das meist hinterher bewußt, wenn ich das Buch in Händen hielt. In diesem Frühjahr war die Arbeit an der Universität das wichtigste: Vorlesungen, Seminare, Sprechstunden und das Wühlen in Büchern bei der Vorbereitung. Manchmal war ich sehr müde, aber es war eine selige Müdigkeit. Und manchmal beunruhigte mich die Angst vor dem »Zorn der Götter«: Womit würde ich für dieses unverdiente Glück zu zahlen haben?

R. 30. APRIL

Wir wohnen in Göttingen in einer kleinen Wohnung im Studentenwohnheim. Lew ist sehr glücklich über den Kontakt zu den Studenten. [...] Nach der ersten Vorlesung bat er um Fragen. Man sagte ihm, daß das hier nur in Seminaren üblich sei. Aber er macht auch hier das, was nicht üblich ist. Es sind etwa 300 Hörer, und es werden nicht weniger. Am Anfang glaubten wir, daß viele nur aus Neugier kämen oder, wie Lew sich ausdrückte: »um das exotische Tier zu bestaunen«. Aber inzwischen ist es eindeutig das Interesse an der Sache und am Vortragenden.

Die Universität ist vollgeklebt mit kommunistischen Plakaten; massenhaft Flugblätter aller Art. Die Alteingesessenen sagen, daß es erheblich weniger geworden seien. Aber ich finde, es sind viele. Für die UdSSR haben sie weder Interesse noch Sympathie. Diese linken Gruppen und Grüppchen sind entweder nur mit ihren internen Angelegenheiten beschäftigt, oder sie sind an China und Kuba orientiert.

L. 6. Mai

Heute habe ich viel Arbeit: Erst eine Sprechstunde; da kommen die Studenten einzeln zum Gespräch und zur Beratung. Danach zwei Stunden Seminar. Das ist der Mittwoch. Am Dienstag abends Vorlesung. Gestern war die vierte. Es kommen immer noch sehr viele, kaum weniger als dreihundert, und gestern sagte jemand, es seien sogar fünfhundert gewesen. Die meisten sind Studenten, aber es gibt auch etliche Erwachsene und Alte dabei, Dozenten, nicht nur hiesige; sie kommen auch aus Kassel oder anderen umliegenden Städten. Die Vorlesungen sind sehr anstrengend – der Saal ist groß, ein Auditorium wie ein Amphitheater mit steil ansteigenden Sitzreihen, und die Mikrofone taugen nichts. Gleich bei der ersten Vorlesung habe ich gebeten, sie auszuschalten – sie pfeifen mir im Ohr und betäuben die Hörer in den vordersten Reihen. Darum muß ich laut und angestrengt sprechen. Im ganzen hören sie gut zu, viele schreiben mit; es ist eine konzentrierte, wohlwollende Stille, die mir Kraft gibt, mich noch mehr anzustrengen und so zu sprechen, daß sie sich nicht langweilen. Andererseits sind die Sitten hier sehr frei, und die Studenten kommen und gehen, wann sie wollen. Ich beginne um 18 Uhr c.t., und sie kommen noch gute fünfzehn bis zwanzig Minuten darüber hinaus und setzen sich auf die Stufen und in alle Gänge. Während der zweiten Stunde – ich lese ohne Pause, um nicht »an Tempo zu verlieren« – gehen sie einzeln oder zu zweit weg. Beim erstenmal war ich darüber bestürzt und glaubte, es sei meine Schuld, ich hätte sie gelangweilt. Aber die hiesigen Kollegen sagen mir: »Bei Ihnen ist in zwei Stunden von mehreren Hundert nicht mal ein Dutzend gegangen, bei uns bleibt manchmal nicht einmal die Hälfte, sie haben ja abends ihre Privatangelegenheiten.« Gestern sind auch zehn Leute gegangen, aber nicht auf einmal, sondern einzeln. Das stört, aber ich gewöhne mich daran und rede weiter, als wenn nichts wäre. Die Seminare finde ich selbst interessant. Es haben sich 42 Personen eingeschrieben. Voriges Mal sind 38 gekommen. Heute kamen über dreißig. Viele benehmen sich so ungezwungen, daß sie während des Seminars rauchen, die Mädchen stricken. Heute habe ich beschlossen, ein bißchen »sowjetische Ordnung« in ihre deutsche Unordnung zu bringen, und habe einen Freiwilligen zum Seminarältesten ernannt, einen feinen Kerl, blauäugig, dicklippig, blondbärtig … Er hat die Anwesenheitsliste, die Referatsliste usw. übernommen. […]

... Fortsetzung am Donnerstag, dem 7. Mai. Gestern nach dem Seminar noch ein Fernsehinterview. Ein Korrespondent und drei Kameraleute waren aus Hamburg gekommen. Der Anlaß war, daß der Stiftungsrat des Börsenvereins gestern bekanntgegeben hat, mir sei der »Friedenspreis des deutschen Buchhandels für 1981« zuerkannt worden; und zwar dafür, daß ich »die Unerschütterlichkeit ethischer Prinzipien und Gesetze« behaupte, »unabhängig von Ideologie, politischen Überzeugungen und nationalstaatlichen Unterschieden«. (Ich meine, so war es. Ich habe den Text noch nicht gesehen, nur gehört.) Das gestrige Interview wurde abends im Fernsehen »mit Kommentaren« gesendet, und wir bekamen noch einmal unseren Spaziergang zu zweit an jenem trüben Novembertag in Shukowka und unseren letzten Abend in der Krasnoarmejskaja zu sehen. [...]
Der Preis wird mir im Oktober überreicht. Dafür müssen wir aus Amerika zurückfliegen, was im übrigen sowieso nötig gewesen wäre, um meine neue feste Stelle in Wuppertal anzutreten.

R. 11. Mai

Ich gehe jetzt jeden Tag zum Deutschunterricht und bemühe mich, die Hausaufgaben ordentlich zu erledigen. Vier Stunden und zweimal wöchentlich sechs. Das bringt eindeutig schon etwas. Es ist merkwürdig und traurig, im Unterricht zu sitzen; die Lehrerin ist jünger als ich. Meine Gruppe ist ein kleines Abbild der Welt: Leute aus Japan, Mexiko, Italien, der italienischen Schweiz, Elfenbeinküste, Portugal, Griechenland und vielen anderen Ländern. Heute sollte ich etwas von mir erzählen. Das habe ich getan, aber zu meiner Verwunderung kamen überhaupt keine Fragen, weder im Unterricht noch in der Pause. Vielleicht haben sie Hemmungen, so, wie ich welche vor ihnen habe; es ist eben doch ein großer Altersunterschied.

L. 17. Mai

Vom 7. bis 10. Mai waren wir auf einer Tagung des P.E.N.; die ersten drei Tage in der wunderhübschen südwestlichsten Stadt Deutschlands – Freiburg. Am 10. wurde die Tagung in Mainz, der Gutenberg-Stadt, beendet; dort gab es eine Gedenkfeier zum Jahrestag der Bücherverbrennung (10. 5. 1933).

L. 20. MAI

Wir sind wieder in Göttingen. Vorgestern habe ich über Heine in Rußland gelesen; und gestern begann das Seminar mit einer Diskussion über ein sachfremdes Thema: Eine Studentin aus einem anderen Seminar kam herein; dort bereiten sie Demonstrationen und Protestmaterial gegen die Überfüllung der Seminare wegen Dozentenmangels und gegen andere Mißstände der Verwaltung vor. Ich wandte mich entschieden dagegen, daß während des Seminars diskutiert werden sollte. Es gab eine Abstimmung: elf waren für mich – dafür, zu arbeiten und nicht zu diskutieren, sieben waren für eine kurze Diskussion zu Beginn des Seminars, zehn enthielten sich. So konnte ich mein Seminar völlig demokratisch durchführen; die Agitatorin ging unzufrieden weg, und zwei von meinen Linken waren auch deutlich unzufrieden, daß sie in der Minderheit waren, und verließen den Raum, während ich noch bei der Besprechung eines Referats war. So erreichen die Wellen auch uns.

Die Kollegen trösten mich: Früher sei es viel schlimmer gewesen, die Studenten hätten die Professoren verjagt, Vorlesungen und Seminare gesprengt ... Im Grunde habe ich erst hier und jetzt begriffen, daß sie hier eine echte »Kulturrevolution« hatten, durchaus vergleichbar den chinesischen, französischen und amerikanischen Unruhen jener Zeit.

Am Freitag, dem 15. Mai, wurde ich feierlich in den Stand des Doktor »honoris causa« der Philosophie an der Universität zu Köln erhoben. Anstelle der Verteidigung einer Dissertation hatte ich einen kurzen Vortrag zum Thema »Böll und Dostojewskij« zu halten, den ich für die Petersburger Dostojewskij-Konferenz 1975 geschrieben hatte (mein letzter öffentlicher Auftritt zu Hause). Ich hatte schon am Tag vorher und die ganze Nacht über solches Lampenfieber, daß ich mir heimlich überlegte, krank zu werden [...]. Aber es ging insgesamt viel besser, als ich gedacht hatte. Ein riesiges, überfülltes Auditorium, dazu noch eine große Menge im Foyer, das mit Lautsprechern angeschlossen war. Viele bekannte Gesichter.

Es begann mit einem Beethoven-Streichquartett. Vier sehr gute Musiker spielten. Dann hielt Werner Keller die Laudatio. Danach verlas der Dekan der Philosophischen Fakultät den lateinischen Text des Diploms, und ich nahm es entgegen – eine kurze Rolle in einem lila Futteral mit Kupferposament. Danach begab ich mich auf die Tribüne und war völlig durcheinander, nur den Anfang hatte ich behalten ...: »Lieber Heinrich Böll, sehr geehrte Damen und Herren, liebe Kollegen und Freunde ...« Und dann hatte ich vergessen, was ich sagen wollte [...] Ich weiß nur, daß ich mühsam herausbrachte, nichts könne uns Heimat, Verwandte und Freunde, die drüben geblieben seien, ersetzen, doch befänden wir uns in einer glücklicheren Lage als die meisten unserer Schicksalsgenossen. Ich nannte die Freunde, denen wir zu Dank verpflichtet sind: Heinrich und seine Familie, seine Sekretärin Renate, Werner Keller, Wolfgang Kasack und deren Ehefrauen, vergaß schändlicherweise Lenotschka Wargaftik und hielt dann meinen Vortrag über Böll und Dostojewskij.[...] Ich sprach über die rettende Liebe bei Dostojewskij und Heinrich Böll und darüber, daß Heinrich Bölls Bücher geholfen haben, den Haß der Nachkriegszeit zu überwinden und auszumerzen ... [...] Danach sangen zwei Dutzend junger Leute ukrainische Lieder. Sie sprachen alles sehr korrekt aus und sangen mit Gefühl; ich spürte, daß ich kurz davor war loszuheulen.

R. 27. MAI

Immer häufiger stoßen wir hier auf das, was Lew die »Kulturrevolution« nennt, die hier ohne irgendeinen Mao 1968 stattgefunden hat und deren Auswirkungen jetzt immer deutlicher werden: in jenem »neuen Analphabetentum«, über das Bundeskanzler Helmut Schmidt in seiner Rede zum »Tag des Buches« sehr gut gesprochen hat. Sowohl Schüler als auch Studenten beschäftigen sich mit »Problemen« und »Diskussionen« und wissen kaum noch etwas. Ich habe unsere Deutschlehrerin gefragt, warum unter den Texten im Lehrbuch (absolut idiotischen), die wir auswendig lernen sollen, kein einziger literarischer, kein einziges Gedicht ist.

»Lernt man denn bei Ihnen noch Gedichte? – Die lernen die Schüler bei uns schon lange nicht mehr ...«

ZWISCHENBEMERKUNG

In den ersten Junitagen sind wir Staatsbürger der Bundesrepublik Deutschland mit allen Rechten geworden und bekamen Pässe und Personalausweise.

Es gab Empörung in einer kommunistischen Zeitung und bei einigen anderen linken Zeitungen, weil man uns die Staatsbürgerschaft »verfrüht« zuerkannt hätte. Das sei ein Verstoß gegen die

Verfassung. Normalerweise sind sieben Jahre Aufenthalt im Lande, Beherrschung der Sprache usw. erforderlich. Der Innenminister von Nordrhein-Westfalen, Schnoor, widersprach dem auf einer Pressekonferenz: »Mit seinen Büchern und wissenschaftlichen Arbeiten ist er schon seit zehn Jahren in Deutschland, wo man ihn veröffentlicht, während man in Rußland seine Werke schon lange nicht mehr druckt. Und als Germanist fördert er schon viele Jahre lang die Verbreitung der deutschen Literatur und Kultur, wofür ihm 1980 auch der Gundolf-Preis der Deutschen Akademie für Sprache und Dichtung zuerkannt wurde.«

Köln wurde unser Zuhause, und die Türen von dort standen uns in alle Länder der Welt (außer den osteuropäischen) offen. Mit den neuen Pässen fuhren wir nach Holland und später nach Österreich und Italien ...

R. 9. JUNI

Fotokopien – was gibt es Praktischeres? Man kann jeden Artikel, jede Seite, ganze Bücher vervielfältigen; die Geräte stehen überall, sogar in Privatwohnungen – ein Moment, und man hat die Kopie (hier schreibt niemand etwas ab, es gibt nur Kopien.) [...] In einem Interview sagte die Gorbanewskaja[1] einmal: »Am meisten haben mich im Westen nicht die Schaufenster und die Verkaufsstände überrascht, sondern die Möglichkeit, ganz leicht etwas zu tun, wofür man bei uns ins Gefängnis kommt.« Alles richtig.

Jetzt die Kehrseite: Man hat uns erzählt, daß es hier Schüler gibt, die *niemals* ein Buch in der Hand gehabt haben. Alles, was der Lehrer für wichtig hält, bekommen sie in Kopien, Ausschnitte von Bruchstücken – und fertig. Die ganze Weltkultur in der kürzest möglichen Darstellung. Und das Einzigartige, was ein Buch an sich hat? Ich bin keine Bibliophile und war nie eine. Erst jetzt merke ich, was das Buch in meinem Leben war und ist. Und gar nicht selten treffe ich hier »Einbuchbesitzer«. [...]

Nun ja, ich habe ja auch meinen Komplex – Europa ohne Rußland, das ist genauso schrecklich, genauso unmöglich wie Rußland ohne Europa. Wir drüben haben die Willkür der Polizei, aber hier ginge es auch anders.

---

[1] Natalja J. Gorbanewskaja – Dichterin und Dissidentin; seit 1975 in Paris.

L. 21. Juni

Nach etlichen Jahren bedrückender, unterdrückter innerer Anspannung fühle ich mich in diesem Lande zum ersten Mal in Sicherheit und denke nicht daran, daß morgen oder übermorgen eine Hausdurchsuchung stattfinden könnte und man mir alles wegnimmt, was ich schreibe und geschrieben habe, und daß ich nicht alles ins Tagebuch schreiben darf ... Doch die Sehnsucht läßt nicht nach, oft steigert sie sich sogar bis zu physischem Schmerz irgendwo hinter den Rippen. Sehnsucht nach Kindern, Enkeln, Freunden, Verwandten, und nicht nur nach ihnen, sondern auch nach den Straßen und Häusern, dem Abhang in Shukowka und den alten Metrostationen. Und am schlimmsten ist das Wissen, daß ich nie mehr dahin komme. Hier kann ich zum Bahnhof gehen, eine Fahrkarte kaufen, um loszufahren – nach Hamburg oder München und in ein, zwei Wochen, wenn wir unsere Pässe haben, auch nach Rom oder Paris, das macht weniger Mühe, als in Moskau eine Karte für das Theater an der Taganka zu besorgen. Aber nach Petersburg, Tbilissi oder Kiew kann ich nicht, und nie werde ich Wologda, Murmansk, Swerdlowsk, Alma-Ata kennenlernen, die ich immer so gern sehen wollte, und den Ural und Chiwa ...

In der einen Woche Pfingstferien waren wir in drei kleinen Städten – in Marburg, in Goslar (im Harz – da waren wir am Ostersonntag noch im Schnee) und in Einbeck; und gestern hat uns ein neuer Freund die Städtchen Lippoldsberg, Höxter, Beverungen und das Kloster Corvey (12. Jahrhundert) gezeigt ...

Heute ist schon Montag, der 22. Juni. Am Morgen rief Heinrich an. Seine Stimme ist sehr müde und traurig. Freitag sind Annemarie und er überstürzt in die Schweiz gefahren. Es ging Raimund sehr schlecht.

Dienstag, der 23. In einer halben Stunde werde ich abgeholt zu einem Treffen mit Schülern der oberen Klassen. Heute abend die nächste Vorlesung »Rußland bei Rilke und Rilke in Rußland«.

Ein Anruf aus West-Berlin. »Meine Verleger« sind bereit, sehr schnell einen Sammelband zu Andrej Dmitrijewitschs Geburtstag herauszubringen. Um Übersetzer wollen sie sich selbst bemühen. Das Manuskript bringe ich übermorgen nach München; da gibt es eine Schnellproduktion als Taschenbuch in großer Auflage.

R. 10. Juli

Ich bin allein in unserer Kölner Wohnung. Die Koffer habe ich ausgepackt, aber die Bücher türmen sich und liegen überall herum. Die Wohnung hier ist klein. Unglaubliche Hitze, seit drei Tagen schon 30 Grad. Wir sind fünf Stunden im Auto gefahren; ich kann absolut nirgendwo mehr hin (so verrückt das ist). Aber Lew ist wieder unterwegs. Er will endgültig alles für den Sammelband über Kostja Bogatyrjow klären.

Einen Tag sind wir in dem prächtigen gräflichen Waldpark in Adelebsen spazierengegangen, haben in bequemen Sesseln auf einer herrlichen Wiese vor dem Haus gesessen und leckere Dinge gegessen. Alles erinnert ein wenig an das Haus in Peredelkino, die Terrasse und die Wiese, nur daß alles viel größer und eleganter ist. Das Geschlecht der Metternichs wohnt seit tausend Jahren in diesem Schloß. Mir ist alles fremd, wenn auch interessant und sympathisch ... Eine Gräfin, die drei- bis viermal jährlich nach Prag fährt, sich sehr um die Tschechen sorgt, Kleidung, Medikamente, Zeitungen und Bücher hinbringt. Sie hat dort eine Freundin.

Am nächsten Tag in Göttingen. Es kamen fünf Gäste. Drei junge Männer, zwei junge Frauen. Zuerst baten sie Lew »aus nostalgischem Interesse« von seiner »trotzkistischen Vergangenheit« zu erzählen. Er hat etwa eine Stunde geredet. Dann haben wir sie gefragt: Wieso gerade der Trotzkismus? Wie kommen Sie auf die 4. Internationale? Was sie sagten, war eigentlich keine Antwort auf unsere Frage, aber es war interessant: kurze Geschichten über Wege verschiedener Menschen. Lew quetschte sie gründlich aus: »Wollen Sie eine Revolution mit Barrikaden?« Nein, antworteten sie, ohne Barrikaden, ohne Gewalt, aber eine völlige Umformung des Lebens. »Könnte man das nicht vielleicht eine grundlegende Reform nennen?« fragte ich. Nein, nur eine Revolution. Ja, sogar nur eine Massenrevolution. Zwei von ihnen sind nicht befriedigt von den Hausbesetzungen, obwohl diese Bewegung sogar etwas bringt: Zum erstenmal haben Regierung und Gesellschaft gesehen, daß es hier wirklich ein brennendes Problem gibt, daß die jungen Leute keine Wohnungen haben und daß etwas geschehen muß, nicht einfach nur Polizeieinsatz.

Die Parteien trennten sich, nicht ganz zufrieden mit den Opponenten – es war ihnen eben nicht gelungen, uns, das heißt Lew, zu einer Annäherung an die trotzkistische Opposition zu bewegen. Aber es waren sehr nette und friedliche Leute.

Bei uns in Göttingen tobt der Klassenkampf. Vorgestern spielte sich in der Mensa folgende Szene ab: Einige Iraner, Anhänger von Chomeini, hatten dort Literatur und Propagandablätter ausgestellt. Gegner fingen an, den Stand niederzureißen. Dann begannen plötzlich alle, sowohl Anhänger wie Gegner wie auch die vielen, die gar nichts damit zu tun hatten, zu weinen. Polizisten in Zivil waren hereingekommen und hatten Tränengas eingesetzt. Die Zeitungen berichteten darüber voller Entrüstung: Auf dem Universitätsgelände darf die Polizei nicht so einfach einschreiten. Wer hatte das erlaubt? Der Rektor behauptete, er habe sie nicht gerufen. Genau wie in der Tschechoslowakei – keiner weiß, wer sie gerufen hat ...

L. 19. JULI. LANGENBROICH

Diese Woche waren wir hier bei den Bölls, haben uns ausgeruht, waren ein bißchen krank und haben alle geschrieben. Heinrich hat ein schönes Vorwort zu dem Sacharow-Band geschrieben. Raja hat an ihrem Buch geschrieben und natürlich Briefe. Und ich habe meine Rede für die Oktoberveranstaltung in Frankfurt, die Verleihung des Friedenspreises, gemacht. Sie soll Mitte August fertig sein und eingereicht werden, damit wir in die USA fahren können.

R. 28. JULI

Heute haben wir erfahren, daß nachts ein Brandanschlag auf Heinrichs Ferienhaus verübt wurde; sein Auto ist mit Benzin übergossen und angezündet worden, ebenso das Gebäude, wo wir sechs Tage gewohnt haben. Er ist in schrecklicher Verfassung, wir haben furchtbare Angst um ihn. Wir wollten sofort zu ihm, als wir davon erfuhren, aber sein Sohn René sagte, daß man ihn heute besser in Ruhe ließe, er sei erschöpft.

L. 9. AUGUST. SAINT-CAST

Seit drei Tagen sind wir in Frankreich, genau gesagt, in der Bretagne. Wir sind am Donnerstag aus Köln abgefahren, ganz wahnsinnig von all der Hetzerei, Telefonaten, eiligen Treffen. [...] In Paris hat Vika Nekrassow[1] uns abgeholt – fröhlich, freundlich,

---

[1] Viktor P. Nekrassow (1911–1987) – Schriftsteller, Autor des bekannten Romans »In den Schützengräben von Stalingrad«, ausgebürgert 1976, lebte und starb in Paris.

spöttisch – mit einem Kleinwagen, in den wir gerade eben hineinpaßten, mit dem Gepäck auf dem Schoß. Durch Saint-Denis und Pigalle fuhren wir zu den Kriwoscheïns. Wir trafen Nina Alexejewna und Igor Alexandrowitsch in besserer Verfassung an als erwartet, was uns sehr freute. Die halbe Nacht und den ganzen Morgen haben wir geredet und hätten noch lange weiter reden können. Um 12 Uhr haben wir uns dann mit Vika an der Metro Porte d'Orléans getroffen und sind durch *sein* Paris gegangen, durch den schönen Park Montsouris, wo er schon als kleiner Junge gespielt hat, und durch Straßen und Boulevards, deren Namen seit der Kindheit aus den Werken von Hugo, Balzac, Dumas in der Vorstellung leben.

Zugfahrt in die Bretagne. In Lamballe haben wir Katja und Efim Etkind getroffen. Sie haben eine Wohnung in Saint-Cast für uns gemietet, 35 Kilometer von ihrem Hof, der Bellevue heißt und wirklich eine schöne Aussicht hat, wovon wir uns gestern überzeugen konnten. Und das ist sogar eine russische Aussicht: ein Feld, eine leicht gewellte Ebene, wie in der Gegend um Moskau, in der Ferne kleine Gehölze und Wälder ...
Saint-Cast ist ein Badeort, daher auch bunter und lebhafter als die anderen Städtchen. Unsere Wohnung hat zwei Zimmer. Im dritten Stock eines neuen, weißen Hauses, mit rund vorgewölbten Balkons. Wir sind unter dem Dach und haben eine Loggia. Der Blick aus dem Fenster: dichtes Grün – Fichten, Kiefern, Zedern und eine Reihe Pappeln. Gestern hat uns Familie Etkind mit zwei Autos abgeholt. Wir sind in den hübschen Ort Matignon gefahren, entlang der Küste mit ihren vielen kleinen Buchten. Jede hat ihren Reiz, sie ähneln einander, diese kleinen bretonischen Buchten, und sind doch unterschiedlich in Zeichnung und Farbe der Ufer.

R. 22. AUGUST. SAINT-CAST

Am Tag nach dem Feuer bei Bölls waren wir bei ihnen. Es roch noch brenzlig, und es war unerträglich anzusehen. Annemarie und Heinrich waren in schrecklicher Verfassung. Ihr erster Impuls war gewesen, so weit wie möglich wegzufahren, aber diese Stimmung kehrte sich dann gleich ins Gegenteil um. Dableiben. Sofort die Folgen des Brandes beseitigen. Umbauen. Und das machen sie jetzt. Lew ruft sie fast täglich an. Vincent will nach Ekuador. Für immer. Raimund ist im Krankenhaus, es geht ihm sehr schlecht.

R. 4. SEPTEMBER. HAMBURG
Gestern gab es hier wieder einmal ein Fest: das 200. Jubiläum des Verlags Hoffmann und Campe[1]. Mir fiel ein auf den ersten Blick überraschender Bezug zu Thomas Mann ein – die »Buddenbrooks«. Das war es, was mich umgab: Porträts in vergoldeten Rahmen, so etwas wie Fresken, der Hafen. Und wir haben das die ganzen Tage gesehen, wenn wir an der Elbe entlangfuhren: die Speicher, die Frachten, den großen, alten und doch modernen Überseehafen. Die Kaufleute, die Stadtväter haben trotz aller historischen Erschütterungen und Tragödien das Wesen dieser Stadt erhalten. Alles ist massiv, für lange Zeit gemacht, auf Generationen im voraus. Und zu der Beständigkeit der Dinge gehört auch der Glaube an die Beständigkeit der Traditionen in Familie und Religion, an die Unerschütterlichkeit des Seins.

Lew hat mehrmals mit Wolf Biermann telefoniert. Bei unseren früheren Reisen nach Hamburg klappte es nie mit einem Treffen – und nun haben wir uns gleich zweimal gesehen. Gestern waren wir bei ihm. Er hat ungefähr eine halbe Stunde gesungen und ein bißchen erzählt: »Ja, die Platten verkaufen sich gut...« Aber er ist sehr niedergeschlagen. Im Moment soll es konkrete Gründe dafür geben, aber das ist eigentlich nur ein Vorwand. Er will Hamburg und Deutschland verlassen, hat vor, nach Paris zu ziehen. Tiefe Entfremdung von allem hier.

L. 9. SEPTEMBER. AN BORD DER »QUEEN ELIZABETH«
Unsere Kabine Nr. 1026 ist auf dem ersten Deck. Die werden von oben nach unten gezählt. Aber wir sind keineswegs ganz oben. Über uns sind noch vier Decks und unter uns vier oder fünf mit Kabinen. Die Besatzung besteht aus 900 Personen, und es sind ungefähr 2000 Passagiere.

---

[1] Der Verlag Heinrich Heines und des Jungen Deutschland, aber auch Alexander Herzens und anderer russischer Schriftsteller.

L. 16. September. New York

Wir fuhren in die Hudson Bay ein, und da ging rechts von uns hinter Manhattan die Sonne auf, riesig – wie alles hier –, leuchtend rot in blaugrauem Dunst. Links konnte man deutlich die helle Freiheitsstatue sehen – sie ist hellgrün, aber von ferne und bei Sonnenaufgang fast weiß, haargenau so wie auf allen Abbildungen – und doch ganz anders. Mit ihrer altmodischen Fackel, der blitzenden Strahlenkrone und den Tafeln in der linken Hand wirklich majestätisch... Wir fuhren unter der langen Brücke hindurch, die nach New Jersey hinüberführt.

Gegen neun wurden wir per Lautsprecher ausgerufen: »Mister and Missis, Sie werden erwartet.« Das richtige Ausschiffen hatte noch nicht begonnen, auf den Fließbändern wurden noch die Koffer befördert... Ein kräftiger, junger Kerl mit militärischem Gebaren in der Mütze eines Zollbeamten rief uns zu: »Los!«, und eine unangenehme, altvertraute Empfindung durchzuckte uns: Doch nicht zum Verhör? Der FBI etwa? Und ebenso schnell der Entschluß: Nichts antworten, auf kein Gespräch ohne Anwalt oder Vertreter von der Botschaft der Bundesrepublik eingehen!... Aber er nahm höflich das einzige Köfferchen, das wir für die Nacht bei uns behalten hatten, brachte uns ans Ufer, und Maja, Pawel, Dima und Larotschka stürzten uns entgegen...

Von New York fuhren wir mit zwei Autos nach Tarrytown. Raja fuhr mit Pawel, ich mit Maja. Sie wollte mir unterwegs einige Sehenswürdigkeiten zeigen. Sie fuhr durch die ukrainische und die polnische Straße und nach Chinatown. Als wir endlich in Tarrytown ankamen, machten sich alle schon große Sorgen, ob wir einen Unfall gehabt hätten.

Sie führten uns über den Campus, zeigten uns die Klassen, die Labors, die Bibliothek und stellten uns Kollegen und Nachbarn vor. Maja hatte eine ganze Woche frei bekommen.

R. 17. September. New York

Alles ist vollkommen fremd, sogar die Wasserhähne öffnen sich andersherum als bei uns. Ich nehme mich sehr zusammen, um nicht in den Jammerton der Emigranten zu verfallen, die an allem herumnörgeln. Aber ich hätte wirklich nicht gedacht, daß sich Amerika so sehr von Europa unterscheidet. In mancher Hinsicht ähnelt es uns.

R. 21. September

Einer der stärksten und beklemmendsten Eindrücke: das Wiedersehen mit Lillian Hellman[1]. Wir fuhren zu ihrem Haus in der Park Avenue, zu »der Adresse« – wie oft habe ich sie geschrieben! Neunter Stock. Im Korridor bewegt sich etwas Kleines, scheinbar Buckliges, aber sie hat keinen Buckel, sie »wächst« abwärts, wie es im Alter so ist. Sie ist 76. Als sie anfängt zu sprechen, ist sie sofort ganz die alte. Glasklarer Verstand, erinnert sich an alles viel besser als ich und urteilt über alles genauso entschieden wie früher. Wie immer.

L. 30. September

Hier in Ann Arbor bei den Proffers haben wir uns etwas vom New Yorker Getümmel erholt. Aber nur ein wenig. Hier gibt es andere Sorgen und Aufregungen. Die Proffers haben es jetzt sehr schwer, sie stecken bis zum Hals in Arbeit, Plänen, Schulden. Sie haben keine russischen Mitarbeiter mehr … Ihr Haus ist wunderschön, groß, bequem, in dichtem Grün, nicht eingezäunt. Es gibt hier überhaupt wenig oder gar keine Zäune. Ein weiter Blick auf Hügel, Wald und Landstraßen. Das Laub verfärbt sich jetzt schon orangegelb und rot, allerdings erst an einzelnen Stellen.

Raja fährt in die Stadt, um Geschenke für das Prinzeßchen hier, Arabella Karlowna, zu kaufen; es ist ein bezauberndes, quirliges, verwegenes und kokettes, weißlockiges, helläugiges Geschöpf; das Kind ist ununterbrochen in Bewegung; dafür sind die beiden Hunde, die Schäferhündin Dinara und der Setter Makor, fast unbeweglich, friedlich und faul, sogar das Bellen scheinen sie verlernt zu haben.

Ich bin mit dem Manuskript von »Staatsmacht und Nation« beschäftigt, das ich noch ergänzen möchte. Raja macht ihre »Vergangenheit …« fertig. Wir faulenzen also nicht … In New York bedrückte uns unsere blöde Situation: statt Seminaren und Vorlesungen nur Empfänge, Diners und alberne Interviews. Die sind wir auch hier nicht losgeworden. Gestern haben uns hiesige und benachbarte Journalisten aus Detroit »verhört«.

---

[1] Lillian Hellman (1905–1984) – Amerikanische Dramatikerin, Erzählerin, Essayistin. War seit 1944 mit R. befreundet.

[...] In der New Yorker Wohnung fühlte ich mich noch schlecht. Die Universität hat uns drei Zimmer mit einer Kochnische zur Verfügung gestellt – alles sehr komfortabel, aber finster; ohne Lampe kann man auch tagsüber nicht lesen und schreiben, und vor den Fenstern sind Gitter, obwohl es im dritten Stock ist. Ich mußte erst dahinterkommen, daß es vor allem diese Stäbe vor den trüb-grauen Fenstern sind, die mich deprimieren: das unauslöschbare Unterbewußte eines Häftlings ...

Bis jetzt waren wir erst einmal im Metropolitan, da muß man immer wieder hin. Einmal sind wir nach Greenwich-Village gefahren. Das ist beinah nicht mehr New York. Da sieht es aus und riecht so wie in europäischen Städten, ähnlich wie Suchumi oder Odessa und wie die Städte aus Grins[1] Erzählungen: niedrigere Häuser, in der Ferne Wolkenkratzer, mehr Müll. Überhaupt ist ganz New York unwahrscheinlich dreckig: Berge von Plastik- und Papiertüten, Abfallbehälter aus Holz oder Blech, die alle von Müll überquellen, in fast allen Straßen, außer vielleicht in den eleganten Vierteln.

L. 8. Oktober

Wir haben eine Woche in Ann Arbor verbracht und versucht, in unserem Rhythmus zu leben. Ellendea und Carl sind Nachtmenschen. Sie stehen erst nach dem Mittag auf, und wir arbeiten schon morgens. Ohne Interviews ging es nicht ab. Wir haben beide mit Journalisten und im Radio gesprochen. Ich habe einen Vortrag im großen Auditorium gehalten. Nicht ohne Opponenten: Ein sehr resoluter junger Schwarzer – man sagte mir hinterher, daß er ein begabter Genetikstudent sei – sprach laut und heftig, ging im Gang des Auditoriums auf und ab und fuchtelte mit den Armen: »Ich verstehe nicht, wozu man einen Dissidenten aus der Sowjetunion hierherholen und sich anhören muß, wie schlecht man dort lebt ... Hier bin ich, ein amerikanischer Dissident, und ich weiß, daß die Hälfte der schwarzen Jugend arbeitslos ist. In den USA gibt es mehr politische Häftlinge als in jedem anderen Land außer Südafrika. In Jackson werden politische Gefangene gefoltert. Alle Schwarzen in amerikanischen Gefängnissen sind politische Häftlinge ...«

---

[1] Alexander S. Grin (1880–1932) – Russischer Romantiker, Epiker, Verfasser phantastischer Erzählungen.

Man rief dazwischen: »Shut up! Halt's Maul! Wir sitzen hier nicht für dich!« Ich entgegnete ihm sehr ruhig: »Über die Lage in amerikanischen Gefängnissen kann ich nicht mit Ihnen streiten, davon weiß ich zuwenig. Aber soviel kann ich Ihnen sagen: Wenn sich irgend jemand in einer beliebigen sowjetischen Stadt, in irgendeinem Hörsaal oder einfach auf der Straße unterstehen würde, das Sowjetregime so zu kritisieren wie Sie im Moment das amerikanische, dann würde er auf der Stelle verhaftet, höchstwahrscheinlich verprügelt und selbstverständlich als Verbrecher zu mehreren Jahren Lager oder Gefängnis verurteilt werden.« Viele applaudierten.

Ann Arbor hat uns gut gefallen. Eine Stadt der jungen Gesichter. Universitätsgebäude in unterschiedlichem Stil, aber keine Wolkenkratzer, dafür viele zwei- oder dreistöckige Häuser aus Ziegeln oder sogar Holz mit kleinen weißen Säulen. Das ist die »mittelwestliche Architektur«. Von dort sind wir nach Boston gefahren und haben aus dem Fenster die Landschaft bewundert, die streckenweise an Sibirien erinnert. Riesige Waldgebiete, viel Windbruch am Bahndamm. Eichen, Zedern, Ahorn, Birken, dichtes Gebüsch, hohe Gräser und Farne. Dafür sind die Bahnhöfe alle sehr unansehnlich, wie provisorische; flache, klobige Betonkästen von Fabriken und Speichern; die Farben der Reklamen und die bunten Autos unterstreichen nur die graue Primitivität der menschengeschaffenen Bauten, hineingeklotzt in diese mächtige, frische, noch unberührte und unverdorbene Natur.

Wir sind am Bahnhof Toledo in der Nähe von Ann Arbor eingestiegen. Ellendea und Carl haben uns um neun Uhr abends dorthin gebracht. Die Stadt war völlig leer, man konnte niemanden nach dem Weg zum Bahnhof fragen. Ich schlug vor, in einem beleuchteten Restaurant nachzufragen. Darauf sagte Ellendea: »Du kannst genausogut fragen, wo man Pferde anspannt und wo die Postkutschen halten. Die fahren doch nie mit dem Zug.« Schließlich fanden wir den Bahnhof – ein kleines, dunkles Gebäude, wo es still und leer war. Außer uns nur ein einziger Passagier, ein alter Schwarzer. Aber die Züge sind hier sehr bequem, gepolstert, die Wagen rot-weiß-blau gestreift. Bequeme Schlafwagen mit Zweierbetten übereinander oder Einzelbettabteilen. Die Bedienung, die Zugschaffner und die Verkäufer an der Snack-Bar, Schwarze wie Weiße, sind hochnäsig und unfreundlich.

... In Boston kamen wir mit Verspätung an. Vertreter vom Ukrainischen Institut holten uns ab. Das Ukrainische Institut an der Slawischen Abteilung ist groß und gut ausgestattet; einige sehr erfahrene, ernsthafte Wissenschaftler. Weder in ihren Arbeiten noch in Unterhaltungen bei Tisch oder auf den Gängen noch bei einem langen, allgemeinen Gespräch konnte ich irgendeinen »nationalen Radikalismus« feststellen, keine antirussische, antipolnische oder antisemitische Einstellung. Und in der Bibliothek hängen viele Porträts von ukrainischen Kulturträgern; unerwartet sah ich vertraute Gesichter: A. I. Belezkij, S. I. Maslow, N. K. Gudsij.[1]

... Ich sprach und hielt den Vortrag auf ukrainisch; es war schön, daß ich es noch nicht vergessen habe, und gleichsam eine Erholung von der ehrerbietigen Sprachanstrengung meiner englischen »Speeches«.

R. 8. OKTOBER. NEW YORK

Wir waren im Guggenheim-Museum. Ich habe den überwältigenden Chagall gesehen. Lange stand ich vor dem Bild »Der grüne Geiger«. Am Tag vorher hatte ich einige russische Zeitungen gelesen, die in den USA erscheinen. Das macht das Heimweh noch viel schlimmer, gar nicht so sehr durch den Inhalt als vielmehr durch die Sprache, den Stil.

[...] Wir haben New York nicht richtig aufgenommen, aber diese Stadt lastet auf einem, man bekommt keine Luft; junge Leute müssen dorthin fahren. Wir haben schon viele New-York-Fans kennengelernt; aber viele unserer amerikanischen Freunde halten die Stadt ebensowenig aus wie wir, während sie, wie wir, die kleinen Städte ins Herz geschlossen haben. Aber die Kinder wollen uns diese Superstadt unbedingt »einimpfen«. Teilweise ist ihnen das auch gelungen, als wir auf das höchste Gebäude gefahren sind, von dessen Dach selbst das Empire State Building klein wirkt. Der 110. Stock – und es war ein klarer Tag, man konnte alles sehen: die Riesenstadt und den Ozean. Hinterher sind wir nach Chinatown gefahren, wo wir zu Mittag aßen. Da gibt es mehrere Häuserblocks, in denen Chinesen wohnen. Viele traurige alte Frauen. Warum sind sie hier? Wie lange schon? Was hat sie hierher verschlagen? Gerade ich sollte danach nicht fragen und tue es doch. Beißende Gerüche,

---

[1] Alexander I. Belezkij (1884–1961), Sergej I. Maslow (1880–1957), Nikolaj K. Gudsij (1887–1964) – Slawisten, Historiker und Literaturwissenschaftler.

alles wird auf der Straße verkauft, es ist schmutzig (die dreckigste Stadt, die wir gesehen haben), alle reden sehr laut, überall Hieroglyphen ... Ebenso ist es auf andere Weise im italienischen (»Klein Italien«), jüdischen, russischen, polnischen, puertoricanischen Viertel ... Ein riesiges Völkergemisch. Voller Probleme! Es ist doch sehr gut, daß wir in Köln fern der russischen Emigranten sind; hier kommt man nicht drum herum. [...]

L. 9. OKTOBER

Der letzte Tag in Amerika. Um 18 Uhr fliegen wir nach Düsseldorf. Dort wird am 12. feierlich mein Heine-Buch »Ein Dichter kam vom Rhein« aus der Taufe gehoben. Es hat viel Scherereien und Streit mit dem Verlag darum gegeben.

Der Übergang von Ann Arbor nach Boston ging relativ glatt. [...] Hier gibt es einige düstere Wolkenkratzer – die stehen alle in der alten Hafengegend und erinnern an New York. Aber Boston ist erheblich freundlicher und überschaubarer. Eigentlich ist es nicht eine einheitliche Stadt, sondern eine Traube aus mehreren, miteinander verbundenen ... Wir haben in Cambridge gewohnt, da sind die Harvard Universität und das technologische Institut Massachusetts.

Wir fahren hier nicht oft Taxi, aber viermal hatten wir schon russische (russisch-jüdische) Chauffeure – Emigranten. Drei davon waren Kiewer und der vierte ein Moskauer, ein Ziehharmonikaspieler.

BRIEF VON A. D. SACHAROW AUS GORKIJ (NISHNIJ NOWGOROD)
Durch persönliche Überbringung.

9. 10. 1981

[...] Es ist eine Ewigkeit her, daß ich Euch geschrieben habe. Und auch dies ist eher eine Art Geschäftsbrief. Es ist zum Äußersten gekommen. Darum gleich zur Sache. Das Problem mit Lisa[1] ist für mich jetzt das wichtigste persönliche Problem. Es kommt daher, daß Aljoscha auf unser, vor allem auf mein Drängen hin ausgereist ist, in der Annahme, daß man Lisa nachkommen lassen werde. Statt dessen ist sie zur Geisel geworden. Ich hätte das wissen müssen. Jetzt sehe ich die Wand vor mir, die es zu durchbrechen

---

[1] Lisa – Frau von Alexej (Aljoscha) I. Semjonow, Sohn von Jelena Bonner-Sacharowa.

gilt. Der KGB verhindert Lisas Ausreise im Grunde genommen gar nicht mit einer bestimmten Absicht, er hat's nur einfach nicht eilig. (Vielleicht ist es aber auch eine bestimmte Absicht.) Ich habe viel und angestrengt darüber nachgedacht. Nachdem wir erfolglos viele verschiedene Versuche gemacht haben, irgendwen aufzurütteln, sind wir zu dem Schluß gekommen, daß wir in Hungerstreik treten müssen. Als Anfang haben wir den 16. November festgesetzt – am 18. soll Breshnew nach Bonn reisen. Wir gehen davon aus, daß ein Hungerstreik während der Reise mehr Aufsehen erregt und den Machthabern sehr lästig sein wird. Aber wir wollen eine möglichst große Wirkung.

Ich wende mich damit an Wissenschaftler (insbesondere ans Max-Planck-Institut, Abteilung für Plasma). […] Ich schreibe an Schmidt. Wir hoffen, daß es ankommt. Aber wir brauchen eine Absicherung. Darum haben wir eine Bitte an Dich, Lew. Wenn Du in dieser Situation helfen kannst, dann tu es, bitte. Über *wen auch immer* muß Schmidt dazu bewegt werden, daß er Druck auf Breshnew ausübt. Vielleicht weiß der überhaupt nichts von Lisa und hat vielleicht auch Sacharow vergessen (durchaus wahrscheinlich). Am wichtigsten sind wohl Handlungen hinter den Kulissen, aber die Presse brauchen wir auch (zu dem praktischen Zweck, Schmidt zum Druck auf Breshnew zu veranlassen). Wir wissen nicht, wie groß der Widerstand ist, den das KGB leisten wird. Darum ist dies ein Fall, wo es ein Zuviel an Bemühung nicht gibt. Wenn Ihr könnt, helft uns. […]

Viele Grüße und die besten Wünsche an Annemarie und Heinrich. Ich habe seinen Artikel über mich gelesen. Danke!

R. 10. Oktober

Gestern sind wir aus den USA zurückgekommen. Wir waren dort einen Monat minus zwei Tage. Es war sehr schwer, sich einzugewöhnen. Zum erstenmal im Leben habe ich mich als Europäerin gefühlt.

R. 19. Oktober

Wir sind am Donnerstagabend nach Frankfurt gefahren. Und zwar – nach vorheriger Absprache – im selben Zug wie Heinrich Böll und seine Frau. Wir sind immer gern mit ihnen zusammen, und diesmal war es ganz besonders schön. Leider waren wir in verschiedenen Hotels untergebracht. Wir waren im alten »Frankfurter Hof«. Am nächsten Morgen um 10 Uhr begann unser »Parade-Marsch« durch die Buchmesse. Neben, hinter, vor uns überall nichts als Film-, Fernseh- und Fotokameras. Es war im voraus festgelegt, wieviel Minuten wir am Stand des einen oder anderen Verlags sein sollten. Nicht nur Lew, sondern auch ich durfte nicht in den sowjetischen Pavillon (d. h., man hatte uns gebeten, das nicht zu tun). [...] Dann gab es eine Party bei dem Verlag, wo Lews Bücher erschienen sind (die Trilogie). Es waren ungefähr fünfhundert Leute da. Man drückte ihm sofort ein Mikrofon in die Hand. Er zeigte den Jubiläumsband zu Sacharows sechzigsten Geburtstag, der rechtzeitig zur Messe erschienen war, und redete vor allem über ihn.

R. 20. OKTOBER

Eine Menschenmenge vor der Paulskirche. Applaus. [...] Wir durchschreiten den riesigen Saal bei völligem Schweigen, ich sehe kaum zur Seite. Am Tag vorher hatte man uns nämlich den auf Minuten genau festgelegten Ablauf der Feierlichkeit gesagt, mit der Anweisung, daß das streng geheim sei, weil neben mir das Staatsoberhaupt sitzen werde. Wir haben auch nicht geplappert und das Staatsgeheimnis nicht verraten.

... Es beginnt der Vorsitzende und liest alle möglichen sehr warmen Worte (alle lesen ab, auch Lew, denn die Rede ist schon zwei Monate vorher geschrieben und eingereicht worden). Danach der Bürgermeister von Frankfurt mit einer Metallgirlande über der Schulter. Er vergleicht Lew mit Wilhelm Meister. Die Tribüne war die Kanzel. Aber Lew strebte zu früh dorthin, vor ihm hielt noch Gräfin Dönhoff eine Lobrede auf den Preisträger. [...]

Dann erfolgte die Übergabe der Ehrenurkunde, eines dicken, schönen Albums. Darin heißt es: »Den Friedenspreis des Deutschen Buchhandels verleiht der Börsenverein im Jahre 1981 Lew Kopelew, dem in Kiew geborenen Germanisten, der wegen seiner humanen und moralischen Haltung einen Leidensweg durchschreiten mußte, aber dennoch von der Erkenntnis beseelt blieb, daß vorbehaltlose Wahrheit, bereitwilligste Toleranz und Menschenliebe, die alle Arten von Haß und Feindseligkeit überwindet, unerläßlich sind, soll die Menschheit in Freiheit und Frieden am Leben bleiben.«

Lew steigt auf die Kanzel und liest seine Rede. Er hatte mit 35 Minuten auskommen sollen, aber er las ganze 15 Minuten länger.

Hier einige Auszüge:

»[...] Der totalitäre Sowjetstaat wurde weitgreifender und grausamer als alle seine Vorgänger. Verstaatlicht wurden Landwirtschaft, Industrie, Handel, Gewerkschaften, Bildungswesen, angefangen bei Kindergärten, Massenmedien, Verlage, Presse, Kultur- und Freizeitstätten sowie alle gesellschaftlichen Organisationen. Von neuem verstaatlicht wurde die Kirche. Der riesige, unübersehbare Machtapparat in all seinen komplizierten, vielschichtigen Gliederungen ist meistens unproduktiv oder auch direkt schädlich.

Doch trotz alledem entwickelt sich das geistige Leben des russischen Volkes und aller anderen Völker der Sowjetunion unabhängig von diesem Apparat. So war es, so ist es, und – ich bin überzeugt – so wird es sein. [...]

Vor vierzig Jahren um diese Zeit trat die nazistische Wehrmacht zum letzten Sturm auf Moskau und Leningrad an – siegesgewohnte Soldaten aller Waffengattungen, die bereits den Kontinent Europa erobert hatten, gewaltige Panzerkolonnen, Riesengeschwader von Bombern, Schlacht- und Jagdfliegern. Die russischen Städte und Dörfer brannten, russische Armeen wichen der Übermacht; Hitler hatte ja bereits eindeutig gesagt: ›Dieser Feind liegt am Boden und wird sich nie wieder erheben.‹ Für uns, für alle meine Kameraden gab es nur eine Wahl: Krieg bis zum letzten Atemzug. Aber wir glaubten, daß es der letzte Krieg sein werde. Gläubig sangen wir [...] die Internationale, die damals noch Staats- und Nationalhymne war: ›Völker hört die Signale, auf zum letzten Gefecht.‹

Vor vierzig Jahren um diese Zeit gehörte ich zu denen, die überzeugt waren, daß die Vernichtung der faschistischen Kriegsmächte einen breiten lichten Weg zum ewigen Weltfrieden ebnen müsse.

Das waren nicht die ersten Illusionen solcher Art, wir waren nicht die ersten Utopisten. [...]

Denis Diderot und Immanuel Kant waren überzeugt, daß Aufklärung, internationaler Handel und vernünftige sittliche Staatspolitik allmählich alle Völker von Mißtrauen und feindseligen Instinkten befreien müssen und daß Kriege unmöglich werden, zunächst in Europa und dann in aller Welt.

Vor hundert Jahren behaupteten Marx, Engels und ihre Schüler, daß [...] sozialistische Revolutionen, die alle früheren Eigentums-

und Produktionsverhältnisse umgestalten, damit auch einen ewigen Frieden sichern werden.

Und noch vor fünfzig Jahren sah man in den Straßen europäischer Städte die beschwörenden Plakate: ›Nie wieder Krieg!‹

Heute erschallen wieder Alarmsignale. Aber heute ist die Wahl nicht mehr wie einst: Krieg oder Frieden, Verständnis oder Feindschaft. Jetzt heißt es: Entweder Frieden oder globale Katastrophe, entweder Verständigung oder Vernichtung der meisten Menschen auf Erden und Verkrüppelung der wenigen, die überleben. [...]

Heute müßte es bereits allen eindeutig klar sein, daß der Friede auf dieser Welt nur dann wirklich erhalten bleibt, wenn auch die Menschenrechte gesichert werden – die Rechte der kleinsten nationalen und sozialen Minderheiten und die Rechte jedes einzelnen Menschen. Deswegen sind alle, die sich heute für Menschenrechte einsetzen, wahre Friedenskämpfer.

Aber Menschenrechte zu verteidigen ist heute gefährlich in mehreren Staaten – in Südafrika, in Korea, in Santiago, in Moskau, in Staaten, die wohl ganz verschiedene ideologische Fahnen schwenken, aber in Willkür und Intoleranz sich verwandtschaftlich gleich sind. Hier will ich vor allem über die Friedenskämpfer in der Sowjetunion sprechen. [...]

Ich wage nicht, alle Namen zu nennen: russische, ukrainische, georgische, estnische, armenische und andere für Sie ungewöhnlich klingende Namen. Für einige von diesen Menschen könnte mein Lob gefährlich werden. Deswegen nenne ich nur diejenigen, die es nicht zu fürchten brauchen: Wassilij Axjonow, Jossif Brodskij, Wladimir Bukowskij, Pjotr Grigorenko, Efim Etkind, Wladimir Maximow, Viktor Nekrassow, Andrej Sinjawskij, Alexander Sinowjew, Alexander Solshenizyn, Walerij Tschalidse, Wladimir Wojnowitsch leben jetzt im Ausland, sind exiliert oder zur Emigration gezwungen worden. Ihre Bücher sind auch in der Bundesrepublik in deutscher Sprache verlegt. Und ich möchte in dieser Stunde, an diesem besonderen Orte auch die Autoren nennen, die in Rußland leben, aber nur im Ausland publizieren können: Raissa Lert, Inna Lisnjanskaja, Lidija Tschukowskaja, Wladimir Kornilow, Semjon Lipkin, Roj Medwedjew, Grigorij Pomeranz, Andrej Sacharow, Georgij Wladimow. Sie werden schwer bedrängt und Tag für Tag durch Schikanen bedroht.

Mancher von ihnen hat diesen ehrenvollen Friedenspreis mehr als ich verdient. Vor allem Andrej Sacharow, der geniale Wissenschaftler und selbstaufopfernde Menschenfreund, der jetzt allen Gesetzen zum Spott verbannt ist, von seiner Arbeit, seinen Freunden isoliert. Sehr viele Menschenrechtler in der Sowjetunion wurden verhaftet, in Straflager und Irrenhäuser eingesperrt. Stellvertretend für Tausende seien hier nur genannt: Igor Ogurzow, ein Philologe und christlicher Philosoph, ist schon mehr als 14 Jahre im Gefängnis. Tatjana Welikanowa, Mathematikerin, seit zwei Jahren im Straflager; Jurij Orlow, Physiker, und Mykola Rudenko, ein ukrainischer Lyriker, beide seit mehreren Jahren in strengster Haft dafür, daß sie die sogenannten Helsinki-Kommissionen – loyale Gruppen aufrichtiger, ehrlicher Friedenskämpfer – organisierten. Anatolij Martschenko, ein Arbeiter, der zum Schriftsteller wurde – seine Bücher sind in vielen Ländern erschienen –, ist jetzt zum sechstenmal verhaftet. Konstantin Asadowskij, ein Germanist, der sich in der Erforschung deutsch-russischer Literaturbeziehungen verdient machte, ist auf Grund einer Verleumdungsanklage im Straflager; dieselbe Methode wird zur Zeit angewendet gegen den Historiker Arsenij Roginskij. In der Tschechoslowakei sind in Gefängnissen der weltbekannte Dramatiker Vaclav Havel, der junge Historiker Petr Uhl und viele, sehr viele andere Kämpfer für Menschenrechte und Weltfrieden.

Die Sorge um sie und um ihre Leidensgenossen möchte ich allen ans Herz legen, die mich hören und die später diese Worte lesen werden. Vergessen Sie sie nicht! Erinnern Sie an sie immer wieder sowjetische und tschechoslowakische Behörden und jeden Bürger dieser Staaten, mit dem Sie korrespondieren oder sprechen werden! [...]

Heinrich Böll sagte in einer Rede über ›Die Sprache als Hort der Freiheit‹: ›... wer mit Worten umgeht, wie es jeder tut, der eine Zeitungsnachricht verfaßt oder eine Gedichtzeile zu Papier bringt, sollte wissen, daß er Welten in Bewegung setzt, gespaltene Wesen losläßt: was den einen trösten mag, kann den anderen zu Tode verletzen ... Es ist kein Zufall, daß immer da, wo der Geist als eine Gefahr angesehen wird, als erstes die Bücher verboten, die Zeitungen und Zeitschriften, Rundfunkmeldungen einer strengen Zensur ausgeliefert werden ... In allen Staaten, in denen Terror herrscht, ist das Wort fast noch mehr gefürchtet als bewaffneter Widerstand, und oft ist das letzte die Folge des ersten. Die Sprache kann der letzte Hort der Freiheit sein ...‹

Puschkin nannte die Buchdruckerkunst eine neue Art der Artillerie.

Ja, das Wort ist Waffe, eine Waffe, die man oft unterschätzt oder auch mißbraucht – mit Worten hantieren ja auch gewissenlose Demagogen, Verleumder und Kriegshetzer. [...]

Aber das wahre, mutige Wort der Dichter und Pastoren, der Denker und der Berichterstatter – das Wort aller tapferen Friedenskämpfer – ist eine Waffe des Friedens. [...]

Wäre ich in Indien oder in China aufgewachsen, hätte ich vielleicht andere göttliche Gestalten verehrt. Doch aus allem, was ich erlebt und erfahren habe, wuchs die Überzeugung, daß die Bergpredigt der höchste, der reinste Gipfel ist, den der menschliche Geist zu erreichen vermag.

Die Friedensbotschaft der Bergpredigt, die Liebe selbst zu den hassenden Feinden verkündet, erklang zuerst nur für wenige Hörer, wurde nur von einigen hundert Hirten, Fischern, Bauern und frommen Schülern gehört; von den armen, leidenden, erniedrigten Menschen in einem winzig kleinen Lande.

Seitdem aber erreicht diese Botschaft hunderte Millionen Menschen aller Kontinente, aller Stände und Rassen; und kein Kriegslärm, keine Haßpredigten konnten sie übertönen, keine noch so spitzfindigen Umdeutungen konnten ihren wahren Geist, ihren wahren Sinn entstellen.

Denn eindeutig sind diese Worte der Liebe und des Friedens.

Die skeptischen Zeitgenossen der beiden Weltkriege konnten das Verlangen nach Völkerverständigung und Weltfrieden noch als wirklichkeitsfremde Wunschträume abtun. Doch jetzt sind zum erstenmal in der Weltgeschichte globale Probleme für alle Völker, für alle Menschen zu ihren eigenen Problemen geworden: die Gefahren des Atomkrieges, die Zerstörung der Umwelt, der Biosphäre, die Bevölkerungsexplosion ... Gleichzeitig aber haben die Massenmedien, die neuesten Verkehrsmittel es möglich gemacht, daß diese Gefahren den meisten Menschen bewußt werden. [...]

Seit Jahrhunderten sind Russen und Deutsche untrennbar miteinander verbunden, in Handel und Wandel, in Krieg und Frieden und vor allem und am dauerhaftesten im Geist. [...]

Deutsche Dichtung, deutsche Philosophie, deutsche Musik sind zu unlösbaren Bestandteilen des russischen geistigen Lebens geworden. Die Vorkämpfer der russischen nationalen Eigenständigkeit, die Slawophilen, nannten Schelling und Goethe ihre Lehrer. Aus Goethes ›Faust‹-Welt keimten die russischen Faust-Welten Puschkins, Dostojewskijs, Pasternaks, Bulgakows ...

Und Thomas Mann schrieb von der ›heiligen russischen Literatur‹, deren Bedeutung für seinen Werdegang und für die geistige Entwicklung vieler deutscher Menschen er außerordentlich hoch wertete. Er erhoffte sich russisch-deutsche Beziehungen als eine ›Kameradschaft zweier großer, leidender und zukunftsvoller Völker‹. [...]
Das russische Wort ›rodina‹ ist unübersetzbar, es kann nur erklärt werden: Das Land, wo man geboren ist. Meistens übersetzt man rodina mit dem trauten deutschen Wort ›Heimat‹. Heimat kann auch Wahlheimat sein. [...] *Rossija – moja rodina*, Rußland ist meine Heimat; Deutschland ist meine Wahlheimat. Und darin ist kein Widerspruch, sondern eine kontrapunktisch harmonische Einheit. Genauso wie es Goethe meinte: ›Lassen wir also gesondert, was die Natur gesondert hat, verknüpfen wir aber dasjenige, was in großen Fernen auf dem Erdboden auseinandersteht, ohne den Charakter des einzelnen zu schwächen, in Geist und Liebe‹.«

R. 20. OKTOBER

Tosender Beifall, und alles ist zu Ende, alle gehen langsam auseinander. Wir werden wieder ins Hotel gefahren, diesmal zusammen mit dem Staatsoberhaupt, vermutlich wieder in einem kugelsicheren Wagen. Wir drängen uns in einem Raum ... Ich schaffe es, mit dem Präsidenten über Andrej Sacharow zu sprechen und mit einem wichtigen Herrn, von dem die Boris-Birger-Ausstellung abhängt.

Beim Diner erhob sich Heinrich von seinem Tischchen (wir, das Ehrenpräsidium, saßen im allgemeinen Blickfeld, ich zwischen zwei Präsidenten – Carstens und dem Ministerpräsidenten des Landes Hessen –, Lew zwischen Frau Dr. Carstens und Marion Dönhoff).

Heinrich trat ans Mikrofon und sagte, daß, als man uns ausgebürgert habe, nicht nur wir unser Haus verloren hätten, sondern alle anderen auch. Jeder, der einmal bei uns zu Gast war, wisse, »wieviel Wärme dort war, wie alle bewirtet wurden, allen Kaffee eingeschenkt wurde« und vor allem, wie wir ihnen geholfen hätten, unser Land zu verstehen. Er liebe Moskau sehr und möchte wieder dort sein, und er habe dort immer noch Freunde ... (Ich schreibe das alles aus der Erinnerung, denn beim Diner konnte ich ja nicht mitschreiben.) Er sagte außerdem, das wundervolle Haus von Lew und Raja fehle vielen Menschen, und bat um Verzeihung, daß er

diesem freudigen Tag einen traurigen Beiklang gebe. Und er schloß:
»Ich freue mich für meinen Freund und bin stolz auf ihn.«

L. Anfang November

Am 31. 10. 1981 druckte die DKP-Zeitung UZ (»Unsere Zeit«), Neuss, folgenden Artikel:

Kür unter dem Beifall der Raketenbefürworter

[...] Nun mag es ja sein, daß es Kopelew ein Herzensbedürfnis ist, haßerfüllt die Sowjetunion zu schmähen [...].

Nun mag es ja sein, daß er nicht anders kann, als Faschismus und Sozialismus zynisch gleichzustellen: »Menschenrechte zu verteidigen, ist heute gefährlich in mehreren Staaten – in Südafrika, in Korea, in Santiago, in Moskau«, die »in Willkür und Intoleranz sich verwandtschaftlich gleich« seien. Wobei hinzuzufügen ist, selbst wenn Kopelew es nicht wissen sollte, hierzulande weiß man es: Diese Formel ist seit der faschistischen Niederlage von 1945 noch allemal die verlogene Schutzbehauptung, mit der sich alle Altnazis als untadelige »Demokraten« glauben legitimieren zu können. [...]

Aber weshalb wird ein solcher Mann, der Haß und Feindschaft sät, mit einem Friedenspreis ausgezeichnet, in dessen Statut es heißt, »die Stiftung dient dem Frieden, der Menschlichkeit und der Verständigung der Völker«? [...]

Da lasse man sich auch nicht von Wendungen täuschen, in denen sich Kopelew auf den Geist der Bergpredigt, auf den Humanisten Goethe oder gar den Rebellen Heine beruft. Wenn Kopelew die These propagiert, das sowjetische Volk und seine Kultur würden trotz und nur gegen den sowjetischen Staat existieren, dann erinnert das fatal an jene gefährlichen Phantasien der Hitler-Faschisten wie heutiger Abenteurer, die eine Aggression gegen die UdSSR als geradezu verlockend hinstellen, weil die Sowjetvölker nur so nach ihrer Befreiung lechzen. [...]

Da mag man zur Sowjetunion stehen, wie man will: Denkt man bei einer solchen Rede aber an die Folgen für das eigene Land, so kann das einen vernünftigen Menschen nur erschrecken. Welcher böse Geist also reitet in diesem Punkt einen Heinrich Böll, der Kopelew seinen Freund nennt, der nicht vereinnahmbar sei, wo

dieser doch – »unter starkem Polizeischutz« (»Süddeutsche Zeitung«) – von Leuten wie Carstens, Vogel, Wallmann, Börner »mit Behagen« hofiert wird? Hessens Börner beispielsweise ist doch wohl für den brutalen Polizeieinsatz gegen die friedliche Bürgerbewegung gegen die Startbahn West mitverantwortlich? »Katharina Blum« ist hier klüger als ihr Schöpfer. [...]
Der Mann ist ein Programm: Mit ihm soll der Friedensbewegung in unserem Land entgegengeschleudert werden, daß sie Moskau »auf den Leim gekrochen« sei, obwohl sie doch nur im eigenen wohlverstandenen Interesse ums Überleben in Europa kämpft. Mit ihm soll den Menschen weisgemacht werden, daß gegenüber dieser Sowjetunion allein eine Politik der Stärke angebracht sei, obwohl genau diese Politik in den letzten Jahrzehnten immer die Kriegsgefahr erhöht – und überdies politisch bankrott gemacht hat.
Über Entspannung zu reden, bezeichnet sich Kopelew als inkompetent. Da hat er einmal recht. Kompetent ist in dieser Frage nicht zuletzt die Friedensbewegung. Und die wird den Schutt des diesjährigen »Friedenspreises des deutschen Buchhandels« beizeiten auf den Müllhaufen der Geschichte fegen.

ZWISCHENBEMERKUNG

In diesen verrückten Tagen haben wir in Frankfurt eine neue Freundschaft geschlossen: Ursula Assmus vom »Börsenverein des Deutschen Buchhandels« bemutterte uns und brachte Ruhe in die chaotische Hektik.

L. 6. DEZEMBER. SAN FRANCISCO

Zurück in Amerika. Wir sind in Oakland angekommen, der letzten Bahnstation für die Züge aus dem Osten und dem Norden. Dort haben uns Adam und Arlie Hochschild abgeholt, die wir 1978 in Sacharows Küche kennengelernt haben; es sind Freunde von Hermann Hatzfeldt. Während eines einzigen Tages in Moskau schlossen wir sehr schnell Freundschaft, dann schrieben wir uns. [...]
Wir fuhren zu ihnen, über die Oakland- oder Bay-Bridge, die eine Länge von acht Meilen, d.h. zwölf Kilometern, hat. Ein unwahrscheinlicher Blick auf die Stadt. So etwas haben wir noch nie gesehen.

L. 8. Dezember

Heute sehr alarmierende Nachrichten aus Moskau. Morgens habe ich mit Ruth Grigorjewna[1] in Boston telefoniert und mittags wurde ich von »Voice of Amerika« angerufen; Sacharows Lage ist sehr ernst. Andererseits behauptet Bob Kaiser, mit dem ich in Washington telefonierte, das seien Gerüchte, und im State Departement sei man im Gegenteil »optimistischer Stimmung«. Heute hat das Repräsentantenhaus eine Resolution über Sacharow verabschiedet, und übermorgen beginnen »Solidaritätshungerstreiks« hier in Stanford, in Berkeley usw. Gestern habe ich in Stanford insgesamt etwa vier Stunden geredet, in erster Linie über Sacharow – zwei Stunden auf englisch am Hoover Institute, dann, nach einer kurzen Pause, auf deutsch vor den Germanisten der Universität Stanford. Zur gleichen Zeit sprach Raja in Berkeley über dasselbe. Das ist jetzt unsere wichtigste Arbeit.

L. 10. Dezember. Big Sur

Heute morgen haben wir mit Adam San Francisco im Auto verlassen. Wir sind eine herrliche Landstraße gefahren, größtenteils am Ozean entlang oder durch tiefgrüne Berge. Auch durch die langweilige Stadt San José sind wir gekommen (ein Haufen von Wolkenkratzern und öden Häusern – Fabriken, Büros, Geschäftshäuser, die sich im Geflecht von Beton- und Asphaltstraßen ausbreiten).

L. 11. Dezember. Im Zug San Luis Obispo – Los Angeles

Jetzt nähern wir uns der Panza Range, dann kommen die San Rafael Berge. Hier ist Hochsommer. Schon seit gestern abend entfernen wir uns aus dem San Franciscoer Frühling in den kalifornischen Sommer.

In San Luis hat uns Albert Malz[2] abgeholt. Wir haben uns 22 Jahre nicht gesehen. 1959 war er der erste Ausländer, mit dem wir Freundschaft schlossen. Damals war er in der KP; 1949/50 saß er wegen McCarthy ein Jahr im Gefängnis, in einer Zelle mit Howard

---

[1] Ruth G. Bonner – Schwiegermutter von Andrej D. Sacharow.
[2] Albert Malz (1908–1987) – Amerikanischer Schriftsteller.

Fast[1]. 1959 sagte er, daß er sich auch dank Raja und mir entschlossen habe, in der Partei zu bleiben: »Solange es in der Partei solche wie euch gibt, ist noch nicht alles verloren.« 1966 schrieb er wütende Telegramme gegen den Sinjawskij- und Daniel-Prozeß.[2]

L. 13. DEZEMBER

Wir sind nach Santa Monica gekommen, dem Vorort, wo in den vierziger Jahren die Brüder Mann, Brecht, Piscator, Feuchtwanger und Schönberg gelebt haben.

Albert Malz hat uns in Feuchtwangers Haus gebracht. Martha Feuchtwanger ist 91, klein, aufrecht, zierlich, braungebranntes (!) Gesicht, glattes weißes Haar mit einem dicken Knoten hinten, kaum merkliche Runzeln, lebhafter Blick, flinker Gang, treppauf, treppab, bückt sich ohne Mühe, schleppt schwere Inkunabeln herbei (das Haus hat eine Bibliothek von 24 000 Bänden in allen Sprachen, er hat vor allem Erstausgaben gesammelt). Sie erzählt uns, wie Feuchtwanger an Stalin die Bitte telegrafiert hat, »den verschwundenen Alexander Granach zu finden«. Man »fand« ihn tatsächlich im Lager, und er reiste in die USA aus.

Bezüglich Sacharow sind wir ein bißchen erleichtert, obwohl er selbst natürlich weiterhin in der Falle sitzt. Aber heute kommen schreckliche Nachrichten aus Warschau. Ich habe in Albuquerque eine Sonntagszeitung gekauft, und darin wird von Verhaftungen und Polizeiübergriffen auf die Solidarność berichtet. Wenn auf diese Pogrome oder gleichzeitig mit ihnen Lebensmitteltransporte aus Rußland, der DDR und der ČSSR erfolgen, dann könnte es gelingen, vorübergehend etwas zu kaschieren und zu unterdrücken. Aber wenn ein Bürgerkrieg daraus wird? ... Es ist schrecklich, an das zu denken, was vielleicht morgen oder in einer Woche schon geschehen kann.

---

[1] Howard Melvin Fast; eigentlich Walter Erikson – Amerikanischer Schriftsteller.
[2] Sinjawskij- und Daniel-Prozeß – Im Februar 1966 wurden die beiden Schriftsteller zu mehreren Jahren Lagerhaft verurteilt, weil sie ihre Bücher, die als »antisowjetisch« galten, im Ausland veröffentlichten.

R. 19. Dezember. Kalifornien

Ein Astronom hier in den USA hat einen neuen kleinen Asteroiden entdeckt. Und dem hat er den Namen »Andrej Sacharow« gegeben. Das ist natürlich noch keine Straße in Moskau, aber es war sehr erfreulich, das zu hören. Der Name ist anerkannt worden.

L. 31. Dezember. Tarrytown

Nach der Rückkehr aus Kalifornien – dort erlebten wir die seligsten amerikanischen Tage – hat die New Yorker Hektik uns wieder. Wir konnten nur kurz hierher nach Tarrytown zu den Kindern rauskommen. Die Weihnachtstage haben wir mit den Babjonyschews verbracht. Wirkliche Arbeitsstunden gab es in der extremen Hektik nicht viele. Raja hat in Columbia einen Vortrag gehalten zum Thema »Dreißig Jahre Studium der USA und drei Monate direkter Anschauungsunterricht«. Ich hatte eine Lesung am Goethe-Institut für die hiesigen Germanisten und »Sympathisanten«. Habe auf deutsch gelesen. Die wundern sich, daß bei uns in Moskau nicht nur Bölls Bücher, sondern auch die von Lenz und Handke und sogar von Kafka erschienen sind, und ich kann mich nicht daran gewöhnen, daß man sich darüber wundert. Aber dieses gegenseitige Staunen gibt es auf beiden Seiten des Ozeans.

Die unablässige Sorge um Polen überschattet alle Ereignisse und Eindrücke. Auch jetzt beim Schreiben warte ich auf die nächsten Nachrichten im Fernsehen. Heute habe ich eine Polin getroffen, deren Bruder in Gdańsk (Danzig) verhaftet worden ist, ein Werftarbeiter, Solidarność-Mitglied. Nachricht von ihm gibt es bisher nicht. [...]

Und in Moskau ist schon der 1. Januar 1982.

1982

R. 5. JANUAR. KÖLN

Wir sind in ein solches Meer von Freundschaft zurückgekommen, in eine menschlich so unglaubliche Zuneigung zu uns, daß Lew gestern, als wir mit Heinrich und Annemarie zusammensaßen, gesagt hat: »Ich fürchte, die Götter könnten neidisch werden; wir haben es einfach zu gut; womit werden wir dafür zahlen müssen?«

Unsere neue Wohnung ist sehr schön, und sie ist komplett eingerichtet. Die Straße ist ganz still, und hinten liegt ein großer Park.

... Lois[1] ist gekommen, unsere Nachbarin. Sie hat die Wohnung gefunden, und sie war oberster General beim Umzug.

R. 20. JANUAR

[...] Bei vielen Auftritten in den USA haben wir, wenn es um die sojwetische Literatur ging, »Sandro«[2] sehr gepriesen. Wir fanden, daß das Buch, nachdem es auf russisch bereits veröffentlicht ist, auch auf englisch erscheinen müßte (was allerdings sehr schwierig durchzusetzen wäre). Könnte es ihm schaden? Früher hätte es ihm nur geholfen. Aber jetzt?

---

[1] Lois Fisher-Ruge – Deutsch-amerikanische Schriftstellerin und Journalistin, gründete den Wohltätigkeitsverein »Tür zu Tür e.V.«.
[2] »Die Geschichten von Onkel Sandro« – Novellenreihe von Fasil Iskander.

BRIEF AN BORIS BIRGER (MOSKAU)

L. 20. Januar.

Wir freuen uns für Dich, daß sowohl zu Hause als auch hier eine Ausstellung zustande kommen wird. Sicherlich wird sich Deine Kunst ihren Weg »hier wie dort« bahnen, unabhängig von allen Ideologien und politischen Machenschaften. Und es wird Dir dort nicht schaden, wenn Du hier berühmt bist. Vielleicht sogar im Gegenteil ...

R. 26. JANUAR

Wir waren zum Geburtstag bei Reini Meier (mit ihm und seiner Frau Kadi haben wir uns in Moskau angefreundet). Irgend jemandem fiel ein, daß er eine Nachricht vom Tod eines russischen Schriftstellers gelesen habe. Aber keiner konnte sich an den Nachnamen erinnern. Man holte den Zeitungsausschnitt. So haben wir von Warlam Tichonowitschs[1] Tod erfahren. Hier muß man sagen: »Er hat ausgelitten.«

Natürlich weiß ich heute mehr über die Produktion von Bestsellern als zu Hause, aber jedesmal, wenn ich es mit einem konkreten Fall zu tun bekomme, ist es traurig. Da sind wir nun mehrere, die sich seit einem Jahr um Grossmans vorzüglichen Roman[2] bemühen, und seit einem Jahr kommt die Sache nicht vom Fleck. Nur wegen Lews Berühmtheit hat sich überhaupt etwas getan, und auch die reicht nicht aus, und das Buch über Kostja ist auch noch nicht erschienen.

R. 7. FEBRUAR

Wir verfolgen im Fernsehen die Bundestagsdebatte, in der Schmidt die Vertrauensfrage gestellt hat. Es herrscht echter Zwist zwischen den Parteien. Das ist dramatisch und durchaus nicht sinnlos und keineswegs bloß Geschwafel, wie Lenin gern schrieb. Hinter den Parteien stehen Schicksale und die Frage, wie Deutschland heute und morgen leben wird.

---

[1] Warlam T. Schalamow (1907–1982) – Epiker und Lyriker, war mehr als zwanzig Jahre Häftling und Verbannter.
[2] Wassilij S. Grossmans großer Stalingrad-Roman »Leben und Schicksal«.

R. 8. Februar

Lew ist in Bremen bei einer viertägigen Diskussion zum Thema »Wozu Goethe?« aufgetreten, die von der Goethe-Gesellschaft und der Universität organisiert worden war. Am 30. und 31. ist er zu einer Solidarność-Demonstration gegangen (es waren höchstens ein Drittel soviel Leute wie in den Geschäften beim Winterschlußverkauf) und hat ums Wort gebeten. Das wurde abgelehnt. Auch ein Senator bat für ihn – aber nein. »Die Rednerliste ist in Düsseldorf festgelegt worden.« Die Liste: Zwei Personen – derjenige, der abgelehnt hatte (einer von den »linken« Gewerkschaftsführern) und ein Abgeordneter von der Solidarność, der Staatsstreich hat ihn und seine Kameraden in Bremen überrascht. Gdańsk und Bremen sind Partnerstädte.

Übrigens versuchte der Gewerkschaftsführer auch, dem Polen seinen Text zur »Durchsicht« wegzunehmen, aber der entgegnete, daß sie im August nicht die Abschaffung der Zensur durchgesetzt hätten, damit er nun irgendwem vorher seinen Text zeigen müsse.

Lew hat sofort zwei Interviews gegeben und das natürlich erwähnt. Aber es geht nicht um ihn, sondern um die Situation. Am nächsten Tag waren wir einige Stunden mit drei Polen zusammen, die zu den Gründern der Solidarność gehören. Einer hat mit Wałęsa zusammengearbeitet. Prächtige Kerle. Und wir bekam die andere Seite der Tragödie zu spüren – ihre Isoliertheit hier. Wie glücklich waren sie darüber, mit Lew polnisch reden zu können.

R. 16. Februar

Lew telefoniert seit dem frühen Morgen ganz Deutschland und Umgebung ab, damit möglichst viele Leute Georgij[1] zum Geburtstag gratulieren. Und er fährt extra zur »Deutschen Welle«, um ein Interview über die Hausdurchsuchung bei ihm zu geben. Uns ist klar, daß das alles unzulänglich ist, aber irgend etwas muß man ja tun. [...]

Wir arbeiten beide viel. Lew ertrinkt, wie immer, in Post. Heute hat er unter anderem eine Einladung bekommen, einen Vortrag über ... die Bergpredigt! zu halten.

---

[1] Georgij (Shora) N. Wladimow – Schriftsteller; Menschenrechtler; leitete die Moskauer »amnesty international«-Gruppe.

L. 16. FEBRUAR

Mir ist klar, wie schwer Ihr alle es habt. Wir sind ja – im Unterschied zu vielen anderen in unserer Situation – nicht weggefahren und fahren auch nicht von Euch weg. Wir sind immer bei Euch, am Tag und in schlaflosen Nächten ... Im Moment steht Shora Wladimows Schicksal ganz obenan; ich habe gerade mit der »Zeit« geschimpft, weil sie kein Porträt zu seinem Geburtstag gebracht haben.

... Hier habe ich aufgehört zu schreiben, weil ich zur »Welle«[1] gefahren bin; habe über Shora und über Igor Ogurzow[2] gesprochen. Es wäre schön zu erfahren, ob irgendwer das gehört hat.

R. 19. FEBRUAR

Ein Rostropowitsch-Konzert in Düsseldorf. Wir haben das National Orchestra unter seiner Leitung schon einmal in Washington gehört.

Schostakowitschs 5. Sinfonie. Zum erstenmal habe ich über dem Orchester gesessen, seitlich darüber, das Orchester vor und unter mir. [...]

Was macht er nur mit dem Orchester? Am Anfang schienen die Musiker leise und ruhig, aber er erweckt in allen die teuflischen oder göttlichen Kräfte, die auch in ihm selbst stecken. Die einen wie die anderen.

Lew brüllte in voller Ekstase mit der Stimme eines Regimentskommandeurs, der den Befehl zum Angriff gibt, von oben runter: »Slawa!!! Slawa!!!«[3]

L. 21. FEBRUAR

Heute ist Karnevalssonntag. Abends gehen wir zu einer lieben Landsmännin, der Pianistin Oxana Jablonskaja. Sie hat uns zu einem Hauskonzert eingeladen.

---

[1] »Deutsche Welle« in Köln – Rundfunkanstalt, die weltweit Sendungen auch in russischer Sprache ausstrahlt.
[2] Igor W. Ogurzow – Orientalist; Leiter einer illegalen »christlich-nationalen« Gruppe. War 15 Jahre in Haft.
[3] Slawa – Kurzform des Namens Mstislaw (Rostropowitsch), bedeutet gleichzeitig »Ruhm«, »Gloria«.

Heinrich und ich haben uns über unseren nächsten Radiodialog unterhalten, oder besser »Trialog«, wenn man den Interviewer mitzählt. Diesmal geht es um Goethes Aktualität. Und jetzt höre ich zum erstenmal von ihm, daß er Goethe fast gar nicht kenne; daß er wenig von ihm gelesen habe. In der Schule wurde er praktisch überhaupt nicht erwähnt ... Nicht wegen der Nazis, sondern weil die Schule katholisch war, und für einen Heiden war da kein Platz. Und dann kam der Krieg, und nach dem Krieg hatte er zuwenig Zeit. [...] Er, ein hervorragender deutscher Schriftsteller, liest unermüdlich Tolstoj, Dostojewskij, Tschechow, Hemingway, Kafka, kennt von den eigenen am besten Kleist, Hebbel, Gotthelf – und kaum Goethe, hatte keine Zeit für ihn ... Aber er ist eben Böll, und deswegen verschweigt er das nicht. Er kann überhaupt nicht lügen, er ist unglaublich offen, bedingungslos aufrichtig – im geschriebenen wie im gesprochenen Wort.

R. 15. MÄRZ

Helmut Schmidt ist nicht nur Politiker, sondern auch Pianist. Jetzt ist eine Schallplatte mit Mozart in seiner Interpretation produziert worden – das Ganze zugunsten von Amnesty International. Ich kann mich wirklich nur freuen für die Bürger eines Landes, dessen Regierungschef ein Pianist ist, der vortrefflich Mozart spielt. (Da schreibe ich »die Bürger« und ertappe mich bei dem Gedanken, daß ich mich trotz meines Passes mit dem Wappen der Bundesrepublik selbst noch nicht zu diesen Bürgern rechne.)

R. 17. MÄRZ

Lew hat an den Universitäten von Amsterdam und Leiden über das Thema »Faust in Rußland« – Literatur und Faust-Schicksale – gesprochen.
 Wir waren in zwei Museen, eines reicher als das andere, haben Rembrandt, Hals und Averkamp gesehen [...] und dann van Gogh und nur van Gogh. Und die Stadt selbst, ihre Kanäle, die engen, geradezu unwahrscheinlich engen Gassen, die schmalen, nach oben strebenden Häuser, das ist einzigartig; ich lausche auf das holländische Leben. Es ist so friedlich, so gar nicht aufgeregt ...

R. 26. MÄRZ. WIEN

Gestern, nach einem großen Vortrag, kam ein junger Mann zu Lew und fragte furchtbar erregt: »Sie setzen sich für alle Völker ein. Warum erwähnen Sie mit keinem Wort das Elend der Kurden? Wir sind auf vier Staaten aufgeteilt: Türkei, Irak, Iran und UdSSR!« Und ein anderer war empört: »Sie haben gesagt, daß es in Jugoslawien etwas besser stünde als in der DDR. Hier haben Sie Materialien von ›Amnesty‹ über die Menschenrechtsbewegung und die Verfolgungen in Jugoslawien.«

R. 27. MÄRZ

Trotz Lews Widerstand sind wir in Freuds Haus gegangen, wohin ich schon im vorigen Jahr gewollt hatte. Es ist erstaunlich, wie aus dem, was wir in unserer Jugend »verstaubt« nannten, aus Plüsch, schweren Möbeln und Goethe, Schiller, Ibsen im Regal – wie daraus ein Revolutionär der Wissenschaft hervorgehen konnte. Und er hat 47 Jahre in diesem Hause gelebt. Es gibt ein schlimmes Foto: eine Hakenkreuzfahne auf dem Haus.

Eine große Bibliothek – Freud in verschiedenen Sprachen. Wo ist er auf russisch? Sie zeigen vier Bände, die 1969 in London erschienen sind. Und natürlich nichts über Freud in der UdSSR.

R. 30. MÄRZ. WIEN

Am Sonntag, dem 28. März, hatten wir Karten für die Kapelle in der Hofburg. Voriges Jahr haben wir dort eine himmlische Mozart-Aufführung der Wiener Sängerknaben gehört. In dieser Kapelle hat Salieri gewirkt. Wegen der Fastenzeit singt der Knabenchor jetzt nicht.

R. 4. APRIL. PADUA

Unsere italienische Reise begann damit, daß in Wien der Wecker nicht klingelte, der auf sechs Uhr gestellt war. Wir haben den Zug eben noch geschafft. In Padua kamen wir mit Verspätung an ... Ein schönes Hotel, aber recht weit vom Zentrum entfernt. Noch bevor wir die Sachen ausgepackt haben, machten wir einen Spaziergang durch die Stadt. Die älteste Universität Europas. Hier hat Galilei gearbeitet. [...] In ganz Italien läuten Glocken. (Bald ist Ostern). In

Padua alter grauer Stein, alte Geschichte und im Stadtzentrum die gleichen Schaufenster wie in allen Städten Europas.

R. 5. April

Wir sind in Venedig. Tatsächlich. Ich schreibe an einem Tischchen auf der Straße. Über mir an der Mauer eine Gedenktafel: »Hier verfaßte Tschajkowskij seine 4. Sinfonie.« Vor mir der Canal Grande. [...]

Wir sind durch den Dogenpalast gegangen..., das Gefängnis ist schrecklich, direkt neben der herrscherlichen Pracht. Darin zu sitzen war wohl kaum besser als im Wladimirskij-Knast. [...]

Es flimmert einem vor Augen von Tizian, Tintoretto, Veronese, Tiepolo ...

R. 6. April

Vormittags sind wir durch Padua gegangen und durch Galileis und Donatellos Straßen, vorbei an einem Haus, wo Dante logierte.

Mittags waren wir in Venedig. Wir sind trotz allem Gondel gefahren, haben gebeten, nicht die Touristenroute zu nehmen – und haben Elendsviertel zu sehen bekommen, wo der Putz von den Häusern bröckelt und das Wasser in den Kanälen ganz dreckig ist und stinkt.

L. 7. April

Wir sitzen im Restaurant Toscanelli, mitten in Padua, in unserem Hotel. Vorgestern und gestern waren wir in Venedig. Das ist mit dem Bus von hier etwa eine Stunde, mit dem Zug 25 Minuten ... Ich will versuchen, so gut ich es kann, systematisch zu schreiben ... Padua ist eine uralte Stadt, es gibt noch Mauern und Tore aus der Römerzeit. Vom 12. Jahrhundert an war es eigenständige Republik. Fast die ganze äußere Stadtmauer ist bis heute erhalten geblieben, ein sonderbares Vieleck; Gräben und Kanäle umgeben die mittelalterliche Stadt. Im Inneren gibt es mehrere große Plätze, einige breite, kurvige Straßen und zahlreiche enge Gäßchen – und fast überall Arkaden. Man kann ganze Straßen bei Regen entlanggehen, ohne naß zu werden, und bei Hitze, ohne aus dem Schatten zu kommen. Auch die neuen Häuser werden mit Arkaden gebaut.

Ein wundervoller alter Dom und Kirchen. Die Basilika des hl. Antonius (des Stadtpatrons) ist eine komplizierte und mit nichts zu vergleichende Mischung aus romanisch-byzantinischem und gotischem Baustil mit maurischen Galerien. Die Eremitenkirche, ein mächtiger, strenger Ziegelbau, wurde 1944 zerbombt; ein Teil der Fresken ist aus Bruchstücken wieder zusammengesetzt worden, die herrlichen, durchsichtig klaren, gleichsam post-impressionistischen Fresken von Mantegna (1431), von denen Goethe so begeistert war.

Raja hat schon unterwegs im Zug angefangen, Goethes »Italienische Reise« zu lesen, und zwar auf deutsch. Sie versteht es auf Anhieb zu 90 Prozent, erspürt es zu 150 Prozent, liest laut, schreibt Auszüge ab, um einige Absätze zu erörtern, und freut sich an der echten, offenkundigen Aktualität seiner Wahrnehmung von Kunst, Land, Leuten und seiner Gedanken zur Verbundenheit, zur engen, ewigen Verbundenheit unterschiedlicher Epochen und unterschiedlicher nationaler Kulturen.

L. 8. April. Padua

Bahnhof. In anderthalb Stunden fährt unser Zug nach Rom, aber wir haben keine Plätze; die Fahrkarten haben wir in Köln als »Rundreisetickets« gekauft: Köln-München-Wien-Venedig-Rom-Genf-Basel-Heidelberg-Köln. Jetzt stellt sich heraus, daß wir die Plätze vorher hätten reservieren müssen. Es ist Ostern, und nach Rom fahren Hunderttausende von Pilgern und Touristen. Wir sitzen auf dem Bahnhof, genauer gesagt, ich sitze und lausche feige auf die Schmerzen in meinem Bauch, während Raja herumhetzt und Hilfe sucht... In einer heutigen deutschen Zeitung haben wir gerade einen Artikel über mich mit lächelndem Porträt zum Siebzigsten entdeckt. Raja ist mit dieser Zeitung zum Bahnhofsvorsteher gegangen, aber ohne Erfolg zurückgekommen. Den italienischen Eisenbahnbeamten ist eine deutsche Zeitung piepegal; man rät uns, einfach in den nächsten Zug zu steigen. Der ist außerplanmäßig als »Kardinalszug« eingesetzt; vielleicht findet sich dort ein Platz.

Zug Padua-Rom. Florenz ist schon vorbei. Über zwei Stunden sind wir im Vorraum gefahren; wir hatten noch Glück, es war der Bremswaggon; ich saß auf einem Schemel, Raja auf einem Tischchen. In den anderen Waggons sitzen sie auf den Koffern oder stehen. Die Schaffner gestikulieren, wie es sich für Italiener gehört, und erklären, daß alles voll sei. Jetzt haben wir uns zum Restaurant durchgeschlagen, die Schlange abgewartet, uns an einen Tisch gesetzt, einen halben Liter Chianti classico bestellt und werden noch irgend etwas langsam kauen und schlürfen, um bis Rom sitzen bleiben zu können. Das sind noch zweieinhalb Stunden.

Indessen will ich auf die ersten Tage in Italien zurückkommen, über die ich noch nicht geschrieben habe. Padua gefiel uns auf den ersten Blick. In den alten Sträßchen der Stadt kommt der kreischende Autostrom nur mühsam voran; man hupt hier sehr komisch mit einem Pfeifen. Es gibt verdammt viel Motorräder und Motorroller; einige mit »Kunstreitern«: Ein Mädchen in Jeans steht hinter ihrem Freund, und sie brausen mit achtzig Sachen vorbei. Die alten Leute fahren meist Rad. Der Handel ist üppig und vielfältig. Im Zentrum reiht sich Schaufenster an Schaufenster – jede Menge Lederwaren, Textilien, unzählige Juweliere und Uhrmacher und noch mehr Café-Bars, Trattorien und Ristorante ... Man könnte glauben, daß der Durchschnitts-Paduaner tagtäglich Broschen, Armbänder, Uhren kauft, zwischendurch in Imbißstuben trinkt und ißt und ab und zu in die Kirche geht. Buchhandlungen hingegen gibt es wenig. Raja kann an keinem Bücherschaufenster vorbeigehen; sie freut sich über bekannte Ausgaben, besonders über russische Gegenwartsautoren. In Venedig und Padua fanden wir wenig in den Buchauslagen: einiges von Schklowskij[1] und Mandelstam. Nicht einmal Solschenizyn war zu sehen, ganz wenig Zeitgenössisches. Dafür sind die Klassiker gut vertreten: Gogol, Tschechow, besonders Dostojewskij. Wir staunten, daß wir in einem Laden bei der Kirche des hl. Antonius eine Einzelausgabe der »Legende vom Großinquisitor« fanden – ein Beispiel katholischer Toleranz.

Aber das Größte in diesen Tagen war Venedig. Da fahren wir nun auf Rom zu und sind immer noch ganz erfüllt von Venedig. Als wir auf der Brenta und durch die Kanäle fuhren, waren wir überrascht, wie wenig Brücken es gibt. Die Kanäle trennen die Straßenseiten, und man versteht gar nicht, wie die Leute von den verschiedenen Ufern miteinander kommunizieren ... Lange fuhren wir durch das industrielle Venedig: Die chemischen Fabriken sind ge-

---

[1] Viktor B. Schklowskij – Schriftsteller, Literaturtheoretiker, gehörte zu den Gründern der »Formalen Schule«.

nau wie in Deutschland oder Rußland: riesenhafte, dicke Aluminiumrohre, die sich über Beton- oder Ziegelmauern emporwinden; würfelartige Konstruktionen monotoner Siedlungen, in denen das einzig Italienische die Aushängeschilder sind. Eine Zeitlang fuhren wir auf einem schmalen Damm, an beiden Seiten das Meer (die Lagunen). Und dann waren wir plötzlich, viel schneller als gedacht, im eigentlichen Venedig, in der City am großen Omnibusbahnhof. Von da ging es mit dem »Vaporetto« weiter, einem großen Schnellboot, wie die auf der Newa oder in Moskau, und wenig später waren wir am Canal Grande. Vor uns lag Venedig – das einzige, unnachahmliche, großartige Venedig. Rund um uns junge Venezianer, viele in blauen Uniformen. Die Fahrkarten werden von niemandem kontrolliert ...

»O Venezia unica ... unica bellezza« – einzigartige Schönheit –, das haben wir in den drei Tagen immer wieder von den Kellnern in den Trattorien und Cafés, von den Verkäufern in den Souvenirgeschäften und den Gondolieri gehört und haben es selbst wiederholt: einzigartig und unnachahmlich. Am Markusplatz und an der Anlegestelle bei den merkwürdigen Säulen – die eine mit einem geflügelten Löwen (das ist das Wappentier der Stadt, das an vielen Gebäuden prangt und auf Tausenden von Souvenirs abgedruckt ist), die andere, die als Schandpfahl diente, mit einer Statue. Auf der Basilika standen nur drei der vier berühmten Rosse – das vierte war auf einer Ausstellung in West-Berlin. Darüber die Glocke, die von zwei mit Fellen bekleideten Bronzenegern geschlagen wird ...

Nein, man kann darüber nicht schreiben. Beschreibung muß ihre Grenzen haben. Aber hier herrscht in allem Grenzenlosigkeit aller Art. Ich kann nur noch aufzählen, was wir in den drei Tagen geschafft haben oder, genauer gesagt, was die stärksten Eindrücke hinterlassen hat: Am ersten Tag die Basilika, der Dogenpalast, der Platz mit den angrenzenden Gäßchen; am zweiten Tag sind wir Gondel gefahren und haben den Gondoliere gebeten, uns das wirkliche, alltägliche Venedig zu zeigen. Die hinteren, »inneren« Kanäle – die alle »Rio« heißen, im Unterschied zu den großen »Canale« – schlängeln sich zwischen Gäßchen ganz ohne Bürgersteige, schmutziges, stinkendes Wasser, dreckige Frachtgondeln, aber dann plötzlich eine geöffnete Tür in einer grauen, verschimmelten Mauer, und man sieht einen Innenraum, eine Privatwohnung oder einen Laden, Lüster, Teppiche, buntes Prunkmobiliar, aufdringlichen Luxus.

Den Canal Grande sind wir mehrmals entlanggefahren. Wir haben die Kirche Redemptore ausfindig gemacht, die Palladio erbaut hat und von der Goethe so begeistert war. Und wieder staunten wir über die Genauigkeit seiner Beschreibung und die Aktualität seines Urteils und über die Kirchenarchitektur der Italiener.

Zum Abschied sind wir noch mit einem Taxi-Motorboot durch die abendlichen Straßen gefahren: Die herrlichen Perlenfarben der venezianischen Dämmerung erinnerten in manchen Augenblicken an Koktebel...

Stell dir vor: Du siehst von ferne eine Frau von unglaublicher Schönheit, elegant und in jeder Hinsicht ungewöhnlich, in ihrem besonderen Äußeren ebenso wie in der Kleidung. Du bist fasziniert von dem Anblick, unwiderstehlich zieht sie dich an, und du bist schon sicher, daß das eben jene Einzige ist, die Schönste von allen, und daß du dich nie mehr von ihr wirst trennen können... Doch während du dich ihr näherst, wird es heller, und es zeigt sich, daß die schöne Frau matte Augen hat, überpuderte, überpinselte Falten, schlaffe Haut am Hals, welke, müde Augenlider, schütteres Haar, und ihr Gewand ist verschlissen und staubig, an einigen Stellen auch einfach schmutzig, speckig, nachlässig gestopft...

Und trotzdem ist sie schön und majestätisch und elegant, und in ihrer Schönheit, in ihrer ganzen Gestalt ist ein Geheimnis verborgen, nein, nicht eines, sondern viele Geheimnisse, und von der Nähe, die den ersten Eindruck blendender Schönheit zerstört, wird das Geheimnisvolle noch stärker und spürbarer... Nein, du willst nicht für immer bei ihr bleiben, aber vergessen wirst du sie nie, und sie wird dich immer wieder anziehen.

Rom. Heute schlendern wir durch das größte Museum der Welt – durch diese Zauberstadt. Hier sind nun wirklich Iwan Karamasows heilige Steine und der lebendige Atem jener Kultur, aus der auch unsere Wurzeln kommen. Wenn auch nicht allein aus ihr, so doch besonders aus ihr. Und Gott sei Dank nicht weniger, eher mehr als von Byzanz und der Goldenen Horde. Von denen haben wir mehr das Erbe der Macht als das des Geistes, aber von hier vor allem und stets das Geistige, Schöpferische, Künstlerische, das, was in den Palästen und Perspektiven von Petersburg lebt, und auch von Moskau: Italienische Baumeister haben im Kreml gearbeitet, und die russischen Maler des 18. und 19. Jahrhunderts – Lewizkij, Borowikowskij, Brjullow, Iwanow – haben mehr von Italien gelernt als andere Nordländer ... Und in den Gedichten, wieviel schönen Gedichten von Puschkin, Tjuttschew, Baratynskij, A. K. Tolstoj, Blok, Achmatowa, lebt Italien, das schöne und das weniger schöne. Es lebt in der naiven Romantik von Voiničs »Owod« (»Bremser«)[1] in Gorkijs italienischen Märchen, in Nikolaj Ostrowskijs[2] Pathos und in der Freude, die Anna Achmatowa empfand, als sie 1964 hier den Dichterpreis entgegennahm, es lebt in unserer Begeisterung für die Filme der Neorealisten Fellini und Antonioni und im pseudoitalienischen Kitsch der Unterhaltungskunst. Ach, wie eng sind wir mit diesem Land verbunden und dadurch wiederum mit vielen weiteren!

Hier, in Venedig und Rom, hilft uns jetzt Goethe sehr, er ist geradezu unverzichtbar. Und was haben einander Herzen und Mazzini bedeutet, was waren Garibaldi und all die anderen für unsere Großeltern, für unsere Jugendzeit?! Gar zu gern möchte ich es in meinem Leben noch schaffen, über die Begegnungen mit all den lange bekannten und doch ganz unbekannten, den fremden und gleichzeitig vertrauten Städten zu schreiben: Köln, Hamburg, Paris, Amsterdam, Wien, London, Venedig und Rom. Wenn man diese Begegnungen mit denen von New York, Washington, Boston, Chicago und San Francisco vergleicht, dann beginnt man noch über ganz anderes nachzudenken. Es kommen einem völlig unerwartete Gedanken, und alte Vorstellungen und Urteile ändern sich von Grund auf oder entwickeln sich in eine andere Richtung.

L. 11. APRIL

... Gestern abend und bis über Mitternacht die Ostermesse im Petersdom, die der Papst zelebrierte.

Heute morgen haben wir den Ostermarsch verschlafen und sind zu spät zur Frühmesse auf dem Petersplatz gekommen, wo wir die Verehrung des Papstes durch die Massen demonstriert bekamen. Er stand am Fenster des Vatikanpalasts und segnete die Hunderttausende, die ihm die ganze Zeit zujubelten. Die meisten waren junge

---

[1] Roman von Estel Lilian Voinič (1864–1960), die Geschichte eines italienischen Revolutionärs; war um die Jahrhundertwende und auch später noch äußerst beliebt.
[2] Nikolaj A. Ostrowskij (1904–1936) – Autor und Held des autobiographischen Romans »Wie der Stahl gehärtet wurde«.

Menschen: Spanier, Lateinamerikaner, Schwarze, Deutsche, Amerikaner ... Alle skandierten: »Evviva il Papa!«, »Totus tuus!« Und winkten mit Tüchern, Hüten und Mützen. Viele polnische Fähnchen. Der Papst nickte dankend, segnete sie und sagte schließlich: »Guten Appetit – Nun gehen Sie essen!« Wir sind noch einmal in die Kirche gegangen und standen noch einmal vor Michelangelos Pietà. Raja brachte ihr einen Strauß von purpurroten Rosen, den sie mir vorgestern geschenkt hatte, siebzig Stück.

Jetzt sitzen wir in einer Trattoria. Von hier werden wir ins alte Rom zum Forum auf dem Kapitol gehen, zum Denkmal des Marc Aurel, das sowohl die Barbaren als auch die ersten christlichen Herrscher Roms verschont haben. Die haben sogar mehr als die heidnischen Barbaren zerstört, weil sie es ideologisch taten: Im Namen des einzig wahren Glaubens zerschlugen sie alles Heidnische. Im Grunde waren sie die Vorläufer der Nihilisten, Proletkultanhänger, Hun-Wei-Biner – »Kulturrevolutionäre« aller Couleur. Aber auch bei ihnen gab es opportunistische Wohltäter. Die erklärten die Marc-Aurel-Statue zum Denkmal des ersten christlichen Imperators Konstantin. So blieb sie unversehrt. Die Wahrheit wurde im 16. Jahrhundert bekannt, als die Päpste bereits Ästheten wurden – tolerant gegenüber allen Sünden außer Anschlägen auf Dogmen und Doktrin, genauer gesagt, auf die kirchliche Autorität als solche, das heißt auf die Ordnung von »Partei und Nomenklatura«.

Solchen wie Jan Hus und Giordano Bruno wurde energisch der »ideologische Kampf« angesagt. Ein Beispiel dafür ist die Bartholomäusnacht. Ansonsten aber zeigte sich schon neue Flexibilität, neue Toleranz (Pluralismus) und die Anpassungsfähigkeit an jede beliebige gesellschaftliche Bedingung. Damals also kam Marc Aurel wieder zu Recht und Würden. Und von da an erblühte für hundert Jahre eine großartige Kunst, die symbolisch Renaissance genannt wird ...

Hier wandeln wir auf ihren Spuren, sind bei ihren Quellen und Horten. Natürlich gehörte damals, in ihrem Ursprung, auch die Wiedergeburt der antiken Traditionen des Schönen dazu. Die hören seitdem gar nicht mehr auf, wiedergeboren zu werden, sei es im Neoklassizismus der Französischen Revolution oder Weimars, sei es in den epigonalen Anstrengungen der Mussolinischen, Stalinschen oder Hitlerschen Pseudoklassizisten. Meiner Meinung nach war aber das Wichtigste an der Renaissance die neue poströmische, postbyzantinische, postgotische europäische Humanität. In Deutschland sagt man statt »Epoche der Renaissance« oft »Epoche des Humanismus.«

R. 13. April

Wir haben uns selber Streß gemacht: Eine Stunde in Mailand und Weiterfahrt mit einem anderen Zug. Wir haben ein Taxi genommen und sind in unersättlicher Gier zu der Kirche gejagt, wo Leonardos berühmtes »Abendmahl« ist.

R. 17. April. Genf

Heute vormittag sind wir mit einem Ausflugsdampfer über den Genfer See gefahren, vorbei an den Orten, wo Byron und Shelley gewohnt haben, und an dem Haus, wo Lenin lebte. Unvergeßlich waren die spiegelglatte Wasserfläche, die Segel, der Sonntag und die Berge, die Alpen.

R. 24. April

In Basel haben wir Heinrichs ältesten Sohn Raimund getroffen. Er hat uns das Steinersche Goetheanum gezeigt.

Abends sind wir nach Heidelberg gefahren.

Geburtstagsbrief von Heinrich Böll

Lieber Ljowa,
was sollen wir Dir noch sagen, was schreiben? – nach allem, was wir miteinander gesprochen haben, öffentlich, privat – nach allem, was wir übereinander geschrieben und gesagt haben? So unentbehrlich, so unersetzlich wie Du dort warst, bist Du hier – Bindeglied, parteilich-parteilos, heftig, noch lange nicht (und wohl nie!) angekränkelt von der westlichen Mode, derzufolge Intellekt und Emotion einander auszuschließen haben. Was will schon ein unbewegter (e movere – daher kommt ja Emotion!), ein gar unbeweglicher Intellekt? Ich sage Dir etwas, das so verrückt wie banal ist: Deutschland braucht Dich (daß Rußland Dich braucht, ist vorausgesetzt!) – und als Russe mit deutschem Paß, als Jude mit deutschem Paß (müssen wir uns über Pässe streiten? Ich glaube: nein) – als Sozialist (?) mit deutschem Paß, als Kosmopolit mit Wurzeln

(!Ja!) – bist Du eben unentbehrlich, unersetzlich – und gewiß ist es kein Zufall, daß Du jetzt dort wohnst, wo wir, Annemarie und ich, in den Jahren 1943 und 1944 gezittert, Todesängste ausgestanden haben – wo Annemarie nach Bombennächten ohne Bedenken stadtkölnische Blumen im Beethovenpark pflückte, um unsere mit Glassplittern und Putz übersäte Wohnung zu schmücken.

Ich bin egoistisch (und patriotisch) genug, um zu seufzen: Gut, daß Du hier bist.

Dein uralter Hein.

R. 2. MAI. BONN

Die Birger-Ausstellung. Als wir die Tür öffneten, sahen wir die aufgehängten Bilder; aber man drängte uns sanft zurück (»Es ist noch nicht fertig ... Das Fernsehen ist da ...«) und führte uns in einen großen Raum, wo schon die Wojnowitschs und Golomstock warteten. Und eine sehr schöne Ministerin [...], sie ist klug und ungewöhnlich lebhaft und sprach ausgezeichnet. [...] Heinrich war auch schon da, Annemarie ist krank (inzwischen geht es ihr schon besser). Wir plauderten, dann gab man uns den Katalog und rief uns hinunter. Ich stürzte zu den Bildern. Heinrich sagte, daß diese Ausstellung auch hier eine Dissidentenausstellung sei, natürlich nicht im politischen Sinne, sondern wegen der Malerei selbst. Die durchbreche auch hier die gängigen Vorstellungen. Sowohl Lew als auch Heinrich gaben auf der Ausstellung mehrmals Interviews.

R. 7. MAI

Schmidt hat uns ins Palais Schaumburg eingeladen: »Der Herr Bundeskanzler und Frau Gemahlin geben sich die Ehre ...« – zu einem Menuhin-Konzert. Es war einfach ein Wunder. [...] Als wir an seinen Tisch traten, hat Lew zum erstenmal seit anderthalb Jahren kein Autogramm gegeben, sondern um eins gebeten.

L. 6. JUNI. TÜBINGEN

... Eine bezaubernde Stadt, ganz auf Bergen. Wir haben im Gästehaus der Universität gewohnt, über der Stadt. Da konnte man auch besser atmen; es war schon furchtbar heiß.

Ein kleines Flüßchen mit vielen Booten darauf, Gondeln wie in Venedig. Über dem Fluß Gärten und Parks. Hier haben Hegel,

Fichte, Schelling gelebt und gelehrt, und auch der große Dichter Hölderlin lebte hier und war viele Jahre als Wahnsinniger in einem Zimmer eingesperrt. Und heute steht zwischen vielen politischen Parolen an der Wand seines Hauses groß angeschrieben: »Hölderlin war kein Irrer!« Auch unter Literaten gibt es viele, die diese Meinung teilen.

R. 6. Juli

Gestern waren wir bei der Eröffnung der Ausstellung »Aspekte moderner sowjetischer Malerei«. Es gibt hier einen gewissen Herrn Ludwig mit dem Spitznamen »der Schokoladenkönig« – ein Multimillionär und Kunstsammler. Der will sich nun der sowjetischen nicht verbotenen Kunst widmen. Es hat viel Gerede um diese Ausstellung gegeben. Ludwig ist zwischen Moskau und Köln hin und her gehetzt, hat mehr als 200 Ateliers besucht und etwa 300 Werke gekauft. Die werden jetzt ausgestellt.

Natürlich ist Schund dabei – auf welcher Ausstellung gibt es den nicht? Aber es sind da auch Sachen, die ich gern mag und die meines Erachtens wirklich schön sind – Igor Obrossow (besonders das Schukschin-Porträt), einige Werke aus den Republiken – Baschbejuk-Melikanowa, Nikonow, Andronow, Jegorschina, M. Iwanow, Birger (das Porträt der Pasternaks mit dem Titel »Eheleute«), na, und natürlich der großartige Tyschler. Ludwig hat Lew gebeten, ihm Tips zu geben. Im ersten Brief haben wir ihm über David Kakabadse und Pawel Filonow geschrieben.

R. 8. Juli

Unser Leben verändert sich wenig, obwohl fast jeden Tag Ereignisse, Menschen, Reisen kommen, aber so war es immer. Die Geographie ist anders, die Leute sind andere, aber die Lebensform selbst ist ähnlich. »Nur«, daß man arbeiten und publizieren kann, daß man (für sich) keine Angst zu haben braucht, außer vor jenen Gefahren, die die Natur in unserem Alter birgt. Das sind gar nicht wenige »außer«, und ich spüre, wie wichtig sie sind. Aber die Angst und Sorge um Verwandte und Freunde wächst und wächst. [...]

Schon seit zwei Monaten ist Sarrotschka[1] bei uns zu Gast.

---

[1] Sarra E. Babjonyschewa, Anm. s. S. 140.

Stundenlang »leben« wir mit ihr in Moskau, »gehen« durch die geliebten Straßen, »besuchen« geliebte Häuser. Das ist schön und unglaublich traurig.

Von Wassja[1] bekommen wir von Zeit zu Zeit Post; auch sein neues Buch ist gekommen. Wir haben ihn im Mai einen Abend gesehen. Dort haben wir auch Carl und Ellendea getroffen. Die Operation wurde abgelehnt, weil der Verdacht besteht, daß die Leber angegriffen ist. Wenn das stimmt, dann ist es das Ende. Er ist unglaublich tapfer, arbeitet verbissen. Und bittet alle Freunde, nicht an ihn, sondern an sie zu denken ...

Im Vergleich damit muß man sich schämen, wenn man über etwas klagt. Ist es nicht überhaupt das allerschwerste, Wichtiges von Zweitrangigem zu unterscheiden?

L. 13. JULI

Nun ist das Sommersemester bald zu Ende. Seit dem Winter war die Hauptarbeit in Wuppertal das Seminar (jeden Montag) und das Sammeln, Durchdenken und Besprechen des Materials an den anderen Tagen. Meine Hoffnung, wenigstens die beiden dicken Bände »Rußland in der deutschen Literatur« und »Deutschland in der russischen« bis zum 17. Jahrhundert zum Ende des Jahres herauszubringen, schwindet. Wir können von Glück sagen, wenn wir es bis zum Frühjahr schaffen. Im Seminar sind noch wenig Teilnehmer, zehn bis zwölf, davon sind nur die Hälfte Studenten und der Rest überwiegend interessierte Damen, darunter auch reizende, gebildete Ältere.

Die zweite wichtige Sache ist die Gesellschaft »Orient-Occident«, eine Organisation zur Finanzierung von Publikationen osteuropäischer Autoren, lebender und verstorbener, die in ihren Ländern nicht gedruckt werden dürfen, gleich, ob sie heute dort in Freiheit oder Unfreiheit leben. Diese Gesellschaft habe ich mir im Zuge zahlreicher, nur begrenzt erfolgreicher Bemühungen um die Veröffentlichung von Büchern Wladimir Kornilows[2], Wassilij Grossmans, Lidija Kornejewnas[3], Semjon Lipkins, ukrainischer, letti-

---

[1] Wassilij P. Axjonow – Schriftsteller, emigrierte 1980 in die USA.
[2] Wladimir N. Kornilow – Lyriker, Epiker; aktiver Menschenrechtler.
[3] Lidija Kornejewna Tschukowskaja (1905–1996) – Schriftstellerin, Kritikerin, Menschenrechtlerin.

scher und anderer Autoren ausgedacht. Dabei unterstützten mich Pavel Kohout und einige Tschechen. Zu den Gründungsmitgliedern gehören Heinrich Böll, Marion Dönhoff, Siegfried Lenz, Hans Werner Richter, der Slawistik-Professor Wolfgang Kasack und andere. Wir haben einen Fonds gegründet, aus dem wir die Übersetzungen und die Publikationskosten bezahlen werden. Zunächst einmal geht es nur um deutschsprachige Ausgaben. [...] Zur Zeit bemühen wir uns um Grossmans »Leben und Schicksal«, Lipkins »Dekade« und einen Sammelband ukrainischer Dichter.

R. 14. Juli

Ich will vom Zirkus »Roncalli« erzählen, den wir in Hamburg gesehen haben, wo wir drei schöne Tage verbrachten. Eine faszinierende Vorführung! Schön, poetisch, traurig, komisch, mit einem erstaunlichen Gespür für das richtige Maß. Musik und Licht, Farbe und Klang, alles harmoniert. Ein trauriger Clown, der reinste böllsche Schnier. Und alles in einem richtigen Zirkuszelt, wie in alten Romanen.

R. 27. Juli

Eine sechstägige Reise den Rhein entlang. Gestern abend sind wir zurückgekommen und haben ein schreckliches Telegramm von Ellendea vorgefunden: Carl hat Krebs am Blinddarm mit Metastasen. Vorigen Montag ist er operiert worden, liegt noch im Krankenhaus, in einigen Tagen wird man ihn entlassen. Die Ärzte sagen: »Sechs bis zwölf Monate.« Lew ist wie erschlagen, ich bewege mich noch mechanisch, aber ihm geht es ganz schlecht. Es darf einfach nicht sein, daß diejenigen todkrank werden, die vom Alter her unsere Kinder sein könnten.

R. 1. August

Heute die Nachricht vom Tod des ersten nahen Menschen in dieser Welt. Raimund Böll. Um 9.30 Uhr. Wir sind sofort zu Bölls gefahren und gerade erst zurückgekommen. Sie fahren morgen nach Basel zur Beerdigung. Wir auch.

R. 2. August

Serjosha[1] ist tot! Ich sitze allein hier, kann nicht weinen, habe seine/ihre Briefe an uns wieder gelesen. Lew hat man gegen seinen Willen zum Arzt geschickt; er hatte gestern starke Herzschmerzen. Morgen oder übermorgen müssen wir nach Basel zur Beerdigung.
 So schwer es auch ist, schreibt alles, alles über Serjosha. Und über Ninotschka natürlich. Was hat sie sich gebrochen? Wie lange muß sie im Krankenhaus bleiben? Braucht sie irgend etwas von hier? ...

R. 9. September

Das »zweite« Amerika unterscheidet sich sehr vom ersten. Klar, daß wir beide in dem einen Jahr abgebaut haben, sehr gealtert sind. Es gibt »objektive« Gründe dafür, aber auch einfach den Flug der Zeit. Schön, daß man uns nicht nach New York gebracht hat, sondern in das kleine Städtchen Bar Harbor, eine ehemalige Walfängersiedlung.
 Am 13. soll unsere Arbeit an der Universität anfangen. Hier ist kein Telefon; wir versuchen, aus Telefonzellen zu telefonieren. Am Ozean waren wir zweimal.

L. September/Oktober. Yale

Wir wohnen auf dem Campus, direkt über der Kanzlei des College-Masters. Hier herrscht das englische System. Yale kopiert Oxford, die Studenten sind in Colleges eingeteilt, das sind sozusagen administrativ-kulturell-gesellschaftliche Einrichtungen, nicht studienmäßige. Master und Dekan des Colleges organisieren Veranstaltungen für die Studenten, die verschiedene Fächer studieren, wir würden sagen: an verschiedenen Fakultäten. Aber das College kümmert sich um die Verpflegung und Unterbringung und um Gäste wie uns, für die Vorlesungen, Diskussionen, Konzerte (zusammen mit studentischen Kommissionen, Komitees und anderen Einrichtungen) veranstaltet werden. Eine zentrale Administration gibt es nicht. Der »Master aller Colleges« ist in erster Linie für die Finanzen, die Weitervermittlung der Absolventen, den Personaletat, Spenden, Subventionen usw. zuständig.

---

[1] Sergej J. Maslow, Anm. s. S. 140.

Eine wahre Anekdote: In den zwanziger Jahren hat eine alte, fromme Millionärin der Universität eine hohe Summe zum Bau einer großen Kirche gespendet. Aber Kirchen gab es in der Stadt auch damals schon reichlich. Und so baute die Universität einen Sportkomplex mit Schwimmbad, Gymnastikräumen, Tennisplätzen usw., aber die Fassade wurde gestaltet wie ein gewaltiger, gotischer Dom. Und hinter dem Dom verbarg sich das Stadion. Die großzügige Spenderin, die sich kaum noch bewegen konnte, wurde im Auto daran vorbeigefahren, man zeigte ihr die Fassade, und alle waren zufrieden.

Raja geht dorthin ins Schwimmbad und in die Sauna. Wir wohnen mitten unter Studenten; Frühstück, Lunch, Dinner gibt es in einer großen gemeinsamen Mensa. Das Essen ist üppig und sehr vielfältig; es ist Selbstbedienung, kurze, schnelle Schlangen an der Essensausgabe; man ißt, soviel man will, und kann mitnehmen, soviel man will. Ein Plakat besagt: »Nehmt alles, was ihr essen wollt, aber eßt bitte alles, was ihr nehmt.« Wenn man Gäste einladen will, muß man am Eingang drei bis fünf Dollar für ein Mittag- oder Abendessen bezahlen.

Dima und seine Freundin July haben uns besucht. Sie holten sich zwei volle Tabletts, ich hatte schon Sorge, daß sie es nicht schaffen würden, aber das taten sie und bemerkten, daß das Essen bei ihnen im College Wessley viel schlechter sei. In dieser »wide hall« finden auch jeden Tag Gespräche mit Studenten statt, sehr ungezwungen, manchmal Streitgespräche. Hier verabredet und versammelt man sich nach dem Dinner oder Supper. Auch die Professoren und Dozenten essen hier, der Kontakt ist nicht nur äußerlich demokratisch. Jemand, der sich zu einem an den Tisch setzt, grüßt: »Hi!« (heute statt »hello«), »Ich heiße Jim (Anne, Mary, Tom usw.)«. Natürlich muß man sich dann auch vorstellen. »Sind Sie hier *visiting professor*? Was lesen Sie?« Und dann erzählt er von sich. Und wenn es ein Mathematiker, Physiker oder Biologe ist, kann es sein, daß das Gespräch damit schon zu Ende ist. Dann verabschiedet man sich: »Nice to meet you, have a good time.« Aber wenn es ein Philologe, Historiker, Jurist oder Politologe ist, verabredet man sich zu einem weiteren Treffen, oder er kommt zu uns in die Vorlesung.

Am Ausgang des Campus hängen große Plakate »Don't walk alone«. In der Stadt New Haven, von der die Universität etwa ein Sechstel oder ein Siebtel ausmacht, gibt es viele Arbeitslose, besonders unter den schwarzen Jugendlichen. Mit jedem Jahr steigt die Kriminalität. Wir haben davon noch nichts gemerkt.

Die Studenten sind in der Regel aufgeschlossene, freundliche junge Leute, darunter auch sehr ernsthafte, beschlagene, wissensdurstige. Sie arbeiten hier alle sehr ordentlich und konzentriert. Jede Woche werden Kontrollarbeiten geschrieben. Dima scheint äußerst fleißig zu studieren und arbeitet nebenbei: Er ächzt, aber er strengt sich an. Er hatte sich für ein halbes Jahr »Arbeitsurlaub« genommen, um Geld zu verdienen, war Schuhverkäufer und überzeugte sich gründlich davon, daß er sein College wie vorgesehen abschließen muß. Er ist schon Junior.

Die Studenten werden hier nicht nach Semesterzahlen, sondern in Kategorien eingeteilt: Freshman, das erste Jahr; Sophomore (d. h. der Belehrte), das zweite Jahr; Junior, das dritte Jahr; und Senior, die letzten Semester. In dieser Kategorie kann man lange Jahre bleiben. Diese vier Kategorien sind die *undergraduates*, d. h. die eigentlichen Studenten. Später kann man *postgraduate* werden (bei uns: Aspiranten), dafür gibt es eine besondere Auswahl. Aufnahmeexamen kennt man hier nicht, aber die Leiter der Universitäten, das heißt spezielle Kommissionen von Vertretern der Colleges und der Fakultäten, treffen die Auswahl nach guten Zensuren. (Die Fakultäten sind hier etwas Eigenständiges, dort findet das eigentliche Studium statt, da schreiben die Studenten ihre Arbeiten und legen Prüfungen ab.) Die besten kommen auf die Elite-Universitäten, die »Ivy-league«, die »efeuumrankten« – die alten Universitäten. Dazu gehört auch »unser« Yale. Hier werden nur die besten College-Absolventen aufgenommen, es gibt neun bis zehn Anwärter auf jeden Platz.

Bei dieser Reise haben wir wesentlich mehr über das Hochschulleben erfahren. Es hat auch seine Schattenseiten. Raja liest jetzt Nabokows »Pnin« wieder und ist fasziniert von der Genauigkeit seines satirischen Realismus. Ein paar Tage waren wir bei Ellendea und Carl. Da haben wir beide je eine Vorlesung gehalten. In Yale hatten wir mehrere, sowohl einzeln als auch gemeinsam.

Es tat sehr weh, Carl zu sehen. Er hat eine achtstündige Operation hinter sich (Darmkrebs mit vielen Metastasen). Am 2. Oktober holte er uns vom Bahnhof ab. Er war mit Arabella gekommen, dem entzückenden kleinen Wildfang. Er sagte, daß er schon zum zweitenmal am Steuer säße. Er ist erstaunlich tapfer und gleichzeitig weicher geworden, manchmal beinah sentimental. Ellendea wirkt gequält, extrem angespannt. Die Söhne führen ihr eigenes Leben; der ältere ist schon Student, der jüngere arbeitet.

Den Verlag »Ardis« gibt es immer noch. Wir haben versucht, ihnen irgendwie zu helfen, haben beide bedauert, waren mit ihnen froh und traurig und hofften auf ein Wunder. Wir haben versucht, Carl aufzuheitern, ihn zu zerstreuen, abzulenken und ihn in ausgeklügelte, langfristige Projekte hineinzuziehen, damit er an seine Zukunft glaubt.

Am 7. sind wir nach New York gefahren. Dort hat mich eine derartige Bronchitis gepackt, daß wir beide eine ganze Nacht lang nicht geschlafen haben und schon befürchteten, es könnte eine Lungenentzündung sein. Also mußten wir ins Universitätskrankenhaus – vier Stunden Wartezeit; die Ärzte sind im allgemeinen konzentriert und ernsthaft bemüht; alles in allem hatten wir zweihundert Dollar zu zahlen. Für jede Vorlesung bekommen wir hundert Dollar, und auch das nicht immer. In Yale hat man uns die Reise, Unterkunft und Verpflegung bezahlt, darum gab es für die meisten Vorlesungen und Konsultationen kein Honorar.

In einer Woche fliegen wir wieder nach Köln. Ich habe Angst vor Abflug und Landung wegen des verdammten Schnupfens, der gar nicht aufhören will. Es ist widerlich, taub zu werden. Aber zu Hause warten Berge von Arbeit auf mich: Das Buch über Doktor Haass ist noch nicht abgeschlossen; dabei müssen auch die beiden Bände »Rußland und Russen aus deutscher Sicht. 9.–17. Jahrhundert« und »Deutschland und Deutsche aus russischer Sicht« derselben Zeit druckfertig gemacht werden. Es ist alles sehr interessant, macht aber viel Arbeit. Meine Mitarbeiter haben viel zusammengetragen und geschrieben, das muß alles durchgesehen, lektoriert, vieles kommentiert werden.

Vor dem Hotelfenster sind die Lichter des abendlichen New York. Tagsüber ist es hier jetzt schwül, feuchtwarm, aber nachts kann es plötzlich kalten Zug geben. Heute nacht war Gewitter: Die Blitze zwischen den Wolkenkratzern sind großartig. Wenn nicht der verdammte Husten gewesen wäre, hätte ich das noch länger bewundert ... Aber all die Schönheit verstärkt das Heimweh nur. Ihr alle seid so endlos weit weg, und wir sind so hoffnungslos von Euch getrennt.

R. 30. Oktober. Köln

Wir beide haben den gesehen, der von Millionen wie eine Gottheit verehrt wird – den Dalai Lama. Er lebt in einem Kloster in Indien und ist gerade zum zweitenmal hier zu Besuch und hatte viele Begegnungen und Empfänge, organisiert von der »Gesellschaft für tibetisch-deutsche Freundschaft«.

R. 16. November

Morgen werde ich einen Brief mit der Bitte um ein Visum an die sowjetische Botschaft schicken. Das habe ich an dem Tag beschlossen, als ich von Breshnews Tod erfuhr.

Ich habe in diesen Tagen sehr aufmerksam ferngesehen und die Gesichter studiert. Wir versuchen beide herauszukriegen, was in Moskau vorgeht. Veränderungen – daran zweifeln weder Lew noch ich. Aber wohin? In welche Richtung?

Wir waren in Bremen. Dort ist ein Archiv für russischen und osteuropäischen Samisdat[1] gegründet worden. Junge Leute, Enthusiasten.

L. 10. Dezember

Gestern war ein prall gefüllter Tag. Viel Post. Maja und Pawel sind nicht zufrieden mit meinem russischen Buch (»Über Wahrheit und Toleranz«); sie finden, daß ich Israel gegenüber ungerecht und überhaupt beinahe ein Antisemit sei. Warum können oder wollen sie die Palästinenser nicht verstehen?

Klaus Kunze ist aus Moskau gekommen. Er wohnt dort im Korrespondentenghetto. Sie haben zwei Quellen für ihre Vorstellung vom Land: erstens die offiziellen Nachrichten, denen man nicht recht glauben kann, aber immerhin existiert die Staatsmacht ja noch und wird nicht schwächer, »die da oben« wissen doch einiges, und wenn sie einem auch nicht gerade sympathisch sind, muß man schon manches glauben; zweitens die Dissidentenquellen, die zwar sympathisch, aber nicht zuverlässig sind. Darum kennt er Rußland, obwohl er dort wohnt, noch weniger als wir, die wir hier wohnen.

Heute morgen haben wir Kohl endlich telefonisch erreicht. Ich hatte ihm von Sacharow und über die Verhaftung von Ljusja Bon-

---

[1] Samisdat – »Selbstverlag«, illegal vervielfältigte Texte.

ner geschrieben. Er sagte: »Ich sitze in Ihrem Dampfer. Ich werde alles tun, aber nichts öffentlich.«

Jemand schrieb uns: »In Moskau mag man Sacharow nicht mehr.« Dazu Sarra Babjonyschewa in einem Brief: »Wer ihn nicht mehr mag, das sind die, die [...] sich ärgern, weil sie ihn nicht mehr auch nur andeutungsweise imitieren können. Die ›mögen ihn nicht mehr‹, weil er besser und edler ist als sie ...«

Wie bekommt man nur Unterstützung von den hiesigen Parteibossen? Es gibt gute Menschen, aber keine guten Parteien, keine guten Armeen und keine guten Kirchen.

L. 10. Dezember

Gestern hat Tomas Kosta uns vierzig Bücher über Sacharow zum Signieren gebracht, als Geschenk für Gewerkschaftsleute. Tomas Kosta war bis August 1968 Chef eines Verlags in der Tschechoslowakei; jetzt leitet er hier einen Gewerkschaftsverlag. Er wirkt jugendlich und lebenslustig, kennt alles und jeden.

Efim Etkind und ich waren bei der »Deutschen Welle«. Ein dortiger Mitarbeiter aus der ersten Emigrantengeneration brachte uns hin und fragte: »Sie beide sind hier gut etabliert, aber wie helfen Sie anderen Emigranten?« Er will nicht glauben, daß es »drüben« irgendein kulturelles Leben, irgendeine Literatur gibt. Es ist müßig, ihm zu erklären, daß wir keine »verbrannte Erde« hinterließen, daß letztendlich der Geist über die Gewalt triumphiert.

Heinrich Böll erzählte, daß er noch einmal den ganzen »Klim Samgin« gelesen habe, aufmerksam und voller Sympathie, viele Namen hatte er sogar behalten, meinte, viel Mist, aber auch viele vortreffliche Zeichnungen. Er betont, die Bilder seien eben nicht gemalt, sondern graphisch genau gezeichnet.

Ein langes Gespräch über Gorkij. Wir sind uns ziemlich einig darin, daß »Samgin« ein Schlüsselroman ist. Ich bemühe mich zu beweisen, daß Gorkij fast der einzige echte russische »bourgeoise« Schriftsteller ist. In seinem »Vagabundentum« ist mehr kaufmännische Rüpelei als proletarisches Verhalten – oder kommen darin vielleicht die Besonderheiten gerade der russischen Proletarier im Gegensatz zu den seßhaften westlichen zum Ausdruck? Aber in den USA gibt es doch auch Landstreichertraditionen, allerdings in einem freien Land. Dreihundert Jahre Leibeigenschaft sind eine ergiebigere, wirksamere Quelle für den

Bolschewismus als alle importierten demokratischen oder marxistischen Ideen.

L. 11. Dezember

Ellendea hat angerufen. Carl ist zum erstenmal seit dem Krankenhausaufenthalt mit Arabella ins Kino gefahren. Im Januar soll er noch einmal operiert werden. Ellendea sprach wieder wie immer, fröhlich, interessiert, fragte nach Moskauer Neuigkeiten. Jetzt sagt sie schon mit innerem Abstand: »Es waren furchtbare Monate, aber nun wird es besser..., man hat ihm neue Medikamente verschrieben.«

Jurij Kasakow ist gestorben. Er hatte nicht bloß gute Anlagen. Er war ein wirklich großer Schriftsteller. Es fehlte ihm nur an Willen. Talente in einem totalitären Staat müssen auch noch sehr willensstark sein, wie Achmatowa, Pasternak, Mandelstam, Bulgakow, Platonow. Wenn nicht, dann passen sie sich an – die einen schmierig wie Fedin, die anderen tragisch wie Wsewolod Iwanow, oder sie werden Trinker wie Jurij Kasakow.

Ein trauriger Brief von Ljusja vom 16. November, so fremd zurückhaltend; unterdrückte Verzweiflung: »Sie können Andrej jeden Tag ermorden, und wir leben schlecht, d. h. er und ich leben gut zusammen, aber es geht uns verdammt schlecht. Es bedarf keiner Worte. Ich glaube an nichts Gutes mehr... Andrej schreibt wieder wie ein Stehaufmännchen. Die Frage ist: ›Wieder zum KGB?‹. Dazu kann ich sagen, daß es mir doch jedesmal irgendwie gelingt, die Texte zu vervielfältigen, die sie nicht erwischt haben. Aber wie lange wir bei solcher Arbeit dazu in der Lage sind, ist schwer zu sagen...«

R. 11. Dezember

Gestern habe ich in der Volkshochschule über das heutige literarische Leben in Rußland gesprochen: Ajtmatow, Rasputin, Iskander. Viele Fragen über die Zensur und über die Einstellung zu den Deutschen.

L. 14. Dezember. Mainz

Besuch im Dom. Der enthusiastische Direktor des Dom-Museums: jung, untersetzt, grauer Bürstenhaarschnitt, rundes Gesicht, breite Backenknochen, lebhafte dunkle Augen. Der Haupteindruck von seinen Erzählungen: die unvergängliche Gegenwärtigkeit der Jahrhunderte, die sich in diesem Dom niedergeschlagen hat. Diese Wirklichkeit ist in allem: in den Gräbern, den geschnitzten Ornamenten. Sie sind alle noch hier, die Nachfahren der Dynastien der Salier und der Hohenstaufen. Er kennt sie alle, spricht ihre Namen genußvoll aus, zeigt uns voller Stolz die Schnitzereien. Er erzählt von den Rechten der Mainzer Erzbischöfe, die »von der Nordsee bis Prag« herrschten. Und ist stolz auf das Alter, die Größe, die Schönheit: »Wir haben den Kreuzgang, und die armen Kölner haben den Hauptbahnhof an ihrem Dom. Wir haben die Krypta, wo wir zweihundert Jahre christlichen Widerstand leisteten ohne Gewalt, nur mit Hoffnung, Glaube und Liebe. Die einzige Waffe war das Wort.«

L. 15. Dezember

Die katholische Kirche mit den Chagall-Fenstern, ein durchdringendes Blau. Der Priester, klein, rundgesichtig, rundäugig, rundköpfig, Pater Maier, ist der Sohn eines Rabbiners. Er erklärt die biblischen Themen der Fenster.

Das Blau von Chagall und Petrow-Wodkin ist wahrhaft himmlisch. »Dieses blaue, blaue Licht liebte ich seit Jugendzeit. Es bedeutete für mich tiefen Ursprungs Ewigkeit« (Barataschwili/Pasternak). Pater Maier spricht leidenschaftlich von der Einheit der verschiedenen Religionen: »Jesus Christus ist Jude, er ist der Sohn Gottes, sein Vater ist der Gott Abrahams und Isaaks!« Die Kirche ist leer; nur ein einsamer junger Mann im Trainingsanzug kniet und betet inbrünstig.

L. 18. Dezember. Köln

Ich schreibe das Buch über Haass zu Ende; die Vertragsfrist ist schon im vorigen Jahr abgelaufen, der Vorschuß längst verzehrt. Es fehlt noch das letzte, aber auch schwierigste Kapitel, zwei Entwürfe habe ich schon verworfen. Übermorgen fahren wir für zwölf Tage in ein stilles bayerisches Dorf: Schnee, Berge, eine bescheidene Pension und Ruhe, Ruhe ... Und wenn nichts dazwischenkommt, werde ich mein Manuskript vielleicht abschließen. So lebe ich also und scherze betrübt: Ich reite auf drei Pferden, die alle in verschiedene Richtungen galoppieren.

R. 21. Dezember. Staffelsee

»Vita Stafenensis« – so heißt die kleine bayerische Pension in dem Dörfchen, wo wir gestern angekommen sind. Wir schleppen wieder Sachen mit – wie in der guten alten Zeit nach Peredelkino. Das Haus, zu dem uns die Taxichauffeurin brachte, ist schön und aus Holz. Im Keller gibt es Schwimmbad, Sauna und Solarium. Halbpension. Bis jetzt sind wir die einzigen Gäste. In der Ferne sieht man die verschneiten Voralpen, und auch hier liegt Schnee.

L. 23. Dezember

Gestern war Tag des Fernsehens. Aus München kamen: ein Moderator mit Kameramann und Toningenieur. Sie wollen einen Film über uns machen. Franz Alt – ernst, nachdenklich, religiös und tolerant – fragt, wie es mit der Religion in Rußland stehe: ob eine Wiedergeburt der Religiosität, der russischen Frömmigkeit, wie man sie sich im Westen vorstellt, denkbar sei. Ist Sittlichkeit, Moral, ohne Glauben an Gott möglich? Ich erzähle von Vater Sergej Sheludkow und Soja Krachmalnikowa, das heißt von der ökumenischen Orthodoxie. Aber ich glaube nicht, daß die Kirche die einzige Rettung Rußlands ist. Andrej Sacharow ist Atheist ...

Seit drei Tagen schneit es, und alles wird russisch. Die bayerischen Dächer und die Kirche mit der dunklen Barockzwiebel auf dem Turm haben weiße Mützen übergestülpt. Weihnachtspost – wir haben von hier schon vierzig Briefe abgeschickt und aus Köln vor unserer Abreise wohl doppelt soviel. Es ist eine anstrengende, aber schöne Sitte, guten Menschen jedes Jahr Glück zu wünschen.

R. 24. Dezember

Kindermette in einem Gebäude der Kirche. Der Pfarrer spricht überzeugt, ohne überflüssige Worte, allgemeinverständlich: »Ihr denkt an Geschenke, an Weihnachtsgeschenke. Wem machen wir Geschenke?« Die Kinder antworten von ihren Plätzen: »Vater, Mutter, Oma, Opa ...« – »Wir machen Geschenke dem, den wir lieben. Gott machte uns an diesem Tag ein Geschenk: seinen Sohn – ein Zeichen, daß Gott uns liebt.« Das ist einfach und überzeugend ...

Unsere Nachbarn sind ein Schlosser und ein Volkswagenverkäufer mit ihren Frauen. Die Männer sind recht einfältig, ihre Frauen aufgeweckter. Die Frau des Schlossers stammt aus Stettin und ist als Kind hierhergekommen. Inzwischen ist sie mit ihrer Mutter schon dorthin gefahren. Ohne vorherige Anmeldung sind sie in ihr früheres Haus gegangen. Dort lebt eine polnische Familie. »Sehr nette Leute. Sie haben uns freundlich aufgenommen und uns den Brunnen gezeigt, den sie dort ausgegraben haben ...« Nein, weder sie noch ihre Mutter wollen Eigentumsansprüche geltend machen. An diesen Leuten wie auch an unseren Pensionswirten wird deutlich, wie fest und stabil sie in ihrem Alltag stehen; sie sind nicht einfach nur mit ihrem Beruf verbunden, sondern haben auch »Handwerkerstolz«.

L. 26. DEZEMBER

Heute ist wirklich ein Tag des Dankens. »Ich flüstere leise: Danke!« (Pasternak). Ich habe ein paar Seiten geschrieben, über den Streit zwischen Slawophilen und Westlern, an dem sich Doktor Haass beteiligte. Ich bin noch nicht sicher, ob es gelungen ist, aber Raja gefällt es ...

Ein langer Spaziergang um den See. Am Ufer eine graue Eisschicht, auch der Himmel ist grau, und das andere Ufer – der See und das Dorf – blaugrau, pastellfarben ... Raja hat Lotmans[1] Buch über Puschkin gelesen; er hat sehr treffend die neue *Würde* definiert. Alles ist Staub außer der Ehre, die Ehre ist teurer als das Leben.

R. 30. DEZEMBER

Das Jahr '82 geht zu Ende. Nun, es war wie immer: Man möchte hoffen, daß jegliches Unglück zurückbleibt, daß es mit dem letzten Uhrenschlag schwindet. Wir wollen den Jahreswechsel zu zweit feiern (so haben wir es jedenfalls vor), und unsere Gläser werden wir um zehn, das heißt nach Moskauer Zeit, heben.

L. 31. DEZEMBER

Heute haben wir zusammen gearbeitet, zum erstenmal seit langer Zeit wieder richtig; wir haben das Vorwort zu unserem gemeinsa-

---

[1] Jurij Lotman (1922–1993) – Linguist, Kulturhistoriker, Semiotiker; Begründer und geistiger Leiter der Semiotik-Schule von Tartu (Dorpat).

men Buch »Meister, Freunde, Zeitgenossen« (u.a. über Achmatowa, Tschukowskij, Jewgenija Ginsburg) geschrieben. Heute ist unser zehnter Ferientag – richtige Arbeitsferien, für uns die beste Art von Erholung. Raja hat in dieser Zeit die englische Übersetzung ihrer Memoiren durchgelesen und korrigiert. Mit den Korrekturfahnen für die russische Ausgabe ist sie noch nicht ganz fertig. Und ich habe endlich mein Buch über Doktor Haass fast abgeschlossen. [...]

Nach dem Frühstück machen wir einen Einkaufsspaziergang ins Dorf, kaufen Zeitungen, Schreibpapier, Briefumschläge, Saft und irgend etwas zum Abendbrot. Das Dorf am Staffelsee ist nicht groß: eine Kirche, drei Gaststätten, die Post, die Sparkasse, ein paar Geschäfte... Ferienhäuser von Städtern, Häuser von Rentnern und Bauernhöfe.

Die Bauern sind in der Regel reich und konservativ. Wohnhaus und Kuhstall werden hier unter einem Dach gebaut. Die Hälfte des Gebäudes nimmt der zwei- oder dreistöckige Wohntrakt ein: weiß verputzte Wände, Fenster mit bunten Rahmen und Fensterläden, die Dächer dunkel und leicht abfallend (Ziegel oder Schiefer), überstehend und weit als Vordach über die Wände hinausragend. Die andere Hälfte oder auch zwei Drittel des ganzen Gebäudes mit kleinen Fensterchen im unteren Teil in der weißen Wand, das ist der eigentliche Kuhstall, und darüber eine graue Bretterwand: der Heu- und Futterboden. Hier gibt es einige solcher Häuser. Acht Kilometer von hier ist ein Dorf mit lauter großen Höfen, wo es intensiv nach Kuhstall, nach Milch und Dung, riecht...

Der Staffelsee ist breit und fast 15 Kilometer lang. Das Wasser sehr sauber. Im Sommer wird hier gebadet; man trinkt das Wasser auch, und es wird gefischt. Zur anderen Seite von unserem Haus sind die Berge, nicht sehr hoch und kiefernbewachsen, die in die Tiroler Alpen übergehen. Jetzt sind sie stellenweise schneebedeckt. Ein schöner Anblick. Unser Hotel liegt auf einer Halbinsel...

Abends vor dem Schlafengehen machen wir einen Spaziergang. Jetzt, bei Vollmond, ist der See märchenhaft schön... Zu Mittag essen wir im Lokal »Zur Sonne«, bewirtschaftet von einer Mutter mit ihren Töchtern, und es gibt auch noch Angestellte, alles große, kräftige, bayerische Mädchen. Hier begrüßt man sich mit »Grüß Gott«, am gewöhnlichen »Guten Tag« erkennt man die Zugereisten. Wenn die Bayern schnell sprechen, verstehe ich nicht alles, aber es klingt angenehm.

1983

L. 1. Januar. Staffelsee
Mitternacht, bei Frost, unter knallenden, bunt zersprühenden Raketen tranken alle ihren Neujahrssekt und drückten einander die Hand, einige küßten sich sogar. [...]
Morgens wieder Gymnastik, Schwimmbad, Dusche, Frühstück. Danach haben wir prima zusammen gearbeitet, in diesen zwölf Tagen so schön, wie noch kein einziges Mal in der ganzen Zeit seit unserer Ausreise.

Der See friert zu, und zwar so gleichmäßig und durchsichtig, daß wir es nur merkten, als wir einen Jungen sahen, der mit Skistöcken vom Ufer aus über die Seefläche glitt. Dieser Tag ist wie ein Geschenk, hell und leicht frostig.

Unsere Wirtsleute sind gutbürgerlich: Besitzer einer Bäckerei, des Hotels, mehrerer Autos usw. Sie arbeiten ununterbrochen, nicht nur sie selbst, sondern auch die alte Mutter, die Tante und die Kinder. Sogar in die Kirche gehen sie abwechselnd, weil immer jemand im Hotel und in der Bäckerei bleiben muß. Sie haben auch »Lohn-Arbeitskräfte«: Fräulein Barbara im Hotel und drei Hilfskräfte in der Bäckerei. Dort wird schwer und angestrengt gearbeitet. Unsere Wirtin ist temperamentvoll und gesprächig; aufgeregt erzählt sie uns von Arbeitern: »Vor vier Jahren hatten wir es sehr schwer; niemand wollte Bäckergehilfe sein: Da muß man ja im Morgengrauen aufstehen und viele Stunden in der Hitze schuften; den Leuten bei uns geht es viel zu gut, immer noch viel zu gut. Wir haben schon immer gesagt, daß nichts Gutes dabei herauskommt, bei so viel Reichtum im Land, bei solchen Privilegien, Unterstützungen, Versicherungen, Gewerkschaften. Da heißt es immer: ›Arbeitslosigkeit, Arbeitslosigkeit‹. Vielleicht lernt ja noch irgendwer was daraus, aber ich behaupte, daß höchstens zehn Prozent der gemeldeten Arbeitslosen echt sind, das heißt solche, die arbeiten wollen und keine Arbeit finden. Aber die meisten wollen doch bloß ihre Arbeitslosenunterstützung kassieren und nebenbei schwarzarbeiten.«

Im Gasthof unterhielten wir uns am selben Tag mit einem norddeutschen Kleinunternehmer, der sogar mit einem gewissen Stolz prahlte, wie er das Arbeitsamt übers Ohr haut: »Ich weiß das genau, bei mir arbeiten gerade solche Schwarzarbeiter, und ich fahre damit besser, als wenn ich die vom Arbeitsamt nehme. Ich hab' schon dreimal mit solchen prozessiert, die das Arbeitsamt geschickt hat. Die wollen einfach nicht arbeiten; nach den Gewerkschaftsregeln können sie drei Tage unentschuldigt krank sein und nicht zur Arbeit kommen, ohne Bescheid zu sagen. Erst am vierten Tag sind sie verpflichtet, eine Nachricht zu geben, und selbst wenn sie kein Attest vorlegen, darf ich sie ohne zweiwöchige Kündigungsfrist nicht vor die Tür setzen. Und die ganze Zeit müssen wir dem Faulpelz noch Lohn zahlen. Ich hab' die Kerle entlassen und bin vor Gericht gegangen, um ihnen kein Urlaubsgeld zahlen zu müssen. Jetzt hole ich mir lieber diese ›freien‹ Typen und helfe ihnen, dem Arbeitsamt ein Schnippchen zu schlagen, sollen sie doch da ihre Unterstützung kriegen und bei mir noch mal soviel; warum sollen die sich offiziell vermitteln lassen und weniger kriegen? So sieht das aus mit unserer Arbeitslosigkeit! Und die Politiker und die Medien, die übertreiben alles ganz gewaltig.«

L. 11. JANUAR. KÖLN

Annemarie und Heinrich waren da. Ein langes Gespräch über die Zähigkeit von Vorurteilen, die Tradition von Intoleranz. Heute scheint uns vieles unsinnig, was noch vor kurzem selbstverständlich war. Heinrichs jüngster Onkel hat eine Protestantin geheiratet. Das war für die ganze Familie ein Schlag. Er war erledigt. Keiner verkehrte mit ihm. Erst als die Nazis ihn kassierten – übrigens nicht aus politischen Gründen –, da haben die Geschwister seine Kinder aufgenommen.

Annemarie erinnert sich, daß eine ihrer Freundinnen sich in einen Protestanten verliebte, woraufhin ihr Vater anfing zu hungern. Er sei ein guter, anständiger, eigentlich ein sehr netter, vernünftiger Mensch gewesen, der es einfach nicht ertragen konnte, damit zu leben. Und die Tochter verzichtete darauf, den Mann zu heiraten, den sie liebte, und heiratete einen Katholiken. (Ich mußte an Heinrichs Clown Schnier denken. Da ist vielleicht eine seiner Wurzeln.)

Bis zum 16. Jahrhundert war Köln die größte Stadt Europas, aber zwischen dem 16. und 19. Jahrhundert verlor sie allmählich an Bedeutung. Die Reformation erfaßte vor allem die führenden gebildeten Kreise: Kaufleute, Ärzte, Handwerker. Und diese Protestanten verließen die Stadt. Sie wurden grausam verdrängt. Hier gab es protestantische Märtyrer. Umgekehrt verhielten sich die Protestanten den Katholiken gegenüber aber mindestens ebenso schlimm. Für sie waren »alle Katholiken einfach Schweine«.

So war es, und das gibt es nicht mehr. Fast nicht mehr. Man kann also aus der eigenen Geschichte lernen. Und genau dafür ist unser »Wuppertaler Projekt« nötig.

Gestern haben wir im Seminar über die Spärlichkeit der russischen Geschichtsquellen gesprochen. Die Tataren haben fast alle Städte außer Nowgorod und Pskow verbrannt; und diese beiden wurden dann von Moskau vernichtet. Daher sind die russischen Archive so dürftig.

Warum fürchtete der asiatische Feudalismus, der großfürstliche, absolutistisch zaristische den Katholizismus so sehr? Weil die katholische Kirche sich der weltlichen Macht nicht unterwarf, weil sie zu unabhängig war. Und noch viel mehr fürchtete man die Reformation, die kritisch war, keine weltlichen Autoritäten anerkannte und sich der Zentralisierung widersetzte.

R. 16. JANUAR. KÖLN

Gestern sind wir aus Marburg zurückgekommen. Wir konnten zwei Tage in einem hervorragenden Archiv arbeiten. Handschriftliche Zeitungen aus dem 16. Jahrhundert, Mitteilungen über Iwan den Schrecklichen. Darüber, wie er auf Anraten einer Wahrsagerin seine Truppen aus Livonien abgezogen hat. Die Archivarin, Dr. Inge Auerbach, schreibt eine Arbeit über Fürst Kurbskij. Sie ist nach Moskau und Kiew gefahren, im letzten Sommer hat man sie nicht in die Archive zum 16. Jahrhundert gelassen. Man »verstand« nicht, worüber sie schreiben will.

L. 18. JANUAR

In Bielefeld war Rajas Debut – sie hat ihren ersten Vortrag auf deutsch gehalten, über die inoffizielle Literatur in der UdSSR. Alle haben sowohl den Inhalt als auch ihre Sprache sehr gelobt... Dort, in Bielefeld, hielt auch Eimermacher[1] einen Vortrag (»Sidur und die inoffizielle Kunst«). Viele bekannte Gesichter im Auditorium. Moskauer: Golomstock, Wosnessenskaja, die Grojs'... Habe auch einen Vortrag von einem aufgeblasenen Wichtigtuer über »die offizielle und inoffizielle Satire« gehört; schmeißt Wojnowitsch, Schukschin, Limonow und Maramsin alle in einen Topf..., daß einem schlecht wird!

L. 23. JANUAR. KÖLN

Schon am Donnerstag, dem 20., wurden wir angerufen: Wladimows[2] zweiter Herzanfall, und man zerrt ihn schon wieder zu Verhören. Ich habe Siegfried Lenz angerufen und ein Telegramm zum Parteitag der SPD an Egon Bahr, Willy Brandt und Hans Jochen Vogel sowie an den Vorsitzenden des Schriftstellerverbands, Bernt Engelmann, geschickt:

»18. Januar. Schriftsteller Georgij Wladimow in Moskau erlitt nach mehreren Verhören schweren Herzkrampf. Trotzdem werden er und seine Frau vom KGB bedrängt und bedroht. Bitte um Ihren Einspruch. Er kann entscheidend helfen, lebensrettend sein. Eile tut not. Hoffnungsvoll dankend im voraus. Heinrich Böll, Siegfried Lenz, Lew Kopelew.«

Heute habe ich erfahren, daß Brandt schon am Freitag Semjonow angerufen hat, und Reini Meier sagte, Kohl habe ihn gebeten, mir zu bestellen, daß er mit Gromyko über Sacharow gesprochen hat. Und der habe es »zur Kenntnis genommen«.

R. 30. JANUAR. KÖLN

Vika Nekrassow war ein paar Tage hier. Er gab einige Interviews im Zusammenhang mit Stalingrad und wohnte die letzten Tage bei uns. Lange und schöne Unterhaltungen, Schwelgen in Erinnerungen.

---

[1] Karl Eimermacher – Slawist, Kunsthistoriker.
[2] Georgij Wladimow, s. Anm. S. 91.

Vika las uns sein neues Werk vor. Unser Eindruck: das Bedeutendste, was er hier geschrieben hat. Und wieder ist es wie in Moskau, wir sitzen zu dritt zusammen, hören zu, diskutieren, erörtern – und das fehlt uns so schrecklich.

R. 31. JANUAR

Vorgestern haben wir den schönen Film »Mephisto« nach Klaus Manns Roman gesehen. [...]

Wir waren in diesen Tagen bei einer langen öffentlichen Diskussion über die Frage, wie man die Arbeitslosigkeit abbauen kann, wie das Land aus der Krise zu führen ist. Einer der drei Teilnehmer, ein bedeutender Politiker, sagte:»Ich weiß es nicht, und ich glaube denen nicht, die behaupten, daß sie es wüßten.« Aber Wahlen stehen an, und alle Parteien müssen behaupten, sie hätten eine Lösung, um Stimmen zu bekommen. Neben den Raketen ist das Problem der Arbeitslosigkeit natürlich das wichtigste.

R. 7. FEBRUAR. KÖLN

Am Sonnabend, dem 5. Februar, waren wir in Essen. Ein riesiger Saal für 4000 Personen. Das Schlagwort:»Verteidigt die Republik!« Eine lange Teilnehmerliste, darunter Heinrich und Lew, Juristen, Politiker, Schauspieler, Sänger und Sängerinnen. [...]

Mich setzt man auf einen reservierten Platz zwischen der ersten Reihe und der Bühne. Die jungen Männer und die Mädchen hocken sich auf den Fußboden, wie es hier üblich ist. Das Durchschnittsalter der Versammelten ist 25 Jahre und jünger.

Dieser Abend war sowohl als Unterhaltung geplant (viel Musik) wie auch als Informationsveranstaltung.

Eine junge Frau tritt aufs Podium, Petra Kelly, eine der führenden »Grünen«. Sie war nicht eingeplant; liest zwei Sätze aus einem Flugblatt:»Stoppt diese wahnsinnige Maschinerie, ehe es zu spät ist! Wir wollen nur eins: eine menschliche Republik...« Hinter der Szene Verstimmung: Der Organisator Klaus Staeck wollte keine Unvorhergesehenen, zumal Petras Name umstritten ist. Heinrich war deswegen auf ihn böse. Lew hat vor einem Jahr in Wien bei einer Fernsehdiskussion mit ihr polemisiert. Sie neigt im Grunde auch zur einseitigen Abrüstung. Jetzt bereitet Renés Verlag ihr Buch vor, zu dem Heinrich das Vorwort geschrieben hat.

R. 12. Februar

Unser dritter Kölner Karneval. Wir sind mit Klaus Bednarz zur sogenannten »Weiberfastnacht« gegangen, haben in drei kleinen Lokalen gesessen (eher Kneipen, so etwas wie alte Schenken).

R. 28. Februar

Wer hätte je gedacht, daß man über mich einen Fernsehfilm machen würde, ein langes Interview, und daß ich deutsch spreche, und all das in der Stadt Köln? Der Regisseur stellt Fragen, ich antworte. Die Kamera habe ich sofort vergessen, aber wie schrecklich ich es insgesamt finde – und vor allem die Sprachbarriere –, das habe ich nicht vergessen und kann es nicht vergessen.

R. 9. März. Köln

Nach den Wahlen. Eindrücke eines »Jungwählers«. Wir hatten schon lange beschlossen, für die Sozialdemokraten zu stimmen. Zum einen, weil wir einige kennen. Zum anderen, weil uns Vogel, den wir nicht persönlich kennen, im Fernsehen Achtung einflößte. Was dadurch bestätigt wurde, wie würdig er die schwere Niederlage trug. Na ja, und sozusagen traditionell. Obwohl wir umgeben sind von »Sympathisanten« der Grünen, sind wir noch nicht so weit, sie zu wählen. (Werden wir das eines Tages tun?) In vieler Hinsicht sind sie ja sympathisch. Strauß ist einfach entsetzlich.

Ein merkwürdiges Gefühl: Auch von mir, von meiner Stimme hängt etwas ab. Doch das erste, was wir bürgerlich parlamentarischen Demokraten taten: wir warfen die Papiere weg, die wir zum Wahllokal hätten mitnehmen müssen. (Berge von Papiermüll drohen unsere Wohnung zu verschlingen). [...] Dennoch wurden wir »zugelassen«. Von sechs bis acht Uhr abends wichen wir nicht vom Fernseher. Wohl zum erstenmal im Leben wollte und konnte auch ich nicht weg und »fieberte« richtig sportlich – und wie! Zum Schluß sagte der Moderator: »So ist nun also einer der spannendsten Krimis zu Ende«, und damit hatte er ganz recht. Wir dachten zuletzt gar nicht mehr an die Parteien und die Politik, sondern nur noch: Wer macht das Rennen und mit welchen Werten? Lange war unklar, ob die Grünen in den Bundestag kommen. [...] Auch für die habe ich gefiebert.

R. 13. MÄRZ

Lew hat das Buch über Doktor Haass fertig. Außer mit den Vorlesungen und dem dauernden Kleinkram – Interviews, Auftritte, Briefe – ist er jetzt vor allem mit seiner festen Arbeit in Wuppertal beschäftigt. Und auch ich habe ein kleines Buch[1] für einen deutschen Verlag fertig. Es steht schon im Verlagsplan für Februar kommenden Jahres und heißt »Die Türen öffnen sich langsam«. Darin schreibe ich:

»Dieses Buch entstand aus Hoffnung und Verzweiflung. Es entstand aus dem unbezwinglichen Bedürfnis, meinen Verwandten in der Heimat mitzuteilen, was ich in zweieinhalb Jahren meines Lebens in einer fremden Welt gesehen, gehört, erfahren und gedacht habe; aus dem Bedürfnis, mitzuteilen – wenn auch nur zum Teil –, was ich in einem langen Leben in Moskau gesehen, erfahren, gedacht habe. […]

Wir sind Exilierte – die einen aus freiem Willen, die anderen durch den Willen des Schicksals. In bizarrer Weise – unvereinbar und doch untrennbar – begegnen sich in uns jene Welt, die wir verließen (oder die uns ausstieß), und jene Welt, die uns aufnahm. Vielleicht trübt diese besondere Kombination von Erinnerungen und Eindrücken nicht den Blick, sondern hilft mir sogar, das zu sehen, was diejenigen, die nur in *einer* Welt leben, nicht sehen können?

Manchmal scheint mir, daß ich einiges vermitteln konnte, daß man auf das hörte, was ich zu erzählen habe. Aber unvergleichlich viel öfter durchdringt mich das Bewußtsein des Unausdrückbaren und der Nichtübertragbarkeit von Erfahrungen. Es klafft ein unüberbrückbarer Abgrund. Ich versuche, meine Verzweiflung zu bezwingen, versuche – wenn auch nur in bescheidenem Maße – etwas von der Lebensweise im Westen nach Rußland zu vermitteln und umgekehrt ein wenig von unseren Erfahrungen in eine den Menschen im Westen verständliche Sprache zu übertragen.
[…]
›Wir sind keine Ärzte, wir sind Schmerz‹, schrieb Alexander Herzen über die Schriftsteller des vorigen Jahrhunderts.

Die Wahrheit und Allgemeingültigkeit dieser Worte empfinde ich heute eindringlicher denn je.

---

[1] Hamburg 1984, übersetzt von Heddy Pross-Weerth.

Der Schmerz, den ich mitteilen kann, und so wie ich ihn mitteilen kann, existiert nur in meiner Version.
Wie die wahnwitzige Welt zu heilen ist, weiß ich nicht. Ich werde weiterhin versuchen, Türen zu öffnen, wenn auch in dem traurigen Bewußtsein, daß mir viele verschlossen bleiben müssen.
Werde ich einmal die Zeichen dieses geheimnisvollen Landes entschlüsseln können, [...] einer geheimnisvollen Welt, in der ich vielleicht bis zum Ende meiner Tage leben werde? Wird es mir gelingen, den Menschen hier das andere geheimnisvolle große Land näherzubringen, das für immer meine Heimat ist?«[1]

R. 21. MÄRZ. LONDON

Das Flugzeug kreiste lange über London. Nebel, Landung vorerst nicht möglich. [...] Wir wohnen im Hotel »Ivanhoe«. Wir sind verwöhnt in Deutschland. Hier ist es sehr ärmlich. An jedem dritten Haus steht entweder »Zu vermieten« oder »Zu verkaufen«. Man hat den Eindruck, daß ganz England, mindestens ganz London, »zu pachten« ist.

L. 30. MÄRZ. ZÜRICH

Am Montag, dem 28. März, sind wir von Köln nach Zürich gereist. Sieben Stunden unterwegs, und je weiter wir den Rhein hinauf nach Süden fuhren, desto mehr kamen wir aus dem grauen, nassen, Winterwetter in sonniges, frühlingshaftes hinein. In Zürich sind wir bereits zum dritten- oder sogar viertenmal und wohnen in einem uns schon bekannten Hotel.
Am Abend waren wir Gäste eines russisch-schweizerischen Kreises, gegründet von alten Schweizern, die früher einmal in Rußland gelebt haben. Einer von ihnen ist zum Beispiel der Urenkel von Leonhard Euler, Lomonossows Kollege. In den dreißiger Jahren ist er aus Leningrad emigriert; ein Bankangestellter. Außer den älteren Schweizern, die rührend besorgt sind, ihr Russisch nicht zu vergessen, um ihre Liebe dazu auf die Kinder zu übertragen, waren auch ganz junge Züricher dabei.

---

[1] Ebd., S. 15 und S. 219f.

R. 3. April. Aix

Am 9. werden wir von Aix-en-Provence nach Menton fahren. (Dort in der Nähe haben wir eine Wohnung gemietet.) Es ist schön mit Laure und Wolodja. Gestern lebten wir schon ganz in der Vergangenheit und haben auf Band gesprochen. Interessant, wie der Bogen sich spannt.[1]

L. 12. April

Heute schreibe ich aus der Provence (Rajas Geschenk für mich: zehn Tage in zwei herrlichen Ecken der Provence). Mit einem Besuch von Avignon, Aix-en-Provence und einer Stippvisite zum Essen nach Italien. [...] Eine Stunde haben wir im wundersamen Reich der Casinos verbracht.

Jetzt schreibe ich in Nizza, einer Stadt, über die wir soviel gelesen und immer wieder gelesen haben, und da ist sie nun: Sieh' hin, lausche, spüre, atme ... Die Altstadt ist so italienisch wie französisch – Renaissance-Arkaden, harmonische Plätze, manchmal dreckig, aber im ganzen eine prächtige, südlich lebhafte Stadt. Auch die neuen Bezirke, die Boulevards, die Luxushotels – nicht höher als sechs, sieben, acht Stockwerke – sind elegant, aber durchaus anständig. Dagegen herrscht in Monte Carlo, Monaco provinzieller Chic mit Vergoldung ...

R. 19. April. Paris

Jenes Erzittern, das uns beide bei der ersten Begegnung mit Paris erfaßte, hat sich nicht wiederholt, aber wir empfinden schon etwas Besonderes für diese Stadt.

Heute abend gehen wir in Peter Brooks »Kirschgarten«-Inszenierung – die einen loben sie in den Himmel, die anderen verreißen sie ebenso vehement. Das schönste aber: einfach ohne Ziel durch die Stadt zu schlendern, die Uferstraßen entlang. Sie hat magische Kräfte, sie verzaubert uns.

---

[1] Laure und Wladimir Trubezkoj – Französische Slawisten, Freunde von R. O. und L. K. schon in Moskau. Interview für ein Buch zur Geschichte der gegenwärtigen russischen Literatur.

R. 28. April

Am 2. werde ich nach Berlin fliegen, zum erstenmal, und Lew am 4. Ich habe dort eine Lesung, und dann ist da ein Symposium. Themen: der 50. Jahrestag der Bücherverbrennung, Zensur, heute verfolgte Bücher. Autoren aus verschiedenen Ländern. Lew beteiligt sich zuerst an den Lesungen, dann an den Diskussionen. Das ist die erste deutsche Stadt, in die ich mit Angst fahre, obwohl es mich in keine andere so sehr zieht.

R. Anfang Mai

Berlin vermittelt das Gefühl einer ständig drohenden Gefahr. Wie an der Front. Und so ist es auch. Auch nur über die Mauer zu schreiben ist grausig und schändlich.

Zwischenbemerkung

Vom 24. bis 28. Mai fand in Rom ein Symposium zum Gedenken an den Dichter, Philosophen und Theologen Wjatscheslaw Iwanow[1] statt. Es waren Referenten aus Italien, den USA und Frankreich da. Mein Referat, »Wjatscheslaw Iwanow und Goethe«, befaßte sich mit Iwanows Arbeiten über Goethe, dessen poetisches und philosophisches Vermächtnis eine der Quellen des russischen Symbolismus war.

L. Ende Mai. Rom

Am Vorabend wußten wir schon, daß der Papst uns alle am nächsten Tag um 12.20 Uhr empfangen würde. Dmitrij Wjatscheslawowitsch[2] sagte: »Die Kleidung sollte angemessen sein... Die Damen wissen natürlich selbst, was sie anziehen. Den Herren empfehle ich: dunkler Anzug, unbedingt mit Schlips.« Raja trug ein elegantes schwarzes Kostüm mit schneeweißer Bluse; ich blieb im hellgrauen Anzug (mit einigen kaum sichtbaren Flecken von Kaffee und Orangensaft), aber der Schlips war dunkelblau.

---

[1] Wjatscheslaw I. Iwanow (1866–1949) – Lyriker, ökumenischer Theologe, Kulturphilosoph, einer der Begründer des Russischen Symbolismus.
[2] Dmitrij W. Iwanow – Sohn von Wjatscheslaw Iwanow, Verwalter seines literarischen Nachlasses in Rom.

Morgens brachte uns ein Bus zu dem Haus, wo Wjatscheslaw Iwanow seine letzten Jahre verlebte. Eine Gedenktafel wurde angebracht, kurze Reden, etwas Wein.

R. 30. MAI. KÖLN

Mit allen anderen Teilnehmern des Symposiums »Wjatscheslaw Iwanow und die Kultur seiner Zeit« waren wir am letzten Tag im Vatikan beim Papst. Das Symposium hatte etwa dreißig Teilnehmer, aber es kamen mehr als fünfzig mit; die Italiener brachten ihre Frauen, erwachsenen Kinder und Freunde mit. [...] Sie treten an ihn heran, küssen ihm die Hand und werden gesegnet. [...] Ein paar Worte wechselt jeder einzeln mit ihm.

Lew: »Heiliger Vater« (Lew spricht polnisch), »ich bitte Sie, Ihre Stimme zum Schutz für Andrej Sacharow, den Freund der Menschheit, zu erheben...« – »Danke, ich weiß, ich bete jeden Tag für ihn.« Er antwortet auch auf polnisch und drückt ihm mit beiden Händen die Hand.

... Der Papst hat auch mir die Hand gedrückt, und ich habe zum ersten- und wohl letztenmal die ungewöhnlichen Worte »Heiliger Vater...« ausgesprochen. Es war ein überwältigender Eindruck, alles zusammen: das feierliche Ritual, die Empfänge, alle Arten von Gewändern, angefangen von den Uniformen der Schweizer Garde, [...] die Kardinäle, und der Papst selbst ganz in Weiß. Und diese Mauern, der Vatikan, die Kuppel, an der Michelangelo zu arbeiten anfing, als er siebzig war.

L. 8. JUNI

Bis zum 21. Mai waren wir in Wien. In der Zeit habe ich intensiv beim Kafka-Symposium gearbeitet. Goldstücker[1] aus England war da und führende Kafkaforscher aus den USA, Italien, Frankreich, der Bundesrepublik, Holland und anderen Ländern. Ich habe einen Vortrag darüber gehalten, mit welchen Schwierigkeiten der arme Kafka »nach Rußland reiste und im Grunde noch nicht ankam«. Unterhaltsame und lehrreiche Vorträge und Gespräche. Außerdem hatte ich eine Begegnung mit Kreisky.

---

[1] Eduard Goldstücker – Tschechisch-englischer Historiker, Literaturforscher.

Natürlich gab es verschiedene Interviews, Diskussionen mit Gruppen von Amnesty; Raja hielt eine Vorlesung für Slawisten. Am 22. Mai sind wir für einen Tag nach Mailand gefahren, um die Proffers zu treffen.

R. 5. JULI. KÖLN

Ein Anruf von Hildebrandt[1] aus Berlin. Er erzählt ausführlich vom Hungerstreik aus Solidarität mit den Sacharows, von den Zelten der Hungernden. Ein junges Mädchen, das zufällig dazu kam, verließ ihren Freund und schloß sich den Hungernden an.

L. 5. JULI

In der Universität Wuppertal bekam ich einen Anruf vom Deutschlandfunk und habe direkt in den Äther über Sacharow geredet: »Die sowjetischen Nachrichten über ›eine Änderung von Sacharows Position‹ sind reine, plumpe Lüge. Sacharow sagt das seit zwanzig Jahren.« Und noch einmal wiederhole ich: »Sacharows Schicksal ist der Prüfstein für die sowjetische Innenpolitik, die sowjetische Friedensliebe. In sowjetischen Zeitungen ist ein ›offener Brief‹ erschienen, den einige namhafte Wissenschaftler unterschrieben haben. Darin wird Sacharows ›unpatriotische Haltung‹ verurteilt. Die Autoren des Briefes erwecken bei mir nur verächtliches Bedauern – sie haben sich für immer mit Schande bedeckt. Aber um ihn ist mir angst.«

Heute befürchten wir schon Selbstmord. Es gibt schließlich eine Grenze. Wenn sie die letzte Hoffnung verlieren, dann könnten sie sich gemeinsam dazu entschließen ... Man mag nicht daran denken, aber man wird den Gedanken nicht los.

ZWISCHENBEMERKUNG

Sacharow hat wiederholt »aus persönlichen Gründen« Hungerstreiks durchgeführt. Er verlangte die Ausreise für seine Schwiegertochter zu ihrem Mann, der bereits in den USA war; Sacharow forderte, seiner Frau Jelena Bonner zu gestatten, ihre Kardiologen

---

[1] Rainer Hildebrandt – Direktor des Museums »Haus am Checkpoint Charly«.

und Augenärzte in Italien und in den USA aufzusuchen, denn sie verlor das Augenlicht und litt infolge einer schweren Kriegsverwundung an Herzschwäche. Manche Freunde im In- und Ausland nahmen es Sacharow übel, daß er wegen »einzelner Familienprobleme« sein Leben riskierte, wo doch Millionen auf ihn hofften ... Wir mußten sogar so intelligenten Männern wie George Kennan immer wieder beweisen: Sacharow ist ein idealistischer Menschenfreund ohne Furcht unnd Tadel, aber zugleich auch ein Realist. Durch Hungerstreiks konnte er einzelnen Menschen helfen, und für seine Familie hungerte er so hartnäckig, weil er sich persönlich für ihr Los verantwortlich fühlte.

L. 24. JULI. SALZBURG

Vom ersten Tag an haben wir uns an die Arbeit gemacht.[1] Gleich am ersten Abend haben wir auf einer Bank am Fluß das Vorwort angefangen und schreiben täglich weiter. Gestern haben wir uns sehr gezankt, aber fruchtbar.

R. 24. JULI

Vormittags haben wir sehr gut gearbeitet. Unerwartet kamen wir auf die »Bodenständigkeit«.

R. 25. JULI

Wir holen Larotschka ab. Es wird sicher schön. Sie ist erwachsen geworden. Abends ein Empfang in der Residenz des »Landeshauptmanns.«

L. 25. JULI

Ich habe mit Sinowatz über Sacharow und Kostja Asadowskij gesprochen. Wir haben abgemacht, daß ich ihm einen Brief schreibe, um ihn zu erinnern.

---

[1] Für das Buch »Wir lebten in Moskau«.

R. 21. August. Bad Münstereifel

Hier im Kurhaus sehen wir eifrig Fernseh-Nachrichten: »Blockade der amerikanischen Raketenstützpunkte« [...] Junge Männer und Frauen liegen auf dem Boden, hier und da auch ältere Leute. Robuste amerikanische Militärpolizisten fesseln die jungen Leute, schlagen sie, packen auch die Mädchen. [...] Viele bekannte Leute auf dem Bildschirm. Der Leiter der Sendung, ein amerikanischer Botschaftsrat, den wir aus Moskau kennen, ein Senator aus Bremen [...] gegen die Raketen; auch der Ministerpräsident von Nordrhein-Westfalen, der uns die Staatsbürgerschaft verliehen hat, spricht dagegen.

L. 24. August. Bad Münstereifel

Gestern waren Annemarie und Heinrich ein paar Stunden bei uns zu Besuch. Sie kamen, nachdem sie Vincent und René zum Flughafen gebracht hatten – Vincent und seine Familie fliegen nach Ekuador, René allein nach Kuba, Bolivien, Peru. Er wird fotografieren, recherchieren.

Mit den Bölls war es schön und familiär wie immer. Beide wollen am 2. September an einer Massendemonstration auf dem Areal teilnehmen, wo wahrscheinlich neue Raketen aufgestellt werden sollen. Die Zeitungen haben schon darüber berichtet. Meine Versuche, sie davon abzubringen, waren erfolglos. Und, was ich noch mehr bedaure, es gelang mir auch nicht, sie davon zu überzeugen, daß unbedingt gegen alle Raketen demonstriert und dies von vornherein klargemacht werden muß – auch gegen die, die schon stehen, und auch gegen die, die drüben bei uns aufgestellt werden sollen.

R. 8. September. New York

Wenn ich ein Formular ausfüllen müßte, würde ich in der Rubrik »Hauptbeschäftigung« eintragen: »Koffer ein- und auspacken«.

Nach Boston kommen wir diesmal nicht. In einer Woche fahren wir für drei Tage nach Pittsburg (da waren wir noch nicht), dann für eine Woche nach Washington und zurück nach New York. Von hier werden wir zurückfliegen. Ich fürchte, daß wir nicht mehr hierherkommen. Lew fühlt sich schlecht, er hat eine starke Allergie, an den Händen löst sich die Haut. Vielleicht die Hitze oder was weiß ich. Und wieder müssen wir einen Arzt suchen.

Wir haben eine Führung durch das UNO-Gebäude mitgemacht. Und dann waren wir noch in der Frick-Galerie. Ende des vorigen, Anfang dieses Jahrhunderts hat ein Millionär Bilder und Plastiken gesammelt, eins immer schöner als das andere, und dafür ein Haus gebaut, mit einem Gärtchen im Innenhof, mit Springbrunnen, alles mit Marmor verkleidet.

L. 26. SEPTEMBER. WASHINGTON

Wir sind schon drei Wochen hier. Am 6. sind wir angekommen, waren bis zum 16. in New York und Tarrytown, sind dann mit Maja, Pawel und Larotschka im Auto auf »ihr Land« nach Pennsylvania gefahren. Etwa dreißig Hektar eines steinigen Hügels, der mit einem kleinen Wald bewachsen ist; das wichtigste Kennzeichen ist ein großer, flacher, grauer Findling. Maja hat ihn zum Tisch gemacht, genauer gesagt, zu einer Anrichte für das Mittagessen, das sie dort auf einer Feuerstelle aus kleinen Steinen zubereitete. Wir aßen sehr vergnügt nicht durchgebratenen Schaschlik und halbgare Kartoffeln, tranken Kaffee. [...]

Übernachtet haben wir in der Stadt Bethlehem. Am Morgen haben wir die Stadt besichtigt, den kleinen alten Teil, der 1741 von Auswanderern aus Deutschland und Böhmen erbaut wurde, Anhängern der sehr alten protestantischen Sekte der »Böhmischen Brüder«. [...]

Von dort sind wir nach Philadelphia weitergefahren, auch eine Kinderstube der Staaten, wo wir die »Freiheitsglocke« gesehen haben. Dort aßen wir zu Mittag, und um 4 Uhr haben die Kinder uns dann in den Zug gesetzt, mit dem wir um 11 Uhr abends in Pittsburg ankamen.

Professor David Kaiser holte uns ab, der Bruder von Robert (Bob) Kaiser, der als Korrespondent der »Washington Post« in Moskau war. Am nächsten Morgen zeigte er uns einige Straßen und fuhr mit uns zur Universität Carnegy-Mellone, die uns eingeladen hatte.

Am Abend hielt Raja eine Vorlesung über »Hemingway und Faulkner in Rußland«. Sie war ausgezeichnet, es gab viele kluge Fragen. Die Hörer waren in erster Linie Professoren, Dozenten und Philologiestudenten.

L. 20. Oktober

Die Zeitschrift »Der neue Amerikaner« brachte dazu in ihrer Ausgabe vom 17.–23. 10. 1983 folgenden Artikel von A. Buchan:

Dissidenten bei uns

[...] Raissa Orlowa berichtete den Hörern vom tragischen Schicksal von Andrej Sacharow, Jurij Orlow, Anatolij Martschenko und anderen Teilnehmern der Menschenrechtsbewegung in der UdSSR, von Menschen, die sehr teuer dafür bezahlt haben, innerlich frei und sich selbst und ihren Freunden treu zu bleiben.»Sie sind Menschenrechtskämpfer geworden, weil sie nicht anders konnten«, betonte Raissa Orlowa. [...]
»Fünfzehn Jahre lang haben meine Familie und ich gleichsam an einer Grenze gelebt, einer relativen und durchaus beweglichen Grenze. Nach meiner Erfahrung kann ich von zwei Menschengruppen bei uns zu Hause sprechen: Den eigentlichen Dissidenten und den Vertretern der liberalen Intelligenz, aus deren Reihen die meisten Dissidenten hervorgegangen sind. Man kann sich darüber streiten, warum viele Leute, die den Dissidenten zustimmten und ihnen halfen, dennoch selber nicht der Bewegung beitraten. Natürlich war es Angst, aber nicht nur. Viele wollten ihren Beruf nicht verlieren, was beinah unvermeidlich war. Sie dachten: Wie soll unser großes Land ohne Ärzte, Lehrer, Schriftsteller und Wissenschaftler auskommen? Allein mit dem Samisdat kommt man schließlich nicht weit... Eine tragische Situation. Und ich muß an den großartigen Mann Ilja Gabaj denken, der Selbstmord beging. Das war ein sehr aufrechter Mann, ein echter Lehrer. [...]
Nach dem Vorfall mit dem koreanischen Flugzeug frage ich mich: Wer war der Lehrer dieses Piloten? Was hat ihn zu diesem Schritt bewogen? Genau hier liegt das Problem: Sollen alle Dissidenten werden, oder soll nicht irgendwer Lehrer bleiben? Es ist sehr schwer, hier eine Entscheidung zu fällen. Darum war es oft der qualvollere Entschluß, einen Protestbrief nicht zu unterschreiben, als dies zu tun. Hinzu kommt natürlich das Verantwortungsbewußtsein für die eigene Familie, die dann auch Verfolgung und Verlust ausgesetzt ist. In den letzten Jahren sind weitere Hindernisse hinzugekommen [...]: Die Angst vor der Emigration und Enttäuschung über die Wirkungslosigkeit der Opposition.[...] Ich weiß noch, wie wir im Januar 1980 spät in der Nacht A. D.

Sacharows Wohnung verließen. Er war gerade verhaftet worden, und noch wußte niemand, wohin man ihn bringen würde ... Auf dem Heimweg fragte mich ein amerikanischer Korrespondent, ob es Protestdemonstrationen geben werde. Ich brach vor Hilflosigkeit in Tränen aus. Wie sollte ich ihm erklären, daß es bei uns keine Demonstrationen geben kann? [...]
Ich halte die Meinung, daß eine echte Literatur nur in der Emigration und unter Dissidenten entstehen kann, für falsch. Es gibt in der UdSSR Beispiele für gute Literatur, Theater und sogar Filme, was noch viel schwerer zu machen ist. Aber seit Sacharows Arrest ist es besonders schwierig geworden zu schweigen.«
Der Veranstalter der Begegnung mit Raissa Orlowa, ein alter Freund der Familie, der Direktor des Russischen Instituts, Marshall Schulman, erinnerte sich daran, wie er viele Abende in der Wohnung der Kopelews saß, während es ununterbrochen klopfte. Ständig kamen und gingen Freunde.
»Wie kommt es, daß sich nach den Ereignissen in der Tschechoslowakei von 1968 eine Spaltung in der Dissidentenbewegung abzeichnete? Die Solidarität wurde von Intoleranz abgelöst, und es gab eine Teilung in ›Bolschewiki‹ und ›Menschewiki‹«, fragte M. Schulman R. Orlowa.
»Das ist ein natürlicher Vorgang. Man stritt sich über die Taktik der Opposition, das künftige Rußland und die Einstellung zum Gesetz. In der Geschichte unseres Widerstandes überwogen immer kleine Gruppierungen, die allen anderen gegenüber intolerant waren. Aber die Leute akzeptieren keine Diktate mehr, weder von der Regierung noch von anderen Dissidenten.«
Die Teilnehmer der Begegnung wollten wissen, inwieweit Hilfe und Unterstützung des Westens für die Dissidenten wichtig sind. Viele kommen ja dadurch in Schwierigkeiten, daß sie sofort als Vaterlandsverräter und Westagenten verunglimpft werden.
»Im Februar bekamen wir einen Brief von den Sacharows, worin sie uns baten, Heinrich und Annemarie Böll für ihre Unterstützung zu danken. Mit großer Mühe hatte Sacharow eine Sendung von der Deutschen Welle empfangen (für sie ist ja ein spezieller Störsender eingerichtet worden), in der die Bölls über ihn sprachen. ›Als wir die Stimmen der Freunde hörten, wußten wir, daß wir nicht allein sind‹, schrieb Andrej Dmitrijewitsch. Natürlich sind alle Formen von Unterstützung auf allen Ebenen wichtig für die, die in der Sowjetunion geblieben sind: politische, professionelle, gesellschaft-

liche. Als Sacharow 1973 zum erstenmal zum Staatsanwalt zitiert wurde, sagte man ihm: ›Hoffen Sie nicht auf Ihren Westen. Der macht ein bißchen Lärm, und dann vergißt er Sie.‹ Aber wie sich gezeigt hat, stimmt das nicht. Ihre Unterstützung hilft denen, die dort geblieben sind, die Barrieren zu überwinden, die die Machthaber um sie aufbauen.«

R. 21. OKTOBER

Die Buchmesse verblüffte wieder durch eine gewisse Unsinnigkeit, »ein kleines Absurdum als Modell des großen Absurden«. Es wird alles dafür getan, daß kein Mensch jemals ein Buch liest... Als ob man Berge von Schokolade vor sich hat, in Schokolade liegt, auf Schokolade geht – dann mag man sie nicht mehr essen...

Sehr schön war es, Siegfried Lenz zu treffen, ein bezaubernder Mensch; wir saßen ein bißchen mit Gräfin Dönhoff zusammen, die gehört auch schon fast zur Familie; einen Abend verbrachten wir bei den Freimaurern; sie finanzieren die erste Buchausgabe von »Orient – Occident«, den Sammelband mit drei ukrainischen Dichtern.[1] Die Herausgeberin hat die Gedichte von Jewhen Swerstjuk herausgenommen, sie wie ein altes Buch eingebunden und ihm in die Verbannung geschickt. Das Päckchen ist angekommen, und sie hat eine begeisterte Antwort erhalten, die die ganze Mühe rechtfertigt.

In drei Tagen gibt es hier einen Stus-Abend. Lew wird dessen Gedichte auf ukrainisch vortragen.

L. 16. NOVEMBER. KÖLN

Am 11. abends habe ich einen Vortrag bei den Freimaurern gehalten. Die vorangegangenen Gespräche führten dazu, daß der Vortrag deutlich antifaschistisch wurde. Ein Gesprächspartner hatte nachzuweisen versucht, daß Hitler am Anfang »gar nicht so schlecht« gewesen sei, weil er die Arbeitslosigkeit beseitigt und Idealismus bei der Jugend geweckt habe; erst später sei er schlecht geworden.

Die meisten Beispiele für totalitäre Gewalt entnahm ich der deutschen Geschichte, aus den ersten Jahren des Nationalsozia-

---

[1] Wassyl Stus, Iwan Swetlitschnij, Jewhen Swerstjuk: »Angst, ich bin dich losgeworden« (Hamburg 1983).

lismus. Ich erinnerte an die Formel bei der Bücherverbrennung: »Wider den deutschen Geist ...«, und stellte einige Überlegungen zu diesen Worten an, über den wahren deutschen Geist, der nicht mit den Büchern verbrannt ist, und über die Geistlosigkeit, Geistfeindlichkeit derer, die sie verbrannten. Man hörte sehr aufmerksam zu, mehrmals wurde laut geklatscht. [...] Aber im Gegensatz zu allen vorausgegangenen Lesungen dieser Art wurde nicht erlaubt, Fragen zu stellen; ein Cellist und ein Pianist standen schon bereit und spielten sehr schön Beethoven und Chopin.

Saulgau. Wir sind durch die Schwäbische Alb und sehr hübsche Orte hierhergefahren. Im Hotel »Kleber Post« (die Poststation gab es seit dem 17. Jahrhundert, dieses Haus ist von 1719) wurde Hans Werner Richters 75. Geburtstag gefeiert. Und wir kamen wie selbstverständlich auf eine Sitzung ebenjener Gruppe 47, zu der Richter mich im Jahre '63 zum erstenmal eingeladen hat. [...] Das sagte ich dann auch: »Vor zwanzig Jahren hast du mich eingeladen, und siehst du: Hier bin ich.« Sie feierten Richter sehr fröhlich, ohne gekünsteltes Pathos. Den Hauptvortrag hielt Hans Mayer. Er erinnerte daran, wie Richter 1932 wegen Trotzkismus aus der KP ausgeschlossen wurde, und erzählte, wie verschiedene Leute auf Hitlers Machtergreifung reagierten. [...] Er sprach über die Leiden der Emigration, vor allem aber darüber, wie Hans Werner Richter gleich nach dem Krieg zusammen mit damals ebenso unbekannten Literaten eine neue deutsche Literatur begründet hat. Carola Stern grüßte als »Landsmännin aus dem deutschen Norden«, und Uwe Johnson wartete mit einer überraschend humorvollen Rede auf.

R. 18. NOVEMBER. KÖLN

Gestern bei den Bölls hat Lew Heinrich aus Briefen, die wir aus Rußland bekommen haben, vorgelesen und erzählt. Das ist bei uns schon Tradition. [...]

Christa Wolf kam mit Ehemann Gerd und Tochter. Sie hat den Schillerpreis bekommen, der ihr in Stuttgart überreicht worden ist. [...] Unsere Beziehungen zu ihr haben auch schon in Moskau angefangen und gehen hier zum Glück weiter. Wir sehen uns schon zum drittenmal. Sie erzählt Wichtiges, unter anderem über eine Veranstaltung zum 100. Geburtstag von Kafka in der DDR-Akademie, deren Mitglied sie ist.

R. 25. Dezember. Seehausen

Wir sind zum zweitenmal in Bayern. Vor dem »Kurhaus« wehen drei Fahnen: die österreichische (bis Salzburg sind es 20 Kilometer), die bayerische und die amerikanische. »Und wo ist die deutsche?« fragte Lew. Die ruhige Antwort: »Wir sind doch in Bayern!«

R. 28. Dezember

Heiligabend haben wir im Haus einer Tochter von Friedrich Graf von der Schulenburg verbracht, der 1944 als Mitglied der Verschwörung gegen Hitler hingerichtet wurde. Sein ebenfalls hingerichteter Onkel war jener deutsche Botschafter in Moskau, der Stalin vor dem bevorstehenden Überfall zu warnen versuchte. Die Mutter unserer Gastgeberin, Gräfin Charlotte, kam nach der Hinrichtung ihres Mannes mit fünf Töchtern und einem Sohn aus Brandenburg in den Westen. [...]

Der Abend war traditionell deutsch, mit Weihnachtsliedern, einem Tannenbaum mit echten Kerzen und Verteilung der Geschenke (wir bekamen einen Haufen Bücher und Alben).

II. Stimmen von drüben

Raja zitierte gern einen Ausspruch von Nina Berberowa: »Wir sind keine Verbannten, wir sind Gesandte.« Und wir haben tatsächlich nie die Verbindung zu denen verloren, die uns »sandten«, zu unseren Freunden in Moskau, Leningrad, Tbilissi. Obwohl das damals sehr schwierig war, haben wir oft telefoniert, hauptsächlich mit unseren Töchtern und Rajas Schwester. Aber der Hauptkanal war natürlich die »Taubenpost« über deutsche Korrespondenten wie Klaus Bednarz, Klaus Kunze, den Amerikaner Kevin Klose und einige Diplomaten, die wir nicht nennen, weil man ihnen das zur Last legen könnte; sie überbrachten uns Briefe von Freunden, die uns auch noch unsere dagebliebenen Manuskripte und Bücher schickten. Manche Briefe an uns mit der gewöhnlichen Post gingen an die Anschriften deutscher Freunde in Köln. Sie waren sehr lange unterwegs, kamen aber dennoch an. Einen Sonderfall leistete sich unser georgischer Freund, der Germanist Professor Nodar Kakabadse. Er adressierte einen deutsch geschriebenen Brief an unser Haus, an »Renate Adler und Leopold Neusiedler«. Dieser Brief ist nicht abgefangen worden, und unser Briefträger verstand, wer gemeint war. (Adler heißt russisch »orjol«, davon abgeleitet Orlowa (= dem Adler gehörend)).

Wir lebten nicht zwischen den Welten, sondern gleichzeitig in zweien. Sie beide miteinander zu verbinden wurde zum Ziel und Inhalt unseres Lebens.

Hier folgen nun Ausschnitte aus Briefen unserer Freunde, die wir in den ersten Kölner Jahren erhielten. Es ist nur ein kleiner Teil des Briefwechsels, den vor allem Raja bis zu den letzten Wochen ihres Lebens führte, und es werden nur sechs von unseren ständigen

Briefpartnern vorgestellt. Mit Bedacht wurden nur solche Ausschnitte gewählt, die als Zeitzeugnisse gelten können.

MICHAIL JEFIMOWITSCH ARSCHANSKIJ (1913–1985) – ehemaliger aktiver Offizier, Ingenieur, wurde 1948 aus der Partei ausgeschlossen und aus der Armee entlassen, weil er in Prozessen zur Verteidigung von L. K. aufgetreten war und eine an Stalin gerichtete Beschwerde mitunterschrieben hatte. Seitdem arbeitete er als Ingenieur in einem Leningrader Werk. Er kannte und liebte die russische Literaturgeschichte, verfolgte eifrig und aufmerksam die Ereignisse des geistigen Lebens in Leningrad und Moskau.

SARRA EMANUILOWNA BABJONYSCHEWA – Literaturwissenschaftlerin und Kritikerin, aktive Teilnehmerin der Menschenrechtsbewegung in Moskau; lebt seit 1982 in Boston/USA.

JURIJ SERGEJEWITSCH MASLOW (1913–1991) – Sprachwissenschaftler, Germanist, Frontkamerad von L. K.

SERGEJ JURJEWITSCH MASLOW (1939–1982) – Mathematiker, Philosoph, Lyriker, Sohn von Jurij Maslow, kam bei einem Autounfall ums Leben.

NINA BORISSOWNA MASLOWA (1939–1993) – Mathematikerin, Frau von Sergej Maslow.

IWAN DMITRIJEWITSCH ROSHANSKIJ (1913–1994) – Physiker, Philosoph, Literaturwissenschaftler. Frontkamerad und Verteidigungszeuge bei den Prozessen von L. K. 1946/47, wofür er aus der Partei ausgeschlossen wurde. In den fünfziger und sechziger Jahren Mitarbeiter der Akademie der Wissenschaften und Mitglied der Internationalen Kommission zur friedlichen Nutzung von Kernenergie. In den letzten Lebensjahren Mitarbeiter am Institut für Geschichte der Wissenschaften. Autor vieler Bücher und Arbeiten, vor allem zur Geschichte der antiken Philosophie und der Naturwissenschaften, sowie einiger Veröffentlichungen über Rilke.

MICHAIL ARSCHANSKIJ

Leningrad, 20.–22. 12. 1980

Am Sonntag, dem 16. November, bin ich aus Moskau zurückgekommen. Ich kam mit einem Brummschädel nach Haus. Die nette, lächelnde Zugbegleiterin gab uns Tee, wünschte eine gute Nacht und ... fing an zu heizen, was das Zeug hielt! Gegen zwei Uhr nachts hatte sich das gemütliche Zweibettabteil im weich gepolsterten Waggon in einen wahren Glutofen verwandelt. Es blieb mir nichts anderes übrig, als mich anzuziehen und in den kühlen Gang hinauszutreten, wo ich bis zum Morgen stehen blieb, bis zu dem Moment, wo wir den Umführungskanal überquert hatten und es Zeit wurde, den Mantel anzuziehen. All die Stunden habe ich darüber nachgedacht, wie oft ich diese Strecke hin- und zurückgefahren bin, angefangen vom Dezember 1929 bis heute – 51 Jahre lang! –, und wann ich wieder nach Moskau fahren kann, wen ich dort antreffen werde und wann ich Euch wieder in die Arme schließen darf und auf welchem Flughafen.« So dachte er, und er war traurig in jener Nacht und wünschte, daß der Wind nicht so schwermütig heulte und der Regen nicht so zornig an das Fenster schlüge.« [...]

Schon mehrmals habe ich Eure Grüße den schmiedeeisernen Zäunen bestellt, den Brücken und Brückchen, der Fontanka (an deren Ufer wir nun doch nicht unseren geplanten literarisch-historischen Spaziergang zusammen gemacht haben), dem Haus, wo Blok acht Jahre gelebt hat und gestorben ist. In diesem Haus ist am 24. November endlich das Blok-Museum eröffnet worden. Ich bin nicht hingegangen, obwohl ich gekonnt hätte. Ich hatte keine Lust zuzusehen, wie irgendwelche offiziellen Onkels und Tanten ein Band durchschneiden, wie sie von einem Blatt »bedeutungsvolle« Worte ablesen. Zu seinem Hundertsten war die Presse erstaunlich großzügig mit Veröffentlichungen »anläßlich«, aber außer einigen interessanten Artikeln in »Swesda« (»Stern«), Nr. 10 und der Vorankündigung von zwei Bänden in der Reihe »Das literarische Erbe« waren fast alles nur Wiederholungen und alles darüber, wie Blok »sofort«, »klar«, »unwiderruflich...«[1] usw. usf. Man hat es satt. Alle. Selbst die, die nie etwas von ihm gelesen haben. Es gab Fernsehsendungen (schlechte und mittelmäßige). Das Große Dramaturgische Theater brachte auf der kleinen Bühne »Rose und Kreuz«. Die Regie hatte Rezepter, der auch den Bertran spielte. Towstonogow[2] hat in einem vertraulichem Gespräch gesagt: »Der Autor macht den Leuten blauen Dunst vor, aber das elitäre Publikum wird sagen, daß es genial ist.« In der »Literaturnaja gaseta« stand eine lobende Rezension. Inzwischen hat sich der Wirbel

---

[1] Zu ergänzen »... die Bedeutung der Revolution erkannte«.
[2] Georgij A. Towstonogow – Chefregisseur und Intendant des Leningrader »Dramaturgischen Gorkij-Theaters«.

gelegt, aber klarer ist davon nichts geworden. Und Gott sei Dank! Der Himmel bewahre uns davor, dem zuzustimmen, daß alles klar ist. Ich habe noch einmal Bloks Tagebuchnotizen aus der Zeit seiner Arbeit bei der Außerordentlichen Untersuchungskommission gelesen.[1] Wie bemühte er sich, den Charakter der Leute zu verstehen, Wesen und Motive ihres Handelns zu durchdringen! Leute interessierten ihn. Der Mensch. Nicht umsonst heißt es im offiziellen Kommentar, daß »die Kommission sich nicht zum Kampf aufzuschwingen vermochte ...« usw.

Bald, am 29. 12., ist der traurige Jahrestag der neuesten Folge aus der Serie »Bürger, das Vaterland ist in Gefahr!«[2]

Keine Analogien. Alles ist anders. Aber unwillkürlich stellt sich in der Empfindung, in der unruhigen Ahnung eine Verbindung her zwischen diesem Jahrestag und dem, was in Polen geschieht. [...] Das reicht, um zu begreifen, daß man nicht nur wegen der Fleischpreise oder des Mangels an Fleisch auf die Straße geht. »Deep are the roots!« Natürlich. Ich habe noch einmal Alexander Herzen gelesen: »1831-1863«, »Rußland und Polen«, »Mater Dolorosa« und überhaupt alles, was auch nur den geringsten Bezug zu den Ereignissen jener Jahre hat. Es gelang mir, eine ausführliche Reportage über die Enthüllung des Denkmals in Gdańsk am 16. 12. zu hören. Es war spät. Nacht. Ich saß allein da, hörte zu und konnte Tränen der Aufregung nicht unterdrücken, Tränen des Mitgefühls, des Stolzes und ... der Angst, einer unerklärlichen Angst. Wie gern hätte ich ein Foto von diesem Denkmal mit deutlich lesbaren Inschriften darauf! In unserer Presse natürlich kein Sterbenswörtchen. [...]

Am 11. Dezember ist ein Jahr seit dem Tod meines geliebten Freundes Senja Kagan vergangen. Wir waren auf dem Friedhof, der der jüdische heißt. Weiterhin sterben Juden, aber das Friedhofsgelände wird nicht erweitert. Beisetzung ist dort nur in den Gräbern der nächsten Verwandten oder neben diesen Gräbern möglich. Es ist sehr eng. Denkmäler, Grabplatten und Obelisken engen den Raum ein. Man kann den Blick nicht abwenden. Viele Inschriften in Jiddisch oder Althebräisch, Sprachen, die ich leider nicht kann.

---

[1] 1917 bei der Kommission der Provisorischen Regierung zur Erforschung der kaiserlichen Archive.
[2] Gemeint ist der Jahrestag des Einmarsches in Afghanistan.

Viele Darstellungen des Davidssterns. Ich mußte an Babels »Friedhof in Kosin« denken. Ging nach Haus und las ihn:
»An der Seite unter einer vom Blitz gespaltenen Eiche liegt die Gruft des Rabbi Asrim, der vom Kosaken Bogdan Chmelnizkij ermordet wurde. Vier Generationen ruhen in dieser Gruft, armseliger als die Behausung eines Wasserträgers, und die Tafeln, die grün gewordenen Tafeln, singen von ihnen mit dem Gebet des Beduinen ...«
[...]
Jemand hat mir gesagt, daß Lew am 5. 12. eine Reihe von Vorlesungen an der Universität beginnen wollte.
An welcher Universität? Was für eine Reihe? Für wie lange? Wie ist die Reaktion?
Hat Ljowa seine Arbeit an den Büchern aufgenommen? Was willst Du tun, Rajuscha, und wie?

NINA UND SERGEJ MASLOW
Moskau, 26. 12. 1980

[Nina] Wir waren so froh, die paar Nachrichten von Ihnen zu bekommen, das Foto des schönen Schlosses zu sehen und uns davon überzeugen zu können, daß soweit alles in Ordnung ist. Wir sind jetzt in Moskau, und hier ist es besonders bitter, daß Sie nicht da sind und es keinen Grund gibt, in die Krasnoarmejskaja-Straße zu fahren. Wir haben keine Worte dafür. Es ist ein sonderbares Gefühl, eine Mischung aus Wunde, Schmerz und ... Sie sind dort wenigstens in Sicherheit, und das ist viel. Geb's Gott! Möge alles so werden, wie Sie es sich wünschen. Man möchte für Sie beten, aber das haben wir nicht gelernt.
Vor kurzem las ich noch einmal A. I. (Solshenizyn). Es ist ein erfundenes Bild: die Hungernden und die Hassenden, die Leidenden und die Wartenden. Ich fürchte, daß in Wirklichkeit alles schlimmer ist. Gleichgültigkeit und geistige Verarmung. Vielleicht ist das auch unvermeidlich bei einem so systematischen Wegwerfen und Abschneiden von allem, was zur Quelle geistiger Anspannung werden könnte. Vielleicht irre ich mich aber auch. Das Leben nimmt so seinen Lauf. [...]
Serjosha und ich waren in Irkutsk, haben den sagenhaften Bajkal gesehen, uns mit sehr unterschiedlichen Leuten unterhalten und das gute Irkutsker Wasser getrunken.

[Sergej] Eine Museumsdirektorin dort fing ganz unerwartet an zu klagen: Es sei so traurig, daß sie Kossygin abgesetzt haben, der sei gekommen, habe sich für alles interessiert, sei im Trainingsanzug herumgelaufen usw., und alle Naturschutzbestimmungen für den Bajkal habe er allein durchgesetzt. Jetzt stirbt der See in aller Stille ...

Sehr unbemerkt, langsamer als alles andere. Selbst mein Optimismus hört langsam auf; es ist völlig unklar, wie wir jemals aus all den Krisen herauskommen sollen. Das einzig Gute ist, daß bei der allgemeinen Gleichgültigkeit auch eine gewisse Unbefangenheit zunimmt, die Vorhersagbarkeit ist gesunken, und man bekommt Gott weiß was zu hören. Einmal bekam ich zufällig eine Vorlesung über die Freimaurer mit (im Hörsaal ungefähr dreihundert Hörer); da versuchte man nachzuweisen, daß die Freimaurer fast vollständig eine Erfindung von einigen Franzosen und Goebbels seien; und gleichzeitig wurde auf Pikul und Glasunow geschimpft. Dagegen gab es ein »wissenschaftliches«! Seminar an meinem Institut, wo folgende Theorie dargelegt wurde: In Ägypten sei der Plan zu einer Weltrepublik entworfen worden, Moses, Buddha und Konfuzius seien Eingeweihte (?) hohen Ranges. Den wichtigsten Schritt zur Gründung dieser Republik (System der Werte) habe Moses getan, den nächsten Christus (Volkszugehörigkeit ist unwichtig). Der folgende Schritt bestehe in den »Protokollen der Weisen von Zion«! (die die Bedeutung von Mischehen erkannt haben). Nun fehle nur noch der letzte Schritt: eine suggestiv-kybernetische Lehre (um endgültig alle asozialen Elemente loszuwerden). Sie sehen: Es wird nie langweilig!

So leben wir also. Ach ja, nach Irkutsk habe ich dann doch in Moskau meine Sinusoida[1] vorgetragen. Aber ich kam als dritter nach Wjatscheslaw Wsewolodowitsch[2] und Lotman[3] dran, und das auch noch ohne Pause. Mit denen zu wetteifern ist schwierig, und Sie hätten sehen sollen, was für elegante Pirouetten Lotman drehte. Daher war ich ziemlich befangen, und es glückte nicht besonders. Aber das Resultat war trotzdem nicht so schlecht – man

---

[1] Theoretische, historiosophische Schrift von Sergej Maslow über die »Sinuskurvenförmige Entwicklung der Weltkultur«.
[2] Wjatscheslaw (Koma) W. Iwanow – Sprachwissenschaftler, Kulturhistoriker, Philosoph und Lyriker; Schwiegersohn von R. O. und L. K.
[3] Jurij Lotman, s. Anm. S. 116.

sprach nachher unterschiedlich, aber viel darüber; ein Musikwissenschaftler erzählte, daß er ähnliches in der Musik beobachtet habe usw. [...]

[Nina] Ich will Ihnen noch von einem unerwarteten Moskauer Erlebnis erzählen. Es war fürchterliches Wetter, ich wollte zu einer bestimmten Kunstausstellung und landete aus Versehen auf einer ganz anderen. Der Ausstellungssaal in der Wawilow-Straße. Schon in der Garderobe trat ein Mann auf mich zu und sagte: »Ich bin Ihnen sehr dankbar, daß Sie bei diesem Wetter gekommen sind.« Im Saal vier Personen. Eine relativ große Ausstellung, zwei Säle. Der Maler hieß Jefim Simkin. Seine Eltern sind in Babij Jar ermordet worden. Und ebenso alle Verwandten. Er ist als Junge an die Front gekommen und hat einen Arm verloren. Und nur darüber malt er: Porträts von Vater und Mutter, Kerzen, Menschen, die nach Babij Jar gehen. Menschen vor der Erschießung. Abstrakte Bilder zum Thema von Mozarts »Requiem«. Aber das schlimme war, daß er künstlerisch absolut unbedarft ist. Ein Mann, der weiß, was er der Welt sagen will, aber es überhaupt nicht sagen kann. Es steht einfach nicht in seinen Kräften. Und er weiß das. Oder vielleicht auch nicht, ich bin mir nicht sicher. Er trat zu mir: »Hat es Ihnen gefallen?« Ich: »Ja, danke.« Er: »Dann tragen Sie das bitte ins Besucherbuch ein. Schreiben Sie einfach: Es hat mir sehr gefallen.« Ich bekam eine Gänsehaut vor Entsetzen. Da steht er vor mir, erbärmlich und lächelnd. Keine Leute. Und wenn sie kommen, werden sie höchstwahrscheinlich den Blick abwenden. Was soll man ihm sagen?

[Sergej] Irgendwie wird dieser Brief traurig. Aber wir haben Sie sehr, sehr lieb und beglückwünschen Sie zum vergangenen Weihnachten und zum kommenden neuen Jahr. Und dazu, daß Sie neue Luft atmen können, neue Eindrücke und neue Kontakte haben.

SARRA BABJONYSCHEWA

Dezember 1980

... L. K. (Lidija Kornejewna Tschukowskaja) kann wieder gehen und arbeitet viel. Sie leidet wegen der Druckfehler und sagt, daß sie in Zukunft nur noch für die Schublade schreiben werde, weil ein Buch, das mit Druckfehlern erscheint, ihr nicht Freude, sondern Schmerz bereitet. Für die Schublade zu schreiben sei hingegen reine Freude.

Neulich sagte sie: »A. I. (Alexander Issajewitsch Solshenizyn) durchwandert den ganzen Weg Herzens.« – »Außer seinen letzten Jahren«, sagte ich, »als er Rußlands Weg verstand.« – »Aber das waren die Sterbejahre.« Sie ist ihren Freunden treu wie immer und vereinigt Unvereinbares.

MICHAIL ARSCHANSKIJ

Leningrad, 28. 1. 1981

Am 22. Januar[1] hat ein anderes Leben angefangen.

Vor dem, was geschehen und Wirklichkeit geworden ist, vor der brutalen »*Trennung*«, verblassen alle sogenannten »logischen« Erwägungen über das, was von vornherein »nicht auszuschließen« war, und stehen in ihrer völligen Untauglichkeit vor einem.

Überhaupt ist diese ganze Logik keinen roten Heller wert, denn sie wurzelt in einer anormalen Welt ohne gesunden Sinn, in einer Welt voll demütigenden Mißtrauens und unvorhersehbarer, grausamer Schicksalswendungen.

Vielleicht sollte ich all das nicht schreiben, aber vor Euch muß ich ja nicht verbergen, was mich verfolgt und bedrückt. Und jetzt werde ich ein bißchen gemein sein, auch deswegen, weil ich nichts vor Euch verbergen will.

Noch einmal meine weithin anwendbare Lieblingsredensart: Es gibt kein Übel ohne Gutes. Kein Übel?! Und Gutes soll es geben? Ja doch! Ihr werdet leben! Man wird Euch nicht die Scheiben einschmeißen, Ihr werdet nicht gezwungenermaßen in einer »geschlossenen« Stadt dahinvegetieren, man wird Euch nicht auf irgendeinem Flughafen zum Aussteigen zwingen (nach nur allzu bekannter Vorbereitung), mit Euch wird nicht geschehen (Gott bewahre!), was mit D. S. Lichatschow und dem verstorbenen K. P. Bogatyrjow geschah[2], Ihr werdet nicht erleben müssen, was all die erlebten, derer Ihr am Abend des 22. Januar gedachtet.

Das alles wird nicht geschehen! Und ich danke dafür Gott, dem Schicksal, allen Dämonen und wem auch immer – *es wird nicht*

---

[1] Der Tag, an dem die Ausbürgerung von R. O. und L. K. bekanntgegeben wurde.
[2] Beide wurden 1976 von »Unbekannten« überfallen, zusammengeschlagen. Lichatschow überlebte, Bogatyrjow wurde tödlich verletzt.

geschehen! Und Ihr bleibt erhalten, mir erhalten, uns erhalten! Gut, genug! Ist das eine Gemeinheit? Ich werde nie mehr darüber schreiben, aber all dies wird in mir sein, solange ich lebe.

Gestern war ich bei Serjosha. Wolodja hat Eure Briefe vom 11. Januar mitgebracht. Natascha war auch da. Wir haben die Briefe gelesen und geredet, geredet, geredet ohne Ende.

Wir trennten uns nicht allzu spät, und zu Hause habe ich dasselbe gelesen wie Du, Alter: »Ein Tag länger als ein Leben«[1], nur nicht »in einem Rutsch«. Im übrigen sollte man es beim erstenmal vielleicht in einem Rutsch lesen, das weiß ich nicht. Ich bin noch nicht einmal auf der Hälfte. Tief betroffen bin ich von der Legende über die Gedächtnislosen, die Mankurten[2]. Ich weiß nicht, wer uns diese Legende überliefert hat (oder hat der Autor sie sich ausgedacht?), aber es ist erschütternd, wie alt und unausrottbar das Streben nach Auslöschung des Gedächtnisses ist. Die dazu nötige Technologie wird ständig vervollkommnet und ist im Vergleich zu den primitiven Methoden der Legende weit fortgeschritten. Da hätten wir das Thema zu einem Essay über die Auslöschung des Gedächtnisses: die Entstehung und Umformung von Zielen, Methoden, Maßstäben usw. Man wird über vieles neu nachdenken müssen, wenn man dieses Buch liest, und es ist gut, daß die Menschen auf der Erde nicht aussterben, die den Namen eines Schriftstellers verdienen.

Ich habe mich ungemein über Deine Worte gefreut, Rajuscha, daß »die Erstarrung ein bißchen anfängt zu tauen« und daß »Pläne entstehen und irgend etwas anfängt durchzukommen.« [...] Ich glaube und hoffe, daß Du Kraft finden wirst, daß Du seelisch fester werden und anfangen wirst zu arbeiten. Das ist immer das wichtigste, und erst recht jetzt.

Heute abend (28. 1.) werden wir bei Serjosha sein und hoffen, Eure Stimmen am Telefon zu hören.

Was auch immer mit Euch geschieht, wo auch immer Ihr seid – ich werde immer bei Euch sein, mit der ganzen Seele, dem ganzen Herzen und all meinen Gedanken. Und so der Himmel will, werden wir uns wiedersehen und in die Arme schließen.

---

[1] Roman von Tschingis Ajtmatow.
[2] Vgl. S. 157.

IWAN ROSHANSKIJ

Moskau, Januar/Februar 1981

Wir haben Euren Brief vom 17. Dezember erst nach dem 20. Januar bekommen, als der unselige Beschluß schon bestand. Was die Postkarte betrifft, so ist sie nicht angekommen und wird das natürlich auch nie tun. Jetzt ist klar, daß eine normale Postverbindung mit Euch nicht möglich ist. Spannend, wie lange Eure »Brieftauben« die Geduld (und Bereitschaft) aufbringen werden, uns und Euch in dieser Sache zu helfen. Es ist traurig, über das alles nachzudenken, aber nicht daran zu denken ist unmöglich.

Zusammen mit diesem Brief möchte ich Euch mein neues Buch schicken, das vor kurzem erschienen ist; es ist durchaus populär, aber, wie ich glaube, nicht schlecht. Im übrigen gibt es auch eine Enttäuschung dabei: Wegen Überschreitung des Seitenlimits hat der Verlag gleich nach dem Umbruch den Kommentar und die Bibliographie gestrichen. Ein sehr üblicher und nichtsdestoweniger bedauerlicher Unfug. Ich glaube, daß solche Dinge Euch bald fremd werden. Die Erfahrung zeigt, daß die Westluft schnell von Gewohnheiten, Reflexen und Reaktionen kuriert, die uns in unserer wundersamen Ordnung von Kindheit an eingeflößt werden. [...]

Das bedeutendste Ereignis in diesen drei Monaten waren für mich Tod und Beerdigung von Nadeshda Jakowlewna[1]. Davon will ich Euch ausführlich erzählen.

Am Abend des 29. Dezember fuhr ich, ohne etwas davon zu wissen, in die D. Uljanow-Straße, wo Nata[2] mich mit der Todesnachricht begrüßte (später am Abend meldeten schon sämtliche »Stimmen« dieses Ereignis). Am Tag vorher hatte sie »Dienst« bei N. J. (die in den letzten Monaten überhaupt nicht mehr allein gelassen wurde), und die war bei vollem Bewußtsein und sah nicht schlechter aus als in der ganzen letzten Zeit. Nur manchmal fing sie plötzlich an zu stöhnen oder sogar eher zu heulen, fast wie ein Tier: »Uhuuu!« Nata fragte sie zweimal: »Nadeshda Jakowlewna, warum stöhnen Sie so?« Das erste Mal antwortete N. J.: »Weil mir das Spaß macht!«, beim zweitenmal antwortete sie gar nicht, sondern zeigte ihr nur einen Vogel. Dann kam Natalja Iwanowa, die Nata

---

[1] Nadeshda J. Mandelstam – Witwe des Dichters Ossip Mandelstam.
[2] Natascha W. Kind – I. Roshanskijs erste Frau, Geologin, treue Helferin in der Menschenrechtsbewegung.

ablösen sollte, und brachte ausländische Konserven mit. N. J. aß mit Appetit und sagte: »Gut essen diese Bourgeois!« Danach ist Nata gegangen. N. J. war den ganzen Abend bei Bewußtsein und nicht einmal schlecht gelaunt. Zuletzt ist sie eingeschlafen und am Morgen nicht mehr aufgewacht.

Zuerst war vorgesehen, daß die Trauerfeier am 31. Dezember in der Kirche in Puschkino stattfinden und sie auch dort beigesetzt werden sollte, bis dahin sollte der Leichnam im Hause bleiben. Julja[1] (die nach ihrer Krankheit zum erstenmal wieder aus dem Haus ging) und ich sind am 30. Dezember gegen Abend in die Wohnung gefahren und trafen davor einen Milizionär und zwei Gefolgsleute mit roten Armbinden. In der Wohnung ziemlich viele Leute, etwa zwanzig. Man erzählte uns, daß der Milizionär vor kurzem aufgetaucht sei und verkündet habe, die Wohnung solle versiegelt und der Leichnam in die Leichenhalle überführt werden. Wir waren sehr aufgeregt. Zwei von uns gingen zur Miliz, um zu verhandeln, aber ohne Erfolg. Offenbar gab es eine Anweisung »von oben«. (Bis dahin hatte die Miliz überhaupt nicht eingegriffen.)

N. J. lag indessen im Sarg, von drei Kerzen beleuchtet. Auf ihrem Gesicht ein ruhiger und sogar etwas ironischer Ausdruck, der so typisch für sie war. Sie war in ihr altes Plaid gehüllt, das sie immer trug, und zu ihren Füßen lag die Bibel. Das Zimmer war fast leer: Alle Bilder, die wertvollen Bücher, Manuskripte usw. hatte sie zum Teil frühzeitig selbst an Freunde verteilt, zum Teil waren sie gleich nach ihrem Tod vorsorglich weggebracht worden.

Plötzlich öffnete sich die Tür, und zwei Arbeiter von der Leichenhalle kamen mit einer Bahre herein. Sie erklärten, daß sie Anweisung hätten, den Leichnam sofort ins Leichenhaus zu schaffen, und zwar ohne den Sarg, weil der angeblich nicht ins Auto paßte. Auf die Frage, was denn dann mit dem Sarg geschehen sollte, sagten sie: »Den bringen Sie morgen selbst irgendwie rüber.«

Man sagte ihnen, daß man ihnen verbiete, den Leichnam ohne Sarg mitzunehmen, und daß sie hingehen sollten, wo sie hergekommen seien. Sie gingen tatsächlich, aber zehn Minuten später meldete der Milizionär, daß ein »hoher Vorgesetzter« kommen werde. Wieder eine Viertelstunde später klingelte es, und in der Tür

---

[1] Julja Shiwowa-Roshanskaja, zweite Frau von I. Roshanskij; Polonistin.

stand einer »in Zivil«, etwa 35 Jahre alt, mit Ledermantel und Pelzmütze. Der verkündete gebieterisch: »Ich bitte den Raum zu räumen!« Ich trat zu ihm und fragte: »In wessen Auftrag kommen Sie?« Statt einer Antwort zog er einen roten Ausweis hervor, auf dem »Kriminalabteilung« stand. Ich fragte: »Was haben Sie denn eigentlich vor?« Er: »Die Wohnung versiegeln.« Ich: »Samt dem Leichnam?« Er: »Nein, der kommt in die Leichenhalle.« Ich: »Ohne Sarg?« Er: »Nein, im Sarg.« Ich: »Na gut, aber warum machen Sie dann einen Skandal? Wir werden den Sarg selbst hinaustragen und ins Auto setzen.« Im Laufe des Gesprächs änderte er seinen Ton etwas und trat dann zur Seite. Nach und nach gingen alle hinaus, löschten die Kerzen; die jungen Leute, die dabei waren, trugen den Sarg zum Auto, und einer von ihnen fuhr mit zum Leichenhaus.

Die Trauerfeier war auf 11 Uhr angesetzt. Am Vorabend war der Leichnam aus der Leichenhalle in die Kirche gebracht und aufgebahrt worden. Obwohl wir 25 Minuten früher kamen, war die Kirche schon voller Leute. Um 11 Uhr paßte niemand mehr hinein, und viele standen draußen. Der Trauergottesdienst begann. Er dauerte etwa eine Stunde, mit einem sehr schönen Chor. Danach nahm man Abschied von der Verstorbenen. Mehrere hundert Menschen traten an den Sarg (das ist keine Übertreibung!) – im Grunde die ganze Creme der Moskauer Intelligenz. Einige waren auch aus Leningrad und Kiew gekommen. Die Beisetzung war auf dem Starokusnezker Friedhof. Auch dort war es sehr feierlich und mit vielen Menschen; der Sarg wurde vom Autobus bis zum Grab unter Gesang auf Händen getragen (der Kirchenchor war mit zum Friedhof gefahren); außer den Gebeten, die der Priester vortrug, wurden keine Reden gehalten. Die Nachfeier fand in Natas Wohnung statt. Viele Gedichte von Mandelstam wurden vorgetragen. [...]

Am 15. Januar gedachten N. J.s Freunde Ossips 90. Geburtstags. Sogar die »Literaturnaja gaseta« brachte zu diesem Datum eine Auswahl der »Woronesher Gedichte«, die bei uns bis jetzt noch nicht veröffentlicht worden sind.

Und noch ein hochrangiges Ereignis möchte ich erwähnen: Die Uraufführung von Schnittkes 2. Sinfonie am 30. Januar unter der Leitung von Gennadij Roshdestwenskij. Das ist etwas ganz Ungewöhnliches: eine Messe-Sinfonie, eigentlich eher eine Messe (mit kanonischem lateinischem Text, mit Chor und Solisten), begleitet von sinfonischen Kommentaren. Einige Stellen, zum Beispiel der

Zug nach Golgatha (ausgeführt von acht Kontrabässen, vor deren Hintergrund die erste Geige singt), sind überwältigend.

Die Karten waren viele Tage vor dem Konzert ausverkauft, und vor dem Eingang in den Tschajkowskij-Saal wartete eine riesige Menge von Leuten, die auch noch hinein wollten. Die Tatsache, daß so ein Stück bei uns nicht nur geschrieben, sondern auch aufgeführt und *so* vom Publikum aufgenommen wurde, überzeugt mich davon, daß wir trotz allem noch nicht ganz im Dreck versunken sind. [...]

MICHAIL ARSCHANSKIJ

Leningrad, 16. 2. 1981

Vorgestern und gestern war wie gewöhnlich Andrjuscha[1] bei uns. Am Sonntag haben wir zum zweitenmal die Peter-Pauls-Festung besucht, diesmal Kirche und Gefängnis. Andrjuscha war zum erstenmal in der Kirche. Er war überwältigt von ihrer Größe, vom Ikonostas, bekundete besonderes Interesse für die Gräber und ließ mich alle Inschriften laut vorlesen: Wo ist der Zar? Wo sind die Großfürsten, Fürstinnen und Prinzessinnen?

Im Gefängnis machte er einige treffende Bemerkungen über die Größe der Einzelzellen (ca. 25 Quadratmeter) und die Gefängnissauna, in welche die Gefangenen (laut Erklärungstafel) zweimal im Monat einzeln und in Begleitung zweier Wärter geführt wurden. Ein alter Mann, der neben uns stand und zuhörte, wie ich den Text vorlas, bemerkte: »Also, ich gehe seltener in die Sauna, allerdings ohne Wärter.« [...]

SARRA BABJONYSCHEWA

Februar 1981

Heute werden wir Euch bei Klaus Bednarz sehen, in dem Moment, wo Ihr im Fernsehen[2] auftaucht ...

Wir möchten gern Eure Gesichter und Gesten sehen, obwohl ich schon im voraus weiß, daß Rajka ein Blatt in den Händen drehen

---

[1] Michail Arschanskijs Enkel.
[2] Deutsche Fernsehkorrespondenten führten ihren russischen Freunden von Zeit zu Zeit vertraulich Filme und Kassetten vor.

und wenden wird. Dabei fragt man sich, was dieses Blatt eigentlich soll; sie spürt einfach die Kraft der Energie nicht, die in ihr angelegt ist. Ich muß Euch sagen, daß alle Eure Kinder prächtig sind; man kann gar nicht sagen, wer am besten ist.

Alka[1] ist es ergangen wie in einem schlechten Märchen: Man hat ihm alles entzogen – die Ämter des Sprechers und des wissenschaftlichen Mitarbeiters und den Doktortitel, und man hat ihn offenbar gerade deswegen nicht ausreisen lassen, weil er diesen Rang hatte. Man hat ihm den genommen, behauptet aber, daß er nicht verloren sei, was ja auch richtig ist – entweder man ist Wissenschaftler oder nicht, wie soll man das jemandem entziehen? Aber bei uns kann man jemandem das Visum versagen, weil er den Titel hat. Seht Ihr, jetzt lernen sie den Geist schätzen, aber geistig arbeiten lassen sie einen nicht. [...]

Was schreibt Ihr jetzt? Gönnt Ihr Euch mal ein bißchen Ruhe – und seien es nur zwei Wochen – zum Nachdenken? Ich habe dazu bei Berdjajew folgende Stelle gefunden: »Der schöpferische Akt ist aktiv. Passiv ist der Mensch, wenn er den Eindruck großer Aktivität erweckt, wenn er aktive Gesten macht, aktive Reden führt und in seiner Arbeit sehr hetzt.« Er greift die äußere Aktivität heftig an als eine Form der Passivität. Früher habe ich nicht darüber nachgedacht, aber wenn ich jetzt auf meine Jugend zurückblicke, dann ist das wahr: Ein Wirbel von Aktivität, aber die Persönlichkeit hat sich später geformt, als die Aktivität zurücktrat. Vielleicht ist das der Grund dafür, daß Alter Weisheit ist. Die äußeren Bewegungen und Gesten schwinden, der Mensch wird er selbst.

SERGEJ MASLOW

Moskau, 21. 2. 1981

Gerade habe ich viele, viele Briefe von Ihnen gelesen. Ich bin in Moskau; nach Leningrad gelangen nur wenige Briefe, die nicht speziell an uns Leningrader adressiert sind. Erstaunlich ist der allgemeine Eindruck, daß Sie es dort in wenigen Monaten geschafft haben, jenes »Milieu« um sich aufzubauen, an das Sie hier gewöhnt waren und das hier ein natürlicher Teil des allgemeinen intellektuellen »russischen Tees mit Gesprächen« zu sein schien. In unserer

---

[1] Alexander (Alka) P. Babjonyschew – Sohn.

gängigen Vorstellung gab es im kalten Westen fast überhaupt keine Menschen, deren Niveau und Stil in Konversation dem in Rußland üblichen ähnelt. Und die Ausländer, die zu uns reisen, tun das nur, weil sie bei sich keinen Ersatz für diesen »Tee« finden, so meinten wir. Und nun zeigt sich, daß es nur Ihres Auftauchens dort bedarf, um rings um Sie eine Gemeinschaft »russischen Typs« entstehen zu lassen. Vielleicht täuscht dieser Eindruck. Und natürlich gibt es einen schmerzlichen Unterschied zwischen einem Kreis alter und neu gefundener Freunde. Aber schließlich haben Sie auch im Westen viele alte Freunde. Und die Masse an Gesprächen, Kontakten und echten Freundschaften, die aus Ihren Briefen abzulesen war, ist ermutigend. Ich bin sicher, daß die Wärme, die von Ihnen ausgeht, einen immer dichteren »Kreis des Guten« schafft und schaffen wird, der Ihren Schmerz lindern, stillen und Sie ein wenig mit den Umständen versöhnen kann (trotz Ihrer »antiwestlichen Stimmung«, Raissa Davydowna!). Und als unverbesserlicher Optimist kann ich trotz allem nicht daran glauben, daß keine künftige Begegnung möglich sein sollte. Man muß so leben, wie Kornej Iwanowitsch Tschukowskij es empfiehlt: lange; dann wendet sich vielleicht doch noch alles wieder zum Besseren ...

Sarra Babjonyschewa

Anfang 1981

Traurig, daß Briefe irgendwo in der Tiefe verschwinden, im Ozean, und Ihr nur irgendeinen unbedeutenden Teil bekommt.

Rajka, Liebling, es ist schmerzlich, Deine Stimme zu hören, die immer kurz davor ist zu brechen. Nun sieh doch mal zurück: Hätten wir gedacht, daß wir jemals die Wahrheit über das Jahr '37 erfahren? Und wir haben sie erfahren.

Hätten wir gedacht, daß man Leute statt in den Osten in den Westen verbannt? Nie und nimmer, und wir hätten uns heiser geredet über die Unmöglichkeit so einer Wende. [...] Glaube mir: Du wirst alle, die Dir nah sind, wiedersehen.

Glaub an eine Zeit, die die wundersamsten Pirouetten dreht, denn in genau so einer Zeit leben wir, das heißt; die Tür ist nicht für immer verschlossen, es wird einen Dietrich geben. [...] Das Leben überzeugt mich immer wieder von seiner Richtigkeit. Ich habe nur vor einer Sache Angst: vor dem Osten, für wen auch immer. Voll

Kummer und Schmerz denke ich an Jurij Orlow[1], einen Mann, der immer nur nebenbei erwähnt wird. Er kommt bei mir gleich nach Sacharow – Gelehrte, die leben und es gut haben sollten und die über sich selbst hinausgewachsen sind. [...]
Ich habe schon begriffen, daß es Dich umtreibt, weil alles nicht Deins ist, und deswegen hat Hölderlin Dich ins Herz getroffen. Nicht »Dein Eigentum«[2]. Aber A. Achmatowa, Puschkin und all Deine anderen Dichter sind immer mit Dir, die verlassen Dich nicht. Verlaß nur Du selbst sie nicht, mit Deinem Kummer und Deiner Schwermut.

Na, und über Lew habe ich ja schon immer gesagt: »Man muß ihm die Freude des Erfolgs schenken.« Und ich bin sehr zufrieden, daß Du über Deinen eigenen Schatten gesprungen bist und ihm das ermöglicht hast. [...]

Sarra Babjonyschewa

Anfang 1981

Wir sind in diesen Tagen zusammen spazierengegangen: Ljusja[3], Lidija Kornejewna und ich. Und Lidija Kornejewna sagte nachher immer wieder: »Wie schwer ist es, eine so bekannte Stimme zu hören. Raissa Davydowna spricht ganz genauso.«

Ljusja hat ihr sehr gefallen, und der Spaziergang war wunderschön, bei herrlichem Wetter, und wir waren ganz aufeinander und auf Euch eingestimmt. Es war absolut das Gefühl, als wäret Ihr dabeigewesen. [...]

Borja (Birger) war heiterer Stimmung, bewirtete uns wundervoll, und wir sprachen immer und immer wieder von Euch. Aber komisch: Sobald er Euer Porträt auf dem Rahmen aufzog, hatte ich das Gefühl, daß es veraltet sei, daß Ihr anders seid und das Bild auch. Aber es bleibt, als eine Gabe der Geschichte.

Wir sind also die ganze Zeit bei Euch, und jede Nachricht wird von Mund zu Mund weitergegeben.

---

[1] Jurij F. Orlow – Physiker, Korrespondierendes Mitglied der armenischen Akademie der Wissenschaften; Menschenrechtler, mehrere Jahre im Straflager. Emigrierte in die USA.
[2] Anspielung auf Hölderlins Gedicht »Mein Eigentum«.
[3] Valerija (Ljusja) D. Medwinskaja – Schwester von R. O.

Memoiren und wie sie zu schreiben sind ... ich bin schon lange der Meinung, daß man nicht einfach Ereignisse erzählen soll, sondern in jedem Schicksal das suchen muß, was dafür entscheidend ist, dann paßt sich auch alles Nebensächliche ein und findet seinen Platz. Höchst eigenartig war dann nur das eine: die eigenen Zeilen so zu lesen, wie man sie geschrieben hat. Selbst wenn man hinterher gern etwas umschreiben oder umstellen würde, wie es immer bei eigenen Werken ist, aber es gibt auch die unaussprechliche Freude, daß man dir nichts untergeschoben, dich nicht vergewaltigt hat. [...]

Sarra Babjonyschewa

März 1981

Seit einigen Tagen war mein Telefon kaputt, und schließlich rief ich einen Handwerker. Er kam, und plötzlich sehe ich, daß er nicht weiß, was er tun soll. Ich sage ihm: »Wenn es nicht klingelt, dann nehmen Sie den Apparat doch auseinander.« »Nein, es liegt nicht am Apparat«, antwortet er, »Ihr Kabel ist kaputt«, – und schneidet mir das ganze Kabel ab. »Ein neues habe ich jetzt nicht bei mir; ich komme morgen und bringe es an.« Woraufhin ich energisch wurde: »Sie gehen hier nicht weg, bevor Sie mir nicht wenigstens ein provisorisches Kabel gelegt haben; ich bin krank und kann nicht ohne Telefon sein.« Er machte aus irgendwelchen Straßenkabeln ein provisorisches, lehnte die angebotenen drei Rubel ab und verschwand. Am nächsten Tag – kein Handwerker. Am übernächsten auch nicht. Ich rufe jeden Tag da an; endlich kommt unser Meister und sagt scheinheilig: »Der ist krank geworden, ich mache Ihnen das jetzt schnell.« Und tatsächlich: Zehn Minuten später war mein Telefon wieder in Ordnung, und er hatte fünf Rubel in der Tasche und ein paar leuchtende Apfelsinen in der Hand (die hatte mein Bruder mir passenderweise am Morgen gebracht).

Und unwillkürlich denkt man: Warum ist erst der andere, ungeschickte gekommen? Was wollte der eigentlich? Und dann verscheucht man diesen Gedanken – ach, zum Teufel mit ihm, so kann man einfach nicht leben. Aber nun stell Dir vor, wenn das bei mir schon so ist, dann hättest Du, meine liebe Raja, Dich jeden Tag aufregen müssen. Für »die da« können wir doch nicht denken. Man kann nur leben, wenn man diese Gedanken abwehrt wie Fliegen; und es sind auch Fliegengedanken.

Alik geht jetzt ganz in seinem Plan auf, ein Buch zu Sacharows Geburtstag herauszugeben, mit Artikeln von ihm und über ihn. Was seine eigenen Artikel betrifft, so geht alles glatt, aber die Sachen über ihn sind alle irgendwie so schwülstig, ohne Humor, und dieses Bedürfnis guter Leute strammzustehen macht einen ganz kribbelig. Sie sollen ihm ja gern ihre Achtung erweisen, aber mit Humor, mit einem Lächeln, damit das Buch lebt. Könnt Ihr nicht bitte auch etwas schreiben und Wojnowitsch anrufen, wenn's geht auch Nekrassow? Das wäre großartig, wenn Ihr alle einen Gruß an Sacharow schicken würdet, jeder, in welchem Stil er will. Wir haben massenhaft Abzüge von seinem Porträt gemacht und seelenruhig darauf geschrieben: »A. D. Sacharow wird am 21. Mai sechzig! Anschrift: ...« Serjosha M(aslow) hat schon hundert Stück nach Leningrad mitgenommen.

Zu gern wüßten wir etwas über Sacharows Stimmung. Ljusjas[1] Berichten zufolge blickt er finster auf alles, was passiert. Na ja, er hat ja auch Grund genug dazu. Aber sich vorzustellen, daß er dort in Gorkij sterben könnte, das ist unerträglich. Mein Verhältnis zu Ljusja ist jetzt gut; ich kann überhaupt nicht fassen, wie sie das alles physisch durchhält. Im übrigen brauche ich Euch das gar nicht zu erzählen, Ihr wißt es selbst.

MICHAIL ARSCHANSKIJ

Leningrad, 24. 4. 1981

Nadeshda Mironowna[2] ist in Leningrad, und mit ihr ist die Hoffnung aufgetaucht, daß es gelingt, Euch diesen Brief zu übersenden. Da es uns »bleibt, in Hoffnung und Liebe zu leben«, versuche ich, mich der Hoffnung hinzugeben, weshalb ich auch anfange, vom Eigentlichen zu schreiben, wenn man all das denn das Eigentliche nennen kann.

Ich hätte Euch gern ein Band besprochen. Wir hatten die Idee gehabt, Euch unsere Stimmen mit Hilfe eines Kassettenrecorders der Firma Grundig zu schicken, den hiesige Könner repariert haben. Aber die Ausführung dieser Idee basierte auf einer so mini-

---

[1] Jelena (Ljusja) G. Bonner-Sacharowa.
[2] Nadeshda (Nadja) M. Koltischinskaja (1911–1988) – Erste Frau von L. K., Mutter der Töchter Maja und Lena.

malen Hoffnung und war mit so großem Risiko verbunden, daß wir sie auf bessere Zeiten verschoben haben, wenn die Hoffnung größer und das Risiko gleich Null ist. [...]

Zu den erfreulichen Beschäftigungen gehört auch mein Versuch, wahrheitsgemäß und verständlich meine Erinnerungen zu schreiben. Wenn man sich klarmacht, daß man nur noch Erinnerung hat, ist das *furchtbar*, aber wenn sie wahrheitsgemäß und verständlich aufgeschrieben wird, ist wahrscheinlich auch die Erinnerung ein Teilchen jenes Ausgleichs für das Bewußtsein von der Vergänglichkeit des Lebens, von dem unser guter Fasil (Iskander) geschrieben hat.

Ich lese. Seit drei Monaten schon lebe ich ganz in Tschingis Ajtmatow. Die Gedanken zu diesem Buch sind weit gespannt und vielfältig. Am nächsten ist mir das Thema des Mankurten[1], der Mankurten, des Mankurtismus und der Mankurtisierung (Autor und Freunde mögen mir diese Freiheit, die ungefügen Wortbildungen verzeihen!). Wie untrennbar ist die Verwobenheit der Zeiten, wie unauslöschlich sind Entsetzen, Schmerz und Sorge darüber, daß die Mankurten als Erscheinung, als Charakteristikum der Epoche und der Gesellschaft unausrottbar sind. [...]

Gelegentlich ist alles trostlos, besonders gegen Abend. Wenn ich dann ganz allein bin, in völliger Stille, lese ich wieder Tschechow: »Rothschilds Geige«, »Jonytsch«, »Gram«, »Der Literaturlehrer«, »Der Student«, »Die Braut«, »Zur Weihnachtszeit«. Manchmal heule ich heimlich, aber das sind nur Tränen der Begeisterung und großer Dankbarkeit dafür, daß es so einen Menschen, so einen Schriftsteller gegeben hat, und für das, was er uns hinterlassen hat.

Ich habe »Wopli« (»Woprossy literatury«) und »Litobos« (»Literaturnoje obosrenije«) abonniert, hauptsächlich um ein bißchen auf dem laufenden zu bleiben.

Der April hat uns die schlimme Nachricht von Jurij Trifonows viel zu frühem Tod gebracht. Da ist einer von denen gegangen, denen wir so dankbar sind, einer, der uns zu der Behauptung berechtigte, daß die echten Schriftsteller in Rußland nicht aussterben und nicht aussterben werden. Jeder Verlust dieser Art ist schrecklich und unersetzbar. Solche Menschen und ihre Bücher sind lebensspendende Quellen und uneinnehmbare Fe-

---

[1] Mankurten – Sklaven, denen das Gedächtnis genommen wird in T. Ajtmatows Roman »Ein Tag länger als ein Leben«.

stungen für Mankurten und Schöpfer von Mankurten. Mit jedem Verlust dieser Art wachsen Schmerz und Sorge darum, was die jungen Leute heute, morgen und übermorgen lesen sollen. [...]

SARRA BABJONYSCHEWA

April 1981

Ärgere Dich nicht, daß Sacharow gereizt schreibt. Es geht ihm dort sehr schlecht. Ljusja ist hier, und das ist auch nicht anders denkbar. Prozeß jagt Prozeß, und sie ist in dieser Gruppe der einzig lebendige Mensch. Anatolij Martschenko[1] ist verhaftet worden, als er seinen Vater nach einer Hausdurchsuchung zum Flughafen gebracht hatte und zu Jossif Aronowitsch[2] gegangen war. Der wollte mit seinen 85 Jahren seinen Schwiegersohn begleiten, aber an der Tür wurde er festgenommen. Eine typische Geste für ihn: »Nehmt mein Hörgerät, das brauche ich da nicht.« Natürlich: Mit denen redet er nicht!

Ich bin wieder zu Hause. Ich war in Wladimir, habe im Gefängnis ein Paket abgegeben. Es gab wieder einige Hausdurchsuchungen – in Sanjas (Daniel)[3] Umfeld und bei Katja und seiner ersten Frau. Das hatte uns gerade noch gefehlt. Und jedesmal habe ich mir Ljowa und seine Äußerungen und die Angst um ihn vorgestellt. Ich danke Euch, daß Ihr uns von dieser ständigen Angst befreit habt. Um Ljowa hatte man sie ja wirklich dauernd.

SARRA BABJONYSCHEWA

April 1981

Ich gratuliere Ljowa zum Geburtstag mit Herzens Sätzen: »Nachdem ich lange an einem Ort und in ein und demselben Gleis gelebt habe, spüre ich nun, daß es für einige Zeit *reicht*, daß ich mich unter neuen Horizonten und bei neuen Gesichtern erholen ... und dabei zu mir kommen muß, so sonderbar das scheinen mag. Die

---

[1] Anatolij T. Martschenko (1938–1986) – Arbeiter, Epiker, Menschenrechtler; verheiratet mit Larissa Bogoras.
[2] Jossif A. Bogoras – Vater von Larissa Bogoras.
[3] Alexander (Sanja) J. Daniel – Sohn von Larissa Bogoras und des Lyrikers und Menschenrechtlers Julij Daniel.

oberflächliche Zerstreuung einer Reise schadet nicht ... Es gibt Menschen, die es vorziehen, *innerlich* wegzufahren, manch einer mit Hilfe großer Phantasie und Zurückgezogenheit von der Umgebung – dazu bedarf es einer besonderen Weihe, ähnlich wie Genialität und Wahnsinn, das heißt mit Hilfe von Alkohol oder Opium.«

Erinnert Ihr Euch an den Dialog mit Achmatowa: »Sehnen Sie sich nach dem Meer?« – »Nein, das ist immer bei mir.«

Es gibt auch das Bedürfnis nach dem Leben im Kreise der Nächsten, das Bedürfnis nach Stille – so ist es für Raja. Zu Lew hingegen kehren Lärm und Farben zurück, wenn er allein sein will und das Bedürfnis zu schreiben kommt. Nichts auf der Welt geschieht zufällig oder umsonst. So ist es auch mit Euren Reisen durch die Länder – sie sind wie ein Dank für das frühere Leben.

Ach, meine Rajka, Du, halt Dich fest an einem Griff, an einem Gedanken, daran, daß all dies nicht umsonst geschieht. Ich sehe es so, daß Emigration keine Reise ist, sondern ein innerer Zustand. Und Du zum Beispiel bist jetzt viel weniger in der Emigration als ich. Ich bin außerhalb dieses Lebens und nur mit denen, die mir nah sind. Du durftest Dich wegen Eurer Lebensweise und Eures Alltags seelisch nie so einrichten. Aber ich denke, das kommt. Ob Du Deine Freunde wiedersiehst? Ich verliere den Glauben daran nicht.

Tschingis Ajtmatow habe ich gelesen. Alles über die Kirgisen ist hervorragend und auch diese Idee vom Verlust des Erinnerungsvermögens als Verlust des Lebens selbst. Dann kann ein Sohn seine Mutter töten. – Unverständlich bleiben mir die Szenen auf dem Raumfahrtbahnhof. Nicht, daß sie geschrieben worden sind – sie sind schon nötig, sondern *wie* sie geschrieben worden sind, so unpersönlich, in einer Art Fertigsprache. Ich vermute, daß auch darin die Idee liegt: Globalität ist der Verlust des Einzigartigen, und dann wird die Sprache seelenlos, eine Plastiksprache zum allgemeinen Einmal-Gebrauch.

Ich weiß nicht mehr, ob Du noch hier warst, als Pantelejew[1] sein neues Buch schickte. Darin die erstaunlichen Tagebücher aus der Blockadezeit. Das Gefühl, daß der Geist die Menschen physisch gerettet hat, ist sogar zu spüren, als fasse man es mit Händen. Noch

---

[1] Leonid Pantelejew; eigentl. Alexej J. Jeremejew (1908–1987) – Schriftsteller.

sterbend notierte er die Gespräche im Krankenzimmer. Der Satzbau, die Gedanken – manchmal klingt es wie Trauermusik, manchmal wie ein Befreiungslied. Hätte er nicht dieses Gespür fürs Wort gehabt, das er im Vorüberfliegen aufgreift, so hätte er nicht überlebt. Es ist ein Buch über das materialisierte Wort, über die Geistigkeit, die den Menschen unter allen möglichen Umständen rettet, sie bringt ihn ins Leben zurück. Lies das unbedingt, aber eben die Tagebücher, nicht alles andere.

Was sonst noch Interessantes passiert ist – ein Konzert von Okudshawa. Alle sagen, daß es erstaunlich war, sowohl schön als auch traurig. Alexander Iwanow eröffnete den Abend und sprach verärgert darüber, daß zur Zeit böswillige Bestrebungen laufen, alles »nicht echt Russische« aus der russischen Literatur zu verbannen. Dann müßten wir also den Neger Puschkin streichen, Lermontow, der auch schottisches Blut in den Adern hatte, den Ukrainer Gogol und, ob Ihr's glaubt oder nicht – den Deutschen, nein, schlimmer noch: den deutschen Juden Afanassij Fet.

Dann sprach er über Bulat als einen russischen Dichter, dessen Poesie von einer sehr wichtigen Eigenschaft gekennzeichnet ist – nämlich Adel. Die Poesie und die Persönlichkeit. Dann sang Bulat. Bella[1], Andrej[2] und Juna Moriz trugen Gedichte auf Okudshawa vor. Die Nikitins sangen, und Eldar Rjasanow, der die Leitung des Abends hatte, tanzte dazu. Und als Bulat dann Fragen beantwortete, wies er ärgerlich alles zurück, was seine persönliche Einstellung zur Literatur betraf – wer sein Lieblingsdichter sei und ähnliches. Er sprach mit Sympathie von Bunin und außerdem über Jurij Skopp, den Mann, der, als er ihm begegnet war, freundlich gelächelt und ihm herzlich die Hand gedrückt hatte. Und plötzlich habe er dann erfahren, daß derselbe herzliche Skopp einen Verriß seines Romans geschrieben hatte. Bei seinem Lächeln hatte er aber kein Wörtchen fallenlassen, in der Annahme, es würde geheim bleiben. Er habe die Rezension aber gelesen. Als man Bulat daraufhin einen Zettel auf die Bühne schickte: »Schön, daß Sie den Schuft einen Schuft genannt haben!«, da antwortete er nicht ohne Genugtuung: »Aber ich habe ihn nicht Schuft genannt.«

---

[1] Bella Achmadulina.
[2] Andrej A. Wosnessenskij – Lyriker.

Insgesamt war traurig, daß alle gealtert sind, und schön, daß Bulat sang, und alles, was er sagte, und der ganze Abend hinterließ dieses Gefühl von Edelmut und darum auch von Zorn auf die Lüge, die Niederträchtigkeit usw.

SARRA BABJONYSCHEWA

Mai 1981

Ich habe Tschingis Ajtmatow noch einmal gelesen. Es gibt da erschütternde Kapitel und ein erstaunliches Weltverständnis, und daß die »kosmischen« Szenen in Zeitungssprache geschrieben sind, erscheint mir noch immer oberflächlich – man braucht nicht nachzudenken, alles wird dick aufgetragen. Aber dieses lebhafte Empfinden für den Mord am Gedächtnis, das hat er gut vermittelt. Der Tod der Erinnerung als Ende des Menschen.

Mein Gott, was machen sie bloß mit Blok – Memoiren sind natürlich das interessanteste Genre, aber wenn sie vereinfacht, versüßlicht werden, dann errötet man vor Scham.

Morgen besuchen uns Kevin und Familie. Unsere Verbindung wird immer enger. Neulich waren sie bei den Winogradows[1], und Tschuchonzew[2] trug dort Gedichte vor. Und er, Kevin, versteht schon Tschuchonzews Sprache. Langsam gewöhnt man ihm Wosnessenskij ab.

NINA UND SERGEJ MASLOW

Leningrad, 30. 6. 1981

[Sergej] Wir stehen schon lange in Ihrer Schuld, weil wir so selten schreiben. Tausend, tausend Dank für Telegramme, Anrufe, Postkarten, für die vielen »an alle, alle, alle«, die hin und wieder auch uns erreichen.

In unserem Leben gibt es zwei »epochemachende« Veränderungen. Erstens ist Lena mit der Schule fertig und hat massenhaft Fünfen[3] bekommen (außer in Geographie!). Ein Ausschnitt ihres Aufsatzes über Zwetajewa (den Sie gelesen haben) ist in »Aurora«

---

[1] Igor I. Winogradow – Literaturkritiker.
[2] Oleg G. Tschuchonzew – Lyriker, Essayist.
[3] Fünf ist in Rußland die beste Zensur.

(6/81) abgedruckt worden. Die Literaturlehrerin hat ihr – gegen den verzweifelten Widerstand des Komsomolzenbüros der Klasse – ein »vorbildliches Verhalten« »durchgeprügelt«. Und zwar, weil sie eine Auszeichnungsurkunde für Literatur bekommen sollte, und das wäre ohne vorbildliches Verhalten nicht möglich gewesen. Überhaupt ist unser Schatz jetzt ganz erwachsen!

Zweitens ist Nina von der Universität ans Institut für Ozeanologie übergewechselt, als oberste wissenschaftliche Kraft für Geophysik. Sie erforscht die Kontinentalbewegungen und »rekonstruiert« das Känozoikum. An der Universität ist es doch recht trostlos (trotz des bis 1984 laufenden Wettbewerbs). Die Studenten »werden anders«, wie der Dekan sagt. Ein »Gespräch«:

Nina: »Sie bewältigen das Studium doch absolut nicht. Warum sind Sie ins Komsomolzenbüro gegangen?«

Der Student guckt sie blauäugig an und lächelt; er weiß schon, warum, dann bleibt er nämlich an der Uni.

R. G. Baranzew, den Sie kennen, ist als Seminarleiter abgesetzt worden, und der neue Alte hat das Seminar in eine Scheineinrichtung verwandelt: Äußerlich werden alle Regeln gewahrt bei null Inhalt. Na ja, und es ist eben in Peterhof[1].

[Nina] Die Rekonstruktion des Känozoikums findet hingegen auf der Wassilij-Insel statt, und die Leute ringsum scheinen aus Fleisch und Blut zu sein.

Bei Serjosha passiert im Gegensatz zu uns gar nichts. Er sitzt da und schreibt in aller Stille seine Artikel.

Nun zu dem, was zu Hause los ist.

Unser Seminar findet weiterhin statt, wenn auch selten. Zum Beispiel hat ein Mitarbeiter aus der Eremitage uns von einem Triptychon von Beckmann erzählt. Er bemühte sich zu beweisen, daß Beckmanns Symbolik rätselhafter ist als die von irgendwem sonst, und zwar wegen einer metaphysischen Tiefe seines Werks, die kaum jemand verstanden habe. Etwa so, wie die frühchristlichen Künstler von ihren Zeitgenossen nicht verstanden wurden. Erst im 11. Jahrhundert tritt diese Metaphysik zum Vorschein. Es könnte ja auch sein, daß es im 21. Jahrhundert eine neue Religion geben wird (für die Annahme gibt es durchaus Gründe), aber uns überraschte vor allem, wie überzeugt Kunstwissenschaftler davon sind, daß alles, alles, alles in Worten wiedergegeben werden kann.

---

[1] Filiale der Akademie der Wissenschaften.

Und wo das nicht gelingt, gibt es dafür tiefe metaphysische Gründe. Aber das Triptychon ist wirklich sehr rätselhaft.... Haben Sie dazu eine Meinung? Wie es nach unserer Sinusoida auch sein muß, besteht übrigens im Moment besonderes Interesse an den Malern der dreißiger Jahre, unseren und den westlichen.

Und Serjosha hat endlich Spengler gelesen. Meist ist es so, daß er Bücher nur mag, wenn es darin nicht um Mathematik geht. Aber bei Spengler ist das Überzeugendste gerade seine Gegenüberstellung von hellenistischer und europäischer Mathematik. Und einige Prognosen beeindrucken einen sehr (allerdings längst nicht alle). Niedlich ist dafür Deborins Prognose im Vorwort (1923): »Die Geschichte wird natürlich Spenglers Hoffnung widerlegen, daß sich unter den deutschen Arbeitern der Chauvinismus ausbreitet.« [...]

Gestern haben wir lange Ihre Briefe gelesen, uns über Erfreuliches gefreut und waren traurig über Trauriges. Ein Bild aus Ihrem Brief zu Bölls Rede gefiel uns: Man kann nicht glücklich sein, nur weil einer keinen Krebs hat. Im übrigen haben wir die Rede nicht zu lesen bekommen. Alles hängt davon ab, an wen es adressiert ist. Großartig, daß Sie es geschafft haben, die dortigen Fernsehzuschauer aufzurütteln, und sie sich schon nach Bankkonten erkundigen. Und es ist auch schön, daß Sie sich nicht auf eine Polemik mit den Strauß-Fans konzentrieren wollen. Was schreiben Sie jetzt? Was ist mit Ihrem gemeinsamen Buch?

NINA MASLOWA

Leningrad, 13. 8. 1981

Bei meiner Arbeit ist nichts los, alle sind im Urlaub, darum ist es ruhig. Ich sitze in Rasliw und studiere die ozeanischen Strömungen und die Wege der Tiefdruckgebiete, die vom Golfstrom herüberkommen. Serjosha und ich haben ziemlich viele Filme des Moskauer Festivals gesehen. Kein besonders positiver Eindruck. Es scheint, als ob Freiheit allein nicht reicht. Oder hat man uns nicht die richtigen gezeigt?

Raissa Davydowna, schreiben Sie doch bitte, was Ihre neuen Freunde, vor allem die jungen, lesen. Mich beschäftigt es sehr, daß sie, die Jungen, offenbar kaum noch etwas mit dem anfangen können, was wir für uns so voller Begeisterung entdeckt haben. Das ist wohl typisch für Leute, die anfangen, alt zu werden, aber das macht es auch nicht leichter. Wir haben bei uns heute Bücher im Regal stehen, die man früher in einer Nacht verschlang. Aber Lenas Freunde, die alle sehr nett sind, leihen sich die nicht aus. Und noch etwas, was Sie mir vielleicht erklären können: die Einstellung zur Geschichte. Wenn man über die »räumlichen« Nachbarn nur schwer etwas erfahren kann, dann wäre es doch natürlich, Nachrichten über die »zeitlichen« Nachbarn zu suchen, so dachte ich. Aber weder meine Studenten noch Lenas Freunde suchen oder kennen diese Informationen. Und wie ist es dort? Inwieweit ist die Unkenntnis von Geschichte typisch für uns? Oder wandelt sich das überhaupt mit der Zeit? Mit Blick auf Ihren Freund Andrej[1] habe ich darüber nachgedacht, ob die Möglichkeit, »die Welt zu sehen«, den Menschen verändert. Oder hat Gena Davydow recht damit, daß einer, der im Wald am Fluß sitzt, mehr erkennen kann als einer, der die ganze Welt bereist? Wahrscheinlich haben, wie üblich, alle recht.

Bei Serjoshas Arbeit ist alles unverändert. Aber es ist nun ein Jahr vergangen, und man hätte meinen sollen, daß sich in der Zeit eine gemeinsame Sprache in der Arbeit entwickelt. Das ist nicht geschehen, was schlecht ist.

Vor kurzem (in einer Pause zwischen den Prüfungen) sind wir mit Lena und ihrem Freund Pascha nach Tartu und an den Peipussee gefahren. Wir haben im Wald übernachtet, Tee am Feuer gemacht usw. Wir möchten die Verbindung mit ihnen nicht verlieren.

Michail Arschanskij

Leningrad, 18. 11. 1981

Ich weiß nicht, wann ich diesen Brief werde abschicken können und ob überhaupt. Vielleicht gelingt es mir ja. Irgendwann. Aber das Bedürfnis, mit Euch zu sprechen, ein unstillbares Verlangen, ähnlich einer Leidenschaft, läßt schnöde, pragmatisch-postalische Überlegungen nicht zu.

Gestern, am 17. 11., fand im Leningrader Haus der Schriftsteller die Trauerfeier für den verstorbenen Gottesknecht Boris Borissowitsch Wachtin[2] statt. Er ist am 12. November im 52. Lebens-

---

[1] Andrej Sacharow.
[2] Boris B. Wachtin (1930–1981) – Sinologe, Schriftsteller.

jahr entschlafen (am 3. 11. war er 51 geworden). Er war allein zu Haus, fühlte sich schlecht, rief telefonisch die Erste Hilfe, machte die Tür auf und legte sich aufs Sofa. Als die Erste Hilfe eintraf, war er tot.

Am Tag davor war er bei seinem Enkel gewesen, um ihm zum Geburtstag zu gratulieren. Etwa eineinhalb bis zwei Stunden vor seinem Tod hatte er noch mit Freunden telefoniert, war munter und fröhlich, scherzte und lachte. Ich habe ihn das letzte Mal am 29. Oktober gesehen. Im Haus der Schriftsteller war eine Sitzung der Sparte für Literarische Übersetzung aus östlichen Sprachen. Diese Abteilung leitete Boris Borissowitsch. Er eröffnete die Versammlung etwa mit folgenden Worten: »Am 14. Mai dieses Jahres wäre Michail Afanasjewitsch Bulgakow neunzig geworden. Leider konnten wir uns erst heute hier versammeln, um dieses Datums zu gedenken. Ich bedaure, daß der Anfang der Sitzung sich etwas verzögert hat, und auch, daß diese großen, schönen Fenster zur Newa leider fest verschlossen sind, so daß es wahrscheinlich etwas stickig wird.«

Heute denke ich darüber nach, daß Boris Borissowitsch an jenem Abend schwer atmete. Er hatte einen dicken Pullover an, in dem kleinen Saal waren sehr viele Leute, und es war wirklich stickig. Außerdem fällt mir ein, daß auch eine Gedenkveranstaltung für Mandelstam als Sitzung der Sparte für Literarische Übersetzung lief, aber aus anderen Sprachen. So eine Art heutiger »Maifeste«[1] als freundschaftliches Picknick. Eine schändliche Tarnung!

Die erste Mitteilung kam von M. O. Tschudakowa[2]. Sie legte schon vielfach Gesagtes dar über die enge Verwandtschaft von Stil und Metaphern bei Dostojewskij und Bulgakow, sie sprach über die Träume von Swidrigajlow und Alexej Turbin, darüber, daß es keinen Roman, keine Erzählung von Dostojewskij gibt, in denen nicht über Leben und Tod nachgedacht wird, und daß es in »Die weiße Garde« und »Der Meister und Margarita« genauso ist. M. O. erinnerte daran, daß 1966 in der Zeitschrift »Woprossy literatury« ein Artikel erschien, in dem es hieß, daß ein Telefongespräch mit

---

[1] »Maifeste« – Bis 1917 Versammlungen von Revolutionären, getarnt als »Familienfeste« im Wald oder am Fluß.
[2] Marietta O. Tschudakowa – Literaturkritikerin, Essayistin; heute Mitglied des Präsidialrates von Jelzin.

Stalin im April 1930 Bulgakows Rückkehr zum schöpferischen Leben möglich gemacht hätte, wozu sie sehr entschieden und erregt vermerkte: »Bulgakows schöpferisches Leben war niemals unterbrochen!«, und sie empfahl, die sehr interessanten Artikel von Jelena Sergejewna Bulgakowa noch einmal zu lesen. (Leicht gesagt!)
[...]
W. J. Lakschin[1] sagte etwa folgendes: »Wir haben uns hier heute, am 29. Oktober, einem feuchten und trüben Petersburger Abend, versammelt, und Michail Afanassjewitsch Bulgakow wurde am 14. Mai im sonnigen Kiew geboren, zur goldenen Zeit der Kastanienblüte. Dieses Auseinanderklaffen in Datum und Klima wird sich automatisch auch in unserer Stimmung, unserer Wahrnehmung niederschlagen. Doch wenn das auch bedauerlich ist, so können wir doch nun mit Recht behaupten, daß endlich die Zeit einer genauen, wissenschaftlichen und gründlichen Erforschung von Bulgakows Leben und Werk gekommen ist, so wie man Leben und Werk der echten Klassiker der großen russischen Literatur zu erforschen hat. [...] Es hat sich gezeigt, daß das Werk dieses Schriftstellers ungewöhnlich bedeutungsvoll ist, weil es einen Teil der *geistigen Erfahrung* sehr vieler Menschen darstellt. Die bedeutendsten Autoren der Welt haben Bulgakows Werk höchsten Wert zugesprochen. Es sei hier nur Gabriel García Márquez genannt. *Woran liegt das?*

Unter den zahlreichen Merkmalen von Bulgakows großem schriftstellerischen Talent stechen besonders die *Lebendigkeit der Sprache* und die unglaubliche *Schärfe des Blickes* hervor. Alles, was Bulgakow geschrieben hat, kann kurz in der für ihn (und nicht nur für ihn) wichtigsten Frage zusammengefaßt werden: Wie überlebt man in *dieser* Welt?

In den zwanziger und dreißiger Jahren unseres Jahrhunderts hat Bulgakow nicht nur die ganze unermeßliche Wichtigkeit, die andauernde Bedeutung dieser Frage erkannt, sondern er hatte auch den Mut, das zu Papier zu bringen und Millionen künftiger (leider künftiger!) Leser anzusprechen, denn ›Manuskripte brennen nicht!‹.«

---

[1] Wladimir J. Lakschin (1933–1993) – Literaturkritiker, einer der engsten Mitarbeiter von Alexander T. Twardowskij.

Boris Borissowitsch Wachtin sprach darüber, was Bulgakow mit Gogol verbindet. Das Thema ist nicht neu, aber von unübersehbarem Umfang. »Der Meister und Margarita« und »Die toten Seelen«.
[...]
Viele der Personen (die im Haus der Schriftsteller tanzen) sind tote Seelen, in Wirklichkeit existieren sie nicht. Voland ist der Zauberer aus dem zweiten Teil der »Toten Seelen«, der Tschitschikow vor dem Gefängnis rettet. Es geht nicht um Übereinstimmung und Entlehnung. Das Wichtige liegt im Gemeinsamen: in der Einstellung zum Leben und seiner Beschreibung. Das Leben in all seinen Erscheinungen ist eben jener »phantastische Realismus«, von dem Dostojewskij so treffend und eindringlich gesprochen hat.

Boris Borissowitsch schloß die Versammlung, dankte Tschudakowa und Lakschin, gab einen Überblick über das vorgesehene Programm für die nächsten Versammlungen dieser Sparte: Dezember – Dostojewskij, Februar 1982 – Tschechow, April 1982 – Puschkin.

Zwei Wochen später lebte er nicht mehr.

Iwan Roshanskij
Moskau, November/Dezember 1981

Ich schreibe am Jahrestag Eurer Abreise aus Moskau. Mein langes Schweigen kommt keineswegs daher, daß ich weniger an Euch dächte oder aufgehört hätte, mich in Gedanken mit Euch zu unterhalten, sondern aus ganz anderen Gründen. Es ist sehr schwierig zu schreiben, wenn man sich im Zustand dauernder Niedergeschlagenheit befindet. Im Frühling war ich lange krank, fast vier Monate (eine Verschlimmerung meiner Herzkrankheit). Ein Lichtblick in jener Zeit war ein fünfwöchiger Aufenthalt in Estland, wieder in Otepja. Estland mit seinen Hügeln und Seen, mit seinen sanften, malerischen weiten Fluren (die sich mit unserer russischen Weite ergänzen), mit seinem unverdorbenen Lebensrhythmus – all das wirkte beruhigend auf meine Nerven.

In diesem Jahr konnte ich nicht mehr so viel und lange spazierengehen wie 1978 (nach dem Infarkt!), aber ich habe die Natur ebenso lebhaft und intensiv empfunden wie in vergangenen Jahren. Allerdings mischten sich in dieses Empfinden auch Trauer und das

Bewußtsein, daß es unwiderruflich dem Ende entgegengeht. Ich fürchte dieses Ende nicht, habe niemals Angst vor dem Tod gehabt, und dennoch würde ich gern noch erleben, wie Fedja[1] seinen Weg im Leben findet.

Vor kurzem haben wir Ljowas Brief mit der Beschreibung der Ankunft in Amerika auf der Queen Elizabeth usw. gelesen. Alles darin ist ungemein interessant, auch das, was ich wußte und mit eigenen Augen gesehen habe. Der Brief erinnert an den Gesang eines Vogels, der aus dem Käfig in die Freiheit entflogen ist und unter sich die weite, grenzenlose Welt sieht. Das einzige, was mir an diesem Brief fehlte, war der Ozean. Vor zwei Jahren habe ich einen sehr interessanten Artikel von Bolzmann aus dem Deutschen übersetzt: »Reise nach Eldorado«. Darin beschreibt er seine Reise nach Amerika, genauer gesagt, nach Kalifornien, an die Universität von Berkeley, wo er den Amerikanern im Sommer 1900 Vorlesungen über theoretische Physik hielt. Die befanden sich damals noch in fast jungfräulicher Unschuld in diesen Bereichen der Wissenschaft. Zu jener Zeit konnte man Amerika nur per Schiff erreichen. Und von dieser Überfahrt beschreibt Bolzmann nur den Ozean und sonst nichts.

In unserem kulturellen (oft pseudokulturellen) Leben glimmt noch etwas, neue Triebe brechen durch, die manchmal schon gleich nach ihrem Auftauchen verstümmelt werden. In der Serie »Meilensteine der Weltliteratur« ist Andrej Belyjs »Petersburg« erschienen (in der ersten Fassung, die seit 1916 nicht mehr veröffentlicht wurde). Eine zweibändige Pasternak-Ausgabe ist ebenso in Vorbereitung wie eine prächtig illustrierte Ausgabe seiner Prosa (mit Zeichnungen von Leonid Pasternak) – wahrscheinlich für den Export und die »Berjoska«[2] und natürlich ohne »Doktor Shiwago«. Ein ungarischer Verlag hat über die WAAP[3] G. G. Schpets »Hermeneutik« erbeten (die nach wie vor als Manuskript ruht); unser Institut schrieb eine Reaktion darauf.

Ach ja, ich habe vergessen, daß in der Buchreihe »Das literarische Erbe« auch ein Band über Pasternak in Vorbereitung ist, in dem unter anderem Sinaida Nikolajewnas[4] Erinnerungen gedruckt wer-

---

[1] Fjodor (Fedja) I. Roshanskij – Sohn aus zweiter Ehe; Mathematiker und Astrologe.
[2] Läden in der UdSSR für Touristen, wo nur mit Devisen bezahlt werden darf.
[3] WAAP-Sowjetische Agentur für Autorenrechte.
[4] Sinaida Nikolajewna – Zweite Frau von Boris Pasternak.

den sollen. Olga Iwinskaja[1] ist wütend und tut alles Erdenkliche, um die Publikation zu verhindern. Ich habe so die Ahnung, daß Pasternaks hundertster Geburtstag 1990 ebenso pompös und geschmacklos begangen werden wird wie der von Blok im vorigen Jahr. Das hat allerdings auch nicht verhindert, daß der Schriftstellerverband beschlossen hat, Pasternaks und Tschukowskijs Datschen in Peredelkino den Erben wegzunehmen und Autoren, die ehemalige Frontkämpfer sind, zu übergeben. Jewtuschenko ist deswegen zum Zentralkomitee der KPdSU gegangen, aber vergebens; man sagte ihm, daß »wir Peredelkino nicht in ein Pantheon verwandeln können«. Jetzt ist die Sache erst einmal bis zum Frühjahr zurückgestellt, und dann wird das Gericht entscheiden.

Manchmal hängt viel von der Initiative eines einzelnen Menschen ab. Auf Anregung eines jungen Kollegen von mir, Jurij Schitschalin, werden beim Rat der Akademie der Wissenschaften zur Geschichte der Weltkultur fünf allgemeine Seminare zu verschiedenen Aspekten der antiken Kultur veranstaltet (die Leiter sind Awerinzew, Gasparow, Knabe, Jarko und meine Wenigkeit). Das ist etwas völlig Neues; wenn die Seminare nur nicht gleich wieder geschlossen werden! Am Ende können wir noch der Eröffnung von Spezialschulen mit klassischer Ausrichtung entgegensehen!

Ihr wißt sicher, daß Koma[2] für den Titel eines korrespondierenden Mitglieds der Akademie der Wissenschaften kandidiert. Das war natürlich höchste Zeit (und diesmal hat er gute Chancen, weil die Kandidatur vom Präsidium der Akademie unterstützt wird), aber es ist traurig, wenn man daran denkt, daß gleichzeitig mit ihm blöde Ignoranten zu Akademiemitgliedern avancieren, deren ganzes Verdienst darin besteht, daß sie hohe Partei- oder Verwaltungsposten innehaben (ich will hier keine Namen nennen). Die allgemeine Tendenz ist, daß die Akademie im wesentlichen aus Vertretern der Nomenklatura bestehen soll. [...]

---

[1] Olga W. Iwinskaja – Geliebte von B. Pasternak.
[2] Koma – Wjatscheslaw W. Iwanow wurde bereits seit 1958 (Pasternak-Skandal), trotz seiner international anerkannten Bedeutung als Wissenschaftler, von den akademischen und staatlichen Behörden immer wieder bedrängt und in seiner Lehrtätigkeit behindert.

MICHAIL ARSCHANSKIJ

Leningrad, 2. 12. 1981

Wir haben schon mehr als einmal festgestellt, liebe Rajuscha, daß unsere Überlegungen, besonderen Interessen und Empfindungen übereinstimmen ... »Erlebtes und Gedachtes«[1] ist ein kraß antideutsches Buch, und das tut Dir »mehr weh, als bei Dostojewskij oder Gogol von den ›Polacken‹ und den ›Drecksjuden‹ zu lesen«.

Etwas Ähnliches gab und gibt es auch bei mir. Anders natürlich, und im Zusammenhang mit anderen Gegebenheiten, die geographisch ziemlich fern, mir seelisch dafür aber sehr nah liegen. Es war diese tiefe innere Nähe, die mich veranlaßte, mich mit Geschichte zu befassen, einer gar nicht so fernen, aber doch *Geschichte*, um herauszufinden, zu verstehen und zu spüren, wie die sogenannten »führenden Köpfe« jener Zeit auf die Ereignisse von 1831 und 1863[2] reagiert haben. 1831. Puschkin. Aus Lesebüchern sind bekannt »An die Verleumder Rußlands« und »Der Jahrestag von Borodino«; seltener wird erwähnt »Er lebte unter uns ...«[3] [...] und der Brief an Wjasemskij vom 1. Juni 1831: »... In poetischer Hinsicht ist das alles gut, aber trotzdem muß man sie [die Polen] unterdrücken, und unser Zaudern ist quälend.«

Das tut mir weh. Du wirst mich verstehen. Ich weiß, daß Puschkin damit leider nicht allein stand, bei weitem nicht (ich denke natürlich nur an die führenden Köpfe). Der junge Lermontow, der junge Bakunin, der in den Kaukasus verbannte Nikolaj Bestushew. Und selbst der glänzende und unversöhnliche Nikolaj Turgenew[4], einer der wahren ideellen Führer der Dekabristen[5], der nicht zufällig in Abwesenheit zum Tode verurteilt wurde, hat gesagt: »Das Gefühl fürs Vaterland muß im Bürger stärker sein als das Gefühl für die Menschheit.« Verstehst Du, was das bedeutet?!

---

[1] Autobiographisches und essayistisches Werk von Alexander I. Herzen.
[2] Polnische Nationalrevolutionen, die von den zaristischen Truppen brutal unterdrückt und von einem großen Teil gebildeter Russen, unter ihnen selbst große Dichter wie Alexander S. Puschkin, mißbilligt wurden.
[3] Gedicht von Puschkin über Mickiewicz.
[4] Nikolaj I. Turgenew (1789–1871) – Wirtschaftstheoretiker, Philosoph, Diplomat. Einer der radikal-liberalen Gegner des Zarenregimes. (Ein weit entfernter Verwandter des berühmten Schriftstellers Iwan S. Turgenew).
[5] Liberale und demokratische Geheimbündler, die im Dezember 1825 in St. Petersburg und im Westen der Ukraine einen Aufstand führten, der scheiterte. Es folgten schwere Repressalien.

Nicht der berechtigte Einwand, daß man nichts schönfärben und vor nichts die Augen verschließen soll, und schon gar nicht die ungeschickten und »tiefschürfenden« Versuche, in bestimmten Gedichten und Strophen von Puschkin eine listige Verschlüsselung sehen zu wollen, können meinen Schmerz lindern. Mir tut das weh, und Du, gerade Du wirst mich verstehen. [...]
Ich hatte nie die Zeitschrift »Literaturnaja Grusija« (»Literarisches Georgien«) gelesen. Das war ein Fehler! Ignoranz! Freunde haben mich auf die Nr. 8 dieses Blattes für 1981 aufmerksam gemacht. Die habe ich gelesen und meine Unterlassung bedauert. Gedichte von Wyssozkij, Achmadulina, Moshajew, Wosnessenskij, höchst interessante Artikel von Margwelaschwili, Papernyj, Schachbasow. Ein Gedicht von Koma! Eine Erzählung von Bulgakow! Ich empfehle Euch dringend, das zu lesen.

Ich freue mich sehr, daß Ihr alle drei Briefe bekommen habt, die ich per Post geschickt hatte. Ich werde weitermachen. Aber ohne »Kanäle« geht es nicht!

Sergej Maslow

Leningrad, 5. 12. 1981

Wie selten kann man ohne Eile schreiben und mit dem Gefühl, daß der Brief ankommt. Auch die Nachrichten von Ihnen erreichen uns mit großen Unterbrechungen, dann allerdings in dicken Packen. Zwischen unseren Reisen nach Moskau kommen die Lebenszeichen nämlich nur in Form von Päckchen mit Medikamenten, die zwar für alle sehr nötig sind, aber nur von Ihrer Fürsorge und nicht von Ihrem Leben sprechen. Darum summieren sich die Stimmungsnuancen Ihrer Freuden und Leiden ständig und verwischen das Bild. Und mein beflissen optimistisches Gedächtnis sucht sich Preise, Gespräche mit Studenten und geographische Eindrücke aus und verdrängt die Trauer ... Und so lebt man, auf das Beste hoffend und darauf, daß es Ihnen immer besser gehen wird und Sie sich immer mehr eingewöhnen und daß wir uns trotz aller Hindernisse wiedersehen werden.

Dabei wird die Zeit natürlich immer trauriger und beunruhigender. Gerade haben wir von der Einweisung ins Krankenhaus[1]

---

[1] Einweisung der hungernden Sacharows ins Krankenhaus.

erfahren, und das beruhigt ein wenig (immerhin sind da Ärzte), dabei wissen wir überhaupt nicht, wie es denn war und wie sie beide mit ihrer Gesundheit und er mit seinem Herzen die Gewalt ertragen haben und ertragen. Und nach wie vor diese schreckliche Ohnmacht und dieses ständige Schuldgefühl, denn zu der Verzweiflung, die sie in diesen traurigen, beklemmend unglückseligen Hungerstreik getrieben hat, habe auch ich mit beigetragen: Irgendwie haben die Versuche zur Unterstützung, die positiven Emotionen eben nicht gereicht. Was ist es denn schon für eine Unterstützung, zwei-, dreimal in der Küche in der Tschkalowstraße zu seufzen oder zwei, drei Telegramme abzuschicken, von denen die Hälfte nicht ankommt? Und inwieweit hat vielleicht auch dieses Gefühl sie zu dem Hungerstreik bewogen, daß diejenigen, die mit ihnen leiden, völlig ohnmächtig sind? [...]

Eine Gruppe aus der Universität ist in den Bergen umgekommen. Als man sie fand, saßen sie einfach dicht aneinandergedrängt auf einem Plateau und waren erfroren, sie hatten nicht einmal versucht, ein Zelt aufzubauen – fünf junge Männer und zwei junge Frauen, erstes bis drittes Semester. Dieses Fehlen von Lebenswillen ist entsetzlich. Wie flößt man ihnen das Leben ein, das zu unserer Zeit zu jenem Neue-Welt-Bewußtsein führte und überhaupt zum Thema Ihres Vortrags, Raissa Davydowna?

Im übrigen hat man Ihnen ja gar keine schlechten Fragen gestellt, und auch ich hätte gern Ihre Antworten darauf gehört. Ganz zu schweigen von der letzten Fassung des Vortrags selbst – könnten Sie ihn uns nicht schicken? Die Fragen zeigen, daß die amerikanischen Studenten sehr aufgeweckt sind.

MICHAIL ARSCHANSKIJ

Leningrad, 5. 3. 1982

Der fünfte März[1]. Das Datum zweier Todesfälle, die 29 und 16 Jahre zurückliegen. Ich bemühe mich, mich zu erinnern, wie ich die Todesnachricht vom 5. März 1953 aufgenommen habe. Ich versuche es und kann es nicht. Wahrscheinlich befanden wir uns noch zum guten Teil unter Hypnose. Ich weiß noch, daß es Versammlungen, Reden, Tränen (sehr oft echte) gab und dann

---

[1] Todestag von Stalin (1953) und Anna Achmatowa (1965).

einen aufgeregten Bericht von einer Mitarbeiterin, die von der Beerdigung kam.

Von Anna Achmatowas Tod erfuhren wir zuerst von Ljowa. Er rief aus Moskau an, sagte, daß sie in Leningrad beerdigt werde, und bat, sich um Blumen zu kümmern. Am 9. oder 10. März waren Galja und ich in der Nikolskij-Kathedrale, legten Blumen an den Sarg der Entschlafenen und traten zur Seite. Dann drängten sich Ljowa und Wanja Roshanskij durch die dichte, schweigende Menge zu uns. Im Dom und vor allem draußen liefen unruhige Leute mit Fotoapparaten herum. Mehrmals verhinderten die, die im Dom waren, daß der Sarg geschlossen wurde. Junge Leute, die sich fest an den Händen hielten, umringten als lebende Kette den Sarg mit der Toten und drängten alle zur Seite, und die Leute gingen am Sarg vorbei, sahen der Verstorbenen ins Gesicht, legten Blumen hin und traten aus dem Dom nach draußen, wo eine lange Menschenschlange stand, um Abschied zu nehmen.

Ich erinnere mich daran nicht nur deswegen besser, weil 16 Jahre weniger sind als 29. Wir waren 1965 ganze dreizehn Jahre älter. Hinter uns lag das Jahr 1956[1] und vieles, vieles andere. Man hatte angefangen, Anna Andrejewna dem russischen Leser zurückzugeben; 1958 und 1961 waren Gedichtbände erschienen (letzterer mit einem wohlwollenden und sogar beinah guten Artikel von Surkow) und 1965 »Der Lauf der Zeit«.

Anna Andrejewna wurde kirchlich bestattet, und das war keine Trauerversammlung mit Reden und Ehrenbezeugungen und der Aufzählung der Verdienste der Verstorbenen, sondern eine ernste Mahnung über die Vergänglichkeit alles Irdischen und ein Gedenken an das Leid der Toten. Viele Jahre später rief David Samojlow mir, und nicht nur mir allein, in Erinnerung, was wir unterbewußt bei dieser Beerdigung, beim Abschied von Anna Andrejewna empfanden:

> Um als Vogel in Zarskoje Selo
> Einst verkörpert zu sein in den Zweigen,
> Zahlte zehnfach im Leben sie ein.
> Man muß mühsam die Stufen ersteigen
> Und muß Himmel und Hölle durchschreiten,
> Um sich selbst dem Gesange zu weih'n.

---

[1] Chruschtschows Rede auf dem XX. Parteitag, in der er mit Stalin abrechnete.

Auf Euren Brief vom 27.-29. habe ich besonders lange gewartet und mich darum besonders darüber gefreut. Es hatte sich ja schon ein gewisser Rhythmus von etwa eineinhalb Monaten eingespielt (mit einem Spielraum für unvorhersehbare Schwierigkeiten). Aber diesmal waren es fast vier Monate, und das war sehr traurig. So ungeduldig wartete man früher an der Front und im Krankenhaus auf Post – hier wie dort aus der weiten Welt. Die telefonischen Nachrichten waren eine Beruhigung, aber ... Ihr wißt selbst, daß das nicht dasselbe ist.

Wißt Ihr, daß in »Literaturnoje obosrenije« (1981, Nr.12) ein glänzender Artikel von unserem Ljowtschik[1] steht: »Der Zauber des Mythos, die Furchtlosigkeit des Lachens«? Ich hab' dem Alten gratuliert und ihm einen langen, zusammenhanglosen Brief mit allen möglichen Gedanken hingekritzelt, die mir beim Lesen gekommen waren. Ich freue mich riesig für ihn und muß noch einmal betonen, daß »L. O.« inzwischen wirklich eine gute Zeitschrift ist. Ich möchte Euch auf M. Bashenows ausgezeichnete Replik (in derselben Nummer) auf den wüsten Schmierfink Solouchin hinweisen, der es wagt, *so* über Anna Andrejewna zu schreiben (und das nicht nur einmal).

Vor kurzem durften wir etwas sehr Erfreuliches erleben: Tschingis Ajtmatows Roman erschien in der »Romanzeitung« in einer Auflage von 2540000 Exemplaren! Das ist doch was! [...] Er war an sämtlichen Zeitungskiosken zu kaufen und wurde gekauft! In zwei bis drei Exemplaren pro Käufer! Bei so einer Auflage ist selbst ein Koeffizient von 0,5 an Interesse, Zustimmung und Anregung »der Seele zum Fleiß« ein Riesenerfolg.

Man sagte mir, daß demnächst Oshegows »Wörterbuch der russischen Sprache« in einer Neuauflage von zwei Millionen wieder erscheinen soll. Das ist tröstlich. Aber für David Samojlows neuen Gedichtband sieht es mal wieder schlecht aus (zum wievielten Mal schon?): nur 50000 Exemplare. Den kann man wieder nicht ergattern. Aber ich habe Glück gehabt, und zwar aufgrund einer Kuriosität in unserem Buchhandel. Der Band heißt »Der Meerbusen«, und Euch brauche ich den Sinn dieses Titels nicht zu erklären. Aber zwei Exemplare gerieten in einen Laden des Verlags »Nedra« (»Das

---

[1] Lew S. Ospowat – Historiker, Literaturwissenschaftler (spanische und lateinamerikanische Literatur).

Erdinnere«), und dem Titel nach wurde es bei den Büchern zur Geologie des Meeresbodens, speziell der Erdölförderung aus dem Meer eingeordnet. Dort kaufte ein Bekannter von mir (und Euch) beide Exemplare und schenkte eines davon mir. Ich bin glücklich! Auf Seite 15 darin befindet sich das Gedicht »Der Wachposten« mit der Widmung »Für L. K.«

Die Möglichkeiten zur Erkenntnis sind grenzenlos, und die heutigen und künftigen Chronisten haben das Wort und die Ehre, die ganze Wahrheit zu erhalten, sie dem heutigen und dem künftigen interessierten Leser zu übermitteln. [...]

Am 11. Februar haben wir im Haus der Schriftsteller Natan Jakowlewitsch Ejdelman[1] gehört: »Karamsin[2] als Schriftsteller, Historiker und Persönlichkeit«. Wie immer massenhaft Leute. Es war schwierig hineinzukommen, deutliches Interesse und Aufmerksamkeit. Wie immer ein glänzender Vortrag, kein Monolog, keine »Predigt«. Nur eine Einladung, sich an den Untersuchungen und Überlegungen zu beteiligen, ebenfalls nach Antworten zu suchen, vor allem auf die Frage: »Wie ist das wachsende Interesse an Person, Leben und Werk dieses Mannes zu erklären?«, »Warum brauchen wir Karamsin plötzlich wieder?« [...] Sehr vorsichtig, aber auch unwiderlegbar hob Ejdelman die Unhaltbarkeit aller voreingenommenen und einseitigen Urteile hervor und erinnerte noch einmal daran, daß »... ›Die Geschichte des Russischen Staates‹ nicht nur das Werk eines großen Schriftstellers, sondern auch die große Tat eines ehrlichen Mannes ist« (Puschkin).

Ejdelman erzählte von der eigenartigen Freundschaft zwischen Karamsin und Alexander I., die es tatsächlich gegeben hat, erwähnte die beiden berühmten »Notizen« Karamsins für den Zaren und beendete seinen Vortrag damit, daß allein schon Karamsins Persönlichkeit, seine Ehrlichkeit, sein Pflichtbewußtsein, sein Mut ein großer Wert für die russische Kultur waren, besonders wegen seiner beispielhaften, [...] vielseitigen Persönlichkeit.

---

[1] Natan J. Ejdelman (1930–1989) – Historiker, Autor vieler populärwissenschaftlicher Bücher über die russische Kulturgeschichte des 18. und 19. Jahrhunderts.
[2] Nikolaj M. Karamsin (1766–1826) – Schriftsteller, Historiker. Autor der zwölfbändigen »Geschichte des Russischen Staates«. Puschkin nannte ihn den »letzten Chronisten und ersten Historiker«.

NINA UND SERGEJ MASLOW

Leningrad, 8. 3. 1982

[Nina] Wir haben Ihren Brief vom 1. Februar bekommen. Ärgerlich, daß die Briefe nicht nur lange unterwegs sind, sondern auch noch verlorengehen. Man hat den Eindruck, als befände man sich in einem Science-fiction-Roman und korrespondiere mit der Alpha-Galaxis. [...]

Nun zu unserem »Sein und Bewußtsein«. Wir haben immer weniger Grund zum Optimismus. Wir sehen praktisch nichts, was der allmählichen, langsamen (und vielleicht gar nicht einmal so langsamen) Erstarrung der Gesellschaft entgegenwirkt. Man hat den Eindruck, daß Sinowjews[1] Vorstellungen vom Homo sowjeticus immer mehr zutreffen. Jedes Leid ist ausweglos, nicht wegen der Verbote von oben, sondern weil neben dem Grau nichts wachsen kann. Wenn die Mathematische Mechanik zum Beispiel jetzt den allerbesten Dekan bekäme, so könnte er doch überhaupt nichts machen (jedenfalls für lange Zeit), weil alle Posten von »Grauen« besetzt sind. Diese graue Masse mit ihrem gut entwickelten Selbsterhaltungstrieb, stark durch ihr undurchdringliches Grau, verhindert jede Initiative. Sie brauchen kein Blut, sie brauchen den Sumpf.

[Sergej] Ich setze unseren Brief heute, am 24. März, fort. [...] Mit dem Sumpf und der allgemeinen Stimmung sieht es wirklich schlimm aus. Der Hungerstreik[2] hat sowohl die endgültige Verödung des öffentlichen Lebens gezeigt als auch das völlige Mißverhältnis zwischen extremen Anstrengungen und ihrem Resultat. Zwar hat die »Ablösung der Führung« langsam angefangen (und einige Todesfälle in Moskau[3] sind strukturell den Ereignissen vor dem März 1953 vergleichbar), aber ich persönlich erwarte nicht die geringsten echten Veränderungen. Mir scheint, daß kein Wille da ist, weder zum Guten noch zum Schlechten, und fast gar keine lebendigen Kräfte mehr in der Gesellschaft. Unsere Generation

---

[1] Alexander A. Sinowjew – Mathematiker, Schriftsteller, publizierte im Westen, wurde ausgebürgert.
[2] Andrej D. Sacharows Hungerstreik.
[3] Gemeint ist der Tod des Chefideologen der KPdSU Michail A. Suslow; im November 1982 starb Breshnew.

(und die älteren), die, wenn auch nur in geringem Umfang, Verantwortung auf sich genommen hatte und vor allem auch einen gewissen Sinn in ihren Bemühungen gesehen hatte (wenn wir auch heute sehen müssen, wie wenig de facto erreicht ist), ist durch Auswanderung geschwächt und müde von eben jenem schreienden Mißverhältnis zwischen Anstrengung und Resultat. Und wer fünfzehn Jahre jünger ist, kann in seiner Erfahrung schon überhaupt keine Dynamik mehr entdecken – das letzte Jahrzehnt war allzu schwerfällig im Guten und um so beweglicher im Schlechten. Und wenn wir den Sinn unseres »Geradestehens« selbst nicht mehr sehen, wie sollen wir dann unseren Kindern einen Lebenssinn eröffnen?

Iwan Roshanskij
Moskau, März/April 1982

Raja, ich will Ihnen Ihre Frage nach dem Seminar zur antiken Wissenschaft und Philosophie beantworten. Im Grunde genommen ist das (in erweiterter Form) die Fortsetzung jenes kleinen Kreises, der sich etwas mehr als fünf Jahre lang (bis Ende 1975) regelmäßig bei mir im Hause traf. Das Seminar findet im Konferenzsaal des Instituts für Allgemeine Geschichte statt (D. Uljanow-Str. 19). In diesem Jahr haben bis jetzt zwei Sitzungen stattgefunden, in denen ein Vortrag von A. Lebedew (»Eine neue Deutung des Anaximander-Fragments«) und einer von mir (»Die Physik des Johann Philopon«) besprochen wurden. [...]

Ich weiß nicht, ob Sie M. K. Mamardaschwili kennen. Ein sehr ernsthafter und tiefsinniger Philosoph, der einige Jahre an unserem Institut eingeschrieben war (obwohl er keine Zeile bei uns geschrieben hat!) und jetzt nach Tbilissi zurückgegangen ist. Kürzlich war er in Moskau und hat hier fünfzehn Vorlesungen über Kant gehalten (unter dem Gesamttitel »Kant-Variationen«), die kolossalen Erfolg hatten. Die Veranstaltungen fanden im ziemlich großen Konferenzsaal des Instituts für Psychologie statt, und der war jedesmal überfüllt. Dem Leitsatz folgend, daß es zum Lernen nie zu spät ist, habe ich zwölf dieser Vorlesungen gehört und nur die letzten drei nicht, weil ich da weg war.

Den Ausführungen zu folgen war schwierig, nicht so sehr wegen der Materie (Kant kenne ich ja immerhin), sondern wegen der eigenwilligen Art des Denkens und der Darlegung des Vortragenden. Es war bezeichnend, daß er während der ganzen Vorlesungsreihe kein einziges Mal die »Klassiker« zitierte und Gedanken äußerte, die aus der Sicht unserer offiziellen Ideologie absolut ketzerisch waren (seiner Überzeugung nach steht er Husserl nah und verbirgt das auch kaum). Daß dieser Kurs bis zum Ende ungehindert stattfinden konnte, kann ich mir nur damit erklären, daß ihn keiner der orthodoxen Philosophen besuchte, und wenn Spitzel dabeigewesen sein sollten, dann haben sie sowieso nichts verstanden. Geradezu rührend war auch die unverhohlene Verliebtheit des Vortragenden in Kant – als Mensch und Denker. Beim Zuhören ertappte ich mich mehrmals bei dem Gedanken: »Wie schade, daß Ljowa[1] nicht hier ist.«

Wie Ihr wißt, bereitet Julja eine Werkausgabe von Sienkiewicz vor, die anfangen sollte mit dem Roman »Mit Feuer und Schwert«. Und jetzt, kurz bevor das Manuskript in Druck gehen sollte, hat der Verlagsdirektor den Roman gelesen und ist völlig entsetzt. Jetzt will er mit aller Gewalt durchsetzen, daß der Roman überhaupt gestrichen wird (eine feine Werkausgabe – ohne den ersten Roman von Sienkiewiczs grundlegender Trilogie!). Im Moment kämpfen sie noch. Glücklicherweise gibt es im Verlag Leute, die finden, daß man den Roman trotz allem herausbringen kann. Dazu noch eine typische Information: Bis Ende 1914 sind auf russisch zehn oder zwölf Ausgaben von Sienkiewicz erschienen. Seit der Revolution haben wir keine einzige Werkausgabe mehr (insbesondere sind die Romane »Mit Feuer und Schwert«, »Pan Wolodyjowski« und »Quo vadis« überhaupt nicht erschienen).

Was Ihr über die Einstellung des westlichen Publikums zu Schalamow und Sinowjew schreibt, ist sehr typisch und wird von vielen anderen Aussagen bestätigt. (Anmerkung in Klammern: Ich halte Sinowjews Bücher im ganzen für sehr gut und meine, daß er ein bei uns ganz neues Literaturgenre geschaffen hat, welches es ihm ermöglicht, unsere Gesellschaft wie mit einem Skalpell bis in die Tiefe zu sezieren.) Dieses Publikum, inklusive der ganzen liberalen Intelligenz und wahrscheinlich der meisten Jugendlichen, hat ein sehr niedriges Niveau in der Einschätzung der wahren Lage der Dinge. In dieser Hinsicht steht das Auditorium, das ich bei Mamarda-

---

[1] Gemeint ist L. K.

schwilis Kant-Vorlesungen beobachten konnte, wohl höher als jedes westliche. Unsere Jugend, die ich meine, ist durch folgende Merkmale gekennzeichnet: 1. Sie hat keine Illusionen mehr. 2. Dabei hat sie aber den Glauben an wahre Werte – intellektuelle, ethische, ästhetische – behalten. 3. Schließlich – und das ist wohl das wichtigste – weiß sie im Grunde, worin diese Werte bestehen. Natürlich ist sie nicht bereit, sich selbst aufzuopfern, aber das kann man auch nicht von ihr verlangen. Nur einzelne sind bereit, sich selbst um hoher Werte willen zu opfern, das war immer so und wird immer so bleiben. Massenhafte Selbstaufopferung hat viel von Massenfanatismus und deswegen einen üblen Beigeschmack.

Ich weiß noch, wie wir schon vor vielen Jahren darüber gestritten haben, ob es bei uns eine junge Generation gibt, die in der Lage ist, die wahren Verhältnisse zu erkennen. Ich habe damals behauptet: Ja, die gibt es. Und heute behaupte ich das mit noch größerer Überzeugung.

Michail Arschanskij

Leningrad, 11. 4. 82

Anläßlich Kornej Iwanowitschs (Tschukowskij) hundertstem Geburtstag stand kürzlich ein recht trockenes Artikelchen unter dem klangvollen Titel »Der Mann mit der geflügelten Seele« in der »Prawda«. Die »Literaturnaja gaseta« brachte eine Publikation von K. Losowskaja aus dem Briefwechsel mit Kornej Iwanowitsch. Es wäre ja nicht schlecht, den hundertsten eines »Mannes mit geflügelter Seele« mit einem Regierungsbeschluß über die Eröffnung eines Museums in Peredelkino zu feiern, mit der Renovierung des Hauses, dem Anbringen von Gedenktafeln an den Häusern in Leningrad und Moskau usw. Aber wer kann und will das beschließen?! Wer läßt es zu, »den Dingen ins Gesicht zu sehen«?! Das Gedenken an den »Mann mit geflügelter Seele« ist in unseren Herzen und in seinen Büchern. Ich habe in diesen Tagen noch einmal die »Zeitgenossen« gelesen, über Korolenko, Kuprin, Tynjanow, Sascha Tschornyj. Auch Euren Artikel »Das Wunder – Kornej Tschukowskij«. Daß Korolenko, Kuprin und viele andere in den »Jahren der Reaktion« geschrieben haben und *gedruckt* wurden, mutet heute phantastisch an. [...] Danke Dir, Rajuscha! Da haben wir sie, die große Rückbeziehung! Wer hätte den Weg dieser Verbindung voraussehen können?

Berestow sagt, daß ein Herzinfarkt mit dreijähriger Verspätung kommen kann. Am 8. 7. 1969 hatte ich einen größeren Autounfall in Transkarpatien. An der Schläfe mußte ich genäht werden (»Ein Zentimeter niedriger, und ich hätte nicht das Vergnügen Ihrer Bekanntschaft gehabt«, sagte mir der Arzt), außerdem hatte ich eine starke Prellung an der linken Seite, ein Hämatom über den halben Rücken. Und am 25. August 1972, drei Jahre später, hatte ich einen Infarkt.

Im Zusammenhang mit dem Unfall gab es eine komische Episode, obwohl uns wahrhaftig nicht nach Lachen zumute war. Ein Sanitäterwagen vom Militär sammelte uns auf. Es war ein gewöhnlicher Laster mit einer Plane und rotem Kreuz. Mein Begleiter, Wassilij Wassiljewitsch, Direktor eines Filialbetriebs, hatte eine zertrümmerte Kniescheibe, drei Rippen und das Schlüsselbein gebrochen. Der wurde auf eine Trage gelegt, ich stand daneben. Mit uns auf dem Laster waren Soldaten, die in französischen Gardeuniformen steckten, und Holzpuppen, die ebensolche Gardisten darstellten. In einer Ebene dicht beim Unfallort wurde der Film »Waterloo« gedreht. Der arme Wassilij Wassiljewitsch sagte: »Oh, Michail Jefimowitsch! Ich dachte, wir sind schon im Jenseits! Das sind doch nicht unsere Soldaten, aber sie reden wie unsere. O je!«

Kürzlich habe ich zum erstenmal R. Konquests Buch »Der große Terror« gelesen, das Ihr sicher kennt. Meines Erachtens ist das ein ernstzunehmendes und gut recherchiertes Buch. Es gibt ein paar kleine Ungenauigkeiten, und manchmal ist der Autor in seinem Urteil sehr subjektiv. Eines dieser Urteile ist für mich völlig inakzeptabel. Es geht darum, wie der Autor Brechts Einstellung zu den Ereignissen von 1937/38 bewertet. Zum Glück besitze ich eine viel kompetentere Quelle über Brecht. Ich las die entsprechenden Stellen aus dem Buch eines gewissen L. Kopelew – und las das ganze Buch noch einmal. Ich muß wiederholen, daß es ein gutes Buch ist, wenn auch der Ton an einigen Stellen etwas gedämpft ist, was zu jener Zeit wohl unvermeidlich war und im übrigen den Wert dieses wirklich guten Buches keineswegs herabsetzt.

Andrjuscha macht mir Freude. Vor einigen Tagen holte ihn sein Vater abends ab und stellte ihm die dumme Frage (zumindest war sie dumm formuliert): »Für wen fieberst du, für England oder Argentinien?« Sagt doch mein Andrjuscha: »Wieso soll ich fiebern? Das ist doch nicht Fußball. Ich bin für eine friedliche Lösung des Konflikts, dafür, daß da keine Leute sterben und kein Blut fließt.«

Gut, was?! Also rede ich nicht umsonst mit ihm. Also bleibt etwas hängen. Vielleicht ist es mir ja noch vergönnt, so lange zu leben, bis man mit ihm offen über alles mögliche sprechen kann (und muß).

Voll Interesse und größter Dankbarkeit las ich neulich Sarras (Babjonyschewa) Publikation über die Tagebücher und Gefängnisgedichte von Olga Berggolz. Danke, Sarrotschka! Danke von Hunderten und Tausenden von Menschen!

Iwan Roshanskij

Moskau, 25. 4. 1982

Gestern war ich in Eurer Wohnung, aus der nun auch Ljusja[1] und Mischa ausziehen werden. Es war traurig, das verwüstete Nest zu sehen. Der einzige Trost ist, daß Ihr es *dort* doch wohl viel besser habt als hier. Ljowa auf jeden Fall: Er hat seine geliebte Arbeit gefunden, samt Verdienst und Altersversorgung. Ganz zu schweigen von der Möglichkeit, die Welt zu sehen. Euer ganzes Leben hier muß Euch als ein schwerer, grauer Alptraum erscheinen (oder wird es bald tun), dem Ihr endlich entronnen seid. Man braucht also wirklich nichts zu bedauern. Wenn Ihr nur gesund seid.

Als ich Euren Brief aus der Schweiz las, habe ich noch einmal durchlebt, was mich damals in Genf, Lausanne, Vevey und Montreux erfüllte. Ich rate Euch nur, das nächste Mal länger dort zu bleiben und höher zu steigen, nach Zermatt und Wengen (wo Byron den »Manfred« geschrieben hat), zum Jungfraujoch zu fahren usw. Vielleicht spricht ein verhinderter Alpinist aus mir, jedenfalls hat mich nichts im Leben so beeindruckt wie der Aufenthalt zwischen den verschneiten Gipfeln und Gletschern. Keine Kunst vermag das wiederzugeben, jedenfalls nicht die Malerei (eher schon die Musik, wie das Andante aus Bruckners Siebter Sinfonie). Und was Paris betrifft – wie gern würde ich Euch meine Lieblingsecken und Gäßchen zeigen! Doch darüber im nächsten Brief.

---

[1] Ljusja (Valerija) Medwinskaja, Schwester von R. O., und Mischa (Michail) Medwinskij lebten in der Wohnung der Kopelews, die ihnen als Wohngenossenschaftsmitgliedern gehörte. Nach der Ausbürgerung dauerte es noch etliche Monate, bis zum Ausschluß aus der Gemeinschaft.

MICHAIL ARSCHANSKIJ

9. 8. 1982

Serjosha ist tot.
Es ist schwer, unmöglich, diese drei Worte zusammen zu sagen. Egal, ob laut oder in Gedanken. Aber in Gedanken sind diese Worte unablässig.
Es gibt unseren lieben Freund nicht mehr, ihn, der eine ganze Welt von Liebe zu den Menschen in sich trug, ihn, den tapferen, furchtlosen und edelmütigen – in der ganzen Größe und Fülle der beiden Teile des Wortes: edel und mutig. Morgen gehe ich zu den verwaisten Alten.
Sie sind wieder zu Haus, nach Tagen voll schmerzlicher Scherereien und nachdem der Sarg mit den Überresten ihres einzigen Sohnes sich ins Nichts gesenkt hat. Nina befindet sich im Institut für Traumatologie. Die Ärzte haben darauf bestanden, daß man ihr sagte, daß ihr Mann tot ist. Niemand weiß und wird je erfahren, was sie denkt, wie sie lebt und leben wird. Wir alle werden sie um ihrer Tapferkeit und ihres Verstandes willen achten. Sie wird eine fürsorgliche Mutter und Großmutter sein. Verwandte und gute Freunde werden ihr zur Seite stehen. Sie wird ihren kleinen Enkel, der den Namen ihres Vaters trägt, lieben, wird vielleicht arbeiten und wird immer und überall *allein* sein, ohne Serjosha.
Alles ist wie immer. Dieselben Bäume ringsum, auf dem Hof laufen die Enkel und rufen sich etwas zu, in der Küche wird das Essen zubereitet, in der Ferne hört man die Züge, bald kommt der Herbst und danach der Winter. Das Leben wird weitergehen, aber Serjosha ist nicht mehr da und wird nie mehr dasein. Das ist absurd, grausam und nicht zu verschmerzen.

MICHAIL ARSCHANSKIJ

14. 8. 1982

Ich war bei den verwaisten Alten. Am schlimmsten steht es um Jura. Er ist so abgemagert. Er war nie dick, aber jetzt wird er spindeldürr und schwarz. Er spricht fast überhaupt nicht. Vorübergehend lenken ihn kleine Pflichten ab: Irgend etwas suchen, jemandem Papier und Bleistift bringen, seine Frau abholen, weil sie keinen Schirm mitgenommen hat und es draußen gießt. Das nimmt wenig Zeit in Anspruch, Augenblicke nur. Dann schweigt er wieder. Er beteiligt sich fast gar nicht am Gespräch. Am Tag vorher waren sie in die Stadt zurückgekommen. Sie hatten Lenotschka die schreckliche Nachricht gebracht. Großmutter und Großvater als Unheilsboten. Lenotschka wollte sofort zu ihrer Mutter, um bei ihr zu sein, ihr zu helfen und sie, soweit möglich, zu trösten, aber dann folgte sie vernünftigem Zureden. Ihr kleiner Sohn (am 19. 8. wird er zwei Monate) braucht sie jetzt nötiger als ihre Mutter. Dann sind die Großeltern zur Datscha gefahren, um Ninas und Serjoshas Bücher und Papiere zu holen. Und anschließend gab es wieder nichts Dringendes zu tun.

Nina geht es etwas besser. Man hat ihr den linken Arm geschient und irgendwelche Nadeln gesetzt. Sie darf schon ein bißchen aufstehen. Sie macht sich Sorgen um das Referat, das sie zu ihrer Doktorarbeit halten soll, und sagt: »Was soll man machen?! Ich muß sie doch ernähren.«

MICHAIL ARSCHANSKIJ

15. 8. 1982

In den letzten Jahren habe ich eine Vorliebe für die Lektüre von Briefausgaben. Darum klingen ständig Herzens Worte in mir: »Briefe sind mehr als Erinnerungen; an ihnen klebt das Blut der Ereignisse. Das ist die Vergangenheit selbst, so, wie sie war, direkt festgehalten und unvergänglich.«

Von Ende 1980 bis heute habe ich Briefe von Puschkin, Herzen, Tolstoj, Dostojewskij, Tschechow und Bunin gelesen. Nicht der Reihe nach, sondern jeweils aus einem konkreten Anlaß. [...]

Nach uns werden sicher unerhörte, unvorstellbare Zeiten kommen. Ein Besuch der Erdbewohner auf dem Planeten »Waldesbusen« wird für unsere Nachkommen nicht überraschend sein. Aber auch wir brauchen uns nicht zu beklagen. »Nautilusse« wurden schon zu Lebzeiten von Jules Verne in Massen gebaut, nur daß man sie phantasielos »U-Boote« nannte. (Nur Kapitän Nemo ist nicht aufgetaucht.) Und auf dem Mond sind die Menschen auch relativ bald nach dem Tod des großen Phantasten gelandet. Das Hyperboloid des Ingenieur Garin[1] heißt streng und trocken »Optischer Quantengenerator« (Laser), und seine Anwendungsbereiche sind heute schon kaum mehr aufzuzählen.

---

[1] Titel eines phantastischen Romans von Alexander N. Tolstoj.

Nur leider erfreut längst nicht alles das Herz. Der Mensch ist klüger und mächtiger geworden, aber auch böser und unglaublich erbarmungslos. Genialität und Kriminalität sind vereinbar. Wem stockt nicht das Herz bei dem, was im Libanon geschieht?! Das ist nie und nimmer zu rechtfertigen! Die Ohnmacht von Vernunft und guten Absichten angesichts dieses Bösen macht einem angst. Man kann unsere Erdkugel in eineinhalb Stunden umfliegen und sehr schnell den Ozean überqueren. Man kann es und darf es nicht.

Die Sprache von Telegrammen ist armselig. Telefongespräche sind bedeutsam und mißverständlich vor allem dadurch, daß man irgend etwas nicht geschafft oder zu sagen vergessen hat. Und so kehrt der Mensch zum 18. und 19. Jahrhundert zurück – zum Briefeschreiben. Und es zeigt sich, daß – Gott sei Dank! – weder kosmische Geschwindigkeit noch Laserwunder die lebendige Seele und das Wunder des herzlichen, schlichten, ruhigen und vertraulichen Wortes haben ersetzen können. Dieses Wunder verspüre ich in vollem Maße, wenn ich die Briefe meiner zeitgenössischen Schriftsteller lese. Ich danke ihnen, diesen Autoren, und wünsche mir, daß sie noch lange, lange Briefe schreiben und nicht nur Bücher, Artikel, Essays usw.

Nina Maslowa

Leningrad, 25. 8. 1982

Ich schreibe Ihnen aus einem ganz anderen Teil meines Lebens, von dem ich nicht weiß, wozu er geblieben ist. Das bisherige Leben hieß Serjosha. Ich glaube, daß auch dieses neue so heißt. Im Moment vermute ich, daß es mir geblieben ist, damit ich ihm helfen kann, das zu vollenden, was er nicht mehr geschafft hat.

Wir sind keine Menschen großer Worte, aber ich glaube, Sie wissen ganz gut, welch großer Teil von Serjoshas und meinem Leben Sie sind. Aber ich hatte wohl noch nie so stark das Bedürfnis, mit Ihnen zu sprechen. Darum fürchte ich, daß dieser Brief recht lang wird.

Irgendwie möchte ich nicht mit dem 29. Juli anfangen. Schon im Mai befand ich mich in einer schwierigen Verfassung. In etwa ließe es sich als ein Zustand der »Gottverlassenheit« beschreiben. Serjosha hat mich herausgeholt, herausgestreichelt – psychisch (im Gegensatz zu mir) –, mehr als einmal. Bei diesem letzten Mal war es allerdings sehr extrem.

Vor unserer Reise nach Moskau waren wir zwei Wochen zu zweit in Rasliw. Diese Tage in Rasliw waren sehr glücklich. Serjosha und ich waren sowieso glücklich zusammen und waren uns dessen immer bewußt. Aber auch hierin hatten wir diesmal ein Extrem.

Wir haben über sehr viel Wichtiges gesprochen. Diese Themen machen einen Extrabrief aus, zu dem ich jetzt nicht die Kraft habe. Hier nur ein paar »Stückchen« davon: Seit dem Mai hatte ich das Gefühl, daß meine »Zeitskala« sich verändert hatte – sie zählte nicht mehr in Jahren und auch nicht in Monaten, sondern in Stunden. Darum fragte ich Serjosha (wobei ich mein Gefühl herunterspielte): »Wir haben nicht mehr viel Zeit. Nehmen wir an, zehn Jahre, auf die wir als Mathematiker und Menschen noch rechnen können. Welche Pläne hast du?« Seine Antwort überraschte mich durch ihre Rationalität: »Das weißt du doch: Geb's Gott, daß ich die unfertigen Ideen zu Ende führen kann, mit denen ich mich trage.« Und noch ein Stückchen aus einem Gespräch. Es war so, daß meine eigenen Pläne alle sehr persönlich waren, für mein Leben. Serjosha: »Ich hätte gern eine ›Anbindung‹ an etwas, was länger ist als das menschliche Leben.«

Noch in den letzten Tagen vor unserer letzten Reise bekamen wir ein Päckchen von Ihnen und staunten, wie gut Sie uns kennen. An den beiden letzten Tagen in Rasliw war Serjosha nur mit dem Zauberwürfel beschäftigt. Das war sehr intensive Arbeit. Er beachtete nicht einmal, wieviel ich rauchte, und das kam sehr selten vor. Am Abend des zweiten Tages hatte er den Würfel richtig zusammengebaut.

Wir fuhren zu seinen Eltern, um uns vor der Reise zu verabschieden; und am nächsten Tag, dem 27. Juli, fuhren wir los.

Nun über die Reise.

26. August. Von Serjoshas Eltern haben wir die Gewohnheit übernommen, auf Reisen Pausen, Kilometer usw. zu notieren. Diese Notizen sind in meinem Heft erhalten geblieben.

Am 27. Juli um 17.50 Uhr fuhren wir in Leningrad ab. Es sollte eine kurze Reise werden, weil Serjoshas Urlaub zu Ende ging. [...] Um 22.00 Uhr fuhren wir auf die Landstraße nach Pskow. Einzelheiten will ich hier auslassen. Aber es gab noch folgendes Gespräch. Vor uns fuhr ein Shiguli. Serjosha beschleunigte, um zu überholen. Ich sah auf dem Tacho, daß er 130 km/h fuhr. Es ist Blödsinn, beim Überholen zu reden, also schwieg ich. Hinterher sagte ich: »Wir hatten doch abgemacht: Nicht mehr als 100.« Wir fuhren in einem Moskwitsch. Serjosha hatte überrascht einige Vorteile des Moskwitsch gegenüber dem Shiguli festgestellt. Er antwortete: »Gut, daß du es nicht gesehen hast, es waren 150. Wenn du es gesehen hättest, hättest du mich die Möglichkeiten eines Moskwitsch nicht ausprobieren lassen.« Ich: »Ich schätze wohl inzwischen unser Leben niedriger ein. Und übe deswegen weniger Druck auf dich aus.« Serjosha: »Natürlich ist das ein schlechter Tod. Aber hab keine Angst – bei dem Tempo geht es schnell.«

Um 11.30 Uhr kamen wir in Pskow an, wo wir schon oft waren. Darum blieben wir dort nicht lange. Wir saßen nur ein Weilchen vor unserer geliebten Pokrowskaja-Kirche. Um 12.50 Uhr fuhren wir auf die Kiewer Chaussee. Außer den Moskauer Freunden war ein Zweck unserer Reise, Smolensk zu sehen, wo wir noch nicht waren. Um 19.40 Uhr kamen wir in Smolensk an. Unterwegs hatten wir in einem Wald Rast gemacht. Wir haben auf einem Petroleumkocher Wasser heiß gemacht, den löslichen Kaffee getrunken, den Sie uns geschickt hatten, und uns des Lebens gefreut. Wir beschlossen, daß wir in dieser Nacht richtig ausschlafen wollten. Im Hotel »Phönix«, dicht bei Smolensk, nahmen wir ein Zimmer. Diese Nacht war also die letzte. Ein bequemes Zimmer, eine heiße Dusche, wir tranken Tee und trugen uns Gedichte vor.

Wie soll ich jetzt den Menschen, die kommen, um mir ihr Beileid auszudrücken, erklären, daß ich vielleicht glücklicher bin als sie? Bevor ich Serjosha begegnet bin, hätte ich mir auch nicht träumen lassen, daß es so eine Nähe, so ein Glück geben könnte, wie wir es zusammen erlebt haben. [...]

29. August. Ich konnte es gestern nicht schreiben. Die ganze Zeit kommt es mir vor, als wäre das alles irgendein Alptraum. Als würde er bald aufhören. Und immerfort gehen mir die Zeilen durch den Sinn:

> »Wollen – das ist des Körpers Ding;
> wir aber sind einander Seele.«

Und:

> »Wir werden glücklich sein, verlaß dich drauf.
> Und waren es. Vergiß das nicht.«

(Beides ist von Serjosha.)

Und Serjoshas Worte: »Ich glaube manchmal, daß du ohne mich leben bleiben wirst«, mit denen ich jetzt gar nicht umzugehen weiß.

Das war der letzte Satz aus einem Gespräch zu dem Thema, ob wir ohne einander leben könnten. Darüber sprachen wir von Zeit zu Zeit. Und aus demselben Gespräch: Serjosha: »Wenn du mich verlassen würdest, würde ich wohl überleben. Würde vielleicht sogar mit jemandem schlafen. Nur würde alles seinen Sinn verlieren.« Wie es mit dem Sinn ist, weiß ich nicht. Sicher ist, daß alles Farbe und Geschmack verloren hat. Im Moment bin ich physisch hilflos. Sehr viele Leute helfen mir. In dieser Situation finde ich nicht, daß ich das Recht habe, irgend etwas Wesentliches zu entscheiden.

[...]

Der Unfall ist nicht in meinem Bewußtsein. Einzelheiten darüber erfuhr ich erst, als ich wieder in Leningrad war. Ich kann jetzt nicht darüber schreiben. Es geschah um 19.40 Uhr. Die Straße war rutschig vom Regen. Die Dauer des ganzen Unfalls schätzt die Polizei auf drei bis fünf Sekunden. Es geschah 157 Kilometer vor Moskau auf der Chaussee Moskau–Brest. Ich erinnere mich nur an das letzte Gespräch. Wir hatten kein Kilometerschild gesehen. Ich war dabei, die Kilometer nach der Karte auszurechnen. Serjosha sagte, daß wir zwischen 10 und 11 Uhr in Moskau sein würden. Wichtig ist vielleicht noch, daß von den vier Personen, die am Unfall beteiligt waren, nur er betroffen war. Für mich steht fest, daß mein Armbruch das Mittel war, um das Attest zu bekommen. Man kann ja einem Krankenhausarzt nicht erklären, daß nicht der »Splitterbruch der Schulter« wichtig ist, sondern ein ebensolcher Bruch der Seele. Für letzteres wird man nicht krank geschrieben.

All die Tage in Moskau und dann in Leningrad besuchten mich sehr viele Leute. Ein schreckliches Durcheinander in Seele und Kopf. In Moskau konnte ich wegen der Mitpatienten nicht allein sein. Infolgedessen konnte ich nicht einmal weinen. Und auch Tränen sind ja nur Selbstmitleid. Ich habe mir in der Seele einen schwarzen Vorhang aufgehängt. Wenn man ihn nicht berührt, dann lebt Serjosha und kann nur nicht bei mir sein. Anders hätte ich das Krankenhaus nicht überlebt. Aber jetzt, bei völliger physischer Hilflosigkeit und jeder Menge hilfsbereiter Menschen, Hamletfragen zu entscheiden – nein, das Recht habe ich in dieser Situation nicht, finde ich.

Andererseits empfinde ich mich (trotz des Vorhangs) sehr deutlich (und ohne »Ei-ei«) als Serjoshas Grab, zu dem die Leute statt Kränzen Medikamente und Essen bringen. Und ich dachte: Dann ist dir, mein Lieber, also dieses Grab bestimmt. Na, den Leuten wird es nichts ausmachen.

Jetzt bin ich schon seit einer Woche in Leningrad. Ich liege in Serjoshas Zimmer. Der Strom von Leuten reißt nicht ab. Aber manchmal bin ich auch allein. Und jedesmal wenn unten auf dem Hof eine Autotür klappt, denke ich, daß gleich Serjosha hereinkommt. Es ist eben nicht so einfach, den Vorhang jetzt abzunehmen.

Verzeihen Sie, daß dieser Brief so furchtbar egozentrisch ist. Nina.

PS.: Ja, noch etwas. Am 30. Mai fand ich bei Sinjawskij folgende Stelle, die ich mir abschrieb: »Die Natur macht das Ende nie einfach, so, als verabschiede man sich von einer Gesellschaft, wo man einfach den Hut nimmt und sagt: Ich gehe jetzt, bleibt ihr ruhig noch da und macht, was ihr wollt. Auch den Tod muß man sich wohl verdienen, wie alles auf der Welt.«

Nina Maslowa

Leningrad, 8. 11. 1982

Danke für die Briefe, liebe Freunde. Ich habe sie beide bekommen. An der Antwort schreibe ich die ganze Zeit. Aber es ist sehr schwer. Wie eben doch auch der verdammte Abstand schwer ist. Ich müßte wohl wirklich eine Zeitlang in Ihrer Nähe sein. Manchmal kommt es mir so vor, als sei ich aus Versehen ins Jenseits geraten, wo nicht Seelen, sondern Schatten sind, und nicht einmal alle Schatten.

Meine Tapferkeit übertreiben Sie kräftig. Lange Zeit – war es lange?; ich habe kein Zeitgefühl mehr – war ich in einer überdrehten Verfassung. Allmählich werde ich wieder nüchterner. Und die Kräfte schwinden. Die Kontakte reißen ab. Auch in gesundem (glücklichem) Zustand war ich kein Meister der Kommunikation, aber jetzt spüre ich, daß ich die Leute abstoße. Das Haus wird leer. Die Seele ist gegangen. Vielleicht in mich, aber über mich pflegt sie keine Kontakte.

Schreiben Sie mir, bitte. Ich warte sehr auf Briefe von Ihnen. Ich möchte von Ihrer Reise, von den Menschen, von der Arbeit hören. Wir haben überhaupt noch nichts von dem gelesen, was Sie nach Ihrer Ausreise geschrieben haben. Raissa Davydowna, schreiben Sie doch bitte etwas von sich. Ich habe ständig den Eindruck, daß Sie dringend irgendeine Hilfe brauchen. Irgend etwas ist doch nicht in Ordnung. Oder bilde ich mir das ein? Was haben Sie dort für Menschen, für Leser und Zuhörer? Es ist für mich sehr wichtig, daß Sie uns gebraucht haben. Das ist wirklich viel. Aber jetzt wissen wir so wenig von Ihnen. Sollten wir es wirklich gemeinsam nicht schaffen, die Entfernung zu überwinden? Zumal diese schöne Welt uns ja freundlicherweise die Post gelassen hat. Das hätte ja auch anders sein können.

Nach Mamas Tod habe ich endlose Gespräche mit ihr geführt. Der Rationalist Serjosha erklärte das scheinbar Unerklärliche: »Von deinen zwei Milliarden Zellen kannst du problemlos ein halbe Milliarde für die Verstorbenen abzweigen.« Jetzt kann wohl kaum jemand einschätzen, wieviel Zellen für Serjosha abgezweigt werden. Unter ungeahnten Schwierigkeiten versuche ich, an die restlichen Zellen mathematische Aufgaben zu koppeln. Es gelingt nicht gerade gut.

Ich kann jetzt nicht über die Freunde schreiben. Man muß ein bißchen abwarten und versuchen, etwas zu verstehen. Wir glaubten immer, wir verstünden. Zum Beispiel Ira, die nebenan wohnt.[1] Wir verstanden, daß sie es schwer hat. Nichts haben wir verstanden! Gläubige Menschen (die nach Weber das Kunststück vollbringen, »ihren Intellekt zu opfern«) sind weiser. (Serjosha wunderte sich immer, daß die interessantesten Analysen über Mensch und Gesellschaft von religiösen Denkern stammen.) Offenbar wird das Opfer nicht umsonst gebracht. Einer von unseren religiösen Freunden sagte mir: »Mit Serjosha ist alles in Ordnung. Es ist unser Problem, daß das, was geschehen ist, nicht sinnlos wird.« Und der schien mir plötzlich näher als viele nahe Intellektuelle. Nein, ich bin nicht gläubig geworden. Nur sehe ich wohl klarer, viel klarer als früher, daß der Rationalismus in den wichtigsten Fragen (den Axiomen!) nicht funktioniert. Entscheidung und Auswahl werden durch eine »Willensanstrengung« getroffen. Mit den Kritierien dafür sieht es schlecht aus.

Von den Freunden kann ich jetzt nicht schreiben, weil das am Schluß kommt. Mich aber zieht es zum Anfang.

Wie ist es gewesen? Ich kam im Jahr '56 nach Leningrad, ein Mädchen aus der Provinz und keineswegs überzeugt davon, ob ich

---

[1] Eine Freundin, die kurz vorher Witwe wurde.

Mathematik würde machen können. Darum wählte ich die Abteilung für angewandte Mathematik. Ich vergleiche mich heute mit Lena. Immer heißt es, daß die ältere Generation der jüngeren Vorwürfe macht: »Als wir so alt waren wie ihr, gingen wir in Fußlappen, hatten fast nichts zu essen usw.« Nein, wir sind nicht in Fußlappen gegangen. Zwar bekam ich meinen Mantel in der zweiten Klasse »auf Zuwachs« und trug ihn bis zur zehnten in verschiedenen Abänderungen. Aber das ist völlig unwichtig. Weder Serjosha noch ich hatten in Lenas Alter materiell zu kämpfen. In einer ganz anderen Hinsicht waren wir »benachteiligt«: Für uns gab es Achmatowa, Pasternak, Zwetajewa noch nicht. Wir hatten keinen van Gogh und keinen Bulgakow. Schrecklich, sich vorzustellen, daß Lenas Sohn sie vielleicht wieder nicht haben könnte. Serjosha: »Auf geistigem Gebiet bedeutet Kommunismus: Jedem nach seinen Bedürfnissen.« Daran ist etwas wahr, aber wohl nicht alles. Wie wäre es sonst zu erklären, daß wir ohne das lebten, was als notwendig zu bezeichnen zu schwach ausgedrückt ist – nicht wegzudenken? Einiges bekam Serjosha von seinen Eltern. Aber im Grunde haben wir das alles erst später für uns entdeckt, schon gemeinsam.

Was gab es denn? Für mich gab es die Literatur des 19. Jahrhunderts und die Musik (aber auch nicht die des 20. Jahrhunderts). Bis heute meine ich, daß die Entfernung von meinem Bruder begann, als meine Eltern beschlossen hatten, mir Musikunterricht zu geben und ihm Englischunterricht. Der Zugang zur Musik fiel mir zuerst nicht leicht, aber ich spürte: Da ist etwas, was ich unbedingt brauche. In der zehnten Klasse überlegte ich ernsthaft, ob ich Musik zu meinem Fach machen sollte. Aber ich bekam Angst. Und wahrscheinlich mit Recht.

Serjosha spürte damals schon seine mathematische Begabung – in Arbeitskreisen und Wettbewerben. Er kannte schon die Freude beim Lösen von Aufgaben (die mir damals noch ganz verschlossen war). Er war stolz auf seine Begabung. Später, wenn er daran zurückdachte, verachtete er sich in der neunten und zehnten Klasse eben wegen dieses Stolzes, wegen der Selbstverliebtheit. Ich habe die nicht kennengelernt, weiß nur aus seinen Erzählungen davon, Erzählungen zu der Zeit, als er schon unerbittlich kritisch mit sich selbst war. Gemeinsam war uns zu jener Zeit wohl vor allem das, was der ganzen Generation gemeinsam war: das Jahr '53, das Tauwetter.

Ich glaube, zu jener Zeit kam das Thema auf, das sich später in Serjoshas Gedichten niederschlug:

> Es sind ihrer viele
> Und werden stets viel sein,
> Die Gott für sich fanden
> Und ruhen in ihm.
>
> All die, die sich sicher,
> All die, die sich trösten,
> Rechtschaffen, rechtgläubig, in Hoffnung
> Beruhigt ...
> Doch unser sind wenig ...

[...] Für mich war in dem Gedicht kein größerer Schmerz als der, von dem ich ohnehin wußte. Aber die Zeilen sind und waren für uns beide sehr wichtig. Wichtig ist die Ablehnung derer, die sich sicher sind in ihrer Rechtschaffenheit. Auch in unserer Generation fanden ja später viele ihren »Gott«, ihre Dogmen. Und Wolodja Liwschitz' Generation begeisterte sich für den Buddhismus, sie liebten die »vollkommenen Weisen«. Unser Seminar entstand aus unserer Ablehnung der »vollkommenen Weisen« und unserer Freundschaft zu Wolodja. Ich habe geschrieben »der ganzen Generation gemeinsam«. Das stimmt wohl nicht ganz. Die Reaktionen waren ja unterschiedlich. Der eine oder andere wollte gleich »umbauen«, »korrigieren«. Für uns war damals – und wohl auch später – vor allem die Ablehnung der »Überzeugung von der eigenen Rechtschaffenheit« wichtig. Daraus entstand – mit Ihrer Hilfe! – der »Pluralismus«, die ganz bewußte Ausrichtung auf Offenheit, die Bereitschaft zum Überdenken.

Serjoshas und meine Schulzeit war wohl sehr unterschiedlich. Es gibt noch ein Kindertagebuch von Serjosha mit Porträts von Stalin und ausgeschnittenen Gedichten über ihn. Mir fiel plötzlich wieder ein, daß ich als kleines Mädchen meinen Vater fragte: »Und wenn Stalin nun ein Verräter ist?« Ich habe 1953 nicht geweint, Serjosha hat geweint.

Na ja, das ist alles die Vorgeschichte. Das Märchen selbst begann am 1. September 1956. Der erste Tag in der Universität. Ein erstaunlicher Zufall. Eine Bekannte meiner Eltern arbeitete an der Philologischen Fakultät. Die hatte Serjosha gebeten, mich zu suchen, um mir etwas zu bestellen. Und er kam in unsere

Gruppe, großäugig und ungeschickt. Vielleicht hatte das Schicksal ein Auge auf uns.

Verzeihen Sie meine Redseligkeit. Noch etwas zu Serjoshas Arbeiten. Er hat viel über die geisteswissenschaftliche Anwendung der Mathematik nachgedacht. Im Grunde genommen gibt es für ihn keine Unterteilung in Spezialbereiche – es gehört alles zusammen. Die ganze (oder fast die ganze) heutige Mathematik ist auf Anwendung in den Naturwissenschaften, vor allem in der Physik, ausgerichtet. Ich glaube, daß Serjosha recht hatte, wenn er meinte, daß die Theorie der deduktiven Systeme, mit der er sich viel beschäftigt hat, wesentlich besser zur geisteswissenschaftlichen Anwendung geeignet sei als die klassische Mathematik. [...]

Schwieriger ist es mit der Sinusoida. Ich weiß, daß sie Ihnen seinerzeit nicht paßte. Aber das ist in den letzten Jahren alles noch gründlich umformuliert worden. Er hat Vorträge darüber vor Architekten und Historikern gehalten. Es haben sich völlig neue strukturelle Aspekte ergeben. Aber mit der Veröffentlichung, da bin ich mir nicht sicher. Wenn Sie Ideen haben, schreiben Sie uns bitte. Noch weniger klar ist es mit den Gedichten. Sie haben wohl recht – das ist ein »Tagebuch«. Es gibt einige Zeilen in diesem Tagebuch, die ausdrücken, wofür wir leben (gelebt haben!).

Schreiben Sie mir, bitte. Über Ihre Arbeit, über sich selbst, über die Menschen. Und über Serjosha. Bitte schreiben Sie! Ich weiß, daß Sie ihn geliebt haben. Schieben Sie das nicht auf, woran Sie sich jetzt erinnern. Schreiben Sie! Vergessen Sie uns nicht. Nina.

MICHAIL ARSCHANSKIJ
Leningrad, 16. 11. 1982

Am Sonntag, dem 14. November, war die Urnenbeisetzung von unserem Serjosha. Der alte Friedhof. Die uralten Bäume sind kahl, und das abgefallene Laub ist schon weggeharkt. [...] Rund um das Grab, an den umliegenden Gräbern und auf dem Weg stehen viele, viele Leute – junge, ältere und ganz alte. Viele bekannte Gesichter. Nina ist kaum zu erkennen, so sehr ist sie gealtert und abgemagert. Ich hatte sie zu Hause gesehen, im Bett, den Arm in einem Gips- und Stahlgestell. Aber ihr Gesicht war anders gewesen, die Augen waren klar. Hin und wieder lächelte sie oder scherzte sogar. Aber nun – ein erschöpftes Gesicht, trübe, zu Boden gerichtete Augen, die linke Hand in einem warmen Handschuh. Lena und sie halten sich an der Seite, abseits, wollen allein sein. Die gekommen sind, um sich zu verabschieden, sprechen von ihm, der so absurd und so entsetzlich früh von uns gegangen ist. Sie sprechen von seinem wichtigen Beitrag zur Wissenschaft, von der internationalen Anerkennung für seine vielen, außergewöhnlichen Arbeiten, von einer ganzen Schule von Anhängern, davon, daß schon viel getan ist, von einem Buch, das er nicht beenden konnte, von seinen weitreichenden Ideen, die nicht zu Ende gedacht werden konnten.

Ein uns gut bekannter Historiker, der nichts mit dem Fachgebiet des Verstorbenen zu tun hat, spricht über seine erstaunlich vielseitigen Interessen, über sein Bemühen, »den Sachen auf den Grund zu gehen«, und darüber, wie aufrichtig und mutig ergeben er den höchsten ethischen Grundsätzen war. Er erinnert daran, daß der Verstorbene trotz seiner großen Kenntnisse und seiner starken Persönlichkeit seinen Gesprächspartner oder Opponenten nie erdrückte, ihm nicht seine Ansicht aufzwang. Er spricht von Serjoshas Liebe zu Gedichten und zitiert, was Serjosha einmal zu Nina gesagt hat: »Um moralisch anständig zu sein, muß man Gedichte lieben.«

Eine ältere, weißhaarige Dame mit großen, sehr schönen Augen tritt ans Grab und sagt: »Verzeihen Sie. Ich bin die Mutter eines Schülers von Serjosha. Er ist bei uns gewesen, und ich war in seinem Hause. Mir fehlen die Worte, um auszudrücken, wie dankbar ich dem Schicksal bin, das mir das gute Verhältnis und die Freundschaft zu diesem ungewöhnlichen Menschen geschenkt hat. Er war ein sehr guter Mensch. So schwer es auch war im Leben, man konnte immer zu ihm kommen, mit ihm sprechen, und es wurde einem leichter ums Herz. Friede seiner Asche! Die gute Erinnerung an ihn wird leben, solange wir leben.« [...]

Jura[1] nimmt die Urne auf und hält sie in den Händen. Jemand hilft ihm, Plastiktüten um die Urne zu tun. Wozu?! Erschütternd diese alltägliche Besorgtheit, diese bekümmerten Bewegungen und Gesten. Unmöglich kann man Juras zitternde Hände ohne Tränen ansehen, diese Hände, die jetzt die Urne halten und einst den kleinen Sohn, den fröhlichen, lebendigen Jungen hielten und umarmten. Die Urne wird ins Grab gesenkt. Traditionell werfen wir drei Handvoll Erde darauf, treten zur Seite, um anderen Platz zu machen, und warten abseits. [...]

---

[1] Jurij S. Maslow, Serjoshas Vater.

Jurij Maslow

Leningrad, 30. 11. 1982

Gestern sind vier Monate seit Serjoshas Tod vergangen. Vor zwei Wochen haben wir seine Urne auf dem Serafimow-Friedhof beigesetzt, im Grab meiner Großmutter, die 1942 bei der Blockade umgekommen ist. Die übliche Schale und ein Kreuz aus kleinen Steinen, die mit Zement zusammengeklebt sind. Wir haben einen Stein vom Finnischen Meerbusen auf das Grab gelegt mit einer kleinen Messingplatte mit Inschrift. Sowohl jetzt als auch damals in Moskau haben Serjoshas Freunde uns sehr viel geholfen und abgenommen. Der Leichnam mußte aus dem Städtchen Gagarin ins Moskauer Krematorium überführt, die Einäscherung organisiert und Nina aus dem Gagariner Krankenhaus ins Moskauer Traumatologische Institut gebracht werden. Es ist natürlich kein Zufall, daß Serjosha so viele, ganz unterschiedliche Freunde hatte. Er hatte ein besonderes Talent, das Beste im Menschen zu erkennen und richtig einzuschätzen; es zog viele zu ihm hin. Ninas Verbindung zur übrigen Welt fand praktisch über ihn statt, und jetzt ist sie von allen sehr abgesondert und einsam. Sie verschließt sich in sich selbst und ist fast nur mit Lena zusammen. In der ersten Zeit nach ihrer Rückkehr aus Moskau hatte sie gern mit uns und vielen Freunden Kontakt, aber jetzt hat man den Eindruck, daß ihr alle (außer Lena) zur Last werden. Zum Glück reagiert sie lebhaft auf den Enkel Borenka und hat ihn offenbar sehr ins Herz geschlossen. Ihre Arme sind jetzt schon in ganz gutem Zustand, der Gips ist längst ab, Massage, Quarz und gymnastische Übungen wurden verordnet, und die Hand wird allmählich wieder funktionsfähig. Sie kann Borenka zum Wickeln, Umziehen usw. schon auf den Arm nehmen, so daß sie manchmal mit ihm allein bleibt, um Lena fürs Studium zu entlasten. Zweimal wöchentlich fährt Nina zur Arbeit in ihr Institut. Lena will kein ganzes Jahr aussetzen, sondern in diesem Semester Zwischenprüfungen und Examen machen. Von den fünf Stillungen am Tag sind zwei schon durch Babynahrung ersetzt. Borenka ist ein ruhiges und großes Kind. Im Moment ist er der einzige Lichtblick für uns alle. Zweimal in der Woche ist er einen Teil des Tages bei uns auf der Wassilij-Insel. – Von uns, den Alten, gibt es nichts zu sagen. Man muß weiterleben, um Lena auf die Beine zu stellen und, soweit uns dafür noch Zeit gegeben ist, Borenka. Wir geben uns Mühe durchzuhalten.

NINA MASLOWA
Leningrad, 16. 2. 1983
Danke Ihnen für die Briefe, meine Lieben. Danke, Raissa Davydowna. Ich brauche diese Ausschnitte aus Ihren Tagebüchern sehr. Sie kommen aus der Welt, die mir so lieb ist. Mich aber hat es in eine »andere« verschlagen. Und das ist keine Metapher. Alles in dieser Welt ist anders. Nur die Worte scheinen in beiden Welten die gleichen zu sein, um Nachrichten zu vermitteln. Sehen Sie, da sind Sie nun in einer »anderen« Welt und ich auch. Vielleicht hilft uns das, uns gegenseitig zu hören. Das Ende der »alten« Welt ist überhaupt nicht zu begreifen. Nie und nimmer ist Serjosha am Steuer eingeschlafen. Nie und nimmer bin ich eingeschlafen, während er am Steuer saß. Im Gegenteil: Wenn er am Steuer saß, war ich hellwach und konnte den Blick nicht von der Straße wenden. Und nun erzählt man mir, daß zwei so unwahrscheinliche Ereignisse stattgefunden hätten. Wir seien beide eingeschlafen.

Was soll ich damit anfangen? Entweder muß ich schreien: Haltet doch alle den Mund; er wollte so sehr, daß Ihr alle es besser habt! »Euch bringt man doch alle einzeln um!«[1] Oder soll ich versuchen, Serjoshas Buch »durchzuboxen«? Oh, ich bin ein Meister darin, Sachen durchzusetzen und mich mit Idioten zu unterhalten, die zu Akademie-Mitgliedern avanciert sind.

Aber Schreien ist nicht überzeugend. Sogar Serjoshas Eltern glauben an dieses mysteriöse Einschlafen. Sie glauben es und sagen mir das nicht, damit ich mich nicht schuldig fühle. Was gibt es da schon für eine gemeinsame Sprache, da helfen keine Übersetzer. Und überhaupt: »Ihr seid nie eingeschlafen, aber diesmal eben doch. So etwas kommt immer mal vor.« Wahrscheinlich kann nur Lena allein beurteilen, was das für ein Quatsch ist, weil sie oft mit uns gefahren ist.

Es sieht ganz so aus, als ob in dieser neuen Welt in mir die Egoistin erwacht ist. Ich bin stark nach innen gekehrt. Da ist Serjosha. Schon lange kann ich keine Grenze mehr zwischen ihm und mir ziehen. Er war und ist mein verwundbarster Punkt. Schrecklich, wenn man ihn beleidigen würde. Er kann sich doch nicht mehr verteidigen. [...]

---

[1] Eine Zeile aus Bulat Okudshawas Lied »Fassen wir uns bei den Händen, Freunde, damit nicht jeder einzeln umgebracht wird.« Nina – und nicht nur sie – glaubte, daß der Unfall vom KGB inszeniert worden war.

MICHAIL ARSCHANSKIJ

Leningrad, 8.-10. 3. 1983

Ich lese. Weniger als nötig und wünschenswert wäre, aber immerhin. Ich las das sehr gute Buch »Der große Shanno«[1] von N. J. Ejdelman über Puschkin und geriet so in Erregung, daß ich gleich noch einmal »Kjuchlja«, Puschtschins[2] Briefe und seine Aufzeichnungen über Puschkin, den »Apostel Sergej« von Lunin und noch einmal »Der große Shanno« las. Ich habe einen Brief an den Autor geschrieben, was bei mir sehr selten vorkommt. Das Buch über Puschkin ist ebenso wie »Apostel Sergej« in der Reihe »Glühende Revolutionäre« erschienen.

Ich leihe mir die Bücher in der Bezirksbücherei aus, denn bei einer Auflage von 300 000 Stück und zwei Auflagen des »Apostel Sergej« von je 300 000 ist es natürlich unmöglich, sie zu kaufen. Dort gibt es einen Extraständer für die Serie »Glühende Revolutionäre«. Ich sehe mir die Bücher und die Karten darin an, wann dieses Buch entliehen wurde. Ich möchte Euch mitteilen, daß ein gewisses Buch mit dem Titel »Wer das Schwert nimmt«[3] ziemlich oft entliehen wird, was ich mit Befriedigung registriere.

Apropos N. J. Ejdelmans Bücher. Im vorigen Jahr habe ich Euch auf persönlichem Postweg sein Buch »Grenze der Jahrhunderte« über Paul I. geschickt. Habt Ihr es erhalten? Teilt mir das bitte mit und auch, ob Ihr die verschiedenen Bildbände, Postkarten usw. bekommen habt, die ich Euch mit persönlichen Überbringern geschickt habe. Ich möchte überprüfen, wie sicher diese Postgelegenheiten sind.

MICHAIL ARSCHANSKIJ

Leningrad, 30. 3. 1983

Am 16. März hielt Ejdelman einen Vortrag »Shukowskij[4] und Puschkin«. Ich saß in der ersten Reihe, habe viel mitgeschrieben.

---

[1] Shanno – Spitzname von Iwan Puschtschin.
[2] Iwan I. Puschtschin (1798-1859) – Schriftsteller, enger Freund von Puschkin, Dekabrist.
[3] Buch von R. O. über John Brown (1800-1859), den Kämpfer für die Sklavenbefreiung.
[4] Wassilij A. Shukowskij (1783-1857) – Lyriker; Mitbegründer und herausragender Vertreter der russischen Romantik.

Zu Hause habe ich meine flüchtigen Notizen aufgeschlüsselt, überprüft und einiges aus den Originalquellen ergänzt. So ist ein kleiner Überblick entstanden. Er hat viel Interessantes, Neues und Wichtiges gesagt. Überzeugend und aufrichtig engagiert erzählte er, wieviel und wie vielen Shukowskij in schwierigen, oft tragischen Situationen geholfen hat. Ausführlich schilderte er die fünf wichtigen Fälle, wo er Alexander Puschkin beigestanden hat. Scheinbar nebenbei äußerte der Referent folgenden Gedanken: »Es wäre sehr interessant, die russische Literatur bis in unsere Zeit daraufhin zu untersuchen, wer wem wie Hilfe leistete.« Nicht schlecht, nicht wahr?

Im Verlag »Wissenschaft« ist ein schönes Buch von Georgij Stepanowitsch Knabe über »Cornelius Tacitus« in einer Auflage von 200 000 erschienen. Ich kann nicht umhin, Euch einen Ausschnitt aus dem Vorwort des Autors zu zitieren:

»Jeder hat eine Vergangenheit. Sie ist durch unzählige Fäden mit der Gegenwart verbunden und lebt in ihr. Ohne die Erfahrung der Vergangenheit ist eine Entwicklung der Persönlichkeit ebenso unmöglich wie die eines Volkes. Darum blickt jeder, sei er Historiker oder nicht, von Zeit zu Zeit in seine Vergangenheit zurück und versucht, sie gedanklich zu erfassen und zu verstehen. Dabei ist er zwei Gefahren ausgesetzt: Er kann sich geistig von seiner Vergangenheit abwenden oder ihrer Macht erliegen und darin aufgehen. Im ersten Fall wird die Vergangenheit zu einer Sammlung herausgerissener Fakten, und der Historiker wird zum ›Objekt der Forschung‹ wie das Leben der Insekten, die Bewegung der Gestirne oder die Gezeiten des Meeres. Im zweiten Fall verdrängt die Vergangenheit die Realität und stürzt den Menschen in eine Welt der Erinnerungen voll illusorischer und dennoch bunter und aufreizender Leidenschaften, voll fruchtlosem Mitleid, fruchtlosem Zorn und elegischer Schwermut. Der Ausweg besteht darin, klar zu erkennen, daß Mensch und Gesellschaft untrennbar, aber auch unverschmelzbar mit dem verbunden sind, was sie durchlebt haben; und eine der größten Künste ist die, ›sich von seiner Vergangenheit zu trennen‹, wie Karl Marx es ausgedrückt hat. Diese Aufgabe verlangt klares Denken, Aufrichtigkeit und Mut, und wer sie meistert, ist zu bewundern.«

Im selben Verlag »Wissenschaft« ist ein sehr interessantes und nützliches Buch mit dem Titel »Präsumtion der Schuldlosigkeit« erschienen, was »eines der Prinzipien ist, die den Charakter gericht-

licher Untersuchung und Verhandlung in der UdSSR bestimmen«.
Auflage 100 000. [...]

Alle fahren weg. Und in den kurzen freien Stunden beschäftige ich mich wieder mit Lesen, dem Aufschreiben meiner Erinnerungen und dem, was ich »innere Rezensionen« nenne. Das sind im wahrsten Sinn des Wortes innere Übungen, denn sie sind nur für den persönlichen Gebrauch des Autors selbst und der wenigen bestimmt, die Interesse daran haben können und wollen, manchmal vielleicht sogar nur aus Höflichkeit. Und das nicht etwa, weil die mit dem höflichen Interesse schlechte Menschen seien. Keineswegs. Es ist nur einfach so, daß *unsere* Interessen und *unsere* Vorstellungen irgendwo anders liegen, auf einer anderen Ebene.

Neulich bekam ich ein Buch zurück, an dem mir sehr liegt, das inzwischen auch schon Seltenheitswert hat und das ich mit tiefem Bedauern verloren geglaubt hatte: »Küchelbeckers Tagebücher« aus dem Jahre 1929 vom Verlag »Priboj« (»Brandung«). Das Vorwort von Tynjanow ist mit Worten nicht wiederzugeben, und daraus zu zitieren wäre zu lang und mühsam. Das Buch ist »eine Zeitschrift, geschrieben von einer Person. Zensiert wurde sie vom Gefängnisvorsteher. Doch konnte sie nie erscheinen. Sie besteht aus kurzen Bemerkungen, Gedichten und literarischer Polemik.« Das ist ein Zitat aus dem Vorwort. Es ist bekannt, daß Küchelbecker[1] nach zehnjährigem Aufenthalt in verschiedenen Gefängnissen nach Bargusin verbannt wurde und außer seiner Frau und zwei Kindern einen großen Koffer mit Manuskripten mitnahm. Einiges daraus las er dem gütigen und höflichen Iwan Iwanowitsch Puschtschin vor. Ihr kennt mich ja, und deswegen könnt Ihr nicht denken, daß ich irgendwelche Parallelen und Analogien versuche ... Alles ist anders: Die Zeit, die Interessen, die Vorwände. Es herrscht ja Freiheit; es gibt keine Festung und keine Zensur, so wie es keine Gefängnisbehörden gibt. Doch, lieber Gott! Wenn Ihr nur wüßtet, wie einsam ich bin.

---

[1] Wilhelm Küchelbecker (1797–1846) – Russischer Lyriker und Übersetzer. Enger Freund Puschkins, Dekabrist.

NINA MASLOWA

Leningrad, 13. 8. 1983

Ich schreibe nicht, weil das Wesentliche, worüber zu schreiben wäre, nicht mit Worten auszudrücken ist. Dabei versuche ich es die ganze Zeit. Und ich weiß nicht, ob Sie es dort spüren – vielleicht gibt es doch eine Telepathie –, jedenfalls unterhalte ich mich die ganze Zeit mit Ihnen. Aber eben rief Michail Jefimowitsch (Arschanskij) an und sagte, daß Sie bald wegfahren. Aber den richtigen Brief schreibe ich Ihnen noch und werde ihn auch irgendwann fertig haben. [...]

»Die Türen...«[1] habe ich gelesen, verschlungen. Das wichtigste daran ist für mich Ihre so schmerzlich vertraute und nahe Stimme. Die brauche ich sehr. Der Inhalt mit seinen Einzelheiten wird für mich von dieser packenden Freude in den Hintergrund gedrängt. Dennoch würde ich so gern mit Ihnen darüber sprechen. Ist die Mauer des Nichtverstehens, von der Sie schreiben, wirklich so viel dicker als die hier nebenan? Es gibt so viele hiesige Menschen, die ich kaum verstehen kann. Die Amerikaner aber, die ich einmal zufällig bei Ihnen kennenlernte, waren mir ungemein nah. Wir sprachen und dachten das gleiche, es gab keine Schwierigkeiten. Aber ich persönlich kann es wohl von hier aus nicht beurteilen. Wo ich doch nur blaue Flecken von der hiesigen Mauer habe.

MICHAIL ARSCHANSKIJ

13. 8. 1983

Die Freude des Kontakts, die einst so leicht zu haben und einfach zu verwirklichen war und gerade deswegen nicht genügend hoch eingeschätzt wurde, ist uns blöder- und unbarmherzigerweise genommen (für lange? doch nicht für immer?).

Was bleibt, sind die Briefe, und die möchte man schreiben, ohne darüber nachdenken zu müssen, was die Aufmerksamkeit der Briefzensoren erregen könnte. (Ich stelle mir an deren Platz hauptsächlich gut genährte junge Männer und Frauen in gediegenen Klamotten vor. Wenn irgend etwas auftaucht, was auch nur entfernt verdächtig scheint, dann landet der Brief im Papierkorb, und

---

[1] »Die Türen öffnen sich langsam«.

derjenige, der erbarmungslos diesen feinen Faden, dieses Spinngewebe der Verbindung zwischen Menschen zerrissen hat, gähnt und streckt sich, knackt mit den Gelenken und sieht bekümmert auf die Uhr, deren Zeiger sich allzu langsam der ersehnten Stunde des Dienstschlusses entgegenbewegen.)

Das Warten auf eine Postgelegenheit wird immer länger und die Gelegenheit selbst immer ungewisser. All das schlägt mit schrecklicher Härte auf die Finger der rechten Hand, weil es nun wirklich sehr absurd ist, ins »Nichts« zu schreiben. Und dennoch schreibe ich, und mir fehlen die Kraft und die Worte, um die Freude und Aufregung wiederzugeben, die mich packt, wenn ich Eure Briefe bekomme.

... Gestern standen wir am Rande einer neuen Sintflut. Man konnte nicht sagen: Es regnet. Es war kein Regen, sondern eine Wand aus Wasser, die auf unsere sündige Erde niederging. Hin und wieder wurden die Sturzfluten unterbrochen und von heftigen Windböen abgelöst, die wütend die Bäume zu Boden bogen. Wir konnten nicht aus dem Haus, und dabei hätten wir dringend aus traurigem Anlaß in die Stadt gemußt, nämlich um unserem Freund, einem sehr guten, unendlich gütigen Menschen, das letzte Geleit zu geben. Ihr habt ihn nicht gekannt, aber ich kenne ihn seit fast vierzig Jahren. Im letzten Jahr hatten wir mehrmals ein Treffen vereinbart, aber immer kam etwas dazwischen, und dann diese dumme Sicherheit, daß es uns ja nicht wegläuft, daß es schon noch klappen würde. Und es hat nicht geklappt. Friede sei mit ihm und ewiges Gedenken!

Heute klart es auf, ein leichter Wind spielt in den Wipfeln der Kiefern, die Sonne geht leuchtend unter, und so werden wir morgen gutes Wetter haben.

Nachdem ich die Lektüre von Alexander Herzens »Erlebtem und Gedachtem« unterbrochen hatte, um den Büchern, von denen ich Euch schrieb, Gerechtigkeit widerfahren zu lassen, habe ich dieses Buch nun natürlich zu Ende gelesen (mit unglaublichem Bedauern über etwas, was schwindet), die maßlos traurigen letzten Seiten, auf denen sich dennoch Platz für einen Hoffnungsschimmer fand (im Kapitel »Helle Punkte«). Die Quartiers Latins werden nicht aufhören zu existieren, und in diesem Glauben liegt der große Sinn und die Rechtfertigung unseres Lebens.

Alter Freund, auch ich weiß nicht, wann unsere Enkel Freiheit, Gleichheit und Brüderlichkeit feiern werden, aber ich glaube, daß sie es tun werden. Kürzlich las ich zum ersten Mal Kropotkins

Buch »Die große französische Revolution«. Es schließt so: »All das hat Früchte gebracht und wird noch viel bessere Früchte bringen und der Menschheit einen weiten Horizont eröffnen, an dem in der Ferne wie ein Leuchtturm jene alten Worte leuchten werden: Freiheit, Gleichheit, Brüderlichkeit.«

Ich stimme Dir zu, daß wir unser Leben lang diese »schöne Zeit vorbereiten können und müssen«. Was mich betrifft, so tue ich das zuwenig, fast gar nicht. »Ich randaliere am Schreibtisch und stammle vor den Leuten, weil ich auf der Nase die Brille habe und in der Seele Herbst. [...] Ich habe einen Knebel im Mund und nicht die Kraft, ihn herauszureißen.«[1] [...]

Was wird sich in dieser Zeit ändern? Wird sich überhaupt etwas ändern? Wahrscheinlich ändert sich gar nichts, außer daß der Herbst mit kaltem Regen kommt, und in unserer Mikroregion wird schneidender Nordwind wehen.

Andrjuscha kommt in die dritte Klasse. In diesem Schuljahr wird er zu den Pionieren aufgenommen. Es heißt, daß sie die roten Tücher von den Besten aus der politischen und Kampfausbildung der Nachimow-Fachschule umgebunden bekommen, und zwar an Deck des Kreuzers »Aurora«.

Erst kürzlich, vor lächerlichen 61 Jahren, wurde ich zu den Pionieren aufgenommen und sprach laut und aufgeregt das feierliche Gelöbnis: »Ich, ein junger Pionier der UdSSR, gelobe feierlich vor meinen Genossen ...«

Das war gestern, und es war vor zehntausend Jahren. Kennt Ihr diese Einheit im Widersprüchlichen auch? Was erst vor kurzem geschah (was sind schon sechzig Jahre – ein Augenblick), geschah gleichzeitig vor langer Zeit, weil es in einem anderen Leben war. Und wir waren ganz andere. Also geschah es nicht nur vor langer Zeit, sondern auch mit anderen Menschen. Und das liegt nicht nur daran, daß wir kleine Jungen und Mädchen waren, begeisterungsfähig und schnell bereit, an ein schönes und obendrein heroisches Märchen zu glauben. Es war einfach ein anderes Land und eine andere Zeit. So ist es auch mit der Erinnerung an Verstorbene, die einem nahestanden. Sie sind gegangen und haben eine ganze Welt mit sich fortgenommen. Egal, ob sie schon lange oder erst vor kurzem gegangen sind.

---

[1] Zitat aus Isaak E. Babels »Erzählungen aus Odessa«.

Daran muß ich jedesmal denken, wenn ich Serjoshas Grab besuche. Es ist ja erst etwas über ein Jahr her, aber der Verlust ist so groß und unersetzbar, daß Serjoshas Weggehen dem Untergang einer ganzen Welt gleichkommt.

Serjoshas Asche ruht auf dem Serafimow-Friedhof. Das ist einer der ältesten Friedhöfe der Stadt. Von seinem Eingang führt eine breite, asphaltierte Straße in die Tiefe des Friedhofs. Man muß am Kriegerdenkmal und an der hölzernen Friedhofskapelle vorbei und beim Schild mit der Aufschrift »Parzelle 19« nach links biegen. Dicht am Weg sind die Gräber seiner Vorfahren. In einem davon ist seine Urne beigesetzt.

Am Friedhofseingang ist rechts vom Weg ein großes Mahnmal zum Gedenken an die Blockade und die Hunderttausende von Leningradern, die damals umgekommen sind. Alles ist streng und ernst gehalten – die Granitplatten, das ewige Feuer, die Worte. Alles genauso wie auf dem Piskarew-Friedhof.

Millionen von Menschen hätten nicht zu sterben brauchen! Millionen und Abermillionen brauchten heute nicht zu sterben! Es sollte einem zu denken geben.

MICHAIL ARSCHANSKIJ

Leningrad, 17. 9. 1983

Schon lange lese ich in den alten Ausgaben von »Nowyj mir« (»Neue Welt«), nach wie vor mit großem Interesse; manchmal mache ich »Entdeckungen«, was eigentlich ein Wiedererkennen und Erinnern ist, aber immer wieder neu und immer mit einem Gefühl echter Trauer um die vergangene Zeit. Dann erzähle ich den Freunden von meinen Eindrücken und Entdeckungen, und das ist immer ein Ausgangspunkt für Gespräche, die keine zeitlichen oder thematischen Grenzen haben.

Ich lese ein sehr gutes Buch – die Puschkin-Biographie von J. M. Lotman[1]. Unerhört! – wie einer Ihrer Freunde gern sagt, mit dem ich gestern sprach. Man fragt sich ja, was man da noch schreiben soll, nach Annenkow, Puschtschin, Schtschjogolew, Tynjanow, Achmatowa, Ejdelman, ganz zu schweigen von den Briefen von und an Puschkin oder den Schriften von Modsalewskij, Toma-

---

[1] Jurij M. Lotman, s. Anm. S. 116.

schewskij, den Zjawlewskijs, Wazuro – man kann sie unmöglich alle aufzählen. Aber der setzt sich einfach hin und schreibt – und wie!

Wenn man es recht betrachtet, muß man es wohl so verstehen: Gerade weil die unabsehbare Puschkin-Literatur nicht ausstirbt, gerade deswegen konnte dieses Buch geschrieben werden. Nicht jeder hätte das gekonnt, wohl aber Lotman, denn sein Talent, sein reger Geist und seine große Liebe zu Puschkin, »dem lebendigen, nicht der Mumie«, sind unbestreitbar. Wir alle kennen seinen Kommentar zum »Jewgenij Onegin«, das war interessant, wichtig und bedeutsam. Aber diese »Biographie eines Schriftstellers«, vom Autor bescheiden »Handbuch für Studierende« betitelt, ist ein Ereignis. Besonders schön und wichtig an diesem bemerkenswerten Buch ist seine Einfachheit, die ungezwungene Darstellung, ohne aufdringliche Konzeptionen, »Entdeckungen«, spektakuläre Hypothesen usw. Und alles ist streng dokumentarisch. [...] Das Buch ist von der Leningrader Abteilung des Verlags »Prosweschtschenie« (»Aufklärung«) zweimal zu jeweils 400 000 Exemplaren aufgelegt worden. Nicht schlecht, was? Aber es ist nicht zu kaufen. Ich habe es geliehen, kann's mir nicht aneignen – zu schade!

Außerdem lese ich noch über N. I. Nowikow[1]. Das Buch stammt von A. Sapadow, ist ziemlich mittelmäßig, aber das Leben dieses beachtlichen Mannes ist verehrungswürdig, und man sollte wenigstens etwas darüber wissen. Er diente als Unteroffizier in Petersburg im Ismajlow-Regiment. Die Liebe zu Bildung und Aufklärung regte sich sehr früh und stark in ihm. Im Jahre 1766, als er 22 war, wandte er sich an die Kanzlei der Akademie der Wissenschaften und bat, ein »Register aller russischen Bücher, die in der großen Marinebuchhandlung und dem Knuteonow-Haus verkauft werden«, in Druck zu geben. Der Bitte wurde entsprochen. Ein Katalog der Buchhandlung erschien, und das war der Anfang von N. I. Nowikows segensreicher Aktivität.

Und dann lese ich noch einen Band mit Erzählungen des ausgezeichneten armenischen Autors Grant Matewosjan und danke, wie so oft, dem Schöpfer, bin stolz und freue mich an den Erfolgen unserer multinationalen sowjetischen Literatur.

---

[1] Nikolaj I. Nowikow (1744–1818) – Russischer Aufklärer.

Iwan Roshanskij

Moskau, 5. 10. 1983

Eine Ewigkeit lang hatte ich keine direkte Nachricht von Euch. Alles, was wir von Euch wissen, kommt um sieben Ecken (vor allem über irgendwelche Sender).

Meine Arbeit läuft gut, das Hirn macht noch mit. Ich will mich nicht in Einzelheiten verlieren, weil das nicht so besonders interessant für Euch ist, aber bei Gelegenheit werde ich Euch etwas von dem schicken, was in letzter Zeit erschienen ist. Es wird jetzt immer schwieriger; selbst Bücher und Aufsätze, die neu erschienen sind (egal zu welchem Thema), dürfen ohne Genehmigung der Hauptverwaltung für Literatur und Verlagswesen nicht mehr verschickt werden. Einige Bücher aus dem Ausland, die ich brauche, bekomme ich trotzdem, hauptsächlich dank Lamerton, der mich nicht vergißt. 1982 sind er und seine Frau hergereist, nur um sich mit mir zu treffen (nachdem eine Einladung, die er mir und Julija geschickt hatte, nicht bewilligt worden war). Insgesamt würgt die zunehmende Isolation von der äußeren Welt doch sehr und engt einen ein.

Im vorigen Jahr (noch vor meiner Krankheit) gedachte man in Leningrad des hundertsten Geburtstags meines Vaters[1]. Wir hatten vor, einen Band mit Erinnerungen an ihn zu veröffentlichen, aber es stellte sich heraus, daß es kaum noch jemanden gibt, der Erinnerungen schreiben könnte. Von seinen Schülern leben nur noch zwei. Ich werde wohl mit den beiden zusammen seine Biographie schreiben müssen. Unser Institut gibt eine »wissenschaftlich-biographische« Reihe heraus, in deren Rahmen so ein Buch erscheinen könnte.

Als ich im Krankenhaus lag, habe ich mir alle möglichen Gedichte von meinen Lieblingsdichtern in Erinnerung gerufen; manchmal tauchten plötzlich Zeilen auf, die längst vergessen schienen. In Estland (wie im vorigen Jahr in der Nähe von Grodno) habe ich ungemein stark die Natur verspürt. Und das waren weniger

---

[1] Dmitrij A. Roshanskij (1883–1936) – Physiker, Korrespondierendes Mitglied der Akademie der Wissenschaften. Stimmte 1936 als einziger Leningrader Wissenschaftler gegen die Resolution, die eine Todesstrafe für »prominente Volksfeinde« forderte. Er wurde verhaftet, nach hartnäckigen Einsprüchen seiner bedeutenden Kollegen aber freigelassen.

äußere Erscheinungen als eine innere Stimmung, eine Harmonie von Seele und Umgebung. So etwas kommt in Moskau nicht vor. Dafür gibt es in Moskau (noch!) sehr gute Musik: das Beethoven-Quartett, das Borodin-Quartett, das hervorragende Kammerorchester unter Spiwakows Leitung, Natalja Gutman, Elisso Wirsaladse, Jurij Baschmet ...

Im Krankenhaus habe ich im Gedächtnis auch alles rekonstruiert, »was in meinem Leben war«[1]. Wenn ich in Pension gehe (wann das sein wird, weiß ich nicht; noch will ich arbeiten), dann werde ich vielleicht Eurem Beispiel folgen und Erinnerungen schreiben. Ich denke, daß es in meinem Leben Episoden und Begegnungen gegeben hat, die nicht nur von rein persönlichem Interesse sind. Aber das sind noch Zunkunftspläne.

MICHAIL ARSCHANSKIJ
Leningrad, 24. II. 1983

Ich bin am 14. II. spätabends in Moskau angekommen und habe noch einmal kräftig die Zugfahrt am Tag verflucht – über die Hälfte der Fahrt habe ich auf dem Gang verbracht. Im Abteil bekam man einfach keine Luft, teils wegen der glühenden Heizung, teils wegen der Dichte der Menschenbefrachtung, von denen der größte Teil nach alten und neuen Fahnen roch – eine einzigartige Mischung aus Schnaps und Tabak. [...]

»Die Türen öffnen sich« habe ich aufmerksam und mit größtem Interesse gelesen, aber leider nur einmal! Das muß man mehrmals lesen. Es muß veröffentlicht werden! *Für uns!* Ich gebe die Hoffnung nicht auf.

Der Vorschlag hinsichtlich A. I. Herzens Biographie ist schön, und man muß ihn unbedingt nutzen. Ich bin bereit, im Rahmen meiner Kräfte und Möglichkeiten mit nötigen Recherchen in alten Zeitschriften, Sammelbänden usw. zu helfen. Schreib! Teile mir den Plan mit, wenigstens im Umriß. Nur keine Hemmungen! Vergiß alle »Contras« und laß nur die »Pros«. Wenn ich auch nur im allermindesten helfen kann, so wird mir das die größte Ehre sein. Verstehe das bitte und nimm es wahr!

---

[1] Zitat von B. Pasternak.

NINA MASLOWA

Moskau, 29. 12. 1983

Und wieder hatten wir dieses wahnsinnige Datum[1].

Ich bin bei Sweta[2]. Und versuche wieder einmal, den Film über die Stelle wegzudrehen, wo er stehengeblieben ist. Die Ärzte haben einen Begriff dafür – retrograde Amnesie. Aber alle Spezialisten und Psychiater sagen, es sei aussichtslos. Und doch bin ich sicher, daß irgend etwas in mir aufgezeichnet ist. Da fahren wir, in jenem Leben, unterhalten uns und überlegen, wann und von welcher Seite wir in Moskau ankommen. Schluß. Danach das Krankenhaus. Und die Polizistin, die den Fall untersucht, fragt mich nach Telefonnummern, an die ich mich erinnere. Ich: »Was ist mit meinem Mann?« Sie: »Als wir Sie aus dem Auto holten, lebte er.« Und die allgemeine Lügerei in guter Absicht ging weiter. Ich verstehe nicht, wie sie es wagen konnten, für mich zu entscheiden. Vielleicht hätte ich es damals verstanden. Ja, ich weiß ganz genau: Niemand ist jemand anderem gegenüber zu etwas verpflichtet. Aber wie kann man sich unterstehen zu lügen? Na ja, man kann natürlich alles. Die wissen ja genau, was für jemand anderen gut ist. Von Zeit zu Zeit kommt es mir immer noch hoch, dabei hatte ich gedacht, ich sei damit durch.

Ich bin damals nach Leningrad zurückgefahren mit einer Liste von Dingen im Kopf, die getan werden müßten. Eine durchaus endgültige Liste. Sie ist auch so endgültig geblieben, aber alles erwies sich als sehr schwierig. Es ist schwer, es zu Ende zu machen. Und ich bin mir nicht immer sicher, ob es sein muß. Außerdem hat sich gezeigt, daß meine Verschmelzung mit Serjosha enger ist als all diese Äußerlichkeiten. Gut, da sind zwei Autos zusammengestoßen – was hat das mit uns zu tun? Wir sind sowieso nicht in dieser Welt. Das ist nicht in übertragenem Sinne so, es ist das Eigentliche, das viel Wahrere als alles übrige.

Haltet mich bitte nicht für verrückt. Einige Bekannte haben das getan. Aber woran wollen sie das messen? Nach einigem Nachdenken kam ich darauf, daß der Maßstab zur Überprüfung die Kontakte zu dieser Welt sind. Und ich habe meine Dissertation verteidigt, Diplome bekommen usw. Für einige Bekannte ist das

---

[1] Einmarsch der sowjetischen Truppen in Afghanistan.
[2] Swetlana Iwanowa – Tochter von R. O.

überzeugend. Na gut. Bleibt die Frage, was ich mit diesen Kontakten soll.

Und da gibt es etwas Wesentliches, was ich nicht verstehe. Genaugenommen gingen und gehen alle meine Kontakte zu dieser Welt über Serjosha. Aber bei ihm sind sie anders als bei mir. Da hat er mir in Rasliw, in unserem letzten Sommer, gesagt: »Ich hätte gern eine ›Anbindung‹ an etwas, was länger ist als das menschliche Leben.« Das habe ich damals nicht verstanden und verstehe es noch immer nicht. Ich tappe hilflos herum: Ist die Herausgabe seines Buches die Anbindung? Gut, ich will es versuchen, obwohl das gerade das ist, was ich überhaupt nicht kann. Das Buch habe ich in dieser Zeit viele Male gelesen. Es ist gut. Er hat darin viel gesagt. Allerdings ist es nicht ganz abgeschlossen, und das muß es sein, damit es gehört wird. Also habe ich Experimente gemacht und Ausschnitte daraus verschiedenen Leuten erzählt. Habe sogar einen Vortrag auf einer Konferenz gehalten. Es wird wirklich gebraucht. Und ich habe in dieser Zeit noch etwas Interessantes festgestellt. Bei äußerlich weiter Ausdehnung hat sich Serjosha sein ganzes Leben lang mit Berechnungen beschäftigt. Das beinhaltet alles.

Jetzt möchte ich Ihnen wahnsinnig gern über Berechnungen schreiben, so wie ich im ersten Semester meinen Eltern darüber geschrieben habe. Aber das geht nicht... Verzeihen Sie das Durcheinander. Die Kräfte – mal fehlen sie, mal sind sie da. Und das Leben ist zu lang und hat zu viele »Längen«. Obwohl die alle von meiner, nur von meiner Schwäche kommen.

[...] In Leningrad laufen jetzt massenhaft Fernsehfilme mit Leuten, die ihre frühere Tätigkeit bereuen. Und Jura Schich[1] kann man in Moskau nicht mehr begegnen. Der erlebt dieses wunderschöne Neujahr in Lefortowo[2]. Und ich habe irgendwie das Gefühl, als blickte ich auf diese Welt, »wie die Seelen aus der Höhe auf den Körper schauen, den sie ließen...«[3], aber es tut weh. Dafür brauche ich um Serjosha keine Angst mehr zu haben, der ist für die nun unerreichbar. Ihn können sie nicht mehr kränken und schlagen. Jura wohl. Es schmerzt. Hoffnungslos. Und noch etwas aus den letzten Gesprächen mit Serjosha: »Das ist alles unser ›Geradeste-

---

[1] Jurij A. Schichanowitsch – Mathematiker, Freund der Maslows und A. Sacharows.
[2] Lefortowo – Gefängnis des KGB.
[3] Zitat von Fjodor I. Tjuttschew.

hen‹. Vielleicht brauchen die Leute das gar nicht?«. Vielleicht nicht. Ich weiß nicht, was die Leute brauchen. Es tut ihnen allen weh, und der Schmerz macht sie brutal gegen andere. Und ein Hauch des Geistes geht durch sie hindurch. »Und darum läuft nichts richtig, weil die Welt so hart ist.«

Unser »Aufbewahren für alle Zeit« ist konfisziert worden – nicht bei uns. Das mit der Widmung: »Für Nina, Serjosha und Lenotschka ... Schimpft mit mir, soviel Ihr wollt ...« Und der Untersuchungsleiter hat mich gefragt: »Haben Sie mit ihm geschimpft?« Und: »Wie kommt es, daß er das Buch dort veröffentlicht hat?« Ich: »Das ist schwierig.« Er: »Man kann es doch auch einfach sagen.« Ich: »Ja. Hier wurde er nicht veröffentlicht.« Das hat er verstanden.

MICHAIL ARSCHANSKIJ

30. 12. 1983

Nun bin ich also im Sanatorium. Ich bemühe mich redlich, mich an das Fehlen jeglicher Pflichten zu gewöhnen, an eine vegetative Lebensform.

Mitte November erschien das Vorausexemplar von N. Ejdelmans beachtlichem Buch über Karamsin: »Der letzte Chronist«. Am Anfang des Buches finden sich Porträts von Karamsin und seinen Zeitgenossen, bedeutenden Persönlichkeiten, die Karamsins privates, schöpferisches und öffentliches Leben auf die eine oder andere Weise beeinflußt haben. Und nicht nur Karamsins, sondern auch das von ganz Rußland!!! Aber unter diesen Porträts sind auch die von Alexander I., Araktschejew und dem Archimandrit Fotij.[1] Man stelle sich so etwas vor! Wozu? Das war Anlaß genug für einen wütenden Aufschrei, für die Anprangerung des ganzen Buches. Die Auflage war in Gefahr. Aber dann ging es doch noch gut. Das Buch erschien in einer Auflage von 200 000 Stück. Ob es auch für den Autor und die Redaktion des Verlags »Kniga« glimpflich ausgegangen ist? Ich weiß es nicht. Man wird sehen; aber die Unruhe bleibt.

---

[1] Die ideologischen Aufseher glaubten, es sei unzulässig, einen Zaren (Alexander I.), einen erzreaktionären General (Araktschejew) und auch den ultrakonservativen Kirchenfürsten Fotij im Zusammenhang mit Karamsin objektiv zu porträtieren. Sie sollten entweder verschwiegen oder nur verdammt werden.

Michail Arschanskij

9. 1. 1984

Da sind wir nun ganz unbemerkt in das neue Jahr 1984 gerutscht. So lange habe ich Euch nicht mehr geschrieben. Der Grund dafür war Krankheit. Die ersten paar Tage wohnte ich in einem Zimmer, das eher als Brutkasten zu bezeichnen war. Die Heizungsrohre laufen innerhalb der Wände an beiden Seiten sowie am Kopfende. Draußen herrschen 0 bis -2 Grad. Und geheizt wird so wie wahrscheinlich auf Nowaja Semlja. Eine Irrsinnshitze. Um überhaupt atmen zu können, hatte ich Tag und Nacht die Fensterklappe (über dem Kopf) offen, die Abdichtung hatte ich abgerissen, um hin und wieder die Balkontür öffnen zu können. Das Resultat dieser Übungen, die jungen, abgehärteten Sportlern gut angestanden hätten, ließ nicht lange auf sich warten: Husten, Schnupfen, Erkältung. Also konnte ich wieder alles dicht machen. Nachts gräßliche, runde Senfpflaster, morgens Kreuzmassage, Tabletten, Mixturen usw.

Dafür wohne ich nun seit dem 6. 1. in einem anderen, viel geräumigeren Zimmer mit normaler Lufttemperatur. Ich bin wieder fast in Ordnung und habe meine täglichen Spaziergänge wieder aufgenommen: jeweils eine Stunde lang vor Frühstück, Mittagessen und Abendbrot. Und ich tue wieder etwas, während ich vorher eine ganze Woche lang nur lesen konnte. Dabei habe ich allerdings einige gute Bücher durchgelesen: »Gesetz der Ewigkeit« und »Weiße Flaggen« von Nodar Dumbadse. [...]

Michail Arschanskij

17. 1. 1984

Mir fällt gerade ein, Rajuscha, daß Du in einem Deiner letzten Briefe darüber staunst, wieviel Andrjuscha gelesen hat, und darum batest, ein paar der Bücher zu nennen. Hier, weit entfernt von Andrjuschas drei Bücherborden (bei ihm zu Haus, bei mir zu Haus und in der Datscha), kann ich mich nur auf mein Gedächtnis verlassen und folgende Autoren nennen: Puschkin, Gogol, L. Tolstoj, Nekrassow, A. Tolstoj, Kuprin, Gorkij, Scholochow, Paustowskij, Olescha, Gajdar, Beljajew, Permjak, Pantelew, Mamin-Sibirjak, Prischwin, Kassil, Luchmanow, Borissow, Rybakow, Dragunskij, Platonow, Cervantes, Mark Twain, Andersen, Charles de Coster, Longfellow, R. L. Stevenson,

A. Daudet, J. Swift, D. Defoe, Jules Verne, A. Dumas, Mayne Reid, F. Cooper, Thompson Seton, Dickens, Beecher Stowe. Ziemlich viel, wie Du siehst, aber ich sehe darin keinen Nachteil. Andrjuscha versteht schon vieles. Seit langem war er schon auf »Don Quichotte« erpicht (in einer Fassung für Kinder). Ich habe ihm das Buch gegeben, und als er so die ersten fünfzig Seiten gelesen hatte, habe ich ihn gefragt, ob es ihm gefalle. »Ja«, antwortete Andrjuscha. »Was gefällt dir denn daran? Der Mann macht doch lauter verrückte Sachen, kämpft gegen Phantasiefeinde und benimmt sich überhaupt eher wie ein Verrückter.« – »Ja«, sagte Andrjuscha, »aber was er macht, ist überhaupt nicht komisch. Er ist kühn, tapfer und ein guter Mensch. Er ist ein echter Ritter.« Da dachte ich mir: Es ist an der Zeit – und habe ihm das Buch mit den wundervollen Illustrationen von Daumier geschenkt. Neulich erzählte Galja mir, daß er es nun schon zum zweitenmal liest. Mein Gott! Wie ich ihn – im guten – beneide. Wie viele Entdeckungen liegen noch vor ihm! Wie gern möchte ich noch die Zeit erleben, wo man offen mit ihm über alles sprechen kann!

... Erst jetzt, wo ich Schklowskijs Buch über Tolstoj lese, habe ich erfahren, daß Lew Nikolajewitsch (Tolstoj) sich in London mit Herzen getroffen hat und später mehrmals an diese Begegnungen und Gespräche zurückdachte (wobei er die Begegnungen in der Erinnerung ums Dreifache verlängerte). Vielem, was der Denker gesagt hatte, maß er große Bedeutung bei und war begeistert von seinem Stil und seiner Sprache.

Tolstoj dachte oft an Herzens Worte (und zitierte sie wohl sogar), daß jeder, der die Menschheit befreien möchte, sehr viel mehr tun könnte, wenn er zunächst einmal sich selbst befreite. Und ich denke noch darüber nach, daß viele Gedanken und Tatsachen, die Du in Deinem Buch über Herzens letztes Lebensjahr[1] darlegst – seine Gedanken über den Weg zur Lösung ewiger Fragen –, wenn nicht eine Quelle, so doch eine »Teilquelle« werden könnten.

---

[1] R. O.: »Als die Glocke verstummte. Alexander Herzens letztes Lebensjahr« (Berlin 1988).

MICHAIL ARSCHANSKIJ
19. 1. 1984
So, nun geht mein Urlaub zu Ende. Morgen ist der letzte Tag hier. Es ist zwar nicht viel zu tun, aber es ist doch der Tag vor der Abreise. Ich bin erholt, ausgeschlafen und faul geworden. Habe mich daran gewöhnt, mich um nichts zu kümmern (wie wenig es dazu bedarf!), und spüre doch dabei, daß daran etwas schief ist. Das Fehlen von Pflichten verdirbt den Menschen.

MICHAIL ARSCHANSKIJ
20. 1. 1984
Nun, das ist dann wohl alles. Morgen früh fahre ich ab. Heute habe ich mich vom lieben Wald verabschiedet. Und obwohl die Pfade, die ich gegangen bin, dieselben sind und die Landschaft sich nicht ändert, bleiben doch die Stille, die uralten Tannen und Kiefern im Schnee, die kahlen Birken, die im Frühling neu erwachen werden, und die seltenen Vögel für lange Zeit in der Erinnerung, und nur davon fällt die Trennung schwer.

Es ist ähnlich wie das, was ich einst in Nowinki bei Kalinin erlebte, wo ich auf der Durchreise von Moskau nach Leningrad einen Tag bei meiner Schwester blieb. Ich weiß noch, wie ich damals völlig überwältigt war von den lange nicht gesehenen und fast vergessenen Kornblumen im Roggen, dem stillen Flüßchen, den Wiesen und dem fast menschenleeren Wald.

Vermutlich geht es allen Städtern so, weil ihr Leben eintönig ist und die täglichen Landschaften nur aus Häuserkästen bestehen, die überall gleich sind – in Moskau und Jalta, in Leningrad und Nowgorod.

III. In zwei Welten

Auf Fragen hiesiger Freunde und Hörer hat Raja immer wieder gesagt: »Wir leben nicht zwischen den Welten, sondern gleichzeitig in zwei Welten.« Sechs Jahre sind seit ihrem Tod vergangen, aber ich kann nur genauso bestimmt wiederholen: gleichzeitig in zwei Welten – in Köln und Moskau, in Petersburg und Tbilissi.

Wir hatten nicht geahnt, daß wir so leben würden, und waren nicht darauf vorbereitet. Aber unser Schicksal wurde gegen unseren Willen und unsere Pläne von äußeren, menschenfeindlichen Kräften beeinflußt: von Andropow, der den Ukas über unsere Ausbürgerung geschrieben, von Breshnew, der ihn unterschrieben hat. Aber sie haben sich verrechnet. Wir haben die Verbindung zur alten Heimat nicht verloren und hier eine neue Heimat gefunden in geistig und seelisch verwandten Freunden, in neuen Lieblingsplätzen in der Eifel, im Bergischen Land, in den Straßen des alten Köln, in den Künstlerdörfern Worpswede und Fischerhude ... Aber all das hat den Kummer nicht vermindert, hat uns Moskau und das Moskauer Umland nicht vergessen lassen, den Abhang von Shukowka über dem Fluß, die Wäldchen von Peredelkino, den Blick vom Wladimir-Berg in Kiew über die Dnepr-Täler, den Zauber der Sonnenauf- und untergänge in Koktebel, die fröhliche Gastfreundschaft in Tbilissi und die bezaubernde Schönheit der Alasan-Ebene ...

Hier aber war es, als hätte man auf uns gewartet; es ergaben sich sofort wichtige Aufgaben auf genau dem Gebiet, das wir beide zu Hause als unsere Berufung angesehen hatten: das Bauen von großen und kleinen Brücken zwischen verschiedenen Nationalkulturen und Völkern.

Mit Geist und Herz wuchsen wir mit Köln zusammen. Schon vorher, als wir in Moskau von ihr lasen, erschien uns die Stadt Heinrich Bölls liebenswert. Aus der Nähe erwies sie sich teils so, wie wir erwartet hatten, und teils ganz anders: vielseitiger und weiter. Heinrich Böll hatte sein eigenes Verhältnis zu seiner Vaterstadt. Er liebte das alte Köln, wie er es aus der Vorkriegszeit in Erinnerung hatte, liebte es auch in Trümmern, aber weniger das neue, das reicher gewordene »Wirtschaftswunder-Köln«; er liebte die romanischen Kirchen, den berühmten Dom aber nur von innen. Seinen gotischen doppelspitzigen Umriß nannte er manchmal ein Denkmal für die preußische Eroberung Kölns durch die Hohenzollern.

Wir bemühten uns, Bölls Einstellung zu seiner Stadt zu verstehen; er hat sie in vielen seiner Werke, in Aufsätzen, Artikeln und in den Gedichten »Köln I« und »Köln II« zum Ausdruck gebracht. Wir konnten es durchaus nachvollziehen, liebten aber unsererseits sowohl die romanischen Kirchen als auch den Dom, der bei jedem Wetter, bei jeder Beleuchtung so wundervoll majestätisch ist.

Die Kölner Karnevalslieder machten uns Spaß:

> Mer lasse d'r Dom en Kölle,
> denn do jehööt hä hin.
> Wat sull dä dann woanders,
> dat hätt doch keine Sinn.

Solche fröhlichen Strophen sind während des Karnevals ebensooft zu hören wie das eher elegisch lyrische Lied:

> Wenn ich su an ming Heimat denke
> un sin d'r Dom su vör mir ston,
> mööch ich direk op Heim an schwenke,
> ich mööch zo Foß no Kölle jon ...

Und die Kölner Redensart »Jeder Jeck is anders« wurde für mich zum überzeugenden Ausdruck gelebter Toleranz.

Wir liebten nicht nur die festliche, bunte, ausgelassene, närrisch fröhliche Stadt des Karnevals, sondern ebenso das alltägliche, geschäftige, hastige und dennoch immer freundliche, offene Köln. Oft nannten wir es im Eifer eines Gesprächs oder auch einfach so aus Versehen »Moskau«, und diese Versprecher waren kein Zufall, weil wir mit Seele und Gedanken ja gleichzeitig auch in Moskau waren. Von dort kamen Briefe – kurze mit der normalen Post und lange, ausführliche mit »Postgelegenheit«, die unsere lieben »Brieftauben« uns mitbrachten.

Wir liebten Köln und viele Kölner: Annemarie und Heinrich Böll und ihre Söhne, die noch härter mit ihrer Stadt ins Gericht gehen als der Vater, sowie die leidenschaftlich überzeugten Kölner Patrioten Marianne und Willi Kather, unsere unentbehrlichen Ratgeber, Helfer und Pfadfinder im Dickicht des deutschen Rechts- und Steuersystems. Die wahre Verkörperung des Kölner Charakters wurde für uns Mechtildis Roth, unsere unermüdliche Sekretärin und »Geschäftsführerin«, ohne die wir in Post erstickt und in Steuern untergegangen wären. Unsere energische Rothi, wie ihre Freunde sie nennen, urteilt nicht immer ganz gerecht, aber ehrlich; sie verbindet Zorn oft mit einem kölnisch freidenkerischen Humor, erkennt keine andere Autorität als die reine Wahrheit an.

Armin Ahrendt war lange Jahre Stadtdirektor von Bad Münstereifel, der Stadt, wo 1780 Friedrich Joseph Haass geboren wurde, »der heilige Doktor Fjodor Petrowitsch«, wie man ihn in Moskau nannte, wo er sein ganzes Leben verbrachte und den Entrechteten, Armen, Leibeigenen und Häftlingen ein selbstloser Freund und Wohltäter war. Wir hatten schon in Moskau über ihn geschrieben. Und Armin Ahrendt war einer von denen, die uns 1980 nach Deutschland einluden, zum 200. Geburtstag von Haass. Er hat viel dafür getan, das Gedenken an diesen großen, guten Mann unsterblich zu machen. Aber dort, in Bad Münstereifel, wo ihn ständig die Sorgen um das Wohlergehen der Stadt umtrieben und er viel und angespannt arbeitete, blieb Armin immer jungenhaft verliebt in sein Köln und steckte damit auch seine aus Bayern stammende Frau Gabriele an. Bei schönem Wetter pflegten beide wenigstens für ein Stündchen von Bad Münstereifel auf einen nahegelegenen Berg zu fahren, von dem aus man die Türme des Kölner Doms sieht. Armin wurde nach der Wende Bürgermeister von Hoyerswerda im Südosten Sachsens und später Berater für ökonomische Stadtplanung in den »Neuen Ländern«. Obwohl er immer und überall unermüdlich und aufopferungsvoll arbeitet, nehmen Armin und Gaby sich, wann immer es geht, für ein paar Stunden, selten auch Tage frei, um Köln zu besuchen.

Unsere jungen Mitarbeiter und Freunde: Mechthild Keller, Dagmar Herrmann, Brigitte Segschneider-Brückner, Maria Klassen, Karl-Heinz Korn – das »Politbüro« –, unser Hausarzt und Freund Steffen Heinemann und seine Familie, Rajas Deutschlehrerin Elisabeth Weber, die Mitarbeiterinnen der Deutschen Welle Irene Kawohl, die als Deutsche an der Angara aufwuchs, und Lena Wargaftik, eine Leningraderin, mit der wir schon seit den sechziger Jahren befreundet waren (sie ist im März 1989 gestorben), und ihr Mann, der Lyriker Igor Burichin – sie alle sind, bis auf Brigitte, nicht in Köln geboren, sondern östlich des Rheins – manche auch östlich der Weichsel –, aber sie leben schon lange hier, haben hier studiert und sind mit dieser Stadt verwachsen. Sie haben uns geholfen, Köln nicht nur von innen, sondern auch mit kritischer Distanz von außen zu betrachten.

Immer stärker spürten wir den Reiz dieser auf ihre Weise einzigartigen Stadt. Sie ist vor zweitausend Jahren entstanden und wurde ursprünglich von den Römern erbaut, die hier Befestigungen errichteten, als sie ihre Straßen nach Westen, Süden und Norden und kilometerlange Wasserleitungen anlegten. Hier trafen aufeinander und vermischten sich keltische, germanische und italische Stämme; die römischen Legionen rekrutierten aus vielen Völkern vom Balkan, aus Kleinasien und Afrika. In dieser Stadt wuchs aus unterschiedlichen Wurzeln eine einheitliche Bürgerschaft, die mal Krieg führte, mal mit Herrschern und päpstlichen Statthaltern verhandelte. Allein in unserem Jahrtausend ist Köln wegen seiner Eigenwilligkeit vom Papst 73 mal exkommuniziert worden, aber immer fanden sich furchtlose Priester oder Mönche, die in den Krypten der romanischen Kirchen dem päpstlichen Verbot zum Trotz Gottesdienst abhielten, das Abendmahl austeilten und die exkommunizierten Kölner tauften, trauten oder beerdigten. Aus jenen dunklen Zeiten ist der Brauch erhalten geblieben, daß der Kölner Erzbischof, bevor er den Dom betritt, den Dompropst um Erlaubnis bitten muß.

Köln war einst Hansestadt. Und zwanzig Jahre lang – von 1794 bis 1814 – gehörte es erst zur französischen Republik und dann zum französischen Kaiserreich. 1815 wurde es preußisch, widersetzte sich in den siebziger Jahren hartnäckig Bismarcks Einigungspolitik und behauptete im sogenannten Kulturkampf seine katholische Unabhängigkeit. Die Nazis bekamen selbst auf dem Höhepunkt ihrer Macht in Köln nicht einmal die Hälfte der Stimmen, und von Hitler sagt man, daß er nur widerwillig in diese unfreundliche Stadt fuhr, wo man ihn nicht mit Blumen, sondern mit Blumentöpfen bewarf.

Im Zweiten Weltkrieg wurde Köln zu achtzig Prozent zerstört; die schönen romanischen Kirchen St. Gereon, Maria im Kapitol und St. Martin lagen in Schutt und Asche, die Spitze von einem der Domtürme und ein Teil des Kirchenschiffs waren zerstört.

Am 5. April 1945 las ich im Feldlazarett der zweiten Weißrussischen Front, eine Stunde bevor ich verhaftet wurde, hinterlassene deutsche Zeitungen. Dabei prägte sich mir für immer der Text einer Meldung vom Oberkommandierenden der Wehrmacht ein: »Der Trümmerhaufen, der einst Köln hieß, ist von unseren Truppen ohne Feindberührung verlassen worden.« Diese Erinnerung gewann neue Bedeutung, als wir dorthin zogen, wo früher der Trümmerhaufen war. Wir wurden Kölner und blieben Moskauer und hatten keine »Feindberührung«.

Furchtbar war es, als wir 1982/83 erfuhren, daß zwei unserer Töchter in Moskau zum KGB zitiert wurden. Man versuchte, sie über uns auszufragen, und verlangte, sie sollten ihre Eltern »beeinflussen«, damit diese ihre »antisowjetischen Aktivitäten« aufgäben. Beide verhielten sich trotz innerer Anspannung tapfer und ruhigüberlegen und wiesen die Drohungen und »Ratschläge« zurück. Zum Glück kamen sie und wir mit dem Schrecken davon. Wir brauchten nicht einmal öffentlich zu protestieren. Es war die Zeit, in der die Kremlgreise anfingen, einander zu beerdigen, und das KGB hatte wohl Wichtigeres zu tun.

Bald nach Breshnews Tod kamen Gerüchte über liberale Absichten des »Intellektuellen« Andropow auf. Ich telefonierte mit Bundespräsident Carstens, ehe er zu Breshnews Beerdigung fuhr, und bat ihn, in Moskau mit Andropow und möglichst vielen anderen zu sprechen und nachdrücklich die Freilassung von Andrej Sacharow, Jurij Orlow, Sergej Kowaljow, Anatolij Martschenko und überhaupt allen Dissidenten zu erbitten.

Nach seiner Rückkehr lud Carstens uns zu einem Abendessen ein und erzählte uns vertraulich in einer Ecke des Speisesaals, wie gut Andropow ihm gefallen habe und wie freundlich und höflich der ihm erklärt habe, daß das nun einmal innere Angelegenheiten der Sowjetunion seien, aber er wolle sich dennoch damit beschäftigen und überlegen, was zu tun möglich wäre. Sofort danach reichte Raja bei der sowjetischen Botschaft einen Antrag auf Ausstellung eines Visums für Moskau ein, um das Grab ihrer Eltern zu besuchen und Verwandte wiederzusehen. Sie bekam keine Antwort.

1984

L. 1. Januar

Den Jahreswechsel haben wir zuerst zu zweit moskauisch gefeiert und dann mitteleuropäisch in Steinau-Sternheim bei Lisa Ruges[1] Tante. Lisa und ihre Mutter Charlotte, genannt Schuschu, hatten uns mitgenommen. Ein bayerisches, gastliches, freundliches Haus, die Familie und einige Freunde. Eingeladen war überdies auch die Großmutter Charlotte von der Schulenburg, die Witwe von Generalleutnant Fritz von der Schulenburg, der nach dem 20. Juli 1944 erhängt wurde.

L. 4. Januar. Seehausen

Wir waren in Salzburg in einer Ausstellung von Gemälden zu biblischen Themen: Renoir, Barlach, Beckmann, Schmidt-Rottluff ... Die Bibel ist den Expressionisten fast ebenso vertraut wie den Renaissance-Malern. Auch sie wollten eben ihre Seele retten.

Abends gab es in Salzburg im Theater »Anatevka«. Ein dicker israelischer Schauspieler spielte den Tewje. Viele junge deutsche und österreichische Schauspieler. Das Stück kam sehr gut an, es wurde lange geklatscht.

Wir sind den ganzen Tag im Hotel geblieben und haben gemeinsam den Achmatowa-Artikel fertiggeschrieben. Wir stritten etwas, wurden uns dann aber über ihre »Bodenständigkeit« einig.

Klaus Mehnert ist tot. Kaum einer hier hat Rußland so gut gekannt wie er. Und kaum einer war dem Land innerlich so

---

[1] Elisabeth Ruge – Verlegerin; Tochter des Journalisten Gerd Ruge.

verbunden. (Er ist im »Rostow-Haus« in der Powarskaja-Straße geboren, in dem heute der Schriftstellerverband »residiert«). Ich mußte heute an ihn denken, als ich bei einem Interview vom Bayerischen Rundfunk blöde Fragen beantwortete über die Möglichkeit von Entstalinisierung und Restalinisierung; ich habe mich geärgert und nicht alles gesagt, was ich wollte.

L. 13. JANUAR
Ich habe einen dicken Brief über Andrej Sacharow, Jurij Orlow, Sergej Kowaljow und Mykola Rudenko an Genscher geschickt. Das geht über Reini (Meier). Er wird ihn persönlich übergeben.

L. 17. JANUAR. KÖLN
Den ganzen Tag zu Hause. Ein Telefoninterview für »Voice of America« über Sacharow. Dem hiesigen Schriftstellerverband habe ich einen Brief über das Haus von Kornej Iwanowitsch Tschukowskij[1] geschrieben. Und an Hagen Graf Lambsdorff, Kulturattaché an der deutschen Botschaft in Moskau, über Andrejews Haass-Büste, ob man davon einen Abguß für Bad Münstereifel machen könne. Und auch an ihn über Kornej Iwanowitschs Haus.

L. 6. FEBRUAR
Im Seminar in Wuppertal habe ich erzählt, daß Mischa Arschanskij für uns in den Leningrader Bibliotheken recherchiert. Wassilij Shukowskijs Briefe zeigen deutlich, wie sich seine Einstellung zu Deutschland geändert hat: von der jugendlichen Schwärmerei, der Begeisterung für Bürger und Schiller, die er übersetzte, über seinen Ruf als »Vertreter der deutschen Romantik in Rußland« bis zu den reifen, skeptischen, kritischen Urteilen. Er hat die Aufrufe zur Vereinigung Deutschlands nicht akzeptiert. In den vierziger Jahren klingen im Briefwechsel mit deutschen Freunden sogar hochmütig

---

[1] Das Tschukowskij-Haus in Peredelkino war noch zu seinen Lebzeiten zu einem Literaturmuseum geworden, das viele Menschen aus dem In- und Ausland besuchten. Der Schriftstellerverband wollte das Gebäude nach Tschukowskijs Tod irgendwelchen Funktionären übergeben.

nationalistische Töne an, in der Art: Wir sind die Sieger, die Napoleon stürzten, wir sind eure Befreier und Retter, und ihr seid undankbar. Nach wie vor verherrlichte er Goethe, liebte seine deutsche Frau und seinen Schwiegervater, einen deutschen Maler, aber von Deutschland als einheitlichem Staat wollte er nichts wissen.

L. 7. Februar

Raja liest Thomas Manns Tagebücher. Er hat genau notiert, was er gegessen hatte, wie es seinem Magen ging, wer ihm und an wen er Briefe geschrieben hatte. Das zeugt zwar von einer ungewöhnlich hohen Selbstverliebtheit, aber auch von einem Verantwortungsbewußtsein als Zeitzeuge.

Ich hingegen habe gestern vergessen einzutragen, daß in Moskau ein neues Gesetz verabschiedet worden ist, das alle Kontakte zu Ausländern erschwert und im Grunde verbietet. Dennoch haben wir Sweta telefonisch erreicht, haben ihre fröhlich provozierende Stimme gehört. Das ist wichtiger und entscheidender als alle Gesetze.

Heute abend gab es den Fernsehfilm über Raja, und ihre Bücher wurden so vorgestellt, daß sie eigentlich Interesse erregen müssen. Das Gespräch mit ihr war ernst, traurig und klug. Sie zeigten viele alte Fotos, auch die mit den Sacharows in Suchumi. Seitdem sind fünf Jahre vergangen – beinahe eine Ewigkeit.

L. 14. Februar

Heute wird Andropow beerdigt ... Der hätte den Machtapparat geschüttelt wie Chruschtschow. Er kannte ihn besser und genauer, war nörgeliger, hatte versprochen, gegen Korruption und Inkompetenz zu kämpfen. Tschernenko wird gegenüber den Apparatschiks nachgiebiger sein.

L. 15. Februar

Anruf eines Korrespondent von der »Times«, der wissen wollte, was ich von Konstantin Tschernenko halte. Ich habe geantwortet: »Ich weiß nichts Genaues über ihn. Soweit ich es beurteilen kann, ist er der kleinste gemeinsame Nenner – der Nullpunkt, wo sich die verschiedenen Richtungen im Apparat treffen. Er selbst scheint ein schlauer Fuchs zu sein, der es allen recht zu machen versteht.«

Wir haben für Anfang April telefonisch ein Zimmer im Hotel »Aprile« in Florenz gebucht. Das ist Rajas Geburtstagsgeschenk für mich.

L. 16. FEBRUAR. HAMBURG

Essen bei Marion Dönhoff. Sie hatte eine Dame aus Moskau zu Besuch, die von ihrem Vater erzählte. Er war Ingenieur für Aufrüstung im Range eines Generals und nur ein Jahr in der Partei; nach Stalins Tod zahlte er keine Beiträge mehr und ging von da an zur Kirche. Sie selbst hat einen Deutschen geheiratet, einen Korrespondenten, lebt jetzt in Scheidung, will aber nicht nach Moskau zurück.

Empfang bei der Deutsch-englischen Gesellschaft. Ich erzähle vom »Wuppertaler Projekt«.

L. 17. FEBRUAR

Vorstellung von Rajas Buch in der Patriotischen Gesellschaft in Hamburg. Der Verleger Albrecht Knaus hat alles blendend organisiert, viele Leser waren da, Presse, Fernsehen, eine Schlange beim Signieren. Mich beschlagnahmte ein hagerer, offenherziger, lebhafter alter Mann, ein ehemaliger Grenadier der 257. Division, die Graudenz verteidigte. Wir erinnerten uns; es waren doch traurige Zeiten, und der verdammte, sinnlose Krieg. Aber es macht dennoch Spaß, in Erinnerungen zu schwelgen. Damals waren wir jung.

L. 22.–23. FEBRUAR

Wir lasen beide in Buchhandlungen in Kiel und Bremen. Am 22. Tee bei von Rauch[1]. Seine Frau und er sind ein bezauberndes Paar, alt kann man sie wirklich nicht nennen. Beide kennen und lieben Rußland.

---

[1] Georg von Rauch (1904–1994) – Osteuropahistoriker. Half dem »Wuppertaler Projekt« mit eigenen Beiträgen und unzähligen wertvollen Ratschlägen.

L. 25. FEBRUAR

Zum erstenmal in Worpswede! Wieder entdeckten wir eine neue Welt. Da ist sie, die Kunst, die alle Grenzen und Hindernisse und politischen Abnormitäten überwindet! Die reine, edle, göttliche und allgemeinmenschliche Kunst.

R. 27. FEBRUAR. KÖLN

Oft mußte ich die Frage beantworten, warum ich in Deutschland lebe, daß ich doch eher in den USA am Platz wäre. Meist antworte ich darauf, daß ich unerwartet meine europäischen Wurzeln entdeckt habe und daß Lews Schicksal untrennbar mit Deutschland verbunden ist. [...]

Aber noch etwas kam mir kürzlich in den Sinn: Dieses Volk hat schreckliche Verbrechen hinter sich, wie die Menschheitsgeschichte sie nicht kannte. Das ist die Geschichte der Väter und Großväter. Und jetzt sehen wir im Fernsehen eine Diskussion zwischen Leitern der deutschen Geheimdienste, also den hiesigen KGB-Bonzen. Eine hitzige Diskussion, zum Teil angeregt durch einen Skandal. Es war herausgekommen, daß viele Bürger bespitzelt und ihre Gespräche abgehört worden sind. Schlimm? Ja, schlimm! Aber es wird laut gesagt, praktisch ganz Deutschland sieht zu. Und sie diskutieren. Die einen fragen: Ist der Nachrichtendienst stark genug? Die anderen zweifeln: Sind die nicht übereifrig? Müßte man das nicht begrenzen? In drei Jahren habe ich keinen größeren Beweis für die echte Demokratie dieses Landes bekommen. Und ich kann unseren deutschen Freunden nicht klarmachen, wie *ungeheuerlich* es für uns ist, so etwas zu sehen. Allein schon die Tatsache, daß die Geheimdienstler einfach dasitzen, der eine rotblond, der andere braunhaarig... In vier Jahrzehnten ist ein weiter Weg zurückgelegt worden.

Leute wie Böll oder Grass (ich nenne nur bekannte) beklagen sich dauernd, daß man noch immer nicht weit genug gegangen sei, aber woran soll man das messen? Immerhin *ist so etwas möglich*. Vielleicht liegt darin meine stärkste – wenn auch spät erkannte – Bindung an dieses Land? Sie haben es gekonnt – dann kann es auch ein anderes Volk, das meine.

R. 28. Februar. Köln
Die letzte Reise – Buchpremieren. In Hamburg sind am selben Tag in zwei verschiedenen Verlagen Lews Buch über Doktor Haass und mein »Die Türen öffnen sich langsam« erschienen. Beide Verlage haben gebührend gefeiert. Und dann hatten wir Lesungen in Hamburg, Lübeck, Eutin, Kiel, Bremen. Am letzten Tag in Bremen sind wir nach Worpswede gefahren. Lew schämte sich, daß wir schon zum fünftenmal in Bremen und noch nicht einmal in diesem deutschen Tarussa waren. Vier Gemäldegalerien in einem kleinen Dörfchen.

R. 4. März. Köln
Die Lichterketten der Friedensdemonstrationen sind besonders beeindruckend, wenn wir die Sendungen aus der DDR sehen. Dort riskieren die Menschen für die Teilnahme an der unabhängigen Friedensbewegung lange Gefängnisstrafen. Und sie versammeln sich feierlich, in weißer Kleidung, unter dem Schutz der evangelischen Kirche – schwach und doch unbesiegbar. Sie sind verletzlich und haben doch etwas Unzerstörbares an sich.

L. 17. März
Gestern waren wir in Gütersloh, zweieinhalb Stunden Fahrt von hier. Raja las in der Aula eines Gymnasiums, die der Besitzer einer schon seit hundertfünfzig Jahren bestehenden Buchhandlung gemietet hatte. (Übrigens wieder ein Beispiel für die angebliche Geistlosigkeit des Westens: Dieses Städtchen hat 80 000 Einwohner und fünf große Buchhandlungen!)

L. 29. März. Köln
Die letzten Tage waren wieder arbeits- und ereignisreich. Gestern haben wir zu fünft – mit unseren französischen Freunden Laure und Wolodja Trubezkoj und unserem Karl-Heinz – eine ganz besondere Führung durch den Dom gemacht. Es führte uns der Dompfarrer Dr. Hofmann, ein junger, hochgebildeter, redegewandter und geistreicher Mann, geistreich auf kölnische Art: Er spricht humorvoll, eigenwillig, urig, ein bißchen ähnlich dem Odessaer

Ton. Er zeigte uns den Dom, wie ihn kein Außenstehender zu sehen bekommt. Unsere Freunde staunten – das hätten sie sich nicht träumen lassen. Durch mehrere Fundamentsschichten ging es in den »Untergrund«, bis zu den Ruinen alter heidnischer Tempel der römischen Götter und auch von Osiris und Astarte. Das haben römische andersgläubige Legionäre erbaut, wahrscheinlich mit Unterstützung von Geschäftsleuten aus Ägypten und Kleinasien. Und dann sind wir aufs Dach gestiegen, auf den Vierungsturm und weiter durch den Südturm zu einer geheimen Galerie, von wo man das Gewölbe, den Altar und den ganzen unteren Teil des riesigen Doms sieht.

Köln von oben: Trotz ziemlich vieler häßlicher Glas- und Betonkästen ist die Stadt dennoch schön. Vor allem die alten romanischen Kirchen, prächtig in der Nähe, prächtig auch von oben, vom Dach des Doms aus.

AUS EINEM BRIEF VON MICHAIL ARSCHANSKIJ

Leningrad, 31. März 1984

In diesen Tagen kam mir plötzlich die Erinnerung an eine trübe Dämmerung im Sommer (oder Herbst) 1919, und daran mußte ich immer wieder denken.

Ich bin sieben oder acht Jahre alt. Aus den halbverhängten Fenstern unseres Hauses in Bronsa sehe ich eine lange Reihe von Fuhrwerken vorbeifahren, die nachlässig mit Bastplanen bedeckt sind. Von den Wagen tropft Blut auf die staubige Straße. Hier und da ragen unter den Planen Arme, Beine oder blutverschmierte, gen Himmel gereckte Köpfe mit grauen Bärten hervor. Das waren Juden, die die Kosaken von General Drosdowskijs »Wilder Division« nachts in der Synagoge niedergemetzelt hatten und die nun aus der Stadt gebracht wurden.

Ich habe in diesen Tagen besonders oft an meinen Vater gedacht. Den letzten Brief von ihm bekam ich im Mai oder April 1941. Als der Krieg vorbei war, hegte ich eine schwache, aberwitzige Hoffnung auf ein Wunder und versuchte, irgend etwas über meinen Vater und seine Familie herauszufinden, meine Stiefschwestern und einen Stiefbruder, aber mehrere Briefe kamen mit dem Vermerk »Empfänger verzogen« zurück.

In den ersten Nachkriegsjahren war das ganze Leben erfüllt vom Gefühl eines großen Sieges nach dem Ende des schrecklichen Kriegs und – vom Kummer um die Verluste.

TV-Interview zum Thema »Warum haben wir aufeinander geschossen?«, Moskau 1979. Von links: Klaus Bednarz, Heinrich Böll und Lew Kopelew.

Mit Heinrich Böll bei Willy Brandt, November 1980.

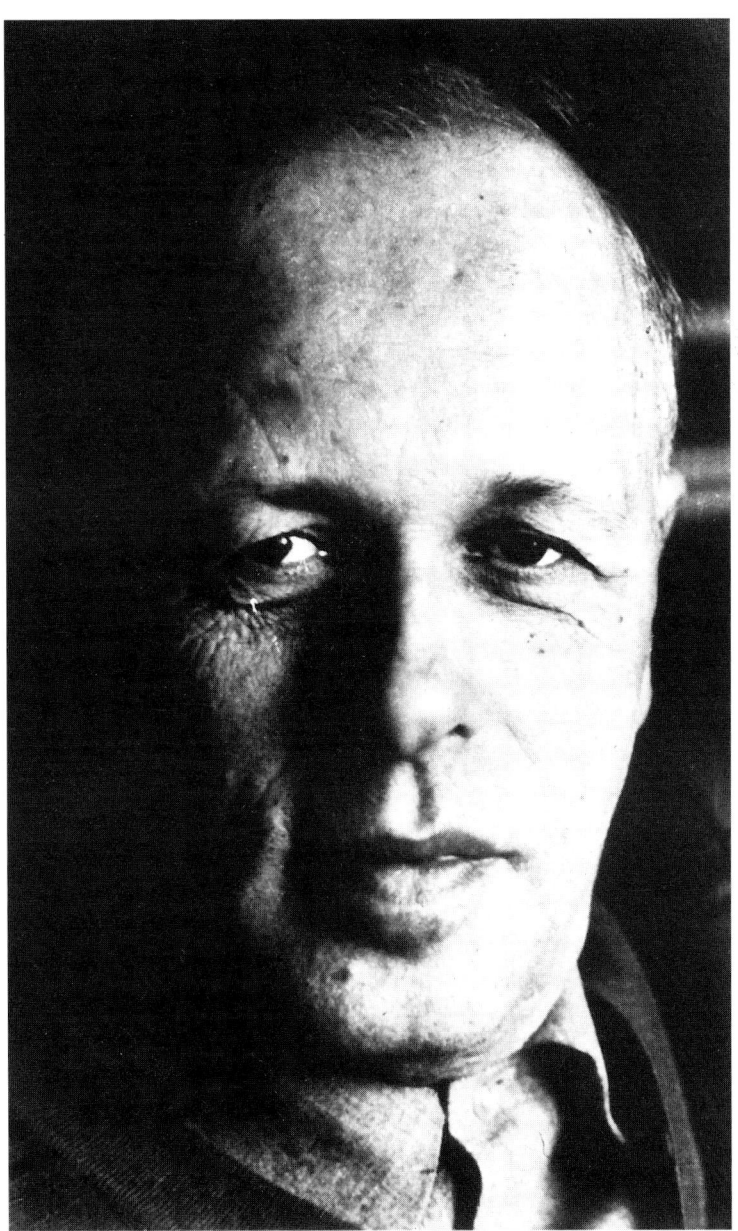
Andrej Sacharow, 1979.

Eintragung ins Goldene Buch der Stadt Bad Münstereifel: mit Stadtdirektor Ahrendt und Bürgermeister Gerlach, 1981.

Verleihung des Friedenspreises des Deutschen Buchhandels, 1981. L. K. dankt Marion Gräfin Dönhoff für ihre Laudatio.

Mit Heinrich Böll bei Bruno Kreisky, 1984.

Schloß Crottorf.

Im Gespräch mit dem gastfreundlichen Schloßbesitzer Hermann Graf Hatzfeld und dessen Neffen.

Papst Johannes Paul II. begrüßt R. O.
bei der Audienz im Vatikan,
Mai 1983.

Im Gespräch mit Annemarie und
Heinrich Böll.

Mit Tochter Mascha Orlowa und Wolf Biermann.

Wiedersehen mit Max Frisch, Wien 1981.

Mit Klaus Bednarz und Fritz Pleitgen.

Mit Carola Stern und Johannes Rau.

Mechtildis Roth   B. Segschneider-Brückner   Steffen Heinemann

Mit Karl-Heinz Korn   SIE MACHTEN UNS

Kathrin und Reinhard Meier   Irene Kawohl und Maria Klassen

Dagmar Herrmann   Lois Fisher-Ruge   Eva Rönnau

DEUTSCHLAND HEIMATLICH   Mechthild und Werner Keller

Edith Kaiser und Ursula Assmus   Marianne und Wilhelm Kather

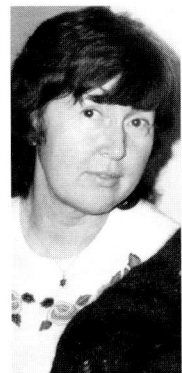  

Sarra Babjonyschewa (links)
und Nina Maslowa

FREUNDE, DIE AUS DER ALTEN

Sergej Maslow und
Iwan Roshanskij (unten)

Lidija Tschukowskaja

HEIMAT SCHRIEBEN

Michail Arschanskij

Larissa Bogoras, Flora Jassinowskaja-
Litwinow und Michail Litwinow

Tochter Swetlana und ihr Mann
Wjatscheslaw (Koma) Iwanow

Bei einer Lesung

Ellendea und Carl Proffer mit ihren Kindern

Tochter Maja und ihr Mann Pawel Litwinow

Tochter Lena Kopelewa

Unterwegs in Deutschland

Von Kameraden und mir bekannten Offizieren, die das Gebiet um Cherson befreit hatten, erfuhr ich, daß alle jüdischen Umsiedlerkolchosen in jener Gegend von den Deutschen bestialisch vernichtet worden waren. Die Bewohner der benachbarten ukrainischen Dörfer erzählten unseren Soldaten und Offizieren, daß alle Häuser in den jüdischen Kolchosen zugenagelt, mit Benzin übergossen und angezündet worden waren. Wer zu entkommen versuchte, wurde von den Deutschen mit Maschinenpistolen erschossen; die Soldaten patrouillierten gleichgültig und gelassen die flammenbeleuchteten Straßen entlang, vielleicht waren sie auch wild von der unerträglichen Hitze.

Ich weiß noch, wie ich meinen Vater im August 1937 zum letztenmal sah, als ich ihn in den Sommerferien besuchte. Vorher hatten wir uns Briefe geschrieben, und ich erinnere mich noch heute an seine lange Adresse: Kalinindorfer Gebiet, Snegirewer Dorfsowjet, Erschtajsker Postamt ... 1937 war mein Vater 58 Jahre alt. Er war noch kräftig, aber ich fand ihn irgendwie zusammengeschrumpft. Wahrscheinlich von der harten Arbeit. In seiner Familie waren vier Kinder, aber nur er arbeitete. Sie hatten es schwer. Ein kleines Haus aus ungebrannten Lehmziegeln. Der Fußboden aus Erde. Kein Vieh. Ein paar zerzauste, schläfrige Hühner auf dem Hof ohne Grün und Gemüsebeet. Eines der drei Zimmer diente als eine Art Speicher für Getreide. Die älteste Tochter Raja studierte in Chersson am pädagogischen Technikum. Sie nagte am Hungertuch. Sie begleitete mich, als ich zurückfuhr, und nahm einen Sack Weizen zum Verkauf mit, um irgendwie existieren zu können.

Vater war Kolchosbrigadier. Er hatte ein »Privatfahrzeug«, ein kleines, zweirädriges Fuhrwerk (ukrainisch: bidarka) und ein altes, halbblindes Pferdchen, das kaum noch zu etwas taugte.

Vater führte mich durch die umliegenden Felder und zeigte mir voller Stolz den wirklich großartigen, hohen und dichten Weizen, die Baumwollanpflanzung und den Weinberg. Er erzählte, wie sie 1923 in der bloßen Steppe auf steinigem Neuland angefangen hatten. Tewje und seine Stammesverwandten sind aus Anatevka ausgesiedelt worden, aber mein Vater hat noch glückliche Tage erlebt. Sein größter Traum wurde Wirklichkeit. Er bekam das Recht, auf eigenem Land zu arbeiten. In den ersten, schwersten Jahren halfen die sowjetische »Landbestellungsgesellschaft werktätiger Juden« (Oset) und die amerikanische »Agro-Joint« den jüdischen Umsiedlern. Die Familien mit erwachsenen Arbeitskräften – Söhnen,

Töchtern, Schwiegersöhnen, Schwiegertöchtern – hatten genug zu essen. Vater träumte von der Zeit, in der sein Sohn Julik erwachsen, die Töchter verheiratet sein und neue, größere Häuser bauen würden. Wenn er Enkel haben würde, dann könnte es ein ruhiges, glückliches Alter auf eigenem Grund und Boden werden, der Traum aller Erniedrigten und Beleidigten, die jahrhundertelang nicht das Recht gehabt hatten, auf eigenem Land zu arbeiten. Dieser Traum sollte sich nicht erfüllen. Vier Jahre nach unserer letzten Begegnung verbrannten die Deutschen den Vater mit seiner Frau und den kleinen Kindern, mit den Nachbarn und ihren Kindern, auf dem *verheißenen*, von Schweiß und bitteren Tränen getränkten Land.

Auf meine wiederholten Nachforschungen nach Vater und seiner Familie bekam ich aus der Gebietsstadt Nikolajew stereotype Antworten auf vorgedruckten Formularen: »In den Listen der Umgekommenen und Verschollenen nicht aufgeführt.« Im Mai 1972 war ich im Kreiszentrum Snegirewka. Auf dem Platz vor dem Gebäude des Kreissowjets eine Grünanlage, darauf ein Obelisk mit der Aufschrift: »Zum Gedenken an die sowjetischen Bürger, die von den faschistischen deutschen Eroberern umgebracht wurden.«

Majakowskij hat zwei Gedichte geschrieben (lest die unbedingt noch einmal):

> *Jud*
>
> Du sahst keinen Juden?
> Ab auf die Krim!
> Schürf mit den Füßen an Steinen.
> In harter Arbeit bestellt der Jud
> den steinigen Boden zum Acker.

Und

> *Der Jude. Den Genossen vom Oset*
>
> Arbeit und Erde oder Tod!
> Kein Meer und kein Busch, keine Siedlung.
> Der ärgste der argen Orte der Rus
> Ist der Ort, wo die Umsiedler wohnen.
> Das Wort der Commune – hier setzt man es um.
> Und siebenmal darfst du nun raten,
> Welcher der beiden ein Slawe hier
> Und welcher ein Jude ist.

Bis zu einer gewissen Zeit wurden diese Gedichte in Werkausgaben und Sammelbänden mit aufgenommen. Aber nur bis zu einer gewissen Zeit. (Auch das Majakowskij-Haus-Museum mit der Bibliothek existierte ja nur bis zu einer gewissen Zeit.) Es vergingen einige Jahre, und man »fand heraus«, daß »Agro-Joint« ein Spionennest war. Und »Oset« befand man für überflüssig und löste es auf, weil den Juden, die Landarbeit machen wollten, 1934 Birobidshan[1] angeboten wurde, das Anfang der fünfziger Jahre beinahe zu einem sozialistischen Ghetto geworden wäre, wie es das in unserer Geschichte noch nie gegeben hat. [...]

Ich brauche Euch nicht erst zu erzählen, daß es in meiner Weltanschauung keine Spur von Nationalismus gibt, aber »mich verbinden mit den Juden die Gräben, in denen die Nazis Greise und Babys verscharrten, in der Vergangenheit Ströme von Blut, im folgenden das böse Unkraut von Voreingenommenheit und Vorurteil« (I. Ehrenburg).

Nicht die Schule, nicht der Komsomol, nicht die Militär-Akademie, nicht der Krieg konnten das verdrängen. *Es ist mit nichts zu verdrängen.*

Nach dem Krieg haben der selige Valja[2] und ich uns oft über das bittere Gefühl von Scham und Erniedrigung unterhalten. Obwohl jung, gesund und unter Waffen, konnten wir unsere Eltern, Brüder und Schwestern doch nicht vor der Erschießung in Odessa und dem grausigen Autodafé im jüdischen Umsiedlerkolchos beschützen.

»Tewje, der Milchmann«. Das ist das Buch, das ich von Scholem Alechem am meisten liebe (»Mottl, der Kantorsohn« ist ein eigenes Kapitel). Ich liebe und hüte es und lese es immer wieder. Zum erstenmal habe ich es 1938 gelesen, nachdem ich das Glück gehabt hatte, das wundervolle Schauspiel »Tewje, der Milchmann« mit

---

[1] Birobidshan – Unwirtliche Gegend im Fernen Osten, wurde zur Jüdischen Autonomen Sozialistischen Republik erklärt. 1937/38 wurde die Bevölkerung durch den »Großen Terror« dezimiert. 1952 plante Stalin eine Umsiedlung aller Moskauer und Leningrader Juden dorthin; es wurden bereits Baracken gebaut. Nach Stalins Tod wurden diese Pläne verworfen.

[2] Valentin J. Lewin (1910–1960) – Militäringenieur. Freund von Arschanskij, auch Verteidigungszeuge bei L. K.s Prozeß. Wurde dafür aus der Partei ausgeschlossen und aus der Armee entlassen. Seine Eltern waren 1942 in Odessa umgebracht worden.

Solomon Michajlowitsch Michoels[1] in der Hauptrolle am Jüdischen Staatstheater in Moskau in der Malaja-Bronnaja-Straße zu sehen. Zu der Zeit hatte ich die Sprache leider schon total vergessen. Ich verstand längst nicht alles. An der Reaktion der Zuschauer merkte ich, daß Sinn und Witz der Repliken von Tewje und anderen Personen nicht bei mir ankamen. Am nächsten Tag holte ich mir das Buch, las es und schaffte es auch, das Schauspiel noch einmal zu sehen, diesmal mit tiefem Verständnis und dem vollen Genuß von Solomon Michoels Kunst. Meiner Meinung nach ist »Tewje, der Milchmann« Scholem Alechems bestes und weisestes Buch. Nicht umsonst hat er zwanzig Jahre daran gearbeitet.

Eurem Brief zufolge war die Aufführung, die Ihr in Salzburg gesehen habt, eine Art Musical, in dem nur teilweise Motive aus der Erzählung von Tewje verwendet sind. Da ich volles Vertrauen zu Eurem Geschmack und Euren Eindrücken habe, will ich gern glauben, daß das alles bemerkenswert und jeden Ruhmes würdig war. Aber es ist ein anderes Schauspiel und handelt von etwas anderem. Was mir in Erinnerung und im Herzen geblieben ist, ist natürlich unwiederholbar, ebenso wie das zerstörte Theater, der ermordete Michoels und vieles andere. Das war eine Fortsetzung der *Wurzeln*, die zur *Baumkrone* wurde und dann leider unterging und unwiderruflich vorbei war.

So traurig es ist, aber ich glaube, daß keine Literatur und kein Theater mehr das Verständnis, das Gespür für die *Wurzeln* wiederbeleben, erhalten und uns verinnerlichen kann. Womit ich allerdings die Möglichkeit einer gewissen geistigen Nähe, wie fern auch immer, nicht ausschließen will.

Die Archäologen der Zukunft werden nichts finden können. Was sie Kulturschichten nennen, davon ist nichts geblieben. Die blutigen Betten und Kissen, die Häuschen und Synagogen mit den Gebetbüchern und Rollen der Thora sind in den Bränden der Pogrome vernichtet worden oder vergammeln auf dem Müll.

Chagalls Gemälde werden die Nachkommen ebensowenig aufregen wie Scholem Alechems oder Isaak Babels Worte. Denn die Nachkommen werden Außenstehende sein, und für Außenste-

---

[1] Solomon M. Michoels, eigentl. Wowsi (1890–1948) – Schauspieldirektor und künstlerischer Leiter des Staatlichen Moskauer Jüdischen Künstlertheaters, das 1948 geschlossen wurde. Michoels wurde ermordet und postum als »Volksfeind« verdammt.

hende ist das Wort hohl und der Bericht ermüdend. Und daß sie es sind, ist nicht ihre Schuld und nicht einmal ihr Verlust.

> Was sollen sie erkennen,
> Was sollen sie versteh'n,
> Wo sie doch Mauern trennen
> Von dem, was wir geseh'n.
> Auf Leben und Geschichte
> Bleibt ihnen keine Sicht.
> In unserem Berichte
> Erraten sie uns nicht.
> (David Samojlow)

Das, was Kummer, Auflehnung, Hoffnung und Kunst hervorgebracht haben, ist verschwunden. Statt dessen ist etwas Neues entstanden, als Zeugnis vom Untergang der lichten Hoffnung, als Frucht eines neuen Kummers und vielleicht einer neuen Auflehnung. Und diese neue Erscheinung wird vielleicht in einer neuen Kunst ihren Ausdruck finden. Vielleicht. [...]

Bis heute bereue ich nicht, daß ich nicht bei der sogenannten Gruppe der Sowjetischen Truppen in Deutschland bleiben wollte. Ich konnte es nicht. Ich habe das kategorisch abgelehnt, und offenbar war in meiner Ablehnung soviel Bitterkeit und Nachdruck, daß sie es nicht als eine Verletzung der Heeres- und Parteidisziplin ansahen.

Seitdem sind fast vierzig Jahre vergangen. In vielem habe ich mich verändert, vieles hinter mir gelassen. In sehr, sehr vielem bin ich Lew verpflichtet, seiner kompromißlosen Haltung als Weltbürger, Menschenfreund und Sohn seiner Heimat Rußland. [...]

Zwei wundervolle Menschen, zwei aufrechte und gute Schriftsteller sind gestorben: Alexander Israilewitsch Scharow und Sergej Alexandrowitsch Jermolinskij. Jermolinskijs Erinnerungen an M. A. Bulgakow (die besten und ehrlichsten, die ich kenne) sind in der Zeitschrift »Theater« (Nr.9, 1966) veröffentlicht. Man hoffte, daß ein Buch erscheinen würde, aber leider...

Scharows Bücher gehören zu meinen liebsten. Das letzte von ihm (von dem ich weiß) ist 1982 erschienen. Darin gibt es folgende Stelle:

»Die Erdkugel dreht sich, eingefaßt von Soldatengräbern, Soldatenblut sickert ins Erdinnerste, erwärmt die Erde mit Glauben und kühlt die eisige Hoffnungslosigkeit des Todes.

Die Erdkugel dreht sich als ein riesiges Grab, als eine furchtbare Anklage: Wie viele Frauen, Kinder und Gerechte sind in diesem Grab. Und die Menschen verurteilen einander ohne Recht auf Verteidigung, unter vorheriger Annahme der Schuld. Und die Menschen verzeihen nicht nur die Tränen und das Blut eines einzelnen Kindes, sondern den Tod Tausender, als könnte irgendwer außer dem Ermordeten selbst dem Mörder verzeihen; allenfalls die Mütter. Aber auch Mütter gibt es auf der Welt nicht.«

R. 15. April

Das Schicksal hat uns Florenz geschenkt. Ein vollkommenes Glück. Und dort haben wir uns mit Jurij Petrowitsch[1] getroffen, was seinerseits vielen schönen Sehenswürdigkeiten gleichkommt. Er inszeniert »Rigoletto«, und wir durften bei einer Probe zusehen, womit wir gar nicht gerechnet hatten. Der nicht mehr junge Russe lief über die Bühne, sprang herum, zeigte, wie man Pantomime spielt und was es überhaupt heißt zu *spielen*. »Habt ihr denn niemals mit Puppen oder ›Himmel und Hölle‹ gespielt?« fragte er ungehalten. Die jungen Männer und Frauen, die, wie Ljowa es treffend beschrieb, Klößen in kalter Suppe ähnelten, entwickelten keine Spur von mediterraner Leidenschaft. Es war auch nicht gerade günstig, daß einer der Regisseure Amerikaner war (oder Engländer, das weiß ich nicht), das heißt, daß noch eine Sprache hinzukam. [...]

Am letzten Abend in Florenz aßen wir bei Puschkins Urenkelin, Anja Woronzowa-Weljaminowa. Sie hat eine winzige, moskauisch chaotische Wohnung, in der die Bücher russischer Autoren auf russisch und italienisch den meisten Raum einnehmen. Das Haus ist ein dreistöckiges Türmchen aus dem 12. bis 14. Jahrhundert. Sie wohnt im ersten Stock, und unter und über ihr befinden sich die »Arbeitsräume« von drei sechzigjährigen Prostituierten, die schichtweise arbeiten. Jede hat ihr eigenes »Arbeitszimmer« und ihre eigene Straßenecke. Und sie haben alle Familie – keinen Mann, aber Kinder und Enkel. [...]

---

[1] Jurij P. Ljubimow – Regisseur, Gründer des Moskauer Theaters »An der Taganka«.

R. 25. April. New York

Zum viertenmal wird Lew in dieser Welt geehrt; zum viertenmal habe ich Lampenfieber, aber inzwischen anders. [...] In einer halben Stunde werden wir mit dem Auto abgeholt. Dann wird man Lew (und sechs anderen: drei Amerikanern, einer Südafrikanerin, einem Chilenen und einem Polen) Robe und Kappe anlegen, danach folgen die eigentliche Zuerkennung und Reden. Der obligatorische Lunch, dann eine Pause und ab fünf Uhr ein Symposium. Lew ist noch zusätzlich aufgeregt, weil sein Englisch nicht perfekt ist. [...]

Wir wollten New York diesmal nicht verlassen, es sind ja nur acht Tage, aber Carls Zustand hat sich sehr verschlechtert. Er fliegt schon wieder zur Untersuchung nach Washington; vielleicht muß er sich noch einer qualvollen Operation unterziehen. Wir müssen hinfahren und ihn sehen.

[...] Lew hat die Ehrendoktorwürde der »New School for Social Research« erhalten. Diese »Exil-Universität« ist 1933 von deutschen antifaschistischen Emigranten gegründet worden.

[...] Für einen Abend, eine Nacht und einen Vormittag sind wir nach Washington gefahren, um Carl und Ellendea zu sehen. Es sieht sehr schlecht bei ihnen aus. Gestern abend erfuhren wir am Telefon, daß er schon Metastasen in den Knochen hat. An jenem Abend war er bedrückt, still. Die Qual dauert ja schon zwei Jahre.

[...] Diesmal fiel uns unangenehm auf, wie die Amerikaner Bücher verkaufen und kaufen. Zum erstenmal wurde uns bewußt, daß man lange durch die Straßen gehen kann, ohne eine einzige Buchhandlung zu sehen. Man sagte uns, daß siebzig Prozent der amerikanischen Städte überhaupt keine Buchhandlungen haben. In Deutschland haben wir von solchen Städten nie gehört, konnten dafür aber beobachten, daß es in Kleinstädten mit acht bis zwölftausend Einwohnern drei bis vier Buchläden gibt (so in Bad Münstereifel).

L. 13. Mai. Köln

Am Donnerstag, dem 9. Mai, waren wir abends zu Hause, und Heinrich Böll kam. [...] Er hat Raja neun Rosen mitgebracht; wir haben ein bißchen, wirklich nur ein bißchen, auf den Tag des Sieges getrunken. Wir haben darüber gesprochen, daß dieser Tag hier entweder Tag der Kapitulation heißt und dann am 8. Mai begangen wird oder neutral Kriegsende. Heinrich: »Für mich ist es der Tag des Sieges, der Befreiung.« Er erzählte, wie er schon im März darauf gewartet hatte und wie er sein Krankenattest vom Lazarett gefälscht hatte, indem er es selbst verlängerte.

L. 21. Mai

Andrej Dmitrijewitschs Geburtstag. In der »Iswestija« stand gestern ein roher, böser, nach Westen zielender Artikel über Ljusja, so, als sei sie am Elend ihres Mannes schuld.

Vormittags ein Telefoninterview mit einem Radioreporter aus Amsterdam, der wissen wollte, was über Sacharows Schicksal bekannt sei und was man tun solle. Ich antwortete: »Vor allem: nicht nachlassen und nicht aufhören, immer wieder seine Freilassung zu fordern. Es läßt sich damit motivieren, daß es auch für das Prestige der neuen Sowjetregierung sehr wichtig ist.«

L. 23. Mai. Amsterdam

Morgens ein Anruf aus Wien. Da gehen Gerüchte um, daß Sacharow tot sei. Pressekonferenz im Haag. Einige Parlamentsmitglieder kamen. Von den Emigranten waren Eduard Losinskij, seine Frau Tanja und Viktor Fedossejew da. Ich rede und wiederhole immer dasselbe: Nicht nachlassen mit Forderungen, Bitten, Gesuchen.

L. 24. Mai

Habe in Wien angerufen. Wieder Gerüchte von Sacharows Tod. Es werden bereits Nachrufe vorbereitet. Wir telegrafieren nach Stockholm, wo die Minister der EU tagen. Sie sollen sich in Moskau nach dem Schicksal des Nobelpreisträgers erkundigen.

[...] Gott sei Dank, die Gerüchte haben sich als falsch erwiesen! Ein Dissident, der gerade in den Westen gekommen ist, hatte erzählt, daß Grüße und Geschenke zu Sacharows Geburtstag zurückgekommen seien und daß Ljusja irgendwen angerufen und gesagt habe: »Andrej ist nicht mehr bei uns« ... Korrespondenten haben über ihre verläßlichen Quellen herausbekommen, daß er ins Krankenhaus eingeliefert worden ist. Vermutlich wollen sie ihn wegen des Hungerstreiks von Ljusja trennen und zwangsheilen. Über all das schreiben und telefonieren wir ... Manchmal macht einen die Ohnmacht ganz fertig.

R. 30. Mai. Köln

Wir haben uns immer noch nicht daran gewöhnt, daß wir Wohnungsbesitzer sind. Wir gehen durch diese großen Zimmer voller Bauschutt, wo die Wände gestrichen werden und noch kein einziger Stuhl steht, und können uns gar nicht vorstellen, daß das unseres ist und wie wir dort wohnen werden. Gestern hat man uns das Telefon abgestellt. Ein bekanntes Gefühl, genau wie vor sieben Jahren in Moskau. Nach unserem Antrag hätte das Telefon nämlich schon in die neue Wohnung umgestellt sein sollen.

R. 8. Juni

Gestern bei einem Konzert in Mainz habe ich Leser getroffen und bekam folgendes zu hören: »Wir haben am Eingang zu unserem Haus eine Bank aufgestellt, weil wir bei Ihnen gelesen haben, daß vor den Moskauer Häusern Bänke stehen. Wir sitzen auch darauf, und die Passanten gucken, wagen es aber nicht, sich dazuzusetzen. Und die Bank trägt Ihren Namen ...« Es war komisch, rührend und verrückt. Wenn man mir aber sagt, daß die Nachfrage nach sowjetischen Büchern gestiegen sei, nachdem die Leute mein Buch gelesen haben – und das gab es schon ein paarmal –, dann fühle ich mich ordensgeschmückt und bin wirklich sehr stolz.

L. 8. Juni

Wir sind in Bilstein, knapp anderthalb Kilometer von Langenbroich. Hier bleiben wir eine Woche. Annemarie und Heinrich erwarteten uns schon. Karl-Heinz hat uns hergefahren. Wir sind zu fünft im Wald spazieren gegangen; es war einfach schön und sogar fröhlich.

L. 9. Juni

Vormittags haben wir gearbeitet und sind spazierengegangen, dann ist Heinrich mit uns nach Hürtgenwald gefahren. Dort machten wir einen langen Spaziergang am »Westwall«, an alten Schützengräben entlang, die mit Gesträuch und Unkraut zugewachsen sind. Der ganze Wald ist jung, der alte ist im Krieg vernichtet worden. Hier haben schwere Batterien monatelang sinnlos vernichtend aufeinander gefeuert.

R. 23. Juni. Mailand

Jiří Pelikan kandidiert für das Europa-Parlament, zum zweitenmal schon, und eine kleine Gruppe hat darüber diskutiert, wie die Grenzen des geistigen Europa verlaufen. Lew mußte erbittert unsere Grenzen verteidigen, d. h. die Zugehörigkeit Rußlands zu Europa, die die Tschechen und Polen ablehnten. Verständlich, aber auch schrecklich bitter.

L. 26. Juni. Köln

Vor zwei Wochen hat Albrecht Knaus, der Verleger von Rajas »Türen«, in einem malerischen bayerischen Dörfchen im Alpenvorland am Ufer eines langen Sees so etwas wie eine Pressekonferenz veranstaltet. Raja las einen Ausschnitt aus ihrem Buch. Danach beantworteten wir Fragen von Journalisten, die größtenteils gescheit und teilnahmsvoll waren und sich nicht nur auf Rajas Buch bezogen. [...]
  Wir haben viel über Literatur gesprochen. Ein Erfolg dieses Abends: Die Leiter des Verlagskonzerns, zu dem auch Rajas Verlag gehört, haben beschlossen, eine ständige Serie einzurichten: »Bibliothek der russischen Gegenwartsliteratur«. Da sollen sowohl Bücher von Autoren erscheinen, die in der Heimat leben, als auch von solchen aus dem Ausland. Wir wurden gebeten, Ratgeber zu sein, und stellen jetzt eine Empfehlungsliste zusammen.

L. 29. Juni

Wir sind in »unsere eigene« Wohnung umgezogen. Der Umzug dauerte den ganzen Tag. Ihn »dirigierte«, wie schon den Umbau zuvor, die unermüdliche Frau Roth. Um 6.30 Uhr standen wir auf. Übernachtet hatten wir schon hier, in dem Zimmer, das Gästezimmer wird.
  Raja hat wieder Achmatowa gelesen, die Gedichte der fünfziger und sechziger Jahre. Sie klingen fast alle, als ob wir sie zum erstenmal hörten; heute ist die Empfindung von Tragik und geheimer Tiefe stärker (nein, sie ist in kein kirchliches Dogma zu pressen).
  Karl-Heinz hat auch hier übernachtet und uns morgens noch den Frühstückstisch gedeckt. Er ist rührend wie ein Sohn und freundschaftlich fürsorglich.

R. 5. Juli. Crottorf

Wir sind im Turm untergebracht, wo wir auch schon ein paarmal waren. (Hermann wohnt jetzt im Winter hier, weil es unglaublich teuer ist, das große Schloß zu heizen.) [...] Jetzt sind wir hier ganz allein. Tagsüber haben wir in völliger Ruhe gearbeitet.

Die Nachricht von Lillian Hellmans Tod war ein schwerer Schlag für mich, wenn auch nicht ganz unerwartet. Im April habe ich sie noch besucht; da stand sie schon fast gar nicht mehr auf, war aber geistig völlig klar.

R. 14. August. Köln

Nächste Woche fahren wir für vier Tage nach Österreich, zum Europäischen Forum in Alpbach, Tirol. Auf dem Rückweg bleiben wir einige Tage in München.

R. 27. August. Köln

In Alpbach war es schön; eine herrliche Gegend, interessante Leute. Diese regelmäßigen Begegnungen und Seminare haben gleich nach dem Krieg, im August 1945, begonnen und finden seitdem alljährlich statt. [...] Wir hielten beide Vorträge, und Lew hat außerdem mehrere Interviews gegeben.

Unser Aufenthalt begann damit, daß eine Fernsehreporterin uns bat, am ersten Morgen ein Interview zur Zeit des russischen Frühstücks zu geben. Wir betraten den Raum: ein gedeckter Tisch, eine Flasche Wodka, eine große Schüssel Borschtsch, eine andere Schüssel mit Buchweizengrütze und Speck, Heringe, Salzgurken... Wir schreckten zurück, und sie fragte tief enttäuscht: »Trinken Sie etwa morgens keinen Wodka? Man hatte mir gesagt...«

R. 17. September. Hamburg

Lew hat heute morgen einen seiner besten Vorträge gehalten, über »Boris Godunow«. Wir freuten uns beide – die Vorbereitung ist eine gemeinsame Arbeit: lesen, wieder lesen, durchdenken.

Vorgestern ein wunderbarer Abend: der achtzigste Geburtstag von Wolf Biermanns Mutter. Eine schöne, einfache, gute Frau mit klarem Gesicht, klarem Kopf, ungetrübtem Gedächtnis. Ihre Hände zittern, sie hat kein leichtes Leben hinter sich, und ihr Sohn läßt sie auch nicht zur Ruhe kommen, wie wohl alle Genies. Ungefähr hundert Gäste verschiedener Generationen waren da.

Dafür war der gestrige Abend für mich unerträglich. Ihr kennt meine »glühende Liebe« zur Oper. Ringsum dicker Reichtum. Und am Abend zuvor junge Leute in Hemd und Jeans und so viel normale Wärme. Vielleicht, sicher sogar waren auch in der Oper gute Leute, aber alles zusammen war mir unerträglich fremd. Und als dann noch die letzte Volksszene als reiner Sturm aufs Winterpalais dargestellt wurde mit irgendwelchen roten Flugblättern in der Menge – »Boris Godunow« mit Eisenstein-Szenen –, da war es gar nicht mehr auszuhalten.

L. 1. Oktober. Köln

Carl Proffer ist tot. Wir wußten, daß es kommen würde. Vor nur zehn Tagen haben wir noch einmal seine schwache, leise Stimme gehört. Da sprach er schon nicht mehr russisch ... Ellendea: »Mich erkennt er auch nur noch manchmal. Der Arzt hat gesagt, daß er vielleicht noch zwei Wochen leben kann.« Er sagte irgend etwas Liebes und klagte leise: »Ich fühle mich schrecklich. Vergeßt Ellendea nicht.«

Hinterher haben wir noch mehrmals von verschiedenen Orten aus angerufen, da nahm er den Hörer nicht mehr ab. An jenem Abend habe ich das Raja in Hannover nicht durchtelefoniert, damit sie nachts schlafen konnte. Von mir selbst wußte ich, daß ich nicht würde schlafen können.

Gestern habe ich unseren Karl-Heinz gebeten, hier zu übernachten. Seine Jugend, seine lebendige, freundschaftliche Art haben mir sehr geholfen. Wir haben bis zwei Uhr nachts zu zweit in der Küche gesessen. Er hat gefragt, und ich habe von Carl erzählt, von Ellendea, von allem, was mit ihnen zusammenhing, von Nadeshda Jakowlewna (Mandelstam) und Sascha Sokolow[1]. Er ist ein sehr dankbarer Zuhörer. Und zwei Tage später, als Raja zurückkam, haben wir ein Telegramm und einen Nachruf geschrieben. Es gelang mir, Fritz Pleitgen in Washington telefonisch zu erreichen, und er hat für uns Blumen zur Beerdigung geschickt und ein Telegramm.

---

[1] Sascha W. Sokolow – Schriftsteller, dessen Talent von den Proffers entdeckt wurde. Seine »Schule der Dummen« wurde international bekannt.

R. 23. OKTOBER. KÖLN

Ich sah gerade auf die Daten (die einzige Art von Buchhaltung, die ich mache). [...] Ich zähle nur die geographische Folge auf, wo wir seit dem 20. August gewesen sind: Alpbach, Tirol – Wien – München – Heidelberg – Köln – Hamburg – München – Köln – Altenkirchen – Köln – Marburg – Köln – Hannover – Lünen – Köln – Rottenburg – Frankfurt – Tuttlingen – Reutlingen – Köln – Recklinghausen ... Übermorgen noch ein Städtchen, dann zurück, und wieder zwei Fahrten zusammen mit Lew. Es flimmert mir vor Augen, ich bin todmüde.

L. 24. OKTOBER. KÖLN

Am 8. Oktober sind wir aus Frankfurt zurückgekommen (von der Buchmesse und der Verleihung des Friedenspreises an Octavio Paz). Vier Tage waren wir zu Hause, haben die Berge von Post sortiert und die dringendsten Antworten geschrieben; insbesondere einen ausführlichen Brief an Bundespräsident von Weizsäcker, mit dem ich in Frankfurt nur kurz sprechen konnte. Ich hatte ihm versprochen zu schreiben und habe mich gleich darangemacht; vor allem über Sacharow, dann auch über unsere finanziellen Sorgen mit Orient-Occident und dem »Wuppertaler Projekt«. Nachdem wir ein Buch mit ukrainischen Dichtern herausgegeben haben und die Romane von W. Grossman und Semjon Lipkin, sind unsere Orient-Occident-Ressourcen erschöpft, dabei stehen die Bücher von Lidija Tschukowskaja und noch einigen tschechischen, rumänischen und russischen Autoren an. Und so kann man wieder, wie eh und je, Finanzen auf Romanzen reimen. Gestern bekam ich schon eine ermutigende, aber noch nicht konkrete Antwort.

Mit Wuppertal ist es jetzt endlich geregelt: [...] Den ersten Band haben wir fertig: »Russen und Rußland aus deutscher Sicht; 9.–17. Jahrhundert«. (Das ist der Titel dieses Bandes; die Serie als Ganzes heißt »West-östliche Spiegelungen«.) Wir hatten das Glück, daß wir einen großzügigen, interessierten Verleger gefunden haben, Ferdinand Schöningh aus Paderborn, dem auch der Wilhelm Fink Verlag in München gehört. Er wagt es, den ersten Band ohne Subventionen herauszubringen. Die Bedingung für seine Großzügigkeit: Bis Ende des Sommers soll ich ihm einen Band »Deutsche und Deutschland in der russischen Lyrik des frühen 20. Jahrhunderts« fertigstellen. Das wird keine umfassende wissenschaftliche Untersuchung, sondern eine Art thematisches Lesebuch mit einem ausführlichen Vorwort und zweisprachigen Gedichten von Blok, Achmatowa, Zwetajewa, Pasternak, Majakowskij, Bagrizkij, Woloschin, Nabokow (Sirin) und ein paar anderen typischen wie Kirsanow und Tschornyj. Nur Texte bis 1933, sonst verrennen wir uns ...

Am 15. Oktober hat das Wintersemester begonnen. Mein Plan ist jetzt so: Einen Montag halte ich Vorlesung, am nächsten ist Kolloquium.

Am Freitag, dem 12., sind wir nach Tübingen gefahren. Unterwegs habe ich das Interview mit Sergej Awerinzew[1] in den »Woprossy literatury« gelesen, und zwar mit großer Freude: Rußland lebt, die russische Intelligenzija lebt! Obwohl es schreckliche Verluste gegeben hat, obwohl ganze Generationen umgekommen, zerfallen und ausgestorben sind, obwohl Schicksale und Seelen verstümmelt worden sind und man sie weiterhin verstümmelt, erstickt und entstellt. Und dennoch, trotz alledem oder manchmal vielleicht gerade unter dem Druck des Bösen, behauptet sich die mutige Gegenwehr und der kluge, raffinierte, stille Widerstand.

L. 6. NOVEMBER. KÖLN

Ein Leserbrief: »Ich unterrichte Russisch und will mit meinen Schülern in die UdSSR fahren. Aber wie sollen meine Schüler noch Lust zum Russischunterricht oder Vorfreude auf die Reise in ein so tyrannisches System haben, wenn ich ihnen erzähle, was Sie über Sacharow sagen, über die Verfolgung von Dissidenten, über die Stalinzeit und überhaupt über diesen Staat? Kindern kann man ja keine Dialektik erklären.«

Und wieder, immer wieder, zum wievieltenmal schon, bemühe ich mich, den Unterschied zwischen System und Volk zu erklären, zwischen offizieller Propaganda, offiziellen »kreativen Organisationen« und den real existierenden Dichtern und Denkern. [...] Manchmal ist es sehr ermüdend, immer ein und dasselbe zu wiederholen, die eigene Stimme zu hören, zum hundertstenmal ein und dieselbe Frage zu beantworten.

---

[1] Sergej S. Awerinzew – Philosoph, Theologe, Kulturhistoriker.

Vor wenigen Wochen ist von mir das Taschenbuch »Im Willen zur Wahrheit« erschienen; ich habe es gewidmet: der Vergangenheit – den Träumen Maximilian Woloschins, der Gegenwart – den Hoffnungen Andrej Sacharows, der Zukunft – unseren Enkeln. Mein Anliegen habe ich so einfach und genau wie möglich formuliert: »Nation verstehe ich als geistige kulturgeschichtliche Einheit von Menschen, die durch Gemeinsamkeit von Sprache und Sitten sowie durch das Bewußtsein eines gemeinsamen Schicksals in Vergangenheit, Gegenwart und Zukunft miteinander verbunden sind.

Unhaltbar erscheinen mir alle materialistischen Deutungen des Begriffs Nation: sowohl soziologisch-materialistische, die von der Gemeinsamkeit wirtschaftlicher und politischer Interessen ausgehen, als auch biologisch-materialistische (rassistische), denen zufolge Nation primär eine genetische Blutsgemeinschaft ist.«

Doch wie viele Menschen kann diese Binsenwahrheit erreichen und überzeugen?

Es ist viel Post gekommen, unter anderem ein dicker Schmähbrief von einem Kollegen, einem »linken« Professor, der mir »Liebedienerei vor dem Kapitalismus« vorwirft. Der Anlaß ist meine Rezension über Grossmans hier erschienenen Roman, in der ich »mich erdreiste«, den Stalinschen Terror dem Hitlerschen gleichzustellen.

R. 8. NOVEMBER. KÖLN

Ich will Euch berichten, wie es der deutschen Ausgabe von Grossmans Roman »Leben und Schicksal« ergeht: Die ersten Exemplare gab es auf der Frankfurter Buchmesse. [...] Der Knaus Verlag hatte eine große und sehr repräsentative Pressekonferenz organisiert. Lew und Wolodja Wojnowitsch[1] sprachen, wie ich finde, gut. Wolodja erzählte von sich aus nichts, aber als der Verleger ihn fragte, wie das Manuskript in den Westen gelangt sei, begann er darüber zu berichten.[2] In drei Wochen sind zehntausend Exemplare verkauft worden, was für einen ausländischen Roman hier sehr viel ist.

---

[1] Wladimir N. Wojnowitsch – Schriftsteller. Emigrierte 1980 in die Bundesrepublik Deutschland.
[2] In einigen Nächten hat er gemeinsam mit Sacharow das riesige Manuskript in zweifacher Ausfertigung abfotografiert und die Filme über vertrauenswürdige »Brieftauben« in die Schweiz befördert, wo das Buch auf russisch erschien.

R. 10. NOVEMBER. KÖLN

Lew führt in Wuppertal wöchentlich abwechselnd Vorlesungen und Seminare durch. Die letzte Vorlesung war »Rußland bei Rilke«, heute ist Seminar, in einer Woche »Tolstoj und Dostojewskij in Deutschland«. [...] Außerdem all die laufenden Verpflichtungen; jetzt schreibt er gerade eine Rezension zu den Erinnerungen der Prinzessin Sayn-Wittgenstein und eine Rezension zu einem Buch des mit uns befreundeten Historikers Karl Schlögel, »Moskau lesen« – ein schönes und sehr »nahrhaftes« Buch über die Moskauer Bauten, aber nicht nur darüber, sondern auch über unsere Geschichte und alles.

1985

R. 7. JANUAR. KÖLN

Unser Weihnachten: Wir haben Tatjana Litwinowa[1] am Flughafen abgeholt, sind nach Haus gefahren […], haben im großen Arbeitszimmer den Tannenbaum angemacht, Wein getrunken, gegessen und endlos geredet.

Am 26. Dezember sind wir abends in eine Kneipe gegangen, haben gutes Bier getrunken und Würstchen gegessen. Es waren nur wenige Leute da. Tanja hat immer Papier und Bleistift bei sich, betrachtet überall die Leute und macht Skizzen. Am 27. fuhren wir nach Brügge.

R. 17. JANUAR

Neulich hat Heinrich Böll im Radio in einer Sondersendung über Wassyl Stus gesprochen. Vorher hatte er uns angerufen und sich von Lew die letzten Informationen geben lassen. Wir machen uns schreckliche Sorge um Stus. […]

R. 13. FEBRUAR. KÖLN

Gestern waren wir in Hamm. Zum erstenmal im Leben hat Lew nicht nur in einer Kirche gesprochen, sondern sogar von der Kanzel. […] Er erzählte von Doktor Haass, las zwei Seiten vor und beantwortete dann anderthalb Stunden lang Fragen.

---

[1] Tatjana M. Litwinowa – Malerin, aktive Menschenrechtlerin. Lebt in England.

Wir fahren mit unseren beiden Mitarbeitern Brigitte und Karl-Heinz eine Woche in die Eifel, weil Lew die Arbeit über Rilke abschließen muß. (Er schrieb »Rilkes Rußlandmärchen« 1974/75.) Und hier türmt sich außer dem laufenden noch die Arbeit für die Taschenbuchausgabe seines Heine-Buches. Die Übersetzung ist von vorn bis hinten zusammen mit Edith Kaiser[1] umgeschrieben worden und muß bis zum 1. März an den Verlag abgeliefert werden. Und das sind nur Ljowas Pflichten, ich selbst habe auch genug.

L. 20. FEBRUAR. KÖLN

Aber das wichtigste ist doch das, was wir gemeinsam schreiben: unser Buch »Wir lebten in Moskau«. Die zweite Hälfte ist fertig, die monographischen Porträts von Achmatowa, Tschukowskij, Sacharow, Jewgenija Ginsburg, Galitsch und anderen. Aber zur ersten Hälfte müssen noch einige Kapitel ergänzt werden (teilweise nach Bergen von Notizen).

Eine Menge Zeit und Kraft fordert unser ständiges Bemühen, irgendwie denen in der Heimat, die es brauchen, zu helfen. Dazu gibt es zwei Hauptwege. Der eine geht über die Öffentlichkeit. Wir belästigen Zeitungen und Fernsehen und nutzen unsere Auftritte, die wir haben – Vorlesungen, Vorträge, öffentliche Lesungen, Interviews zu jedem Thema –, um immer wieder an Sacharow und auch an alle anderen Verfolgten zu erinnern. Und darin sind wir überhaupt nicht parteilich. […] Außerdem wende ich mich an Politiker, Industrielle und Finanziers, die Geschäfte mit Moskau machen. Manchmal kann man etwas in Bewegung bringen.

AUS EINEM BRIEF VON WJATSCHESLAW (KOMA) W. IWANOW

Moskau, 8. März 1985

Die Frage »Gehört Rußland zu Europa oder nicht« ist wohl nicht ganz so zu beantworten, wie eine vernunftbestimmte Betrachtung des Wertvollen in der Kultur es gern sähe. Das Europäische ist – bei aller unbezweifelbaren Bedeutung des geistigen Erbes Europas – nur ein kleiner Teil des Gesamtmenschlichen, Weltweiten. Man

---

[1] Edith Kaiser – Lektorin; sie half L. K. besonders bei »Ein Dichter kam vom Rhein«, »Der heilige Doktor Fjodor Petrowitsch«, »Der Wind weht, wo er will«.

braucht gar nicht erst an den Buddhismus, an Indien, China oder Japan zu denken. Schon das Christentum ist in seinem Ursprung, in den Evangelien und dem, wovon sie erzählen, keineswegs Europa, und alle Fortsetzungen von Byzanz – in ihren Höhenflügen und in dem Schrecklichen, was mit ihnen geschah – waren nicht europäisch. Rußland wird nicht kleiner durch seine Nachbarschaft zu diesen großen nichteuropäischen Strömungen geistiger und anderer Art, die es in sich trägt. Rußland hat ein uneuropäisches Schicksal, die Art der Wechselwirkung mit der Zeit (was Tschaadajew[1] bemerkt hat), das Uneuropäischste in Rußland ist die Erfahrung seiner Europäisierung. Wäre in Frankreich oder England das fanatische Westlertum denkbar gewesen? Und das kommt eben daher, daß man meinte, sich die Kehle heiser schreien zu müssen, um seine Zugehörigkeit zu dem zu beweisen, was nicht das Eigene oder jedenfalls nicht ganz das Eigene ist. Der Anblick der Leute auf der Straße überzeugt nicht gerade von Europäertum. Ich meine nicht das Äußere, obwohl auch das nicht unwichtig ist. In Bloks Tagebuch findet sich zu diesem Thema der Satz: »Europa ist eine Form, der ewig der abgrundtiefe russische geistige Inhalt fehlt.« Es geht mir jetzt nicht um den Inhalt – der ist deutlich nicht europäisch (man nehme nur bei ebendiesem Blok die östliche Mystik) –, aber von jener Form ist in Rußland nicht nur zuwenig da, es gibt sie nicht. Das fasziniert Europa an Dostojewskij und anderen, mich aber stößt es ab: Mangel ist kein Reichtum; und alles, worauf man hier stolz ist – Nihilismus, Anarchismus, Rebellentum (selbst bei Tolstoj) –, sind negative Begriffe. Gerade diese tief negative Seite der russischen geistigen Erfahrung ist dem Buddhismus eng verwandt (obwohl die meisten russischen Denker sich mit ihm gestritten haben). Die Eigenart des russischen religiös philosophischen Denkens hängt vor allem mit der Unfähigkeit russischer Philosophen zum rationalen Denken zusammen. Sie – Solowjow, Fjodorow, Ziolkowskij (von dem habe ich den nicht verkauften vierten Band seiner Werke erworben – die zweitausend Exemplare der Auflage sind nach zwanzig Jahren noch nicht vergriffen; ich verschlinge, was er darüber schreibt, wie recht der »Lehrer von Galiläa« hatte, und wie er, Ziolkowskij, zweimal im Leben Kontakt zu Wesen

---

[1] Pjotr J. Tschaadajew (1796–1856) – Historiosoph, Publizist, Freund von Puschkin; ökumenischer Denker, wurde vom Zaren offiziell zum »Wahnsinnigen« erklärt.

hatte, die außerhalb der Zeit leben) –, sie springen sofort ins Irrationale, eben dadurch wird Europa überrascht, aber eben überrascht von außen, außerhalb seiner Möglichkeiten. Das Östliche, Irrationale, Jenseitige wirkt in der russischen Geistesgeschichte als bezwingende Kraft, es überlagert jede übernommene, westliche Theorie (in Andrej Belyjs Kantianismus zum Beispiel); das Europäische ist in der russischen Kultur so umgeformt, daß es, wie die englischen Lehnwörter im Japanischen (ik = Tinte; oder foku = Gabel) kaum wiederzuerkennen ist.

Im Juni gab es ein besonderes Joyce-Jubiläum (und ich habe es gefeiert): Vor achtzig Jahren hat Joyce seine spätere Frau kennengelernt, und diesen Tag machte er zum Tag der Handlung des »Ulysses«. Aus diesem Anlaß las ich noch einmal »Finnegans Wake«; die avantgardistischen Poetik-Zeitschriften, die ich beziehe, befassen sich im Moment viel mit diesem Buch. Es ist auch wirklich sehr gut, aber darin gibt es ein babylonisches Sprachengewirr – ein Buch, das ganz bewußt die Literaturgeschichte abschließt; dabei voller Humor; er eifert Rabelais nach, aber Lachen ist fehl am Platz. Ich fand in dem Buch ein eindeutiges Majakowskij-Zitat und freute mich. In einem frühen Gedicht von Joyce ist die Spur seiner Lektüre von altirischen Texten unübersehbar; er hat sie wörtlich übersetzt und als Träume dargestellt. Sein Verhältnis zu Irland ähnelt dem unseren zu Rußland. Irland ist ja in gewisser Weise ein Über-Europa, ein Rest von Archaischem in Europa, von dem, was »vor allem anderen« in Europa da war. In der irischen Seele ist nicht weniger Nebel und Mystik als in der russischen (darum ergibt auch die Multiplikation des Slawischen mit dem Keltischen, wie bei Lermontow, etwas ganz Außerordentliches).

Joyce hat sich nicht gleich von Irland getrennt. Er kam in der Hoffnung zurück, daß seine »Dubliner« gedruckt würden, was nicht klappte, sie erschienen in England. Nichts konnte zu Hause erscheinen. Am schlimmsten erging es ihm und Yeats (mit dem ich mich in den letzten Jahren viel beschäftigt habe) nach der irischen Unabhängigkeit; da triumphierten wilde Fanatiker dort ganz und gar. In unserem Jahrhundert stammt das Beste an Versen und Prosa in englischer Sprache von Iren, die ihren Lebensabend nicht in der Heimat verleben konnten. (»Irland ist kein Land fürs Alter«, hat Yeats in einem späten Gedicht geschrieben, als er von Byzanz träumte; dort, in Byzanz, hat er auch jene andere Art von Nicht-Europa gefunden.)

Ich will erläutern, was ich über die irische Literaturgeschichte gesagt habe. Wenn man vergleichen will, dann mit solchen Umbruchzeiten wie dem großen Umbruch, fünf bis acht Jahre danach usw. Die Besonderheit von Umbruchzeiten liegt in der Vielfalt der Möglichkeiten, aus denen zu wählen ist. Gewöhnlich wird dabei eine der schlechtesten Möglichkeiten gewählt. Selbst im Land eines großen Schweigens (nicht nur, sondern auch während des Umbruchs) staunt man manchmal über den fehlenden Widerhall, den fehlenden Aufschrei. Ich glaube, es ist das wichtigste, daß man sich rechtzeitig abgewöhnt, sich mit optimistischen Vermutungen aufzuheitern. Es gibt absolut keinen Grund dafür. Joyce, der für immer wegzog, nachdem die »Dubliner« nicht verlegt worden waren, handelte damit sehr viel klüger als Yeats, der sich nach der Unabhängigkeitserklärung von Eire ins Parlament wählen ließ und Reden hielt, die ein ganzes Buch ausfüllten, dann erst nach Luft rang und, weil es kein Byzanz mehr gab, nach London auswanderte.

Zwei Monate Beschäftigung mit buddhistischen Parabeln haben zu diesen keltischen Studien der gleichen Art geführt. Wie Ihr merkt, ist die Stimmung nicht die beste; und das hat seinen Grund.

Schon tagelang gießt es in Strömen, so daß man keine Luft schnappen kann. Im Fernsehen läuft ein endloser Fortsetzungsfilm von der belehrenden Art. Unglaublich primitiv. Typische Charaktere in typischen Verhältnissen. Wie fern scheinen die wolkenlosen sechziger Jahre. Die Parallelität der Jahrhunderte ist ein Märchen, so etwas gab es damals bestimmt nicht. Das ist speziell für uns gemacht.

ZWISCHENBEMERKUNG

Dieser Brief war teilweise eine Antwort auf unsere Fragen und Klagen, warum man hier nicht anerkennen will, daß Rußland zu Europa gehört. Kluge und geradezu verwegen kühne Abstraktionen und Vergleiche sind für viele Schriften von W. W. Iwanow typisch. Auch in diesem Brief scheint er einerseits die »Abtrennung Rußlands von Europa« zu bestätigen, widerlegt sie andererseits aber auch. Wie Irland kann man auch Spanien als ein »Über-Europa« bezeichnen, von dem der europäische Kolonialismus ausging. Und auf dem Balkan begegnen sich Europa und Asien, vermischen sich und stoßen zusammen wie in Rußland. Auch in China, Indien und den Ländern Lateinamerikas gibt es genug überzeugte Gegner des »Eurozentrismus«.

Europa, diese kleine, sonderbar ausgefranste Halbinsel an einem großen Kontinent, dicht besiedelt mit eifrigen und rauflustigen Völkern, ist ja nur ein kleines Teilchen des Planeten, räumlich wie auch in seiner geistigen Ausstrahlung ... Der Mythos von der afrikanischen Prinzessin Europa, die vom Stiergott entführt wurde, und der Mythos von der europäischen Kultur als Einheit, die allen anderen Kulturen gegenübersteht, sind der historischen Wirklichkeit beide gleich nah und gleich fern. Ohne Europa – vor allem das geistige – gäbe es Rußland nicht, und ohne Rußland bleibt nichts von Europa. Thomas Mann träumte von einem Bündnis zwischen Rußland und Deutschland gegen das bourgeoise Westeuropa – Frankreich und England. Und sein älterer Bruder rief zur Europäisierung auf, d. h. zur Demokratisierung sowohl Deutschlands als auch Rußlands. Wahrscheinlich werden sich noch unsere Urenkel darüber streiten, wo Europa aufhört – zwischen Weichsel und Dnepr, am Ural oder an der Küste des Stillen Ozeans.

R. 16. MÄRZ. HAMBURG

Gestern haben wir zum erstenmal seit vier Jahren Tschechow auf einer deutschen Bühne gesehen. Er selbst, Stanislawskij, Nemirowitsch und auch Bulgakow hätten sich im Grabe umgedreht. Aber auf eine andere Art, nach ganz anderen Theatergesetzen war es eine gute und lustige Inszenierung. »Der Heiratsantrag« und »Die Hochzeit«. Hat es vor Tschechow in der russischen Literatur eine Hochzeit mit einem General gegeben, oder ist er der erste? Ich weiß es nicht. Ich habe nicht gelacht; die Helden schreien dauernd, fallen in Ohnmacht, verprügeln sich. Im »Heiratsantrag« sind lebende Schweine und Hühner auf der Bühne. In der »Hochzeit« zeigte man uns statt Tschechow so etwas wie Dostojewskijs »Ein schlechter Scherz«, überhaupt viel von Dostojewskij, Skandalatmosphäre.

L. 16. MÄRZ

Eine gemeinsame Lesung in Hamburg, organisiert von einem Buchhändler in einer alten evangelischen Kirche. Sehr viele junge Leute – Oberstufenschüler, Studenten. Die Diskussionsleitung hatte Marion Dönhoff, »unsere Gräfin«. Es gab viele Fragen und Diskussionen. Raja las ein Kapitel aus ihren Erinnerungen, »Ich als Okkupantin«, und ich einen kürzlich erschienenen Artikel, »Zuflucht und Brükkenschlag«, über die Bedeutung der klassischen und überhaupt der guten Literatur in den düsteren Zeiten von Terror und Krieg.

Gleich Marions erste Frage »Inwieweit können Literatur und geistige Kultur vor Kannibalismus schützen?« entzündete einen Streit. Puschkin und Tolstoj haben Stalin nicht verhindert, Goethe und Schiller nicht Hitler. Marion sagte: »Alles, was du schreibst und sagst, bezieht sich doch nur auf einen kleinen Prozentsatz von Intellektuellen, Leute aus eurem Kreis. In der Nazizeit war es auch bei uns so. Zu Hause führten wir ein anderes Leben, aber draußen herrschten sie und die von ihnen fanatisierten Massen.«

L. 19. MÄRZ. CHAMBORD

[...] Die Schlösser sind großartig schön und lehrreich. Hier an der Loire war die Wiege des französischen Absolutismus, für mich ist es eine eigenartige Reise in die Kindheit und Jugend, als ich Geschichte wie Romane las und aus Shakespeares Dramen und Dumas' und Mérimées Romanen Geschichte lernte. Die Spuren der Kunstförderer, die in diesen Schlössern hausten – (heute waren wir in Amboise in dem Haus, wo Leonardo da Vinci die letzten Lebensjahre verbrachte, und an seinem Grab in der Königskapelle) –, zwingen mich, an manchen Thesen meiner »Staatsmacht und Nation«[1]-Konzeption zu zweifeln. Im Mittelalter und noch in der Renaissance waren die Verhältnisse anders, als sie in späteren Zeitaltern wurden.

Übermorgen geht's nach Spanien, aber ich bin schon heute ferienmüde und möchte am liebsten an den Schreibtisch zurück.

L. 29. MÄRZ

Erst seit wenigen Tagen sind wir in Frankreich, aber es kommt uns vor, als sei schon viel Zeit vergangen. In Paris sind wir in zweieinhalb Tagen in kein einziges Museum gegangen, dafür aber waren wir trotz häufigen Regens viel in der Stadt spaziert. Und haben den Anblick der Straßen, der Uferpromenaden und Plätze genossen, ohne Übertreibung, richtig genossen...

---

[1] Essay, veröffentlicht im Sammelband »Im Willen zur Wahrheit« (Frankfurt am Main 1984).

Am häufigsten haben wir Vika[1] gesehen. Er ist schlanker geworden, nüchtern, traurig und uns sehr nah. Igor Alexandrowitsch (Kriwoschein) ist alt geworden, sogar senil, kann kaum gehen und fängt oft an zu weinen. [...] Die Sinjawskijs sind wie immer, aber Andrej[2] ist schon ganz ergraut. Einen Abend haben wir mit Karol[3] verbracht. Er hilft uns bei unserer Spanienreise.

[...] Diese drei Tage haben wir an der Wiege des französischen Königreichs verbracht und gingen durch die Schlösser Chambord, Blois, Amboise, Chenonceau, in denen die Mythen der letzten Valois und der ersten Bourbonen entstanden. Und unwillkürlich vergleicht man: Ludwig XI., ein schlaues, brutales Biest, war ein Zeitgenosse von Iwan III., der Nowgorod zugrunde richten und sich als erster »Zar« nennen ließ.

Die Bartholomäusnacht fand zur gleichen Zeit statt, als bei uns die Opritschnina[4] wütete, und die Söhne Katharinas von Medici, Karl IX. und Heinrich III., waren nicht weniger grausam, heuchlerisch und heimtückisch als Iwan der Schreckliche. Und die Freiheitsliebe der Saporoger und Don Kosaken, der Bauern und Fronbauern, die im Gefolge von Iwan Bolotnikow kämpften, war wahrhaftig nicht geringer als die der Pariser, die mit den Guisen rebellierten... Auch in den deutschen Ländern und in England gibt es vergleichbare Fälle.

Worin besteht denn dann trotz allem unsere Gegensätzlichkeit zu Europa? Es ist doch wirklich unwichtig, ob man diese Unähnlichkeit eine Gegensätzlichkeit nennt, einen Vorteil oder einen Nachteil. Ich will mich nicht in Bewertungen vertiefen, sondern wissen, wann und woraus diese Unterschiede entstanden sind, die Wassilij Golizyn allmählich überwinden wollte, während Peter der Große anfing, sie auszumerzen und abzuhobeln.

In den letzten Jahren beschäftige ich mich damit, wie die Deutschen uns im 16. und 17. Jahrhundert sahen, wie sie sich die »wilden Moskowiter« vorstellten. Aber Engländer und Franzosen hatten ja zur gleichen Zeit auch ähnliche Vorstellungen von den Deutschen.

---

[1] Viktor Nekrassow, s. Anm. S. 68.
[2] Andrej D. Sinjawskij (Pseud. Abram Terz) – Epiker, Literaturwissenschaftler; 1965–1971 in Haft. Emigrierte 1973 nach Paris.
[3] K. S. Karol – Essayist, Journalist; lebte sieben Jahre in der UdSSR, emigrierte später nach Frankreich.
[4] Opritschnina – Sondergarde des Zaren Iwan IV., der Schreckliche.

Die Beschreibungen von brutalen, stumpfsinnigen, grausamen Ausländern stammen von den Schreibkundigen verschiedener Länder, von denen, die reisen konnten und fremde Erzählungen auf Papier festhielten. Aber irgendwie war es immer so, daß die Wohlwollenden, die sich bemühten, gerecht zu sein und diejenigen zu verstehen, die anders lebten und anders beteten, in der Minderheit waren, weniger einflußreich und weniger populär als Leute wie der Marquis Custine.[1]

Und es kam so, daß zunächst die Aufklärung, die die Bildung erweiterte und die Völker einander näherbrachte, die Bedingtheit der Unterschiede zwischen ihnen erklärte. So war es im 18. Jahrhundert im Westen und bei uns. Voltaire und Diderot, Leibniz und Gottsched waren Rußland gegenüber positiver eingestellt als ihre Landsleute hundert Jahre später.

R. 14. April. Köln

Spanien ist wirklich ein märchenhaftes Land, mit nichts vergleichbar, weder im guten noch im schlechten; wir haben jede Stunde, jeden Tag in uns aufgesogen.

Spanien begann mit einem »Irrtum«: Als wir in Barcelona ankamen, sagte man uns, daß dies nicht Spanien, sondern Katalonien sei, auch die Sprache ist anders. Wir waren drei Tage in Barcelona. Ricardo San Vincente führte uns und wich nicht von unserer Seite.

Das Picasso-Museum. Dort liegt sozusagen die große Geschichte des Modernismus. In Barcelona lernten wir Carmen Claudin kennen. Ihr Mann Pedro, der es fertiggebracht hat, zehn Jahre lang Kommunist zu sein und in Francos Folterkammern zu sitzen, ist heute Politologe an der Universität.

Von Barcelona sind wir per Zug nach Madrid gefahren. Auch eine wunderschöne Strecke. Lew hat einen Vortrag in der Fundación Pablo Iglesias gehalten. Die paar Leute, die gekommen waren, stellten gute Fragen.

---

[1] Astolphe Marquis de Custine (1790–1857) – Ein begabter, erzkonservativer französischer Publizist, dessen Buch »Rußland im Jahre 1837« im Westen sensationell erfolgreich war; enthält viele treffliche Beobachtungen, ist aber überwiegend gehässig und rußlandfeindlich.

L. 21. April

In Barcelona kamen wir spätabends mit dem Zug von Paris an. Nachts sollten wir Barcelona nicht besichtigen. Das Hotel »Regencia Colón« war ganz mitteleuropäisch, ohne besondere Eigenart. Aber morgens sind wir dann gleich durch die Stadt gegangen. Wir hatten großes Glück, weil wir in Ricardo San Vincente einen wundervollen »Vergil« hatten, einen unermüdlichen Kenner und Liebhaber seiner Stadt. In den drei Tagen in Barcelona haben wir per pedes die ganze Altstadt abgewandert, haben das Picasso-Museum besichtigt und den gewaltigen, unfertigen Dom »Sagrada Familia«, das Werk von Gaudí, einem genialen Wahnsinnigen und großen ewigen Kind. Wir sind in die Berge, ins Kloster Montserrat gefahren; hinter jeder Serpentine eröffnete sich neue Schönheit. In Katalonien hatten wir richtigen Frühling. Vorher, an den Schlössern der Loire und in Paris, war kalter Regen.

Wir fuhren mit einem Mittagszug nach Madrid. Nach der Schönheit Kataloniens wirkt Aragon, eigentlich Kastilien, strenger, herber, monotoner, ärmer. Der Haupteindruck ist die Weite des Landes. Daran gemessen, sind Frankreichs Städte und ein großer Teil unseres Westdeutschland so eng wie die Gegend um Moskau. In Madrid besuchten wir dreimal mehrere Stunden lang den Prado. Das gibt kein Märchen wieder, es ist nicht zu beschreiben. El Greco, Goya, Bosch – zu ihnen sind wir immer wieder gegangen und haben sie genau betrachtet. Ganz überraschend auch Raffael, ein ganz anderer als die italienischen und deutschen Raffaels. Der erschütternde, schreckliche, schwarze Goya ist ein direkter Vorläufer der Expressionisten.

R. 11. Mai

Die letzten Wochen standen auf unterschiedliche Weise im Zeichen des 8. Mai. Hier in Deutschland gab es erbitterten Streit um die Frage: Befreiung oder Niederlage? Reagans Besuch verschärfte die Diskussion, machte sie aber auch theatralisch. Im Grunde war das Ganze eine große politische Show. Aber wir dachten natürlich auch an unseren 9. Mai. Für Ljowa und auch für mich ist der 9. Mai (im Unterschied zu ihrem 8.) wirklich ein großes Fest. An diesem Tag spürten wir schmerzlich, daß wir nicht bei den Unseren sind. [...] Wir haben mit Iwan Roshanskij und Jurij Maslow, Lews Frontkameraden telefoniert. Abends bekamen wir eine Karte von Mischa

Arschanskij, so haben wir uns dann wenigstens aus der Ferne zugeprostet und umarmt. Am Abend kamen zwei junge deutsche Freunde – unser Karl-Heinz, der ganz unersetzlich schon zur Familie gehört, und Steffen Heinemann, unser Arzt und Freund. Wir sprachen über das alte Thema, ob sie, die nach dem Krieg geboren sind, »mitschuldig« seien. Beide finden, daß das Schicksal ihres Volkes auch ihres ist, das heißt, sie fühlen sich mitverantwortlich. In den letzten Wochen ist darüber auch eine Fernsehserie gelaufen, »Die Deutschen im Zweiten Weltkrieg«. Sie setzen sich immer wieder mit dem Grauen auseinander.

R. 21. Mai

Ein Telegramm zu Sacharows Geburtstag
»Liebe Ljusja und Andrej, wir gratulieren Euch herzlich. Wir hören trotz allem nicht auf zu hoffen. Wir lauschen auf Gerüchte und glauben und glauben. [...] Lew tritt bei einem Sacharow-Konzert in Amsterdam auf. Wir glauben daran, daß Andrej seinen nächsten Geburtstag im Kreise der Seinen und Freunde feiern wird.«

Aus einem Brief von Michail Arschanskij

Komarowo, 11. Juni 1985
Wenn ich mir Eure »Brieftaubenbriefe« und die anderen aus der Zeit vom Oktober '84 bis Juni '85 wieder durchlese, dann hat sich ziemlich viel angesammelt, worüber ich sprechen möchte. Außerdem habe ich in den acht Monaten auch allerlei gelesen und nachgedacht. [...]
  Vielleicht gelingt es mir, Andrjuscha etwas zu vermitteln, ihm etwas »ans Herz zu legen«. In dieser Hinsicht drängt und treibt mich das Leben. Wie viele verschiebe ich gern alles mögliche auf »später«, aber Andrjuscha, der ein Beispiel des drängenden, treibenden Lebens ist, trägt seine Korrekturen ein. So hatten wir kürzlich ein bedeutsames Gespräch über die Frage, warum und wofür Stalin der Rang eines Marschalls und dann eines Generalissimus zuerkannt wurde. Andrjuscha: »Wofür?« Ich: »Er war doch der Oberste, der Vorsitzende des Verteidigungskomitees usw.« Er: »Das weiß ich, aber er hatte nie das direkte Kommando über die Kampfhandlungen der Truppen. Das hatte Shukow.« Ich: »Ja, aber er war eben der Oberste, der Vorsitzende usw.« (Wiederholungen

und beschämende Verlegenheit.) Andrjuscha: »Ja, ja!« Lange Pause. »Wir haben zwanzig Millionen Menschen verloren. Und warum?« Ich: »Ein Überraschungsangriff, gegen den Vertrag, wir wurden unvermutet überfallen.« Andrjuscha: »Weißt du, wie viele deutsche Divisionen Ende 1941 an unserer Grenze konzentriert waren?« Ich: »Ja, 191.« Andrjuscha: »Richtig. Und das sind über zwei Millionen bewaffneter Leute. Wie kann man das unbemerkt machen und uns unvermutet überfallen?« Ich: »Ein Irrtum. Ein Fehler.« Andrjuscha: »Ein Fehler, der zwanzig Millionen Leben gekostet hat. Staatsoberhäuptern sind solche Fehler nicht zu verzeihen!«

Ich war begeistert und fragte mich: »Woher hat er das?« Dann fiel es mir ein. Während des Falkland-Konflikts hatte ich ihm erklärt, daß das Vorgehen der »Eisernen Lady« zwar brutal war, daß der alte Admiral, der damalige argentinische Präsident, es aber hätte voraussehen müssen. Das Ergebnis war, daß Tausende völlig unschuldiger junger Argentinier und Briten sterben mußten. Solche Fehler kann man Staatsoberhäuptern nicht verzeihen. Das hatte er sich alles gemerkt, darüber nachgedacht und bezog es nun auf unser Leben. Ich staunte und freute mich. [...]

Neulich habe ich einen Leserausweis für die Publitschka[1] für die nächsten fünf Jahre bekommen. Rentner, die nirgends arbeiten, bekommen jetzt keinen Leserausweis. Man braucht eine Bestätigung vom Arbeitsplatz. Ich mußte es über Verbindungen machen. Das dauerte sehr lange. Die »Aktion« selbst mußte gut vorbereitet werden, damit nichts schiefging. Sonst hätte ich in der Tinte gesessen und es dann nicht noch einmal versuchen können. Nun bin ich also Ausweisbesitzer bis einschließlich 1989. Fünf Jahre muß ich also unbedingt noch leben bleiben, wozu habe ich mir sonst den Ausweis geholt? Stimmt's? Ich will mir Mühe geben. Die ersten Bibliotheksbesuche nach langer Pause enttäuschten mich. Bei der Zentralauskunft stehen für den Freihandgebrauch nicht mehr zur Verfügung: »Das Enzyklopädische Wörterbuch« von B. Granat, »Das Russische Biographische Wörterbuch«, »Das Russische Archiv«, »Das Russische Altertum« und vieles andere. Das händigen sie einem höchst widerwillig aus dem »Arbeitszimmer« aus und fragen jedesmal, welchen Band oder Artikel man braucht. Das ist widerlich und kränkend wie das Stören von Radiosendungen. Als

---

[1] Publitschka – Große Bibliothek in Petersburg.

die Störsender anfingen, empfand ich sofort unglaubliche Erniedrigung und habe den Apparat abgeschaltet. Ich habe das alles satt, und das Radio verstaubt völlig unbenutzt. Daher höre ich kaum Nachrichten, aber ich will und kann dieses Gefühl von Erniedrigung nicht überwinden. Dann eben ohne Nachrichten. Das ist natürlich sehr ärgerlich, aber geb's Gott, daß es der letzte Ärger in unserem Leben ist!

Da schreibst Du, Alter, daß das Klima in Europa wärmer wird und daß ich vielleicht als Tourist irgendwohin fahren könnte, und zählst gleich alle möglichen Länder auf. Was fällt Dir ein? Bist Du Manilow[1], oder ist das einfach Deine Psychotherapie für mich? Ich bin aber nüchtern, und das nicht nur, weil ich schon lange keinen Tropfen Alkohol mehr in den Mund nehme, sondern auch weil ich täglich und stündlich in natura erlebe, woran Ihr natürlich schon längst nicht mehr gewöhnt seid. Da kann man nur auf ein Wunder warten, aber ich kann mich an kein Wunder in den letzten 73 Jahren meines Lebens erinnern, wenn man einmal vom Krieg absieht, wo jeder von uns im allerbanalsten und allerüberraschendsten Augenblick umkommen konnte. Und es gibt noch ein sehr wichtiges Moment, das selbst im Falle eines Wunders zum unüberwindlichen Hindernis werden könnte. Es ist nämlich so, daß ich nur dann eine mehr oder weniger lange Reise unternehmen kann, wenn es mir gelingt, eine entsprechende Kondition zu erlangen. Dazu aber müßte ich erst einmal unter das Messer des Nowosibirsker Wundertäters[2]. Das ist die letzte Hoffnung, die letzte Chance. Alle dafür nötigen medizinischen Dokumente liegen dem Wundertäter seit fast vier Monaten vor. [...] Und wenn dieses Wunder nicht eintritt, dann kann ich mir jegliche Reise aus dem Kopf schlagen. Nach Moskau wird man es allenfalls noch riskieren können, aber nicht einmal da bin ich mir sicher. Schon jetzt bin ich ja gezwungen, es von Wind, Temperatur, Luftdruck usw. abhängig zu machen, ob ich das Haus verlasse, besonders wenn ich in die Stadt fahren will. Was soll man machen? Es ist bitter, aber es läßt sich nicht ändern. Das sind eben jene Umstände, die stärker sind als wir.

Ich will nicht jammern, aber so um den 15. Februar herum ist Galja auf den Rücken gefallen und hat sich sehr verletzt. [...] Eine

---

[1] Manilow – Ein Träumer und Schwätzer in Gogols »Toten Seelen«.
[2] Im Krankenhaus von Nowosibirsk wurden erfolgreich komplizierte Herzoperationen durchgeführt.

besorgniserregende Knochenprellung, daher die Schmerzen und alles andere. 1941 wurde ein Teil des Hospitals zerbombt, in dem die junge Krankenschwester Galja arbeitete. Sie wurde auf irgendwelche verbogenen Trümmer geschleudert und brach sich den zwölften Brustwirbel. Aber Verwundete mußten behandelt werden, und Krankenschwester Galja stand zwölf Stunden am Operationstisch, den Rücken gegen die Wand gedrückt. Danach brach sie dann allerdings zusammen und lag zwei Tage im Bett. Länger ging es nicht. [...] Im Februar 1985, mit 71 Jahren (möge sie 120 werden!), hätte sie nicht auf den Rücken fallen müssen. Sie hat über einen Monat zu Hause im Bett gelegen.

Am 28. Februar probierte Andrjuscha auf dem Heimweg von der Schule mit einem Kameraden verschiedene Judogriffe, fiel hin und brach sich den linken Arm (die Speiche). Also brachte Opa ihn in die Kinderklinik (die einzige auf der ganzen Wassilij-Insel, für 800 000 Einwohner!). Er bekam einen Gips, wurde aber nicht von der Schule befreit. Damit er mit dem Gipsarm morgens nicht in die Straßenbahn mußte, wohnte er drei Wochen bei uns (fünf Minuten Fußweg zur Schule), was, wie Ihr Euch vorstellen könnt, die Sorgen und Aufregungen für mich nicht gerade verminderte. So war ich mehr als anderthalb Monate lang gezwungen, alle strengen ärztlichen Empfehlungen ganz oder fast ganz zu vergessen. Es war nicht leicht, aber ich hab's durchgehalten, wenn ich auch nicht behaupten kann, daß die sogenannte Folge davon ganz ausgestanden ist.

[...] Am 7. Juni sind wir auf die Datscha gefahren, wo ich auch jetzt noch bin. Nur morgen werde ich in die Stadt fahren, um Eure Stimmen am Telefon zu hören.

Galja arbeitet noch den ganzen Juni, aber ab Anfang Juli wird sie bei uns in der Datscha sein. Jetzt kann ich mich also erholen, mich mit dem reizenden Wladik[1] beschäftigen, lesen, ein bißchen schreiben und nachdenken.

Der ganze August wird Andrjuscha gewidmet sein. Ich möchte ihn in Gesprächen darauf vorbereiten, einem Geschichtszirkel für Schüler in der Eremitage beizutreten. Das Nötigste an Literatur dafür ist vorhanden, aber außerdem hat er schon viel gelesen und scheint sich ernsthaft für Geschichte zu interessieren.

---

[1] M. Arschanskijs jüngerer Enkel.

Zur Zeit haben wir 10 Grad und leichten, aber ununterbrochenen Nieselregen. Am Sonntag, dem 2. Juni, war Pfingsten. Schlechtes Wetter. Nach jahrhundertealter Überlieferung soll dann den ganzen Sommer oder mindestens vierzig Tage und vierzig Nächte lang schlechtes Wetter sein. Aber was interessiert die Wetterwarte die Überlieferung?! […]
Ein Aufsatz von I. Wolgin, »Dostojewskijs Vermächtnis«, ist erschienen. Es geht um die berühmte Puschkin-Rede, die Dostojewskij am 8. Juni 1880 anläßlich der Enthüllung des Puschkin-Denkmals vor dem Adelsklub gehalten hat. […] Der große Schriftsteller und leidenschaftliche Puschkin-Verehrer, der mutige, ehrliche und kompromißlose Dostojewskij, hat in dieser Rede sehr unmißverständlich über die Stellung und Bedeutung des Poeten in der Gesellschaft, der Welt und in Rußland gesprochen. Nur hat er das getreu seiner fixen Idee von der messianischen Bestimmung Rußlands unter dem Banner der wahren christlichen Lehre, der Orthodoxie, getan und hat versucht, Puschkin als großen Propheten und Apologeten dieser ökumenischen Mission Rußlands hinzustellen, wozu er sich das bekannte Zitat aus den »Zigeunern«: »Verlaß uns, stolzer Mensch …«, aussuchte und es in einen (angeblichen) Aufruf von Puschkin: »Oh, beug dich, stolzer Mensch …«, umwandelte.
Aus ganz anderem Anlaß blätterte ich A. T. Twardowskijs Büchlein »Aufsätze und Anmerkungen zur Literatur« durch und fand darin seine Reden über Puschkin (zum 150. Geburtstag und zum 125. Todestag). […]
»Und ganz fern, ja, fremd ist uns das Puschkin-Bild, das F. M. Dostojewskij in seiner berühmten Rede entwarf. Unbegreiflich verblendet durch die vorgefaßte und von Grund auf falsche Vorstellung von der religiösen Erlöserrolle des russischen Volkes, zwang Dostojewskij Puschkin die Prophetenrolle eines Apologeten von sklavischer Demut und Unterwerfung auf. Diese formal ungewöhnlich starke Rede zeigt, wie selbst den aufmerksamsten Künstler sein Scharfblick verlassen kann, wenn er seine Beobachtungsgabe einem falschen, spekulativen Schematismus unterwirft.«
[…] Und trotzdem ist Dostojewskijs Rede tatsächlich sein Vermächtnis. Nicht nur und gar nicht so sehr, weil er nur noch gut sieben Monate zu leben hatte, sondern vor allem, weil der Autor in der Rede und den Erläuterungen dazu, die er selbst für sehr wichtig hielt, Bilanz aus seinem langjährigen, qualvollen Nachdenken über das Allerwichtigste, Allerkostbarste, Schwierigste und Zwiespältig-

ste zieht: über Schicksal und Bestimmung Rußlands, über Ort und Weg des russischen Menschen.

Es ist bezeichnend, daß die Arbeit an der Rede zeitlich mit der Arbeit an den »Brüdern Karamasow« zusammenfällt. Und eine Stelle in der Rede ist ein beinahe wörtliches Zitat aus Iwan Karamasows Argumentation im Gespräch mit Aljoscha im Wirtshaus (im Kapitel »Die Auflehnung«, das dem »Poem – so heißt es bei Dostojewskij! – vom Großinquisitor« vorangeht).

[...] Ich meine nur einen Aspekt: den Traum von der »heimlichen Freiheit«. Besser, mehr und eindringlicher als alle anderen hat Puschkin selbst darüber gesprochen. [...] Nach ihm taten das natürlich noch viele, aber am meisten hat mich Bloks Puschkin-Rede »Über die Bestimmung des Dichters« berührt, die er im Februar 1921, ein halbes Jahr vor seinem Tod, dreimal gehalten hat. Blok sagte damals:

»... Nicht die Kugel von d'Anthès hat Puschkin umgebracht. Ihn hat der Mangel an Luft umgebracht...; das Leben hatte seinen Sinn verloren. [...] Puschkin hat dem Pöbel das Recht gegeben, die Zensur einzuführen, denn er vermutete, daß die Zahl der Dummköpfe nicht abnehmen werde. ... Jene Beamten, die die Poesie in eine ihnen genehme Richtung zwingen wollen, indem sie nach ihrer heimlichen Freiheit trachten und sie hindern, ihre geheime Bestimmung zu erfüllen, sollten sich in acht nehmen, nicht einen noch schlimmeren Ruf zu bekommen.«

Ende 1983 stellte man mir eine junge Studentin vor, die im Examen stand. Ihr Diplomthema war: »Der Freiheitsbegriff im Werk von Dostojewskij und Bulgakow (›Die Brüder Karamasow‹ und ›Der Meister und Margarita‹)«. Nettes kleines Thema, was? Gleich beim ersten Gespräch sagte ich dem guten Mädchen, daß das ein Thema für mehrere Dissertationen ist und daß man, um sie zu schreiben, sehr viel wissen muß und unbedingt die Möglichkeit braucht, im vollen Gefühl eben jener »heimlichen Freiheit« zu arbeiten, von der Puschkin, Blok, Bulgakow und der große Dostojewskij selbst träumten. Man braucht sich nur einmal dessen Entwürfe zu dem großen Roman anzusehen, die Tagebücher und Briefe, vor allem den besorgten Brief an Pobedonoszew[1]. Die

---

[1] Konstantin P. Pobedonoszew (1827–1907) – Erzreaktionärer Würdenträger, einflußreicher Berater des Zaren Alexander III.

Diplomandin verstand mich, gab mir recht, sprach mit ihren Prüfern, und das Thema wurde so abgeändert und begrenzt, daß es im Rahmen einer Diplomarbeit zu bearbeiten war. Bulgakow wurde überhaupt aus dem Thema gestrichen. Ich half ihr, so gut ich konnte. Vor allem, indem ich Material aus alten Arbeiten über Dostojewskij zusammensuchte, aber auch mit Ratschlägen und Überlegungen. Sie hat ihr Diplom erfolgreich gemacht; aber mich ließ das Thema in seiner ersten Fassung nicht mehr los. Einiges habe ich aufgeschrieben und mußte immer daran denken, wie schön es für einen Doktoranden der russischen Literatur wäre, sich an dieses oder ein ähnliches Thema zu machen. [...]

Bestellt bitte Eva[1] meine herzlichsten Grüße und besten Wünsche. Erinnert Ihr Euch an die Stelle bei Alexander Herzen über die hellen Punkte im Quartier Latin? Das sind natürlich Menschen. In meiner Vorstellung ist Eva so ein heller Punkt, und daß es solche Menschen auf der Welt gibt, erfüllt mein altes Herz mit Freude und Hoffnung.

Vor kurzem ist noch so ein heller Punkt in meinem Leben aufgetaucht. Das ist Xjuscha, die Tochter vom seligen Vitja[2]. Zwischen uns hat sich ein interessanter Briefwechsel entwickelt. Sie ist klug, eigenständig in ihren Urteilen und voller Bestreben zu sehen, zu erkennen und zu verstehen. Mich freut das ganz besonders, und zwar nicht etwa, weil es Vitjas Tochter ist. Aus ihren Briefen, in denen sie manchmal von den Interessen ihres Mannes erzählt, läßt sich schließen, daß die »hellen Punkte« gar nicht so selten sind. Vermutet haben wir das ja schon lange. Aber es ist eins, zu vermuten, und etwas ganz anderes, solche jungen Menschen zu kennen und mit ihnen Kontakt zu haben.

Manchmal, wenn ich draußen unerzogene, freche Burschen beobachte, die mit leeren Augen in die Welt schauen und in Anwesenheit ihrer Mädchen Zoten reißen, was die aber keineswegs in Verlegenheit bringt, denke ich voller Entsetzen: Und wenn Andrjuscha nun auch so wird?! Im übrigen sehe ich in der Bibliothek auch ganz andere junge Leute. Dann denke ich, daß unter ihnen vielleicht auch »helle Punkte« sind und daß Andrjuscha ja vielleicht so

---

[1] Eva Rönnau – Übersetzerin (auch dieses Buches) und eine liebe Freundin der Autoren, die sich in Leningrad auch mit den Autoren dieser Briefe anfreundete.
[2] Viktor I. Dragunskij – Autor, Schauspieler und Regisseur, M. Arschanskijs Neffe.

einer wird. Ach, Alexander Iwanowitsch Herzen hat nicht zufällig gesagt: »Von der Kanzel zu predigen, von einer Tribüne aus zu begeistern, vom Katheder aus zu unterrichten ist erheblich leichter, als ein Kind zu erziehen ...«

Kürzlich bekam ich N. J. Ejdelmans neues Buch »Puschkin. Geschichte und Gegenwart im künstlerischen Bewußtsein des Dichters«. Ich habe es gelesen, und nicht nur einmal. Das Buch beginnt und schließt mit Puschkins Worten: »Der Wahrheit reines Licht«. Wie oft werden wir noch unsere eigenartige Telepathie entdecken, Rajuscha! In dem Buch geht es genau um das Nichtaufzwingen einer falschen Geschichte, um das Fehlen von Urteilen, um »die Vergangenheit als wichtigsten Bestandteil der Gegenwart und die Gegenwart, die eifrig ihre Vergangenheit sucht«. Ein sehr gutes Buch! Ich habe dem Autor geschrieben und eine für mich sehr schmeichelhafte Antwort bekommen. Angeberisch bin ich auf meine alten Tage geworden!

Vor ziemlich langer Zeit gelangte ich (mit Eurer Hilfe) in den Besitz des interessanten und gehaltvollen Buches »Erinnerungen an Olga Berggolz«, das ich aber nicht gleich aufmerksam las. Und nun habe ich kürzlich (ich weiß nicht mehr, aus welchem Anlaß) angefangen, es zu lesen, und festgestellt, daß die Erinnerungen von G. P. Makogonenko und besonders die Ausschnitte aus Briefen von O. Berggolz aus Moskau an ihn (Februar – April 1942!) ungemein interessant und wichtig sind. Erstaunlich, wie zäh in jenen schrecklichen Monaten des Jahres '42 das Beharrungsvermögen der Lüge war und wie das die arme Olga erschütterte, die man nach Moskau gebracht hatte, um sie vor dem Tode zu retten. Die Autoren in Moskau fragten sie: »Was ist Dystrophie? Ist das lebensgefährlich?« Es war strengstens verboten, über den Hunger in Leningrad zu sprechen.

Am 4. April war Bulat Okudshawa in Leningrad. Eine der vielen Fragen, die ihm aufgeschrieben wurden, war folgende: »Was sagen Sie dazu, daß an den Windschutzscheiben von Autos neuerdings Stalinporträts zu sehen sind?«

Bulat antwortete: »Widerlich!«

Nina (Maslowa) hat die Korrekturfahnen von dem Buch, das Serjosha kurz vor seinem Tod abgeschlossen hatte, genau an seinem Geburtstag (10. Juni) bekommen. Da sieht man, was es an besonderen Tagen für Geschenke geben kann. [...]

BRIEF AN DEN GENERALSEKRETÄR DER KPdSU
MICHAIL GORBATSCHOW

Köln/Paris, 15. Juni 1985

Sehr geehrter Michail Sergejewitsch,
wir, die wir am Großen Vaterländischen Krieg teilgenommen und einige Jahrzehnte auf dem Gebiet der sowjetischen Literatur und Kultur gearbeitet haben, befinden uns gegen unseren Willen im Ausland. Dennoch liegen uns die Interessen unserer Heimat und ihr internationales Prestige unverändert am Herzen. Darum fühlen wir uns verpflichtet, uns an Sie zu wenden. Alles, was wir von Ihnen wissen, läßt uns auf Ihre Großmut und Ihre Vernunft als Staatsmann hoffen.

Das Schicksal des Akademie-Mitglieds Sacharow erregt ständige gespannte Aufmerksamkeit bei Millionen Menschen in aller Welt. Wir kommen hier im Westen mit Menschen unterschiedlicher politischer Richtungen, sozialer Schichten und Berufe zusammen, vor allem mit Wissenschaftlern und Literaten. Und wir wissen, daß ihre Einstellung zum Sowjetstaat in beträchtlichem Maße von Sacharows Schicksal bestimmt wird.

Im Laufe der letzten fünf Jahre haben sowjetische Behörden zahlreiche Petitionen für Sacharow unter Verweis auf die notwendige Wahrung »strategischer Geheimnisse« zurückgewiesen. Hier ist jedoch bekannt, daß die »Geheimnisse«, zu denen Sacharow Zugang hatte, längst zu Schulbuchweisheiten geworden sind. Seine Frau kannte überhaupt keine Staatsgeheimnisse, und die Gewalt einer Großmacht gegen eine ältere, kranke Frau, Invalidin des Vaterländischen Krieges, kann hier nur als sinnlose Brutalität aufgefaßt werden.

Sie haben diesen »Knoten« sowie andere schwierige Probleme von Ihren Vorgängern geerbt. Wir sind überzeugt, daß eine positive Lösung der »Sacharow-Frage« allen, die Einfluß auf die öffentliche Meinung haben, es erlauben wird, die Sowjetunion und ihre neue Führung mit anderen Augen zu sehen.

In der Vergangenheit haben Persönlichkeiten wie Romain Rolland, Theodore Dreiser, Thomas Mann, Bernhard Shaw, Bertolt Brecht, Pablo Picasso und Charly Chaplin das internationale Prestige der Sowjetunion gefördert. Heute hängt es unmittelbar von Sacharows Schicksal ab, ob die Einstellung führender Persönlichkeiten des öffentlichen und kulturellen Lebens gegenüber der UdSSR feindselig und ängstlich oder voll Vertrauen und Achtung ist.

Für Heinrich Böll und Arthur Miller, Papst Johannes Paul II., Richard von Weizsäcker, François Mitterrand und viele andere ist A. D. Sacharow ein Vorbild an Integrität und Edelmut. Er verkörpert die besten ethischen Traditionen der russischen Intelligenzija.

Großmut ist eine Eigenschaft der Starken. Es steht in Ihrer Macht, unserem Land die Achtung, das Vertrauen und die Sympathie zu verschaffen, die es so dringend benötigt.

Viktor Nekrassow
Efim Etkind
Lew Kopelew

(Es kam keine Antwort.)

L. 26. JUNI

Ein trauriges, unumgängliches Ereignis: die Beerdigung eines guten Menschen. Alois Mertes gehörte zu denen, die uns hier von Anfang an vorbehaltlos immer dann geholfen haben, wenn wir Hilfe für einen Landsmann oder Polen und Tschechen brauchten ... Wir kannten uns schon aus Moskau, und es war Doktor Haass, der uns miteinander bekannt gemacht hat, denn der hat Mertes und seiner Familie von jeher viel bedeutet. Mertes hat viel für Haass' Andenken getan und mich deshalb auch in Moskau aufgesucht, weil er gelesen und im Fernsehen gesehen hatte, was ich damals, 1976, über Haass sagte. Als wir das erstemal in Bad Münstereifel waren, führten Mertes, seine Frau und der jüngste Sohn uns in die Kirche, in der Haass getauft wurde, und sie sangen zu dritt in der leeren Kirche einen Kanon für uns und zum Gedenken an Haass. [...] Als Mertes hier noch zur Opposition (als CDU-Mitglied) gehörte, sind wir zwei- oder dreimal zusammen bei Veranstaltungen aufgetreten und haben mit den Grünen und den »linken Pazifisten« diskutiert. Mir gefiel sein polemischer Stil; er war auch mit mir längst nicht immer einer Meinung, aber selbst bei scharfen Auseinandersetzungen blieb er stets ruhig und freundlich. [...] Am Freitag sind wir zur Beisetzung in das große Bonner Münster gefahren; die Straßen und der Platz vor der Kirche waren brechend voll.

Jetzt machen wir etwas ganz Neues: Seit einigen Tagen arbeiten wir beide gemeinsam zu Hause, haben den Anrufbeantworter eingeschaltet und allen Freunden und Bekannten gesagt, daß wir nicht da sind. Montags und mittwochs kommt unsere fürsorgliche Frau Roth. Sie ist so beeindruckt von unserem Fleiß und unserer

Disziplin, daß sie mittags kocht und manchmal auch einkauft. Allerdings türmen sich dabei die unbeantworteten Briefe, Anfragen usw. Brigitte, die sonst dienstags und freitags kommt, macht jetzt einen Monat Urlaub. Dem waren verschiedene Gemeinschaftsarbeiten vorausgegangen: der Umbruch von Rajas Buch, die Überprüfung der Zitate in meinen Texten, die im Herbst als Buch[1] erscheinen sollen, dringende Briefe und anderes, darum waren wir mit dem Buch »Rilkes Rußlandmärchen« in Verzug geraten (das war als Rohfassung schon 1978 in Komarowo fertig!!!). Karl-Heinz, neben Brigitte der dritte Mitarbeiter an Rilke, schreibt gerade Klausuren und kommt nur hin und wieder, um ein, zwei Stündchen zu helfen. [...]
Sommer haben wir in Köln noch nicht, statt dessen einen regnerischen Frühling mit gelegentlichen Aufheiterungen. Auf unserem Balkon haben Amseln in einem wilden Weinstrauch ein Nest gebaut und vier süße Amselchen ausgebrütet; diese Stadtvögel sind frech an uns vorbeigeflogen, weil sie das Nest innen auf dem Balkon gebaut haben. Sie hatten Angst, aber sie kamen angeflogen. Mein Fotoapparat ist ausgerechnet kaputt, und die Vogelkinder sind inzwischen herangewachsen und vorigen Sonnabend waren sie flügge. [...]
Gerade eben zwei Telefonanrufe hintereinander: schreckliche Nachrichten von Andrej Sacharow; jemand hat Filme bekommen, die im Krankenhaus gedreht worden sind und von einem bekannten, vom KGB beauftragten Journalisten in den Westen gebracht wurden.

L. 15. Juli

Morgen fahren wir für etwas mehr als einen Monat in den Norden auf eine Insel, wo eine neunzigjährige Dame, die aus dem Baltikum stammt, eine kleine Pension am Meer betreibt. Dort ist es billig, ruhig, und wir werden fern vom Telefon arbeiten... Hier ist das fast unmöglich, weil man schließlich nicht schweigen kann, wenn man von einem neuen Leid, einer neuen Gemeinheit erfährt und man es laut erzählen kann und muß, damit viele es hören, oder – was das wichtigste ist – wenn man wenigstens versuchen kann zu helfen...

---

[1] »Worte werden Brücken«.

R. Mitte Juli. Westerland

Am 3. Juli rief Annemarie an: »Heinrich ist gerade operiert worden. Eine sehr schwierige Operation, aber sie ist glücklicherweise gut verlaufen.« Er war fünf Tage auf der Intensivstation. Wir haben jeden Tag bei Renés Frau oder bei Annemarie angerufen, die in der Nähe des Krankenhauses übernachtet hat. Am 10. Juli durften wir ihn besuchen, vorher hatte er uns schon selbst angerufen. [...] Wir versuchten, ihn abzulenken und aufzuheitern, erinnerten ihn daran, wie Fasil Iskander 1979 bei uns einen Trinkspruch ausgebracht hatte: »Es ist leicht, ein Heinrich Böll zu sein, wenn man eine Annemarie zur Seite hat.« Ohne zu lächeln, sagte er: »Das stimmt. Nur schade, daß sie kein Chirurg ist.« Die Werte waren in den folgenden Tagen soweit in Ordnung, schlecht war es nur mit den Nerven, besonders nachdem die Ärzte gesagt hatten, daß ihm weitere Operationen bevorstünden. Lew versuchte, wie immer, ihn mit Geschichten aufzuheitern, aber diesmal gelang das kaum.

Wir erzählten, daß Mascha seinen »Brief an die Söhne«, der in der »Literaturnaja gaseta« erschienen war, gelesen hatte, fasziniert war und sagte, daß sie beim Lesen an den Roman »Und sagte kein einziges Wort« denken mußte, sie fühlte eine Verbindung. Heinrich bemerkte, daß sie das richtig empfunden hätte. Wir freuten uns, daß jetzt schon wieder mindestens zwei Millionen Menschen ihn lesen konnten. Doch er schien darüber nicht froh zu sein, man habe von ihm keine Erlaubnis beantragt. Am Montag, dem 15. Juli, rief er noch aus dem Krankenhaus an und sagte, daß er in wenigen Stunden nach Hause fahren würde. Man ließe ihn frei, damit er sich vor einer neuen Operation erhole, denn er fühle sich immer noch sehr schlecht. Er wußte, daß wir am nächsten Tag nach Sylt fahren würden, und wollte auf Wiedersehen sagen. Er hatte bereits erfahren, daß die Moskauer Publikation ein Raubdruck war. Sein Verleger hatte schon dagegen protestiert, die Übersetzung sei sehr gekürzt und entstellt; irgendein politisches Motiv stecke dahinter. Er bat uns, möglichst bald die Übersetzung zu überprüfen, was weggelassen, was entstellt sei. Und wir sollten es ihm zuschicken.

Am Dienstag fuhren wir frühmorgens ab. Im Zug verglichen wir die Übersetzung mit dem Original. Es dauerte vier Stunden. Die Übersetzung war nicht schlecht, aber manches ungenau, manches verflacht. Gekürzt wurde mehr als ein Drittel. Viel Persönliches blieb weg, selbstverständlich auch eine Erwähnung über uns; aber auch vieles, was wesentliche Züge des Zeitgeistes charakterisiert.

Kaum stiegen wir in Westerland aus dem Zug, hörten wir aus dem Lautsprecher: »Herr Kopelew aus Köln, kommen Sie bitte zur Bahnaufsicht.« Wir rannten hin. In meinem Kopf drehte es sich fieberhaft: Böll oder Moskau, Böll oder Moskau. In der Aufsicht reichte eine junge Frau Lew den Hörer. »Sie werden verlangt.« Die Stimme von Karl-Heinz: »Setzen Sie sich. Hören Sie mir sitzend zu. Eine schreckliche Nachricht. Heute früh ist Heinrich Böll gestorben.« Lew brach zusammen, weinte ...

Den ganzen Abend saßen wir vor dem Fernseher und sahen die Sendungen über ihn an und telefonierten herum, um herauszubekommen, wohin wir fahren sollten. Er ist zu Hause in Langenbroich gestorben, dort, wo wir zuerst, im November 1980, und danach noch viele Male gewesen sind.

Mit dem ersten Morgenzug sind wir zurückgefahren. Im Zug versuchten wir beide, über Heinrich zu schreiben, strichen, verwarfen, das lenkte etwas vom Schmerz ab. In Hamburg gingen wir ins Restaurant, da kamen zwei Reporter, der eine fing an zu fotografieren, der andere wollte ein Interview haben – natürlich die »Bild-Zeitung«, die Heinrich so haßte und die ihn zu »Katharina Blum« inspiriert hatte. Lew lehnte höflich, aber entschieden ab. Der eine Mann versuchte es noch lange, während der andere knipste und jammerte, daß er kein Geld bekäme, wenn er keine Bilder brächte. »Ihre Sitten!« In Köln auf dem Bahnhof nahmen uns Frau Roth und Brigitte in Empfang, und es erwartete uns noch ein Reporter von derselben Zeitung, aber Frau Roth wimmelte ihn energisch auf kölnisch ab, nannte ihn einen Aasgeier, geschmacklos und unverschämt. Um uns vor weiteren Belästigungen zu schützen, fuhr Brigitte spontan mit uns im Zug nach Düren, wo Karl-Heinz mit dem Auto auf uns wartete.

... Wir betraten das Haus, in dem wir so oft und immer wie zu Hause gewesen waren. Annemarie kam uns lieb wie immer entgegen: »Ihr seid wahrscheinlich erschöpft von der Reise.« Sie ist tieftraurig, weint aber fast gar nicht. Lew heulte und schämte sich, ich weinte auch, als wir an den Sarg traten. Der stand in dem Teil des Hauses, wo wir im Herbst 1980 gewohnt hatten, der 1982 abgebrannt war und den sie danach zu Heinrichs Arbeitszimmer umgebaut hatten, das er sehr liebte und wo er seinen letzten Roman geschrieben hatte.

»Du, Alter ...«, so hatte er Lew immer begrüßt. Jetzt sagt das keiner mehr.

[...] Wir saßen zwei Stunden am Sarg. René mit Frau und Kindern und ein Neffe mit seiner Familie fuhren gerade weg, als wir kamen. [...] Am Donnerstag kam Vincent mit seiner Familie aus Ekuador.

Der Kölner Magistrat teilte mit, daß Heinrich als Ehrenbürger der Stadt (seit 1983) eine Ehrengruft zustünde. Die Familie lehnte ab; sie wollte ihn in Merten beisetzen, wo Renés Haus und Verlag ist und wo die Bölls die letzten drei Jahre im Winter gewohnt hatten.

In Köln war drei Tage lang auf allen öffentlichen Gebäuden halbmast geflaggt. Der Oberbürgermeister kündigte an, daß es in etwa einem Monat eine offizielle Trauerfeier geben werde. René sagte uns vorher, daß weder in der Kirche noch am Grab Reden gehalten würden.

Die Kirche war übervoll. Darunter viele Schriftsteller: Günter Grass, der aus Portugal angereist kam, der Präsident des P.E.N.-Clubs Martin Gregor-Dellin, Carola Stern mit Mann, Günther Wallraff, Dorothee Sölle, Carl Améry, Heinrich Vormweg, Tomas Kosta, Christa und Gerhard Wolf (sie hatten zufällig gültige Visen, sonst hätten sie nicht kommen können). Auch Bundespräsident von Weizsäcker, der Oberbürgermeister und der Stadtdirektor von Köln waren da.

In der Trauermesse wechseln Lesungen aus dem Evangelium mit Worten des Priesters ab.

»Sie werden verstehen, wie schwer es mir fällt zu sprechen. ›Schlaft nicht, schlaft nicht, es ist kein Friede auf Erden‹, das sind Worte der heiligen Theresia von Jesus«, sagte Pastor Falken, »Heinrich Böll wollte über sie schreiben.«

Er las die Bergpredigt und sagte, daß Böll im Geist dieser Predigt gelebt hat. »Seien wir dem Verstorbenen dankbar für das Gute, das er uns geschenkt hat. (...) Böll, der Mensch, der Schriftsteller und der Christ, bleibt nicht nur in seinen Büchern, er bleibt in uns.« Er erwähnte Raimund und sagte, daß er glaube: »Der Sohn wird den Vater dort treffen, wo wir alle uns wiedersehen werden, alle, die an Christus glauben ...«

Mehrmals sagte er, daß Heinrich Böll ein tiefgläubiger Christ war, auch wenn er den kirchlichen Dogmen nicht folgte. »Im Namen des Verstorbenen wollen wir beten für Abrüstung, für die Fähigkeit zum Dialog, für eine gerechte Verteilung der Güter auf Erden, für Frieden zwischen den Völkern, für das Bekenntnis unserer Schuld, von der wir Deutschen einen großen Teil auf uns geladen haben.« [...] Falkens Schlußworte waren: »Von hier gehen wir nun zum Friedhof.«

Bis dorthin waren es etwa zehn Minuten Fußweg. Der Sarg stand dort in einer Kapelle. Es trugen ihn beide Söhne, Grass, der Neffe Viktor, Wallraff und Lew.

Vielleicht schließen wir jetzt, aber es ist so schwer, daß man auch nicht mehr schreiben kann. Man kann es kaum glauben, daß wir es nie mehr hören werden: »Ach, Kinder ...«

AUS EINEM BRIEF VON NINA MASLOWA

Leningrad, 16. Juli 1985

Ich bin jetzt in Rasliw und habe einen ganzen Stapel von Ihren Briefen mitgenommen. Auch einige Bücher haben mich erreicht, und ich habe sie im Winter im Krankenhaus gelesen, wo ich mit einer Gesichtsrose lag. Ein Krankenhaus der Akademie, aber weit und breit gab es keine Kollegen und niemanden aus meiner Schicht. Laborantinnen, eine Arbeiterin aus einer Druckerei, eine Buchhalterin. Die Männer (im Treppenhaus, wo man rauchen durfte – das Raucherkollektiv) im wesentlichen Chauffeure. Und bei mir hatte ich Ihre Gedanken, Raissa Davydowna, zur Nicht-Übersetzbarkeit von Erfahrungen. Haben meine Zimmergenossinnen, die Mitraucher und ich eine gemeinsame Erfahrung? Eine tiefe, unbewußte, uns gemeinsame Sprachschicht? Eine verbindende Geschichte? Habe ich ihnen gegenüber ein Gefühl von Pflicht- oder Verantwortungsbewußtsein? In gewissem Sinne haben sie ihr Leben frei wählen können. Unsere materiellen Möglichkeiten sind praktisch die gleichen. Sie sind wenn nicht gute, so auf jeden Fall gutmütige Menschen. Sie taten mir leid und ich ihnen. Das ist schon etwas mehr als eine friedliche Koexistenz. Vielleicht ist viel mehr sowieso nicht möglich? Wie das Ganze in einer Extremsituation aussähe, läßt sich allerdings kaum sagen. Der Eindruck, daß es fast gar keine Berührungspunkte gibt. »Menschen wie alle«, sagte einer meiner Gesprächspartner, als ich etwas zerschlagen wieder nach Haus kam. »Eine Mischung aus Asche und göttlichem Funken. Überwiegend Asche.« Noch ein Urteil von Ihnen: »Das Fernsehen hat gesiegt.« Daher die Verständigungsschwierigkeiten? Auch das soll also ein Übersetzungsproblem sein? Und in meinen Nachbarinnen soll ohne jede Beziehung zur Kultur »der Heilige Geist« (Pawel

Florenskij[1]) wohnen? (»Wir kennen unsere Geschichte schlecht«, hörte ich bei den Rauchern.) Jedenfalls würde ich Ihre Übersetzungsprobleme von diesen gern trennen. Außerdem gibt es noch massenhaft Beispiele von gegenseitiger Taubheit trotz gemeinsamer Sprache und Erfahrung, einer Taubheit, die mit psychischen, wenn nicht gar archetypischen Eigenarten zusammenhängt.

Warum war uns eigentlich Pasternak, ohne den man sich heute das Leben kaum vorstellen kann, nicht nur in der Schul-, sondern auch in der Studienzeit (1956–61) verschlossen? Weil er wenig gerühmt und verlegt wurde? Aber ich finde nicht, daß die breite Presse und die großen Verlage sich um die Förderung meines kulturellen Niveaus kümmern müssen. Es gab keine Probleme, Pasternaks Bücher zu bekommen. Wenn man nicht ungeheuer nachsichtig gegen sich selbst ist, heißt das also, daß unsere Unkenntnis und Taubheit frei gewählt war. Es ist sehr einfach, die »Bremsklötze« bei anderen zu erkennen, viel schwieriger, sie bei sich selbst in der Vergangenheit zu sehen und irrig anzunehmen, daß man in der Gegenwart keine hätte. Für mich ist das Problem, welche Mittel es gibt, um sie zu erkennen.

Und dann gibt es noch die Frage nach den nationalen Besonderheiten, die ein Korrespondent mir stellte: »Die verschiedenen Kulturen haben unterschiedliche Typen des Idealmenschen entwickelt. Am häufigsten findet man den idealistischen Idealmenschen, den Heiligen oder Asketen. So ist es in der indischen, der russischen und vielen anderen Kulturen. Aber es gibt auch Ausnahmen. Das Ideal der griechisch-römischen und der chinesischen Kultur ist der Bürger, das der westlichen und japanischen der Ritter ... Es ist wohl kaum einfacher, ein idealer Ritter zu sein als ein idealer Mönch ... Wesentlich ist etwas anderes. In Rußland ist ›idealer Mensch‹ ein Beruf. Man kann sein ganzes Leben lang ein Gauner sein, dann den Beruf wechseln und Heiliger werden ... Im Westen sind Raubritter und Idealritter Leute mit demselben Beruf. Darum gibt es im Westen keine so schroffe Alternative zwischen dem Heiligen und dem Schurken ... Die entscheidende Frage ist nicht, warum es in Rußland eine so krasse Unterscheidung gibt, sondern warum der Westen diese Alternative vermeidet.«

---

[1] Pawel A. Florenskij (1882–1943) – Religionsphilosoph, Gelehrter, Ingenieur.

R. 13. August. Sylt
Wir sind schon fast einen Monat hier. Eine nördliche Insel. Wir arbeiten von morgens bis abends und leben in einer anderen Zeit – zwischen 1956 und dem Ende der siebziger Jahre – und an einem anderen Ort. Vor meinen Augen stehen Moskau, die Straßen meiner Jugend: die Gorkijstraße, die Dmitrowka, die Petrowka, die Stoleschnikowgasse ... Ljowas und meine gemeinsamen Erinnerungen. Wir haben das Buch vor langer Zeit angefangen, in Sewastopol, an einem nicht besonders schönen Septembertag des Jahres '74. Und jetzt versuchen wir, die riesige Materialsammlung irgendwie zu bewältigen.

L. 17. August. Westerland auf Sylt
Morgen früh verlassen wir diese gesegnete Insel. [...] Unterwegs werden wir weiterschreiben und etwas von dem, was wir hier zu Papier gebracht haben, redigieren, kürzen, umstellen.
Es ist wunderschön und warm. Der Himmel ist hier sehr hoch, viel höher als alle anderen Himmel, besonders in den Städten. Und bei jedem Wetter und Unwetter sind die Wolken hier ungewöhnlich schön, ganz unterschiedlich und vor allem deutlich gegen den leuchtend hellblauen Himmel abgesetzt. Die hiesigen Wolken sind nicht »am Himmel«, sondern eindeutig unterm Himmel, etwas Eigenes ...

L. 8. September. Köln
Gestern war ein großer Tag – die feierliche Vorstellung von Rajas Buch[1]. Sie hat einen ausgezeichneten Verleger, Albrecht Knaus, einen der wenigen, die die Bücher, die sie herausbringen, auch lesen. [...] Das Ganze war anberaumt für 11 Uhr, im kleinen Saal des Gürzenich, Konzert- und Empfangshaus der Kölner Bürgerschaft. Es kamen geladene Gäste; die Liste hatten der Verleger und wir zusammengestellt. Die sehr nette und tüchtige Dame, die die Abteilung für Presse und Werbung leitet, tadelte Raja sanft, weil sie nur Freunde und Bekannte und keine »wichtigen Persönlichkeiten« eingeladen hatte, sie meinte Journalisten, die gut und recht-

---

[1] »Eine Vergangenheit, die nicht vergeht. Rückblick aus fünf Jahrzehnten«.

zeitig rezensieren. Etwa hundert Personen waren gekommen. Der wichtigste Gast für uns war Annemarie Böll, obwohl wir sie am Vortag und auch früher schon gewarnt hatten, daß sie lieber nicht kommen solle, weil wir voraussahen, daß sich Reporter und Fotografen auf sie stürzen würden. Aber sie kam mit Vincent, ganz so wie immer – still, lieb, freundlich –, und nur wir und die allernächsten Freunde sahen, wie traurig sie war, innerlich tieftraurig. Viele Freunde von uns waren da und natürlich all unsere Mitarbeiter.

Die Einführung machte der Verleger. Er berichtete, daß von Rajas »Türen« schon fünfzigtausend Exemplare verkauft wurden, daß das Buch ein echter Bestseller sei und daß er einen solchen Erfolg nicht erwartet habe, obwohl ihm das Manuskript sehr gefallen hätte. Er zeigte die amerikanische und die russische Ausgabe der Erinnerungen, erwähnte auch unser gemeinsames Buch, das er herausbringen würde, und war überhaupt engagiert und nett und deutlich zufrieden mit seiner Autorin.

L. 23. SEPTEMBER

Nach der Insel Sylt [...] waren wir fast eine Woche in Köln. Wir haben Annemarie besucht, ein paar Briefe geschrieben und sind dann zum südlichsten Teil der Bundesrepublik gefahren, in das Dorf Weiler in der Nähe des Bodensees, wo vier Länder aneinandergrenzen: Deutschland, Österreich, die Schweiz und das Fürstentum Liechtenstein. Der See ist schön, die Berge auch. Dort fand bei Harry Pross das internationale Kornhaus-Seminar zum Thema »Heimat und Heimatlosigkeit« statt.[1]

Die Referenten waren der Tscheche Iwan Bystřina, der Spanier Vicente Romano, Vilem Flusser, ein Prager Jude, der als jüdischer Emigrant in Brasilien lebt, ein Franzose, ein Türke und andere. Raja hielt auch einen Vortrag über ihre persönliche Erfahrung. Dort blieben wir eine Woche.

---

[1] Die »Kornhaus«-Seminare im Allgäu organisierte Harry Pross, Politologe, Historiker, Soziologe und Literaturwissenschaftler. Seit Moskauer Zeiten mit R. O. und L. K. befreundet.

R. 28. September
Im größten Konzertsaal von Köln war eine Gedenkveranstaltung für Böll. Wir kamen eine Stunde früher. Siegfried Lenz war schon da, der besonders lieb und herzlich zu uns war.
Auf der Bühne hing ein großes Porträt von Heinrich, eines der allerbesten, wir haben noch mit Annemarie darüber gesprochen – als fragte er oder antworte jemandem und höre aufmerksam zu, der Fotograf hat etwas sehr Typisches festgehalten, eine seiner besten Seiten – das Verstehen, seine Fähigkeit zuzuhören ...
Zuerst sprach der Oberbürgermeister.
(Und wieder steht unser zweiter Tag in Deutschland vor mir, und er, Heinrich, zeigt uns sein Köln ... All das war ein großes Glück, und darum ist nun der Schmerz so groß.)
Ein Schriftsteller sucht nach »einer bewohnbaren Sprache in einem bewohnbaren Lande« – diese Worte aus Bölls Frankfurter Vorlesungen standen als Motto über der Veranstaltung. [...] Lew las Ausschnitte aus russischen Briefen über Böll vor und dann Bölls Aufsatz: »Sacharows Aktentasche«. Auch Vormweg sprach sehr gut. Grass trug Ausschnitte aus »Brief an einen jungen Katholiken« vor. Und Christa Wolf aus: »Billard um halb zehn«, und die chinesische Germanistin und Böll-Übersetzerin Zhang Min aus: »Gruppenbild mit Dame«. Der Zigeunerschriftsteller Lolotz Birkenfelder las aus einem späten Aufsatz: »Was wir unseren Kindern noch sagen können«. Günter Wallraff: »Kein Abschied von Heinrich Böll«, und Siegfried Lenz schloß mit Bölls Erzählung »An der Brücke«.

Brief an Michail Gorbatschow

Köln, 1. Oktober 1985
Sehr geehrter Michail Sergejewitsch!
Am 17. Oktober 1905 wurde ein Manifest veröffentlicht, das die erste russische Verfassung bekanntgab. Darauf folgte die erste politische Amnestie in der Geschichte Rußlands.
Der Jahrestag dieser bedeutenden Ereignisse kann Ihnen als guter Anlaß dienen, um Menschen zu begnadigen, die nach den Artikeln 70, 190-1 und anderen, das heißt aus politischen und ideologischen Gründen, verurteilt worden sind. Eine solche Amnestie würde die Autorität Ihrer Regierung beträchtlich erhöhen, das

Prestige des sowjetischen Staates festigen und einer Atmosphäre internationalen Vertrauens sehr förderlich sein.
Mit vorzüglicher Hochachtung   Lew Kopelew

(Es kam keine Antwort.)

L. 15.–19. Oktober. Köln. Elisabeth-Krankenhaus

[...] Nette Krankenschwestern, freundlich, adrett, ruhig fürsorglich: Barbara, Rita, Eva, Monika. Die Krankenpfleger: ein junger mit grüngefärbten Haaren, auch freundlich, geduldig, lächelnd. Der älteste, Franz, war schon zehn Jahre Krankenpfleger in Guinea. Auch die Ärzte sind ruhig, sachlich, sicher, sie arbeiten zehn bis elf Stunden täglich. Sie erzählen, daß es hier sehr schwer ist, eine abgeschlossene medizinische Ausbildung zu bekommen. In den Städten herrscht in allen renommierten Krankenhäusern eine Ärzteschwemme. Es ist also mit der Medizin wie mit Lebensmitteln: Man muß die Ernte niedrig halten, damit die Preise nicht sinken. Und anderswo hungern Tausende von Menschen.

Die Operation ist bestens verlaufen. Ich habe umsonst Angst gehabt, obwohl ich das nicht gezeigt habe. Abends erklärte mir der Anästhesist, ein ruhiger Brillenträger, daß eine Vollnarkose nötig ist. Am Vormittag bin ich eingeschlafen, noch bevor man mich in den Operationssaal brachte. Als ich aufwachte, war alles vorbei.

Raja ist seit dem Vormittag hier und liest mir geduldig vor. Eben hat sie gerade den »Ehernen Reiter« zu Ende gelesen. Es ist ein Glück, überall und allem zum Trotz: »Solang in Rußland Puschkin dauert, bläst kein Sturm die Kerze aus.«[1]

Abends kam Professor Peters. Wir sprachen über den Tod und das Sterben. Er tröstete: Für den Kranken selbst ist das Sterben nicht schlimm. Gegen die Schmerzen helfen Analgetika. Bei halbem Bewußtsein hat man keine Angst. Schlimmer ist es für die Lebenden, die um einen sind. Aber ich glaube, daß langsames Sterben auch für keinen Betroffenen lustig ist und für alle anderen die reine Qual. Ergo – braucht man Sterbehilfe?

Raja liest mir in diesen Tagen viel Puschkin vor und ein bißchen Achmatowa und Samojlow.

[...] In Südafrika ist ein junger schwarzer Dichter erhängt wor-

---

[1] Zeile aus einem Gedicht von David Samojlow.

den, obwohl die Regierungen vieler UNO-Staaten um Begnadigung gebeten hatten. Rohe Brutalität, wie bei uns.

Zwei Tage haben wir gemeinsam an einem Kapitel »Staatsfeinde wider Willen« für unser Buch gearbeitet.

R. 1. NOVEMBER. WASHINGTON

Amerika ist – wie schon bei den vorigen Malen – interessant, »stellenweise« angenehm, aber ganz fremd. Auch das Essen ist fremd: dünner Kaffee, wattiges Brot, ein merkwürdiger Beigeschmack bei den Fleischgerichten, und die Fenster werden nicht wie bei uns zur Seite, sondern von unten nach oben geöffnet. [...]

Die Natur ist grandios. Wir wohnen in einem Vorort von Washington. Auf dem Weg dorthin gibt es viel mehr freie, unbebaute, grüne Waldflächen als im engen Europa. Und der Herbst ist prächtig: golden, orangerot, weinrot. Insgesamt ist Washington die europäischste unter den amerikanischen Städten, denn es ist verboten, Wolkenkratzer zu bauen. Etwa zwei Drittel der Leute auf der Straße sind Schwarze, genauer gesagt, sie sind dunkel- und hellbraun, darunter bezaubernd schöne junge Frauen.

R. 15. NOVEMBER. NEW YORK

Am 20. Oktober sind wir nach Washington geflogen, vierzehn Tage nach Ljowas Operation, was eine unserer typischen Idiotien war. Dort ging es ihm gar nicht schlecht. Wir wohnten bei unserem lieben Ulrich[1] und sahen viele, die wir gern haben: Fritz[2], Bob[3] und die Unsrigen. Sarra und Alik[4] sind auch gekommen.

Eine riesige Konferenz über Probleme gegenwärtiger russischer (sowjetischer) Kultur, mehr als tausend Personen. Wir haben uns den Bereich »Bulgakow« ausgesucht, seinen Briefwechsel mit Pasternak, und ich außerdem noch »Freudianismus in Rußland«. Fast alles war interessant.

Aber seit dem 6. November sind wir in New York. Hier ging es Lew schlechter; in den letzten Tagen mußten wir wieder einen Arzt

---

[1] Ulrich Schiller – Korrespondent der »Zeit«.
[2] Fritz Pleitgen.
[3] Robert Kaiser.
[4] Sarra und Alexander Babjonyschew.

suchen, fanden auch einen, der heute da war und gesagt hat, daß wir unsere Reise fortsetzen dürfen. Und daß diese Beschwerden nach einer Operation ganz normal sind.

Wir beide hatten Vorlesungen in der University of Columbia und wohnten in einem Neubau des Studentenwohnheims, im Hotel für »visiting professors«. Alles ist ausgezeichnet außer den Kakerlaken, die bei unserem ersten New York-Besuch (1981) aufgetaucht sind und uns seitdem hier nicht wieder verlassen haben.

Begegnung mit Arthur Miller und seiner bezaubernden Frau Inge Morath. Wir begegneten uns 1981 und sehr flüchtig 1983, haben uns nicht geschrieben, außer allenfalls Postkarten. Aber jetzt waren wir zwei Stunden lang so sehr zusammen, daß mir innerlich froh und bedeutsam ist. Er war es ja, dem ich mein Buch »Die Nachkommen des Huckleberry Finn« 1964, nach seinem ersten Erscheinen, mit der Widmung schenkte: »Für A. M., dessen Bücher mir geholfen haben zu leben«.

L. Mitte November

In der Einstellung der Menschen verschiedener Generationen zur Architektur, zu dem, was in den Städten gut oder schlecht gebaut ist, steckt ein eigenes Geheimnis, das nicht so einfach zu lösen ist. Für mich sind alle Tscherjomuschki[1], seien es europäische oder amerikanische oder eurasische, unerträglich. Selbst der Pariser Nobelbezirk Défence (da wohnt Etkind), dieses Klein-Manhattan mit seinen Straßenbögen auf verschiedenen Ebenen und den extra unterschiedlich geformten und gestrichenen Halbwolkenkratzern, ist für mich anstrengend und unsympathisch; es wirkt gesichtslos, häßlich, sogar verräterisch, weil es die ursprüngliche Architektur der Stadt verrät und ihrer Individualität beraubt. In New York, Chicago und sogar in Pittsburgh hingegen, auf engerem Raum, überschaubarer und vielleicht deswegen überzeugender, gewinnen diese riesigen menschengeschaffenen Berge und Stalagmiten Größe, eine erdrückende zwar, aber mit ihr, weiß der Teufel wie, sogar auch Schönheit, eine eigentümliche, zugleich häßliche Schönheit. Ich blicke aus dem Hotelfenster auf diese Stereometrie, die den halben Himmel erfaßt, auf die kleinen fünf-

---

[1] Tscherjomuschki – Moskauer Bezirk, der in den fünfziger und sechziger Jahren mit mehrstöckigen Häusern in Einheitsbauweise bebaut wurde.

bis sechsstöckigen Häuschen, die sich schüchtern zu Füßen der Wolkenkratzer zusammendrängen, und empfinde wieder und wieder das schwermütige Bewußtsein der eigenen Nichtigkeit. Mir wird gerade bei dieser Reise eine gewisse faszinierende, verzaubernde Kraft der Straßen dieser Stadt, die eine Welt ist, bewußt. Nein, wohnen möchte ich hier um keinen Preis ...

In dieser Woche haben wir drei Städte gesehen, die wir noch nicht kannten: Bethlehem, Philadelphia und Pittsburgh. Das kleine Bethlehem in Pennsylvania wurde 1741 von tschechisch-deutschen Auswanderern, den »Böhmischen Brüdern«, gegründet. Hier gibt es diese Sekte noch. Eine böhmische Kirche, ein geistliches Seminar usw. Die Häuser sind überwiegend zwei- und dreistöckig, roter Ziegelbau mit weißem Portikus, dünne Holzsäulen, die weiß oder bunt sind, viel Grün. Einige moderne, graue Beton- und Glasbauten und ein einsamer Wolkenkratzer sind da hinein gezwängt worden, wenn auch sperrig, so doch nicht allzu gewaltsam.

Philadelphia ist eine große, weit ausgedehnte Stadt, die Wiege der USA. Auf einem kleinkalibrigen Wolkenkratzer steht als Spitze eine Franklin-Statue. In einem Glas-Beton-Pavillon mit Aircondition hängt eine dunkelbronzene, angesprungene Glocke, die die Bewohner 1776 zusammenrief, als die Unabhängigkeitserklärung verkündet wurde. Diesem Glashaus gegenüber steht ein rotweißes Ziegelgebäude mit Türmchen, wo der erste Gründungskongreß getagt hat. In ihm befindet sich ein Gerichtssaal, denn früher war hier das Gericht. Dort steht noch ein Eisenkäfig für die damaligen Angeklagten. Der Sitzungssaal hat weniger als hundert Plätze, Tische und Stühle, viele mit Tafeln: »Hier saß Jefferson«, »Hier saß Franklin« usw.

Drei Tage waren wir in Pittsburgh, wo wir beide Vorlesungen gehalten haben. Die Stadt an drei Flüssen – »das goldene Dreieck« – war früher eine verqualmte, rußige Metropole der Stahl- und Erdölindustrie und der schweren Maschinen. Heute arbeiten nur noch ein oder zwei Fabriken. 22 Prozent Arbeitslose – aber Luft und Wasser sind sauberer geworden.

In Washington waren wir zum zweitenmal (das erste Mal im Herbst 1981). [...] Raja ist hier in ihrem Element. Jeden Tag haben wir verschiedene Interviews, Gespräche und Begegnungen. Sie unterhält sich mit den Journalisten sehr gut und gewandt. Voller Erfolg. Und während wir hier sind, läuft in Deutschland ein Fernsehporträt der Raissa Orlowa. Es dauert fast eine Stunde und ist im wesentlichen ein Monolog von ihr. Der Film wurde im Sommer an vier aufeinanderfolgenden Tagen gedreht; alles nur Fragen und Antworten. Die Kameraleute und der Regisseur haben die ganzen Vormittage bei uns gearbeitet. Gestern kam die erste Zeitungsrezension – absolut begeistert, und die Freunde hatten schon vorher angerufen, haben es lauthals gelobt, vor allem die Heldin des Films.

L. 21. November. Yale

Wir schreiben aus der University of Yale, einer der ältesten, es gibt sie seit 230 Jahren. Wir sind schon zum drittenmal hier und fühlen uns auch diesmal besser als an anderen amerikanischen Orten.

Das Gefühl und Bewußtsein, nützlich zu sein, ist schön, aber unabhängig davon gefallen uns auch die Zustände an dieser Universität besser. Sie ist europäischer, ähnelt mehr Oxford und den alten deutschen Universitäten. In der Stadt ringsum gibt es keine Wolkenkratzer, keine Beton- und Glaskästen. Statt dessen viele alte Häuser oder »auf alt« gemachte, efeuumrankt, in spätgotischem oder frühem Tudorstil. Die Bibliothek ähnelt einem romanischen Dom, und das Gebäude des Sportkomplexes ist wie eine riesige Kirche gebaut.

Wir wohnen im College, in der Gästewohnung des Masters. Heinrich von Staden, Professor für antike Literatur, ist in Südafrika geboren, hat aber in Tübingen studiert. Er ist ein direkter Nachkomme des seinerzeit berühmten Landsknechts Heinrich von Staden, der einige Jahre als Opritschnik unter Iwan dem Schrecklichen diente, dann floh und nicht gerade schmeichelhafte Erinnerungen schrieb. [...] Wir essen, wie alle hier, in der großen Studentenmensa. Selbstbedienung, sehr gutes Essen, besser als in allen uns bekannten amerikanischen Restaurants. Ein großer, heller, hoher Saal, in den mehrere hundert Menschen passen, Holztische und viele junge Gesichter verschiedener Hautfarben.

Abends Konzerte oder Vorlesungen. Die Studenten benehmen sich in der Regel frei und ungezwungen, aber wir haben keine Grobheiten oder Unverschämtheiten erlebt. Dabei sagt man, daß die Kriminalität in der Stadt außerhalb des Campus nicht abnimmt. Jede Nacht hört man die durchdringend heulenden und kreischenden Sirenen von Polizeiautos, Feuerwehr- und Krankenwagen.

1986

L. 7. FEBRUAR

In dem einen Monat in Bad Münstereifel haben wir unser gemeinsames Buch[1] ein gutes Stück vorangebracht. Hier und da muß allerdings noch etwas fertig- oder hinzugeschrieben werden. Aber jetzt kommt die zweite Auflage von Rajas »Türen«; so sitzt sie mit unseren Mitarbeitern, korrigiert die Druckfehler und Flüchtigkeiten der ersten Auflage. Und ich ertrinke in Post, wehre aufdringliche Interviewer ab, Anrufe von guten Freunden und aufrichtig Wohlmeinenden. Außerdem müssen die Artikel der Autoren für die anderen Wuppertaler Bände gelesen und redigiert werden. [...]

Am 3. ist Maja gekommen, gestern sind wir mit ihr ein bißchen im Karnevalsköln spazierengegangen.

Wir waren in Bochum in einer Waldorfschule, einem anthroposophischen Gymnasium. Die Kinder lernen dort von der ersten Klasse an Russisch. Eine sehr sympathische, engagierte junge Lehrerin empfing uns und zeigte uns die Schule. Ihre »persönliche« Klasse, die sie von Anfang bis Ende betreut, ist jetzt die sechste. Sie hatten an dem Tag kein Russisch, aber die Kinder kamen in der Pause zum Lehrerzimmer und sangen uns sehr schön im Chor etwas Russisches vor.

Abends lasen wir beide Ausschnitte aus unseren Büchern und beantworteten tausendundeine Frage. Im Auditorium saßen ungefähr vierhundert Leute, nicht nur Schüler und Lehrer, sondern auch viele Eltern und Nachbarn. Die Schule war sehr nach unserem

---

[1] »Wir lebten in Moskau«.

Geschmack. Sie hat keinen Direktor, wird streng demokratisch von einem Lehrer- und Elternrat selbstverwaltet; die Mittel kommen nur teilweise vom Staat.

L. 20. Februar
Vorlesung bei einer Gelehrtengesellschaft in der Industriestadt Mönchengladbach. Ich habe von unserem »Wuppertaler Projekt« erzählt. Übernachtet habe ich in einem Hotel am Düsseldorfer Flughafen und bin morgens mit dem ersten Flugzeug nach Berlin geflogen. Vom Flughafen ging es direkt zur Tagung des Schriftstellerverbandes, wo Raja mich schon erwartete. In Berlin haben wir beide aus unseren Büchern gelesen und Fragen beantwortet. Wir sahen ein Schauspiel »Raskolnikow«, das im kleinen »Jungen Theater« aufgeführt wurde. Die Truppe besteht aus fünf bis sechs Schauspielern und der Regisseurin, auch eine Schauspielerin, und alle sind echte Enthusiasten. Das Theater bekommt keine Subventionen und hat keine großen Einkünfte. Der Saal hat genau 99 Plätze und in einem Hinterraum ein Café. Die Aufführung war großartig; Raskolnikow und Porfirij wurden von drei jungen Schauspielern gespielt, die einander ständig abwechselten, jeder hatte mal diese, mal jene Rolle. Und das war phantastisch gemacht – die verwirklichte »innere Polyphonie«, die quälende, dramatische Stimmenspaltung. Sonja war etwas schwächer, eine kränkliche junge Frau. Und der Schluß war keine Lehre, keine Auflösung, sondern die herzzerreißende Frage: »Was nun? Wie weiterleben? Wo ist die Wahrheit?« Dostojewskij gespielt à la Brecht – und nicht nur deswegen ungewöhnlich, quälend aktuell.

In Berlin waren wir sehr ausgelastet und konnten uns nur auf Spaziergängen durch diese riesige Stadt erholen, die so erstaunlich viele Gesichter hat – mal häßlich und bedrückend, mal schön und faszinierend und verzaubernd – und die in ihrer Ummauerung angespannt, dynamisch und trotz allem als Metropole lebt. Nur einmal konnten wir in die Nationalgalerie gehen. »Der Mann mit dem Goldhelm«, der dreihundert Jahre lang als echter Rembrandt galt, ist kürzlich restauriert worden, und dabei hat sich herausgestellt, daß es in Wirklichkeit das Werk eines Schülers ist. Ich fand ihn noch schöner als früher, als er geheimnisvoll dunkel war. Jetzt ist er heller, aber auch vieldeutiger.

R. 24. Februar
Morgen fahren Lew und Vincent in eine Schule, die nach Böll benannt ist. Nach einer halbjährigen Debatte hat endlich auch ein großer Platz in Köln seinen Namen bekommen. [...]
Unser Lebensinhalt ist nach seinem Tod irgendwie gesunken. Und noch immer können wir es nicht ganz fassen.

L. 6. April
Gestern bin ich von einer dreitägigen Reise aus Wolfenbüttel zurückgekommen. Diese kleine Stadt hat im Krieg glücklicherweise keine Bomben abbekommen. Noch heute sind das Zentrum und die umliegenden Straßen, das Schloß, die Bibliothek, das Rathaus, das Lessing-Haus und andere Gebäude so wie im 17. und 18. Jahrhundert. Ich habe in einer Buchhandlung unsere Erinnerungen an Kostja Bogatyrjow vorgelesen – es ist bald zehn Jahre her, daß er starb – und einen Ausschnitt aus dem Heine-Buch (die Begegnung mit Goethe). Etwa 160 bis 170 Leute waren gekommen, sehr wohlgesonnene und aufmerksame Zuhörer verschiedenen Alters. Aber die meiste Zeit habe ich in der Herzog-August-Bibliothek verbracht. Mit Karl-Heinz suchte ich Materialien für den nächsten Wuppertaler Band »Russen und Rußland aus deutscher Sicht – im Zeitalter der Aufklärung«. Wir haben wundervolle Karten aus den Jahren 1550 und 1739 gefunden, einen deutschen Stadtplan von Petersburg aus der Mitte des 18. Jahrhunderts, schöne Stiche, Porträts von Schriftstellern und anderen Persönlichkeiten, die in unserem Band erwähnt werden. Und ich habe weiter die Briefe und historischen Schriften von Friedrich dem Großen gelesen. Meinen Artikel darüber, wie er sich und anderen Rußland vorgestellt hat, habe ich fast fertig. Aber auch dazu habe ich viel Neues gefunden, besonders in seinen frühen Werken.

Aus einem Brief von Michail Arschanskij

Leningrad, 16.–17. April 1986
Am 25. März habe ich David Samojlow gehört. Er ist mit dem Bus von Pjarnu (Piernau) nach Petersburg gekommen, um bei einem Abonnementskonzert mitzuwirken. Zuerst trat ein schlechter Schauspieler auf, der schlecht alte Gedichte des Poeten las, während der selbst schweigend an einem Tischchen saß, in Papie-

ren mit neuen Gedichten blätterte und durch seine dicken Brillengläser den Zuschauersaal betrachtete. Es gab Applaus. Ich hatte den Eindruck, daß er von denen kam, die Gedichte erkannt hatten, die sie liebten. Das dauerte etwa vierzig Minuten, vielleicht auch eine Stunde, und war langweilig. Dann erhob sich Samojlow und trat ans Mikrofon. Er sagte ein paar gute Worte über den kürzlich verstorbenen Boris Sluzkij[1], den guten Dichter, der sein enger Freund war. Dann trug er Gedichte vor. Neue, die kürzlich in einem Band erschienen sind, der natürlich nicht zu haben war. Gute Gedichte. Viele Gedanken, die nur in Gedichten so ausgedrückt werden können.

Es war alles sehr gut, und er las gut, laut und deutlich. Nur manchmal hielt er das Blatt dicht vor die Augen, bedeckte damit den Mund und dann drang nichts ins Mikrofon. Man rief ihm das aus dem Saal zu. Da bemerkte er es und entschuldigte sich. Es war nicht leicht, zuzuhören, weil es keine Zeit zum Nachdenken gab. Sicher kennt Ihr diese Empfindung gut, wenn Gedichte, besonders neue und selbst sehr gute, eins nach dem anderen vorgetragen werden und man sich nicht konzentrieren kann, sich nicht in die gerade gehörten und scheinbar treffend gefundenen Wortfolgen hineindenken kann, in die Metaphern und den Sinn von dem, was zwischen den Zeilen steht. Im übrigen ist das wohl unvermeidlich. Es ist immer der Preis für solche Abende, solche Begegnungen. [...]

Ich habe noch einen Band der von mir sehr geliebten Jelena Rshewskaja[2] gelesen: »Vertrauter Zugang«. Daraus erfuhr ich von erstaunlichen Äußerungen des Erzbischofs von Canterbury, die sich mir schwer auf die Seele legten:

»›Es gibt dem Menschen viel, wenn er gebraucht wird. Wenn nicht, dann geht er an der Stille um sich herum ein. Daran, daß er für die Menschen nutzlos ist.‹

›Unter allen Umständen bleibt dem Menschen das Menschliche, nur dem Schuft fehlt es.‹

Wir marschierten begeistert und fühlten uns zugehörig zu einer großen Welt einmütiger, jubelnder Menschen ... Zehn Jahre Oktoberrevolution ...«

---

[1] Boris A. Sluzkij (1919–1986) – Lyriker, Essayist.
[2] Jelena M. Rshewskaja – Schriftstellerin, war während des Zweiten Weltkrieges Dolmetscherin einer Division, die Berlin stürmte.

Dieser Band ist mir von allem, was ich von J. Rshewskaja gelesen habe, ganz besonders lieb aufgrund einer kaum merklichen und doch unübersehbaren Stimmungsähnlichkeit zu einem Buch mit dem Titel »Eine Vergangenheit, die nicht vergeht« ...

Endlich, nach mehreren Nachfragen meinerseits und langem, fast zweijährigem Warten, habe ich eine Antwort von dem Nowosibirsker Wundertäter bekommen – eine nur schwach verschleierte und sehr höfliche *Absage*. Ausschlaggebend war offenbar mein Alter. Ansprüche an ihn habe ich nicht. Er kann wohl keine einigermaßen nennenswerte Besserung garantieren, das Risiko ist groß (seine Worte), und er will sich seine Statistik nicht verderben. »Nix zu maxen.« Da ist wieder mal ein blauer Traum geplatzt. [...] Längst schon sollte der Alte aufgehört haben, sich blauen Träumen hinzugeben. »Es bleibt uns, zu leben in Hoffnung und Liebe.« Hoffnung darauf, daß der Allmächtige meine Zeit noch verlängert. Die Liebe einiger Weniger, aber mir ewig Teurer schlägt keinen Bogen um mich. So ist jede Zeile von Euch hundertmal wirksamer für mich als alle Tabletten. [...]

Übrigens, zu den Postgelegenheiten. Das ist vielleicht wichtig für Euch zu wissen. Einer der letzten Überbringerinnen (eine junge Frau, Sowjetbürgerin, verheiratet mit einem Westdeutschen) ist es passiert, daß ihr bei der Zollkontrolle eine Uhr weggenommen wurde, die Ihr ihr mitgegeben hattet. Ihr müßt wohl etwas vorsichtiger und umsichtiger sein. [...]

Andrjuscha hat noch einen Aufsatz über Prometheus im Almanach »Prometheus« gelesen. Wenn alles so läuft, wie ich es mir wünsche, dann wird er vielleicht irgendwann Goethe und Voltaire, Byron und Shelley lesen. Vielleicht. Aber das wird schon ohne mich sein. [...]

Ich habe Heinrich Bölls schönen Roman »Die verlorene Ehre der Katharina Blum« in der Übersetzung von J. Kazewa gelesen. Ich freue mich, daß ich ihn lesen konnte, wobei mich natürlich ein Gefühl von bitterer und hoffnungsloser Trauer darüber nicht verließ, daß man denken und sagen muß »vom verstorbenen Böll«.

Wenn Ihr es nicht vergessen habt und es Euch möglich ist, schickt mir bitte die vollständige Übersetzung von seinem »Brief an die Söhne«.

In »Drushba narodow« (»Völkerfreundschaft«) Nr. 2 ist endlich Jurij Tschernitschenkos schöner Aufsatz »Der arbeitende Amerikaner« abgedruckt. Sie haben ihn ganze sieben Jahre zurückgehalten und wahrscheinlich stark gekürzt. Aber auch das, was davon übriggeblieben ist, verdient Beachtung und Nachdenken, vor allem über die Dürftigkeit und die puritanische Auswahl der Nachrichten über dieses Land, die zu uns durchdringen.

In Nr. 2 von »Woprossy literatury« (»Fragen der Literatur«) steht ein höchst interessanter und recht bedeutsamer Artikel von G. Makogonenko über A. Achmatowas Band »Die ungerade Zahl« und überhaupt über sie. Und zum erstenmal erscheint in der »offenen« Presse der vollständige Text des berühmten Gedichts, das mit den Worten beginnt »Wen sie einstmals Menschen nannten ...« Das eine ist so wertvoll wie das andere!

In Nr. 3 von »Woprossy literatury« steht ein sehr kluger, interessanter und geschickt argumentierender Artikel von Jakow Gordin: »Ist die Verbindung der Zeiten gerissen?« Allein schon das Motto von Wjasemskij[1] ist viel wert: »Die Worte Vergangenheit, Gegenwart, Zukunft haben eine relative und übertragene Bedeutung.«

Ich las das und dachte: Hast Du, Rajuscha, Dich vielleicht mit Wjasemskij besprochen, als Du Dein Buch »Eine Vergangenheit, die nicht vergeht« nanntest?

R. 17. APRIL

Unter den zahlreichen brieflichen Hilferufen an Lew war auch folgender: Eine junge Russin hatte einen Schwarzen aus Uganda kennengelernt, der in Astrachan an einem Institut für Fischerei lernte. Sie heirateten, drei Kinder. Eines schönen Tages wurden sie ausgewiesen. All seine Verwandten in Uganda waren umgebracht worden, wenn er dorthin zurückgegangen wäre, hätte ihn dasselbe Schicksal ereilt. Sie kamen nach Deutschland – keine Aufenthaltsgenehmigung, kein Asyl, keine Arbeit. Lew hat an die Regierung appelliert, woraufhin sie eine (befristete!) Aufenthaltsgenehmigung bekamen. Man will versuchen, ihnen mit Arbeit zu helfen, aber wenn gleichzeitig zwei Millionen Deutsche arbeitslos sind ...

Bei einer Lesung wurde ich gefragt, ob sich außer Russen auch Emigranten aus anderen Ländern an uns wenden, und ich erzählte diese Geschichte. Eine Zuhörerin bat um die Adresse. Jetzt bekamen wir einen Brief voll Begeisterung und Dankbarkeit: Die deut-

---

[1] Pjotr A. Wjasemskij (1792–1878) – Dichter, Publizist, Freund von Puschkin.

sche Frau hatte die drei russisch-afrikanischen Kinder komplett mit Kleidung versorgt ... »Kleine Taten« – schon lange glaube ich nur noch daran.

So, nun also Griechenland. Am 9. April sind Ljowuschka und ich auf einen Hügel gestiegen, wo keine Touristen waren. Dort haben wir lange schweigend gesessen und aus einiger Entfernung auf die Akropolis und den Parthenon geschaut. Aus der Nähe konnten wir dann doch nicht anders und ließen uns fotografieren. Ich war entzückt von dem alten Griechen, der behauptete, seine Kamera stamme aus dem Jahre 700 vor Christus. Es war wirklich ein sehr alter Apparat mit einem schwarzen Tuch. Er spülte das Foto in einer Wanne, gab uns das Bild aber schnell.

In Loutraki, im Hotel, gab es in dem ganzen sechsstöckigen Gebäude außer uns keinen einzigen Gast. Der Balkon ging zum Meer hinaus, das von uns nur durch die Straße getrennt war und wieder blau, ganz blau schimmerte. Schade, daß es noch zu kalt ist. Am letzten Tag haben wir das andere Athen besichtigt, das byzantinische, und ein bißchen das moderne. Wir sind durch die Sokrates-, Aristoteles-, Aischylos- und Sophokles-Straße gegangen, und an Ljowas Geburtstag haben wir in der Apostel-Paulus-Straße gegessen! In Korinth haben wir die Kirche des Apostels Paulus gesehen. Der Überlieferung zufolge hat er genau auf diesem Hügel das Christentum gepredigt ... Und dort steht an einem Obelisken geschrieben, daß nichts auf Erden stärker ist als die Liebe. In diesem Glauben habe ich mein ganzes Leben von nun fast 68 Jahren verbracht.

Es ist erstaunlich, daß es in Griechenland überhaupt keine Bewegung gegen die Umweltverschmutzung und die Zerstörung der Denkmäler gibt. Nichts in der Art unserer hiesigen »Grünen«. Dabei bekommt man in Athen keine Luft, und das ist leider keine Metapher. Aber die Schönheit ist unwahrscheinlich.

R. 28. APRIL

Unter den Städten, die wir in diesen Jahren gesehen haben, gibt es nicht allzu viele, in denen wir gern leben würden – gewiß London und Florenz. Paris würde auch dazu gehören, wenn man dort nicht unausweichlich in der russischen Emigration schmoren müßte.

Nürnberg hat eine bezaubernde Altstadt wie viele deutsche Städte und Kleinstädte, vor allem im Süden. Vom Auto aus sahen wir das NS-Reichsparteitagsgelände, wo einst die Parteitage stattgefunden haben. Das Territorium gehört jetzt den Amerikanern, sie spielen dort Tennis. Die Stadt wehrt sich verzweifelt dagegen, daran irgendwie erinnert zu werden. Es ist in keinem Stadtführer angegeben, als hätte es das nie gegeben. Dabei ist Deutschland doch eine Demokratie, ohne Anführungszeichen, gewiß, mit Grenzen, aber doch eine echte.

Nach unserer Rückkehr trafen wir zufällig einen deutschen Regisseur. Und wieder die Geschichte: Er war soundsoviel Jahre im Gefängnis, ein Kind aus jüdischem Hause in Essen. Als die Judenverfolgung begann, wurde sein Bruder ermordet; er war in ein Kino außerhalb des Ghettos gegangen und wurde von der Kassiererin erkannt und verraten. Auch seine Mutter und die Geschwister wurden in Auschwitz umgebracht. Als einziger überlebte er. Vierzig Jahre später kam er nach Essen, nur um jene Denunziantin zu finden. Natürlich fand er sie nicht. Nach dem Krieg lebte er in Argentinien und kehrte dann später zurück ...

Wie kann man Stücke schreiben und aufführen, ohne die Sprache zu kennen? »Alle Menschen versuchen, die Vergangenheit zu verdrängen. Die Henker, aber auch die Opfer. Auch ich hab's verdrängt. Sonst wäre ich umgekommen ...« Jetzt inszeniert er Komödien. »Die Leute brauchen das Lachen.« Das stimmt.

L. 6. Mai

In Athen sind wir die ganzen Tage und Abende durch die Stadt gegangen; die Beine machten kaum noch mit, aber wir wollten alles immer noch einmal sehen. Die wundervolle göttliche Antike hat deutliche Spuren in dieser Stadt hinterlassen. Die Akropolis ist selbst in Trümmern noch schön, genau wie die anderen traurigen und dennoch majestätischen Ruinen von Tempeln und Gräbern. Und all das inmitten einer vielförmig bebauten, mit Autos überfüllten, stickigen, um nicht zu sagen erstickenden, lauten, bunten Stadt.

Um den Athenern die Existenz etwas zu erleichtern, haben die Behörden sich eine Ordnung ausgedacht, nach der den einen Tag nur Autos mit geraden Nummern, am nächsten nur die mit ungeraden fahren dürfen (ausgenommen Polizei und Krankenwagen). Und trotzdem ein Wahnsinnsverkehr, ähnlich wie in Rom. Uns, die wir uns schon an die Ordnung auf deutschen Straßen gewöhnt haben, wurde zuweilen angst und bange. In der Altstadt gibt es Stellen, die an Taschkent, Suchumi, Odessa erinnern. Und die Schilder sind in unserer »Kyrilliza« beschriftet, manche Worte sind ganz russisch.

Loutraki ist ein gewöhnlicher Badeort am Fuße von Hügeln und direkt am Meer – der Peloponnes! Dort waren wir bis zum 14. April, sind spazierengegangen, haben ein bißchen gearbeitet und sind nach Korinth und in Bergklöster gefahren, die nicht ganz so alt sind.

Griechenland hinterläßt gemischte Gefühle: Einerseits ist es ein göttliches Land und unsere wahre »historische Heimat«, von hier kamen Götter und Helden, viele Worte unserer Sprache, und hier sprudelten die Quellen unserer Literatur. Ein herrliches Land, das viele Male ausgeraubt und geplündert worden ist. Die Römer haben es ausgeraubt, Barbaren und Kreuzritter, Türken und Venezianer haben es zerstört und immer wieder die Türken; schließlich haben alle möglichen europäischen Eroberer kostbarste »Souvenirs« weggeschleppt – Statuen, ganze Bruchteile von Tempeln und Palästen – nach London, Berlin, Paris. Andererseits ist das Land heute entstellt von Armut, industrieller Zivilisation, Tourismus (das ist die wichtigste Einnahmequelle) und natürlich von den wechselnden Moden. Es ist uns bis zuletzt unklar geblieben, wie die Leute von der Produktion und dem Handel mit unzähligen, oft entsetzlich geschmacklosen, kitschigen Souvenirs leben können. Sowohl im großen Athen als auch im kleinen Loutraki sind in jedem Häuserblock mehrere Geschäfte, Lädchen, Kioske ... Aber wenn man vom Akropolishügel oder von dem anderen Hügel mit der großen römischen Grabstätte auf diese Stadt blickt, dann ist sie zauberhaft schön. Manchmal erinnerte sie uns an unser liebes Tbilissi.

Am 14. April spätabends kamen wir nach Hause – Berge von Post, Büchersendungen, daß man mehrere Tage lang nicht durchkommt. Dabei habe ich doch auch noch meine Wuppertaler Arbeit und hätte die Artikel der anderen lesen, meine eigenen zu Ende schreiben müssen. [...] Aber am Sonntag, dem 20., fing schon unsere nächste Reise an, zuerst per Zug bis Heilbronn. Dort hatten wir ein Treffen mit Schülern, die im vorigen Jahr eine Woche in Moskau waren und darüber ein ganzes Buch geschrieben haben. Ein Jahr lang hatten sie sich darauf vorbereitet. Mit ihnen und ihrer Lehrerin hatten wir ein lebhaftes Gespräch im Gymnasium. Am Abend lasen wir beide dort in einem großen Saal, wo auch Lehrer und Eltern versammelt waren. Am nächsten Morgen holte man uns aus einer anderen Stadt, Schwäbisch Hall, ab. Wir waren in Augsburg, wo Brecht geboren ist und wo, wie ich einst lernte, der deutsche Kapitalismus entstand. Wir wohnten im Gästehaus des Klosters St. Georg. Dort hielt ich abends einen Vortrag über das »Wuppertaler Projekt«. Am Vormittag sind wir durch die Stadt gegangen und waren im Brecht-Museum, seinem Geburtshaus. Ein sehr nüchternes, liebloses Museum. Der konservative Augsburger Senat konnte nur mit großer Mühe und nach langen Zwistigkeiten dazu bewegt werden, eine Straße nach Brecht zu benennen und das Museum einzurichten.

Am Donnerstag, dem 24., sind wir mit dem Zug für zwei Tage nach Nürnberg gefahren. Wir hatten Lesungen vor verschiedenen Auditorien. Aber die Stadt haben wir gemeinsam besichtigt, auch das Dürer-Haus. Und in der St.-Lorenz-Kirche sahen wir den goldglänzenden Kronleuchter mit dem von Veit Stoß geschnitzten Engelsgruß »Mariä Verkündigung«. Der großartige Bildhauer heißt bei den Polen Witosz Stwosz und bei den Deutschen Veit Stoß. In Krakau gilt er als Pole, in Nürnberg als Deutscher.

R. 7. MAI

Auf unserer letzten Reise sahen wir einen runden Hügel, der »Frauentreu« heißt. Während der Bauernkriege wurde den belagerten Bewohnern folgende Bedingung gestellt: Jede Frau durfte weggehen und das für sie Kostbarste, das sie auf dem Arm oder Rücken tragen konnte, mitnehmen. Die Frauen flohen, und jede trug ihren Mann oder Sohn oder Bruder auf dem Rücken ... Daher heißt der Ort »Frauentreu«.

Auf dieser Reise holte uns, wie üblich, der Besitzer der Buchhandlung ab, in der wir als nächstes lesen sollten. Er fuhr uns von Schwäbisch Hall nach Crailsheim ... und schaltete Okudshawa ein! Es ist nicht wiederzugeben, was das bedeutet, wenn man plötzlich in einem anderen Land Lieder hört, von denen man noch weiß, wie und wo man sie das erste Mal hörte. Ich schließe die Augen und sehe den Sänger vor mir und tausend Kleinigkeiten, jedes Lied mit meinen Erinnerungen ... Zurück in Köln, bekamen wir einen Brief (mit der Kassette) – dieses Stück Weges sei ihm, dem Fahrer und Besitzer der Buchhandlung, »unvergeßlich« geblieben. Wahrscheinlich haben wir mitgesungen, geflüstert und den Text vor uns hin gesagt.

L. 10. Mai. Köln

Diese Tage stehen im Zeichen von Tschernobyl. Jeden Morgen haben wir das Radio eingeschaltet (was wir sonst nicht tun), Moskau und andere Städte eingestellt. Jeden Abend sehen wir mehrmals Nachrichten im Fernsehen. [...] Täglich berichten Zeitungen, Radio und Fernsehen von der Unzufriedenheit der deutschen Bauern, die das Freilandgemüse – Kohl, Salat, Spinat usw. – unterpflügen, weil es nicht verkauft werden darf. Sie verlangen Schadenersatz von der Regierung, weil seit langem keine Milch mehr gekauft wird. Dafür ist die Nachfrage nach allen möglichen Konserven und Jodpräparaten sprunghaft gestiegen. Wir verstehen die Unruhe und Angst, denken aber vor allem an die, die in Tschernobyl, Kiew, Gomel leben, an Bekannte und Unbekannte ... Die Wolke von Tschernobyl hängt immer noch über uns und belastet uns mit dem Bewußtsein völliger Ohnmacht.

R. 9. Juni. Bonner Hofgarten

Ein großer Park. Überall Lautsprecher. Am Ende des Parks eine Tribüne, einfach zusammengezimmert. Dort ist der Bundespräsident (Weizsäcker) und noch einige Leute. Überall auf der Wiese sitzen im Gras oder auf Stühlen junge Menschen. Ihre Fragen haben sie morgens schriftlich eingereicht. Das Sekretariat hat sie sortiert, und der Präsident beantwortet sie frei und unautoritär, er biedert sich auch nicht bei der Jugend an – wenn er nicht einverstanden ist, dann ist er nicht einverstanden. Als er anfing, eine Frage zu beantworten, wurde sofort geklatscht (was selten ist), aber er wehrte ab: »Warten Sie, lassen Sie mich ausreden, dann werden Sie nicht mehr klatschen.« Das war im wesentlichen ein lebhaftes Gespräch, das mir sehr bedeutsam erschien, als Beispiel gelebter Demokratie.

L. 19. Juni. Köln

Trotz der Entfernung und der Jahre der Trennung, oder vielleicht auch gerade deswegen, haben wir uns von denen, die dort geblieben sind, nicht entfernt, sondern sind ihnen, im Gegenteil, sogar näher und spüren unsere Nähe und Herzlichkeit zueinander noch deutlicher als vorher. Darum müssen wir auch nicht verbergen, was schwer und traurig ist. Und so klage ich: Es fällt mir schwer, alt zu werden, genauer gesagt, sogar gebrechlich. Ich höre und sehe immer schlechter; abends kann ich kaum noch lesen, ich schlafe gleich ein. Überhaupt bin ich gegen Ende des Tages meist eine schlappe, halb schläfrige Ruine (was für ein blödsinniger Ausdruck »schlappe Ruine«, aber in diesem Fall ist der Blödsinn ganz treffend). Ich kann nur noch in den Fernseher glotzen: Nachrichten, Konzerte und am liebsten irgendeinen albernen Krimi mit schlauen Detektiven, Schlägereien, Verfolgungsjagden und Schießereien, oder einen Western. Trotz alledem arbeite ich, vergesse viel, schreibe dummes Zeug, muß drei- bis viermal alles umschreiben, verspreche, einen Artikel zu schicken, vergesse es und muß mich herausreden; ich lese und korrigiere fremde Manuskripte, schlafe darüber ein, verschleppe alles, ärgere mich über mich selbst oder über die unschuldigen oder nicht sehr schuldigen Mitarbeiter, und dann geht alles wieder von vorne los ...

Aber nun hoffe ich doch, daß wir in einem Monat den ersten Band des »Wuppertaler Projekts« über das 18. Jahrhundert abliefern können. Von mir sind drei Beiträge darin: die Einleitung, ein Artikel über Gottsched und einer über Friedrich den Großen. Die Einleitung ist noch nicht fertig. Ich arbeite und bin sicher, daß ich nur deswegen nicht umkippe, abschlaffe und endgültig zusammenbreche. Jeden Morgen wache ich mit Kopfschmerzen auf, gehe auf den Balkon, mache brav meine Gymnastik und schwenke zwanzig Minuten oder länger die Arme, mache Kniebeugen und verschiedene Übungen ... Der Kopf wird freier, und ich mache Kaffee. Beim Frühstück erzählt oder »verliest« Raja Ausschnitte von dem, was sie am Abend vorher gelesen hat.

Auch meine Schreibmaschine wird alt, sie hakt und stottert. Raja drängt mich, weil sie zur Post will. Es ist schon bald Mittag; heute steht der Besuch der Mitarbeiter an, nicht immer angenehme Gespräche über die Manuskripte... Von unseren April- und Maireisen habe ich Euch noch gar nicht berichtet. Über Griechenland haben wir beide geschrieben, aber danach kamen noch Nürnberg, Ostbayern, Oslo und Bremen.

Oslo überraschte uns durch sein vieles Grün: Ganze Straßen in Wällen von blühendem Flieder im Schatten blühender Kastanien, viele kräftige alte Birken – sie sind dunkler als bei uns, mit mehr Schwarz in der Rinde –, Ahorn, Linden. Eine Stadt ohne absichtlichen Vorzeigeluxus, ohne Bombastisches und aufdringliche Modernität, sehr wenige Hochhäuser. Eine solide, ehrwürdige, freundlich ruhige Stadt, weiträumig um die gewundenen Ufer der Fjorde gelagert; Geschäftsstraßen, aber ohne schreiend bunte Reklame; das Regierungsviertel mit gemäßigt majestätischen, besser gesagt, solide repräsentativen Palästen, Denkmälern, Parks.

Am Rande der Stadt ist die große »Königsfarm«, dort leben der König und die Prinzen im Sommer, und da weiden die »Königskühe« (wie ein Taxifahrer sie nannte), eine Herde von ein paar Dutzend Tieren. Wenig Militär, wenig Polizei, kaum Uniformen. Und die Museen: Die »Frahm-Halle« (Fridtjof Nansens Schiff; auch etwas über Amundsen), die »Kon-Tiki-und Ra-Halle« (Thor Heyerdahl), die Wikingerschiffe und das Nationalhistorische Museum ... In einem Brief kann man nicht ein Zehntel davon erzählen. All das glaubten wir zu kennen, hatten davon gelesen und gehört; aber das Wichtigste, was einen beeindruckt, wenn man dort ist, das ist etwas Neues, etwas ganz wesentlich Neues, das einen weiter und an anderes denken läßt, zum Beispiel an die Realität »geistiger Gene« (oder vielleicht seelischer, psychischer). Sverdrup, Nansen, Amundsen, Heyerdahl sind Nachkommen der Wikinger (der Normannen und Waräger). Diese offenkundige Tatsache benutzen Rassisten, Nationalisten und Mythenerfinder als Argumente für die Irrlehren des »angeborenen Nationalcharakters« (oder Rassen- oder Stammescharakters). Aber es gibt eben auch genauso überzeugende Gegenargumente; wir haben sie in Griechenland und Italien, zu Hause in Moskau und Tbilissi, in Amerika und auch hier beobachten können ... Nicht »im Blut«, nicht in den Genen, sondern in der »Noosphäre«, in den geistigen Überlieferungen wurzelt das »nationale Wesen« und wird an Enkel und Ururenkel vererbt.

In diesem Moment kam wieder ein langes Telefongespräch, die nächste Bitte um Hilfe für einen guten Menschen, eine gute Sache, und Rajas Ruf: »Mach Schluß, ich gehe zur Post!«

R. 22. Juni

Heute fanden wir die schreckliche Nachricht von Dima Sidurs Tod vor ... Am 15. Juni hatte ich ihm den letzten Brief über Karl Eimermacher[1] geschickt, ihm geschrieben, was K. I. Tschukowskij nach dem Jahr '56 gesagt hat: »In Rußland muß man lange leben!« Schrecklich, jetzt daran zu denken ...

---

[1] Karl Eimermacher - Slawist, Kunstwissenschaftler, Freund von Wadim Sidur.

R. 1. Juli

P.E.N.-Club. Kongreß zum Thema »Wenig beachtete Literaturen«: Bulgarien, Senegal, Island und Korea. Ein Saal für tausend Personen. Am ersten Tag fast voll. Als die Stars auftreten – Alberto Moravia, Susan Sonntag, Christa Wolf, Günter Grass, Wolf Biermann – ist er fast voll. Am letzten Tag hätten selbst Optimisten den Saal fast leer genannt: vierzig bis fünfzig vereinzelt sitzende Personen. Das Ganze war überhaupt erschütternd schlecht organisiert. Und da treten diese armen unbekannten (bei sich daheim sind sie sehr bekannt) Literaten auf und sprechen über irgend etwas vor einem leeren, gleichgültigen Saal. Als der letzte, ein Koreaner, fertig war, fragte der Vorsitzende: »Wer hat Fragen?«, aber die letzten Zuhörer gingen schon hinaus. Der Südkoreaner brach vorn auf der Tribüne in Tränen aus: »Wir sind Tausende von Kilometern gefahren, unsere Freunde sitzen im Gefängnis, und hier ist es allen ganz egal ...« Es war alles völlig hoffnungslos. Wer wird morgen einen südkoreanischen Roman kaufen? Solange es keinen Skandal darum gibt ... Da rede ich von südkoreanischen, und unsere eigenen Sorgen ... Von Grossmans »Leben und Schicksal« sind 16 000 Stück verkauft. Der Verleger sagt, das sei für einen ausländischen und auch noch dicken Roman ausgezeichnet.

L. 8. Juli. Köln

Die Druckfahnen zu meinem »Heine«-Buch[1] korrigieren wir zu dritt: Edith Kaiser, Karl-Heinz und ich. Wir lesen Zeile für Zeile. Edith überprüft die Zitate. Sie ist sehr gewissenhaft, ganz und gar hingegeben an das, was sie tut ... Mich ermüden der Perfektionismus und die Langsamkeit.

Zdenek Mlynař war da, schön und stattlich, der reinste römische Senator. Er erzählte von Gorbatschow. Mit dem hat er fünf Jahre im Studentenwohnheim gewohnt. »Ein feiner Kerl, ehrlich und gescheit.« Das letzte Mal hat er ihn im Sommer 1967 gesehen, als er ihn von Kislowodsk aus in Stawropol besuchte. »Wir sprachen dieselbe Sprache. Er schimpfte auf Chruschtschow und äußerte sich verächtlich über Breshnew: ›Der ist eine Übergangsfigur, auf Schelepin sollte man setzen‹, und er sprach sehr einfühlsam und verständnisvoll über unsere tschechischen Angelegenheiten.«

---

[1] »Ein Dichter kam vom Rhein. Heinrich Heines Leben und Leiden«.

Mlynář hält Reformen in der UdSSR für möglich, glaubt aber, daß das KGB negative Gegenkräfte sammelt. Den Umgang mit Sacharow versteht er als Symbol für das Erstarken dieser Kräfte. Er glaubt, daß es in der UdSSR noch Leute gibt, die ernsthaft zur alten Ideologie stehen. Ich habe ihm widersprochen und meine Vermutung geäußert, daß dort unabhängig von allen Ideologien vier Kräfteströmungen wirken: erstens die staatliche Parteikontrolle und der Regierungsapparat, die altväterliche Bürokratie, die nur den Status quo ohne jegliche Veränderungen erhalten will – viele von denen sind noch Stalin ergeben; zweitens die Manager, die Führungskader von Industrie und Landwirtschaft, und der Teil des Parteiapparats, der die Notwendigkeit von Reformen erkannt hat; drittens das Militär, die Verantwortlichen in der Rüstungsindustrie und der hinter ihnen stehende Teil des Parteiapparats; und viertens das KGB. Das ist natürlich nur eine schematische Skizze; die Strömungen sind manchmal getrennt, manchmal überschneiden sie sich oder sind zerteilt in einzelne Stände oder sogar Zellen: die Marine, die Raketenbatterien, die Weltallprojekte. Und überall die jeweiligen KGB-Abteilungen. Außerdem natürlich noch die Diplomaten, der Außenhandel ... Aber inwieweit sind sie autonom, inwieweit miteinander verfilzt, wer ist wie von wem abhängig?

Am 7. Juli tagte das Komitee zur Verleihung des Böll-Preises der Stadt Köln, alle saßen an einem runden Tisch im Restaurant des Domhotels. Mein Vorschlag, den Preis Wolf Biermann zu verleihen – er wird gerade fünfzig, und außerdem ist es der Jahrestag seines Auftritts in Köln –, wurde nur von einer Minderheit unterstützt.

AUS EINEM BRIEF VON MICHAIL ARSCHANSKIJ

Komarowo, 9.-12. Juli 1986

Ich kann nicht behaupten, daß mein Zustand nach der grausigen Katastrophe vom April[1] eine Erstarrung ist. In erster Linie natürlich Schmerz und aufrichtiges Mitleid. Aber außerdem bin ich wütend. Ich glaube, daß auch dieses schreckliche Unglück, wie eine irrsinnige Menge anderer bei uns, ein Zeichen für das unerbittliche Wirken von Parkinsons grausamem und unbestreitbarem Gesetz ist: »Je größer die Inkompetenz, desto höher und wichtiger (aber

---

[1] Explosion im AKW Tschernobyl.

nicht verantwortungsvoller im Kern) ist der Posten, den einer innehat«. Ich brauche wohl nicht zu sagen, daß ich nicht die Ingenieure und Wissenschaftler meine, sondern die letzte (entscheidende, aber für nichts verantwortliche) Instanz, die zu allen Arten von »vorzeitiger« Planerfüllung antreibt und anregt, zur Abnahme von Objekten mit »Unfertigkeitslisten« usw. usf. Die mehr als zahlreichen Lektionen der letzten Jahrzehnte werden nicht genutzt. Im übrigen ist noch hinzuzufügen, daß unser Atomreaktor in Sosnowyj Bor (70 km von Leningrad) vom gleichen Typ ist.

Auch wir haben den 9. Mai gefeiert. Aber ein wirklich großes Fest erinnert, je ferner um so deutlicher, an jenes:

»Das heißt, wir brauchen den Sieg!/ Einen für alle – der Preis sei uns gleich.« Der war gleichgültig! Alexander Twardowskij hat mehrmals sehr nachdrücklich über diesen Preis geschrieben. Erinnert Ihr Euch?:

> Vor ihnen sind wir schuldig alle Tage,
> Und auch der Festtag löscht die Schuld nicht aus.
> Von keiner noch so lauten Siegeshymne
> Wird das Gedenken übertönt an sie.
> In unsern Erben leben jene weiter,
> Die uns vielleicht im Jenseits geben frei.

Im Sowjetischen Enzyklopädischen Wörterbuch (Bd.1, 1931) werden im Artikel »Bürgerkrieg« bedeutsame und schreckliche Daten über die Verluste in Rußland während des Ersten Weltkriegs und des Bürgerkriegs angeführt:
Erster Weltkrieg: 150 Millionen »Arbeitsjahre«
Bürgerkrieg: 250 Millionen »Arbeitsjahre«
Und wieviel im Zweiten Weltkrieg?!

Grausig ist nicht die Berechnungsweise, die irgendwelche findigen Gelehrten damals ausgetüftelt haben, und nicht die Grandiosität der kalten Zahlen. Grausig ist der unfaßliche Wahnsinn, der zum Untergang derer führte, die daraufhin keine Väter und Mütter mehr wurden und ihre überlebenden Eltern und Geschwister verwaist zurückließen – Euch und uns, unsere Kinder und vielleicht unsere Enkel. Vielleicht. Aber vielleicht auch nicht. »Für Außenstehende ist das Wort hohl, und der Bericht ermüdend« (David Samojlow).

Die Enkel sind keine Außenstehenden, sondern das ist Blutsverwandtschaft. Aber wer es nicht gesehen, nicht erlebt hat, der kann es nicht empfinden. Da helfen die besten Bücher, Filme, Gedichte, Bilder, Tagebücher und Ausstellungen nicht, erst recht keine Denkmäler, die größtenteils pompös und plump sind.

Wir sind die Kinder und Enkel derer, die im imperialistischen Ersten Weltkrieg und im wahrhaft brudermörderischen Bürgerkrieg gekämpft haben. Das Äußerste, wozu wir allenfalls imstande sind (wenn wir's genau nehmen, ohne Übertreibung und Krampf), ist, die besten wahrheitsgemäßen Bücher über diese Kriege gebührend einzuschätzen und (was besonders wichtig ist) ernsthaft über die wahren Gründe, die Gesetzmäßigkeit, die scheinbare oder tatsächliche Unvermeidbarkeit usw. nachzudenken. Unsere Kinder und Enkel (ein Teil von ihnen) werden die besten Bücher und Filme über den Zweiten Weltkrieg gebührend einschätzen (es sind nicht allzu viele). Und sie (wiederum nur ein Teil) werden über die wahren Gründe, die Gesetzmäßigkeit, die scheinbare oder tatsächliche Unvermeidlichkeit dieses Krieges nachdenken. Ein Nachempfinden kann es nicht geben.

Der 8. Kongreß des Sowjetischen Schriftstellerverbandes war aufgrund einiger offener und wichtiger Reden erfreulich (Granin, Baklanow, Jewtuschenko, Rasputin, Wosnessenskij, Lichatschow). Es ging natürlich nicht ohne »Perlen« ab, wie den »ergreifenden« Ausruf von J. Scheweljowa über den »wahren« Poeten Jurij Andropow, der »seinen literarischen Ruhm zugunsten der Partei und des Staates geopfert« habe. Mao war übrigens auch ein Dichter.

Es ist alles gesagt. Nun geht es um Taten. Was kann die neue Regierung tun? Wie frisch und stark wird der neue Strom sein? Wie werden die Bosse entscheiden, die schweigend im Präsidium sitzen? Wir wollen nicht rätseln. Man wird es sehen. Meine größte Ehrerbietung gilt Jewtuschenko und Wosnessenskij (obwohl beide nicht meine Dichter sind) für das, was sie über Boris Leonidowitsch Pasternak gesagt haben. Ich fürchte nur, daß die Entscheidung von Gleichgültigen und Feigen gefällt werden wird.

Von wenigen Ausnahmen (H. Böll) abgesehen, lese ich jetzt keine Übersetzungen. Fast meine ganze Freizeit habe ich in diesem Sommer Pasternak gewidmet, seiner Lyrik und Prosa, und Schriften über Pasternak und natürlich Anna Achmatowa. Von W. Bykow, W. Astafjew, W. Rasputin und T. Ajtmatow lese ich alles bunt durcheinander. Das brauche ich sicher nicht zu erklären. In ihnen sehe ich eine Hoffnung auf Wiedergeburt, Aufhellung, Reinigung der Literatur und... Ich weiß nicht, wie ich das nennen soll, was ich über diese Autoren im allgemeinen denke. Mir ist klar, wie unterschiedlich sie sind. Aber im wichtigsten sind sie ähnlich!

Am 30. Juli dieses Jahres ist in der »Komsomolskaja prawda« (»Komsomolzen-Prawda«) ein schmutziger Artikel unter dem schmutzigen Titel »Mit dem lieben Gott kokettierend« erschienen. Fabriziert hat diese Schmiererei irgendein stinkiger Professor der Philosophie, eindeutig im Auftrag der beunruhigten Komsomolführung. Ist es möglich?! Bykow, Astafjew und Ajtmatow nehmen es sich heraus, über die Suche nach den geistigen Ursprüngen und die Gründe für den Verfall der Sitten nachzudenken, und beziehen sich dabei (man stelle sich so etwas vor!) auf die Bibel, das neue Testament und die Bergpredigt!

Was soll die Komsomolführung mit den jungen Leuten anfangen, die nicht in den Diskotheken verblöden, sondern nachdenken?! Man muß versuchen, ihnen klarzumachen, daß Bykow, Astafjew und Ajtmatow sich irren und daß ihre Gedanken Mist sind. Dabei hätte man allerdings nicht gewissenlos die Worte der Autoren und deren Sinn verdrehen dürfen. Und das gilt nicht nur und gar nicht so sehr für den stinkigen Professor als vielmehr für die Redaktion dieser Zeitschrift mit einer Auflage von mehr als zehn Millionen Exemplaren.

Es wäre sehr interessant, die Entgegnungen der Autoren oder wenigstens eine davon aus der Presse zu erfahren. Es juckt mich in den Fingern zu schreiben, aber das würden weder die »Komsomolskaja prawda« noch die »Literaturnaja gaseta« veröffentlichen. Und doch sollte man so etwas wie einen offenen Brief schreiben und Kopien an Bykow, Astafjew und Ajtmatow schicken. Na, ich muß mal sehen ...

Dies ist nun schon das dritte Jahr, in dem ich am 23. Juni Anna Achmatowas Grab nicht besuchen konnte. Wieder sind ihre geliebten weißen Heckenrosen in meinem Garten schnell verwelkt. In diesem Jahr habe ich meinen Nächsten das Wenige, was ich über Anna Andrejewnas Leben weiß, erzählt. Ich habe dieses Gespräch »Das Schicksal des Dichters« genannt und es mit Boris Sluzkijs Gedicht begonnen:

> Ihr Dichter, ihr Stiefkinder Rußlands,
> Zum Dienstboteneingang trägt man euch raus ...

Ich habe Gedichte vorgetragen, vom Jahr '46 und von ihrem ganzen Leben als einem Requiem erzählt (das sind Ljowas Worte). Man hat mir gedankt, und ich habe darin meinen kleinen Beitrag zum Gedenken an »Anna von ganz Rußland« gesehen.

In dem erwähnten Artikel aus der »Komsomolskaja prawda« wird eine Äußerung von Bykow über die Bergpredigt zitiert. Das ist wieder so ein Fall, wo ich vor Freude springe, weil ich sehe, daß meine Vorstellungen mit denen begabter, denkender, mutiger Menschen, deren Gedanken veröffentlicht werden, übereinstimmen. [...]

Ich mußte an unseren früheren Briefwechsel denken, Rajuscha, und an etwas, was ich zu Deinem Ausdruck »die Moral jener Zeit« oder »die Moral jener Gesellschaft« (sinngemäß) sagte. Das war etwa 1977/78. Damals schrieb ich Dir, daß es meiner Meinung nach keine spezielle Moral für spezielle Gesellschaften oder Epochen geben kann, sondern daß Moral eine ethische Kategorie und ewig ist und daß ihre Grundlagen für alle Zeit in der Bergpredigt ausgedrückt sind.

Danach habe ich dasselbe noch oft und aus ganz verschiedenem Anlaß in Diskussionen und Gesprächen mit Freunden, Kollegen und Bekannten wiederholt. [...] Das ist der Grund, warum ich vor Freude sprang, als ich erfuhr, daß mein geschätzter Wassil Bykow auch so denkt. [...]

L. 17. JULI. KÖLN

Ich diktiere diesmal, weil es nicht anders geht. Früher war's Verwöhnung der besten Ehefrau des Kontinents, die immer bereit ist, für mich zu tippen, zwar »verschnörkelt«, aber unermüdlich. Ich liege auf dem Rücken, habe Kopfschmerzen, dauernd tun irgendwelche unerwarteten Körperteile weh, gräßlich, aber nicht so quälend wie am Sonnabend dem 12., als es losging. Im Schloßturm von Crottorf schien es, als sei ich dabei, mich richtig zu erholen. Morgens machte ich auf der Mauer Gymnastik, genoß die Wälder ringsum und die Waldwiese, die direkt an die andere Seite des Burggrabens grenzt. Da ästen Hirsche, ein wunderschöner weißer, und Hirschkühe mit Kälbern; seit vielen Jahren bin ich sogar wieder auf der Mauer gelaufen, sie ist breit wie eine Straße, bepflanzt mit Sträuchern und Rosen, an einigen Stellen wachsen sogar Bäume. Dann habe ich mich an die Arbeit gemacht, umgeschrieben und meine Einleitung zum Band über das 18. Jahrhundert redigiert, den Anfang der untrennbaren russisch-deutschen geistigen Beziehungen...

Am Sonnabend gegen Abend spürte ich heftiges Gliederreißen. Ich dachte: Ich bin zuviel gelaufen, bin überhitzt und überarbeitet... Aber spätabends bekam ich betäubende Kopfschmerzen und Fieber. Über zwei Tage ging das so, Tag und Nacht...; ich konnte weder lesen noch schreiben, konnte an nichts denken, nicht einmal an die Arbeit, die auf dem Tisch lag. Raja las mir Gedichte vor, versuchte es auch mit Prosa. Eine kurze Zeit lang lenkte das ab, dann begannen wieder unsinnige Fieberphantasien. Ein metallischer Würfel schwebte vor mir, mal auf mir, mal über mir oder in mir; Zeilen von Okudshawa wirbelten mir durch den Kopf.
Am Sonntag kam zweimal der Notarzt aus der Kreisstadt, ein junger, blondbärtiger. Er sagte, es sei eine Virusinfektion, welche, ließe sich erst später sagen. Er gab mir eine Spritze und schmerzstillende Mittel und versuchte, mich aufzumuntern, aber ich konnte nichts mehr essen, trank nur etwas und bedauerte die arme Raja. Am Montag kam dann der reguläre Arzt aus dem Ort, ein lebhafter, gesprächiger Alter, der Soldat an der Ostfront war und immerzu über die Vergangenheit reden wollte. Schimpfte auf die »Nazi-Idioten«. Der stellte eine Blutvergiftung, eine Wundrose, fest. Er jagte mir sofort Antibiotika in die Vene, machte eine Kompresse und sagte, daß ich das Bein mit Spiritus und kaltem Wasser befeuchten sollte. Abends kam Steffen Heinemann aus Köln an, unser Hausarzt und Freund. Normalerweise ist er stets ein beharrlicher Optimist und Tröster, aber diesmal war er sichtlich erschrocken. Er wies meine Klagen über die Antibiotika entschieden zurück und spritzte mir gleich noch eine Ampulle. Die Nacht war fürchterlich, der Kopf schien zu zerbersten, Fieberwahn, Erbrechen... Morbide Gedanken. Ich mußte an die letzten Seiten meines Heine-Buchs denken, das wir in Köln vor der Abreise zusammen mit Edith Kaiser redigiert hatten. In den letzten Tagen vor seinem Tod wurde Heine auch von Kopfschmerzen und Erbrechen geplagt. Ich dachte daran, hatte aber keine Angst, nur eine tiefe Müdigkeit von den Schmerzen. Auch jetzt, da die Temperatur nur noch 37,5 ist, tut mir der Kopf sehr weh; irgendwo hinter den Augen in der Stirnhöhle bohrt der Schmerz. Raja hat morgens schon Gedichte von Okudshawa gelesen und Annemarie angerufen. Gestern war Heinrichs Todestag. Raja ist mit Karl-Heinz hingefahren, sie waren am Grab und haben anschließend Annemarie besucht.

L. 17. Juli

Lidija Tschukowskaja erzählte einmal, Achmatowa habe behauptet, daß ein Merkmal für einen genialen Dichter »eine schreckliche Frau« sei. Sie erinnerte an Puschkin, dessen Natalja (»an ihr ist alles Harmonie, alles göttlich, alles über allem Irdischen und Leidenschaft...«) sie so haßte und verachtete, wie nur eine leidenschaftlich verliebte Frau die glückliche Rivalin hassen und verachten kann. So war auch die Einstellung von Pasternaks Frau Sinaida zu seiner Geliebten Olga Iwinskaja (»dieser Frau«).

Irgendwann habe ich Achmatowa liebedienerisch als Beispiele für diese Thesen auch noch Christiane Goethe und Mathilde Heine zugeschustert... Es läßt sich lange darüber räsonieren, zu welchem Dante welche Beatrice paßt. Einer Überlieferung zufolge soll Petrarca die Gnade des Papstes, nämlich die Genehmigung zur Heirat mit Laura, der von ihm angebeteten Geliebten, abgelehnt haben, weil das »das Ende der Poesie wäre«.

Einer der schlagendsten Beweise dafür, daß ich kein Schriftsteller bin, ist für mich meine Ehe. Selbst die Antifeministin Lidija Kornejewna ist überzeugt, daß unsere Familie mit Fug und Recht matriarchalisch ist... In vier Tagen sind wir dreißig Jahre verheiratet. Aber unser Geheimnis liegt im Detail. Jetzt zum Beispiel liege ich darnieder und diktiere, und sie tippt brav, gelegentlich bockt sie und verbessert mich, ihrer Sache sicher: »Das sind nicht deine Worte«, und schreibt sie nicht hin. Und das sieht ganz selbstverständlich aus, so als sei ich der Diktator und sie die einigermaßen menschlich behandelte Untergebene. Ist alles trügerisch, denn es wissen ja nun alle, wer der Diktator in diesem Hause ist. Ich bin gelegentlich ein rebellischer Untertan, veranstalte kleine Proteste, »Rebellion auf den Knien«, sündige und beichte, und im Endeffekt geht alles wunderbar.

Wenn ein Außenstehender hören könnte, wie wir uns manchmal über einem gemeinsamen Manuskript anbrüllen, wie und was wir uns gegenseitig an den Kopf werfen, dann wäre der sich vollkommen sicher: Die Familie ist kaputt, völliger Zerfall, totaler Bruch, die bringt man nie wieder zusammen. Aber solche Gefechte dauern höchstens zwei Stunden; der Nachgebende bin meistens ich, obwohl ich öfter recht habe, aber die Geschichte wird das leider nie erfahren.

L. 30. Juli

Die Krankheit ist offenbar überstanden! Eine Rose, eine Venenentzündung und eine Sepsis ... Raja hatte und hat auch jetzt noch viel Last und Arbeit mit mir. Zu allem übrigen hat sie sich auch noch als ausgezeichnete Krankenschwester entpuppt. Seit mehr als zwei Wochen verbindet sie mich jeden Morgen. Ein komplizierter Kompressionsverband aus zwei Binden über das ganze Bein, fast so ein Wickeln wie bei ägyptischen Mumien. Seit drei Tagen gehen wir wieder im Park spazieren, und ich kann auch bereits am Schreibtisch sitzen. Vorher habe ich allerdings im Liegen gearbeitet. Fast eine Woche lang mußte Raja mich die sieben, acht Schritte zum Bad führen. Es waren infame Schmerzen, die mich ganz um den Verstand brachten. Und abends kurierte meine Universalpflegerin noch meine Seele, indem sie mir Moskauer Briefe, Achmatowa-Gedichte und Zeitungsartikel vorlas, auch aus Moskauer Zeitungen. Die »Literaturnaja gaseta« haben wir nie so aufmerksam und gierig gelesen wie jetzt ...

Heute sind wir nach dem Frühstück auf den Balkon gegangen. Dort hat Frau Amsel winzige, rosig nackte Vogelkinder ausgebrütet. Sie hat ein Nest im Blumenkasten auf unserem Balkongeländer gebaut. Und dies ist schon die zweite Brut. Drei Junge sind schon vor sechs Wochen entflogen. Sie wachsen so schnell, daß man es kaum mitbekommt.

L. 9. August. Immensee

Heute ist unsere erste Ferienwoche zu Ende. [...] Wir sitzen im Zimmer, während über Bergen und See ein wundervolles Gewitter mit Donner und Blitzen und Echo von den Bergen tobt. Nach dem Abendessen sind wir bei Gewitter am großartig violetten See spazierengegangen, darauf rotweiße und orangefarbene Segelboote (am Ufer vor Anker) und die Berge, über uns der Riegi, ein bewaldeter, gleichmäßig kegelförmiger Berg. Trotz Schirm und Regenmantel hat uns der schräg peitschende Regen tüchtig durchnäßt. Insgesamt haben wir aber Glück mit dem Wetter: die ganze Woche Hitze, hin und wieder kurze Regenfälle und Gewitter. Und vor allem baden wir!!! Raja ist selig. Ich arbeite fast überhaupt nicht. In einer Woche habe ich ein paar kleine Seiten zum Vorwort zustande gebracht. Dabei müßte ich drei Sachen gleichzeitig schreiben – zwei Einleitungen zu unseren nächsten Wuppertaler Bänden und eine größere Rezension. Noch habe ich nicht die Kraft, darüber nachzudenken, obwohl ich die Entwürfe mitgenommen habe. Aber ich lese im Moment einfach nur so für mich, wie in der Kindheit und Jugend, so wie alle normalen Leute lesen. Gestern und heute habe ich Ecos »Der Name der Rose« gelesen und empfinde einen ganz besonderen Genuß nicht nur von der Lektüre, sondern auch in Erinnerung daran, wie ich mich selbst vor sechzig oder mehr Jahren durch solche Bücher zum leidenschaftlichen Interesse für Geschichte und Literatur erzogen habe. In dieser Reihenfolge: erst Geschichte, dann die Erkenntnis des schönen, geheimnisvoll bezaubernden, gestaltenden Wortes.

Ich will »Rechenschaft« über die Woche ablegen. Am Sonnabend, dem 2., sind wir mit dem Zug von Köln losgefahren. Zwei Koffer und die Schreibmaschine hatten wir als Gepäck aufgegeben. Drückende Hitze und Schwüle, aber die Fahrt am Rhein entlang ist bei jedem Wetter schön. In Zürich mußten wir umsteigen. Bis dorthin fuhren wir fünf Stunden; nach einer weiteren halben Stunde waren wir in Zug, einem schmucken kleinen Städtchen, Hauptstadt des gleichnamigen Kantons, wo uns Reini Meier abholte. Wir fuhren mit dem Auto in sein Dorf Walchwil am Fuße des Roßbergs am Zuger See. Das Häuschen gehört seinem Schwiegervater Dr. Rust, der in diesem Dorf auch geboren ist. Seine Vorfahren lebten dort seit mehreren hundert Jahren. Am Sonntagabend lud er uns zu einem köstlichen Fischessen mit hiesigem trockenen Weißwein ins Restaurant »Zu den Sternen« ein; es befindet sich in einem alten, soliden Holzbauernhaus, in dessen Gaststube die Porträts seiner Großväter und eines Urgroßvaters hängen.

[...] Eine halbe Stunde Zugfahrt, um uns Luzern anzusehen und den Vierwaldstätter See mit seinen vielen Gesichtern. Wir haben eine zweistündige Seerundfahrt gemacht mit Mittagessen und einem Folklore-Ensemble. Wir bewunderten die Ufer. Ganz in der Ferne ist der St. Gotthard zu sehen, der Rütli, wo die Schweiz gegründet wurde, und der Ort Küßnacht, in der Nähe der Straße, wo Wilhelm Tell den Reichsvogt erschoß.

R. 11. AUGUST. IMMENSEE

Das Tempo-Problem ist sehr wichtig, für mich auch eines der schwierigsten; zum Teil geradezu unlösbar! Mein gegenwärtiger Rhythmus: 7.00 Uhr aufstehen, sofort in den See (3 Minuten von der Pension, ein geschlossenes kleines Gebiet; wir haben dort eine Kabine zum Umkleiden.) Lew macht Gymnastik. Dann Frühstück. Dann sitzen wir in einer Laube – sie gehört zum Restaurant am See –, und hier arbeiten wir beide, fangen an zu arbeiten. (Gestern waren wir bei Meiers, mit ihnen auf einem Alpendorffest hoch in den Bergen.) Vor dem Mittagessen – 13.30 Uhr – schwimmen wir beide. (Lew jedesmal mit Druck – wenn er im Wasser ist, dann ist er glücklich, aber die Vorbereitungen machen Mühe.) Zum Spazierengehen ist es leider zu heiß, dennoch ein kleines bißchen. Oder ich sitze an der Schreibmaschine (die kaputt war wegen unserer Dummheit, sie als Reisegepäck aufzugeben; sie mußte leider repariert werden!). Dann liegen wir beide. Lew schläft; er klagt und schimpft mit sich hinterher, aber er schläft dennoch. Dann, ungefähr um 18.00 Uhr, noch einmal Schwimmen. Abendessen im Zimmer: Joghurt, Obst usw., und ein langer ein- bis anderthalbstündiger Spaziergang. Wir beide lesen viel – Gott sei Dank – ohne anderen Zweck, nur zu unserem Vergnügen. Aus purem Interesse. Um 22.00 Uhr gehen wir zu Bett. Einmal hat Lew einen Western mit Gregory Peck gesehen – und das war alles.

Katja Etkind ist gestorben, sie wird in der Bretagne beerdigt. Wir haben zweimal mit Efim gesprochen, werden schreiben, obwohl – welche Worte und Wörter kann man finden? Mit Sweta gab es leider kein Gespräch – niemand antwortet. [...]

Das alles – Wind, Sonne, Regen und regelmäßige Arbeit –, wenige Stunden ohne Zweck, das ist mein erwünschtes Tempo. Nur in kurzen Ferien ... Aber dreimal am Tag danke ich dem Herrgott.

L. 17. AUGUST

Kadi und Reini[1] sind mit uns über den St. Gotthard ins italienischsprachige Tessin (Ticino) gefahren. Während die Meiers mit den Kindern und Kadis Eltern in ihr Tessiner Sommerhaus in Berzona (dort wohnte früher Remarque und lebt heute Frisch) weiterreisten, haben wir von Airolo aus den Zug nach Immensee zurück genommen. Wir haben so viel Schönes gesehen: Die Stadt Brunnen an einem anderen Teil des Vierwaldstätter Sees gelegen, Felsschluch-

---

[1] Kathrin und Reinhard Meier, s. Anm. S. 40.

ten und beschneite Hänge, die Teufelsbrücke und dicht dabei ein in einen senkrechten Felsen gehauenes riesiges Kreuz. Zwischen zwei Säbeln stand darauf in großen vergoldeten Lettern: »Den tapferen Mitstreitern von Generalissimus Feldmarschall Suworow Fürst von Rymnik, die 1799 in den Alpen ihr Leben ließen.«

Fast dreihundert Jahre russisch-schweizerischer Beziehungen von Lefort[1], Euler, La Harpe[2], den Zuckerbäckern und Käsern, die nach Petersburg und Moskau zogen, bis zu Fritz Platten, der im Frühling 1917 Lenins Fahrt über Deutschland ins revolutionäre Rußland organisierte; und andererseits von Lomonossow und Karamsin bis zu Herzen, der ja in der Schweiz eingebürgert wurde, Bakunin, den russischen Studenten in Zürich, wo auch Lenin mehrere Jahre lebte, bis zum Schuß des Schweizer-Russen Conradi, der den Sowjetdiplomaten Worowskij tötete, und zu Nabokow, Solshenizyn und Sinowjew ...

Infolgedessen hegen viele Einwohner dieses wohlhabenden, verdientermaßen wohlhabenden, sauberen (selbst manche Waldpfade sind hier sorgfältig asphaltiert), freundlichen Landes ein gewisses heimliches Mißtrauen gegenüber allem Russischen. Die Schweiz ist mit ihren Traditionen verwachsen, insgesamt demokratischen, aber sozusagen elitär konservativ demokratischen Traditionen. Erst vor wenigen Jahren haben die Frauen hier das Wahlrecht erhalten, aber immer noch nicht in allen Kantonen. Es herrscht Mißtrauen, das vielleicht auf Angst beruht. Manchmal glaube ich es auch in den Zeitungen zu spüren.

R. 31. August. Schweiz

Das Bimmeln der Glocken, die alle Kühe um den Hals tragen, ist ein mir neues Geräusch, irgendwie fröhlich und hoffnungsvoll. Ein bißchen ist die Schweiz ein Modell von Europa, denn dieses Land hat vier Nationalitäten und vier Sprachen. Eines der größten Probleme ist, wie überall in Europa, das Einwandererproblem, die Gastarbeiter. In der Schweiz ist heute jeder siebte Einwohner ein Ausländer. Die Staatsbürgerschaft zu erhalten ist dort schwieriger

---

[1] Franz Lefort (1653–1699) – Enger Freund Peters des Großen.
[2] Frédéric César La Harpe (1754–1838) – Erzieher des Kronprinzen Alexander, der 1801 zum Zaren wurde.

als irgendwo sonst auf der Welt. Die Ausländerfeindlichkeit ist ziemlich stark, jedenfalls deren Isolierung und Unzufriedenheit. Über die Staatsbürgerschaft entscheiden hier spezielle Kommissionen, und im Gegensatz zu Deutschland und Amerika (über andere Länder weiß ich nicht Bescheid) müssen die Anwärter auf die Staatsbürgerschaft hier eine Prüfung ablegen, die so schwer sein soll, daß unsere Schweizer Freunde selbst nicht imstande wären, die endlosen Fragen über Schlachten, kleinste historische Ereignisse usw. zu beantworten. Will man jemandem die Staatsbürgerschaft nicht geben, läßt man ihn bis zu zehnmal in der Prüfung durchfallen... Das Leben ist teuer hier, mir scheint, teurer als in Deutschland.

AUS EINEM BRIEF VON NINA MASLOWA

Leningrad, 10. August 1986
Ich glaube, es ist kein Zufall, daß wir viele Freunde in der Generation hatten, die jetzt über achtzig ist. Danach kommt eine Lücke bis zu Koma[1] und seinen Altersgenossen. Sie stehen ganz einzeln da. Mir scheint es manchmal, als hätte diese Generation eine vernünftige Kompromißlösung zwischen Unabhängigkeit und dem Fehlen von Verkapselung in sich selbst gefunden. Erinnern Sie sich an Puschkins »Verurteilung« von Byron? »Er hat einen einseitigen Blick auf die Welt und die Natur des Menschengeschlechts geworfen und sich dann abgewandt und in sich selbst versenkt.« Es gibt bei allen Genies reichlich (durchaus überzeugende) Beschreibungen von der Nichtigkeit dieser menschlichen Natur – von Puschkin bis zu Pasternak. Lew Tolstoj: »[...] geistige Kastraten. Ihre Zahl ist Legion. Ich bin umgeben von ihnen.« Natürlich kann man sagen, daß das ganz verschiedene Dinge sind. Das gute, betrogene Volk und »Oh Menschen! Erbärmliches Geschlecht, der Tränen wert und des Gespötts« – das bezieht sich nicht darauf. Aber keine Definition des Volkes kommt ohne »die Mehrheit« aus, und wenn es um »allgemeinmenschliche« Probleme geht, dann scheint es unumgänglich zu sein, daß man einen höheren Wert hat, so etwas wie ein Potential dieser Mehrheit. Was ist es sonst für ein sonderbares Bestreben, den geistigen Kastraten »mit dem Wort das Herz

---

[1] Wjatscheslaw W. Iwanow.

zu versengen«? Dann fragt man sich doch, warum man sich nicht »abwenden« soll. Dabei scheint die Erfahrung zu belegen, daß eine ständige Beschäftigung mit sich selbst zerstörerisch wirkt.

Ein anderer bemerkenswerter Mensch aus der Generation der über Achtzigjährigen ist Lidija Ginsburg[1]. Es ist schon fast ein fester Brauch, daß wir sie jedesmal besuchen, wenn Koma und Sweta in Leningrad sind. Irgendwann erzählte sie bei uns im Seminar vom Deduktiven und Induktiven in der Poesie. Inzwischen ist vieles von dem, was sie Serjosha und mir vorgelesen hat, veröffentlicht. Haben Sie ihre Erinnerungen gelesen »Notizen eines Überlebenden der Blockade«, Tynjanow, Eichenbaum usw.? Diese Leute hielten sich erstaunlich tapfer in der Einsamkeit. Im übrigen sind sie inzwischen vielleicht schon gesellschaftlich bedeutende Anziehungspunkte, die teilweise die alte Form der »kleinen Gemeinschaften« ersetzen.

Etwas hat sich verändert. Ich habe miterlebt, wie sich in zehn bis zwanzig Jahren der Interessenkreis von eng begrenzten Spezialisten erheblich erweitert hat. Ein weltanschaulicher Umbruch hat sich vollzogen. Auf der Suche nach einem Ausweg haben Mathematiker, Physiker usw. sich auf das Studium von Geschichte, Yoga, Religion gestürzt.

Es ist schwer zu sagen, wo wir nun stehengeblieben sind. Die so entstandene Aufspaltung ist wohl größer als wünschenswert. Aber es ist meines Erachtens zu einem Stillstand gekommen, und »die Mehrheit« ist zu ihren spezifischen Problemen (mathematischen, physikalischen usw.) zurückgekehrt. Weil die unendlich viel Kraft verlangen, »reicht die Zeit für nichts anderes mehr« –, aber noch vor ganz kurzer Zeit reichte sie doch!

Vielleicht übertreibe ich ein bißchen – da möchte ein Mathematiker einen Vortrag halten: »Die Brüder Karamasow, die Geometrie und die Dostojewskij-Forscher«; ein anderer studiert in aller Stille Toynbee, und ein dritter ist mit einem Traktat über die Gefährlichkeit der Juden für die russische Kultur beschäftigt. Aber eine Interessenverengung, eine Orientierung zu exakt formulierbaren Fragen, ein Interessenwandel vom allgemeinen weg zum einzelnen hin hat sich tatsächlich vollzogen.

---

[1] Lidija J. Ginsburg (1902–1991) – Literaturwissenschaftlerin, Philosophin, Schriftstellerin, gehörte zum engsten Freundeskreis von Anna Achmatowa.

L. 3. September. Köln

Am Freitag, dem 29., sind wir aus Ulm zurückgekommen. Den ganzen Sonnabend und Sonntag, die letzten Tage des Sommers, lesen wir Briefe und Manuskripte. Aus Moskau viele Briefe von den Töchtern und von ganz Unbekannten. Ein junges Mädchen schreibt von sich, sie wolle heiraten, schreibt ganz ungeniert über ihre Schwächen, ihre Überlegungen zu Familie und Ehe. Nach »unseren« Maßstäben sind das zynische Gedanken, reiner Materialismus, Egoismus, Spießbürgertum, reine Vernunftbestimmtheit, eine »enge Mikrowelt«; nach »ihren« Maßstäben »eben Wirklichkeit«, ehrliche Offenheit ohne Heuchelei, ohne künstliche Gefühlsduselei, ein klarer Blick ins reale, nicht erträumte, nicht schöngefärbte Leben.

(Ajtmatow sagt: »Ich wäre nicht gern heute jung. Mir ist unbehaglich mit dieser Jugend.« Fühlt er sich denn mit seinen Altersgenossen wohl?) Raja hat den »Richtplatz« gelesen. Gleichzeitig hat in Moskau Ljusja[1] ihn gelesen (sie rief vorgestern an). Ein starkes, gutes Buch. Sehr schön ist alles über die Wölfe und die Antilopen in der Steppe, voller Zorn das über die teuflischen Antilopenjäger mit dem Hubschrauber und die Vetternwirtschaft ... Ein Gleichnis: Iow ist eine Hypostase von Christus; Awdij ein Sonderling und Seminarist, ein Wahrheits- und Gottessucher. Und in all dem etwas Unangepaßtes, eine struppige Sprache, Spuren von Bulgakow, Tolstoj.

L. 11. Oktober

Raja ist gerade zum Flughafen unterwegs, sie fliegt mit Brigitte für zwei Tage nach Bayern (darum habe ich sie auch nicht begleitet; Frau Roth hat die beiden hingebracht), und ich fahre vermutlich in einer Stunde zum Kloster Maria Laach; der Bruder von meinem Wuppertaler Rektor ist dort Bibliothekar, er hat ein sehr interessantes Buch über die Beziehung zwischen sakraler Architektur und dem Aufbau der Liturgie geschrieben. Mir schwant eine Art Fortsetzung von Ecos Roman »Der Name der Rose«, den ich im Sommer las. Jetzt habe ich Ecos Autorenkommentar dazu gelesen – es ist eine erstaunlich natürliche, glatte Verbindung von ech-

---

[1] Schwester von R. O.

ter Gelehrtheit, akribischer, kenntnisreicher, engagiert verwegener Forschung mit künstlerischer, dichterischer Phantasie. Eine elegante, zur Vollkommenheit strebende Wortkunst und die rationalistische Logik eines Scholaren, der kühn mit »realistischen« Universalien und nominalistischen, empirischen Beobachtungen jongliert; gleichzeitig eine ungestüm emotionale, sinnliche Berauschtheit im Liebes- und Kriminalspiel. Er beobachtet durchdringend und zerpflückt die Menschenseelen unerbittlich; er schildert brutale Perversitäten, Manien, er blickt in dunkle Schlupfwinkel und Labyrinthe des klösterlichen, konkret historischen Daseins und erkennt in ihm die sinnlichen Züge der menschlichen Natur, die in allen Zeiten wirken.

Ein grandioses Buch: Schluchten und Höhenzüge, riesige Schober und Ströme und Bäche von Gedanken, Problemen, Rätseln, Andeutungen. In alledem als roter Faden immer wieder anklingend, wie ein Refrain, Bachtins »Karnevalsthema« und in ihm der frohlockende Triumph des allmächtigen, brutalen, fruchtbaren, tödlichen und süßen Lebens; die apokalyptischen, verheerenden, unabwendbaren Schicksalskräfte, die es immer gab und gibt, die immer wieder siegten – mit Goten und Hunnen, mit Dschingis-Khans Horden und den verschiedenen Wehrmachten aller erfolgreichen Volksverführer. Dieses Buch läßt mich nicht los, es hält mich am Schlafittchen. Ich spürte seinen Griff, dem man nicht entkommt, auch während ich über die Frankfurter Buchmesse hetzte.

Wir waren drei Tage dort. Raja humpelte heldenhaft auf »allen Vieren« (Krücken und Beinen). Heute vor genau einem Monat war ihre Operation, und seit einer Woche geht sie wieder nur auf den eigenen zwei Beinen und spaziert heute so durch Tutzing, wo sie eine Lesung und Gespräche mit Lesern hat.

Inzwischen war ich im Kloster. Pater Damian empfing mich, ein sehr lebhafter und gesprächiger Mann. Er war Soldat, kam bis vor Charkow und wurde Benediktiner, um den Frieden und die ökumenische Gemeinschaft aller Völker und Religionen zu verteidigen. Eine strenge schwarze Kutte, wie eine Toga, ein scheckiges Henri-Quatre-Bärtchen und fröhliche, neugierige Augen. Ich wollte in die Bibliothek und mehr über das Kloster erfahren, das immerhin um 1292 erbaut wurde und vollständig erhalten ist. Es hat Glück gehabt – die großen Kriege sind drumherum gegangen, nur 1802 haben die Franzosen es säkularisiert, das heißt sie haben die Mönche verjagt. Aber 1892 wurde das Kloster an die rechtmäßigen Besitzer, die Benediktiner, zurückgegeben.

Aus Frankfurt sind wir am Freitag zurückgekommen, beide fix und fertig. Raja leidet unter hoffnungsloser, quälender Schlaflosigkeit, und der Übergang zum Gehen ohne Krücken ist eben doch schwer. Ich war in Ludwigshafen bei der feierlichen Benennung eines Gymnasiums nach Heinrich Böll. Ich mußte dahin, um, wie Annemarie sagte, »die Familie zu vertreten«.

R. 12. Oktober

Ich schließe jetzt ein kleines Buch ab, das den vorläufigen Titel »Briefe aus Köln über Bücher aus Moskau« trägt. (Einführung, fünf Porträts: Trifonow, Rasputin, Iskander, Bitow und Makanin, und ein großer Schlußteil, in den auch Ajtmatows »Richtstatt« kommt.) Das ist keine Literaturwissenschaft; der Bericht über die Bücher ist durchsetzt mit Bildern aus meinem hiesigen Leben, überwiegend aus dem äußeren, hier und da aber auch aus dem inneren.

L. 12. November

Im Städtischen Museum in Stuttgart haben wir mittelalterliche deutsche Malerei (vor Dürer) gesehen. Die anonymen Meister verschiedener Altäre und die mir bisher ganz unbekannten Seeblom und Stieber, Cranach der Ältere und Holbein der Ältere. Ich mochte gar nicht wieder weg. Und dort wurde mir plötzlich sehr deutlich bewußt, sogar spürbar, wie die Romantiker diese Kunst entdeckt haben, diese frohlockende Farbenpracht, die so naiv fröhlich, fromm und gleichzeitig ganz irdisch und konkret volkstümlich ist, aus Ulm, Nürnberg, Würzburg usw. Obwohl in Architektur, Malerei und Bildhauerei die lokalen Stammesunterschiede viel krasser hervortraten als die nationalen – die Nationen waren ja gerade erst im Werden –, haben die Patrioten und Nationalisten im 19. Jahrhundert ihre ästhetischen Ideale gerade von hier entlehnt. Doch die Künstler – ebenso wie die Handwerker – zogen von Land zu Land. Die nationalen Unterschiede sind aus kosmopolitischem, katholischem Durcheinander hervorgegangen. Und in unserem Jahrhundert tendieren diese Unterschiede wieder dazu, in den globalen Strömungen der neuesten Ismen zusammenzufließen.

L. 17. NOVEMBER. STUTTGART

Gestern sind wir im Parkhotel im Lift steckengeblieben. Kurze, aber durchdringende Panik: Es erinnerte an die »Boxen« in der Butyrka, die schlimmsten, in denen man erstickt ... Unsinnige Angst und Wut ... Und dann habe ich im Fernsehen von Schriftstellern im Gefängnis berichtet. Vor allem über Tolja Martschenko, über Larissas[1] Familie – drei Generationen im Schatten des Gulag –, über Mykola Rudenko[2], Leonid Borodin[3], Mussa Dshalil[4], über die jungen Armenier und Letten, über den Orlow-Fonds und immer wieder über Sacharow.

Abends waren Lesungen. Raja las das Kapitel »Sieben auf dem Roten Platz«, Lilja Druskina[5] Ausschnitte aus ihren Erinnerungen, über die Hausdurchsuchung und wie man ihr die Bücher wegnahm. Ich las den »Brief an die Nachkommen«. Viele Fragen; im Auditorium waren einige »Linke«: »Erzählen Sie von den positiven Seiten der heutigen Sowjetgesellschaft. Es kann da doch nicht alles hoffnungslos sein.«

Zum Abschied gingen wir noch einmal ins Museum. (Das Städtische Museum ist am Bahnhof.) Wir haben nur die Säle mit der mittelalterlichen Kunst angesehen. Holbein d. Ä. verblüffte uns: die weichen, blassen Farben und die ungewöhnlich klare, scharfe Zeichnung – ein direkter Vorläufer von Dejneka. Aber im 15. und 16. Jahrhundert, ja, schon zu Beginn des 15., gibt es eine grandiose Fülle von Farben. Die individuell porträtierten Gesichtszüge der Heiligen und Engel, und das schon vor Holbein und Dürer; die Meister sind aus den verschiedenen Städten: Ulm, Würzburg, Stuttgart, aus der Metropole Wien und den abgelegenen Dorfkirchlein. In dieser bunten Pracht kommt die alltägliche Realität der biblischen Gestalten der deutschen wie auch der italienischen, französischen und niederländischen mittelalterlichen Kunst zum Ausdruck, und diese Wirklichkeit ist eine ideale und gleichzeitig eine konkret reale. Die Romantiker

---

[1] Larissa I. Bogoras – In erster Ehe mit Julij Daniel, in zweiter mit Anatolij Martschenko verheiratet.
[2] Mykola D. Rudenko – Ukrainischer Lyriker, Drehbuchautor. Gründete die ukrainische »Helsinki-Gruppe«.
[3] Leonid I. Borodin – Schriftsteller; nationalrussischer Oppositioneller.
[4] Mussa Dshalil – Einer der Leiter der Krimtataren; mehrere Jahre Häftling im Gulag; z. Zt. Vorsitzender des Tatarenparlaments auf der Krim.
[5] Lilja V. Druskina – Witwe des Lyrikers Lew Druskin.

haben versucht, dorthin zurückzukehren. Nach den affektiert künstlichen rosa-lila leuchtenden Boucher und Watteau, nach dem grotesk harten Hogarth, nach dem übersüßlichen Gros und nach den strengen, rational kalten Graphiken von Chodowiecki u. a. zurück zum warmen, farbenreichen, phantastischen und alltäglich realistischen, romanischen und gotischen deutschen Mittelalter.

L. 19. NOVEMBER

Wir waren mit Karl-Heinz in Bochum. Eine anthroposophische Schule; auch das Gebäude ist anthroposophisch mit abgerundeten Ecken und sanft schrägem Dach. Die Schüler singen Lieder zu Texten von Wladimir Solowjow und russische Volkslieder, eins mit dem Refrain »so ist unsere Arbeit«. Sie tragen im Chor russische Gedichte vor, und sie machen alle den Eindruck von prächtigen, netten Mädchen und Jungen, ganz alltäglich gekleidet, in Jeans, Pullis, Sportschuhen, modern zerzaust, mit fröhlichem Blick. So singen und rezitieren diese ganz und gar heutigen Kinder Gedichte von Solowjow. Und alles halblaut, nichts Überzogenes, kein überflüssiges Pathos. Ich habe mit ihnen über das gemeinsame Schicksal und die schicksalhafte Verbindung von Rußland und Deutschland gesprochen. Viele Fragen, vor allem aber über Gorbatschow.

L. 20. NOVEMBER

Raja hat mit den Wladimows Jurij Orlow[1] vom Flughafen abgeholt. Wir waren mit ihm und seiner Betreuerin Katja Fitzpatrick bei Brandt. Der ist entgegenkommend, freundlich, aber etwas einsilbig, manchmal unterdrückt verärgert über ihren »Radikalismus«. Aber Jurij – alle Achtung! Er ist blaß und grau und älter geworden, aber seine Augen sind immer noch dieselben – klar, gut, sehr lebhaft –, und er lächelt wie früher. Er ist nicht verhärtet, spielt nicht den Leidenden, sondern will noch immer »die Liberalen belehren«, agitieren und propagieren: »Ihr hier im Westen habt keine Ahnung ... Ihr müßt in Zukunft etwas vernünftiger vorgehen, ohne antikommunistischen Brustton, aber hartnäckig und unermüdlich.«

---

[1] Jurij F. Orlow – Physiker. Gründer der Moskauer »Helsinki-Gruppe«.

Er redet nachdrücklich auf Brandt ein, mit einem belehrenden, strengen und vorwurfsvolleren Ton als vorher auf der Pressekonferenz. »Sie helfen unseren Sozialisten nicht, man muß zu den Arbeitern in die Betriebe und auf die Versammlungen gehen; man muß die Wahrheit von sich erzählen und Literatur schicken.«

Danach war er mit Cornelia Gerstenmeyer bei Kohl, der ihm offenbar besser gefiel. Kohl hat im Moment kein Glück mit den Sowjets; immer neue Absagen von Besuchen wegen seines idiotischen Vergleichs von Gorbatschow mit Goebbels, und er bemüht sich nun, die Dissidenten zu umgarnen.

R. 23. NOVEMBER

Im November 1976 war in Köln das berühmte Biermann-Konzert, nach dem er von der DDR ausgebürgert wurde. Ich sehe noch Ljowas gerötete Augen, als er damals nach Hause kam, nachdem er das Konzert bei einem Korrespondenten im deutschen Fernsehen gesehen hatte. Fast all unsere Freunde und Bekannten erinnern sich an dieses Konzert, sie erzählen alle davon als von einem der wichtigsten damaligen Ereignisse. Wir treffen uns regelmäßig mit Wolf, wenn er nach Köln kommt oder wir nach Hamburg. Mehrmals hat er neue Lieder nur für uns gesungen.

Schon vor langer Zeit hat er uns von seinem Plan erzählt: Am 15. November ist er fünfzig geworden, und zehn Jahre sind seit jenem Konzert vergangen. Er wollte eine neue große Vorführung machen. Leider hat es sich so ergeben, daß wir eine Reise nicht mehr verschieben konnten. Genau an dem Tag mußten wir in Baden-Baden auftreten, so daß wir nicht bei Wolf sein konnten. Aber er hat uns eine Kassette geschenkt. Er hatte so etwas wie ein internationales Sängerfestival veranstaltet mit überwiegend spanischsprachigen Interpreten, außerdem waren noch ein Türke und eine sehr gute Schwedin dabei. Okudshawa war auch eingeladen, aber ... (der bekam keine Reisegenehmigung). Biermann hat das sehr bedauert. Viele sangen Lieder von Lorca. Zuletzt haben sie alle zusammen eins von Biermanns besten Liedern gesungen: »Du, laß dich nicht verhärten/ In dieser harten Zeit ... Du, laß dich nicht verbittern/ In dieser bittren Zeit ... Du, laß dich nicht erschrecken/ In dieser Schreckenszeit ... Du, laß dich nicht verbrauchen/ Gebrauche deine Zeit ... Wir wolln es nicht verschweigen/ In dieser Schweigezeit ...«

Am Schluß gibt es noch etwas über Grün als Farbe der Hoffnung. Das Lied wurde vor der Bewegung geschrieben, aber inzwischen sind die Grünen eine Partei, und das nicht nur in Deutschland, sondern auch schon in Österreich, und sie haben Sitze im Parlament. Vielleicht ist für sie heute die wichtigste Biermann-Strophe von allen die über das Gebrauchen der Zeit.

Morgen soll Lew bei einer großen Diskussion auf einem Kongreß mitwirken, den die Grünen in Köln veranstalten. »Für ein anderes Europa.« Europa ist mehr als ein geographischer Begriff...

R. u. L. 23. November. Köln

Liebe Lidija Kornejewna!
Nun ist die deutsche Ausgabe Ihres Buches[1] fast abgeschlossen, d. h. das Buch ist praktisch fertig und wird in drei, vier Wochen in den Regalen sein. Anfang Januar gibt es eine feierliche »Vorstellung« des Buches in Köln oder Hamburg, das haben der Verleger und wir noch nicht entschieden.

R. 2. Dezember

Schon vor langer Zeit hatten wir beide zugesagt, bei einer großen Konferenz mitzuwirken, die die Grünen zum Thema »Für ein anderes Europa« veranstalteten. Vor dem Kongreß erhielt das Parteipräsidium einen Brief von dem bekannten linken Rechtsanwalt Croissant (er hat die Terroristen verteidigt und in diesem Zusammenhang selbst eine kleine Haftstrafe bekommen). Er protestierte heftig gegen Lews Beteiligung und führte als Hauptgrund an, daß Lew Ehrenmitglied der konservativen »Gemeinschaft 13. August« ist; es geht dabei um das sogenannte Berliner Mauermuseum. Er legte eine Fotokopie bei: »Ein Ehrenmitglied dieser Gesellschaft als Zugpferd für einen Kongreß der Grünen – das kann doch wohl nicht sein? Muß es sein? Mit freundlichen Grüßen – ein Kritiker des Kongresses.«

Die Antwort der Grünen: »Lew Kopelew ist für uns ein Mensch, der mit seinem Leben und seinen Büchern eine humane, antifaschi-

---

[1] Lidija K. Tschukowskaja: »Aufzeichnungen über Anna Achmatowa« (1987). Gedruckt mit Unterstützung der »Orient-Occident-Gesellschaft«.

stische und demokratische Haltung verkörpert. Es gibt wohl kaum jemanden in unserem Lande, der so viel dafür getan hat, Verständnis und Achtung für die russische Kultur zu wecken. Wir freuen uns, daß er seine Beteiligung an unserem Kongreß zugesagt hat.«

Im weiteren verteidigen sie auch das Museum gegen ungerechte Angriffe: »Die Tatsache, daß viele Konservative und Gegner der Grünen dieses Museum unterstützen, hängt mit den Abgründen der deutschen Nachkriegsgeschichte zusammen, mit der Neigung, antifaschistisches Verhalten mit Hilfe von Antikommunismus darzustellen. Das aber ist auf die Einseitigkeit linker Traditionen zurückzuführen. Die Linken haben bei uns ja nur die Verbrechen des amerikanischen Imperialismus ernst genommen, aber solche Begriffe wie Demokratie und Freiheit haben sie den Rechten überlassen. Mit dieser Tradition haben die Grünen zum Glück gebrochen.«

Weiter schreiben sie über ihre allgemeinen Aufgaben: »Wir wollen eine Kultur der Vielseitigkeit, produktive Auseinandersetzung, einen lebendigen Pluralismus und ein neues Denken. Wir wollen keinen Geheimdienst der Grünen, keine Gedankenverfolgung, keine Zensur, keine ›Bereiche der ewigen Wahrheiten‹, die der Überprüfung entzogen sind. Wir wollen einen Kongreß, auf dem Menschen mit unterschiedlichem Schicksal auftreten, Menschen, die bereit sind, zusammen mit den Grünen über die europäischen Perspektiven nachzudenken ...«

Zwölf Unterschriften. Viele der Unterzeichner sind schon lange medienbekannt. Gerade heute haben wir in den Nachrichten wieder einige bekannte Gesichter gesehen. Die Demonstranten waren zu den Verwaltungen pharmazeutischer Betriebe gezogen, die für die Verschmutzung des Rheins verantwortlich sind. Sie warteten mehrere Stunden und wurden nicht empfangen. Da haben sie ihre Plakate entrollt und demonstriert.

L. 5. Dezember

Vorigen Freitag und Sonnabend waren wir beide bei der internationalen Konferenz der Grünen »Für ein anderes Europa« – ein anderes, d. h. friedlich, atomwaffenfrei und überhaupt möglichst unbewaffnet. Am Freitag war abends Plenarsitzung. Im Präsidium saß Jürgen Fuchs, ein junger Schriftsteller, der in der DDR ein Jahr als Dissident im Gefängnis war. Jetzt lebt er in West-Berlin, schreibt gute Erzählungen und beschäftigt sich mit der Erziehung »schwieriger« Kinder von Gastarbeitern – Türken, Arabern, Kroaten u. a. Ferner waren da: Frieda Meisner-Blau, Österreicherin, die kürzlich von den Grünen ins Parlament gewählt worden ist – in Österreich sind sie jetzt zum erstenmal im Parlament. Sie ist Soziologin und Pädagogin. Ruth Weiß, eine alte deutsche Jüdin, die Ende der dreißiger Jahre emigriert ist, Staatsbürgerin der Republik Südafrika, von wo sie aus Protest gegen die Apartheid ebenfalls emigrierte. Heute ist sie Professorin für Ökonomie in Simbabwe oder Moçambique. Nils Haltung, Norweger, auch schon älter, heute Professor für Geschichte der internationalen Beziehungen in Princeton, USA. Und ich. Die Vorsitzende ist Antje Vollmer, Mitglied des Bundestags für die Grünen. Jürgen und sie sind die Jüngsten. Und ich der Älteste der Alten.

Wir stritten ein bißchen, aber freundschaftlich, ob Europa ein Mythos oder eine Realität ist. Und was es für jeden von uns bedeutet. Alle waren sich darüber einig, daß Europa nicht nur ein geographischer und am allerwenigsten ein politischer Begriff ist. Ruth Weiß sagte allerdings, daß sie nichts mit Europa zu tun haben will, daß sie mit Europa nur schlimme Erinnerungen und das Bewußtsein verbindet, daß Europa die Dritte Welt, vor allem Afrika, gnadenlos ausbeutet und unterdrückt. Der Norweger sprach versöhnlicher, aber auch er sagte nachdenklich, daß »es schön wäre, wenn Europa nur von Lappen bevölkert wäre, die Buddhisten geworden sind, dann wäre es friedlich in der Welt«. Ich habe versucht zu beweisen, daß Europa eine kulturhistorische Realität ist und daß Rußland ein Teil von Europa ist (womit ich gegen die nicht anwesenden Amerikaner und einige polnische und tschechische Schriftsteller polemisierte). Ich verneinte eine Kollektivschuld aller Europäer an den Verbrechen der europäischen imperialistischen Kolonisatoren und sprach natürlich immer wieder über die Menschenrechte. Ein Begriff, der auch in Europa entstanden ist.

Am Samstagvormittag tagten Arbeitsgruppen. Raja und ich trennten uns, sie ging zur Gruppe »Grenzerfahrungen« und ich zur Gruppe »Neue Entspannung und Menschenrechte«. Zu dieser Gruppe gehörte auch Zdenek Mlynař.

Nach der Tagung bin ich mit Raja spazierengegangen. Zum erstenmal seit langer Zeit wieder (außer im Beethovenpark, wo wir immer spazierengehen) – auf den Heinrich-Böll-Platz, ans Rheinufer, und dann habe ich sie ins Restaurant eingeladen.

Am Montag um 7 Uhr morgens bin ich nach Frankfurt zum Jubiläum von Günther Christiansen, dem Vorsitzenden des Börsenvereins, gefahren, der mir vor fünf Jahren den Preis verliehen hat. Nach zwei Tagen mit den Grünen führte mich dieser Tag mit ihren politischen Gegnern zusammen. Beim Bankett saß ich mit einem Minister, einem Christdemokraten, am selben Tisch. Alltag der Demokratie.

L. 6. DEZEMBER

In der FAZ stand heute ein Bericht (Autor Helmuth Herles) über die Bonner Konferenz der Vertreter von Bund und Ländern, auf der ich gestern ein Kapitel aus »Worte werden Brücken« gelesen habe. Danach gab es Fragen ... Der Korrespondent hat das Wichtigste insgesamt sehr treffend zum Ausdruck gebracht: »Die Unterdrückung von wahrheitsgemäßer Information und Menschenrechten führt nicht nur zu Kriegen, sondern auch zu Katastrophen wie der von Tschernobyl ...

Es gibt drei Bestimmungskriterien für die Glaubwürdigkeit des in der Sowjetunion stattfindenden Wandels. Sie können kurz umrissen werden: Sacharow als Stellvertreter für Tausende von politischen Gefangenen in Lagern und psychiatrischen Anstalten; Afghanistan als Inbegriff der aggressiven militärischen und kriegerischen Sowjetunion und die Überwindung der stalinistischen Vergangenheit – Pressefreiheit, Gewissensfreiheit und Öffentlichkeit.«

R. 11. DEZEMBER

Anatolij Martschenko[1] ist im Tschistopoler Gefängniskrankenhaus gestorben, er saß zum sechstenmal. Wir kannten ihn und sind mit seiner Frau Larissa befreundet. Nach ihr hat Maja[2] ihre Tochter benannt.

---

[1] Anm. s. S. 158.
[2] Maja – Tochter von L. K.

AUS EINEM BRIEF VON FLORA JASSINOWSKAJA-LITWINOWA[1]

Moskau, 16. Dezember 1986

Vor allem schicke ich Euch Laras[2] Schreiben. Sie bittet, alles ungekürzt drucken zu lassen. Ihr ist zwar klar, was eine Zeitung ist, aber trotzdem ... Ihr könnt natürlich alles benutzen und zitieren, aber sie hat Angst, daß die Zeitungsleute es entstellen und verdrehen.

Wir hoffen, daß es auch Fotos gibt, aber die sind noch nicht fertig, ob sie etwas geworden sind, wissen wir nicht. Sie haben uns weder in der Kirche noch auf dem Friedhof am Fotografieren gehindert und sich nur bemüht, selbst nicht aufs Bild zu kommen.

Im Kopf drehen und wirbeln Bruchstücke, Überblendungen eines endlosen Films, wo das Vergangene vom gerade Durchlebten und Gegenwärtigen unterbrochen wird und wo es manchmal scheint, als sei alles ein schrecklicher Traum, und man müßte sich nur anstrengen, aufwachen, und alles wäre vorbei. Trotzdem will ich versuchen, ordentlich und der Reihe nach zu schreiben.

Lara hat vom Gespräch im Gebietskomitee erzählt. Deren Haltung: äußerlich höflich, aber ohne Verständnis. »Sie haben sich bei Gorbatschow an die falsche Adresse gewandt, ein Begnadigungsgesuch muß an Gromyko gerichtet werden.« ... Ljuda[3] und Cronid[4] haben sie angerufen und gesagt, daß es konkrete Hoffnung gäbe. »Was denkt ihr, du und Pawlik, über weite Reisen?« hat Ljuda gefragt. Geb's Gott! Obwohl es ohne Lara hier unsäglich leer und traurig sein wird, wünsche ich ihnen die Ausreise von ganzem Herzen. Ich träume einfach davon, daß sie in Freiheit leben könnten, ein Haus bauen, arbeiten, daß Paschka studieren könnte. Daß wenigstens er normal leben kann. Er ist doch so begabt.

Am 22. November wurde Lara wieder zum Gebietskomitee gerufen. »Wir verstehen, daß Sie sich um Anatolij Martschenkos Schicksal Sorgen machen. Was würden Sie vorschlagen, um seine Situation zu ändern?« Lara: »Ich habe mich schon mit der Bitte um Begnadigung meines Mannes an Gorbatschow gewandt.« Er: »Aber er kann nicht begnadigt werden, er hat sich überhaupt nicht geän-

---

[1] Flora P. Jassinowskaja-Litwinowa – Biologin, Teilnehmerin der Menschenrechtsbewegung.
[2] Larissa Bogoras.
[3] Ljudmila Alexejewa – Menschenrechtlerin, war damals in den USA.
[4] Cronid Ljubarskij.

dert, sein Benehmen in der Haft ist schlecht. Um Begnadigung muß er sich selbst bemühen.« Lara: »Das tut er aber nicht. Und ich habe es aus Verzweiflung und Angst um ihn getan, aus Verzweiflung über den Hungerstreik und die möglichen Folgen davon, ohne zu wissen, was mein Mann dazu sagen wird.« – »Wir schlagen Ihnen einen anderen Ausweg vor: Stellen Sie einen Antrag auf Auswanderung nach Israel für Ihren Mann, Ihren Sohn und sich selbst.« Lara: »Ich bin einverstanden zu emigrieren, obwohl ich das keineswegs möchte, aber ich bin aus demselben Grund einverstanden: um meinen Mann aus der Haft zu befreien. Aber das kann ich nicht alleine machen. Geben Sie mir ein Treffen mit ihm, und ich verspreche Ihnen, ihn wegen der Emigration zu fragen, aber ich muß die Meinung meines Mannes wissen. Schließlich ist er ja gerade ins Gefängnis gekommen, weil er es abgelehnt hat zu emigrieren.« Er: »Das geht nicht. Er hat kein Besuchsrecht.« Lara: »Aber das ist doch lächerlich, was Sie da sagen. Sie wollen ihn in die Freiheit entlassen und uns kein Treffen genehmigen, um unser Leben zu besprechen. Wollen Sie ihn in Handschellen zum Flugzeug bringen?« Er: »Larissa Bogoras, Sie sind sich offenbar des Ernstes der Lage nicht bewußt. Drüben im Westen fragt jemand nach Martschenko, gut, dann sagen wir, daß Sie die Emigration abgelehnt haben. Und vor ihm liegen noch fünf Jahre Gefängnis und fünf Jahre Verbannung, und bei seinem Benehmen könnte die Haftfrist auch noch verlängert werden.« Lara: »Sie können denen sagen, was Sie wollen, aber es entspricht nicht der Realität. Geben Sie mir ein Treffen mit meinem Mann. Fragen Sie Ihre Vorgesetzten.« Er: »Das wird mit 99prozentiger Wahrscheinlichkeit abgelehnt.« Lara: »Aber ein Prozent gibt es. Fragen Sie! Außerdem muß ich Ihren Vorschlag mit Verwandten und Freunden besprechen.« Er: »Mit Ihrem Sohn Pawel?« Lara: »Ja, auch mit ihm, und mit meinem ältesten Sohn.« Er: »Aber der kann doch auch nach Israel emigrieren. Seine Frau hat dort Verwandte.« Lara: »Nein, da sind keine Verwandten, und im übrigen entscheidet er seine Sachen selbst. Er bespricht das mit mir, wir beraten es, aber die Entscheidung fällt er allein. Ich bitte Sie, meine Bitte um ein Treffen mit meinem Mann weiterzugeben...«

24. November. Lara ist vollkommen erledigt. Absolut verzweifelt. Und kann doch nicht anders handeln.

25. November. In Absprache mit demselben Beamten schreibt Lara ein Gesuch mit der Bitte um ein Treffen, in dem sie verspricht,

Tolja wegen der Emigration zu fragen. Das Gespräch verläuft ruhiger als am Freitag, trotzdem sagt man ihr, daß sie alles verlieren kann. Das bedrückt uns entsetzlich. [...]

Am 9. Dezember rief Lara an und bat mich, mit ihr nach Kasan zu fliegen: Sie hatte die Nachricht von Toljas Tod erhalten.

In Kasan sind Lara und Sanja[1] zur Hauptlagerverwaltung gegangen, da »war niemand«. »Fahren Sie nach Tschistopol.« Wir sind in zwei Taxis zum dortigen Flughafen gerast. Da gab es einen Zusatzflug um 14 Uhr. Die Kassiererin sagte ruhig: »Keine Sorge, wir organisieren noch ein Ticket...« Wir stiegen über Kasan auf und waren in einer halben Stunde in Tschistopol. Im alten Hotel gab es freie Zimmer (alle wollen ins neue, weil es Komfort hat).

Lara, Sanja und Katja[2] rennen zum Gefängnis. Dort empfängt man sie mitfühlend traurig. Der stellvertretende Politoffizier ist Tschurbanow, und Almejew erklärt die »Diagnose«: »Herz- und Lungenschwäche.« »Mal hat er gehungert, mal nicht. Mitte November war ein Arzt aus Kasan da (von der Kreisverwaltung). Der hatte intravenöse Glukose und Vitamine verschrieben. Am 8. mittags sagte er: ›Mir ist nicht gut.‹ Man hat ihn ins Krankenhaus gebracht, da sind ausgezeichnete Ärzte, eine ganze Brigade, die taten, was sie konnten, aber er kam nicht mehr zu Bewußtsein und starb gegen 12 Uhr nachts. Morgen um 9 Uhr ist die Beisetzung. Das macht die Gefängnisverwaltung.«

Vom Gefängnis haben sie versucht, zum Stadtkomitee zu gehen, zum KGB – kein Mensch da, sie haben Telegramme mit der Bitte geschickt, die Beisetzung um einen Tag zu verschieben, und ans Gefängnis auch ein Gesuch.

Nacht. Lara und ich im Hotel. Lara weint und schluchzt: »Wenn ich eingewilligt hätte, hätten wir ihn gesehen und vielleicht gerettet...« In der Nacht hatte Lara einen Anfall von Atemnot. Ich habe furchtbar gezittert. Hab versucht, ihr zu helfen, so gut ich konnte, mit Mitteln, die ich mitgenommen hatte, aber die Erste Hilfe ruft man ja hier nicht... Abends waren wir im Zentralkrankenhaus. Die Diensthabende sah in unserer Gegenwart die Listen durch – am 8. ist kein Martschenko eingeliefert worden. Dann gibt es noch ein Binnenschiffer-Krankenhaus, da ist auch die Leichenhalle, und

---

[1] Alexander J. Daniel.
[2] Katja – Frau von A. Daniel.

das Krankenhaus einer Uhrenfabrik. Wir fuhren zu den Binnenschiffern. Tatsächlich war er weder im Zentral- noch im Binnenschiffer-Krankenhaus. Wir erfuhren, daß man Tolja am 8. abends in das Krankenhaus der Uhrenfabrik gebracht hatte, und dort ist er auch gestorben.

Frühmorgens, am 11., ging Sanja zum Gefängnis, um zu erfahren, welches Resultat das Gesuch hatte. Aufschub um einen Tag – abgelehnt. Tschurbanow rief wegen einer Beisetzung ohne Ausweis vom Gefängnis bei der Kirche an. Man willigte ein, es auf 11 Uhr zu verlegen. Ich fand heraus, daß es irgendwo Gemüsetreibhäuser gab, und da sollte es auch echte Blumen geben. Kolja raste dorthin, ich in ein Kaufhaus, wo ich künstliche weiße Lilien und roten Mohn kaufte. Als ich um 10.30 Uhr aus dem Geschäft kam, stand der Bus schon da und wartete auf uns. Im Bus waren die Angestellten und dahinter ein Gasik[1], aber es war für uns alle Platz. An der Seite lag ein Holzkreuz. Wir fuhren zum Binnenschiffer-Krankenhaus.

Es ging zur Leichenhalle. »Nicht aussteigen, wir bringen den Sarg gleich her.« Hier stürmten alle los – »nicht den Sarg berühren« – und liefen in die Leichenhalle. Dort lag Tolja. Lara nahm zitternd das Laken von seinem Kopf – sein Gesicht war schön, sogar majestätisch. Wir standen am Sarg, Lara band ihm ein Kreuzchen um den Hals und legte ein Beutelchen mit Weihrauch hin, dabei streichelte sie ihm immerzu die Hände und flüsterte etwas. Dann trugen die Jungen und auch wir den Sarg aus dem Leichenhaus und stellten ihn in den Bus. In der Kirche war es still. Sie ist erst kürzlich restauriert worden.

Die alte Frau, die ihn »gekleidet« hatte, sagte: »Der Darm war ganz leer ... er war so dünn wie aus dem Konzentrationslager.«

R. DEZEMBER

Wir schleppen uns hin bis zu unserem halben Urlaub ab dem 20. Dezember in unserem Halbsanatorium Bad Münstereifel. Bis zum 10. Für eine Woche wird Viktor Nekrassow uns dort besuchen – einer der liebsten und nächsten Menschen in dieser Welt für uns. Nur die Angst, daß er trinkt ... Man kann nur hoffen. Er darf es überhaupt nicht.

---

[1] Gasik – Klein-PKW der Marke »Gas«.

Gestern hat Lew sechs Interviews gegeben! Außerdem redigiert er die deutsche Übersetzung von unseren gemeinsamen Erinnerungen »Wir lebten in Moskau« (1956–1980), wobei er im Grunde genommen fast jede Seite umarbeitet. Entsprechend muß dann auch im russischen Text noch vieles geändert werden. Wir haben das Manuskript nach der Bearbeitung noch nicht wieder an den Verlag geschickt.

L. 16. Dezember

Sacharow darf zurück nach Moskau; Wolodja Malinkowitsch[1] rief morgens wild vor Freude an. Das Telefon klingelte bei uns ununterbrochen. (Die Unsrigen, Fremde und Korrespondenten von allen möglichen Medien – alle wollten sie Näheres wissen, Kommentare haben usw.)

R.: Gegen Abend rief uns eine Freundin aus Moskau an, fragte, ob wir Bescheid wüßten. Sie erzählte uns dann, daß Gorbatschow persönlich Andrej Dmitrijewitsch angerufen habe. Lew fragte sie, ob sie die Telefonnummer in Gorkij wüßte, bestellte die Vermittlung beim Fernamt (auf so etwas kommt auch nur unser Ljowuschka!) – und zehn Minuten später hörten wir die Stimme, die wir so lange nicht gehört hatten ...

L.: Abends um 22.15 Uhr habe ich Sacharow telefonisch in Gorkij erreicht. Seine Stimme klingt genau wie vor sieben Jahren, nur etwas schwächer. Und Ljusjas ist ganz unverändert. Er erzählte, daß am 15. Dezember um 11 Uhr abends Leute vom KGB und zwei Techniker zu ihnen gekommen sind, ein Telefon eingebaut und erklärt haben, daß »von oben« angerufen werden würde. Und am 16. hat Gorbatschow angerufen:

»›Sie können gemeinsam nach Moskau zurückkehren. Eine Wohnung haben Sie dort ja. In nächster Zeit wird Martschuk Sie besuchen. Kehren Sie an Ihre patriotische Arbeit zurück!‹

Sacharow: ›Ich bin Ihnen dankbar! Aber vor ein paar Tagen wurde mein Freund Martschenko im Gefängnis umgebracht. Ich habe ihn in dem Brief, den ich Ihnen schickte, an erster Stelle genannt. In dem Brief bat ich darum, die Gewissensgefangenen –

---

[1] Wladimir D. Malinkowitsch – Arzt und Menschenrechtler aus Kiew; wurde zur Emigration gezwungen; lebt jetzt wieder in Kiew.

Menschen, die ihrer Überzeugung wegen verfolgt werden – freizulassen.‹

›Ja, ich erhielt Ihren Brief zu Beginn des Jahres. Wir haben viele entlassen, und die Situation anderer ist erleichtert worden. Aber es sind sehr unterschiedliche Fälle.‹

›Alle, die man nach diesen Artikeln verurteilt hat, sind illegal, ungerecht verurteilt worden. Sie müssen freigelassen werden!‹

›Ich kann Ihnen nicht zustimmen‹, sagte Gorbatschow.

›Ich flehe Sie an, die Freilassung der Menschen, die ihrer Überzeugung wegen verurteilt wurden, noch einmal zu erwägen. Das ist ein Gebot der Gerechtigkeit und sehr wichtig für unser Land, für das internationale Vertrauen Ihnen gegenüber, für den Frieden, für Sie, für den Erfolg all Ihrer Initiativen.‹

Gorbatschow antwortete ausweichend; ich erinnere mich nicht an den genauen Wortlaut.

›Ich möchte Ihnen noch einmal danken! Auf Wiederhören!‹ Damit beendete ich – nicht er, wie es der Etikette entsprochen hätte – das Gespräch. Anscheinend hielt ich die Spannung nicht mehr aus und fürchtete innerlich, daß zuviel gesagt werden könnte. Gorbatschow blieb nicht anderes übrig, als sich ebenfalls zu verabschieden.«[1]

R. 20. DEZEMBER. BAD MÜNSTEREIFEL

Im Fernsehen sahen wir, wie Sacharows auf dem Bahnhof empfangen wurden. Wir haben Ljusja zum Geburtstag gratuliert. Sie sagte in vollem Ernst (wir hatten schon vorher so etwas gehört): »Wir wollen für kurze Zeit nach Gorkij. Wir sind müde. Hier schlafen wir vier Stunden am Tag. Der Strom von Leuten reißt nicht ab...«
[...]
Der 16. Dezember gehört zu unseren glücklichsten Tagen in all diesen Jahren. Aber wie undankbar der Mensch doch ist! Nicht nur der Bauch vergißt das Gute von gestern, manchmal auch das Herz. Wieviel Schmerz gab es in dieser Zeit; diese im Grunde nicht aufhörenden Krankheiten; und schließlich auch unsere eigenen Enttäuschungen – und wieviel auch persönliche Hoffnung hat dieser Abend erweckt! [...]

---

[1] Zitiert aus: Andrej Sacharow: »Mein Leben« (München 1991), S. 740.

Am nächsten Tag sind Ljowa und ich in unser Halbsanatorium gefahren. Und ein paar Leute sind zu uns gekommen, es war wie eine Vorweihnachtsfeier... Wir haben ein bißchen getrunken. Und es war wirklich wie ein historischer Moment. Lew hat hinterher einen interessanten kleinen Artikel auf deutsch geschrieben: »Wissenschaft, Politik und Moral«.

L. 26. Dezember. Bad Münstereifel

Weihnachten waren wir wieder in Crottorf. Im großen Wohnzimmer stand die geschmückte Tanne zwischen Steintorsos aus Kambodscha und Thailand, Boris Birgers Bild »Großer rötlicher Stuhl« lehnte an der Wand, und dicht dabei hing das Porträt von Hermanns Ur-Ur-Urgroßvater (16./17. Jahrhundert). Wir saßen alle am Tisch, sangen »Stille Nacht« und »O du fröhliche« und tranken Champagner...

Am 25. abends gab es eine Diskussion am Kamin: Marion, Hermann und wir stritten über Gorbatschow und eine realistische West-Ost-Politik... Marion ist sehr klug, weiß viel, und zwar aus »erster Hand«, aus Gesprächen mit Kissinger, Schmidt, Falin... Sie ist Realistin, liberal und bereit zu vernünftigen Kompromissen; ich bin für sie ein Utopist. Es war wohl der heftigste Disput, den wir je hatten. Aber es ist erstaunlich, wie freundschaftlich sie streiten kann; die Ansichten des Gegners verneint sie ohne jede Spur von Erregung oder Zorn. Sie ist bereit, Gorbatschow zu glauben; ich würde ihm gern glauben, habe aber Zweifel, wie weit entfernt dieser »Apfel« vom morschen sowjetischen Stamm fallen kann.

R. 29. Dezember. Bad Münstereifel

Gestern gab es im Fernsehen den Dokumentarfilm »Toleranz in Deutschland« – beeindruckend und erschütternd. Eine Familie hält auf ihrem Grundstück verschiedene Tiere, unter anderem Frösche in einem kleinen Teich. Die Nachbarn sind wegen der »Quakerei« so erbost, daß sie vor Gericht gehen, der Prozeß dauert drei Jahre. Das Gequake wird nicht für strafbar befunden, aber die Nachbarn (und nicht nur die direkten) geben nicht auf, schreiben Drohbriefe; es folgen nächtliche Telefonanrufe.

Eine katholische Schule. Eine Lehrerin, die immer gut angesehen war. Aber – sie heiratete einen geschiedenen Mann. Man legte ihr nahe zu kündigen. Und da sitzt die junge, schwangere Frau, bitter und verständnislos: »Es wußten doch alle, daß wir schon seit langem zusammen waren ... Wenn es so weitergegangen wäre und wir nicht geheiratet hätten, dann hätte ich weiterhin als gute Lehrerin gegolten, aber nun soll ich plötzlich gehen ...«

Junge Eltern. Zwei Kinder, sechs und acht Jahre. Der Mann unterrichtete an einer Schule Religion. Das hat man ihm verboten, weil die Kinder nicht getauft sind. Beide erzählen empört: »Unsere Kinder werden in christlichem Geist erzogen. Aber, ganz im Sinne der Bibel, haben wir beschlossen, daß wir sie nicht zum Objekt machen dürfen, daß sie selbst entscheiden sollen, ob sie getauft werden wollen oder nicht, wenn sie herangewachsen sind ...« Aber die Kirchenleitung befindet anders. Und die Bürger ringsum unterstützen die Kirche.

Ein Spielplatz, eine kleine Schwarze von etwa sechs Jahren. »Spielst du mit den Kindern?« – »Manchmal.« – »Und warum nicht immer?« – »Die wollen nicht.« – »Warum nicht?« – »Sie sagen, daß ich so harte, lockige Haare hab.« (Ein süßes Gesichtchen!) »Und sagen sie noch was?« – »Daß ich mich aus Deutschland wegscheren soll.«

Dieses und die folgenden Interviews werden vor dem Hintergrundbild eines Mannes mit Turban gezeigt, der mit einem Schild auf der Brust an einer belebten Straßenecke steht: »Helft einem Asylanten!« Er klopft auch an Türen, die nicht geöffnet werden, sucht nach Annoncen ein Zimmer. Dann stellt sich heraus, daß es ein Journalist der Zeitschrift »Stern« ist, der sich als hilfesuchender Ausländer verkleidet hat. Er nimmt seinen Maskenbart und den Turban ab und erzählt, daß er mehrere Monate lang durch verschiedene deutsche Städte gezogen ist und sich von der Gleichgültigkeit und direkten Feindseligkeit überzeugt hat; mehrmals wurde er verprügelt ...

Ein anderer, ähnlicher Fall ist hier sehr berühmt geworden: Günter Wallraff, ein bekannter Schriftsteller, hat zwei Jahre lang bei den Thyssen-Werken als Hilfsarbeiter gearbeitet, getarnt als Türke Ali. Danach hat er sein Buch »Ganz unten« geschrieben, ein Weltrekord der Sachliteratur – über fünf Millionen Exemplare. Stapelweise Drohbriefe, endlose nächtliche Anrufe: »Türkensau, Türkenfreund, hau ab aus Deutschland.« Aus Angst um seine Familie war er gezwungen, nach Holland umzuziehen. Selbst sein Umzug wurde nicht bekanntgegeben. Vor einer Woche hat Lew sich mit ihm getroffen (er war mit Heinrich Böll verwandt, war mehrere Jahre mit dessen Nichte verheiratet). »Hier kann ich nicht mehr arbeiten. In Holland sind die Leute toleranter.«

Nein, ich habe nicht vergessen, daß bei uns wahrheitsgemäße Berichte einen auch teurer zu stehen kommen können als mit einem Umzug nach Holland. Aber an diesem Film war das wichtige die Einstellung des Durchschnittsbürgers, des sogenannten »Mannes von der Straße«. Das ist schlimm.

Eine junge Frau, Geschichtsstudentin aus Passau (Bayern). Die wollte sich über die nationalsozialistische Vergangenheit ihrer Vaterstadt informieren. Man ließ sie nicht in die Archive; es hagelte Drohungen, nicht nur aus Passau, sondern auch von anderen Orten. Auch sie zeigt einen dicken Stapel Briefe. Man drohte, ihre Tochter zu entführen; vor der Geburt ihres zweiten Kindes bekam sie einen Brief: »Aus der Narkose wachst Du nicht wieder auf.« Auch die kirchlichen Archive blieben ihr verschlossen. Sie ist aber nicht einzuschüchtern, bohrt hartnäckig weiter. »Ja, manchmal ist es schlimm, und man möchte alles hinwerfen. Aber es muß sein. Sonst kann es auch keine Gegenwart geben.«

In Berlin geschändete Judenfriedhöfe, neue Schmierereien auf den Gräbern, Hakenkreuze und Drohungen. Am häufigsten (das gab es auch in früheren Fällen schon oft): »Schade, daß man euch nicht alle vergast hat...« Ein jüdisches Altersheim wird von schwerbewaffneter Polizei bewacht. Ein Kindergarten für jüdische Kinder und wieder die Polizei am Zaun... Es war einfach unerträglich, diese Bilder zu sehen, man mochte seinen Augen nicht trauen. Lew erklärt, daß es gerade in Berlin eine Sondersituation gebe wegen der arabischen Terroristen...

Der Dichter Erich Fried, dessen ganze Familie von den Deutschen umgebracht wurde, ist nach England geflohen, wo er auch jetzt größtenteils wohnt; er besucht regelmäßig einen Neonaziführer im Gefängnis, einen jungen Deutschen. »Man muß miteinander reden. Selbst wenn man in nichts übereinstimmt. Gerade dann.« Dazu sagte der Kommentator, daß nicht einmal Frieds Freunde dieses Verhalten verstehen.

Und dann zeigten sie noch eine Demonstration – wofür genau, weiß ich nicht mehr. Ein Kandidat der SPD tritt auf. Junge Leute mit Plakaten äußern Zweifel an der Fähigkeit der Sozialdemokraten, mit wichtigen Problemen fertig zu werden. Polizei entreißt einem das Plakat, verdreht ihm die Arme, die meisten sind auf seiten der Gewalttätigen. Dann ein Interview, eine widerliche Nomenklaturafratze, die im Brustton der Überzeugung verkündet, daß diese Grüppchen, die die Ordnung stören, Feinde der Demokratie seien und Demokratie Ordnung sei. Dasselbe sagt Kanzler Kohl. Und wieder die Jungen, Schüler mit Plakaten, die vergleicht er mit den Nazis, und die Kinder werden von den Polizisten und den Eltern geschlagen. Wieder die netten, pfiffigen Frätzchen, Tom Sawyers, die keine Ordnung wollen ...

Der ganze Film wird von einem Professor der Universität München kommentiert. Zu den ersten kirchlichen Episoden sagen er und ein Tübinger Kollege, daß darin die wachsende Unsicherheit der Kirche zum Ausdruck komme, die ihren Einfluß auf Geist und Seele schwinden sehe. »Wodurch kann man Menschen von Intoleranz kurieren?« Nur durch praktizierte Toleranz. In jedem von uns gibt es erklärliche und unerklärliche Ängste. Man muß sie in sich selbst überwinden, muß versuchen, gerade mit denen ins Gespräch zu kommen, mit denen es einem schwerfällt ...

Das mußte ich Euch unbedingt erzählen. Schön, daß so ein Film überhaupt gedreht und gezeigt werden kann, aber ...

IV. Neue Hoffnungen

Im Frühjahr 1985, als Michail Gorbatschow neuer Generalsekretär wurde, regte sich nicht sofort die Hoffnung auf bessere Zeiten. Über den neuen Generalsekretär war nichts Genaues bekannt – außer der Tatsache, daß er und seine Frau Margaret Thatcher gefallen hatten, als er – ein Vertreter der Sowjetregierung – England besucht hatte. Einige notorische »Sowjetologen« nannten ihn einen »Andropow-Mann«. Daß er relativ jung und von irgendwo aus dem südlichen »Hinterland« ins Politbüro gekommen war, erweckte die Vermutung, daß es sich um einen Schlaufuchs handelte, der es verstanden hatte, sowohl der »Eisernen Lady« als auch den Kreml-Greisen zu schmeicheln.

Fast alle unsere Landsleute in der Emigration nahmen die lauten Versprechungen von Perestrojka und Reformen skeptisch auf – das werden reine Schönheitsoperationen. Die erste sichtbare Reform, der große Feldzug gegen die Trunksucht, erwies sich als gewöhnliche, typisch sowjetische Kampagne. Der Staat sperrte leichtfertig eine der sichersten Einkommensquellen, eifrige Ausführende begannen damit, die Weinberge auf der Krim, in Moldawien und im Rostower Gebiet zu zerstören; nur in Georgien, wo man es, wie immer verstand, begeisterte Lobreden auf die Weisheit der Moskauer Führung zu schwingen und zugleich deren Befehle zu ignorieren, ließ man die Weinstöcke wachsen.

Auch die Moskauer Freunde reagierten überwiegend ironisch auf den »Mineralwassersekretär«, aber alle wollten gern aufs Beste hoffen.

Wir beide sagten und schrieben, daß wir drei Maßnahmen für entscheidend zur Beurteilung von Gorbatschows Politik hielten: die Beendigung des Krieges in Afghanistan, die Rückkehr Sacharows nach Moskau und die Befreiung aller politischen Gefangenen.

Diese Bedingungen wurden erfüllt. Darüber hinaus begann eine eindeutig tiefgreifende Umformung des Staatsapparats und des öffentlichen Lebens; die Freiheit des Wortes – die Glasnost – wurde Wirklichkeit, das Privateigentum wurde legalisiert.

Wir begannen wieder zu hoffen, daß wir bald nach Moskau zurückkehren und einen Teil von Köln, einen Teil von Deutschland mit uns nehmen würden.

Als Raja im Herbst 1987 operiert wurde, bekamen unsere Töchter zum erstenmal Reiseerlaubnis. Und nach der Operation, die zunächst vielversprechend gelungen zu sein schien, erlaubte man Raja 1988, nach Moskau zu reisen. Mir hingegen immer noch nicht.

Unsere drei Maßstäbe zur Bewertung der Ereignisse in Rußland erwiesen sich als unzureichend. Sacharow kehrte nach Moskau zurück und wurde sogar in den Rat der Volksabgeordneten gewählt. Die sowjetischen Truppen zogen aus Afghanistan ab. Die meisten politischen Gefangenen wurden freigelassen. Aber das blutige Vorgehen der Militärs in Wilnius, Tbilissi, Baku und Riga blieb ungestraft. Aufgebrachte »patriotische Deputierte« schrien Sacharow nieder, Gorbatschow schaltete ihm das Mikrofon ab und applaudierte dann mit der Mehrheit des Auditoriums dem General, der das Massaker in Tbilissi befohlen hatte.

All das erlebte Raja nicht mehr.

Im April 1989 wurde auch mir gestattet, zusammen mit Raja, die Heimat wiederzusehen, und wir beide trafen in Moskau Andrej Sacharow und Jelena Bonner. Uns schien, als hätten wir uns erst am Tag zuvor getrennt. Damals glaubte auch er noch, daß Gorbatschow die grundlegenden Umformungen wirklich durchführen und auf echte Demokratisierung in Politik und Wirtschaft setzen werde.

Raja hat bis zum letzten Atemzug gehofft. Diese Hoffnung hat sie ihren Nächsten als wichtigstes Erbe hinterlassen.

1987

AUS EINEM BRIEF VON VIKTOR NEKRASSOW

Paris, Januar 1987

Kürzlich haben sich die Lebenswege von Lew Kopelew und mir auf amüsante Weise gekreuzt. Wir begegneten einander an einer gewissen Grenze. Ich trennte mich vom 75. Jahr meines Lebens, während er dieses Jahr gerade betrat. Das geschah am 1. Januar des laufenden Jahres 1987 auf dem Kölner Hauptbahnhof.

Am Abend desselben Tages befanden wir uns in dem kleinen, gemütlichen deutschen Städtchen Bad Münstereifel mit seinem Schloß, das wie durch ein Wunder vom Krieg verschont geblieben ist. Und es begann eine der ruhigsten und friedlichsten Wochen meines Lebens. Wir wohnten in einem großen komfortablen Hotel, das zu drei Vierteln leer war, und gingen jeder unserer Arbeit nach. Seine Frau und er schrieben in einem eigenen Arbeitszimmer mit Schreibmaschinen etwas gemeinsames Memoirenartiges, und ich schrieb über meine Mutter, wobei ich diese Beschäftigung mit der Lektüre des »Grafen von Monte Christo« abwechselte. Wir störten einander nicht. Wenn wir uns von Arbeit und Lektüre erholten, machten wir einen traditionellen Spaziergang durchs Städtchen, besuchten Post und Geschäfte und ließen uns gegen Ende in einem kleinen Café an einer Straßenecke nieder, wo es heißen Kakao oder Kaffee mit Milchbrötchen gab. Und natürlich ein Gespräch über dies und das, was sich in der Welt und in diesem Café insbesondere ereignete und welch sympathisches, freundliches Fräulein uns heute bediente.

Wenn ich mit einem Wort wiedergeben soll, was ich im Verlauf dieser Bad Münstereifeler Woche erlebte, und mich dabei eines deutschen Wortes bedienen darf, dann sage ich: »gemütlich« – ein schönes Wort für einen schönen Zustand; Gemütlichkeit, ein Wort, das die französische Sprache aus irgendeinem Grunde nicht kennt.

Nun, sagt selbst: Was kann angenehmer sein als Stille, Ruhe, beschneite Tannen und spitze Ziegeldächer, die aus meinem Fenster zu sehen sind, und liebe Freunde, die gleich nebenan wohnen?

Gemütlich! Fast wie in meinem Stalingrader Bunker, wo ich auf dem Bauch lag und die »Niwa« (»Die Flur«) von 1916 durchblätterte, nachdem ich dem Melder strengstens befohlen hatte zu sagen, daß der Ingenieur vorne in der Hauptkampflinie sei ...

Das amüsanteste an alledem ist, daß der Mann, der mir diese Gemütlichkeit verschafft hat, selbst von morgens bis abends in Aktion ist. Selbst hier, in unserem stillen Hotel. Im Gegensatz zu mir telefoniert er ununterbrochen herum oder wird angerufen, erkundigt sich nach der Post, die in Köln für ihn angekommen ist, und gibt Anweisungen, wem wie zu antworten ist.

Ein Wort zur Post. Als ich einmal bei ihnen in Köln wohnte und morgens los wollte, um Zigaretten zu kaufen, konnte ich die Haustür nur mit Mühe öffnen, weil ein Berg von Post vor der Türschwelle lag, nein, kein Berg – ein Himalaya ... Neben Haufen von Zeitungen und Zeitschriften noch Dutzende von Briefen von allen Enden der Welt. Nicht begeisterte wie bei Jewtuschenko – der erzählte mir, daß er nach »Babyj Jar« nicht weniger als hundert Leserbriefe am Tag bekommen habe –, sondern Briefe mit endlosen Bitten um Hilfe, Einmischung oder einfach um Ratschläge. [...]

Wir kennen uns seit fast dreißig Jahren. Lew Kopelew erinnert sich sogar an unsere erste Begegnung im Jahre 1956, als er mir den Auftrag überbringen sollte, ein Vorwort zu Remarques Werken zu schreiben. Seinem Bericht zufolge endete das Ganze mit einem grandiosen Besäufnis mit irgendwelchen Italienern, so daß wir nicht dazu kamen, ernsthaft zu arbeiten ... Das war in Moskau. Später gab es Begegnungen in Kiew, Dubulty, Peredelkino. Dann in Paris, Köln, Berlin. Nur in Honolulu und Hongkong haben wir uns noch nicht getroffen ...

Und wir haben es immer schön miteinander. Vielleicht, weil ich nie etwas Geschäftliches von ihm brauche. Und er nicht von mir. Unser einziges Anliegen ist, daß wir uns treffen. Und zusammensitzen und plaudern. Ich muß bekennen, daß ich den stundenlangen, abendlichen »Tratsch« in einer Moskauer Küche keineswegs für

Zeitverschwendung halte. Oder in der Kölner Küche bei einer Tasse Tee, oder in meinem Café Montparnasse bei einem Seidel Bier.

Die Welt ist voller tragischer Ereignisse und manchmal auch erfreulicher. Meine Ankunft bei den Kopelews fiel mit Sacharows Befreiung aus der Verbannung nach Gorkij zusammen. Wir sprachen über die Gegenwart, die Zukunft und sogar über die Vergangenheit. Und in der Vergangenheit gibt es für Ljowa und mich ziemlich viele Ereignisse. Und vieles aus seiner Vergangenheit beschäftigt mich bis heute. Besonders unsere Soldaten in Ostpreußen. Ich habe alles gelesen, was er darüber geschrieben hat, aber ich brauche Einzelheiten und Szenen von jenen Ereignissen im Frühjahr '45 im besiegten Deutschland, wo ich leider – oder auch nicht leider – zu jener Zeit nicht sein konnte. Wir Teilnehmer des letzten Krieges idealisieren immer ein wenig die Armee, in deren Reihen wir gekämpft haben, darum ist es für uns heute eine schwärende Wunde, wie sich unsere Krieger damals aufgeführt haben, als sie über die sogenannte »Feindeshöhle« herfielen. Ljowa hat das alles mit eigenen Augen gesehen, Schlechtes und Gutes, und ich glaube jedes Wort von ihm ... Er hat mir die ganze bittere, schwere Wahrheit erzählt, ohne etwas zu verheimlichen, voller Schmerz, aber ohne Verbitterung. Und diese Fähigkeit von Ljowa, empört zu sein, zu kochen, zu verurteilen, ohne dabei zu verbittern, ohne zu geifern, ohne den Feind durch den Dreck zu ziehen – das ist ein typischer Charakterzug von Kopelew.

Jetzt haben wir natürlich viel darüber gesprochen, was heute in der Sowjetunion vor sich geht. Vor allem über Gorbatschow. Kann man ihm glauben oder nicht?

Wir Russen hier im Westen sind zur Zeit in zwei Lager gespalten. Die einen sagen, nicht ganz ohne Grund, daß die Geschichte uns doch wohl einiges gelehrt habe. Wir haben das Tauwetter und die folgende Frostperiode gesehen, waren empört über Chruschtschows blödsinnige Fehler, seinen Mais, seine Hydrokulturen, seine Kubakrise; hinterher allerdings haben wir dann angefangen, ihn zu rühmen als den besten der russischen »Zaren«. Ob wir denn daraus nicht gelernt hätten, daß man all diesen Großmäulern und Demagogen nicht trauen kann? Diese Argumentation ist durchaus stichhaltig. Aber es gibt auch einen anderen Gesichtspunkt, vielleicht weniger überzeugend, doch auch nicht ohne logische Berechtigung ... Gewiß ist es nicht an uns, den Verbannten und Ausgebürgerten, uns allzusehr zu Gorbatschows Verteidigung ins Zeug zu legen, aber es ist doch wohl auch nicht vernünftig, in seinen Handlungen nur Propaganda, nur Bluff und Show zu sehen, nur geschickte, listig verbrämte Pläne, um alle zu kaufen und übers Ohr zu hauen, nur Böses.

Haha!, wie einfach ist es doch, euch aufs Glatteis zu führen, all ihr feinen Altkommunisten mit dreißigjähriger Berufserfahrung! All diese Gorbatschows samt ihren Spießgesellen wollen doch nur Macht und sonst nichts. Und sie wissen sie sehr gut zu nutzen. Und den Leuten Sand in die Augen zu streuen. Ach, Sacharow, ach, Orlow, ach, Dshemilew! Und wie viele sitzen noch? Gut, Gumiljow wird gedruckt, Nabokow, Chodassewitsch, es wird von »Doktor Shiwago« und Platonows »Baugrube« gemunkelt, Michail Kosakow hat irgendwo Achmatowas verbotenes »Requiem« öffentlich vorgetragen. Na und? Die Regale in den Geschäften sind weiterhin leer, für Wodka steht man drei Stunden Schlange ...

So treibt man uns in die Enge, schlägt uns unwiderlegbare Fakten um die Ohren, und wir stehen da wie naive Einfaltspinsel und blauäugige Manilows ... Nun, Kopelew und ich sind eben solche Einfaltspinsel, da kann man nichts machen.

... Er sitzt stundenlang am Schreibtisch. Auch das ist schön mitanzusehen. Da sitzt er, die Bücher türmen sich um ihn, und all das hat er gelesen oder ist dabei, es zu lesen. Und ringsum Hunderte von Fotos – Freunde, Verwandte, lebende und verstorbene [...] Die Deutschen lieben ihn aufrichtig, das habe ich gesehen, und er sie, gegen die er einst kämpfte. Aber sein Herz ist immer drüben, in Moskau, in Gorkij, irgendwo an der Seite der Sacharows und der Freunde, die dort drüben leben ...

Und genau dadurch ist mir Kopelew so lieb und nah, der gute Mensch von Köln, von Moskau, und früher vom Gulag und von der Front ...

Mögest Du leben und leben, Ljowa, und schreiben und um andere leiden. Aber Du selbst bemühe Dich möglichst, nicht krank zu werden. Abgemacht?

Viktor Nekrassow

AUS EINEM BRIEF VON MICHAIL ARSCHANSKIJ

Leningrad, 30. Januar 1987
Eine Postgelegenheit steht in Aussicht, und wieder beeile ich mich, Euch zu schreiben, obwohl ich im voraus weiß, daß ich es nicht schaffen werde, auch nur ein Hundertstel von dem zu sagen, was ich gern sagen würde.
Der erste Monat des neuen Jahres, welches das Jahr des Kaninchens oder des Hasen oder der Katze heißt, ist schon zu Ende. Man sagt, daß es ein gutes Jahr werden soll. Gebe es Gott! Einige Anzeichen für die Berechtigung dieser Voraussage liegen auf der Hand. Das wichtigste ist natürlich Andrej Dmitrijewitschs Rückkehr nach Moskau. Leute, die nicht zu den Schwätzern, wohl aber zu den sogenannten Gutinformierten gehören, sagen, daß Andrej Dmitrijewitsch in bester Kondition sei und alle durch die Klarheit und Tiefe seiner Urteile und den Grad seiner Informiertheit in Erstaunen versetze.
Zu den guten Vorzeichen kann man wohl auch die Ausstrahlung des vierteiligen Fernsehfilms »Striche zu einem Porträt Lenins« zählen. Jetzt kann ich nur so viel sagen, daß es sich allein schon wegen einer einzigen Entgegnung Lenins lohnt, den Film zu sehen. Er sprach: »Man kann alles zurückgeben – die Krim, das Donezbecken, die Ukraine –, aber wenn das Vertrauen des Volkes, das wichtigste Kapital der Partei, verlorengeht, dann bedeutet das eine Katastrophe und den Zusammenbruch!« Der Film hat achtzehn Jahre im Archiv gelegen, und es soll sogar eine Anweisung gegeben haben, den Streifen zu löschen.
Und weitere gute Symptome. In Moskau läuft bereits (und startet bei uns am 14. Februar) Tengis Abuladses »Reue«. Wer den Film gesehen hat, sagt, er sei erschütternd. Schon eine kleine Notiz in der »Literaturnaja gaseta« verrät einiges. Als Geschenk zum Jahr des Kaninchens hat Grigorij Baklanow in der »Snamja« (»Das Banner«) den Roman »Die Ernennung« des verstorbenen Alexander Bek veröffentlicht, das Manuskript lag 22 Jahre im Archiv des Autors. Der Roman ist ein Ereignis. Erstaunlich genau ist der Menschentyp getroffen, über den ich geschrieben habe, als ich Boris Pasternaks Zeilen zum Motto nahm: »Ihr Märtyrer des Dogmas/ Seid auch des Jahrhunderts Opfer.«
Erst zu Beginn dieses Jahres fiel mir ein Band mit Publizistik von Jurij Trifonow in die Hände, »Wie unser Wort sich auswirkt ...«,

und auch das betrachte ich als gutes Omen für das Jahr des Kaninchens. Darin sind eine ganze Menge interessanter Gedanken, besonders über die Beschreibung des Alltags in der Literatur, die zu dem festen Begriff »Bytowism«[1] geworden ist, darüber, wie dieser Begriff zu verstehen ist und was überhaupt Alltag ist. Und immer wieder muß man bitter bedauern, wie fürchterlich früh dieser beachtliche Autor und Mensch aus dem Leben geschieden ist.

Zu Anfang dieses guten Kaninchenjahres bekam ich Fasil Iskanders Erzählungsband »Der Große Tag des Großen Hauses« geschenkt, der 1986 in Suchumi erschienen ist. Die Titelerzählung ist so gut, daß ich mich nicht enthalten konnte, Fasil dazu zu schreiben, obwohl ich es, wie Ihr wißt, gar nicht liebe, mich aufzudrängen. Eine Antwort bekomme ich wohl kaum, und Monologe mag ich nicht. [...]

Da schreibe ich Euch, lese Eure Briefe, von denen übrigens lange keiner mehr gekommen ist, und denke, daß die Worte, die wir aneinander richten, mit großer Verspätung eintreffen, wie das Licht von fernen Sternen.

Zu den Ereignissen des Katzen-, Kaninchen-, Hasenjahres gehört ohne Frage auch so etwas wie Gorbatschows Rede vom 27. Januar '87. Die letzten vierzig Jahre haben wir im Freundeskreis über genau dasselbe gesprochen. Auslöser war dabei allerdings immer ein konkretes Ereignis und der Versuch, dies zu analysieren bzw. zu kritisieren.

Manchmal fanden solche Versuche in Form von Artikeln, Briefen oder sogar Reden statt. Aber in der überwiegenden Mehrzahl der Fälle wurde all das als Spott, Tratsch oder böser Angriff verunglimpft. Die Autoren waren allen möglichen Verfolgungen bis hin zu psychiatrischen Anstalten, Lagern, Gefängnissen, Deportationen und weiß der Himmel was sonst noch, ausgesetzt.

Und jetzt wird plötzlich von oberster Stelle genau dasselbe gesagt, wenn auch in verallgemeinerter Form wie ein Resümee. Was die Fakten, das Material zur Analyse und Kritik betrifft (die noch vor kurzem so hart verfolgt wurde), so sind Zeitungen, Zeitschriften, Reden auf Versammlungen oder Kongressen künstlerischer Verbände voll davon. Wie ist das einzuschätzen?! Ist es dauerhaft, ist es verläßlich? Wir hatten ja schon Tauwetterperioden. Lassen

---

[1] Byt = Alltagsleben.

wir das Rätseln. Man muß abwarten und sehen. Es wäre schön, wenn man es noch erleben dürfte. Geb's Gott! Von einigen ganz rosigen Träumen wage ich nicht einmal zu mucksen. Nur nicht dran rühren!

Nicht zufällig ergeben sich quälende Fragen. In dem schon erwähnten Buch von Trifonow gibt es folgende Stelle:

»Karamsin schrieb: ›Wir haben den Stolz des Volkes vergessen und die vertrackte Gemeinheit der Sklaverei erlernt.‹ Unheilbare Wunden wurden geschlagen, jahrhundertealter Schmerz brennt, aber die Nachkommen spüren diese Wunden nicht und verstehen den Schmerz nicht. Denn all das besteht aus kleinem, täglichem, nichtigem Müll, den kein Sehvermögen und keine Phantasie den Nachkommen zeigt. Die Urkunden erhalten nur spärliche, in ihrer Einsamkeit funkelnde Legenden ...«

Das ist über die Zeit des Tatarenjochs geschrieben, in einem Aufsatz mit dem Titel »Leichenfeier über sechs Jahrhunderte« (Die Schlacht von Kulikowo).

Als ich dies las, dachte ich, ohne irgendwelche historischen Analogien suchen zu wollen: Gab es denn bei uns im Rußland vom Beginn der zwanziger bis Mitte der dreißiger Jahre des 20. Jahrhunderts einen Stolz des Volkes (natürlich in anderer Bedeutung und anderen Erscheinungsformen)? Ja, den gab es wohl. Die versprochene und mit Blut erkämpfte Freiheit (»Reinen Tisch macht mit den Bedrängern ...«[1]).

Ende der zwanziger, Anfang der dreißiger Jahre begann – längst nicht von allen erkannt und erst recht nicht erspürt – das Scheitern der Hoffnungen, vor allem auf dem Lande, das heißt bei der Mehrheit des Volkes, und ab Beginn der dreißiger Jahre, vor allem in der zweiten Hälfte, ergriff alle die Angst, ein unheimliches Abbild der Massenhypnose, der zahlreiche Menschen erlegen waren, die aufrichtig glaubten, daß es so sein müsse, im Namen großer Ideen usw. In der zweiten Hälfte der fünfziger Jahre fiel die Mauer der Angst zwar nicht schlagartig, aber doch allmählich zusammen. Die historisch notwendige und ihrem Wesen nach grausige Enthüllung der *Lüge* führte zur Zerstörung des *Glaubens*, wurde zum Beginn des *Unglaubens* und damit zu einem Merkmal für eine grundlegende Befreiung des *Geistes*.

---

[1] Ein Vers aus der Hymne »Die Internationale«.

Warum schreibe ich Euch das alles, was Ihr nur zu gut wißt, was Ihr hundertmal selbst schmerzlich durchdacht und erlitten habt? Ich schreibe es, weil wir zu Zeugen und Beteiligten eines neuen, qualvollen und offenen Versuchs werden, die *Lüge* zu enthüllen, eines Versuchs, das »wichtigste Kapital« zurückzugewinnen und zu erhalten. Eine spannende Zeit ist angebrochen. Die Notwendigkeit dessen, was vor sich geht, ist an allem beweisbar.

Das Anna-Achmatowa-Museum lebt, wird erweitert und durch neue Exponate bereichert. Am 27. Januar gab es Achmatowa-Lesungen. Ich war eingeladen, konnte aber nicht kommen – 25 Grad unter Null. Man konnte nicht atmen. Und unter solchen Umständen ein Risiko einzugehen könnte (im besten Fall) zu einem erneuten Krankenhausaufenthalt samt Intensivstation führen. Davor habe ich Angst. Ich will nicht sterben. Das Leben ist interessant, und es gibt noch allerlei zu tun, zu beenden und ... neu anzufangen.

Etwas tue ich schon. So habe ich am 23. Januar in Andrjuschas Klasse ein Gespräch über N. von Miklucho-Maclay[1] geführt. Sie hörten gut und interessiert zu. Wenn in ihren Köpfen und Herzen auch nur eine kleine Vorstellung über das Gute hängenbleibt, von Tapferkeit ohne Waffen, von der Macht des Wortes, von der Furchtlosigkeit eines Gelehrten, der sein Leben heldenhaft dem Beweis von der *Gleichheit* aller Menschen widmete, egal welcher Hautfarbe und Schädelform, wenn eine Spur von Verständnis bei ihnen hängenbleibt, dann habe ich mich nicht umsonst bemüht. Zum Schluß habe ich den Kindern eine Liste vorgelegt: Dal[2], Pirogow[3], Puschtschin, Prshewalskij[4], Fridtjof Nansen, Janusz Korczak, Albert Schweitzer – und sie gefragt, über wen sie etwas hören wollen, und die Antwort kam im Chor: »Über alle!« Na, bitte! Wenn mir nur genug Kraft und Zeit, Lebenszeit, bleibt.

Ich denke auch an ein Gespräch über die Frauen der Dekabristen. Man muß allgemein Bekanntes wiederholen und hervorhe-

---

[1] Nikolaus v. Miklucho-Maclay (1846–1888) – Anthropologe, Geograph; lebte jahrelang in Polynesien inmitten der Eingeborenen als deren gleichberechtigter Helfer; vehementer Gegner rassistischer Theorien.
[2] Wladimir I. Dal (1801–1872) – Deutschstämmiger russischer Autor, Schriftsteller.
[3] Nikolaj I. Pirogow (1810–1881) – Arzt und Pädagoge.
[4] Iwan M. Prshewalskij (1839–1888) – Geograph, Zoologe; bereiste viel die Mongolei und Tibet.

ben: Das große Herz der Frauen, ihre Ergebenheit ihren Männern gegenüber. Vor allem aber will ich von der schweren, aufopferungsvollen Arbeit erzählen, die diese Frauen in Sibirien geleistet haben: Sie unterrichteten, heilten, halfen. Mir scheint das besonders für die Mädchen der siebten und achten Klasse wichtig.

R. 8. Februar

Ich bin mir wirklich absolut sicher: Wenn im öffentlichen Leben nicht irgendein entsetzlicher Umbruch passiert, dann werde ich meine Erlaubnis schließlich kriegen ... Aber wie lange dauert das noch?

Deswegen bitte ich Euch alle, auch über andere Möglichkeiten nachzudenken. Wieviel Leute haben sich schon in den umliegenden Ländern wiedergesehen ...

Aus Rajas Brief an Sinaida Grigorenko

Köln, 1. März 1987

Liebe Sinaida Michajlowna,
wie sollen wir Worte finden, um Ihnen, gerade Ihnen, zu sagen, was wir beide empfunden haben, als wir von Pjotr Grigorjewitschs Tod erfuhren?! Ich habe keine Worte dafür. Aber Ihnen nicht zu schreiben, Sie nicht über den Ozean hinweg innig zu umarmen, das geht auch nicht, das kann ich vor mir selber nicht.

Pjotr Grigorjewitsch hatte eine Ausstrahlung, dessen Kraft und Ausmaß Sie beide gar nicht wissen konnten, er existierte im Leben vieler Menschen, die ihn gar nicht kannten und seine Biographie nicht gelesen hatten. Das wußte ich schon in Moskau. Und ich habe selbst die Auswirkung seiner erstaunlichen Persönlichkeit erfahren.

Selbst alt und krank war er *Pjotr Grigorenko*. Und man wird die Geschichte unseres Landes nicht studieren können ohne ihn, ohne seine Bücher, seinen Lebensweg. Ich erinnere mich an ihn bei uns zu Hause, als wir zu dritt zusammensaßen – wohl erst da hörte er auf, für mich ein Denkmal zu sein, und ich hörte auf (wenn auch nicht ganz), ihn zu fürchten. Doch auch in dieser anderen Welt, wo die Maßstäbe andere sind und wo Ihre und unsere Wege unterschiedlich verlaufen sind, auch hier blieb es mir unverändert wichtig: Was wird Pjotr Grigorjewitsch dazu sagen?

R. 8. März

Wir wußten schon lange, daß Bulat Okudshawa nach Spanien fährt, und unsere spanischen Freunde hatten versprochen, uns anzurufen, wenn er kommt. Wir haben uns lange am Telefon mit ihm unterhalten.

Wir verabredeten, daß wir in Aachen in seinen Zug steigen würden, wenn er von Paris nach Berlin fährt. Wir schlugen vor, daß wir uns in den letzten Wagen des Zuges Paris–Moskau setzen und er dorthin kommen würde, aber er protestierte: »Ich bin allein in einem Zweierabteil. Ihr kommt zu mir.« Wir stiegen in Aachen ein und fuhren anderthalb Stunden mit ihm gen Osten. In Hannover mußten wir umkehren, sonst hätten wir keinen Zug zurück mehr bekommen. Er hat sich kaum verändert, nur ein bißchen schlanker ist er geworden. Er ist traurig. Von seinen Verwandten erwähnte er, daß Bulatik[1] sich sehr ernsthaft mit Musik beschäftigt, mit Komposition. »Außer von Musik will er von nichts etwas wissen.«

Er trug uns Verse über Stalin vor, die er »von allen Bühnen posaunt«, aber noch werden sie nicht veröffentlicht. Er meinte dabei, sie seien eben »Agitation! ... Ich schreibe schon lange nicht mehr. Weder Prosa noch Gedichte, noch Lieder ...«

Über die neuen Hoffnungen: »Es gibt drei Gruppen in der Intelligenzija. Eine kleine ist voller Euphorie: ›Wir leben schon in einer anderen Gesellschaft!‹ Die zweite, etwas größere, bleibt skeptisch: ›Es ist nichts dran, weil das nicht sein kann ...‹ Und wir, das ist die Mehrheit, sagen: Es hat sich ein kleiner Spalt geöffnet, wie groß er genau ist, weiß niemand, und jeder muß soviel wie möglich daraus machen. Und die Möglichkeiten nicht übertreiben, aber auch nicht untertreiben ...«

Als wir ihn nach Samojlow fragten, sagte er: »Wir sehen uns selten, wenn er nach Moskau kommt ...« Dann unterbrach er sich selbst: »Wißt ihr noch, daß wir uns bei ihm im Winter jenes Scheremetjewer Jahres 1961 kennengelernt haben?« (Wie könnten wir es vergessen ...) »Ljowa, du hast als erster aus dem Ausland Sacharow angerufen, dann jemand aus Israel und dann ich. Aber in Moskau habe ich ihn nur einmal angerufen. Sie wurden dermaßen von ausländischen und inländischen Besuchern heimgesucht, daß ich nicht versucht habe, ihn zu treffen ...«

---

[1] Der älteste Sohn von B. Okudshawa.

Er fragte wenig und hörte Lew kaum zu, der seine Theorien entwickelte, strahlte aber menschliche Wärme aus, eine eindeutig echte, und das war das schönste. Aber besondere Ereignisse hat er nicht erzählt, sprach nur über Stimmungsnuancen. Aus Berlin fährt er nach Hause, und dann hat er wieder eine Reise nach Paris, dieses Mal zu einer Konferenz. »Erst haben sie alles geplant wie früher, nach ihren Nomenklatura-Regeln, aber dann fiel ihnen ein, daß sie auch diejenigen einladen müßten, die im Ausland bekannt sind. Und da hat man dann auch mich eingeladen.«

R. 19. MÄRZ

Ich bin dauernd mit den Druckfahnen vom ersten Teil unseres Buches »Wir lebten in Moskau« beschäftigt, es erscheint hier auf deutsch; soweit ich konnte, habe ich die Fragen der Lektoren übernommen, aber manchmal mußte auch Lew ran. Und bei Ardis liegt das russische Manuskript fertig korrigiert und geht hoffentlich bald in Druck. Die Anmerkungen der Lektoren für die deutsche Ausgabe waren oft sehr treffend, und dementsprechend mußten wir dann auch den russischen Text korrigieren.

Ein Beispiel: 1972 trafen sich in Moskau zum erstenmal Böll und Solshenizyn. Lew war bei dieser Begegnung dabei und hielt sie in seinem Tagebuch fest (unser Kapitel über Böll besteht ganz aus Tagebuchnotizen). Und da steht: »Während des Essens schrieben wir uns Zettel und vernichteten sie dann.« Unsere Lektoren fragen erstaunt: »Wieso? Warum denn nicht gesprochen?« Und wir schütteln traurig den Kopf: »Weil wir Angst vor Mikrofonen hatten, vor dem Abhören.« Uns beiden kommt das ja so selbstverständlich vor.

R. 22. APRIL

Zwei Wochen habe ich im Krankenhaus gewohnt[1], jetzt sieht mein Tag so aus: Ich gehe morgens um 8 Uhr hin, meist zu Fuß. Dort ist um 12 Uhr Mittagessen, danach kommt einer von den Mitarbeitern und bringt uns für eine Stunde in den Park zum Spazierengehen. Danach wird Lew ins Krankenzimmer zurückgebracht, und ich

---

[1] Im April 1987 war L. K. lange krank.

gehe nach Haus, lege mich etwa eine Viertelstunde in die Badewanne und danach noch ein bißchen ins Bett. Zu Hause mache ich das Allerdringendste – wichtige Anrufe, Druckfahnen abschicken, Briefe beantworten usw., und ab 16 Uhr begebe ich mich zur »zweiten Schicht«. Wenn schönes Wetter ist, gehen wir wieder spazieren. Lew muß sich jetzt unbedingt bewegen, er darf sich nicht »festliegen«. Oder wir sitzen beide über dem deutschen Umbruch von unserem gemeinsamen Buch, oder er beantwortet ein paar Briefe. Ich lese ihm viel vor. Gestern haben wir Pristawkins »Über Nacht eine goldene Wolke« zu Ende gelesen; uns beide hat dieses Buch außerordentlich gefreut.

L. 1. Mai

Gestern ist der Papst nach Köln gekommen, und heute oder morgen findet im Stadion die feierliche Heiligsprechung der Märtyrerin Benedicte statt, mit weltlichem Namen Edith Stein. Sie ist in Auschwitz umgekommen, entstammte einer streng jüdischen Familie. Ihre Mutter verstieß sie, als sie zum Katholizismus übertrat und in ein Kloster ging. Ein Teil ihrer Verwandten wurde im KZ umgebracht, ein großer Teil lebt in den USA oder England. Von dort sind ein Neffe und eine Nichte gekommen, Ingenieur und Ärztin. Der Neffe ist auch getauft, Presbyterianer, unterhält aber »nationale Verbindungen« zu Synagogen und predigt jüdischchristliche Ökumene. Seine Schwester ist freidenkerisch. Aber die meisten Verwandten haben es abgelehnt zu kommen. Uns hat zuerst Heinrich Böll von Edith Stein erzählt, 1979 in Moskau. Ich fragte ihn damals, ob sie das Vorbild für die Nonne Rahel aus dem »Gruppenbild« ist, aber das verneinte er.

R. 17. Mai. Bad Münstereifel

Achtzehn Tage lagen zwischen der Entlassung aus dem Krankenhaus und unserem hiesigen Halbsanatorium. […] In Gegenwart anderer geht es Lew immer besser, danach fällt er in sich zusammen. Ebenso ist es mit öffentlichen Auftritten. Es waren fünf. Dabei hatte der Arzt gesagt, daß die möglich und nötig sind – einmal in der Woche. Ja, Lew braucht das sehr, wie eine Medizin und als Beweis, daß er nicht invalid ist. Aber wie immer kennt er kein Maß. Und deswegen ist er, besonders abends, vollkommen fertig. In der ersten Woche habe ich versucht, fast eine Krankenhausordnung mit regelmäßigen Spaziergängen im Park durchzuhalten, aber dann haben die Ereignisse das zunichte gemacht. Hier gehen wir nun nach Herzenslust spazieren, obwohl das Wetter leider schlecht ist, kalt und regnerisch, und er ist auch sehr wetterfühlig geworden.

Borjas[1] Ausstellung hat großen, hier geradezu unerhörten Erfolg; Presse, Fernsehen, massenhaft Interviews. Für ihn ein Monat wie im Traum. Er hat sich nach den Seinen gesehnt, sich Sorgen gemacht, andauernd zu Hause angerufen, aber er hat auch hier alles genossen. Seine vielen deutschen Freunde haben ihm außer der Ausstellung ein richtiges Fest bereitet. Das ist eine unserer großen Freuden.

R. 25. Mai

Hier im Kurhaus haben wir einen sehr interessanten Dokumentarfilm über Manhattan gesehen. Fünf Menschen, deren Namen im letzten Jahr besonders oft in den Schlagzeilen standen: Bürgermeister Koch; ein Millionär, der viele Häuser aufgekauft hat und neue, wahnsinnig teure baut (»Manhattan wird nur für sehr Reiche sein«); ein Börsenspekulant, der Kunstgeschichte studierte, dann aber sein »Feld« im Börsenspiel gefunden hat und zwei, drei Stunden am Tag mit dem Telefonhörer in der Hand schläft (»die ersten Anrufe aus Tokio«); eine Dame (ihre Vorfahren kamen mit der »Mayflower«), die die teuerste Vermittlungsstelle für Call-Girls unterhält (pro Nacht 1000,- Dollar), sie war kurze Zeit im Gefängnis, weil sie aber zu wichtige Besucherlisten in der Hand hatte, ließ man sie bald wieder frei. Und schließlich eine Mexikanerin aus dem Armenviertel; sie hat in schrecklichen Ruinen eine Kommune organisiert, wo die Armen einander helfen. Da gab es solche Bilder – anonyme Kindersärge mit Nummern –, daß man gar nicht darüber schreiben mag. Alles im Schatten der Wolkenkratzer, in deren Nähe wir waren, und das nicht einmal, sondern fünfmal. Aber bei dem Film schien es mir, als sei das alles nicht so, als seien wir dort gar nicht gewesen. Jedenfalls haben wir sehr vieles nicht gesehen. Dabei haben wir doch mehr gesehen, als wir uns je hätten träumen lassen. Ein komisches Gefühl.

---

[1] Boris Birger.

Aus einem Brief von Michail Arschanskij

Leningrad, 9. Juni 1987

Nur mit Tränen und Beklemmung in der Brust kann ich Ljowas Worte lesen: »Wir werden noch mit Dir auf alle Geburtstage anstoßen, die wir getrennt erlebt haben ...« Herrgott! Sollte uns, mir wirklich so ein Glück geschenkt werden?! Wenn wir es nur erleben!

Wenn man im übrigen bedenkt, daß ich in zahlreichen Zeitungen, dünnen und dicken Zeitschriften all das lese, was in meinem geliebten Sammelband »Der Glaube ans Wort«[1] steht, kann man tatsächlich sogar an die Möglichkeit eines solchen Treffens glauben.

Andererseits sollte man auch Hamlet nicht vergessen: »Worte, Worte, Worte«. Der Dunst von all den Enthüllungen und Verurteilungen ist so schwer, daß man unwillkürlich an Mont Blancs und Mount Everests von dicht geballtem Moder denkt, und man kann sich die »Müllkehrer« nicht vorstellen, die mit Sinn und Verstand und dazu noch möglichst schnell mit dieser schwersten Aufgabe in der Menschheitsgeschichte fertig werden sollen. Ich habe Euch wohl schon von Herakles und dem Augias-Stall geschrieben. Die Prüfung des Herakles beschränkte sich auf die herrscherlichen Ställe, und niemand störte ihn dabei! Hier ist alles viel ätzender und schlimmer.

Ich weiß nicht, ob ich Euch schon von meinen Briefen an Raissa Gorbatschowa, Bella Achmadulina und Jewgenij Jewtuschenko geschrieben habe. Alle habe ich inständig gebeten, nicht nur beim Erhalt des Museums zu helfen (und das ist nötig), sondern auch bei der Gründung eines separaten Museums für Anna Achmatowa, und das nicht irgendwo, sondern im linken Flügel des »Fontänenhauses«[2], der noch nicht vom Russischen Museum besetzt ist. Ihr schmunzelt vielleicht über meine Naivität, aber so bin ich nun einmal und bleibe es auch bis zum Ende. Bisher habe ich keine Antwort (womit ich auch kaum gerechnet hatte), und es rührt sich auch nichts. Leider! Eine der Angeschriebenen ist schwer beschäftigt: Wieviel Zeit beanspruchen allein schon die Reisen mit ihrem Mann! Jewtuschenko war in den USA und Brasilien, wie ich aus der

---

[1] Der russische Titel von L. K.s Buch »Verbietet die Verbote«.
[2] Heute (1996) befindet sich das Anna-Achmatowa-Museum tatsächlich im »Fontänenhaus«, in dem die Dichterin längere Zeit gelebt hat.

Presse erfuhr. Und Bella schweigt auch. Vielleicht ist sie irgendwo unterwegs. Jedenfalls ist alles still und sehr schwer.
Vom Museum habe ich eine Einladung zum 23. Juni, aber ich weiß noch nicht, ob ich hingehe, selbst, wenn ich in Form bin. Ich finde nämlich, daß zuviel Aufhebens um den äußeren Effekt gemacht wird (bis hin zum Wechsel der Kleidung, zwei-, dreimal im Laufe des Abends). Meiner Meinung nach müßte alles bescheidener, stiller und intensiver sein. Ich mußte an Eure und meine Tage am 23. Juni in Komarowo denken. Der Besuch auf dem Friedhof, stille Minuten am Grab, Schweigen, dann gingen wir in Euer großes Zimmer im zweiten Stock des Hauses in der Kiefernallee und lasen uns Anna Andrejewnas Gedichte vor, leise, ohne Mikrofon, und das war genug, denn das Eigentliche ist im Herzen und nicht in der Arbeit fürs Publikum, selbst wenn die ehrlich und zweifellos nötig ist. Wahrscheinlich habe ich unrecht, aber die Jahre, die Jahre fordern das Ihre.
Jetzt sind die Geburtstagsfeierlichkeiten vorbei. In diesem Jahr habe ich wohl zum erstenmal wirklich verstanden und nachempfunden, warum Ihr an Euren Geburtstagen fast immer versucht habt wegzufahren, dem unvermeidlichen Rummel zu entweichen und allein, zu zweit zu sein. Wie gut habe ich Euch verstanden, und wie bedauerte ich, selbst nicht so handeln zu können beziehungsweise es nicht zu wagen.
Am 27. Mai besuchten mich Freunde vom Institut, wo ich sechs Jahre gearbeitet und von dem ich mich sehr schwer getrennt habe. Am 29. Mai kamen Freunde von dem Betrieb, dem ich fünfzehn Jahre schweren, aber offenbar nicht nutzlosen Lebens gewidmet habe. Und am 31. Mai Töchter, Schwiegersöhne, Enkel, Verwandte, Freunde.
Ich weiß nicht, ob Ihr die »Literaturnaja Rossija« (»Literarisches Rußland«) vom 27. März zur Hand habt, und zitiere Euch deswegen die vollständige Einleitung von einem der schönen »Ideologen«, Jurij Bondarew[1]. Man hatte ihn gefragt, ob es stimmt, daß in unserer Literatur ein Bürgerkrieg tobt. Er antwortete:
»Nein, es herrscht kein Bürgerkrieg in der Literatur. Aber ich würde den heutigen Zustand der russischen Literatur, die von

---

[1] Jurij W. Bondarew – Schriftsteller; Leiter des nationalistisch-kommunistischen Schriftstellerverbandes in Moskau.

einem total zerstörerischen Teil unserer Kritik belagert ist, mit der Situation im Juli 1941 vergleichen, als die progressiven Kräfte (!?), die unorganisierten Widerstand leisteten, vor den Attackeschlägen der zivilisierten Barabaren (!?) wichen, Schlägen, die auf die Vernichtung der großen Kultur gerichtet waren wie in früheren Zeiten, die ferne Geschichte geworden sind. Wenn dieser Rückzug weitergeht und kein Stalingrad kommt (?!), dann wird es damit enden, daß die nationalen Schätze und alles, was den geistigen Stolz des Volkes ausmacht, im Abgrund versinkt. Die falschen Demokraten der Literatur haben am Rande des Abgrunds die Laterne der Glasnost entzündet, die sie der Wahrheit gestohlen haben (?!). Diese gestohlene Glasnost wird von unseren Medien als Tür für alles Graue, für Ehrgeizlinge, falsche Jakobiner (?!) und talentlose frischgebackene Genies offengehalten. (sic!)« [...]

Zum Glück können Bondarew und seinesgleichen (zur Zeit!) nichts verbieten.

Die Eröffnung der Birger-Ausstellung in Anwesenheit des Künstlers ist wirklich ein Wunder! Sollten wir tatsächlich in einer Zeit leben, in der das berühmte »Es gibt keine Wunder!« einer vorsichtigen und doch unbestreitbaren Korrektur bedarf? Ich kann mich noch an unseren Besuch in seinem Atelier 1978 oder 1979 erinnern und an das Bild von Christus, der sein Kreuz nach Golgatha trägt, das mich so bewegte.

L. 25. JUNI. KÖLN

Wir waren in mehreren kleinen Städtchen, das größte von ihnen, die Industriestadt Peine, hat 40 000 Einwohner, Soltau und Lübbecke je etwa 20 000. Aber in jeder gibt es drei Buchhandlungen und eine Stadtbibliothek. In Soltau, wo wir am längsten waren, haben wir uns mit der Bibliothekarin angefreundet; ihre Bibliothek hat 50 000 Bände und außerdem die Fahrbibliothek für die umliegenden Dörfer. Direkt in der Stadt wohnen 12 000, die übrigen sind Einwohner der eingemeindeten Dörfer und Ortschaften. Peine machte einen eher traurigen Eindruck – die Metallindustrie verfällt. Von vier großen Schloten raucht nur noch einer. 17 Prozent Arbeitslose! Man zeigte uns einige große leerstehende Gebäude von Firmen, die Pleite gemacht haben, und Büros, die geschlossen worden sind. Aber äußerlich wirkt die Stadt wohlhabend. Viele Autos auf den Straßen, weit mehr als Menschen, viel Grün. Und alle drei sind alte Städte, seit tausend Jahren bewohnt, und das Stadtrecht haben sie vor 600 bis 700 Jahren erhalten. Jede hat ihre Lokalpatrioten, ihre Überlieferungen, ihre Mundart. Soltau ist stolz auf seinen Ruf als »Heidehauptstadt«. Es ist die grünste von den dreien: viele Birken, Kastanien, Buchen und Rhododendren.

R. 7. Juli

Karl-Heinz ist ein bezaubernder, kluger, belesener Mensch, der seit fünf Jahren bei uns arbeitet, und er fragte: »Was soll der Satz in Ihrem Text heißen: ›Manuskripte brennen nicht‹, wie Bulgakow sagte?« Auch der Lektor hat mich gefragt: »Was heißt das? Manuskripte brennen nicht? Wie können Sie einen so wichtigen Gedanken ohne Erklärung dahin setzen?« – »Aber das ist doch längst ein geflügeltes Wort, dieser Bulgakowsche Satz wird ständig überall wiederholt, aber gerade das letzte Jahr hat gezeigt, *wie wenig sie brennen*...« – »Das gilt alles für die russischen Leser, aber nicht für die deutschen...«

Diese Episode sagt viel über unser Leben. Aber auf russisch werden wir im Grunde nirgends gedruckt.

R. 8. Juli

Die »Literaturnaja gaseta« haben wir abonniert, die anderen Zeitungen kaufen wir am Bahnhof, oder jemand bringt sie mit. Außerdem schicken Töchter und Freunde uns Ausschnitte; ja, im Moment gibt es kein wertvolleres Geschenk. Immerzu fällt mir auf, daß die Hoffnungen wachsen und wachsen. Auf die endlosen Fragen, ob ich hoffe, antworte ich ständig, daß ich das tue. Aber alles braucht Zeit, nicht Jahre, sondern Jahrzehnte. Haben wir die?

Mich interessiert vor allem, was unternommen wird, damit der Prozeß unumkehrbar wird. Im Herbst sprach Klimow[1] in West-Berlin. Ich hörte es im Radio und wunderte mich zunächst, daß er gar nicht über die Filme sprach, sondern nur über das »Unterschriftenrecht«, über die Beziehung zwischen dem Staatskino und dem

---

[1] Elem G. Klimow – Filmregisseur.
[2] Jewgenij A. Gnedin (1901–1983) – Journalist und Schriftsteller; bis 1939 Sprecher des Außenministeriums, danach mehrere Jahre im Gulag.

Kinematographischen Verband und viel über Wirtschaft. Dann begriff ich, daß er sich darum bemüht, einen Prozeß der Unumkehrbarkeit zu schaffen, vielleicht sollte man sagen: den Grundstein dafür zu legen. Wer über Filme entscheidet, bestimmt in vieler Hinsicht ihr Schicksal. Jetzt sieht man, daß es an der Produktion nicht liegt, sondern an dem, was danach kommt.

Unsere gegenwärtigen Freuden: Die Boris-Birger-Ausstellung ist jetzt schon in der dritten Stadt, und man hat ihm erlaubt, mit seiner Frau zu kommen. Der erste Band von Lidija Kornejewna Tschukowskajas »Notizen über Anna Achmatowa« ist erschienen (sechs Jahre haben wir dafür gekämpft!). Jewgenij Alexandrowitsch Gnedins Erinnerungen sind fertig übersetzt und werden zum Druck vorbereitet.

Mein Antrag auf Reisegenehmigung ist zum fünftenmal abgelehnt worden. Den ersten stellte ich am Tag, nachdem ich von Breshnews Tod erfahren hatte. Was bleibt, außer der Hoffnung?

R. 18. Juli

Wir waren in Stockholm. Am Flughafen »die heilige Familie«[1]. Das Baby will ich nicht beschreiben. Wir sind ja hingeflogen in der festen Überzeugung, daß es ein schönes Kind ist. Was auch so ist. All die Tage haben wir uns vor allem mit Dima und Anitta unterhalten. Ein schönes Paar, sehr unterschiedlich (nicht nur äußerlich) – er hat vulkanisches Temperament, sie ist eher den Gletschern zuzuordnen. Fürs erste – und ich hoffe, nicht nur fürs erste – verstärkt diese Verschiedenheit ihre Bindung. Sie sind glücklich. Und das ganz ohne Schmuserei, überhaupt vor anderen nicht äußerlich sichtbar, aber man merkt an jedem Wort und jeder Geste, wieviel Gemeinsames sie schon ausgebildet haben.

Am nächsten Morgen sind wir zu ihnen gefahren. Ein langer Weg, über drei Stunden. Wenn Schweden eine Provinz in Europa ist, dann ist der Ort Järve Provinz in Hochpotenz. Viele Stunden lang zog sich zu beiden Seiten der Straße Wald hin, einige Felder und fast keine Siedlungen. Sehr schön.

---

[1] Gemeint ist der älteste Enkel Dima Litwinow, seine Frau Anitta und der neugeborene Urenkel Lew Anton.

AUS EINEM BRIEF VON MICHAIL ARSCHANSKIJ

Komarowo, 4. August 1987
Du, mein lieber Alter! Warum machst Du mir das Herz schwer? Warum schreibst Du, daß es schön wäre »irgendwo im Garten auf der Bank oder drinnen beim Tee zu sitzen und sich in aller Ruhe zu unterhalten«? Aber dann schreibst Du noch: »Ich möchte glauben, daß das wahr wird.« Auch ich möchte das glauben. Aber der Glaube an Wunder, die Realität werden könnten, ist selbst in unserer Zeit eine so wackelige Angelegenheit, und die Umstände sind so unvorhersehbar (bis hin zur Verdauung oder den Problemen in der Ehe bei einem der Angestellten vom OWIR), daß man höchstens sagen kann, »ich möchte glauben«, aber nicht, »ich glaube fest«. Ich weiß allerdings nicht, ob Ihr Versuche unternehmt, Verwandte und Freunde zu besuchen. Vielleicht tut Ihr das ja. Vielleicht werden unsere Dämonen, die so ungemein bemüht sind, alle von der neuen Offenheit unserer Gesellschaft zu überzeugen, Euch gestatten, Eure Verwandten und Freunde zu besuchen. Das wäre phantastisch!

Rajuscha, Du schreibst: »Von Deinem Alltagsleben wissen wir sehr wenig. Aber das ist wichtig.« Ich will versuchen, das zu beschreiben, was man gemeinhin Alltagsleben nennt. Ich stehe früh auf, zwischen halb sieben und sieben. Sechs bis sieben Stunden Schlaf gelingen mir nur mit Hilfe einer Tablette Radedorm oder Reladorm und einer halben Tablette Dimedrol. Ich mache Frühstück. Galja und ich frühstücken gemeinsam. Danach geht sie entweder ins Institut oder arbeitet am Schreibtisch. Ich wasche das Geschirr ab und mache mich (zwei-, dreimal pro Woche) auf den Weg zur Futterbeschaffung. In den Geschäften Fleisch, Butter, Milch, Sahne, Käse, Sauermilch, Brot, Tee, Zucker, Nudeln. Auf dem Markt Kartoffeln, Gemüse, Grünzeug, Obst. Von der Jagd zurückgekehrt, mache ich Mittagessen (zwei- bis dreimal pro Woche). Die Speisekarte ist nicht eben abwechslungsreich, und zwar aus drei Gründen: wegen des kümmerlichen Warenangebots in den Läden (Fisch ist überhaupt nicht da), der geringen Qualifikation des Kochs sowie der ihm vollkommen abgehenden Neigung, sich ins Labyrinth der Kochkunst zu vertiefen. Zwischen zwei und drei Uhr kommt Andrjuscha aus der Schule. Wir essen zusammen, dann wasche ich das Geschirr ab und schicke Andrjuscha zum Spielen, wenn das Wetter schön ist, oder ich gönne ihm dreißig bis vierzig Minuten Pause zum Lesen, bevor er sich an die Schularbeiten macht. Abends (manchmal leider erst sehr spät, zwischen acht und neun Uhr) kommt Galja. Sie ißt zu Mittag und ich zu Abend, wonach ich Geschirr abwasche.

Im kommenden Schuljahr steigt die Zahl der Esser um eine sehr liebe Person. Wladik kommt in die erste Klasse derselben Schule, die auch Andrjuscha besucht. Wladik wird vier Stunden haben. Folglich wird er eher frei haben als Andrjuscha und natürlich auch eher essen. In der Zeit, die mir der »Alltag« läßt, gehe ich in die Bibliothek, lese, treffe mich mit Freunden, und manchmal nutze ich auch die Massenmedien, wenn es etwas Lohnendes gibt.

Wie aus der oben angeführten kurzen, aber erschöpfenden Auflistung der »Alltagsdinge« hervorgeht, bleibt für »die Seele«, gelinde gesagt, nicht allzuviel Zeit, aber ich beklage mich nicht. Das Gefühl, gebraucht zu werden, hält mich aufrecht, und außerdem gibt es keinen anderen Ausweg. Die Umstände sind nun einmal so, und es könnte wahrhaftig schlimmer sein.

Seit dem 3. Juli sind wir in der Datscha. Am 12. fahren die Kinder mit ihren Eltern für eine Woche nach Moskau. Sie sollen die Hauptstadt unserer Heimat kennenlernen. Das ist vielleicht nicht unvernünftig. Am 29. August kehren wir alle in die Stadt zurück. Bisher hat der Sommer uns erst wenige warme Tage beschert; meist (bis heute) haben wir Regen, tiefhängenden grauen Himmel, Nässe. [...]

Zu meinem größten Bedauern bin ich seit dem 5. März überhaupt nicht mehr im Anna-Achmatowa-Museum gewesen. Ich bemühe mich zu helfen, soweit meine schwachen Kräfte das zulassen. Ich berichtete Euch wohl schon, daß ich an Raissa Maximowna Gorbatschowa geschrieben habe (zweimal) – sie ist Vorstandsmitglied des Allrussischen Kulturfonds –, an Bella Achmadulina (keinerlei Reaktion oder Antwort) und an Jewgenij Jewtuschenko.

Möglich, daß Raissa Gorbatschowa über meine Briefe etwas verärgert ist, besonders über den letzten recht schroffen, der ans Kultusministerium gerichtet war. Jewtuschenko hatte mir einen ans Leningrader Gebietskomitee der KPdSU adressierten Brief geschickt, dem eine kurze Notiz beigefügt war: »Sehr geehrter M. J., verfahren Sie mit diesem Brief, wie es Ihnen im Interesse der Sache sinnvoll erscheint.« Nun, das habe ich dann getan und den Brief ans Gebietskomitee geschickt. Von dort riefen sie mich an, waren sehr höflich und fragten, wie alt ich sei, wünschten mir gute Gesundheit und teilten mit, daß das Museum das Diplom »Volksmuseum« und zwei feste Stellen erhalten habe. Das wußte ich schon vorher. Ich vermute, daß das alles unabhängig von meinen Briefen an die Mächtigen und Bedeutenden dieser Welt geschehen ist. Aber entscheidend ist, daß es geschehen ist. Vom Traum eines eigenen, städtischen Achmatowa-Museums muß ich wohl erst mal Abschied nehmen.

Nehmen wir dennoch an, daß ein Wunder geschähe und uns ein altes Gebäude in der Wosstanija-Straße zur Verfügung gestellt und renoviert würde (ein Vorschlag von D. S. Lichatschow, an den ich auch geschrieben habe). Dann gäbe es ein eigenes, unabhängiges, städtisches Achmatowa-Museum mit einem »Bestand« von zwei Personen und einem ärmlichen Budget. Letzteres ist leider unvermeidlich. Meine Bekannten, die Museumsangestellten, warnen vor dieser Gefahr. Bislang führt die Mittlere Berufstechnische Hochschule 84 (SPTU) das Museum in ihrer Bilanz und bezahlt (von wenigen Ausnahmen abgesehen) alle Rechnungen (von meist ziemlich hohen Summen), die Valentina Andrejewna der Hochschulleitung auf den Tisch legt. Außerdem wird in den Werkstätten der SPTU und den Werkhallen der Betriebsvereinigung alles hergestellt, was das Museum braucht. Vor kurzem hat man ihm noch einen Raum zur Verfügung gestellt und verspricht in nächster Zeit weitere zwei. Die SPTU-Leute sind stolz, daß sie dieses Museum haben.

So hat das Schicksal zum zweitenmal in der Geschichte die Türen mit den Namen Achmatowa und Shdanow[1] aneinandergereiht.

Der bekannte und sehr begabte Leningrader Filmregisseur S. D. Aronowitsch, der seine Sporen mit Dokumentarfilmen verdient hat, will zu Anna Achmatowas hundertstem Geburtstag eine Filmmonographie über Leben und Werk der großen Dichterin drehen. Ich habe bereits mit diesem Regisseur Verbindung aufgenommen und ihm zum Überspielen ein Tonband gegeben, auf dem A. A. selbst das »Poem ohne Held« und das »Gespräch über Puschkin« liest. Im September bekommt er noch das »Requiem«. Dann gebe

---

[1] Der Betrieb, zu dem die SPTU-Schule gehörte, hieß damals noch »Shdanow-Werk«. Die Hetze gegen Anna Achmatowa hat 1946 Shdanow begonnen und geleitet.

ich ihm auch noch die Kopie eines Aufsatzes von Hans Werner Richter mit dem Ratschlag, daß es gut wäre, Ausschnitte aus Filmarchiven in Italien und Großbritannien anzufordern (Ätna, Taormina und Oxford) und von mir gesammelte Ausschnitte aus Zeitschriften und Zeitungen von 1946 (ein Chor von boshaften und feigen, aber »wohlmeinenden« Kläffern). Der Regisseur dankte mir und bat mich, ihm weiterhin zu helfen. Das werde ich im Namen des schönen Traumes von einem Film über »Anna von ganz Rußland« nach Kräften tun. Hoffentlich darf ich diesen Film noch erleben.

Aus der »Literaturnaja gaseta« wißt Ihr sicherlich, daß Ende Juli in Gradenizy und Beshezk die ersten allrussischen Achmatowa-Lesungen stattgefunden haben. Gebe Gott, daß das der Anfang einer Tradition mit unerläßlicher und fortwährender Anhebung des Niveaus wird!

Gorbatschows Worte auf der Angestelltenversammlung der Nachrichtenmedien, daß wir »jeden Tag unserer Geschichte nutzen müssen«, alarmieren. [...] Der Artikel eines gewissen W. Petrow auf der ersten Seite der »Prawda« vom 3. 8. verstärkt mein Gefühl von Alarmbereitschaft und verdammter Angst vor einem durchaus wahrscheinlichen, wenn auch langsamen und vorsichtigen Schließen der »Ventile« ... Offene Versuche, die »gute alte Zeit« wiederzubeleben. Nehmt Euch die Zeit, die von mir erwähnten Artikel zu lesen, ebenso wie den Artikel »Auf der Suche nach der verlorenen Zeit« (»Ogonjok«, Nr. 30), den Artikel in »Sowjetskaja literatura« (»Sowjetische Literatur«) und den erwähnten Artikel in der »Prawda«. Lest das und teilt mir mit, was Ihr darüber denkt. Schließlich hast Du, Rajuscha, nicht umsonst geschrieben: »Alle meine Antennen sind auf Wissen ausgerichtet«!

Übrigens wird jetzt (wie schon immer, aber jetzt besonders) oft und laut Lenin beschworen, der bekanntlich ein wüster Polemiker und Flucher war.

Am 3. August gab es eine Fernsehsendung zum 175. Geburtstag von Alexander Herzen. Eine männliche Dame mit kurzem Haarschnitt las Ausschnitte aus »Erlebtes und Gedachtes«. Sie las schlecht, und die Auswahl der Ausschnitte war unverständlich. Die Sendung lief zur Arbeitszeit, also für wenige Zuschauer. Der 175. Geburtstag war bekanntlich am 6. April. Wenn man dem Andenken an Herzen schon eine Sendung widmet, dann sollte sie seiner auch würdig sein.

L. 17. AUGUST

Gestern abend haben wir Abschied von Saint Cast in der Bretagne genommen ... Georges Nivat war da. Mit ihm ist es immer schön, selbst wenn wir streiten, geschieht das freundschaftlich und friedlich. So haben wir über Natan Ejdelmans Briefwechsel mit Viktor Astafjew gestritten. Er, Georges, sieht darin ein weiteres Beispiel für »russischen Extremismus«, bei beiden Diskussionspartnern. »Warum kann ich als Franzose über die Korsen oder Provenzalen schreiben, und die Russen dürfen es nicht über die Georgier oder Juden? Diese Tradition gibt es ja leider auch in der Literatur.« Wir widersprachen beide: Puschkin und Turgenew und erst recht Dostojewskij (vor allem der), auch Schtschedrin und Nekrassow[1] mochten die Juden nicht. Aber es kann keine ewige Tradition geben, die Zeiten wandeln sich und mit ihnen die objektiven und subjektiven Gegebenheiten. Bei den russischen Schriftstellern des 19. Jahrhunderts hatten Abneigung und sogar Verachtung den Juden gegenüber eine ganz andere Bedeutung als bei den heutigen literarischen und halbliterarischen Judenhassern. Schließlich kannten weder Puschkin noch Nekrassow die Rubinsteins, Levitan, Antokolskij, Pasternak, Mandelstam, Joffe, Landau und die anderen sogenannten *russischen* Juden. Und natürlich hätten sie sich Babyj Jar und Auschwitz nie vorstellen können ... Heute hat diese »Tradition« eine ganz andere, verhängnisvolle Dimension und Bedeutung ...

Abends sind wir zum letztenmal am Meer spazierengegangen. Ich bin barfuß ins sanfte, kühle, dunkle Meer gegangen. Die Brandung lief auf wie Spitzenfalten mit weißgrünlicher, fransiger Gischt. Wir haben Münzen ins Wasser geworfen, um wiederzukommen. Wann bloß?

R. 18. AUGUST

Ich war bei unserem Arzt; er hat wieder Blut abgenommen, übermorgen muß ich in ein radiologisches Institut zur Untersuchung des unteren Magenteils. Während unserer ganzen Ferien habe ich

---

[1] Michail J. Saltykow-Schtschedrin (1826–1881; Satiriker); Nikolaj Nekrassow (1821–1878; Lyriker, Publizist) – Beide Schriftsteller der liberal-demokratischen Bewegung in Rußland.

fast überhaupt nicht daran gedacht, nicht nur, weil ich es mir verboten habe, sondern ganz ehrlich, und vor allem ist es mir ganz leicht gefallen, das Verbot einzuhalten. Obwohl es manches gab, was einen auf schwermütige Gedanken bringen konnte: Unser erster Tag in der Bretagne war der Jahrestag von Katja Etkinds Tod; wir sind mit der Familie auf dem Friedhof gewesen. Dann der Tod von Igor Kriwoscheïn; wir sind nach Paris zur Beerdigung gefahren. Dann die Nachricht vom Tod eines guten Freundes von unserem Karl-Heinz. (»Ich hatte gerade mit ihm telefoniert – er wohnte im Elsaß –, dann ist er losgefahren, um Zigaretten zu holen, und tödlich verunglückt.«) Ziemlich viel für zwanzig Tage. Und trotzdem – ich bin spazierengegangen, täglich geschwommen, habe mich am Meer berauscht und mich bemüht, keinen Augenblick dieser Freude zu vergeuden.

AUS EINEM BRIEF VON NINA MASLOWA

Leningrad, 22. August 1987

Es geschehen Wunder in dieser Welt – es tauchen Leute aus unerreichbaren Welten auf, fast wie aus dem Nichts. Zuerst ist Sacharow zurückgekehrt und jetzt Wolodja Lifschiz. Man sitzt neben ihm und möchte ihn pausenlos anfassen. »Und ich dachte, ich hätte dich mir nur ausgedacht...«

Vielleicht tauchen auch Sie demnächst statt unseres lieben Mediums[1] auf? Fürs erste gibt es statt dessen dauernd beunruhigende Nachrichten über Ihre Gesundheit. Von Eva konnte ich nichts Vernünftiges darüber herausbekommen. Ich möchte so gern wissen, wie es Ihnen geht. Schreiben Sie doch bitte wenigstens einmal etwas ausführlicher darüber an mich oder Mischa. In der letzten Zeit verspüre ich ständig Unruhe um Sie, als ob irgend etwas nicht stimmt.

Sacharows habe ich in dieser Zeit zweimal gesehen. Das erste Mal im April in Moskau. Beide waren euphorischer Stimmung, aber es war ein bißchen schlimm, sie anzusehen. Er sah sehr schlecht aus. Der Schlaganfall hat seine Spuren hinterlassen. Vielleicht auch einfach die Jahre. Aber das war es eigentlich nicht. Und auch nicht das Gefühl einer nicht schwinden wollenden Schmer-

---

[1] Gemeint ist Eva Rönnau.

zensangst. Irgend etwas ganz Wichtiges war verschwunden. Es ist schwer zu beschreiben.

Wissen Sie, in Florenskijs Predigten gibt es eine Stelle, die ich sehr liebe: »Erzittert! In eurem Nachbarn wohnt der Heilige Geist.« Sacharow hatte es verstanden, sich direkt an den »Heiligen Geist im Gesprächspartner« zu wenden, selbst wenn das ein übermütiger Dreizehnjähriger war, der sich unmöglich benahm. Und genau das war verschwunden. Und es bestand auch fast kein Kontakt zur Umgebung.

Es war an J. G.s[1] Geburtstag. Es waren viele Leute da. Etliche waren erst kürzlich zurückgekommen, und das nicht ohne Verluste. Sacharow erzählte sehr detailliert über die Probleme der Abrüstung, auf einem Niveau, das für kaum einen der Anwesenden verständlich war. Die einzig schöne Empfindung kam von der Unübersehbarkeit ihres gemeinsamen Glücks. Er erklärte allen Anwesenden, daß man sie für lange Zeit zu zweit in den Weltraum schießen könnte, und es würde dennoch keinerlei Probleme zwischen ihnen geben. Aber das war sowieso klar.

Dann vergingen zwei Monate. Im Juni kamen sie nach Leningrad. Und zwar mit Tanja[2] und den Enkeln im Auto. Und da bekam ich den früheren Sacharow zu sehen und merkte, daß mein Schreck überflüssig gewesen war. Oder hatten wir vielleicht Kreuzigung und Auferstehung miterlebt?

Interessant war, die öffentliche Reaktion zu beobachten. Die Verwalter des Kirow-Theaters, die er wegen Karten für seine Enkel ansprach, entschuldigten sich lang und breit, daß sie nur noch Karten für die zweite Reihe und nicht für die erste hatten. Die Mathematiker und Physiker hatten Angst, ihn zu einem wissenschaftlichen Seminar einzuladen. Einige ganz Mutige entschieden sich dann doch dazu, aber A. D. lehnte ab. Es war sehr lustig zu beobachten, wie er einem Lied zu Gitarrenbegleitung mit dem Text: »... und selbst Sacharow ist Jude, von der Wolga« zuhörte.

---

[1] Jelena Georgijewna Bonner.
[2] Tatjana – Tochter von Jelena Bonner.

L. 26. August

Raja hat einen Tumor im Darm. Vor einer Stunde ist das festgestellt worden. Um 9.30 Uhr fuhren wir mit dem Taxi zum Arzt. Eine Stunde Warten und ... »muß operiert werden«. Wieder steht eine qualvolle Vorbereitung bevor und hinterher Bestrahlung oder Chemotherapie. Bewahre uns Gott vor der Chemotherapie. Im Moment bedauere ich so sehr wie noch nie, daß ich nicht beten kann. Ich möchte glauben, daß es trotz allem die beste aller Möglichkeiten ist, wie Steffen hofft. Habe Swetlana ein Telegramm geschickt, werde noch ein zweites mit dem Attest des Arztes schicken.

R. 27. August

So, nun hat man es also herausgefunden. Und man kann den aufmerksamen Ärzten nur danken, daß es in frühem Stadium entdeckt worden ist. Und wie immer versuche ich, auch in einer schlimmen Situation etwas Gutes zu sehen: daß es operabel ist. Und daß ich mich erholt habe und in verhältnismäßig gutem physischen Zustand bin (ich schreibe »verhältnismäßig«, weil die dritte Untersuchung, genauer gesagt, die Vorbereitung dazu fürchterlich quälend war, bin noch gar nicht ganz wieder zu mir gekommen. Und die werden sie im Krankenhaus wiederholen, das geht nicht anders.)

Gleich nach der Operation und Narkose werde ich wohl noch nicht ganz wieder ich selbst sein, so daß dann am besten ein anderer erst mal erfährt, was und wie, und man wahrscheinlich besser erst ein, zwei Tage später mit mir spricht? Aber jetzt kann man das natürlich noch nicht fest verabreden.

R. 27. August

Wir sehen jeden Abend fern, ich nur die Nachrichten, eine Viertelstunde. Es kommt uns vor, als hätte es noch nie so viele Katastrophen, Schießereien, Morde, kleine Kriege, sterbende Flüsse, Erdbeben auf einmal gegeben; Flüsse treten über die Ufer und überschwemmen alles, gewöhnliche Regenfälle verwandeln sich in fürchterliches Unheil ... Lew sieht morgens in die Zeitung (ich gehe an die Briefe!) und sagt: »Wahnsinnswelt!«

L. 31. August

Raja ist im Krankenhaus. Chirurgische Abteilung der Universitätsklinik. Gestern haben sie im Ambulatorium den Tumor geortet. Raja hält sich wacker, die Kleine, Tapfere. Zeitweilig drehe ich durch vor Verzweiflung, vor ohnmächtigem Mitleid. Den ganzen Abend habe ich versucht, telefonisch nach Moskau durchzukommen. Bin am Telefon eingeschlafen.

L. 1. September

Ich habe im Krankenhaus angerufen. Rajas Stimme klingt gut, aber sie hat schlecht geschlafen. Jetzt bin ich schon selbst im Krankenhaus, um 8 Uhr. Sie ist zur Untersuchung. Ich kann an nichts anderes denken als an diesen verfluchten Tumor.

L. 2. September

Heute morgen war die Tortur mit dem Röntgen. Raja ist schwach, die bretonische Bräune verblaßt. Sie haben sie über eine Stunde gequält... Ihr Krankenzimmer Nr. 21 ist im sechzehnten Stock des achtzehnstöckigen »Bettenhauses«. Ein häßliches, graues Monstrum, eine »Gesundheitsfabrik«. All diese Tage lebe ich wie im Halbschlaf, in einem Nebel aus Angst, Mitleid, eigener Ohnmacht, Hoffnung, Selbstberuhigung, Versuchen zu arbeiten.... Ich lebe im Krankenhaus und schreibe einen Artikel für »Die Zeit«: »Die unterbrochene Revolution«, über die Leninsche Oktoberrevolution 1917, die eigentlich eine Konterrevolution war.

L. 3. September

Ich habe Sweta und Mascha in Moskau telefonisch erreicht. Habe die Erlaubnis, im Krankenhaus zu übernachten.

L. 4.-5. September

Vor einer Stunde ist Raja in den Operationssaal gefahren worden, schon schläfrig. Man hat ihr hier einen weißen Kittel und weiße Strümpfe gegen Thrombose angezogen. Sie ist nicht lange auf der Intensivstation gewesen. Jetzt ist sie schon wieder im Krankenzimmer. Ich lese ihr Tjuttschew vor. Prosa kann sie noch nicht aufneh-

men. Professor Pichlmaier mit Suite war hier. Die Operation ist gut verlaufen. Er ist zufrieden, es waren keine Metastasen da... Ich lese Tjuttschew, und immerfort kommen mir die Tränen.
Gestern ist Vika Nekrassow gestorben. Das habe ich heute erfahren, als ich Wolodja Kornilow anrief.
Nachts im Krankenhaus. Raja ist bei halbem Bewußtsein, wie damals, 1963, nach der schweren Operation. Jede Stunde, manchmal auch halbstündlich, wird der Blutdruck gemessen. Sie ist schwach, bemüht sich aber, das nicht zu zeigen. Die Ohnmacht, die Unmöglichkeit zu helfen, machen mich rasend. Und sie ist so tapfer.
Gerade habe ich erfahren, daß man Sweta die Reise nach Köln genehmigt hat!

L. 6. SEPTEMBER

Es geht Raja besser. Im Zimmer darf sie schon gehen. Jetzt habe ich ihr von Vikas Tod erzählt. Ich habe eine Nachruf-Notiz geschrieben, eine Art Montage aus Tagebuchnotizen. Den deutschen Text habe ich an »Die Zeit« geschickt; am russischen habe ich den ganzen Sonntag über geschrieben, in Rajas Zimmer überarbeitet und ihr vorgelesen, dann telefonisch an Alik Ginsburg[1] nach Paris durchgegeben.

L. 7. SEPTEMBER

Raja darf jetzt Tee trinken.

L. 8. SEPTEMBER

Heute abend kommt Raja vom Tropf. Dann bekommt sie eine Spezialnahrung. Professor Pichlmaier hat versprochen, uns eine Liste mit Kurhäusern zu schicken, die für die Rekonvaleszenz in Frage kommen. Er sagt:»Denken Sie nicht, daß Sie gesund seien, auch wenn Sie sich so fühlen werden.« [...]
Gestern war Honecker in Bonn, hat neben Kohl die Ehrenformation abgeschritten. Hätte man sich so etwas vor zwanzig Jahren vorstellen können?! Einst gab es die Hallstein-Doktrin, und

---

[1] Alexander (Alik) I. Ginsburg – Redakteur der Wochenzeitung »Russkaja Mysl« (»Russischer Gedanke«).

was ist davon geblieben? Die Anführungsstriche für die DDR in der »Welt«. Die Kommentatoren sehen diese Reise als Anfang einer neuen Ära.

L. 10. SEPTEMBER

Sweta ist da!!!

L. 19. SEPTEMBER

Wir haben Raja zum erstenmal nach dem Krankenhaus im Park spazierengeführt.

L. 25. SEPTEMBER. FRANKFURT

Treffen mit Solidarność-Vertretern. Beim Abendessen saßen an einem Tisch: Mazowiecki, Bartoszewski, Cornelia Gerstenmeyer, Djilas mit Frau und ich. Spannende Meinungsverschiedenheiten. Am Vormittag habe ich ein Interview gegeben. Zeitweilig war mir die Hilflosigkeit meiner Worte sehr deutlich. Wann, wie, wen werden sie erreichen?

L. 27. SEPTEMBER

Wir sind mit Sweta nach Crottorf gefahren. Da ist jetzt Erntedankfest. Sweta war begeistert. Es war wohl das erste Mal, daß es sie hier richtig packte. Das fröhliche Fest freier Bauern erschien ihr wichtiger und bedeutete ihr weit mehr als das Schloß mit all seinen Bildern und Legenden.

L. 30. SEPTEMBER

Mit Sweta in Amsterdam, sind mit einem Schiffchen durch die Grachten gefahren und haben das Van-Gogh-Museum besichtigt.

ZWISCHENBEMERKUNG

Swetlana war bis Mitte Oktober bei uns. Diese Tage waren voller Gespräche, Fragen, Erzählen – wir hatten uns ja immerhin sieben Jahre nicht gesehen –, so daß wir alle Briefe und Tagebücher vergaßen.

R. 12. OKTOBER
Ich bin unendlich dankbar für diese dreißig vollen, angefüllten, überfüllten Tage. Aber ich kann nicht leugnen, daß es mir sehr schwer fällt zurückzukehren. Es ist, als hätte ich – schon im Krankenhaus – die Krankheit selbst und die Folgen der Operation weggejagt: All das nachher, später; solange Sweta hier ist, ist mir nicht danach ... Nun aber »ist mir danach«, und das ohne meine Absicht.

R. 22. OKTOBER
Wir begegneten uns, als hätten uns nie irgendwelche Grenzen und Jahre getrennt. Wir redeten von morgens bis abends, es war physisch anstrengend, aber ich habe in all diesen Jahren keinen so glücklichen Monat erlebt.
Geblieben ist die Angst vor weiteren Untersuchungen, alle drei Monate; geblieben ist eine mir sonst fremde Düsternis, ein schweres Abgemeldetsein. Das hatten sowohl unser Steffen als auch mein Professor (der ebenfalls ein Glücksfall ist) kommen sehen. Überhaupt waren alle äußeren Umstände bei der ganzen düsteren Geschichte nicht nur gut, sondern großartig. Lew war so, wie ich ihn seit Jahrzehnten nicht erlebt habe, dabei passierte das alles doch nach seiner sechsmonatigen, zermürbenden Krankheit. Sweta sagt, daß wir beide uns überhaupt nicht verändert haben.

R. 26. OKTOBER
Als die Narkose ein bißchen nachließ (man brachte mich noch am Operationstag nach ein paar Stunden auf der Intensivstation wieder in mein Zimmer), spürte ich schon, daß Ljowa neben mir im Zimmer saß. Und im Halbschlaf sah ich, daß er versuchte, etwas zu schreiben. Einen Augenblick durchfuhr es mich: Er ist großartig, nur Arbeit kann ihn ablenken ... Und dann, am nächsten Tag, dem 5., sagte er mir, daß Vika am 3. gestorben ist. Ljowa hat sehr geschwankt, ob er es mir sagen sollte, hat dann aber richtig entschieden. Er fürchtete, daß jemand zufällig am Telefon etwas erwähnen könnte, und sagen mußte er es mir doch. Die hiesigen Freunde haben versucht, es auch Ljowa zu verheimlichen, die Nachricht jedenfalls bis nach meiner Operation hinauszuschieben, aber er erfuhr es aus einem Telefongespräch mit Moskau. Er wein-

te, wir weinten beide, er hatte also versucht, einen Nachruf zu schreiben... Drüben waren wir eigentlich gar nicht so eng befreundet; die Annäherung vollzog sich erst in dieser Welt, ich würde sagen: in geometrischer Progression.

L. 1. November

Ich beginne ein »neues Leben«. Gestern habe ich einen Vortrag in der Gruga-Halle in Essen gehalten, der Teil des Reformationsgottesdienstes war. Ich wollte gar nicht gern hin, wohl wegen der schlechten Erinnerungen an die große Versammlung in dieser Halle vor den Wahlen, als die Kommunisten Pavel Kohout und mich ausbuhten. Auch diesmal spürte ich von Anfang an eine Distanz, eine Kühle, anders als bei anderen Auditorien. Und die Pastoren ähnelten Geschäftsleuten oder Juristen. Aber Chor und Orchester waren sehr gut. Ich habe vom »Wuppertaler Projekt«, über die Fremdenbilder erzählt. Es fing ganz gut an. Ich erwähnte das biblische »Was kann aus Nazareth schon Gutes kommen?« – und plötzlich hatte ich vergessen, worüber ich sprechen sollte. Gut, daß ich die Einladung bei mir hatte, da war das Thema meines Vortrags genannt. Das Blatt lag als Lesezeichen in einem Buch, aus dem ich zitieren wollte. Ich blickte darauf, versuchte etwas Kurzes zu sagen. Ein merkwürdiges Gefühl: Ich hörte mich wie eine fremde Stimme, bekam die Worte nur mühsam zusammen. Was ich gesagt habe, weiß ich nicht mehr, den Schluß habe ich wohl hingezwungen. Spärlicher Höflichkeitsapplaus. Dann noch Musik, der Chor, die Autogrammjäger, irgendwer wollte sein Herz ausschütten. Die Organisatoren riefen zum Essen in den »Prominenzsaal«; aber ich konnte mich kaum auf den Beinen halten und bat darum, mich zum Telefon zu führen. Befremdet und gekränkt führte man mich in einen Raum hinter der Küche, wo das Telefon war. Ich sah kaum noch, was ringsum war, und plötzlich wurde mir klar, daß ich unsere Telefonnummer vergessen hatte, selbst die Vorwahl von Köln und die Nummer von Doktor Heinemann auch. Mir fiel ein, daß im Telefonbuch die Nummer unserer Nachbarin Fisher-Ruge sein müßte, rief da an, aber niemand nahm ab. Dann erinnerte ich mich, daß die ersten fünf Ziffern dieselben wie bei uns sind, die letzten beiden anders, aber auch gerade Zahlen – 24 oder 36... Endlich erreichte ich Raja, aber da kam schon die Erste Hilfe. Es zeigte sich, daß mein Blutdruck auf 280 war. Sie gaben mir eine

Spritze, schlossen mich an einen Tropf an, legten mich auf eine Bahre und brachten mich ins große evangelische Krankenhaus in Essen. Dort machten sie ein Kardiogramm, nahmen Blut zur Analyse ab, erlaubten mir nicht einmal, von der Trage aufzustehen, und waren rührend besorgt um den Alten ... Die Ärzte wollten mich dort im Krankenhaus behalten, aber ich weigerte mich, bat sie nachdrücklich, mich nach Hause zu lassen, sie möchten mich bis zum Bahnhof bringen, von dort käme ich schon allein weiter. Ich sagte, daß ich die Verantwortung voll selbst übernähme. Schließlich erlaubte der Oberarzt, daß ich im Krankenwagen in Begleitung eines Arztes, zweier Krankenschwestern und zweier Sanitäter nach Hause gefahren wurde. Dort warteten schon Raja und Steffen Heinemann. Kurz, ich habe den halben Kontinent in Aufregung versetzt; Raja hatte inzwischen Sweta und Mascha in Moskau angerufen. Ich hingegen versank in Schlaf bis neun Uhr früh.

R. 2. NOVEMBER

Eine Kölner Germanistin ist aus Georgien zurückgekommen. Ihre Eindrücke schildert sie mit einer Mischung aus Verliebtheit, Begeisterung und westlicher Überheblichkeit. Ich kenne das im übrigen auch von Moskauer und Petersburger Intellektuellen – auch dort Bewunderung, sogar Verliebtheit und eine gönnerhafte Abgrenzung gegen den georgischen Lebensstil, gegen die Trinksprüche, Lobreden und die Nonchalance.

Gorbatschows Rede über Bürokratie und Reformen gelesen! Ich möchte ihm glauben und kann doch mein Mißtrauen nicht ganz überwinden. Es ist noch immer »double speech«: Er spricht über Stalins *Verbrechen*, obwohl er »seine Errungenschaften nicht ableugnen kann«. Er spricht von der Notwendigkeit, den Widerstand der »konservativen Kräfte« zu brechen; aber gegen allzu eifrige Reformatoren ...

L. 7. NOVEMBER

Heute feiern sie in Moskau: geschmückte Straßen, Paraden, private Feste ... Wir sind hier seit dem Vormittag zu zweit. Hier erinnert sich nicht einmal jemand von den früheren Landsleuten, niemand kann mit uns empfinden, mit uns erinnern, und es geht dabei durchaus nicht um die Ideologie, sondern um das Leben, die Gewohnheiten. Es war lange unser Leben. Der 1. Mai war wichtiger und lag uns näher als der 7. November, und der 9. Mai war für uns bedeutsamer als alle anderen Feste zusammengenommen. Unser Leben ist in Empfindungen, Erinnerungen und Eindrücken sehr viel breiter als nur in Gedanken und im Bewußtsein.

Gestern war ich bei Annemarie Renger im Bundeshaus in Bonn. Sie wollte wissen, was die »Dissidenten« von Gorbatschow halten. Wir tranken Kaffee, und ihr Mitarbeiter schrieb das Gespräch eifrig mit. Wir sprachen über Treffen der »Inoffiziellen«; gut, daß es sie gibt; schön wäre es, etwas über (neue?) Möglichkeiten der Einflußnahme auf die Regierung zu wissen, über die Kräfteverteilung im Politbüro und überhaupt im Lande. Ich bemühte mich, sie dazu zu überreden, Malinkowitsch im zweisprachigen »Forum«-Verlag zu helfen. Ihr Mitarbeiter und sie hörten aufmerksam zu. Ausführlich habe ich über Sacharow gesprochen und über die Vielfalt der oppositionellen Strömungen in der Sowjetunion; auch die »Pamjat«[1] ist eine oppositionelle Gruppierung.

Am Mittwoch, dem 4., war in den »Moskowskije nowosti« (»Moskauer Nachrichten«) ein Interview mit Sacharow, und im »Haus der Literatur« hat Mazkin[2] bei einer Gedenkveranstaltung für Tamm[3] auf der Bühne über Sacharow und Jossif Brodskij gesprochen. Ovation. Und Mischa Kosakow[4] hat sofort angefangen, Gedichte von Brodskij vorzutragen. [...] In der Emigrantenpresse hingegen stehen noch immer hirnverbrannte Äußerungen von einigen »namhaften Dissidenten«; irgendwer hat Gorbatschow sogar einen Faschisten genannt.

Heute abend hat Raja zum erstenmal seit vier Monaten wieder in einer Buchhandlung am rechten Rheinufer gelesen, und zwar ihren Aufsatz über Fasil Iskander.

Gestern habe ich den ganzen Tag versucht, Maja in New York und Lena in Moskau telefonisch zu erreichen. Maja hat die Genehmigung bekommen, zu ihrer kranken Mutter nach Moskau zu

---

[1] »Pamjat« (»Gedächtnis«) – Rechtsextreme Organisation, den sogenannten »Schwarzhundertschaften« der Jahrhundertwende nah verwandt.
[2] Alexander P. Mazkin – Literatur- und Theaterkritiker.
[3] Igor J. Tamm – Physiker; Nobelpreisträger; Lehrer von A. Sacharow.
[4] Michail M. Kosakow – Schauspieler, Regisseur.

fliegen. Nadja[1] ist im Krankenhaus. Ich habe mit Slawa gesprochen; es sieht so aus, als ob alles hoffnungslos ist ...

L. 12. NOVEMBER
Heute vor sieben Jahren sind wir hergekommen. Und vor einem Monat ist Sweta abgereist. Gestern ist Nadja zum zweitenmal operiert worden. Ich habe abends angerufen und mit Sascha[2] gesprochen: »Die Ärzte sind zufrieden, sie sagen, alles sei gutgegangen, aber Großmutter ist pessimistisch, sie hat Schmerzen.«

L. 22. NOVEMBER. SONNTAG
Ich habe Artikel für Harenbergs Literaturlexikon geschrieben: Achmatowa, Wladimow, V. Nekrassow und einzelne Notizen über das »Poem ohne Held«, das »Requiem«, über »Ruslan« und »In den Schützengräben von Stalingrad«. Jetzt sitze ich über dem Aufsatz »Tolstoj und Goethe« für den Sammelband »Der Wind weht, wo er will«. Viele Korrekturen, der Text ist Mist und die Übersetzung noch schlimmer.

Gestern war Lois Fisher-Ruge mit dem Redakteur der »Moskowskije nowosti«, Jakowlew, bei uns. Ein »Progressiver« aus der obersten Nomenklatura, intelligent, gewandt, wohlwollend, entgegenkommend. Er wirkt couragiert, aber hat er wirklich Mut? Er ist klug und weiß, was im Apparat läuft. Wir rechteten und richteten: Jelzins Absetzung könnte der Anfang einer Tragödie werden; Ligatschow und Tschebrikow greifen an; was Gorbatschow betrifft, so kann man sich nicht sicher sein.

Jakowlew bedauert: »In der Literatur fehlt die Jugend; als ich 1972 Redakteur von ›Journalist‹ wurde, habe ich in einem Monat einen Mitarbeiterstab aus 35- bis 40jährigen zusammengestellt. Heute kann ich das nicht mehr machen; heute ist die wichtigste Bedingung, daß alle ethnisch ›Russen‹ und Männer sind.«

Schmidt-Häuer hat angerufen; er ist besorgt, fürchtet Rückschläge und stalinistische Reaktion. Jelzin hat Raissa Gorbatschowa öffentlich angeprangert, sie soll mit Staatsgeldern wie mit ihren

---

[1] L. K.s erste Frau Nadeshda (Nadja) Koltischinskaja – Anm. s. S. 156.
[2] Sascha – Enkel K.s, Alexander Grabar.

eigenen umgehen. Da vermischen sich Politik und persönliche Abrechnungen.

Ich habe Ruth Radványi, die Tochter von Anna Seghers, angerufen und um die Genehmigung gebeten, Annas Briefe in meinem Buch zu zitieren. Sie antwortete sehr freundlich: »Gut, ich vertraue Ihnen. Ich weiß, Mutter hat Sie geliebt. Hoffentlich wird sie sich nicht im Grabe umdrehen.«

L. 25.-26. NOVEMBER. MÜNCHEN

Raja liest laut Abschnitte aus ihrem Buch, sie übt vor der Lesung. Seit dem Vormittag wird sie schon von Autogrammjägern belagert. Abendveranstaltung in der Universität, über fünfhundert Zuhörer, darunter auch Freunde: Max Adam und Frau, Charlotte von der Schulenburg, Katharina von Trott.

L. 4. DEZEMBER. WIEN

Genau drei Monate nach der Operation. Gott sei Dank sind heute schon keine Spuren mehr da. Raja ist so aktiv, beweglich und energisch wie vor dem Krankenhaus, wenn nicht sogar noch mehr. (Toi! Toi! Toi!) Aber diese Tage waren sehr anstrengend, bis zur völligen Erschöpfung. Haben sie etwas gebracht?... Am letzten Tag habe ich den Aufsatz über Strittmatter zu Ende korrigiert und »Faust in Rußland« diktiert; zuweilen über Streß.

Mascha hat man wieder den Paß verweigert. Sie hat sich beim Ministerium beschwert, da antwortete man ihr: »Ihre Mutter ist ausgebürgert worden.« Sie kam nicht darauf, auf den Präzedenzfall mit Sweta zu verweisen. Und hat auch nicht gefragt, welches Gesetz es verbietet, Verwandte zu besuchen, die ausgebürgert sind.

R. 6. DEZEMBER. WIEN

Heute im Kunsthistorischen Museum hörte man hier und da Russisch. Viele der Unseren sind auf Reisen. Auch auf dem Bahnhof war es zu hören. Ein kleines, weißblondes junges Mädchen fragte freudig überrascht: »Sprechen Sie Russisch?« Sie erzählte uns, daß ihre Schwester an der Moskauer Universität marxistische Philosophie studiert. Auch sie selbst hält sich für eine Marxistin-Leninistin und ist deswegen gegen alle Systeme und Diktaturen, unter anderem auch gegen das sowjetische.«»Nein, ich bin nicht Trotzkistin, sondern einfach eine echte Marxistin-Leninistin. Das ›Kapital‹ ist wie ein Gebetbuch.« Ihre Eltern sind beide Lehrer und sehr konservativ. Sie möchte in Moskau Anthropologie studieren.

L. 8. DEZEMBER. KÖLN

Gestern ist Jewgenij Arschakowitsch Ambarzumjan gekommen. Er ist hier auf einem Seminar der Ebert-Stiftung ... Er wirkt optimistischer als Jakowlew, verehrt Solshenizyn und ist mit Tschernitschenko, Karpinskij und Karjakin befreundet. Auch über uns hat er »flüchtig« geschrieben, vor allem aber über die Tschechen. Er glaubt nicht, daß Scholochow den »Stillen Don« geschrieben hat: »Ich habe selbst die Bruchstellen im Text gesehen.« Sich selbst hält er zwar für einen Marxisten, sei aber weder Stalinist noch Leninist, und über Trotzkij sagt er verächtlich: »Der war provinziell.« Er ist bekümmert darüber, daß die Unsrigen in der Emigration so zerstritten sind. Bemühte sich, auch uns dazu zu bewegen, Frieden mit den Landsleuten im Exil zu machen. [...]

Heute beginnt vielleicht eine neue Ära. Wir haben gesehen, wie Gorbatschow und Reagan einen Vertrag unterschrieben. Man möchte glauben und hoffen, und dennoch sticht einen der Zweifel. »Ich möcht' so gern, es sticht mich so, doch Mama, die sagt nein.« (Mama ist der gesunde Menschenverstand.) Gorbatschow ist finster, in den Mundwinkeln Falten, sichtlich hartnäckig und energisch. Aber sein Lächeln ist vertrauenerweckend, ein »offenherziger Kerl«. Und seine Frau ist tipptopp, sieht aus wie ein junges Mädchen. Reagan ist gealtert, aber die Schauspielermanier ist unausrottbar, und er spricht besser als unserer, heuchelt, aber überzeugend, vor allem wenn es um die Familie, die Kirche, Heiligabend, die Menschenrechte geht.

Cronid Ljubarskij hat angerufen: Tschernowil[1] ist schon wieder verhaftet worden, und in Moskau haben »drei Unbekannte« Ossadtschij[2] verprügelt. Die liberalen Zeiten sind noch nicht richtig angebrochen.

---

[1] Wjatscheslaw Tschornowil – Ukrainischer Lyriker und Menschenrechtler.
[2] Michail Ossadtschij – Ukrainischer Menschenrechtler.

R. 12. Dezember. Köln

Nach schweren Monaten haben wir zum erstenmal wieder zwei Reisen gemacht. Leider sehr kurz hintereinander, dazwischen lagen nur drei Tage. Zuerst fünf Tage München. Wir hatten zwei Lesungen aus »Wir lebten in Moskau« (auf russisch ist es noch nicht erschienen, vielleicht im Frühjahr). Und Lew hatte außerdem ein Gespräch mit einer kleinen Gruppe von Schülern und Lehrern. Ich war in der Zeit im Kino und habe den letzten Film meines geliebten Fellini gesehen, »Interview«.

Unsere zweite Reise war ganz anders als die erste. Zuerst eine Nacht in Salzburg. In dieser Stadt sind wir im heißen Sommer gewesen, als man nur mit Mühe vom Hotel bis zur City gehen konnte. Jetzt – trockene Kälte. Die Stadt ist sehr schön, und bis fünf Uhr waren wir zum Glück ganz uns selbst überlassen, sind spazieren- und essen gegangen und haben uns dann noch ein wenig hingelegt.

Es gab dort eine Fernsehsendung »Feindbilder und wie man sie abbaut«, leider ganz blöd und verworren. Schön war nur, daß wir die vierstündige Strecke Salzburg–Wien in Gesellschaft einer netten Leningrader Künstlerin gefahren sind; wir waren früher schon in ihrem Haus. Unsere alte Freundin Lisa Markstein hatte uns dort eingeführt.

In Wien kamen wir um Mitternacht an, morgens nach dem Frühstück war Konferenz (»Der Schriftsteller in der Verbannung – philosophische, soziale, politische, sprachliche und ökonomische Ergebnisse«). Organisiert war das Ganze von einer reichen amerikanischen Stiftung; es heißt, daß Ann Getty, die Inhaberin dieses Fonds, die reichste Frau der Welt sei. Zum zweitenmal gibt es damit eine Konferenz, die auch mit der Geschichte unseres Landes zu tun hat. Wir trafen Landsleute.

Tomas Venclova flog von Wien direkt nach Stockholm zur Verleihung des Nobelpreises an Brodskij, der ein alter Freund von ihm ist. Am Abend trug er mir in den Straßen von Wien Gedichte vor, worüber ich mich sehr gefreut habe. Wir begegnen uns an den verschiedensten europäischen und amerikanischen Kreuzwegen. Er ist Professor in Yale, und es ist immer interessant, mit ihm zu sprechen.

L. 13. Dezember

Ich habe Nadja und Lena in Moskau angerufen. Nadjas Stimme klingt gut und hell: »Nun ist alles in Ordnung!« Lena ist sehr

erschöpft. Maja und Sascha waren gerade unterwegs, um neue Lieder von Julij Kim[1] zu hören. Dessen Gedichte werden jetzt auch gedruckt. [...]
Raja hat mir kritische Notizen aus »Literaturnoje obosrenije« (»Literarische Umschau«) vorgelesen. Alles wird beim Namen genannt: »Stalinistischer Terror«, »administratives Kommandoregime«. Aber wird nicht plötzlich das Telefon klingeln: »Schluß mit der Glasnost!«, wie es das Mitte der sechziger Jahre gab?

L. 22. DEZEMBER. BAD NEUENAHR

Der 21., der kürzeste Tag des Jahres. Heinrich Bölls Geburtstag. Er fehlt mir nach wie vor. Und der Geburtstag des Vampirs (Stalin), von dem wir nicht loskommen.
Gestern gab es in der Kölner Stadtbibliothek einen Böll-Abend. Sehr gute, kluge und herzliche Reden von unserem Oberbürgermeister Norbert Burger und von Walter Jens. In seiner Rede gab es den überraschenden neuen Begriff »Jesuaner« statt »Christ«. Annemarie ist erschöpft, aber lieb und beruhigend wie immer und offenbar gesund. Entzückende Enkel: Samay, Boris und die kleine Sarita; sie werden immer größer und kräftiger. Sie saßen still da und hörten geduldig zu. Es gibt schon dreizehn Böll-Schulen, und man kann sogar sagen, daß sie sich durch gewisse Gemeinsamkeiten auszeichnen: Demokratie, Achtung vor der persönlichen Freiheit des Schülers.
Am Freitag, dem 17., habe ich in Wuppertal einen Vortrag über Böll gehalten. Der Rektor und Kanzler Peters waren auch da. Wir haben vereinbart, daß Karl-Heinz und Dagmar[2] nach Moskau reisen sollen, um endlich auch russische Autoren für das »Wuppertaler Projekt« zu gewinnen.

R. 24. DEZEMBER

Heiligabend. Abends sind wir durch die stillen, dunklen Straßen gegangen, »spärliche Weihnachtsbeleuchtung«. Leichter Frost, schallendes Glockengeläut, wenig Menschen und Autos, die meisten feiern zu Hause.

---

[1] Julij Kim – Liedermacher, Lyriker.
[2] Dagmar Herrmann – Mitarbeiterin des »Wuppertaler Projekts«.

L. 27. Dezember

Am Freitag abend waren wir bei den Meiers; das Geburtstagskind Reini selbst war auch gekommen. Es war herzlich, fröhlich und familiär bei ihnen wie immer. Aber ich höre immer schlechter. Mein Hörgerät taugt überhaupt nichts; selbst beim Fernsehen verstehe ich höchstens die Hälfte.

Ich habe heute einen Eilbrief an Strauß geschickt. Er fliegt morgen nach Moskau. Von den politischen Häftlingen habe ich vor allem Petkus und Horbal genannt. Vielleicht kann er in Moskau ihr Schicksal ansprechen.

Heute ist der Jahrestag des Einmarsches in Afghanistan. Und kein Ende in Sicht! Sie morden, sterben, zerstören, verrohen, verwildern.

Und die, die von dort zurückkommen, werden zu »Pamjat«-Mitgliedern, zu Vigilanten der Schwarzhundertschaften ... Und was soll werden, wenn sie mit eingezogenem Schwanz ganz abziehen? (Anders können sie nicht abziehen.)

Und in Palästina gehen israelische Maschinengewehrschützen gegen Kinder mit Steinen und Molotowcocktails vor. Die einen wie die anderen werden zu Bestien. Und auch das wird lange dauern. Für einige Generationen ewig. Und fast genau das gleiche in Sri Lanka, in Nikaragua, Angola, Südafrika, bei den Kurden und den Iraker Schiiten und morgen vielleicht schon in Taschkent und Baku ...

Es gibt den von Archimedes erwähnten Angelpunkt nicht, der nötig wäre, um die Welt zu wenden. Und ohne diese Wende wird die Welt in tausend Hiroshimas, tausend Wüsten und toten Meeren zugrunde gehen. Üble Vergleiche drängen sich einem auf: Rom ist untergegangen, Byzanz ist geblieben, die nördlichen und östlichen Barbaren drangen vor ... Und jetzt rücken die südlichen und östlichen vor, die schwarzen und gelben Völker. Und das neue »Byzanz« jenseits des Ozeans wird niederglimmen. Aber vor ABC-Waffen ist man auch dort nicht sicher, »und es werden voll Entsetzen sich die Wölfe selbst zerfetzen.«[1]

Geoffrey Hosking hat aus London angerufen. Er war in Moskau. Seinen Worten zufolge herrscht Pessimismus vor, aber was er gesehen hat, war »besser als erwartet, und die Presse scheint tatsächlich frei zu sein«.

---

[1] Ein Vers von Kornej I. Tschukowskij.

1988

L. 1. Januar. Bad Neuenahr

Selbst Marion Dönhoff ist jetzt mit Strauß zufrieden. Er hat mal wieder all seine Leute in die Knie gezwungen. Dabei sollten sie sich langsam an die Pirouetten dieses schlauen Ebers gewöhnt haben. Aber nun ziehen sie saure Mienen. All ihre geheiligten Werte hat er scheinbar in den Wind geschlagen, über Gorbatschow tratscht er: »Redlich, ehrlich; ein neues Kapitel, Herzlichkeit statt Konfrontation.« Er ist im eigenen Flugzeug hingeflogen, war selbst der Pilot; ein verwegener Kerl, ein Flegel, aber ein gescheiter Schlaukopf.

In Crottorf haben wir um zehn Uhr den Moskauer Jahreswechsel gefeiert und um zwölf den westlichen.

Noch bis nach Mitternacht haben wir uns mit Marion über Bobrowski und seine Heimatliebe unterhalten, darüber, daß bei ihm echte kosmopolitische Weltanschauung und tiefe Heimatverbundenheit Hand in Hand gingen. Es ist doch kein Zufall, daß er, Marion, Lenz und Grass Landsleute sind. Sie haben Preußen für die deutsche Geschichte, die deutsche und allgemeine Kultur erhalten. Leise und traurig sagte Marion, daß für sie wohl die Landschaft das wichtigste ist, Himmel und Wald, die weite Ferne ...

Von Crottorf fuhr uns der Sohn des Schloßverwalters zurück, ein schöner junger Afghane (sein Vater war Polizeichef beim Schah). Ein Teil seiner Familie lebt noch in Afghanistan. Er ist dorthin gefahren, in ein Dorf, neun Kilometer von Kabul entfernt. Er ist überzeugt, daß es mit Nadschibullah, mit den Kommunisten zu keiner Übereinstimmung kommen wird; sie müssen das Land verlassen. Von den sieben Gruppierungen, die gegen sie kämpfen, sind vier Fundamentalisten und drei Traditionalisten. Die rivalisieren auch untereinander, aber mit der Kabuler Regierung und den Sowjets wird keiner zusammengehen.

L. 3. Januar

In der gestrigen FAZ-Beilage interessante und für mich sehr wichtige Artikel über die »Grenzen des Lebendigen«. Meines Erachtens hat Kant recht: »Das moralische Gesetz ist in mir.« Ein Artikel von Kunert: »Über die Natur der Elementarschöpfung«, »Hokuspokus und Zauberei ...« So habe ich hier verschnauft und Dinge aufgenommen, die mir zu Hause in der Hektik entgehen; man kommt einfach nicht hinterher.

Habe Ralph Giordanos »Die zweite Schuld« gelesen (jetzt schon ein Bestseller). Gut und interessant; das Wichtigste: die unverfälschte Leidenschaft, die gründliche Kenntnis (der Geschichte), die Besessenheit von Zorn, Bitterkeit, Schmerz. Aber daher kommt auch eine Ungerechtigkeit: Er setzt Deutsche und Nazis gleich, zwar mit der Einschränkung, daß das damals war, aber »die zweite Schuld« meint auch die Gegenwart. Recht hat er damit, daß die Wurzeln des Nationalsozialismus lange vor 1930 und 1919 bis 1871 oder sogar noch weiter zurückverfolgt werden können. Aber auch bei ihm gibt es das, was ich zu widerlegen versuche (wobei ich mich manchmal selbst nicht ganz überzeugen kann): Die Staatsmacht ist nicht das Volk, selbst die größten Massenparteien sind nicht die Nation. Aber irgendwo überschneiden sie sich.

L. 6. Januar

Der letzte Tag in Bad Neuenahr. Traurig, ich kann an nichts Vernünftiges denken. Erinnerungen an längst vergessene Streitgespräche halten mich gefangen, an Auseinandersetzungen, die nicht stattgefunden haben. Und ich stelle mir vor, wie es hätte sein sollen. Ich denke mir Entgegnungen aus, die mir damals nicht eingefallen sind. Aus so etwas kann auch das Schreiben entstehen. Dann werden sogar Diskussionen mit Verstorbenen fruchtbar – aber so wie jetzt? Zeichnungen auf beschlagenem Glas oder im Schnee. Genau, auf Glas, nur für sich selbst und nur für den Augenblick. Vielleicht ist unsere ganze Literatur auf behauchtes Glas in einem immer weiter werdenden Kosmos geschrieben. Es ist sehr kalt und dunkel in der Unendlichkeit ohne einen Gott, wenigstens irgendeinen.

Mascha erlaubt man offenbar schon wieder nicht, uns zu besuchen. Lois (Fisher-Ruge) hat einen Brief an Falin mitgenommen und will ihm den persönlich übergeben. Ob er bereit ist zu helfen, oder ob er das nicht mehr kann?

Immerfort Nachrichten von Unruhen im Gaza-Streifen und in West-Jordanien; israelische Maschinengewehre gegen Steine und Stöcke. Gestern haben sie eine Frau und zwei kleine Jungen ermordet, und dann fühlen sie sich noch durch den Weltsicherheitsrat beleidigt. Kindersoldaten, die auf unbewaffnete Schulkinder schießen, werden selbst seelisch verkrüppelt. Und wieviel Haß sich da aufstaut!

R. 16. Januar

Morgen holen wir Mascha in Düsseldorf ab! Ich zittere, habe Angst. Wieso, weiß ich auch nicht, mich schüttelt einfach das Zittern der Erwartung. Sieben Jahre ist es her.

R. 22. Januar

Ich schwimme im Glück. Als wären die Jahre nicht gewesen. Wieviel haben wir uns zu erzählen. Wir haben das Visum noch einmal um fünf Tage verlängert bekommen, bis zum 21. Februar. Bisher haben wir nur flüchtig die Kölner Innenstadt gesehen und ein paar gemeinsame Bekannte und Freunde besucht. Wir fahren nach München zum großen Moskauer Theater-Festival. Und außerdem ist es eben eine herrliche Stadt. Und vorher wollen wir ihr noch die kleineren Städte rund um Köln zeigen, auch Mainz, die Chagall-Fenster und das Gutenberg-Museum. Und Bad Münstereifel.

L. 23. Januar

(Heute ist Sonnabend). Das wichtigste Ereignis der ganzen vergangenen Woche ist, daß Mascha bei uns ist!

Wir sind mit ihr nach Mainz gefahren, durch die Stadt geschlendert, haben den Dom besichtigt. Und seit Dienstag dreht Radio Bremen bei uns einen Film über Raja für eine Porträt-Serie. Autorin und Regisseurin ist Anna Dünnebier, eine sehr intelligente, ernsthafte junge Frau. Wolf Biermann ist gekommen. Hat neue Lieder gesungen. Sehr schöne Lieder über die Liebe. Auf unsere Bitte hin sang er unser meistgeliebtes »Als wir ans Ufer kamen ...«

L. 24. JANUAR
Die Fernsehleute haben Mascha und uns nach Bad Münstereifel mitgenommen. Von dort sind die Ahrendts mit uns zum größten Radioteleskop in Europa gefahren. Danach haben wir bei ihnen am Kamin gesessen. Abends waren wir mit Lena und Igor bei Irene Kawohl, sie haben den Tannenbaum im Kamin verbrannt. Es hat dem Feuer lange hartnäckig Widerstand geleistet, das kleine Bäumchen, ist lange nicht verbrannt, und das Skelett und der Stamm sind übriggeblieben ... Ich kann die Feueranbeter verstehen. Das spüre ich jedesmal, wie heute vor den beiden Kaminen. Feuer ist lebendig und schnell reagierend, wärmend und verzehrend, belebend und verheerend ... Wie das Leben, jedes Leben, auch das unsere, flammt es auf, ist in Bewegung, verlöscht, verglimmt und entzündet sich von neuem, immer dasselbe und doch jedesmal ganz anders als vorher. Und wenn es verlöscht, vergeht bald auch der Qualm, und alles verschwindet spurlos. Denn die Asche bleibt nicht lange, es ist die Asche Verstorbener oder von Ruinen – das ist Überlieferung, Erbe.

Goethe hat die Weltliteratur entdeckt, und wir entdecken allmählich, daß die Weltliteratur ein Weg zur friedlichen Gemeinschaft der Menschheit ist. Weg und Ziel, beides in einem: Mittel und Zweck.

Das Wort am Anfang und am Ende verbindet Generationen, Völker, Kulturen. Natürlich nicht jedes Wort. Es gibt auch die trennenden Worte der Ideologien, der Propaganda, aber das wichtigste ist doch das verbindende Wort. Dazu hat Heinrich Böll sehr Gutes in seinen Überlegungen über »Worte und Wörtlichkeit« gesagt.

L. 29. JANUAR
Gestern habe ich Sacharow angerufen. Die Stimme ist schwächer, zuweilen wirkt sie kränklich schwach. Er spricht zornig darüber, daß weiterhin überall oberirdische Atomreaktoren gebaut werden. Man muß sie in der Tiefe stillgelegter Schächte bauen, dann kann sich Tschernobyl nicht wiederholen. Er hat schon oft darüber

geschrieben und gesprochen, muß aber nun sehen, daß der Bau auch für die nächsten zwanzig Jahre nach dem altem Muster geplant wird. Er fragte mich, was ich über »Greenpeace« wisse. Leider weiß ich darüber auch nicht mehr als er selbst. Aus der DDR kommen Nachrichten von neuen Verhaftungen. Petra Kelly und Gert Bastian hat man das Visum verweigert. Ist Honecker denn so verkalkt, daß er nicht mehr begreift, welche Reaktion er damit hervorruft? Oder haben das die stalinistischen Betonköpfe ohne oder gegen ihn entschieden? Auch in Prag sind die Menschen in diesen Tagen unzufrieden. Wieder Unruhen in West-Jordanien. Und der Giftzwerg Schamir geifert noch immer: »Unser einziger Fehler war, daß wir zu spät Tränengas eingesetzt haben.« Der untergräbt nicht nur Israels Prestige, sondern sogar seine Existenzberechtigung. Da wird noch nicht offen mit Atombomben gepokert, aber es ist anzunehmen, daß sowohl die einen wie die anderen welche haben. »Ein Irrer mit einer Rasierklinge in der Hand.«[1]

AUS EINEM BRIEF VON NINA MASLOWA

Leningrad, 6. Februar 1988
Vor einigen Tagen bekam ich Ihren Neujahrsbrief. Am liebsten würde ich jetzt gar nicht schreiben, sondern schweigend neben Ihnen sitzen. Im Herzen ist mir so wirr, das läßt sich nicht in Worte fassen. Darum schreibe ich auch in so großen Abständen. Es ist heute kaum zu glauben, daß es irgendwann einmal eine leicht erschwingliche Realität war, gemeinsam zu schweigen. »Und niemanden bewegte es, daß des Lebens Wunder eine Stunde währt.«
Besonders bedauerlich ist, daß Ihre Schriften nicht zu bekommen sind. Nach Moskau komme ich jetzt nicht sehr oft. Und selbst wenn ich da bin, kann ich sie in ein paar Tagen nicht auftreiben. Vielleicht versuchen Sie einmal, welche hierher zu schicken? Ich glaube, daß die Wahrscheinlichkeit eines Treffers groß ist.
Sweta hat Ihr Leben dort sehr überzeugend geschildert, man konnte es sich gut vorstellen. Aber die Menschen kann ich mir trotzdem nicht vorstellen. Und genausowenig die Art der Kommunikation. [...]

---

[1] Gedicht von Arsenij A. Tarkowskij.

Kürzlich habe ich über ziemlich schlimme Ergebnisse von psychologischen Experimenten gelesen. Die Testperson – »der Lehrer« – darf zur Erziehung eines Schülers starke elektrische Schläge einsetzen. Er weiß, daß sie für den Schüler qualvoll sind. Der »Schüler«, ein Schauspieler, ist vom Lehrer durch eine Glasscheibe getrennt und zeigt nach jedem Stromstoß, daß es ihm weh tut. Und es gab sehr viele Lehrer, die zur Brutalität neigten. Natürlich möchte man gern glauben, daß der Mensch »von Natur gut ist«. (Habe ich mich nicht geirrt?)

Im »Nowyj mir« (Nr. 1, 1988) las ich »Einige Seiten aus der Korrespondenz der letzten Jahre von W. Sjomin«. Ein Briefpartner schreibt ihm, daß sein Vater ihm »viele Jahre lang, wo immer er konnte, die Wahrheit beigebracht hat, daß man mit dieser Welt nur in drei Fällen im Einklang leben kann: 1. wenn man ein ausgemachter Schurke ist; 2. wenn man ein Irrer ist; 3. wenn man so erhaben und stark ist, daß man diese schreckliche Welt wie ein krankes Kind betrachten kann, das heißt voll Mitleid und mit dem inständigen Wunsch, seine Qualen zu erleichtern, selbst wenn die ihm nicht gerade Ehre machen ...«

Natürlich mischen sich diese drei Fälle in jedem von uns in verschiedenen Proportionen. Reine Linien gibt es, nach Mendel, nicht. Aber das Gefälle ist groß. »Von 10 000 überlegen und verurteilen 9995«, und zwar urteilen sie nachsichtig über sich selbst. Diese Worte stammen aus Kierkegaards Tagebüchern. Aber das Verhältnis scheint eine weltweite Konstante zu sein.

Insgesamt habe ich den Eindruck, daß die Intelligenzija nicht bereit ist, die Atempause zu nutzen. Und die Auslese, das sorgfältige Aussieben, das schon mehrmals durchgeführt wurde, hat seine Spuren hinterlassen. Das liegt durchaus nicht an einem Verschmelzen mit der Spitze, das gibt es nicht und gab es nie. Es mangelt nicht nur an moralischen Kräften, sondern in größerem Umfang an intellektuellen. Eine ferne, aber dennoch deutliche Analogie: Zu Beginn des Jahrhunderts war Deutschland unbestritten führend in vielen Bereichen der Wissenschaft. Hilbert[1] hatte eine Schule geschaffen, und alles, was später in der Wissenschaft vor sich ging, war ideell schon ganz zu Beginn des Jahrhunderts vorgegeben.

---

[1] David Hilbert (1862–1943) – Mathematiker; Begründer des Formalismus als Grundlagentheorie der Mathematik.

Diese Schule wurde mit Leichtigkeit zerstört. Man bemerkte es nicht einmal vor dem Hintergrund der Millionen Menschenopfer jener Jahre. Inzwischen sind die materiellen Voraussetzungen schon mehr als dreißig Jahre lang erheblich besser als zu Hilberts Zeiten. Aber es gibt nichts, was dem ideellen Aufschwung jener Zeit auch nur entfernt ähnelte. Natürlich kann man von einem Weggang der Geistreichen in irgendein Amerika sprechen. Aber das ist ein schwacher Trost. [...]

R. 15. Februar

Maschas Besuch hat zeitlich und räumlich den ersten Platz in unserem Leben eingenommen. Wir waren mit ihr in München, wir wollten ihr diese schöne Stadt zeigen und in die Aufführung von »Hundeherz« gehen. Das hätten wir nie zu sehen bekommen, wenn wir nicht hingefahren wären. Auch Mascha nicht – in Moskau ist es unmöglich, für dieses Schauspiel Karten zu bekommen. Und wir wollten Freunde besuchen. Danach mußte Lew in Hamburg einen Vortrag halten. Dort wurde Mascha krank, weil in Hamburg entsetzlicher Sturm war. Zwar hockten wir im Hotel, aber das nützte nichts, die Erkältung kam trotzdem.

Den Rückschlag von Hoffnung zu Verzweiflung erleben wir immerzu selbst, und wir spüren aus Moskau geradezu seismische Stöße davon. Dazu muß man dringend Einzelheiten wissen.

Morgens mußte ich wieder in »mein« Krankenhaus; die Laborantin hatte irgend etwas verdorben, und die Blutanalyse war mißlungen. Lew kamen daraufhin Zweifel, er meinte, daß man mir – uns – etwas verheimlicht. Dabei wird hier in der Medizin überhaupt nichts verheimlicht, man sagt allen, was los ist. Man hat mir mehrmals angeboten, auf dem Bildschirm mein Inneres zu sehen, doch ich habe nicht das geringste Interesse daran. Aber es gibt Leute, die das unbedingt wissen wollen. Ich vertraue in der Regel dem Arzt und denke nicht weiter darüber nach. Mascha sagte mir dagegen, daß sie niemals einem Arzt vertraut hat.

R. 28. Februar

Wir waren in Genf, wo Efim Etkinds siebzigster Geburtstag gefeiert wurde (er, Professor an der Sorbonne, mußte wie jeder andere auch mit 65 Jahren in Pension, Ljowa ist ein Ausnahmefall). In den letzten Jahren hat Efim überwiegend in der Schweiz unterrichtet, das letzte Semester in Köln, im Frühjahr wird er in Venedig sein. Übermorgen fahren wir nach Kopenhagen. Dort ist eine große Konferenz: »Die Rolle der schöpferischen Intelligenzija in der Perestrojka«, mit Vorträgen von Etkind, Sinjawskij, Axjonow, Galina Belaja u. a., aber auch von Schatrow, Iskander, Natalja Iwanowa; angekündigt sind auch noch Alexej German[1] und Oleg Popzow[2] (letzteren kennen wir nicht). Von und für so etwas leben wir, wir haben große Lust hinzufahren. Das wichtigste an solchen Konferenzen sind natürlich nicht die Vorträge, sondern die Gespräche am Rande. Na, und dann sehen wir auch Kopenhagen.

Heute sage ich nicht mehr »wir fahren morgen«, sondern setze immer hinzu »falls wir morgen fahren«. Auf jeden Fall sind unsere vielen Reisen – sogar im vorigen Jahr waren wir trotz der schweren Krankheiten im In- und Ausland – eines der größten Geschenke unseres jetzigen Schicksals. Und wir haben es durchaus nicht verlernt, das zu würdigen, nur überwiegt bei mir inzwischen das Bestreben, ein bißchen ruhig am Schreibtisch zu sitzen.

Das Wochenende ist meine Lieblingszeit. Gewöhnlich sind wir dann ganz allein. Das ist unschätzbar viel wert. Nein, ich bin nicht zur Misanthropin geworden. Nur dieser Bahnhof, der unsere Wohnung immer war und auch heute noch ist, übersteigt immer mehr meine Kräfte, ist immer schwerer zu ertragen. Unsere hiesigen Freunde sind fast ausnahmslos mindestens eine Generation jünger als wir. Das heißt, wir haben keine gemeinsame Vergangenheit.

L. 2. MÄRZ

Die ganze letzte Woche warteten wir voller Unruhe auf Nachrichten aus Armenien und Nagornij Karabach. In Stepanakert wird gestreikt. Bei den Meldungen aus Moskau weiß man nie, was leeres Gerede und was Wahrheit ist. Aber irgend etwas von der Wahrheit schimmert doch durch. In Jerewan waren Demonstrationen mit Spruchbändern: »Schande über die Presse!« Vorgestern früh befragte mich der Deutschlandfunk telefonisch. Ich konnte nur sagen, daß Nagornyj Karabach ein moralisch politisches Tschernobyl ist. Hier wie dort fürchtet Gorbatschow die Wahrheit. Es

---

[1] Alexej J. German – Filmregisseur.
[2] Oleg M. Popzow – damals Chefredakteur der Monatsschrift »Junost« (»Jugend«).

dauert lange, ehe er sich dazu entschließt, etwas mitzuteilen. Worauf hofft er jetzt? Daß er die fast unlösbare Aufgabe auf Kosten der Armenier oder Aserbaidschaner bewältigt? Es ist eine »Quadratur des Kreises«.

L. 3. MÄRZ (ENTWURF DER REDE). DÄNEMARK

Diese Begegnung übertrifft meine größten Erwartungen. Das Wichtigste, was sich in diesen zwei Tagen hier vollzieht, ist der Bau von Brücken und Brückchen über Abgründe und Gräben, das Durchbrechen von Mauern, das Räumen von Minenfeldern, die Völker und Weltanschauungen trennen.

Weltliteratur ist ein sehr junger Begriff. Goethe hat ihn im Januar 1828 erstmals gebraucht und sich später immer wieder darauf bezogen. Er sah in der Weltliteratur eine mächtige Kraft, die fähig ist, Völker einander anzunähern. Heute sind seine Hoffnungen und Träume über die Zukunft der Weltliteratur aktueller als jemals zuvor. Goethe schrieb, man könne nicht erreichen, daß die Völker einander lieben, das sei unmöglich, aber man müsse danach streben, daß die Völker die Wahrheit voneinander erfahren, daß sie lernen, einander zu verstehen, lernen, sich dem Andersartigen, Fremden gegenüber tolerant zu verhalten.

Bedarf es eines Beweises, wie aktuell diese Appelle jetzt sind? Toleranz und gegenseitiges Verstehen waren schon immer wichtig, doch heute sind sie lebensnotwendig für die Existenz der Menschheit.

Das ist keine Utopie, sondern eine reale Möglichkeit, die aus historischer Erfahrung wächst. Seit sieben Jahren lebe ich in Westdeutschland, in Köln, in einer Gegend, die viele Kriege und Verwüstungen erlebt hat. Ungewöhnlich lebendig ist hier die Geschichte der Bauern- und Glaubenskriege zwischen Völkern und Staaten, der Eroberungen bis hin zu den schrecklichen Zerstörungen im letzten Krieg. Um so sichtbarer ist es, wie die Lehren der Geschichte aufgenommen wurden. Der Haß auf die Franzosen, die einstigen »Erbfeinde«, und die Feindschaft zwischen Katholiken und Protestanten sind fast ebenso zur fernen Geschichte geworden wie die Napoleonischen Eroberungen oder der »Kulturkampf« der Katholiken mit Bismarck. Eine dieser historischen Lehren besteht darin, daß gegenseitiges Verstehen zwischen verschiedenen Völkern manchmal leichter zu erreichen ist als das Verstehen zwischen

Menschen, die dieselbe Sprache sprechen, sich aber zu unterschiedlichen Weltanschauungen bekennen. Für sie ist es schwerer, einen Übersetzer zu finden, sie haben keine Wörterbücher.

Auch heute waren wir Zeugen eines solch traurigen Nichtverstehens. Efim Etkind und Wassilij Axjonow haben eben über die Einheit der russischen Literatur gesprochen, eine Einheit, die heute deutlich sichtbar wird, ungeachtet jahrzehntelanger Trennung, ungeachtet der schrecklichen Erfahrung totalitärer, ideologischer Feindschaft.

Aber die Reaktion einiger Moskauer Kollegen, die die »Würde der Sowjetliteratur« in der Sprache sowjetischer Schulbücher und sowjetischer Zeitungspropaganda verteidigten, hat mich schmerzlich betrübt.

Unsere Versammlung hier geht über den Rahmen der ursprünglichen Idee weit hinaus. Es ist nicht nur ein Dialog zwischen Vertretern der russischen Kultur, die aufgrund häßlicher und tragischer Besonderheiten unserer Geschichte so lange voneinander getrennt waren. Wir versammelten uns in der Heimat von Georg Brandes – dem Kritiker, der viel und fruchtbar über die »heilige russische Literatur« geschrieben und viele seiner dänischen und deutschen Leser an sie herangeführt hat, unter anderen Thomas Mann. Diese Konferenz muß zu einer der ersten Übungen im Ost-West-Dialog werden, der in den Ländern Ost- und Mitteleuropas besonders wichtig ist, im immer noch geteilten Deutschland, in allen Ländern, wo Schriftsteller und Denker, die in der gleichen Sprache leben, durch ideologische und politische Gegensätze voneinander getrennt sind.

Ich empfehle allen, das Buch »Gerade und Ungerade« des russischen Philosophen, Linguisten und Historikers Wjatscheslaw Iwanow zu lesen. Es ist jetzt auch auf deutsch erschienen. Der Autor beweist anhand zahlreicher konkreter Fakten, psychoneurologischer und anthropologischer Untersuchungen, daß die Entwicklung des menschlichen Bewußtseins sich in einem ununterbrochenen Dialog zwischen der linken und rechten Hirnhälfte entwickelt. Man darf also behaupten, daß der Mensch von Natur aus zum Dialog fähig ist, daß der Dialog eine Lebensnotwendigkeit für ihn darstellt.

… Alles, was hier jetzt geschieht, und die Nachrichten, die wir aus Rußland bekommen, erfüllen mich mit neuer Hoffnung. Sie stützt sich nicht auf das Vertrauen zu Versprechungen und Deklarationen, nicht auf den Glauben an die guten Absichten und Tugenden der

neuen Führer von Sowjetrußland. Meine Hoffnungen gründen sich auf konkrete Ereignisse und Tatsachen, auf zahlreiche Beispiele, die davon zeugen, daß neue gesunde Kräfte im Lande erwachen, die bereit sind, sich vom gesunden Menschenverstand leiten zu lassen, die fähig sind, die schrecklichen Lehren von Afghanistan und Tschernobyl zu berücksichtigen. [...]
Wir dürfen hier kein IHR und WIR gegeneinanderstellen. Wir haben eine Heimat, eine Sprache, eine Sorge, einen Schmerz... Wir alle brauchen die volle Wahrheit über unsere Vergangenheit und unsere Gegenwart. Ohne das kann es keine Zukunft geben.

R. 8. MÄRZ

Vorgestern sind wir aus Kopenhagen zurückgekommen, neun Stunden Zugfahrt, eine davon auf der Fähre, da konnte man aufs Meer sehen, was ich immer liebe. Die Hinfahrt war furchtbar ermüdend, die Rückfahrt war es trotz der vorherigen Müdigkeit weniger. Teilweise auch, weil wir mit drei netten jungen Leuten zusammen fuhren, die wir schon von Köln her kannten, aber hier konnten wir uns gut unterhalten. [...]
Wir wohnten nicht weit von Helsingör. Die Sitzungen fanden in einem der schönsten Museen Dänemarks statt. Wir gingen durch große Säle voller Bilder, aber morgens eilten wir zum Sitzungssaal, und abends hatten wir nicht mehr die Kraft, irgend etwas anzusehen...
Am Vormittag sind wir durch die hübsche Stadt gegangen, haben eine sehr schöne Gemäldegalerie besichtigt und den schönsten Wintergarten, den ich jemals gesehen habe...
Es war das erste Mal, daß sich Literaten aus Moskau und Emigranten auf nicht privater Ebene getroffen haben. Es gab auch einige kleine Zusammenstöße, aber wirklich sehr kleine, wenn man bedenkt, wieviel Menschen es waren, wie unterschiedliche, und auch, daß es eine Premiere war. Jetzt haben verschiedene Teilnehmer massenhaft Pläne, wo und wie man das nächste Mal etwas Ähnliches organisieren könnte.
Gestern hätten wir beide auftreten sollen. Lew fühlte sich schlecht, so fuhr ich allein. Ungefähr zwei Stunden Fahrt. Der Veranstalter war ein Grundschulrektor, seine Frau ist Lehrerin. Früher unterrichteten sie zusammen an einer Schule, aber als er Direktor wurde, ging sie an eine andere. Das ist kein Gesetz - es hätte auch so bleiben können -, aber ein Brauch. Beide beschäftigen sich viel mit Theolo-

gie, sie sind gläubige Katholiken, denken über diese Themen nach und schreiben darüber. ... Als ich zurückkam, war ich halbtot vor Müdigkeit, aber in gewisser Weise war ich auch befriedigt, wieder ein Inselchen erschlossen, wieder dreihundert Leuten von Iskander, Bitow und Pristawkin erzählt zu haben ...

R. 11. MÄRZ

Gestern gab es im Fernsehen einen kleinen Dokumentarfilm »Russen im Berlin der zwanziger Jahre«. Dieses Thema interessiert mich schon lange; bei einem Sammler haben wir eine ergreifende Fotosammlung darüber gesehen, und hier ist auch ein gutes Buch erschienen: »Russen in Berlin«. Aber in dem Film wurden alberne Tänze im Stil eines »Café russe« gezeigt. Erinnerungen einiger sehr alter Leute. Nur einer davon sprach verhältnismäßig interessant. Insgesamt ist da ein wichtiges Thema verkorkst worden.

AUS EINEM BRIEF VON IWAN ROSHANSKIJ

Moskau, 18. März 1988

Ich unternehme noch einen Versuch, Euch zu schreiben. Im Dezember habe ich einen langen Brief per Post geschickt, aber weil ich bisher keine Antwort darauf bekommen habe und auch weil Mascha nichts davon weiß, gehe ich davon aus, daß Ihr ihn nicht erhalten habt. Die Perestrojka hat sich auf unsere postalische Verbindung zu anderen Ländern offenbar noch nicht ausgewirkt. Trotzdem werde ich versuchen, das Eis zu brechen.

Im ganzen fühle ich mich in diesem Jahr relativ zufriedenstellend, abgesehen von einigen üblichen Alterserscheinungen (die Beine machen nicht mehr so gut mit, und das Sehvermögen hat erheblich nachgelassen). Seit Januar bin ich nicht mehr leitender wissenschaftlicher Mitarbeiter, sondern »beratender«. Materiell ist das kein allzu großer Verlust, dafür bin ich jetzt von den Pflichtaufgaben und dem regelmäßigen Besuch des Instituts befreit. Mein Buch über die hellenistische Wissenschaft wird wahrscheinlich im Sommer erscheinen (es befindet sich schon im Satz).

Privat ist vor allem zu berichten, daß Fedja die Universität beendet; die Staatsexamen hat er schon bestanden, und so bereitet er jetzt die Diplomarbeit vor. Mit der weiteren Arbeit scheint bei ihm auch alles glatt zu gehen.

Nata und Tjapulja[1] geht es gut. Meine Enkel wachsen, treiben Unfug und zeigen schon jetzt alle möglichen Fähigkeiten. Mir (und nicht nur mir) gefallen sie sehr.
Eine unserer Hauptbeschäftigungen ist jetzt die Zeitschriftenlektüre. Die dicken Zeitschriften sind tatsächlich »umgebaut« und sehr interessant geworden. Um die wichtigsten Werke zu nennen: Im »Nowyj mir« wird »Doktor Shiwago« abgedruckt, in »Oktjabr« »Leben und Schicksal«[2], in »Drushba narodow« »Tschewengur«[3], in »Newa« Kafkas »Schloß«, in »Neman« »Gratwanderung« usw. Außerdem werden hervorragende Sachen von lebenden Autoren veröffentlicht – von A. Bitow, Tatjana Tolstaja, A. Pristawkin, W. Makanin u.a. In »Newa« ist »Sofja Petrowna«[4] erschienen. In der Nr. 4 von »Snamja« fangen sie mit dem Abdruck von Samjatins »Wir«[5] an. In allen Zeitschriften (und auch im »Ogonjok«) ist die Publizistik höchst interessant. Diese Lektüre beansprucht bei uns ziemlich viel Zeit.
Leider leben die Verlage (besonders der Verlag »Chudoshestwennaja literatura« [»Schöngeistige Literatur«]); noch immer nach den alten Regeln und geben dasselbe heraus wie vor zehn Jahren. Überhaupt zeichnet sich unsere ganze Realität jetzt durch ungewöhnliche Vielschichtigkeit aus: Das Fortschrittlichste und Radikalste steht neben muffiger Bürokratie und finsteren Rückfällen in die Vergangenheit. Wie das alles enden wird, weiß keiner.

R. 18. MÄRZ

In meinem kleinen Büchlein über »Alexander Herzens letztes Lebensjahr« geht es um die Begegnung, das Aufeinandertreffen von Herzen und Netschajew. Im Zusammenhang mit Netschajew

---

[1] Tjapulja – I. Roshanskijs Tochter aus erster Ehe.
[2] W. Grossman, »Leben und Schicksal«; als Manuskript vom KGB »verhaftet«.
[3] Andrej Platonow, »Tschewengur«; war verboten und erschien nur im »Samisdat«.
[4] Lidija Tschukowskaja, »Ein leeres Haus«; Kurzroman aus der Zeit des großen Terrors.
[5] Jewgenij Samjatin, »Wir«; »antiutopischer«, kritischer Roman, erschien 1924 im Ausland und löste eine Hetzkampagne gegen den Autor aus.

kommt auch das Wort »Jesuit« und »jesuitisch« vor. Das Buch wird jetzt übersetzt. Der Übersetzer machte zunächst ein Fragezeichen. Dann stellte sich heraus, daß der Lektor etwas ganz anderes unter diesem Begriff verstand. Daraufhin habe ich die Leute in meiner Umgebung gefragt, was für sie der Begriff »Jesuit« bedeutet. Hier einige der Antworten, die sich, mit einer Ausnahme, wiederholten: »Ein sehr gebildeter Mensch ... fromm ... gewandt ... hat eine Beziehung zur Politik ... gibt Ratschläge ... kennt die theologische Literatur besser als andere ...«

Als ich die Wechselbeziehung von Mittel und Zweck erwähnte, war ihnen das fremd und unverständlich ... Lew erklärt es hauptsächlich damit, daß ich mit Leuten aus katholischen Familien gesprochen habe. Aber mir scheint, daß das allein nicht alles erklärt. Gut, daß wir daraus lernen können. Es ist ein Beispiel dafür, daß unsere Hörer oder Leser etwas, was wir gesagt oder geschrieben haben, anders verstehen als wir.

R. 26. MÄRZ

Wir bekommen immer mehr skeptische Stimmen über die Situation in Rußland zu hören. Allzu schnell gewöhnen wir uns an alles. Wieviel von dem, was heute vorgeht (besonders von dem, was veröffentlicht wird), schien doch vor nur drei Jahren noch unmöglich!

Natürlich gibt es auch Zweifel und Ängste, durchaus begründete. Aber es gibt auch Hoffnungen. Im Laufe eines halben Jahres waren zum erstenmal zwei Töchter bei uns – gewiß, dazu mußte ich erst Krebs bekommen und operiert werden.

Gestern las Ljowa mir Achmatowa-Gedichte vor (und ich ihm). Wir haben uns sehr lange nicht mehr vorgelesen, und ein Gedicht war wie eine plötzliche Verbrennung.

> Dafür, daß unsere Stadt wir
> Mehr als den Flug der Freiheit liebten,
> Behielten wir für uns
> All ihre Schlösser, Wasser, Lichter ...

Das hat sie 1919 geschrieben. »Mehr als den Flug der Freiheit«, sagte ich mir wiederholt nachts auf.

L. 3. April

Vorgestern hatte ich eine Lesung im Gefängnis. Zwei Fahrtstunden von Köln, ein kleines Städtchen, ein großes Gefängnis, siebenhundert Plätze. Fristen von zwei Jahren bis lebenslänglich. Die »Kurzfristigen« und die, die schon die Hälfte abgesessen haben, bekommen zwei bis drei Tage Heimurlaub. Alle kommen zurück, und nach solchen Urlauben – übrigens auch nach Besuchen – tauchen im Gefängnis Heroin und Kokain auf.

Ich betrat die Zelle eines Lebenslänglichen. Er sitzt schon seit zwölf Jahren. Auf meine Frage antwortet er ruhig: »Ich hab' zwei Leute umgebracht, wollte reich werden.« Ein kräftiger Kerl mit schwarzem Bärtchen und schwerem, dunklem Blick. In der Zelle Fernseher, Radio, Plattenspieler, Toilette und Arbeitstisch. Er dreht irgendwelche Metallstiele und Plastikhüllen zusammen, Zubehör für Gardinen. Mit der Arbeit ist er zufrieden, betreibt Sport, in der Freiheit hat er niemanden, 42 Jahre alt. Wahrscheinlich homosexuell. Im Gefängnis hat er ein »freies Leben«.

Dann habe ich noch einen anderen kennengelernt, der schon begnadigt war und als freiwilliger »Betreuer« arbeitete. Der schreibt sogar Bücher, eine autobiographische Erzählung wurde veröffentlicht. Er erinnerte mich daran, daß wir im Briefwechsel standen, als er noch saß, und ich hatte ihm Bücher geschickt. Er hat sechzehn Jahre abgesessen, war zu lebenslänglich verurteilt, ist wegen guten Betragens aber begnadigt worden. Inhaftiert worden war er für versuchten Mord auf Anstiftung: Für 50 000 Mark hatte er sich anwerben lassen, einen ihm unbekannten Mann zu erschießen. Und hat auch geschossen, aber den Mann nur schwer verwundet. Ein großer, kräftiger, gutaussehender Typ mit dichtem, dunklem Schnurrbart – sein Blick irgendwie undurchsichtig, schwer, zweideutig. Das war mir schon aufgefallen, als ich noch nicht wußte, wer er war und wir in der Kantine vor Beginn der Lesung Kaffee tranken.

Es waren etwa siebzig Leute zum Zuhören gekommen. An dem Abend gab es im Fernsehen das Fußballspiel Bundesrepublik-Schweden, so daß den meisten der Sinn nicht nach Literatur stand und nur die leidenschaftlichsten Leser gekommen waren. Es gab reichlich Fragen und auch kritische Äußerungen. Vor allem gegen die »Scheindemokratie im Westen«. In diesem Gefängnis sind keine politischen Häftlinge, aber ziemlich viele kritisch Denkende, Linke wie Rechte.

Es war ein unheimliches Gefühl, über die Galerien mit Netzen zwischen den Etagen und an Eisentüren mit Gucklöchern vorbeizugehen, eine Zelle zu betreten oder auch nur auf dem Korridor zwischen Gittertüren zu warten. Ich kann das Gefühl nicht mit Worten beschreiben, eine unaussprechliche Schwermut, so wie dumpfe Zahnschmerzen. Der Erzieher, der mich dort betreute (sehr sympathisch, mittleren Alters, unterrichtet Sprache, Literatur und evangelische Religion), erzählte traurig resigniert, daß das Gefängnis kaum jemanden bessere, daß 80 Prozent von denen, die einmal im Gefängnis waren, später meistens wieder hineinkommen; und alle Resozialisierungstheorien, die Versuche, einen ehemaligen Häftling wieder in die Gesellschaft einzugliedern, erwiesen sich als nicht oder kaum realisierbar.

R. 6. April

Einer der neueren und starken Eindrücke: Eine Fernsehsendung am Ostersonntag. Die Grünen (Sprecherin ist Antje Vollmer) sprachen auf einer Versammlung in Bonn über die Notwendigkeit eines Dialogs mit den ehemaligen Terroristen, sowohl mit denen, die bereits aus dem Gefängnis entlassen sind, als auch mit denen, die noch drin sind. Man muß versuchen, miteinander zu sprechen, um Wiederholungen, neue Morde, neue Bomben zu vermeiden. Ein Interview mit dem Oberstaatsanwalt – eine furchtbare Visage, wie eine Maske: »Dazu sehe ich keine Notwendigkeit ...«

Tagtäglich in den Nachrichten die entsetzlichsten Sachen: Palästinenser, Israelis, Iraner und so weiter. Man muß doch irgendwie dem Einhalt gebieten, zur Besinnung rufen, einander zuhören ... Am selben Ostersonntag sprach der Papst in Rom darüber.

L. 8. April

Im Zug nach Jugoslawien.
Schreckliche Nachrichten aus Moskau: Nadja hat Metastasen, sie ist sehr abgemagert, »irgendwas ist in der Leber«; für Chemotherapie oder Bestrahlung ist sie zu schwach. Maja hat angerufen und mir das erzählt. [...] Es ist ein unabwendbares Grauen: Nicht helfen zu können, ihr nicht einmal die Hand halten zu können. Sechzig Jahre sind vergangen seit jenem Abend in Charkow im Waldpark. Aus der Ferne hörte man ein Lied: »Und du lebst noch, meine liebe

Alte..." Eine gute junge Stimme, nicht betrunken und nicht sentimental... 11. Mai 1929. Und unser erstes Neujahr zusammen, 1930, und dann, am 14. Mai das Standesamt... Es war Nadja, die mich von den Trotzkisten abgebracht hat, von den Saufgelagen... Und im Sommer sind sie und ich mit der »Wandernden« Redaktion einer Tageszeitung des Charkower Gebiets (der Redakteur war ein Flegel und Idiot) über Melitopol in die Steppenkolchosen gefahren, in die Kommune »Wolja« (»Freiheit«) bei Kachowka. Dort errichtete der Kommunenvorsitzende, ein braungebrannter, hagerer, finsterer Schnauzbärtiger, den »Sozialismus in einem einzelnen Kreis«. Von dort ging es nach Chersson, und Nadja hatte einen Anfall von Blinddarmentzündung. Der Redakteur ließ uns im Hotel im unbezahlten Zimmer zurück und machte sich aus dem Staub, und ich ging zum Kreiskomitee der Drucker-Gewerkschaft und bat, mir zu helfen und mir Geld zu leihen. Das lehnten sie ab; ich brüllte, fuchtelte mit einem Stuhl herum und schrie: »Ich bring' euch um und mach' Selbstmord!« Da gaben sie mir zehn Rubel. Ich telegrafierte an Nadjas Eltern. Die schickten Geld fürs Hotel und die Fahrkarten nach Charkow. Nadjas Anfall ging vorüber, aber für die Reparatur ihrer kaputten Schuhe reichte das Geld nicht, und sie ging barfuß über den heißen Cherssoner Asphalt zum Bahnhof. Wir hatten nicht einmal mehr die Kopeken für Tee, aber im Waggon trafen wir den Lyriker Sascha Chasin, der lieh uns sofort einen Dreirubelschein (den habe ich ihm nie zurückgezahlt, er siedelte aus Charkow nach Leningrad um), und wir kauften Weißbrot und Tee.

Jetzt kommen die Erinnerungen eine nach der anderen, an die Fabrik, in die wir frühmorgens zusammen mit der ersten Straßenbahn fuhren, an die Reisen aufs Land; und immer wieder an Jalta im Oktober 1932. Damals waren wir glücklich, das habe ich erst hinterher verstanden.

Es wird dunkel. In unserem Abteil sind alle Betten belegt. Ringsum serbokroatische Sprache, deutlich hörbar, verwandt und doch nicht verständlich. Und plötzlich, immer wieder, einzelne bekannte Wörter. Wir haben drei Mitreisende, Mazedonierinnen. Eine ist Mathematiklehrerin. Wir verständigen uns in einem slawischen Kauderwelsch, überwiegend doch Russisch (sie haben das in der Schule gelernt).

Ich notiere mir einzelne Wörter und Redewendungen, versuche, mich mit der Kritzelei abzulenken von der Angst, dem Schmerz

um Nadja, von meiner Schuld, von der seelischen Erschöpfung ...
Eine von den Frauen ist in Ljubljana ausgestiegen, auf ihren Platz hat sich ein Soldat gesetzt. Er kokettiert mit der lockigen Zugbegleiterin, aber eben: er kokettiert, macht keine doppeldeutigen Anspielungen. Und ihr gefällt der junge Mann offenbar, so ein flotter, kräftiger, ordentlicher mit gepflegtem Schnurrbärtchen ... Das Leben ...

R. 17. APRIL

Von Köln nach Belgrad sind wir mit dem Zug gefahren, zurück aber geflogen. Der Zug war sehr voll, der ganze Gang war voller Koffer, Bündel, Leute. Die Soldaten fuhren nach Hause, weil Freitag war. Die jungen Kerle erstaunlicherweise absolut nicht aufdringlich, flegelhaft, sondern lächelnd und freundlich. Wir haben uns mit einem Mitreisenden unterhalten, Mathematiklehrer in einer Schule, Laienübersetzer, sehr interessiert an russischer Literatur.

In Belgrad sind wir durch die Stadt gegangen, aber viel weniger, als wir gewollt hätten. Weniger, weil uns immer Bekannte erwarteten, mit denen wir selbst gern zusammensein wollten.

R. 18. APRIL

Wir kamen spätabends ganz kaputt in Belgrad an. Wir wurden abgeholt und zum Hotel Metropol gefahren. Am Morgen gingen wir zum Schriftstellerverband, wo alle ungemein freundlich waren. In diesen Wochen ist in Jugoslawien der »Archipel Gulag« erschienen, er liegt in sämtlichen Buchläden im Schaufenster, zusammen mit Gorbatschows Buch »Perestrojka«, daneben zwei Bände von Schalamows »Erzählungen von Kolyma« und Nadeshda Mandelstams »Erinnerungen«.

Zwei Wochen vor unserer Ankunft war dort ein allgemeiner Schriftstellerkongreß gewesen; in Jugoslawien werden Verfassungsänderungen erörtert. Einer der ältesten und besten Schriftsteller, Dobrica Ćosić, ein ehemaliger Partisan, verlangte in seinem Entwurf vor allem den Verzicht auf die Alleinherrschaft der Kommunisten, im Grunde genommen ein Mehrparteiensystem und einen juristischen Garantiemechanismus, genau das, worüber jetzt bei uns so eifrig diskutiert wird: [...] Wie macht man die erreichten und angestrebten Veränderungen unumkehrbar? Vorgesehen waren auch Legalisierung und Rechtsschutz verschiedener Formen von Eigentum, neben dem staatlichen auch kooperatives (gemeinschaftliches) und privates.

Wir haben beide auf deutsch Abschnitte aus unseren Büchern gelesen: ich ein Stück aus »Die Türen öffnen sich langsam« und Lew das Kapitel »Heine in Weimar«, dann las eine Schauspielerin die serbokroatische Übersetzung. Zunächst sollte die Lesung im Schriftstellerverband sein, aber das war am Vortag vom Innenministerium unter einem formellen Vorwand verboten worden, und so fand sie direkt im Goethe-Institut statt. Die Autoren und Leiter des Schriftstellerverbandes kamen dorthin. Man sagte uns, daß heute in Jugoslawien alles publiziert werden darf, was »bei denen«, das heißt bei uns, schlecht und tragisch war, aber über die eigene Geschichte fast nichts ...

Wir waren bei Djilas. Lew hat ihn im vorigen Jahr in Frankfurt kennengelernt. Er wollte über Stalin sprechen. Wir fragten nach Jugoslawien, aber er kam immer wieder darauf zurück.

L. 24. APRIL. KÖLN

Am Sonnabend, dem 15., sind wir aus Jugoslawien zurückgekommen. Wir waren dort eine Woche. Die Oster-Frühmesse erlebten wir zum Teil in der serbischen Kirche, den größeren Teil in der russischen – sie stehen nebeneinander an einem Platz. Die serbische wurde im vorigen Jahrhundert erbaut, eine byzantinische Moschee – keramikbelegte Mauern mit Ornamenten und maurische Arkaden; eine Provinzgröße, in Stein gefaßte große Hoffnungen eines kleinen Landes. So wirkt auch das Skupschtschina-Gebäude: Türme, Kolonnaden, Rösser an der Freitreppe. Balkan-Barock. Die russische Kirche ist kleiner, bescheidener und ganz und gar provinziell, fast hinterwäldlerisch. Ein humpelnder, alter Priester, ein schwarzbärtiger Diakon mit ausgezeichneter, kräftiger Baßstimme. Aber alles ist anders als bei uns. Die Betenden stehen im Halbkreis um das Chorpult. Vor der Prozession mußten irgendwelche Schranken beiseite geräumt werden, zwanzig Minuten lang machten sich mehrere schweigend zu schaffen, dann traten sie nach zwölf Uhr mit den Kirchenfahnen hinaus. Sie schritten um die Kirche; die serbischen Geistlichen hielten ihre eigene Prozession ab. In beiden Gotteshäusern waren viele barhäuptige Frauen, manche in Hosen oder sogar in Miniröcken.

Viele junge Menschen, aber nicht alle, bekreuzigen sich, sind zum Schauen und Hören gekommen, aber nicht zum Beten. In der Kirche sah ich keine Knienden; man verbeugt sich tief und berührt mit einer Hand den Boden. Die ganze Feier wirkt alltäglich, kein Prunk, ohne Feierlichkeit, irgendwie alles zu schnell, ein bißchen hektisch.

Die Gespräche mit Cosić hinterließen einen unangenehmen Nachgeschmack. Er ist ein Intellektueller, schön weißhaarig, und spricht sein Serbisch so deutlich, daß ich es leicht verstehen kann: »Ich war ein serbischer Partisan, keiner von Tito ... Tito hat die Serben gehaßt, und Djilas war damals ein Fanatiker, hart bis zur Brutalität; er hat es selbst abgelehnt, als man ihn zum Chef des Sicherheitsdienstes machen wollte, er sagte: ›Nehmt lieber Ranković, der ist kalt und vernünftig, ich aber bin ein aufbrausender Montenegriner und könnte Unheil anrichten ...‹ Jugoslawien ist kein einheitliches Land, es gibt vier Jugoslawien: das Königreich Jugoslawien – alle, die zurückkehren wollen; das Jugoslawien der Partisanen – das sind die Ideale der Jahre 1941 bis 1950; das antistalinistische – 1950 bis 1963; und seitdem die wuchernde, korrumpierte Macht, die Fett angesetzt hat. Früher hoffte man auf lokale Selbstverwaltung, aber die erwies sich als machtlos, es kommandieren trotzdem die Minister. Die Slowenen sind reicher und zivilisierter als alle anderen. Die Kroaten und Slowenen tendieren zum Westen, zu Österreich; sie sind Katholiken, aber sie haben auch mehr Freiheit. Als Leidtragende werden heute die Albaner und Mazedonier angesehen, aber die eignen sich die serbische Vergangenheit an, die Klöster, die mittelalterliche Kunst. Der Mythos von Großserbien lebt. Der ist vor allem antiwestlich.«

Redegewandt und spannend unterbreitete Cosić uns einen kurzen Überblick über die Geschichte Serbiens, seiner Fürsten und Könige. Djilas hält ihn für einen serbischen Nationalisten, und ich glaube, er hat recht.

Ein Knäuel unlösbarer Widersprüche – Serben, Kroaten, Slowenen: Die Sprache ist praktisch dieselbe, Territorium und Staat sind gemeinsam, die wirtschaftlichen Unterschiede im Grunde belanglos ... Und dennoch sind es unterschiedliche Nationen, weil sie verschiedene historische Mythen haben, verschiedene Kirchen, ein unterschiedliches Selbstbewußtsein. Und diese Widersprüche sind offenbar fast so unlösbar wie die in Sumgait und Karabach.

Vorige Woche war das erste Seminar an der Kölner Universität.[1] So ein schlimmes Lampenfieber habe ich lange nicht gehabt. Werner Keller kümmert sich rührend und unermüdlich um alles. Ich habe fast den ganzen Einführungstext diktiert. Das Auditorium war voll. Es ist unbeschreiblich, wie ermutigend aufmerksame, junge Augen sind. Sie hörten wohlwollend zu, das merkt man sofort, die einen aus Neugier, die anderen wollten wirklich etwas Neues erfahren. Werner »stellte mich vor« – kollegial, professionell und auch sehr freundschaftlich. Es gab nicht viele Fragen, aber alle gut. Hinterher war ich wie aus dem Wasser gezogen.

Aus einem Brief von Iwan Roshanskij

Moskau, 25. April 1988

In unserer Familie gibt es keine besonderen Veränderungen. Fedja schmort jetzt: Er schreibt die Diplomarbeit, die Verteidigung soll am 17. Mai sein. Man hat ihn dem Bundeszentrum für Übersetzungen zugeteilt. Dort gibt es ein Labor für maschinelle Übersetzungen, wo er arbeiten wird. Das ist nicht der beste Platz, aber auch nicht der schlechteste. Gleichzeitig will er sich für die Promotion im Fernstudium beim Sprachwissenschaftlichen Institut der Akademie der Wissenschaften der UdSSR einschreiben. [...]

Gestern fand im Medizinerhaus (in der Herzen-Straße) noch ein Jossif-Brodskij-Abend statt, zu dem es sogar eine Vorankündigung in der »Wetschernjaja Moskwa« (»Moskauer Abendpost«) gegeben hat. Überhaupt ist es jetzt Brodskijs zweite Popularitätswelle (die erste war in den sechziger Jahren). Andererseits gibt es Versuche, ihn als Dichter zu verunglimpfen. In der »Komsomolskaja Prawda« stand ein Verriß von Gorelowa, einer Mitarbeiterin des Instituts für Weltliteratur, der ganz im Geist der alten Zeit gehalten war. Im übrigen glaube ich, daß die Brodskij-Mode bald wieder vorbei sein wird, er ist ein schwieriger Poet (vor allem seine späte Schaffensphase), dem breite Popularität nicht beschieden ist. Das schwierige an seinem Werk ist weniger die Neuheit von Form und Inhalt als vielmehr die ungewöhnliche ästhetische Konzeption insgesamt. In dieser Hinsicht erinnert er tatsächlich an Zwetajewa,

---

[1] Im Sommersemester hielt L. K. ein Gastseminar über Dostojewskij und Tolstoj am Germanistischen Institut.

die in der Mehrzahl ihrer Gedichte bis heute nicht beim Leser »ankommt«.

Als Beispiel verweise ich nur auf ihre großartige Elegie auf Rilkes Tod, »Neujahrslied«, der Brodskij eine hervorragende Analyse gewidmet hat. Diese Elegie hat der Verlagsdirektor von »Iskusstwo« (»Die Kunst«) aus meinem Rilke-Buch gerissen, aber ich kann ihn nicht zur Verantwortung ziehen. Aber selbst eine solche Kennerin von Zwetajewas Werk wie Anja Saakajanz sagte mir, daß sie die Elegie nicht mag. Genauso erging es dem »Luftpoem«, das Anna Achmatowa für echt »novatorisch« hielt, weil Zwetajewa sich darin von ihrer ursprünglichen Einfachheit ab- und der späten Verschlossenheit zuwendet, ein Weg, der dem von Pasternak genau entgegenläuft.

Ich habe viel über das Verhältnis von Zwetajewa und Achmatowa nachgedacht und muß sagen, daß ich keiner von beiden den Vorzug geben kann. Sie können beide als Beispiel für die ewigen Prinzipien des Dionysischen und Apollinischen in der Kunst gelten. Der Zwetajewa entströmte das Lyrische wie ein stürmischer, unaufhaltsamer Fluß, und sie brauchte nichts mehr zu tun, als diesen Fluß aufs Papier zu bringen. Natürlich konnte es dabei zu Explosionen kommen. Bei Achmatowa gab es nie Explosionen; die von ihr veröffentlichten Gedichte waren immer perfekt, sie enthalten keine Spur von der Spontaneität, die so typisch für Zwetajewa ist. Ich glaube, daß Zwetajewa von Natur aus begabter war als Achmatowa. Ihr erster Band, »Das Abendalbum«, enthielt im wesentlichen Kindergedichte. Aber diese Kindergedichte sind von einem so angeboren perfekten Gefühl für Rhythmus und Sprache, daß Maximilian Woloschin[1] sie ein »Wunder« genannt hat.

Von Achmatowa kennen wir keine Kindergedichte. Das früheste uns überlieferte Gedicht von ihr steht in einem Brief an S. F. von Stein aus dem Jahre 1907 (erschienen in der Ardis-Ausgabe von 1977). Achmatowa war damals siebzehn. Wenn Anna Andrejewna gewußt hätte, daß dieses Gedicht irgendwann an die Öffentlichkeit gelangt, wäre sie wahrscheinlich tief empört gewesen. Das Gedicht ist absolut nicht kindlich, sondern prätentiös, voll pseudo-poetischer Banalitäten. Zwischen ihm und den ersten Gedichten aus dem Band »Abend«, die von 1909 datiert sind, klafft ein Abgrund. Die

---

[1] Maximilian A. Woloschin (1878–1932) – Lyriker, Historiosoph.

zwei Jahre, die dazwischenliegen, waren offenbar eine Zeit intensiver Arbeit an der Versform. Anna Andrejewnas eigenen Worten zufolge spielte die entscheidende Rolle bei diesem Umbruch ihre Bekanntschaft mit den Korrekturfahnen von Annenskijs[1] »Zypressenkästchen«, aus denen sie »anfing, etwas von Poesie zu verstehen«.

Von Achmatowas ganzem Werk liebe ich einige Achtzeiler, in denen ihre Meisterschaft – meines Erachtens – den Höhepunkt erreicht, ganz besonders [...] In diesem Genre hat Achmatowa seit Puschkins und Baratynskijs[2] Zeiten keine Konkurrenz. Jedes der zitierten Gedichte ist vollkommen und in sich abgerundet, wie eine antike Komödie.

Für Zwetajewa ist dieses Genre nicht typisch und hat auf jeden Fall eine ganz andere Tonalität. Vergleichen wir einmal zwei Gedichte von Achmatowa und Zwetajewa, die derselben Person gewidmet sind, nämlich Pasternak.

Bei Achmatowa:

> Die Stimme schweigt, seit sich der Tag gewendet,
> Und uns verließ, der mit den Wäldchen sprach.
> Er ward zur Ähre, die uns Leben spendet,
> Zum Regen, dem die Verse sangen nach.
> Und alle Blumen, die in Knospen standen,
> Sind diesem Tod entgegen aufgeblüht.
> Doch der Planet, den wir die Erde nannten,
> Seither in tiefem Schweigen um uns liegt.

Bei Zwetajewa:

> Grüß' den russischen Roggen mir,
> Feld mit der Frau, die Schatten sucht ...
> Freund, vorm Fenster die Regenwelt,
> Elend und Launen im Herzen ...
> Du – im Fühlen von Flut und Leid,
> Was Homer im Hexameter war.
> Reich fürs Jenseits mir deine Hand!
> Hier sind meine beiden tätig.

---

[1] Innokentij F. Annenskij (1856–1909) – Lyriker, Literaturwissenschaftler.
[2] Jewgenij A. Baratynskij (1800–1844) – Lyriker.

Achmatowa schrieb ihr Gedicht auf den Tod des Dichters, während sie selbst nach einem Herzinfarkt in der Botkin-Klinik lag. Und dennoch ist es strahlend wie eine Melodie aus Mozarts »Requiem«. Das Gedicht der noch jugendlichen Zwetajewa ist an den jungen und glücklichen Dichter gerichtet, und dennoch ist es tragisch. Diese tragische Note durchzieht Zwetajewas gesamte Poesie (jedenfalls die der erwachsenen Zwetajewa).

Viele Dichter haben auf irgendeine Weise ihren eigenen Tod vorausgesagt. Lermontow im Gedicht »Ein Traum« (In Mittagsglut in einem Tale Daghestans, lag ich mit Blei in der Brust [...]), Gumiljow im Gedicht »Der Arbeiter«, Majakowskij in seinen Poemen, Pasternak im Gedicht »August«. Zwetajewa hat ihren Tod unerwartet und, wie ich sagen würde, erschreckend in der »Ballade von der schiefen Hütte« vorausgesagt, die sie ins Russische übersetzt hat. Könnt Ihr Euch an die erinnern? Es geht darin um eine alte Frau, die Bier verkauft, der man den ganzen Besitz konfisziert und die sich in ihrer Verzweiflung erhängt.

Wenn Brodskij behauptet, Zwetajewa könne schreiben wie Achmatowa, wie Mandelstam und wie Pasternak, dann ist das natürlich eine Übertreibung. In Wirklichkeit kann kein großer Poet so schreiben wie ein anderer, bestenfalls kann er ihn imitieren. Aber das ist dann keine Poesie mehr.

Seit einigen Jahren gibt es in unserem Land eine neue Generation von Dichtern, die völlig unvoreingenommen ist, sowohl ideologisch wie auf formalem Gebiet. Ich kenne sie kaum, aber dazu gehört die sehr begabte Olga Sedakowa. Habt Ihr den Namen schon mal gehört?

Von den Ereignissen der letzten Tage ist ein Gedenkabend für Nadeshda Mandelstam zu nennen; ich war nicht da, aber Koma, und er hat auch gesprochen, er kann Euch ausführlich davon erzählen. Der Abend war vorher im Fernsehen angekündigt worden.

Bei uns im Institut war eine Sitzung zum Andenken an P. W. Florenskij, bei der Koma auch auftrat. Insgesamt kann man sagen, daß das öffentliche Leben bei uns braust. Die Zeit ist ungeheuer interessant, und man möchte leben und leben, um zu sehen, was aus alldem wird. Zu schade, daß wir nicht mehr lange leben werden.

L. 26. April

Seminar an der Uni. Wieder sind nicht weniger als hundert Studenten gekommen. Wieder die Freude an ihnen, an den jungen Augen. Aber ich habe schlecht gesprochen. Ich hatte mir ein Schema gemacht, um von der Zeit zu erzählen, in die Tolstoj und Dostojewskij hineingehören. Allgemeine Geschichte und literarischer Hintergrund, Atmosphäre der Zeit und ein Vergleich mit späteren Schicksalen und der Gegenwart. Das Schema hatte ich richtig gemacht, aber ich redete verworren und schweifte ab. Viel zuwenig habe ich über 1848 gesagt. Habe nicht einmal versucht, darüber zu sprechen, was bei Dostojewskij von den Petraschewzen[1] und dem Gefängnis geblieben ist. Und wieder diese schlimme Kraftlosigkeit: Wie findet man einen didaktischen Schlüssel, damit sie nicht nur eine ganze Stunde zuhören und etwas mitschreiben, sondern auch nachdenken und selbst Lust bekommen zu lesen?

Im Fernsehen haben sie den Film über Raja gezeigt, den Anna Dünnebier gedreht hat. Ein sehr guter Film, gut aufgebaut und aufgenommen. Raja spricht überall natürlich, mit einigen wenigen Sprachfehlern. Dagegen ist es mir widerlich, mich selbst von außen zu betrachten; gebrechlich, total greisenhaft, wie krumm ich gehe und sitze, wie ich grinse ... Schön sind die Bilder mit Wolf Biermann, sein Lied »Die alten Freunde, sie werden alt«. Und die Bilder im Düsseldorfer Park mit Karl Eimermacher bei Sidurs Statue »Der Mahner«.

L. 28. April

Ich schreibe im Zug, wir nähern uns Heidelberg. Gestern habe ich in Unna einen Vortrag über das »Wuppertaler Projekt« gehalten. Im Zug verschlinge ich Zeitungen, die »Prawda«, die »Iswestija« (»Nachrichten«). Sprache und Stil ändern sich deutlich: neue Töne, offenes Gespräch, und das sogar in der Redemitschrift vom Generalsekretär in Kasachstan. Aber daneben gibt es auch noch den *old speech*, unklare Mehrdeutigkeit. Und aus Moskau böse Gerüchte: »Pogrome sind zu erwarten.« Die rechtsradikale »Pamjat« hat allein

---

[1] Petraschewzen – Angehörige eines literarischen Zirkels utopischer Sozialisten um Michail W. Petraschewskij (1821–1866), zu dem auch Dostojewskij gehörte; eben deswegen wurde er zum Tode verurteilt und dann zu einer mehrjährigen Zuchthaushaft »begnadigt«.

in Moskau 20000 Anhänger. Aber die Gerüchte kommen von Emigranten, als neue Rechtfertigung für ihre Auswanderung.

Traurige Unwissenheit; ich sehe, daß ich nicht weiß und wahrscheinlich nie mehr wissen werde, was da vor sich geht. Was ist das wichtigste? Es muß doch Kräfte geben, die belebend wirken. Es kann doch nicht sein, daß alles verrottet ist, daß nur Grobheit und Verbitterung vorherrschen, die Bereitschaft zu Haß, Zerstörung, Mord, daß ausgerechnet das die hervorstechendsten Masseneigenschaften sind. Das kann doch einfach so nicht sein... Oder habe ich Angst, einer unannehmbaren Wahrheit zu glauben?

L. 13. MAI

Drei Seminarsitzungen sind schon vorbei. Es gab die ersten Referate. Ein sehr gutes: »Das Böse bei Dostojewskij«, obwohl es zu viele Zitate aus kritischer Literatur und wissenschaftlichen Quellen hatte. Die mir von Werner Keller zugeordnete Assistentin Karin führt den Stundenplan und sorgt sehr gut für die Protokolle.

L. 14. MAI. KÖLN

Frühstück bei Lois mit Sarah Kirsch. Von nahem sieht sie besser aus als auf Fotos: helle, gute Augen, schlank, nicht groß, benimmt sich natürlich und lebhaft, ohne Fisimatenten und Koketterie. Im Westen ist eine literarische DDR-Landsmannschaft von Emigrierten, Ausgewiesenen und Freigekauften entstanden; sie halten zusammen, »die aus dem Osten«! Vor zwei Jahren ist sie rübergefahren und hat Christa Wolf besucht. Man hatte Sarah gewarnt: »Keine öffentlichen Auftritte.« Sie erzählt gern Gutes von Menschen, von Wolf Biermann, Anna Seghers, Erwin Strittmatter.

Gestern hat Reso[1] aus Weimar angerufen. Er weinte am Telefon. Aber vielleicht werden wir uns ja doch irgendwann wiedersehen.

In Bonn gab es eine Podiumsdiskussion über die Freiheit von Wort und Schaffen. Es nahmen deutsche Schriftsteller aus Rumänien teil, Herta Müller und Richard Wagner. Im Publikum waren viele Linke. Ich habe über die Unabhängigkeit echter, guter Litera-

---

[1] Rewas (Reso) Karalaschwili (1939–1989) – Georgischer Germanist, Lieblingsschüler von L. K.

tur vom Staat gesprochen, über die Notwendigkeit, die Begriffe Freiheit des Worts und des Schaffens zu differenzieren. Habe Heinrich Böll zitiert (aus den »Frankfurter Vorlesungen« über die Vieldeutigkeit des Begriffs Poesie), Goethe, Herzen und Fasil Iskander. Aus dem Auditorium gab es einige gute Bemerkungen, aber auch zwei böse: »Sie haben es gut hier, und womit haben Sie das verdient? Wie können Sie es erklären?« Mit dem Unterton: Dich hat man gekauft, und deswegen strengst du dich an.

AUS EINEM BRIEF VON MICHAIL ARSCHANSKIJ

Leningrad, 16. Mai 1988
Die Welt um mich wird immer leerer, immer leerer. Gestern war ich in Komarowo an Mamas Grab. Schlimm, es auszusprechen: Gestern sind 25 Jahre seit ihrem Tod vergangen. Sie ist in meinen Armen gestorben, sagte zu mir: »Ich sterbe«, und ich wollte sie militärisch, herb aufmuntern: »Warum so hastig?« Und ich dachte wirklich nicht, begriff es in dem Augenblick nicht, glaubte nicht, daß sie starb.

In der Nähe ihres Grabes bemerke ich immer mehr Gräber von Leuten, die ich kannte, mit denen ich befreundet war, mit denen ich gezecht und gestritten habe. Von keinem habe ich mich losgesagt, obwohl es in unserer Weltanschauung sehr viele Unterschiede gab.

Als wir gestern die Stadt verließen, war es sonnig und warm, aber in Komarowo war es kalt, windig, ungemütlich. Das Haus war ausgekühlt. Man muß hinfahren, heizen, daß die Wände durchwärmen, lüften. Das müßte man tun, aber man hat keine Lust zu irgendwas. Es wird mit jedem Jahr klarer, daß keiner mehr die Datscha braucht. Die Zeiten, wo alle voller Ungeduld auf die Übersiedelung in die Datscha warteten, sind längst vorbei. Wenn ich wirklich ehrlich bin, muß ich Euch gestehen, daß es mich überhaupt nicht dahin zieht. Man kann natürlich sagen: Was willst du denn eigentlich? Worüber beklagst du dich? Du läufst noch herum auf dieser Erdkugel, du hast Verwandte, Freunde, du kannst noch lesen, dich hin und wieder mit Freunden treffen, über das sprechen, was du gelesen hast, und über vieles andere auch. Du lebst in deinem Land, in deiner Heimat. Was, zum Donner, nörgelst du rum? Es ist alles richtig, aber ich kann es nicht beantworten. Mir selbst nicht.

So, nun zu praktischen Informationen. Am 25. April habe ich alle erforderlichen Dokumente beim OWIR eingereicht. Es ist alles erheblich vereinfacht worden. Parteizugehörigkeit, Zeugnisse, Briefe von demjenigen, der einen einlädt, interessieren niemanden mehr. In zwei ganz kurzen Gesprächen gab es keinerlei Hinweis auf eine Altersbegrenzung. Übrigens verstehen die freundlichen Damen vom OWIR sehr gut, das zu wahren, was man ein »Pokerface« nennt. Aus irgendeinem Grunde wollten sie mein Arbeitsbuch haben. Ich brachte es hin, zeigte es ihnen, sie sahen es kurz an, wollten wissen, in welchem Bezirk das eine Werk liegt, bei dem ich fünfzehn Jahre gearbeitet habe, und gaben es mir zurück. Das war alles, jetzt warte ich auf die Antwort. Ich habe ihnen beide Telefonnummern dagelassen, die von zu Haus und die von der Datscha.

Ich möchte Galja furchtbar gern für den September in Urlaub schicken. Sie ist vollkommen erschöpft. In der Datscha erholt sie sich nicht, da hat sie nur Hektik und Mühe. Es wurde uns Hilfe versprochen, aber was daraus wird, weiß Allah allein. Der September ist der einzige Monat, der für Galja als Urlaub in Frage kommt, weil die Studenten in dem Monat mit ihrer wichtigsten Aufgabe beschäftigt sind – der Kartoffelernte.

Es gibt noch eine Schererei. Die Totalrenovierung meines Kauapparats war leider nicht mehr aufschiebbar. Zur Zeit ernähre ich mich von verschiedenen Breis, Kartoffelpüree und Brot, das in Bouillon oder süßem Tee eingeweicht ist. Na, macht nichts. Damit kann man leben. Es gibt Schlimmeres und sogar viel Schlimmeres. Es gibt Schmerzhafteres und sogar viel Schmerzhafteres.

Soviel ich weiß, besteht ein Plan, im Fontänenhaus ein Literaturmuseum einzurichten, in dem es dann die Museumswohnung der Anna Achmatowa geben soll. Aber selbst um dieses Projekt, das noch nicht einmal auf dem Papier, sondern nur im Munde der Schwätzer existiert, gibt es schon Gezänk: Wer soll Direktor werden? Wer wird das Geld dafür geben (wenn überhaupt)? Woher nimmt man qualifizierte Restauratoren? Wer soll die Restauration und die Renovierung des Gebäudes planen? Welche Ausstellungen sollen in dem Museum gezeigt werden (von welchen Schriftstellern und Dichtern)? Usw. usf. Leeres Gewäsch! Das Museum, von dem ich Euch geschrieben habe, existiert weiterhin, obwohl es um ein Haar geschlossen worden wäre. So bitter es ist, man muß sich darüber im klaren sein, daß etwas so Wichtiges wie Museen nach wie vor nur von Bettelbudgets leben, und Leitung und Schicksal der

Museen liegen in der Hand von Zufallspersonen, die der Kultur im eigentlichen Sinne unendlich fern sind.

Die selbstlose Valentina Andrejewna arbeitet seit November letzten Jahres ehrenamtlich und ist nicht nur von der Arbeit fix und fertig, sondern auch von dem endlosen Geschwafel. W. Konezkij[1] hat dem Museum zwei seiner Honorare von Abendveranstaltungen gespendet, was es Valentina Andrejewna ermöglichte, die Putzfrauen und noch irgendwen wenigstens teilweise zu entlohnen. Die Arbeit am Film »Requiem« ist in vollem Gange. Möglich, daß die erste Fassung im August fertig ist. Mir wurde versprochen, daß ich den Film gezeigt bekomme, bevor in allen möglichen Instanzen daran herumgeschnibbelt wird.

In der Schule führte ich mit den achten Klassen ein Gespräch über Lunin[2]. Viele Tage später dachte ich darüber nach, wie man das Gespräch anders hätte aufziehen können. Unsere Schulkinder sind vom Schulsystem und der außerschulischen Erziehung für ein echtes Interesse an Leben und Schicksal so ferner und erstaunlicher Menschen gar nicht vorbereitet. Natürlich hängt viel vom Lehrer ab, aber was soll der in einer Klasse mit vierzig ganz unterschiedlichen Mädchen und Jungen machen, wenn ihm für alles zusammen – für die vordekabristischen Geheimbünde und den Aufstand auf dem Senatsplatz – ganze drei Unterrichtsstunden zugestanden werden?

Das nächste Treffen mit den Klassen, die kurz vorher die Reformen der Jahre 1861 bis 1865 in Rußland behandelt hatten, war ein Gespräch über Alexander Herzen. Aber wie soll man in neunzig Minuten darlegen, was sich in einem selbst über Jahrzehnte angesammelt hat, wie soll man ihnen Herzens weise Gedanken darüber nahebringen, daß man ein Volk nicht äußerlich befreien kann, wenn es innerlich nicht frei ist? Natürlich war die Aufgabe nicht zu bewältigen, aber es tut mir nicht leid um die aufgewendete Zeit, um die zermürbten Nerven und die heisere Kehle. Bei irgendwem bleibt vielleicht doch etwas hängen. Ich habe dem Geschichtslehrer angeboten, im nächsten Jahr einen kleinen Geschichtszirkel einzurichten. Ob es gelingt, weiß ich nicht, aber ich bin bereit, es zu versuchen. (Ich habe ein sehr gutes Buch von W. I. Parudominskij über

---

[1] Viktor V. Konezkij – Schriftsteller, früher Marineoffizier.
[2] Michail S. Lunin (1788–1845) – Berufsoffizier, Historiker, Essayist. Teilnehmer am Dekabristenaufstand; blieb auch in schwerster Zuchthaushaft unbeugsam tapfer.

Pirogow gelesen und daraus erfahren, daß der große Chirurg und Wissenschaftler auf der Höhe seines internationalen Ruhmes der Medizin den Rücken gekehrt hat. Nachdem er mehrmals Opfer von Dieben, Wucherern, Verbrechern, Bürokraten usw. geworden war, fing er an, darüber nachzudenken, woher solche Leute in der Gesellschaft kommen. Überlegte – und ging in die Verwaltung eines Kiewer Schulbezirks. Ihm war klargeworden, daß alles im frühesten Alter beginnt. Er hatte das verstanden, und wir begreifen es nicht.)

L. 2. JUNI

Konferenz in Berlin: »Ein Traum von Europa«. Da habe ich mehrmals gesprochen. Ich war bei der Podiumsdiskussion »Staat und Gesellschaft«. Da gab es eine böse Rede des Schweizer Autors Bichsel, eine zornige Bloßstellung seines Landes, fast wie bei Saltykow-Schtschedrin. Ein »Alibiland«, »Scheindemokratie«, »Routinesumpf«, »die prahlerische Neutralität ist ein herzloses Alibi«.

Jazek Bochenskij: »Wie ich vom Europäer zum Asiaten wurde« (Der Weg von Krakau nach Sibirien). Mir half Friedrich der Große, ich habe seinen Brief an d'Alembert zitiert, in dem er sagt, daß von einer Bevölkerung von acht Millionen nicht mehr als tausend als »Nation« gelten können. Habe, wie immer, zu beweisen versucht, daß der Staat ein Gegensatz zur Nation ist, selbst wenn er von einer aufgeklärten Elite regiert wird. Und immer wieder über das Europäertum Rußlands.

Hinter mir liegen sehr schwere, schlimme Tage. Auch jetzt fällt es mir schwer zu schreiben. Am Montag habe ich Raja wieder ins »Bettenhaus« gebracht, und am Dienstag wurde sie schon operiert. Wieder von Professor Pichlmaier. Sweta und ich sind morgens hingegangen, da schlief sie noch. Schon am Abend hatte sie Beruhigungstabletten und Spritzen bekommen. Daß all das sein mußte, erfuhren wir in Berlin. Ich habe von dort aus telefoniert und mich nach den Ergebnissen der Ultraschall-Untersuchung und der Blutanalyse erkundigt. Pichlmaier sagte: »Es ist mit Sicherheit anzunehmen, daß eine Metastase da ist.« Im März war die Rede von Metastasen in der Leber, und nun »kann und muß operiert werden«. Ich mußte es ihr sagen. Dieser ganze Wahnsinn umnebelt mich regelrecht.

Und sie ist immerzu so tapfer. Nur manchmal verfinstert sie sich und versinkt in Grübelei. Im Krankenhaus, vor und nach der Operation, war sie so umsichtig und lieb. »Sagt niemandem in Moskau was von der Operation, wozu alle in Unruhe versetzen.«

Mir hat Sweta über diese Tage geholfen. Wenn sie nicht gewesen wäre, hätte ich wohl langsam den Verstand verloren von dieser quälenden Ohnmacht, daß man mit nichts helfen kann ... Sie hat das doch nicht verdient! Noch kein Jahr ist seit der ersten Operation vergangen. Und die Angst, die alles durchdringende Angst: Was weiter? ...

Eine unheimliche Verkettung von Zusammentreffen: Bei Nadja hat sich alles anderthalb Monate vorher zugespitzt, und auch die Leber. Und da ist schon alles hoffnungslos. Lena bestellte: »Sie hat gebeten, daß du nicht anrufst.« Sie verheimlicht Nadja ihren eigenen Zustand und den von Raja ...

Schmerz, Angst, Verzweiflung, und immer wieder Hoffnung. Ich will hoffen, und Pichlmaier sagt: »Ein günstiger Fall«, Bestrahlung ist nicht nötig, es wird Medikamente in entsprechender Zusammensetzung geben. Gestern ist sie schon aufgestanden. Die Krankengymnastin war da, dieselbe wie im vorigen Jahr und auch wieder die liebe Schwester Florama, die Inderin. Heute durfte Raja sogar Suppe essen, aber sie mochte nicht, es schmeckte ihr wohl nicht. Sie klagt über nichts, ist schwach und geduldig. Die Ernährung durch die Vene ist heute abgestellt worden.

L. 6. Juni

Der Geburtstag unserer Enkelin Marischa und wieder ein schrecklicher Tag im Krankenhaus. Man kann das nicht beschreiben, nicht ausdrücken. Es ist so furchtbar, sich klarzumachen, daß etwas Unabwendbares geschieht. Ich habe sogar hier Angst zu schreiben, was Pichlmaier zu Sweta gesagt hat: »Leider sind die Befunde so, wie wir erwarteten.«

Sie ist schwach und trotzdem hartnäckig. Heute morgen ging sie allein auf dem Korridor spazieren, hat Freunde angerufen ... Ich will hoffen, hoffen und an ein Wunder glauben.

Beim nächsten Seminar werden wir über Tolstoj sprechen. Ich lese, skizziere und kann mir absolut nicht vorstellen, wie ich das alles in zwei oder selbst in vier Stunden pressen soll.

Gestern war im Fernsehen ein Gottesdienst aus der Moskauer Jelochow-Kirche. Viele Menschen, goldene Mitren, schwarze Mönchskappen, das weißgoldene Gewand des Patriarchen. In der Menge waren viele junge Männer, aber nicht alle bekreuzigten sich ...
Wenn die an die Macht kommen sollten, diese Schwarzen, Vergoldeten und Goldenen, Bärtigen, Würdevollen, Satten, dann wird das eine neue oder alt-neue Nomenklatura geben, die schlimmer sein könnte als zu Zeiten der Stagnation. Die werden mit Inbrunst und Leidenschaft morden, ganz öffentlich und gleichzeitig eiskalt und berechnend.

R. 27. JUNI

Gestern morgen kam eine schreckliche Nachricht: Mischa. Wir möchten alle Einzelheiten wissen, in dieser Hinsicht schont uns bitte nicht. Noch kann ich natürlich nicht an die zwei großen Kästen mit Mischas Briefen gehen; ich weiß nicht, wann meine Kräfte dafür reichen werden. Aber *dazu* müssen sie reichen. Und Mischas Briefe müssen unter der Rubrik »Michail Arschanskij – Leser« zusammengestellt werden. Ich würde sogar »Ein großer Leser« schreiben, habe aber Angst vor Pathos. Aber er ist (*war* kann ich nicht schreiben) wirklich ein großer Leser.

R. 28. JUNI

Ein Kranker hat ja – so schwer ihm oder ihr das auch fallen mag – keine Wahl, man liegt, man läßt irgend etwas mit sich machen und bleibt ein stummes Objekt ohne Verantwortung. Für die Nächsten ist es wirklich schrecklich ... Sie haben mich zusammen mit den Freunden hier und in Moskau buchstäblich »herausgezogen«, und diesmal war es sehr viel schwerer zu ziehen. Vermutlich sowohl, weil das zweite Mal immer schlimmer ist, als auch, weil ich damals, im September, gleich nach der Operation in dem Gefühl lebte, daß das Schlimmste vorbei sei und ich nur zu Kräften zu kommen brauchte. Jetzt ist es anders. Und es ist viel schwerer, damit fertig zu werden. Ich weiß nicht, warum ich das so genau schildere. Mir allein erlaube ich das nicht, sondern gebe mir Mühe, mich auf jede erdenkliche Weise abzulenken. Ich lese, höre Radio, sehe fern (hin und wieder), gehe spazieren – sehr viel – und will noch mehr, fange auch schon wieder ein bißchen an, mich mit meinem Geschreibe an die Maschine zu setzen.

L. 22. JULI. AN BORD DES BULGARISCHEN DAMPFERS »SOFIA«
Wir fahren die Donau hinunter. Gestern sind wir in Passau an Bord gegangen. Eine alte Stadt – auch sie eine Römersiedlung – an drei Flüssen: Donau, Inn und Ilz. Die Donau ist breiter, als wir es uns nach der ersten Bekanntschaft mit ihr in Wien vorgestellt hatten. Der barocke Stephansdom mit der größten Orgel der Welt – 1700 Pfeifen. Wir haben dort gesessen und zugehört, wie der Organist übte, selbst einfache Tonleitern klingen erhaben und feierlich. An den Wänden italienische Ikonen und Bilder aus dem 17. und 18. Jahrhundert. Rokokostatuen mit koketten Engeln und herausgeputzten Bischöfen ... Und in der Stadt enge Gäßchen. Eine Gedenktafel am Herberstein-Palais: »In den Jahren 1808 und 1809 logierte hier Napoleon Bonaparte.«

Morgens haben wir unsere Gymnastik am Heck unter der bulgarischen Flagge gemacht. Die Bediensteten und die Kellner im Restaurant sprechen Russisch, einige fließend. Alle Aufschriften in Kyrillisch. Das ist angenehm und irgendwie sogar aufregend. Wir fahren an schönen, bewaldeten und buschbewachsenen Inseln vorüber. Und in der Ferne, an Hügeln emporgestaffelt, Wälder und grüne Flächen – Wiesen und Felder.

In den letzten Tagen vor der Abreise kamen schlechte Nachrichten aus Moskau: Der Oberste Sowjet hat die Forderungen der Karabacher Armenier zurückgewiesen. Böse Reden von Sajkow und Schtscherbizkoj: Aufrufe an die »ordnungshütenden Organe«, »Gewalt einzusetzen«. Gorbatschow ist böse und gereizt gegen die Armenier: »Sie stören die Perestrojka!« Die neuen heiligen Formeln – Perestrojka und Glasnost – könnten bald ebenso inhaltslos werden wie die früheren – »entwickelter Sozialismus« und »sowjetische Demokratie« ... Warum diese sture, böse antiarmenische Politik? Angst vor dem Islam? Angst vor Wiederholungen im Baltikum?

Ein langes Gespräch mit dem Funker. Ein Bauernsohn. Die Eltern arbeiten in einer Genossenschaft, ihnen geht es gut. Jetzt will gar keiner mehr Privateigentum, man bekommt Urlaub und Rente. Er ist zur See gefahren, auf Fischkuttern vor den Küsten von Amerika und Südafrika und in der Barentssee. Seine Familie lebt in Russe, die Frau ist Ökonomin, Sohn und Tochter studieren. Sie haben ein Grundstück auf dem Land, einen Weinberg. In der Stadt ist schlechte Luft. Am gegenüberliegenden (linken, rumänischen) Ufer vergiftet eine Chlorfabrik Pflanzen und Menschen.

Wir passieren den Felsenstein. Dort lebt auf dem Grund der Donaufürst, und bei Vollmond schwimmen die Donaugeister hervor.

R. 23. JULI

Manchmal erwache ich mit dem Gefühl: Ich bin doch gesund! Tagsüber dachte ich immer seltener an die Krankheit, nur nachts kamen die düsteren Gedanken wieder.

Wir fuhren nach München und Wien. Unvorhergesehene Begegnungen mit Freunden, besonders mit Anatolij Pristawkin, Bella Achmadulina, Andrej Bitow, Andrej Wosnessenskij. Endlich kam auch Mascha (Swetlana war im Oktober abgereist), wir hatten uns sieben Jahre nicht gesehen.

Und weitere Freuden. Eine Konferenz in Kopenhagen – zum ersten Mal sowjetische Delegierte und Emigranten an einem Tisch: Jurij Afanasjew, Galina Belaja, Natalja Iwanowa, Efim Etkind, Andrej Sinjawskij, Wassilij Axjonow, Fasil Iskander, Alexander German, Cronid Ljubarskij.

Wie glücklich waren wir über ein richtiges Treffen mit Fasil! Wie schön war es, sich mit Aljoscha German zu unterhalten, als hätten wir uns erst gestern getrennt. Von Afanasjew hatten wir Artikel gelesen, hatten viel über ihn gehört, aber im persönlichen Gespräch war alles noch viel besser. Auch mit Grigorij Baklanow unterhielten wir uns, stritten, schwelgten in Erinnerungen. Die alten Freunde wunderten sich: »Man sagte uns, daß du sehr krank seist ...« Ihr Staunen machte mir Mut: Dann war es also überstanden ... Ich vergaß oder vergaß beinahe.

Und arbeitete. Schrieb noch einen Artikel über die Sowjetliteratur: »In der Hoffnung auf ein Wunder«. Korrigierte die Übersetzung meines Buches »Alexander Herzens letztes Lebensjahr« ins Deutsche. Machte Auszüge aus Tagebüchern und Briefen, weil ich den langgehegten Traum von einem neuen Buch in Angriff nahm.

Ich ging zur Untersuchung in das Krankenhaus, wo ich im September operiert worden bin. Zuerst leichte Besorgnis, irgend etwas war mit Ultraschall entdeckt worden. Mein Professor Pichlmaier ließ mich kommen. Er beruhigte mich. Vermutlich eine Verkalkung. Nicht die geringste Vorahnung.

Und eine neue Freude: Swetlana kam wieder und eine Woche später ihr Mann Koma. Zusammen fuhren wir durch Deutschland. Oldenburg, Bremen, Worpswede, Düsseldorf, Bochum. Es gab noch viele Pläne ... Ich hörte mit Genuß Komas Vorlesungen. Berlin. Und dort stürzte es über mich herein: Ein neuer Tumor, es muß sofort operiert werden.

In Berlin lief der Kongreß »Ein Traum von Europa« – interessante Diskussionen, unsere Auftritte. Spaziergänge mit Koma und Swetlana. Nachdem wir es erfahren hatten, blieben wir noch vier Tage in Berlin. Doch alles empfand ich unwillkürlich im Licht der nächsten, unvorhersehbaren Zukunft. Krankheit ist eine Trennlinie: In Leben und Schreiben wird das Wesentliche hervorgehoben, das Zweitrangige in den Schatten gedrängt.

Jetzt stelle ich mir nicht mehr jene Frage wie damals im September/Oktober 1987. Ich denke nicht an Bestimmung, Prädestination. Ich lebe einfach, erfüllt von Dankbarkeit.

Ich lebe, weil Ljowa und Sweta unablässig um mich waren. Sie begleiteten mich bis zur »Unterwelt« (der Operationssaal ist im Keller). Diesmal kamen sie beide sofort ins Krankenzimmer, sobald man mich von der Intensivstation hereinbrachte. Sie kamen nicht einfach zu mir, sie litten mit mir. Sie waren es, die litten, ihnen ging es schlechter als mir. Sie zogen mich heraus und ziehen mich noch immer. Solange es geht.

Ich lebe, weil in Moskau und Leningrad meine Lieben um mich litten. Auch sie wollten bei mir sein und mich pflegen, aber man ließ sie nicht. Und trotzdem waren sie mit mir. Ich hörte ihre Stimmen am Telefon, man las mir ihre Briefe und Telegramme vor. Auf irgendeine geheimnisvolle Weise teilte sich mir auch das mit, was sie untereinander sprachen. Sie hatten Angst, sie hatten sogar mehr Angst als ich. Von fern ist es immer besonders schlimm.

Die Freunde streckten mir ihre Hände von überall entgegen. Und die Kölner Freunde waren um mich, ihre Stimmen, frische Blumen im Krankenzimmer, ihre Sorge um die Meinen.

Der Geruch des Krankenzimmers; mein kleiner Kassettenrecorder, ein Geschenk meiner Tochter; Mozart, Beethoven, Tschajkowskij, Okudshawa, Galitsch. Anrufe, täglich Moskau und Köln, aber auch Paris, New York, Washington, Wien, Schweden. Die Stimmen von Menschen, die wissen wollen, in welcher Welt ich mich befinde.

Auch Bücher richten mich auf. Ich verschlang die neuesten

Nummern der Zeitschriften »Nowyj mir«, »Snamja«, »Ogonjok«, »Moskowskije nowosti«, »Drushba narodow«. Das gab Hoffnung.
Ich las »Krieg und Frieden« wieder, nicht in Ausschnitten, wie fast jedes Jahr, sondern von der ersten bis zur letzten Zeile. Ich war stolz und glücklich – dieses Weltwunder ist in meiner Heimat entstanden.
Beim Lesen vergaß ich völlig, wo ich war, was mit mir war. Was denn eigentlich? Keine besonderen Schmerzen. Schwäche. Widerwillen gegen das Essen. Fast eine Phantomkrankheit.
Vom Bett aus durchs Fenster konnte ich zwei spitze Türme sehen – der Dom, Kölns Wahrzeichen. Schließlich ist es auch Deutschland zu verdanken, daß ich am Leben geblieben bin, jener Schicksalswende, die in all den Jahren für mich ein Elend war und nun zur Rettung wurde: In Moskau werden solche Leberoperationen noch nicht gemacht, und in dieser Universitätsklinik hat man auch erst vor zwei Jahren damit begonnen.
Ich lebe, weil Ljowa mir Gedichte von Puschkin und Achmatowa vorgelesen hat und Koma die von Blok und Pasternak. Allein geblieben, wiederholte ich die geliebten Zeilen. Im Krankenhaus gab es kein Nachdenken, sondern Verse – Gedankensplitter – Gedichtzeilen – Musik – Gedankensplitter.
Ich lebe, weil die Angehörigen und Freunde mir nach dem Krankenhaus zu Hause ein richtiges Sanatorium eingerichtet hatten und mich von jeder Hausarbeit befreiten. Wieder und wieder freute ich mich über das Wunder unserer Wohnung. Stundenlang lag ich auf dem großen Balkon, der ganz zugewachsen war von Zweigen, wie ein Wald. Lew und Karl-Heinz pflanzten neue, und ich sog das heilsame grüne Licht in mich auf.
Ich lebe, weil ich mich wieder an die Arbeit machte, sobald man mir erlaubte zu sitzen.
Zwanzigjähriges Jubiläum des Prager Frühlings: Noch im Krankenhaus las ich das Kapitel aus meinen Erinnerungen über die Demonstration auf dem Roten Platz gegen den Einmarsch wieder, kürzte, schrieb ein Vorwort dazu. Vielleicht erscheint es sogar auf tschechisch.
Wieder zu Hause, las ich noch einmal die »Briefe aus Köln über Bücher aus Moskau«, änderte vieles, tippte die Korrekturen und schickte sie an den Verlag (für die russische Ausgabe).
Im Juli erschien mein Büchlein »Alexander Herzens letztes Lebensjahr« auf deutsch (in Berlin hatte ich noch mit dem Verleger gesprochen). Ich entdeckte Fehler, ärgerte mich über Wiederholun-

gen und sprachliche Schwächen. Wunderte mich, daß das Buch viel lyrischer ist, als ich früher gedacht hatte. Es stellte sich heraus, daß es fast autobiographisch ist.

Zum ersten Mal begann ich, über den Tod zu schreiben. Früher hatte ich es nicht gewagt, dieses Thema zu berühren. Die Entwürfe liegen, ich habe sie noch niemandem vorgelesen, sie nicht ins reine geschrieben. Zu große »Nähe von Literatur und Leben« hat mir immer angst gemacht.

Zuerst saß ich nicht länger als eine halbe Stunde am Schreibtisch und legte mich dann wieder hin. Jeden Tag wurde die Arbeitszeit länger. Bald fing ich an zu tippen. Therapie? Zweifellos.

Wenn ich nun noch wüßte, daß irgendwer meine Schriften braucht ... Aber das hat nichts mit der Krankheit zu tun, das sind ständige, unablässige Zweifel. (Mascha am Telefon: »Ein Siebzehnjähriger hat dein Buch über John Brown gelesen. Es hat ihm sehr gefallen, er hat nach dem Autor gefragt.« Wenn man so etwas hört, ist man einen Augenblick glücklich, aber dann kommt immer wieder: »Für wen schreibe ich?«)

Ich lebe, weil die Zeitschrift »Woprossy literatury« meinen Artikel »Hemingway in Rußland« drucken will. Die Arbeit hatte ich 1978/79 in Moskau geschrieben, veröffentlicht worden war sie 1985 in den USA (bei Ardis).

Vielleicht wird man uns tatsächlich in der Heimat wieder lesen?!

Ich lebe, weil gleich nebenan der Park ist, unserer, meiner. Weil gleich nebenan Lois ist – das ist das allerbeste an unserer Wohnung. Und der Park. Die ersten Wege etwas stockenden Schrittes, ich klammere mich an Begleiterin oder Begleiter. Jeden Tag etwas weiter. Und dann flunkern Swetlana und Koma schon, daß sie nicht mit mir Schritt halten können.

Ich lebe, weil ich versucht habe, wieder Lesungen zu machen und öffentlich aufzutreten. Ich las, beantwortete Fragen, die mir und den Zuhörern wichtig waren. Nach zwei Stunden spürte ich, daß ich sehr müde war, aber wie wichtig war es gewesen, mir selbst zu beweisen: Ich kann.

Ich lebe, weil ich hoffe. Wie oft haben sich unsere Hoffnungen als unsinnig, erträumt, illusionär erwiesen... Dann warfen mich Stunden und Tage der Verzweiflung weit zurück, in die Finsternis.

Aber eine Hoffnung hat sich erfüllt, die noch im Juni wahnsinnig schien: Wir fahren die Donau hinunter, ich sitze an Deck, betrachte den Fluß, die Ufer, lese, schreibe, schwimme ein wenig im Swim-

mingpool, gehe durch Wien, durch Budapest, durch Belgrad ...
Das Wasser fließt, das Leben fließt.
 Vieles stört die Rückkehr ins Leben. Das Schlimmste – Mischas Tod. Quälende und düstere Gedanken, kleinliche Gedanken. Hilflosigkeit. Ohnmacht. Ängste.
Wird die Reise nach Moskau genehmigt werden? Werde ich die Kraft haben zu fahren? Mit der Verzweiflung bin ich all die Jahre fertig geworden. Aber mit der Hoffnung? Wie soll man mit dieser Erwartung fertig werden? Die braune Linie wird heller, die Narbe verheilt, sie läßt sich kaum noch ertasten.
 Eine erfahrene Krankenschwester sagte mir nach der Operation: »Die Narbe wird schnell verheilen, aber man hat Sie doch aufgeschnitten, zweimal, und nicht nur den Körper. Die Seele wird viel langsamer gesund. Aber manchmal ...« Sie sprach nicht zu Ende.
 Es gibt Stunden, da erscheint mir meine ganze fieberhafte Aktivität – ob ich nun spazierengehe, einen Artikel schreibe oder Buchweizengrütze koche – plötzlich völlig unnütz. Es war falsch, daß ich aufgehört habe, mich zu fragen: Warum? Ich bin doch am Leben geblieben, damit ich mich vorbereite, ernsthaft auf den letzten Gang vorbereite.
 Aber was soll aus all den Meinen werden?! Aus Ljowuschka? Die Hände in den Schoß legen und nicht mehr ums Leben kämpfen, das heißt, ihnen unerträglichen Schmerz zu bereiten. Ich habe kein Recht dazu.
 1968 schrieb ich zu meinem fünfzigsten Geburtstag eine kleine Rede. Über die Notwendigkeit, seine Schulden gegenüber den Verwandten und Freunden zu begleichen. Und jetzt, als Siebzigjährige, flüstere ich: Danke, danke, danke! Meine Empfindungen sind am besten wohl in Franz von Assisis Gebet ausgedrückt:

Gott, laß mich nicht danach streben,
daß ich getröstet werde, sondern, daß ich tröste,
nicht, daß ich verstanden werde, sondern, daß ich verstehe,
nicht, daß ich geliebt werde, sondern, daß ich liebe.

Wie sollte ich dem Schicksal nicht danken, wo ich doch liebe und geliebt werde. Befreie mich von Klagen und Selbstmitleid ... Gott, laß mich die Krankheit vergessen. Befreie mich von Niedergeschlagenheit und Verzweiflung. Gib mir Kraft zu schenken, zu geben, zu helfen.

Und wieder Dankbarkeit. Auf der Speisekarte auf dem Dampfer »Sofia« stand am 23. Juli folgender Vers:

> Nimm hin, was dieser Tag dir schenkt.
> Das Licht dieses Tages, seinen Atem, sein Leben.
> Das Lachen dieses Tages, seine Tränen und Freude.
> Nimm das Wunder dieses Tages hin.
> (Phil Bosmans)

L. SONNABEND. 23. JULI. WIEN

Heute wird Raja siebzig. Am Vormittag waren wir im Kunsthistorischen Museum. Lisa Markstein[1] stieß dort zu uns. Wir haben nicht viel angesehen, aber das lange und gründlich, ohne Eile, im Sitzen; bei manchen Bildern waren wir mehrmals. Vor allem: Rajas geliebter Breughel d.Ä. Ich habe wohl zum erstenmal die bedeutsamen Unterschiede in der Farbgebung bemerkt (oder vergessen, daß sie mir schon aufgefallen waren): »Trüber Tag«, »Die Herde wird heimgetrieben«, »Jäger im Schnee«. Breughel d.J. ähnelt Averkamp, ist aber kälter und strenger.

Danach sind wir mit Lisa im Volksgarten spazierengegangen und haben im Park zu Mittag gegessen, den Geburtstag »gestanden« und sind dann zu Marksteins zum Kaffeetrinken gefahren. Raja hat sich ausgeruht, ist unter die Dusche gegangen und hat neue Moskauer Zeitschriften gelesen.

Die Kirche gegenüber der Anlegestelle – naive Neugotik – ist 1916/17 von russischen Kriegsgefangenen erbaut worden. Vom Telefon der Dampfgesellschaft an der Anlegestelle haben wir nach Moskau telefoniert und mit Töchtern und Freunden gesprochen. An Bord warteten Telegramme und Briefe auf uns, von Annemarie, Elisabeth Weber, den Ahrendts... und Blumen von Frau Berger, der Organisatorin unserer Schiffsreise. Die hatte ich bestellt. Beim Abendbrot brachte man Raja unter Happybirthday-Singen eine Torte. Die Tischnachbarn hatten durch den Funker vom Geburtstag erfahren.

Abends lasen wir russische Zeitungen, die wir in Wien gekauft hatten. Nachrichten über Karabach. Eine neue Art von Heuchelei:

---

[1] Elisabeth Markstein – Literaturwissenschaftlerin, Germanistin, Slawistin; Übersetzerin einiger Arbeiten von Raissa Orlowa.

Sie tun so, als wären sie objektiv und hätten Mitleid mit beiden Seiten, aber im Grunde wird über die Armenier schlechter und böser geschrieben: Sie sind Aufrührer und Revisionisten.

Karabach ist ein moralisch-politisches Tschernobyl. Begreifen sie denn nicht, daß es sich um eine echte Volksbewegung handelt, die nicht auf Direktiven vom Zentrum wartet? Oder sind sie, gerade weil sie das verstehen, so böse aufgeschreckt und lügen von Mafia-Umtrieben und faschistischer Bedrohung? ...

Wollen sie etwa auf diese Weise Bewegungen im Baltikum, in der Ukraine, Polen, Rumänien zuvorkommen? Stehen sie denn unter dem Einfluß »moslemischer Rechnungen«: Armenier gibt es nicht mehr als zwei Millionen, sie sind beinahe die Juden des Kaukasus; hingegen sind Moslems und vor allem aserbaidschanische Schiiten erheblich zahlreicher? Der liebe Gorbi verbirgt seinen Schreck hinter rüpelhaften Rufen im Obersten Sowjet, ganz im Chruschtschow-Stil, unterbricht und verbessert die Redner, pöbelt herum. Das ist immer dasselbe alte stalinistische Erbe, das hat sich eingebürgert. Der war auch am Anfang nur flegelhaft, hat »volkstümlich« getan und es seinen Freunden überlassen zu brüllen; auf dem 15. Parteitag 1927 wurde das Geschimpfe dann schon böse bedrohlich. Und was steht uns jetzt bevor? Nach dem alten Muster: der 18. Brumaire, Konsulat und schließlich »Krönung«? Seinen Getreuen Tschebrikow (Leiter des Geheimdienstes) und Achromejew (Chef des Generalstabs) überläßt er die Zähmung der tobenden Intellektuellen, der »demokratischen Extremisten« und der »bürgerlichen Nationalisten«? Man muß natürlich die »Pamjat« ein bißchen besänftigen, damit sie die fremdstämmigen Landsleute nicht reizt, und ihr nur die Juden zum Fraß vorwerfen, sonst könnte man ihn mit der Begründung absetzen, daß er »die Anarchie nicht im Griff hat«, und dann könnte irgendein Ligatschow dieselbe Linie durchsetzen, nur härter und sich dabei auf Technokraten, Manager und Generäle stützen. Von denen begreifen auch viele, wie nötig es ist, den Staat zu sanieren, den Apparat zu rationalisieren, sie wissen, daß man umgestalten und abrüsten muß ... Wie aber schafft man es, dabei selbst im Sattel zu bleiben, das Imperium zu halten, ohne Rebellion und Pogrome hervorzurufen, die einen hinwegfegen könnten?

L. 24. Juli

Links die Slowakei, rechts Ungarn. Wir sind an Bratislawa vorbeigekommen, dort »darf nicht angelegt werden«. Unser Tischnachbar M. guckt traurig: »Unbesiedelte Ufer, Wüstenland; hier haben sie Hunderte von Bauten angefangen, aber sehen Sie, niemand arbeitet. Heute ist Samstag, aber für die drüben ist immer Samstag.« Er erzählt von seiner Heimat, dem dichtbesiedelten Schwaben. Dort also ein »Volk ohne Raum« und hier ein »Raum ohne Volk« ...

L. 25. Juli

Der zweite Tag in Budapest. Wir sind gestern mittag angekommen. Eine großartige Stadt. Sie ist Wien verwandt, sehr eng sogar. Aber sie ist nicht so kaiserlich majestätisch. Wenig Altes. Einige Kirchen, ein paar Gebäude. Die ganze Stadt trägt das solide, reiche Gepräge der Gründerzeit. Gleichmäßig und unterschiedlich bebaute Straßen, gelassen eklektizistische Architektur; hier sind Renaissance und Barock nachgemacht, Klassizismus, Jugendstil und Neugotik. Das Schloß ist ein eigenartiges Symbol dafür: Türmchen in verschiedenen Stilen; es wurde zuerst nur provisorisch errichtet und dann, da man Gefallen daran fand, zu Ende gebaut.

Die Grenzsoldaten: drei junge, freundliche Männer in adretten grünen Uniformen, hellen Hemden und Schlipsen. Sie drücken wortlos den Stempel in unsere Pässe. Aus dem Lautsprecher hören wir: »Bitte die Kabinen verlassen!« Die Uferstraße, glühend vor Hitze, sonntägliche Leere, geschlossene Geschäfte. Vergeblich versuchten wir, telefonisch einige Bekannte zu erreichen. Natürlich fahren sie am Sonntag alle aufs Land. Wir machten per Bus eine Stadtbesichtigung. Rundblick vom Berg mit der Freiheitsstatue. Spaziergang über die Fischerbastei – eine dekorative Festung in romanischem Stil, zwischen einer romanisch-gotischen Kirche mit etwas Barock und dem modernen Hilton-Hotel. Ringsum wimmelt es von Touristen aller Länder. Unsere Führerin erzählt: »Ungarn hat zehn Millionen Einwohner, zwei davon in Budapest. Im vorigen Jahr sind fünfzehn Millionen Touristen gekommen.«

Die Donau ist in Budapest eine lebhaft befahrene Wasserstraße; Tag und Nacht kommen Dampfer, Lastkähne, Kutter unter verschiedener Flagge und viele sowjetische Schlepper. Neben uns hatte der Dampfer »Amur« festgemacht und etwas weiter entfernt die »Wolga«, beide aus Ismail. Der Sowjetunion gehört das kleinste

Stück Donauufer (das größte gehört zu Rumänien), aber dafür ist die sowjetische Donauflotte die größte.

Raja liest in »Nowyj mir« einen Artikel von Below über die Bauernvernichtung. Er behauptet, es seien die Trotzkisten gewesen, die die Kosaken vernichtet hätten, und Stalin, als ihr Nachfolger, habe dann die Groß-, Mittel- und Kleinbauern vernichtet. Und schon haben wir eine neue Legendenbildung über das Volk als Gottesträger und seine schlimmsten Feinde – Zerstörer, Blutsauger –, Juden und Freimaurer ...

Diese neuen rechtsradikalen Mythen hängen als Ursache und Folge eng mit scheinbar gegenteiligen antirussischen Mythen zusammen, zu deren Entstehung leider auch gute polnische und tschechische Autoren beitragen. Diese Russophobie mit ihrer Legende von »der Sklavennation« hat ihre Ursprünge schon in Custines Zeiten. Dabei sind Volk und Nation historische Erscheinungen, die so vielfältig und veränderlich sind wie alle großen komplexen Naturerscheinungen. Zu einem Wald gehören gesunde und kranke Bäume, neben Heilkräutern wachsen giftige, frisches Grün verdrängt nicht morderndes Laub. Alles Seiende in der Natur verändert sich, sowohl getrennt als auch vermischt. So ist es auch mit der Nation: Je größer und bedeutender eine ist, desto komplexer und anfälliger ist sie auch für alles, für Gutes wie Böses.

L. 27. Juli

Wir haben die Doppelschleuse am Eisernen Tor passiert. Seit dem Vormittag befinden wir uns im Balkangebirge; mächtige Felsen zu beiden Seiten, hellgrau, in großen Falten, schroff und steil, wenig Grün. Gestern war die ungarische Küste hellgelb mit sandigen Hängen, und heute die Felsen, mal Kalkstein, mal Sandstein in dünnen, gewellten Schichten in verschiedenen Farbtönen, es gibt sogar rosafarbene. In Belgrad erdrückende Schwüle. Wir sind zu zweit an Land gegangen, geradewegs über Bahnschienen und dann weiter über eine steile Treppe. Nirgends war ein Taxi zu sehen. Ein junger Polizist in einem Wachhäuschen verstand weder Russisch noch Deutsch und konnte uns nicht erklären, wo wir ein Taxi finden könnten. Wieder stiegen wir einen Berg hoch und waren endlich in der uns bekannten Knes-Michail-Straße, dicht beim Goethe-Institut. Aus einer Buchhandlung telefonierten wir und kauften bei der Gelegenheit auch gleich russische Bücher. Wir erreichten die Djilas', die sagten, daß wir sofort kommen sollten. Wir tranken kalten Tee und sprachen über Moskau. Er ist skeptisch: »Die sagen, daß die Bürokraten an allem schuld sind, und glauben, daß es schlechte Beamte sind. Aber das ganze System ist so, die ganze Verwaltung. Stalin hat sehr bescheiden gelebt, ich war dreimal bei ihm im Hause. Eine bescheidene, kleinbürgerliche Wohnung; gegessen und getrunken wurde allerdings sehr viel. Aber man sagt, daß in Georgien alle so essen. Aber das System war brutal ... Stalin war trotz allem ein genialer Politiker.« Ich widersprach ihm, erinnerte an Stalins blödsinniges Vertrauen zu Hitler, seine schlimmen Fehler. Djilas widersprach nicht, wiederholte aber, daß Stalin genial um die Macht gekämpft habe. »Die Macht ist das wichtigste in einem System, auch jetzt wird um die Macht gekämpft. Bislang hat Gorbatschow keine Rivalen. Schewardnadse ist klüger als die anderen, steht aber in Gorbatschows Schatten. Ich habe Informationen, daß Gorbatschow vom KGB unterstützt wird. Das ist ja eine mächtige Organisation, die alles weiß, die weiß, was schlimm ist ... Ich habe Angst vor dem russischen Nationalismus, davor, daß er eine Massenbewegung werden könnte. Das ist eine Gefahr für alle, auch für die jetzige Führung und für das ganze Imperium. Die nationalen Probleme sind heute die schwierigsten. Gorbatschow möchte alles konsolidieren, aber das ist unmöglich. Karabach ist erst der Anfang.«

Insgesamt stimme ich ihm zu. Auf dem Parteitag hat Gorbatschow seine Gegner niedergerungen. Man kann das nicht als »18. Brumaire« betrachten. Meines Erachtens ist es ein taktischer Erfolg, der keine strategischen Siege garantiert.

Djilas, nach einigem Nachdenken: »Ja, das kann man wohl so sehen ...« Er erzählte von einem Prozeß gegen drei Redakteure von der Zeitschrift »Mladin«. Vor dem Gericht stand eine Menge von Mitfühlenden, aber der Prozeß fand unter Ausschluß der Öffentlichkeit statt, ein Militärgericht. Die Anklage lautet auf »Preisgabe eines Militärgeheimnisses«. Es richten Unteroffiziere, und zu alledem kommen noch die serbisch-slowenischen Widersprüche. Und auch noch die innerserbischen in Belgrad, in der Wojwodina, im Kossowo ...

Raja hat eine neue Fassung von ihrem Aufsatz »Warum ich lebe« vorgelesen ... Der Tod ist die härteste und genaueste Prüfung der Seele. Die einen verdrängen ihn, denken nicht daran, essen, trinken, feiern in vollen Zügen; die anderen versenken sich in Angst, Verzweiflung, Selbstmitleid oder verhärten ... Es gibt so viele verschiedene Einstellungen zum Tod; und das nicht im täglichen Leben, sondern erst, wenn er schon ganz nah ist.

Raja hat eine gute, helle, kluge, menschliche und weibliche Einstellung dazu, gelassen und »professionell«, etwa wie bei Metschnikow, dem Physiologen, der sein eigenes Sterben als Wissenschaftler beobachtete. So tut sie es als Schriftstellerin und Lehrerin, sie schreibt über das, was für das Bewußtsein am geheimsten, schwierigsten und quälendsten ist. Aber sie schreibt, weil sie nicht anders kann. Sie muß! Weil sie es in Worte fassen muß und weil sie, indem sie sich erzieht, auch die Töchter, Enkel und Freunde erziehen will und muß, weil sie uns lehren will, zu leben und zu sterben. Weil die Frage, wofür und warum sie gelebt hat, sie nicht losläßt.

Auf das »Warum lebe ich?« gibt es Antworten, aber es quälen einen Zweifel, warum man schreibt. Sie hat es mir vorgelesen, und ich habe gesagt, daß es über sie und über mich ist, über uns beide. So schreibe auch ich nun, schreibe es statt dessen, was ich schreiben müßte: den angefangenen Aufsatz über Lomonossow und den fast fertigen über den Nationalismus. Aus irgendeinem Grunde beschreibe ich die Berge und Ufer – jetzt ist das rumänische Ufer ganz flach und eben; am Wasser stehen einzelne Baumgruppen und weiter hinten hellgrüne, hellgelbe und graue Felder. Dahinter, am Horizont, ein Wald als grünvioletter, ausgerissener Rand ...

Aber wer braucht denn diese Beschreibungen? Wozu? Nur für mich selbst als Übung. Um mich einmal mehr von meiner Stümperei zu überzeugen. Zum Lernen ist es zu spät. Was das Hänschen nicht lernt ... All die Artikelchen, Flugblätter, Gelegenheitsschreibereien und immer wieder Aufsätze, auf die ich so viel Energie gewandt habe, all das sind Haufen von Worten, aus denen vielleicht ein Archivar, falls der sich findet, irgend etwas hervorgräbt. Aber die Archive wachsen schneller als die Weltbevölkerung.

Was wird man aus dem unseren herausschälen können, welche Striche für das Bild der Zeit, welche Steinchen zum Mosaik? Darauf hoffe ich doch noch. Darum möchte ich auch noch leben, aber gemeinsam, zu zweit. Wie soll man die Gedanken an den Tod loswerden? Die kommen vor allem nachts. Man kann die Ärzte um Psychopharmaka bitten. Wegen dieser Ängste habe ich fast zwei Monate lang nichts ins Tagebuch geschrieben. Erst jetzt, auf der Donau, fange ich wieder an, mich im Chaos von Gedanken und Worten abzustrampeln, als eine Art Widerstand ...

L. 30. Juli. Belgrad

Gestern haben wir in Russe (Ruschtschuk) angelegt. Provinz, aber eine aufstrebende. Es gibt bedeutende Betriebe und Fabriken für landwirtschaftliche Maschinen, Computer, Wein, Milchprodukte. 200 000 Einwohner.

Eine ältere Führerin zeigt uns die Stadt und führt uns herum, sie ist schon Großmutter, aber man sieht ihr an, was für ein flottes junges Mädchen sie gewesen ist. Sie redet begeistert, ist sehr besorgt um ihre Stadt. Am anderen Donauufer ist Rumänien, da steht eine Chlorfabrik. Der Wind von dort vergiftet Junge und Alte. Alle Kinder leiden an Bronchitis, an den Bäumen vergilbt das Laub. Dauernd wird versprochen, daß das aufhören soll, aber nichts geschieht. »Wir haben schon demonstriert, geschrien, verlangt, daß die Regierung bei der UNO und vorm Internationalen Gerichtshof in Den Haag klagen soll.«

Die Dörfer hinter Russe sind gepflegt, viel Grün, gut bestellte Felder, Steinhäuser mit Ziegeldächern. Auf einem Berg sind die Ruinen einer alten Festung und einer Kirche. Im russisch-türkischen Krieg, 1810, ist Ruschtschuk von Kutusows Truppen zerstört worden. Es gibt hier noch eine türkische Bevölkerung. »Früher unterdrückten uns die Türken; aber das waren andere, osmanische Türken. Jetzt haben wir gute Nachbarschaft mit unseren Türken.« Sie zeigt uns eine Zigeunersiedlung in der Ferne: »Jetzt müssen sie arbeiten, nicht wandern. Sie sind faul, aber sie können lernen.«

L. 1. August

Wieder in Belgrad. Wir haben aus dem Hotel nach Moskau telefoniert. Raja darf fahren! Wir müssen nur die Chemotherapie zu Ende machen.

Zum Abendbrot waren wir bei einem serbischen Schriftsteller zu Hause. Seine Frau ist eine schön alternde, temperamentvolle und intelligente Dame, ehemalige Partisanin: »Wie können Sie in Deutschland leben?« Unseren Erklärungsversuchen begegnet sie mit einem höflichen Lächeln, aber entschieden: »Das läßt sich nicht mit dem Verstand erklären, das sitzt hier«, sie zeigt aufs Herz, »mein Abscheu gegen die Deutschen und Polen. Ich habe bei den Deutschen im Lager in einer Baracke mit Polinnen gesessen. Ich kann Sie verstehen, natürlich sind die Menschen unterschiedlich, aber ich habe soviel Haß und Verachtung erfahren; nur die Kroaten sind noch schlimmer.«

Sie liest den »Archipel Gulag«: »Mir liegt Schalamow mehr, dem glaube ich aufs Wort, weil er ohne Ideologie und Vorurteile schreibt. Am liebsten mag ich Platonow, der ist ein Genie. Ich habe ›Die Baugrube‹ und ›Tschewengur‹ gelesen; er hat mir erklärt, was Bolschewismus ist.«

Der Gemahl ist sichtlich betroffen von ihren schroff nationalistischen Äußerungen und versucht, sie zu besänftigen, aber er ist selbst ein serbischer Nationalist reinsten Wassers. Er hat uns die russische Übersetzung seiner Schriften geschenkt. Er ist ein begabter Epiker, ein »romantischer Realist«. Bewundert die altserbischen Radikalen. Und schreibt voll Haß über die Schwaben.

L. 2. August

Wieder Budapest. Diesmal sind wir in die Pußta gefahren, in die ungarische Steppe, haben ein Gestüt besichtigt. Es wurden Springen und Rennen vorgeführt. Die Reiter trugen merkwürdigerweise dunkle, altmodische Kittel, aber sie sprangen verwegen, ohne Sattel, und die Pferde sind hinreißend, eins schöner als das andere.

In Wien sind wir mit zwei Stunden Verspätung angekommen, hatten dafür aber eine hervorragende Fremdenführerin, Heddy Doll. Engagiert, geistreich und gebildet. Sie ist verliebt in ihre Stadt und versteht, sie klug und faszinierend zu zeigen. Ausführliche Berichte zur Geschichte der Schlösser und einzelner Gebäude. Sie selbst ist begeistert: vom Belvedere und dem Stephansdom, vom Prater und den Biedermeier- und Jugendstilhäusern, und wir sind begeistert von dieser majestätischen, zugleich poetischen, würdevollen und anmutigen Stadt.

L. 3. August

Der letzte Tag unserer Schiffsreise ist zugleich der erste trübe. Gestern in Wien hatten wir Gewitter, aber danach konnte man gleich besser atmen. Wir legten dann in Dürnstein an und haben von dort aus Lena in Moskau angerufen, um Enkelin Katja zum Geburtstag zu gratulieren. Sie ist auf der Datscha.

Nadja geht es immer schlechter; sie ist nicht mehr bei Bewußtsein, hat aber keine Schmerzen; bekommt dauernd starke Narkotika, die trüben auch das Bewußtsein. Es ist furchtbar, das Sterben eines nahen Menschen mit anzusehen, zu wissen, daß es unausweichlich ist, und unwillkürlich zu denken: Wenn sie sich quälen muß, dann lieber schnell. Das ist das allerschlimmste. Unsere Schulfreundin Lidotschka (Kamenskaja) ist aus Leningrad gekommen, um Lena zu helfen. Das ist eine Freundschaft. So war auch Mischa, der uns am zwölften jeden Monats in Köln anrief.

Melk. Wir sind durch die Stadt gegangen, haben in der Kirche gesessen und der Orgel zugehört. In Melk gibt es einen Heiratspark: Jedes Hochzeitspaar bekommt von der Stadt eine junge Eiche aus der Baumschule geschenkt. Eine schlichte und schöne Sitte.

Unsere »Sofia« gleitet an den österreichischen Ufern entlang. Gepflegte Dörfchen und Städtchen, hin und wieder eine Burg oder Ruinen, Kirchen mit kleinen, dunklen Zwiebeltürmen. In dieser Gegend haben Römer, Kelten, Germanen, Türken, Slawen gelebt und gekämpft ... Spuren von Jahrhunderten und Jahrtausenden. Worin unterscheidet sich das historische Bewußtsein hiesiger Menschen von unserem? Was unterscheidet unsere Vorstellungen von der eigenen Geschichte von den Vorstellungen der Deutschen, Serben, Ungarn und auch von denen der Engländer, Franzosen, Japaner und Chinesen? Was unterscheidet uns von allen anderen Völkern?

Bei uns ist ein *Nationalbewußtsein* ja erst im 18.–19. Jahrhundert entstanden. Bei Karamsin, Tschaadajew, Puschkin, den Slawophilen ... und dann? Nach 1917 wurde dieses Bewußtsein verdammt und ausgemerzt – zuerst nach dem Geschichtsbuch des Sozialrevolutionärs Schischko: »Alle Zaren waren ein einziges Lumpenpack. Peter hatte Syphilis, Katharina war eine Hure usw.« Dann nach Pokrowskij: »Ökonomische Basis bestimmt den politischen Überbau ... Peter war ein Produkt des Handelskapitalismus«. Und dann gab es per Dekret einen neuen Mythos mit »patriotischer Ausrichtung«. Nein, es gab natürlich auch noch überzeugte Monarchisten, wie im vorigen Jahrhundert und ähnliche bis hin zu den heutigen »Patrioten« stalinistischer Prägung. Es blieben wohl immer Andenken: der Kreml, Kiew, Susdal, Wladimir. Aber jahrzehntelang sind sie entweiht, verstümmelt und dann von Shdanow und Stalinisten bürokratisiert worden. In den neuen Ikonensammlungen, in dem angestrengten Getue der frischgebackenen Schwarzhundertschaften der »Pamjat«, lebt stalinistisch-shdanowscher Geist. Es gibt keine von Kindheit an vertraute Geschichte, die zum selbstverständlichen Teil des täglichen Lebens geworden wäre wie in Georgien, Armenien, oder hier im Westen. Es besteht eine Sehnsucht nach ihr, es wirken begeisterte Aufklärer wie Lichatschow, Awerinzew, Ejdelman. Davon gibt es vermutlich mehr, als ich weiß, aber sie bleiben doch Einzelkämpfer.

L. Sonnabend. 6. August. Bad Münstereifel

Wir kamen am Donnerstag in Passau an, eher als vorgesehen. Dort ging alles schnell: Taxi, Bahnhof, Zug. Nach Köln sind wir zum erstenmal am rechten Rheinufer gefahren, von dort ist vieles anders zu sehen.

Warum heißt es *die* Donau, aber *der* Rhein? Warum ist der Dnjepr männlich und die Wolga weiblich? Wahrscheinlich, weil die Flußnamen von Göttern unterschiedlichen Geschlechts stammen.

Zu Hause in Köln Berge von Glückwunschtelegrammen für Raja, darunter auch eins von Ljusja und Andrej Sacharow.

In Bad Münstereifel sind wir erst gegen Mitternacht angekommen. In unserem Zimmer stand ein Tablett mit verschiedenem Käse und ein Korb mit Früchten.

Ein schlimmer Artikel in »Ogonjok«: »Kleine Jungen«, über minderjährige Verbrecher, bestialische Morde, das ist schon Alltag. Seelische Verkümmerung, Verrohung der Sitten. Es wird behauptet, daß das von Armut und Elend kommt. Aber auch hier, in den Überflußgesellschaften, steigt die Kriminalität. Drogensüchtige werden gefährlicher, sie haben »Bock auf den Schuß«, und dafür ist ihnen nichts zu schade.

Unter den Glückwünschen für Raja war auch ein Telegramm von Erwin und Eva Strittmatter. Auf dem Anrufbeantworter die Stimmen von Carola Stern und Klaus Bednarz. Aus Leningrad ein Telegramm von den Maslows.

Wir haben nach Moskau telefoniert. Mit Nadja geht es zu Ende.

L. 12. August

Gestern ist Nadja gestorben, in der Nacht zum elften. Alle sagen: »ausgelitten«, es war eine »Erlösung«. Morgen ist die Beerdigung. Jetzt muß Lena unbedingt herkommen, damit sie abschalten kann.

Für Raja ist schon das Flugticket bestellt, für den 5. September ab Frankfurt; abends um sechs kommt sie in Moskau an. Was die Ultraschalluntersuchungen und die Blutanalyse auch ergeben – sie muß fliegen. Verschieben können wir das nicht. Das wäre noch schlimmer und qualvoller als eine dritte Operation. Verhüte das Gott!

Wir arbeiten: Raja schreibt einen Vergleich der beiden »Tauwetterperioden« – der Perestrojkas von 1956 und 1986. In »Knishnoje obosrenije« (»Bücherumschau«) vom 15. 7. ist ein ausgezeichnetes Interview mit Koma. Im Sammelband »Anders geht es nicht« (herausgegeben von Afanasjew in einer Auflage von 50 000) steht ein Aufsatz von Sacharow: »Die Notwendigkeit der Perestrojka«. Darin ist alles enthalten, was er seit 1968 gesagt und geschrieben hat – über die politischen Gefangenen, die Krimtataren, über Afghanistan und Karabach, über die psychiatrischen Gefängnisse ... einfach alles. Sacharow ist unverändert.

Lois ist aus Moskau zurückgekommen; voller Eindrücke, im wesentlichen erzählt sie von ermutigenden Dingen.

Aber sie urteilt jetzt nüchterner als früher; sie sieht, daß die schwerwiegendsten Widersprüche unlösbar sind: Armenien, Karabach, Aserbajdshan. Gorbatschows Verhältnis zum Vorgehen seiner Truppen in Polen und Karabach ist unmoralisch und selbstzerstörerisch und macht ihm immer neue Feinde.

Eins aber bleibt außer Zweifel: Dort wird jetzt alles offen ausgesprochen und geschrieben, ganz legal. Wie sie denken, so tragen sie's auch vor – die Roten und die Schwarzen und die Karierten. Das ist erfreulich, aber auch beängstigend. Nachrichten von räuberischen »Gruppierungen« in Kasan, von blutigen Schlägereien der Afghanistan-Soldaten im Moskauer »Kultur- und Erholungspark«. »Es gibt Schwerverletzte.«

Und immer wieder hört man, daß im tiefen »Inneren«, wo jahrhundertealtes Schweigen herrscht, genauer gesagt, das Schweigen eines halben Jahrhunderts, auch bedrohliche »feudale« Veränderungen geschehen.

In Moskau hacken halb öffentlich Ligatschow und Jakowlew aufeinander herum. Aber wer steht hinter jedem von beiden? Wo finden die wahren Gefechte und Kämpfe statt? Und wo ist es nur leerer Lärm, wie beim Futterstreit im Schriftstellerverband?

Die Nomenklatura-Herren gewöhnen sich an die Glasnost. Die ehrlichen Journalisten wie Olga Tschajkowskaja, Arkadij Waxberg oder Schtschetinin schreiben alles so, wie es ist, decken auf und bemühen sich leidenschaftlich, klug und fundiert zu überzeugen.

Aber die meisten betuchten Diebe sind immer noch da, wo sie waren. In der Höhe schweben die Zeitungsschwäne, aber die Nomenklatura-Hechte und -Krebse leben ihr natürliches Leben weiter.[1] Nur, welche Fracht liegt auf der schwerer beladenen Fuhre UdSSR?
 Wer erwartet noch was? Sacharows Aufsätze über die Todesstrafe, die Kürzung des Militärdienstes und über die Überalterung kann ich nur unterschreiben.
 Alles, was drüben vor sich geht, bestätigt meine Vorstellung vom unüberwindbaren Gegensatz staatlicher Traditionen und nationaler Kultur. Ich glaube fest, daß Bücher, Gedichte, Musik, Filme, Malerei und Sacharows Gedanken allen bösen Kräften, die in diesen Jahrzehnten geherrscht haben, zum Trotz leben und leben werden ... Und daß diejenigen, die sich in diesen Jahrzehnten geändert haben, die sich irrten, schwankten, Angst hatten, Unsinn geschrieben haben, aber dennoch die Gabe des Wortes und des Denkens nicht verloren haben, sich noch in Freiheit fruchtbar entwickeln können. Aber die boshaften Idioten unter den Emigranten (auch den inneren), die heute in bester alter Sowjettradition Jurij Lewitanskij[2] »entlarven« und verdammen, weil er vorgeschlagen hat, Tuchatschewskij[3] ein Denkmal zu errichten, die konnten nie Fruchtbares schaffen, können es auch heute nicht und werden es in Zukunft nicht können.

L. 18. August

In diesem Monat muß ich schreiben (beenden, überarbeiten): 1. einen Aufsatz über Lomonossow und das Vorwort für den Band 2B »Deutsche und Deutschland aus russischer Sicht. 18. Jahrhundert: Aufklärung« (der Buchreihe »West-östliche Spiegelungen« des »Wuppertaler Projekts«); 2. das Nachwort zu einem Band mit Erzählungen von Tolstoj (ein großer Künstler, der die Welt nicht widerspiegelt, sondern sie beträchtlich erweitert, bereichert und neue Welten erschafft); 3. eine Notiz über Morgenstern, für ein Buch über ihn, das Kempowski herausgibt; 4. die Druckfahnenkor-

---

[1] Anspielung auf eine populäre Fabel von Iwan A. Krylow (1768–1844) – Wie ein Schwan, ein Hecht und ein Krebs in eine Fuhre eingespannt werden.
[2] Jurij D. Lewitanskij (1922–1996) – Lyriker aus der »Kriegsgeneration«.
[3] Michail N. Tuchatschewskij (1893–1937) – Marschall der Sowjetunion; hingerichtet als »Volksfeind«.

rektur für Harenbergs Lexikon. Viele Änderungen, sowohl im Haupttext als auch im bibliographischen Apparat. Daß die Kraft nur reicht.

Raja liest ein Buch von Moshe Dayans Tochter, und als einzigartig altruistische Leserin erzählt sie es mir. Dayan war eine beachtliche Persönlichkeit: aus dem Kibbuz, ein Arbeitstier, Soldat, General, Staatsmann. Mutig, gescheit, aber nicht intelligent, Schürzenjäger, herrschsüchtig und geizig. Er war Archäologe, Sammler, wurde sehr reich, vermachte aber alles dem Staat. Von seinem ganzen Besitz bekamen weder seine Töchter noch seine Enkel auch nur einen Groschen ... Ein Typus des 18. Jahrhunderts.

Im Fernsehen zeigen sie in diesen Tagen dauernd zwei Verbrecher, die einen ganzen Bus voll Menschen als Geisel genommen haben. Auf dem Weg von Bremen nach Holland haben sie eine Geisel getötet, einen italienischen Jungen. Der ältere der Mörder läßt sich bereitwillig von Journalisten interviewen. Er hat wegen Mordes schon elf Jahre gesessen, ist von den Schultern bis zu den Zehen tätowiert, Frisur und Bart sind eine Christusmaske, aber die Augen sind trübe und kalt. Sein Kumpel ist ein reiner Irrer. Und das wird Millionen von Fernsehzuschauern gezeigt, damit die einen nach Todesstrafe schreien und die anderen, darunter auch Kinder, die »tollen Typen« bewundern.

L. 19. AUGUST

Ich habe Lena angerufen; heute ist der neunte Tag nach Nadjas Tod. Nach altem Volksglauben verläßt die Seele an diesem Tag das Haus, in dem sie gewohnt hat, und am vierzigsten Tag verläßt sie die Erde. Ich habe Dima einen Beichtbrief geschrieben, den habe ich nicht kopiert. Eine Beichte gehört nicht in den Kopierer. Vielleicht ist das auch ein altersbedingtes Vorurteil ...

Gestern hat uns Pater A. angesprochen, ein Franziskaner, heute ist er mit Büchern gekommen. Er hat Rajas »Türen ...« gekauft, mein Buch über Haass und »Der Wind ...« Er spricht sehr klar und deutlich, die Redeweise eines erfahrenen Predigers. Zur Nazizeit war er schon im Orden, zuständig für Finanzen und Steuern. Er erzählte: »Die Nazis verfolgten uns, verleumdeten und beschuldigten uns: Bei uns seien viele Homosexuelle. Es gab vielleicht Einzelfälle; aber die meisten Brüder, eigentlich alle, lebten sehr bescheiden und wirkten in Gottes Namen.«

L. 5. SEPTEMBER

Raja ist nach Moskau geflogen.

L. 12. SEPTEMBER

Die Einsamkeit wird immer lastender. Auch die liebevollen Telefonate helfen nicht. Heute hat Raja angerufen; sie war schon bei den Sacharows. Beim Lesen meines Briefes hat Sacharow gesagt: »Ich sehe sein Lächeln und seine Augen.« Ich sollte mich freuen, statt dessen liege ich im Krankenhaus; heute habe ich zehn Liter Wasser getrunken, damit sie die Sonde ohne große Quälerei hineinbekommen. Ich bin umgeben von lieben, netten Menschen, man besucht mich, ruft an, aber ich lebe zur Zeit in Moskau. Wie geht es Raja dort? Nur um Gottes Willen keine Verschlimmerung! Ich lese Gorkijs »Über die Rus« – auf deutsch; auch in der fremden Sprache wirken seine Menschenbilder, seine Schriftstellerporträts hinreißend. Gute Prosa eines guten Autors.

Viel ist seitdem in unseren literarischen Sitten verlorengegangen; man vergleiche zum Beispiel einen Artikel in »Ogonjok« von Konezkij über Viktor Nekrassow – ein Sturm im Wasserglas. Konezkij schreibt böse, neiderfüllt, aber nicht unbegabt; ein mittelprächtiges Talent, aber klug genug, um zu sehen, daß es nicht »zieht«, und darum ist er böse auf alle, die mehr Talent haben. In »Russkaja mysl« (»Russischer Gedanke«) versetzen literarische Liliputaner Gorkijs Werken Fußtritte oder loben sie von oben herab. Aber er gehört zu einer anderen Welt, zu der von Tschechow und Korolenko. Und er liebedienert vor keinem von ihnen, verschweigt nicht, wenn er gekränkt, zornig, verletzt ist; er bekennt und zeigt offen, daß er sein eigenes Bild komponiert, daß er Licht und Schatten auf eigene Weise ordnet. Darum glaube ich ihm und der Art, wie er über Tolstoj schreibt und mir, dem Leser, damit eine deutliche Empfindung von dessen Macht und geistiger Größe vermittelt, ein Gefühl, das er bei ideologisch Gleichgesinnten nie erlebt hat. Er läßt einen das Geheimnisvolle, das große Geheimnis und die klare Einfachheit von Tolstoj spüren. Manchmal ist er mit ihm nicht einer Meinung, schimpft sogar, widerspricht ihm, aber das ist der Widerstand eines liebenden, pietätvollen Verehrers. Gorkij zitiert verächtliche Worte von Tolstoj über Gorkij, ist nicht damit einverstanden, ahnt sogar persönliche Feindseligkeit in Tolstojs Äußerungen und ist zugleich begeistert von dessen Liebe zu Tschechow ...

Ist er eifersüchtig? Damals war er wahrscheinlich auch eifersüchtig, aber als er schrieb, freute er sich darüber. Sehr gut schreibt er über Sofja Andrejewna. Verrückt, daran zu denken, daß auch ich eine Zeitlang diese gemeine »dissidentische« Wut auf Gorkij, auf Majakowskij und alle, die »nicht mit uns« waren, geduldet und sogar manchmal geteilt und verbreitet habe.

                L. 15. S<small>EPTEMBER</small>
Der letzte Vormittag im Krankenhaus.

A<small>US EINEM</small> B<small>RIEF VON</small> I<small>WAN</small> R<small>OSHANSKIJ</small>
            Moskau, Anfang Oktober 1988
Lieber Ljowa!
Es ist seltsam, Dich allein anzureden und nicht auch Raja. Aber das Wunder ist geschehen: Raja ist in Moskau. Ich habe sie noch nicht gesehen (am Flughafen hat Julja sie begrüßt), sondern nur mit ihr telefoniert. Heute hat sie gesagt, daß sie am 19. zu uns kommen wird. Ich hätte natürlich zu jedem Tag und jeder Stunde, die ihr gepaßt hätte, zu ihr fahren können, aber bei ihr ist jeder Tag auf die Minute genau verplant, und Swetlana achtet streng darauf, daß der Plan eingehalten wird. Alle, die sie gesehen haben, sagen, daß sie blendend aussieht.
 Nun zu Deinem Brief. Deine Arbeit am »Wuppertaler Projekt« ist großartig und scheint sehr erfolgreich zu sein. Die Frage nach den interkulturellen Beziehungen hat auch mich schon immer beschäftigt, wenn auch nicht so global, sondern mehr in einzelnen Aspekten. Die gesamte Geschichte der russischen Poesie stellt sich mir bildlich als Überschneidung mehrerer Strahlen dar, die von verschiedenen Kulturen ausgehen. Und der stärkste Strahl davon war tatsächlich der deutsche.
 Bekanntlich nimmt die ganze syllabotonische Poesie ihren Anfang in Lomonossows »Ode auf die Eroberung von Chotin«. Wie Chodassewitsch schrieb:

> Wozu wieviel Chotíner Tode –
> Das zog im Geiste längst vorbei.
> Doch wurde die Chotíner Ode
> Zu unserm ersten Lebensschrei.

Im übrigen hat sich Lomonossow 1739, als er diese Ode verfaßte, natürlich nicht den Kopf in schöpferischer Qual zerbrochen, sondern leicht und selbstverständlich, wie es sich für ein wahres Genie gehört, den vierfüßigen Jambus von Opitz' deutschen Oden als Versmaß übernommen. Seitdem ist der vierfüßige Jambus zum vorherrschenden Versmaß in der russischen Poesie geworden, von Dershawin bis Mandelstam und darüber hinaus. Anfangs wollte zwar noch der alexandrinische Vers mit ihm wetteifern, der von den Franzosen herkam (den benutzten Cheraskow, Knjashnin, Oserow und später in einzelnen Fällen Puschkin, Innokentij Annenskij, Komarowskij, Achmatowa), aber insgesamt hat der sich nicht als so lebensfähig erwiesen.

Die zweite Erfindung, die die russische Poesie den Deutschen verdankt, ist der Hexameter. Die Theorie dieses antiken Versmaßes wurde zwar zuerst von Trediakowskij für die russische Sprache ausgearbeitet. Aber sein »Telemach« galt lange Zeit als Kuriosum und fand keine Nachahmer. Außerdem war der Hexameter schon lange von deutschen Dichtern gepflegt worden, man denke nur an Klopstocks »Messias« und Goethes »Hermann und Dorothea«. An ihnen, und vor allem an Voss' Homerübersetzung hat sich Gneditsch orientiert, als er sich an die Übersetzung der »Ilias« machte. Zu jener Zeit, in den zwanziger Jahren des 19. Jahrhunderts, begegnet man dem Hexameter bei den russischen Dichtern nicht selten (Shukowskijs »Undine« u. a.). Man denke an Puschkins Zeilen über das Sonett:

> Und fürs Sonett hat Delvig dann alsbald
> Den heiligen Hexameter vergessen.

Später wurde der Hexameter allerdings nur noch in Übersetzungen verwendet, in der Originaldichtung verdrängte ihn der geschmeidigere Pentameter (das »elegische Distichon«), dem wir bei Puschkin, Baratynskij, Majkow, Fet und anderen begegnen. Dazu ist noch anzumerken, daß die Franzosen wegen einiger Besonderheiten ihrer Sprache kein Äquivalent für den antiken Hexameter formen können. Die armen französischen Leser sind noch heute gezwungen, Homer und Vergil in Prosaübersetzungen zu lesen.

In der ersten Hälfte des 19. Jahrhunderts wurde das Genre der Ballade in der russischen Poesie sehr populär. Balladen schrieben Shukowskij, Katenin[1], Puschkin, Lermontow und etwas später

---

[1] Pawel A. Katenin (1792–1853) – Schriftsteller, Journalist.

A. Tolstoj[1]. Ihre Beliebtheit verdankt die Ballade natürlich dem Einfluß der anglo-germanischen romantischen Dichtung. Von den deutschen Dichtern sind in diesem Zusammenhang vor allem Bürger und Schiller zu nennen. Shukowskijs Übersetzungen fast sämtlicher Balladen von Schiller sowie von Goethes »Erlkönig« sind nicht einfach nur Übertragungen, sondern poetische Schöpfungen, die gleichrangig neben dem Original stehen. Wie schon Zwetajewa in ihrem Aufsatz »Zwei Erlkönige« schrieb:

»... Man kann den ›Erlkönig‹ nicht besser übersetzen, als Shukowskij das getan hat. Und man sollte es auch gar nicht versuchen. Schon ein Jahrhundert lang ist das keine Übersetzung mehr, sondern ein Original. Es ist einfach ein anderer Erlkönig... Zwei gleichwertige Sachen. Und völlig unterschiedlich. Zwei Erlkönige.«

Es gibt wohl kaum einen ausländischen Dichter, der die russische Lyrik so nachhaltig beeinflußt hat wie Heine. Es war ein vielfältiger Einfluß mit vielen verschiedenen Aspekten. Ich will mich auf einen einzigen, rein formalen beschränken. Die Poeten vom Beginn des 20. Jahrhunderts strebten von der strengen Syllabik des klassischen russischen Gedichts weg, und als Vorbild diente ihnen dabei vor allem Heine. Sieht man von einzelnen Versuchen Tjuttschews ab, die von seinen Zeitgenossen einfach für Fehler gehalten und von den damaligen Lektoren korrigiert wurden (z. B. von Turgenew), so muß man die ersten Beispiele eines russischen tonischen Verses bei Brjussow und Blok (in den »Versen von der Schönen Dame«) suchen. Später wurde der tonische Vers in verschiedene Richtungen von Kusmin, Achmatowa und Majakowskij weiter entwickelt, bei denen man die Verbindung zu Heine nicht mehr spürt.

Und ein Letztes. In der deutschen Poesie des 18. Jahrhunderts finden wir klassische Vorbilder für den Freien Vers (sogenannte »vers libres«). Die deutlichsten Beispiele: »Ganymed«, »Prometheus«, »Grenzen der Menschheit« und eine Reihe weiterer Gedichte vom frühen Goethe. Der direkte Nachahmer Goethes in dieser Versform war in Rußland Afanassij Fet (»An Neptun Le Verrier« und noch einiges aus dem Zyklus »Anthologische Gedichte«). Danach treffen wir den Vers libre bei Blok (»Wenn Sie an

---

[1] Alexej K. Tolstoj (1817–1875) – Lyriker, Epiker, Dramatiker.

meinem Wege stehen«, »Sie kam aus dem Frost«) und sehr viel bei Chlebnikow. Eine Dichterin, die nur im Freien Vers schrieb, war die leider nicht gebührend gewürdigte Xenija Nekrassowa[1]. Sehr schöne Beispiele für diesen Vers finden wir bei Samojlow (er nennt sie »Blankvers«, »Freier Vers« usw.). Diesen Exkurs in die Geschichte der russischen Poetik kannst Du als meinen Beitrag zu Deinem »Wuppertaler Projekt« ansehen, Ljowa.

Zurück zu meinem Bild von den Lichtstrahlen, die sich überschneiden. Ich denke, bei den meisten russischen Dichtern überwog wirklich der deutsche Strahl. Ich will versuchen, sie aufzuzählen: Shukowskij, Lermontow (bei diesen beiden war der englische Strahl wohl ebenso stark), Tjuttschew, A. K. Tolstoj, Fet, Blok, Belyj, Zwetajewa, Pasternak.

Der französische Strahl war besonders stark beim frühen Puschkin, bei Boratynskij, Innokentij Annenskij, dann bei Sologub, Kusmin, Gumiljow, B. Liwschiz und wohl auch bei Ajgi.

Der englische Strahl überwog deutlich bei Balmont und Jossif Brodskij. Interessant ist der Einfluß von Kiplings Balladen auf Tichonow und A. Prokofjew (bei letzterem über die Übersetzungen von Gennadij Fisch).

Italienischer Einfluß ist am deutlichsten bei Batjuschkow und teilweise bei Mandelstam.

Antiker bei Wostokow, Gneditsch, Wjatscheslaw Iwanow und in großem Maße bei Waginow.

Ganz aus der russischen Folklore kommen Kolzow, Kljujew, Jessenin. Der folkloristische Strahl bescheint auch viele Sachen von Puschkin, Lermontow, Nekrassow, A. Tolstoj, Blok, Chlebnikow, Achmatowa, Zwetajewa. Bei Tjuttschew, Fet und Pasternak hingegen konnte ich gar keine folkloristischen Spuren finden.

All das ist sehr interessant. Ich würde so gern darüber sprechen und diskutieren, aber leider finden sich dafür hier, in der Sowjetunion, keine Gesprächspartner.

Nun zu einigen privaten Neuigkeiten. Tjapulja hat mir noch einen Enkel geschenkt, Andrej. Interessant ist, daß er am 3. September geboren ist, und der erste Enkel, Petja, am 4.; Vera am 21. September, und Fedja am 22. Und ich bin, wie Du weißt, am

---

[1] Xenija A. Nekrassowa (1912-1958) – Lyrikerin.

30. September geboren. In unserer Familie fallen also fünf (!) Geburtstage in den September.

Fedja arbeitet jetzt beim Allrussischen Übersetzungszentrum (im Labor für maschinelle Übersetzungen). Man kann nicht behaupten, daß ihm die Arbeit besonders gefällt. Aber ich hoffe, daß er sich eingewöhnen wird, vor allem, wenn sich erst eigene Resultate für ihn einstellen.

Vorher hat er noch eine grandiose Reise gemacht. Per Anhalter (was die Engländer *hitchhiking* nennen) ist er mit einem Freund von Moskau über Kasan, Ufa, Tscheljabinsk, Kurgan, Omsk, Nowosibirsk und Krasnojarsk bis Irkutsk und Ulan-Ude gefahren. Einige Tage war er am Bajkal. Danach ist er – auch per Anhalter – nach Nowosibirsk zurückgefahren und von dort zum Glück mit dem Zug (mit der Turksib) nach Taschkent. Weiter ging die Fahrt (per Anhalter!) über Aschchabad nach Krasnowodsk, von dort per Schiff nach Baku, von Baku per Zug nach Krasnodar, von dort per Anhalter nach Taman, weiter mit der Fähre nach Kertsch und schließlich nach Koktebel, wo er ein paar Tage blieb. Nach Moskau kamen sie dann (nun zu dritt mit Ljonja Iwanow[1]) mit dem Zug, wobei nur Ljonja eine Fahrkarte hatte, weil unsere Helden dafür kein Geld mehr hatten. Die ganze Reise hat einen Monat und zehn Tage gedauert.

Mein Buch wird in Kürze erscheinen. Ich hoffe, noch vor Rajas Abreise, dann kann ich ihr gleich ein Exemplar mitgeben. Wenn nicht, schicke ich es per Post.

R.: WAS ICH IN MOSKAU GESEHEN HABE

Was habe ich gesehen, was wahrgenommen, als ich nach einer beinahe achtjährigen Trennung wieder nach Moskau kam?

Zweiunddreißig Tage waren wie ein Augenblick und wie eine Ewigkeit, so viel beinhalteten sie. Wie hatte ich darauf gewartet! Es war mein sechster Versuch.

Meine Moskauer Eindrücke sind in glückliche Euphorie gehüllt. Aber ich habe mich nicht nur über das Wiedersehen mit meiner Stadt und den Meinen gefreut. Ich teilte und teile auch noch ihre Ängste, Zweifel, Sorgen, ihren Schmerz. Doch zuerst: die Freuden.

---

[1] Sohn von Tochter Swetlana.

»Eure Zeit ist gekommen«, schreibt man uns von zu Hause. Die Zeit ist gekommen, aber wir leben in einem anderen Raum. Sehr aufmerksam verfolgte und verfolge ich das sowjetische Literaturleben. Ich lese Zeitschriften, aber aus der Presse kann man sich längst nicht von allem ein Bild machen. Klar ist, daß die Veränderungen auf diesem Gebiet gewaltig und wohl auch nicht mehr umkehrbar sind: Bücher in Millionenauflage brennen gewiß nicht.

Wenn ich skeptische Stimmen höre – das sind nicht wenige, und es gibt ernstzunehmende Gründe für Skepsis –, dann muß ich unwillkürlich an die Schriftstellerversammlung im März 1966 denken. Auch ich sprach dort. Ich zählte die Manuskripte auf, die keine Bücher geworden waren: »Requiem« von Anna Achmatowa, »Sofja Petrowna« von Lidija Tschukowskaja, »Gratwanderung« von Jewgenija Ginsburg, »Die Ernennung« von Alexander Bek, Wassilij Grossmans Roman – seinen Titel »Leben und Schicksal« kannten damals weder die anderen noch ich.

In Moskau sagen manche: »Das haben wir doch schon längst gelesen.« Der Samisdat hatte wohl mehr Leser, als mir damals schien. Viele räumen ein, daß diese Bücher großen Einfluß haben, wenn auch natürlich nicht sofort. Die Gegner der Veröffentlichung habe ich nicht getroffen. Von ihnen habe ich nur gehört.

Die Vorbereitung zur heutigen Glasnost hat vor dreißig Jahren mit dem Tauwetter begonnen. Damals entstand unter anderen neuen Veröffentlichungen und Zeitschriften die Monatsschrift »Inostrannaja literatura« (»Ausländische Literatur«), bei der ich arbeitete.

Wie glücklich waren wir, als wir Hemingways »Der alte Mann und das Meer« veröffentlichten (»Inostrannaja literatura«, 3, 1955) und damit das sechzehnjährige Verbot seines Namens aufhoben. Wir freuten uns, als 1956 Graham Greenes »Der stille Amerikaner« bei uns publiziert wurde. Bis zu Autoren wie Faulkner hatten wir noch einen weiten Weg.

Noch immer ist eine Auslandsreise für einen Sowjetbürger nichts Selbstverständliches wie im Westen, wo ihr nur durch Geld, Zeit und Gesundheit Grenzen gesetzt wird. Und das allein schon deswegen, weil selbst privilegierte Moskauer und Leningrader nicht vorausplanen können. Das geht nicht, weil auch für solche Reisen die Genehmigung meist erst in den allerletzten Tagen gegeben wird.

Die Welt beginnt sich ein wenig zu öffnen. Ich kann neue sowjetische Romane und Gedichte aufzählen, die mir wichtig sind. Schwerer ist es, die sich wandelnde Atmosphäre zu beschreiben.

Ich war einfach glücklich, als ich merkte, daß das, was früher halblaut, im engsten Kreise, hinter verschlossenen Türen gesagt wurde, das, was in die Moskauer Küchen gehörte, sich nun in große Säle und auf die Plätze der Stadt ergießt.

Es war ungeheuer interessant für mich, im Moskauer Klub »Perestrojka« einer Diskussion über den Rechtsstaat beizuwohnen (diskutiert und scharf verurteilt wurden neue Gesetze, die das Demonstrationsrecht beschränken). Die Klubmitglieder – das hatte ich schon in Köln gehört – sind durch ein dreifaches Nein verbunden: »Nein der Gewalt! Nein dem Rassismus! Nein dem Anspruch auf den Besitz der absoluten Wahrheit!«

Ich war in Moskau, als sich die Gemüter um die Limitierung von Subskriptionen erhitzten. Ich wurde ernsthaft darum gebeten, unsere Exemplare von »Snamja« und »Ogonjok« von Köln nach Moskau zu schicken, falls die Proteste wirkungslos bleiben sollten. Und wieder konnte ich mich überzeugen: »Nicht vom Brot allein ...« – Einer der wenigen Kämpfe mit glücklichem Ende.

Ich wußte schon vorher, wie anstrengend und schwer der Moskauer Alltag im Vergleich mit dem westlichen ist. Aber es gibt noch eine weitere Dimension: Wieviel schwerer ist der Alltag in Swerdlowsk, Tjumen oder Tula als der in Moskau.

Die Schere zwischen dem geistigen Leben und dem Alltagsablauf geht immer weiter auseinander. Es gibt wirklich sehr viele Leser in der UdSSR. Weniger als früher, aber noch immer zahlreich sind diejenigen, für die Lesen (und jede andere Form geistiger Aktivität) wichtiger als alles andere ist. Doch auch in der UdSSR lesen nicht alle. Aber alle essen, waschen und kleiden sich, reisen.

Kanonen statt Butter – das haben die Völker schon gekostet. Heute – Wahrheit statt Butter. Das ist neu, kann aber sehr gefährlich werden.

Unter den zahlreichen Mangelerscheinungen beunruhigt mich vor allem eine: der Mangel an Persönlichkeiten, die fähig sind, zu vereinen; es entstehen stürmisch immer neue Klubs, Gesellschaften, Gruppen, doch ich habe wenig Menschen gehört, die die unterschiedlichen Andersdenkenden miteinander verknüpfen könnten. »Steine zerstreuen hat seine Zeit, Steine sammeln hat seine Zeit.« Ich habe viele bedeutende Menschen kennengelernt, und dennoch gibt es viel zu wenige Sammler.

Die Devise einer Vereinigung aus den siebziger Jahren war: »Verständnis zu erreichen ist wichtiger, als die Wahrheit zu finden«.

Im übrigen kenne ich wenig Menschen, die so leidenschaftlich nach der Wahrheit suchten wie der Erfinder dieser Parole, der verstorbene Leningrader Mathematiker Sergej Maslow.
Immer wieder muß ich an Frida Wigdorowa denken. Als Jossif Brodskij 1987 der Nobelpreis verliehen wurde, hieß es (so hörten wir), daß er 1965 dank Jean Paul Sartre oder Nikolaj Gribatschow aus der Verbannung freigekommen sei. Ich kann bezeugen, daß die entscheidende Rolle in Brodskijs Schicksal die Prozeßmitschrift gespielt hat, die Frida Wigdorowa gemacht hat. Dieses Stenogramm war ihre letzte Arbeit – sie starb am 7. August 1965. Wir, die wir bei ihrer Beerdigung sprechen wollten, wurden zur Leitung des Schriftstellerverbandes gerufen und nachdrücklich gewarnt: »Kein Wort über den Brodskij-Prozeß ...«
Im Gericht hatte man – Gott sei Dank vergeblich – versucht, Wigdorowa das Stenogramm wegzunehmen. Es wurde in zahlreichen Exemplaren verbreitet, Brodskij fand viele Verteidiger.
Für Frida Wigdorowa war jede Art von Bösem widernatürlich. Schade, daß sie Andrej Sacharow nicht kennengelert hat. Die beiden hätten sich auf Anhieb verstanden.
Menschen, die einigen, zusammenschließen können, solche wie Twardowskij, Maslow, Wigdorowa, sind heute dringend nötig. Vermutlich besitzen sie eine seltene Mischung von Güte, selbstloser Aufmerksamkeit für andere, Festigkeit und Toleranz; sie sind fähig, vor allem das Gute, das Kreative zu sehen, diese Fähigkeit zu lernen und zu lehren. Eine noch wenig erforschte Art ethischer Ausstrahlung, eine kleine »Noosphäre«. Nicht in Worten festgehalten, vergeht sie, so wie große Schauspieler und Redner für spätere Generationen vergehen. Wichtig ist nicht nur, *was* oder sogar *wie* ein Mensch spricht, sondern auch *wer* er ist, *was* er tut, und wie er sich zu Nahen und Fernen verhält.
Noch eine wichtige Veränderung, von der ich gelesen habe und die ich nun selbst zu spüren bekam: Feindbilder, die lange Jahre gepflegt wurden, zerfallen. Und nicht nur »die amerikanischen Imperialisten« waren solche Feinde und hören nun auf, es zu sein, sondern auch die »im Ausland lebenden russischen Bürger«, wie wir heute heißen.
Ein Gedenkabend für Viktor Nekrassow im Literaturmuseum. Der erste. Durchs Programm führt Wjatscheslaw Kondratjew (seine Erzählung »Saschka« hatte Nekrassow uns aus Paris geschickt mit der Aufforderung: »Sofort lesen!«). Im Saal ist es stickig, zuviel

Publikum (kann es in solchen Fällen ein »Zuviel« geben?), das Fernsehen. Aber was für ein Glück, so viele vertraute Menschen zusammen zu sehen, mit ihnen zu sprechen, Russisch zu hören.

Ich erzählte, wie Viktor Nekrassow und Heinrich Böll 1983 einen langen Abend bei uns in Köln verbrachten. Hinterher sagte Nekrassow: »Man sollte ›Wo warst du, Adam?‹ und ›In den Schützengräben von Stalingrad‹ zusammen in einem Band veröffentlichen.« Ich erzählte von den letzten Begegnungen mit Nekrassow in Paris. Freude: Endlich findet diese Veranstaltung statt – und untrennbar davon die Trauer: Viktor hat es nicht mehr erlebt. Und wie dringend brauchte er die Anerkennung in der Heimat.

Naum Korshawins Gedichte erscheinen in Moskau, ein Zyklus nach dem anderen. Im Fernsehen ein Interview mit Jossif Brodskij, seine Gedichte und Nachdichtungen werden veröffentlicht, so wie viele Schriftsteller anderer Länder.

Seitdem ich im Westen bin, habe ich auch das Haus in Rom gesehen, wo »Die Toten Seelen« geschrieben wurden, das Haus in Florenz, wo »Der Idiot« beendet wurde, das Haus in Baden-Baden, wo viele Romane von Turgenew entstanden. Die russischen Schriftsteller der Vergangenheit reisten viel und lebten lange im Ausland. So wie Schriftsteller anderer Zeiten, anderer Länder. Auch hierin fangen wir an, fangen wir eben erst an, zur Norm zurückzufinden.

Damit der komplizierte Prozeß der Wiedervereinigung gewaltsam voneinander getrennter Kulturen weitergehen kann, muß noch vieles überwunden werden: Vorurteile, Klischees, »Schubladendenken«. Die Schwarzweißdenker, die sich in langen Jahren bequem eingerichtet hatten, haben es leicht, für sie ist die Welt deutlich entzweit: Kommunist – Antikommunist, weiß – rot, Israeli – Palästinenser ..., mir scheint, die Bemühungen der Intelligenz müssen darauf gerichtet sein, zu verstehen, wie Feindbilder entstehen, wie man sie zerstören kann und wie sich andererseits ein Freundbild entwickelt.

Als Lew Kopelew verhaftet wurde, unterschrieben zwanzig Personen für ihn einen Bittbrief an Stalin, und das war 1946/47! Glücklicherweise wurde keiner von ihnen verhaftet, aber fast alle verloren ihre Arbeit, zwei bei der Armee, viele wurden aus der Partei ausgeschlossen. Hilfsbereitschaft und Mut wurden teuer bezahlt.

Und heute ist solches Verhalten nicht mehr nur eine große Ausnahme, die gewöhnlichen Sterblichen nicht erreichbar ist. Es wird vom einfachsten Instinkt befohlen: Entweder man lebt zusammen und wahrt die allgemein menschlichen Normen der Moral, oder alle werden umkommen ...

Die Enkel, meine eigenen und die von Freunden, die ich zuletzt als kleine Kinder gesehen hatte, waren nicht wiederzuerkennen. Zweifel quälen mich: Werde ich ihnen vermitteln können, wie unschätzbar viel wert es ist, sich auf einen nahen Menschen stützen zu können?

Es ist schwer, manchmal unendlich schwer, im Kleinen mehr Menschlichkeit zu schaffen, aber ohne das bleiben die Hoffnungen auf einen Triumph moralischer Gesetze im Großen utopisch.

Die neue Flut schrecklicher Nachrichten und die Tatsache, daß die Veränderungen in der Wirtschaft und im Alltag so langsam vorangehen, ist für den Menschen mit seiner begrenzten Lebensfrist schwer zu ertragen.

Wieviel ist über die Geduld als eine der wichtigsten Tugenden des russischen Volkes geschrieben worden! Wahrscheinlich wurde diese Tugend schon allzulange strapaziert. Heute liegt in Moskau fieberhafte Ungeduld in der Luft, noch heute alles zu schaffen, zu sagen, zu veröffentlichen, ins Ausland zu reisen. Wer weiß, was morgen ist?

Ich kam nach Deutschland zurück, als die Frankfurter Buchmesse zu Ende ging. Den Friedenspreis des Deutschen Buchhandels erhielt diesmal Siegfried Lenz. Ich übermittelte ihm Grüße von einem sowjetischen Verehrer seiner Bücher. Ich freute mich, daß Anatolij Pristawkins Buch »Über Nacht eine goldene Wolke« schon viele dankbare deutsche Leser gefunden hat.

Fasil Iskander las in Köln. Hinterher saß er bei uns zu Hause, wie er früher so oft bei uns in der Krasnoarmejskaja-Straße gesessen hatte. Am nächsten Tag las er in Frankfurt. Sowohl dort als auch in Köln lachten die deutschen Zuhörer über die Geschichten von »Onkel Sandro«. Sie lachten an den gleichen Stellen, an denen auch wir – zum wievielten Mal schon? – lachten.

Bruchstückhaft kreisen mir Moskauer Bilder im Kopf: Ein Ladentisch, an dem man Zucker ohne Karten kaufen kann ... Wandparolen (im Saal wird über den Rechtsstaat diskutiert): »Ja dem Sozialismus! Nein dem Stalinismus!«, »Alle Macht den Räten!«, »Nein der Ideokratie! Nein der Partokratie! Ja der Demokratie!« ... Ein dreistöckiges Kommissionsgeschäft, wo es ebensoschwer ist, das zu kaufen, was man braucht, wie das zu verkaufen, was man nicht braucht... Die Straßen meiner Kindheit – nur die Stoleschnikow-Gasse hat noch ihren alten Namen...

Am 22. Januar 1981 las ich vor der Fernsehkamera (es waren meine ersten deutschen Sätze): »Man kann Mauern und Grenzen errichten und ein herzloses Papier verschicken ›Entzug der Staatsbürgerschaft wegen unwürdigen Verhaltens...‹ Man kann es mir aber nicht nehmen, daß ich in Moskau geboren und aufgewachsen bin, daß ich dort meine Töchter zur Welt gebracht habe und Literatin geworden bin, daß ich dort meine Enkel und den größten Reichtum – meine Freunde – habe, die in Freude und Kummer mit mir sind... Man kann mir die Heimat, die Muttersprache und die nächsten und liebsten Menschen nicht nehmen...«

Jetzt hat es sich bestätigt – man kann es wirklich nicht! Auch diesmal war der Abschied traurig. Aber ich bin mit der Hoffnung aufs Wiedersehen gegangen. Wenn nur das Leben reicht.

R. 16. Oktober. Köln

Wir haben Fasil getroffen; es war sein Abend in Köln. Tags darauf bin ich mit ihm nach Frankfurt gefahren, wo ich ihn bei einer Lesung »vorgestellt« habe, und am nächsten Vormittag habe ich bei einem interessanten Interview mitgemacht. Aber zusammen mit allem, was vorausgegangen war, war das zuviel für mich. Heute ist der erste Abend, wo wir zu dritt sind. Vor ein paar Stunden ist Dima abgeflogen, der vorgestern gekommen war, um Lena zu sehen und uns natürlich auch. Gestern haben wir zu viert ihren Geburtstag gefeiert.

R. 3. November

Jetzt kommt die große Müdigkeit – gleich nach Moskau, dann Frankfurt und noch mehrere Treffen mit den Freunden; das war alles schon sehr viel, und dann habe ich mir noch die Reise nach Barcelona – nein, nicht aufgelastet, ich wollte sehr gern dahin. Ja, es ist eine wunderschöne südliche Stadt, es waren viele interessante Leute da, auch alte Freunde – Dusja und Kostja[1], die zu meinen ältesten Freunden in dieser Welt gehören, und Fasil. Und die Stars

---

[1] Dina I. Kaminskaja und Konstanin M. Simes – Anwälte aus Moskau, leben in den USA.

der Perestrojka: Schmeljow, Streljanyj, Korotitsch, Adamowitsch, Karjakin, Nujkin ... Es war wirklich sehr interessant.
In »meinem« 16. Stock (der Universitätsklinik) sind jetzt zwei von uns: Gestern ist Kamil Ikramow[1] sechs Stunden lang operiert worden. Und am Montag ist Lena Wargaftik hingekommen, offenbar auch ein Tumor. Ich muß am 7. zu meinem Professor.
Heute hat Shora Wladimow aus seinem großartigen neuen Roman gelesen. Lange habe ich mich nicht mehr so gefreut, obwohl wir doch viel Gutes lesen.

R. 24. Dezember
Nach Moskau ist etwas mit mir geschehen: Es ist fast unmöglich für mich geworden, Briefe zu schreiben. Erst jetzt komme ich so langsam wieder da heraus. Es war wundervoll: zweiunddreißig Tage auf einer Wolke aus Liebe und Freundschaft. Es war sehr schwer, zurückzufahren. Nur können Ljowa und ich absolut nicht ohne einander.
Unsere gemeinsame Reise ist zunächst verschoben, wir haben noch immer keine Genehmigung und sind beide schrecklich müde. Zum erstenmal im Leben hatte ich so etwas wie eine Depression, nach all den Medikamenten. Außerdem kommt Ljusja am 12. Januar. Wenn also alles klappt, dann werden wir im März fliegen.
In der »Sowjetskaja Rossija« (»Sowjetrußland«) stand ein widerlich gemeiner Artikel gegen Ljowa:

Sowjetskaja Rossija

21. Dezember 1988
Eine Gruppe von Möchtegern-Literaten, darunter auch L. Kopelew, der sich damals noch in der Sowjetunion befand, erblickte für sich eine Chance, russische Übersetzungen und überhaupt das literarische Schaffen H. Bölls ausbeuten zu können. Kopelew und einige andere begannen auf die gröbste Art und Weise, ihnen nicht genehme Menschen vom Schriftsteller wegzudrängen. Sie umsorgten H. Böll eifrig und ließen nichts unversucht, um sich in sein Vertrauen einzuschleichen. Die Stagnationszeit war dafür gerade günstig.

---
[1] Kamil A. Ikramow (1927-1989) – Schriftsteller, Journalist.

Besonderen Eifer zeigte da L. Kopelew. Von Anfang an schlachtete er H. Bölls Mitleid aus, indem er seine Leiden ausmalte und wie ein Bettler in der Brechtschen »Dreigroschenoper« seinem Zuhörer einen falschen Armstumpf vorhielt. Obwohl bestimmte Leute L. Kopelew heute mit einer anderen Aureole umgeben möchten, sind die Fakten klar: Sie zeigen, daß er wohl nie zu den anständigen Menschen zählte. Überall riß er sich, was er konnte, unter den Nagel. Vor seiner Ausreise aus der Sowjetunion suchte er sich als einen versierten Germanisten hinzustellen, obwohl er in Wirklichkeit nur ein mittelmäßiger Kompilator war. Davon kann sich jeder leicht überzeugen, der sich mit seinen russischen Publikationen... vertraut macht. Seine professionelle Impotenz kompensierte er immer reichlich durch pseudoliterarische und andere Aktivitäten.

Aber nun tut L. Kopelew endlich das, was von jung auf seine Berufung war: In Westdeutschland wurde er zum offiziellen Berater und Informator über pseudoliterarische Angelegenheiten der Sowjetunion.

R. 27. Dezember. Bad Münstereifel

In den letzten Monaten haben wir hier schon viele Moskauer und Leningrader gesehen. Noch immer lesen wir fast genauso eifrig Zeitschriften. »Fast«, weil inzwischen das Bedürfnis immer größer wird, aus allem schlau zu werden, gründlicher nachzudenken, wenigstens für sich selbst zu verstehen, was denn eigentlich vor sich geht.

In den Weihnachtstagen haben wir hier die Ansprache des Bundespräsidenten gehört. Seine Reden sind immer beachtlich (die beste war wohl die zum 40. Jahrestag des Kriegsendes). Aber auch die jetzige über die Einsamkeit. Er sprach über Witwen, über einsame alte Menschen, über einsame junge Leute: »Sich selber sagt man nicht gute Nacht.« Ich weiß, daß er wie alle großen Politiker besondere Leute hat, die ihm mindestens den Entwurf seiner Rede schreiben – er tritt sehr oft auf –, aber keiner versteht es wie er, immer wieder den Eindruck zu erwecken, daß er sich ganz persönlich an dich wendet. Dann sagte er noch, daß jemand, der nur für sich selbst lebt, sich eine Einzelzelle baut.

1989

R. 16. Januar. Köln

Vormittags kamen Ikramows. Sie fahren zurück nach Recklinghausen, wo seine medizinische »Rehabilitation« stattfindet, die schon großartige Erfolge gebracht hat.

Wir sitzen mit Reso und Nodar[1] zusammen. Die Erinnerungen kommen von selbst und vermischen sich mit dem, was heute in Moskau, Tbilissi und Köln vor sich geht ... In den winzigen Pausen versucht Lew noch zu diktieren – er möchte ja so gern seinen großen Aufsatz »Lomonossow und Deutschland« beenden, den er in Bad Münstereifel fast fertiggeschrieben hat. Er vergleicht Lomonossow mit Goethe und Leonardo; mir kommt das übertrieben vor, aber er behauptet, es träfe genau zu. Schließlich übermannt es ihn, und er fällt augenblicklich in Schlaf. Und wir sitzen zu viert in der Küche und reden, reden, reden. Um 7.30 Uhr sollen wir alle zu Professor Keller fahren. All die Jahre haben Kellers uns geholfen, die Verbindung mit Tbilissi zu halten.

Petra Kelly und Gert Bastian waren da. Wir haben uns fast ein Jahr lang nicht gesehen. Sie waren die ersten, die – nur auf meinen telefonischen Bericht von dem Hetzartikel in der »Sowjetskaja Rossija« hin – sofort mit einem offenen Brief zur Verteidigung des Freundes reagierten. Wir sitzen zusammen, trinken Tee, und an Gesprächsthemen fehlt es nicht. Petra ist ein Hochspannungshäuschen, sie redet ununterbrochen, erzählt sehr interessant von Tibet, von Begegnungen mit dem Dalai Lama, von Indien und von den inneren Widersprüchen in der Partei der Grünen. Als sie weg waren, sagte Ljusja (die sie auch in Moskau schon einmal gesehen

---

[1] Nodar Kakabadse – Germanist in Tbilissi.

hat) zu mir: »Am meisten wundert es mich, daß es Leute gibt, die sich tatsächlich von morgens bis abends mit den Angelegenheiten der ganzen Welt beschäftigen; ›sich beschäftigen‹ ist nicht das richtige Wort, die dafür leben, sich selbst verzehren ...«
Petra ist krank, und sie hat die ganzen deutschen Medikamente weggeworfen, all die Tabletten und Pülverchen, und nimmt nur noch tibetische Heilmittel ...

R. 17. JANUAR

Ljusja ist seit fünf Tagen hier. Wir schwimmen in Seligkeit, die von den ewigen Besuchen etwas verwässert wird, aber egal – wir sind zusammen. Morgen fahren wir nach Bayern, die Reise ist schon lange geplant, Ljowa und ich haben beide Auftritte. Zuerst zu Harry Pross ins Allgäu. Da waren wir zweimal bei seinen Seminaren. Von dort nach Ravensburg und zurück ins Allgäu (Weiler). Dann für drei Tage nach München und von dort, auf dem Rückweg nach Köln, noch ein Halt in Heidelberg. Diese Schönheiten wollen wir Ljusja zeigen und gemeinsam auch selbst bestaunen.

R. 2. FEBRUAR

Am 22. Februar werde ich Karl Schlögel treffen. Dann sprechen wir über den Plan »Moskau–Berlin«. Das Material ist gewaltig, aber ich weiß nicht – für eine Ausstellung? –, na ja, natürlich auch für eine Ausstellung.
Bei dieser Reise bin ich zufällig auf zwei extreme Pole des deutschen Lebens gestoßen. In Ravensburg gibt es eine alte literarische Gesellschaft, 35 Jahre alt. Die Leute leben buchstäblich in Büchern, Musik und Versen. Sie verdienen alle sehr wenig und befassen sich auch nicht damit. Ein Mitglied dieser Gesellschaft, Reinhold von Walter, hat den »Shiwago« übersetzt. Er war absolut arm und wurde plötzlich, wie durch einen Zauber, reich. Der lebt nicht mehr.
In Heidelberg war es dagegen eine Unternehmergesellschaft; das schlimme ist nicht, daß sie sich mit Geld befassen, sondern daß ihre Lebensanschauungen vor langer Zeit und unumstößlich entstanden sind, und sie wollen von nichts anderem, von keinem »neuen Denken« etwas wissen. Ich habe hier wohl noch nie ein so feindseliges Auditorium erlebt (Lew hielt da einen Vortrag). Mir wurde

wieder einmal klar, daß wir hier wenn nicht in einem künstlichen, so doch in einem sehr bestimmten eigenen Kreis leben.

AUS EINEM BRIEF VON KARL SCHLÖGEL

Berlin, 27. 2. 1989

Liebe Raja,
Sie haben mir vor langer Zeit einen der schönsten Briefe geschrieben, die ich seit langem bekommen habe. Ich habe ihn mit Erregung und Spannung gelesen und gespürt, daß wir beide um eine große und grausame Geschichte kreisen – eine Geschichte, die viel mit Ihrem Leben zu tun hat, an die ich mich aber nur von außen und von Ferne annähern konnte. Wenn ich einiges aus diesem Chaos herausgeholt habe und wenn das sogar geglückt ist, wie Sie schreiben, dann ist das für mich mehr als Genugtuung.

Die Reaktionen, die bisher auf das Buch[1] gekommen sind, sind alle gut, interessiert und anerkennend, aber alle stehen »darüber«, es ist für sie etwas, was mit ihnen nichts zu tun hat. Sie suchen in der Arbeit nach neuen Informationen, sind über den Reichtum des Materials froh, aber das, was die entscheidende Qual einer Arbeit an diesem Thema ausmacht: daß man dabei den Verstand verlieren kann, daß man zu der Einsicht kommt, daß es keine höhere Vernunft und keine höhere Logik gibt, sondern nur einen wüsten Kampf mit Starken und Schwachen, mit glänzenden Gestalten und furchtbaren Kreaturen, daß die Geschichte etwas mit Leben und Tod zu tun hat – all das fehlt. Geschichte ist für die meisten eine akademische Angelegenheit, etwas, was man in ein Fach stecken muß, in Akten. Geschichte hat nichts mit Glück, Tränen, Grausamkeit und der Erfahrung der Hoffnungslosigkeit zu tun.

Ich bin an den Punkt gelangt, wo man sich eingestehen muß, daß (vorläufig jedenfalls) keine Konzepte existieren, nach denen man das Komplizierteste auf der Welt – die Verschlingung von Hunderten von Millionen Menschenleben mit ihren Trieben, ihren Bedürfnissen und Leidenschaften – »ordnen« könnte. Ich halte das »Konzept« nicht für das Essentielle oder Wichtigste, es ist eher ein Notbehelf, um für sich eine gewisse Ordnung zu schaffen, um den »Verstand nicht zu verlieren«. Konzepte haben weniger mit der

---

[1] Karl Schlögel: »Jenseits des Großen Oktober. Das Laboratorium der Moderne. Petersburg 1909–1921« (Berlin 1989).

Geschichte als vielmehr mit dem Bedürfnis nach Sicherheit und Ordnung der Geschichtsschreiber zu tun. Daß Sie das Chaos, die Monströsität des Materials und die Art, sich zu nähern, wie selbstverständlich akzeptieren, das zeigt mir, daß das Gespür für Geschichte nicht unbedingt bei Geschichtsprofessoren aufgehoben ist. Es gibt keine Geschichtsbeschreibung ohne Anteilnahme, ohne Gerechtigkeit gegenüber den Personen und Sachen. Die Frage ist, wieweit man diese Gerechtigkeit aushalten kann: Kann man, sagen wir, Stalin gegenüber gerecht sein? Wahrscheinlich übersteigt es unser Vermögen. Nur so dringt man in die Ambivalenz des Fortschritts ein, in die Grausamkeit des Fortschritts, der zugleich eine Wohltat ist (für die meisten).

Diese Erfahrung kommt nicht von ungefähr. Sie hat mit der eigenen Lebenserfahrung zu tun. Das Anerkennen des anderen ist eine Bedingung der Erkenntnis, es ist ein Vorgang der An-Erkenntnis.

Ich habe einen Monat lang an einem Aufsatz über Lwow gesessen, und es ist mir nicht geglückt, in Gedanken und Worte zu bringen, was sich ereignet hat und wovon diese Städte und ihre Kultur geprägt sind. Natürlich wäre es ein leichtes, eine Reportage zu schreiben, einen »Bericht«, Impressionen etc. etc. Aber das ist nicht das entscheidende. Das entscheidende ist, daß wir nicht zur Sprache bringen können, was geschehen ist, oder allgemeiner: was die europäische Geschichte in diesem Jahrhundert eigentlich gewesen ist. Ich habe manchmal den Eindruck, daß der Endpunkt des alten Europa – vor dem Kriegsausbruch 1914 – bis heute nicht überholt worden ist in seiner »Zivilität«, in seiner Toleranz, daß es noch ein Raum war, in dem die Völker miteinander leben konnten. Und trotz der hoffnungsvollen Zeichen für ein neues Europa, an das man schon nicht mehr glauben konnte, ist die Frage: Sind wir im Positiven über die Leistungen der Gesellschaft und der Staatenwelt von vor 1914 wirklich hinaus? Werden wir die Dynamik, die sich jetzt stürmisch entfaltet, wirklich »zivilisieren«, unter Kontrolle halten können? Ich weiß es nicht. Die Geschichte ist so offen, daß alles möglich ist.

Ich komme mir vor, wie jemand, der ganz interessante Gedanken hat, die aber sonst keine Rolle spielen. Sie haben geschrieben, daß es für den Leser manchmal nicht einfach ist. Das ist wahr, und in einzelnen Fällen wäre eine nochmalige Redaktion gut gewesen. Doch im Prinzip möchte ich es aufrechterhalten: man darf keine Konzessionen machen, man muß an den kleinen Kreis in der

Diaspora denken, der die Dinge denkt, die noch nicht spruchreif geworden sind.
Aber was geht in der Sowjetunion vor sich? Ich sehe dies und jenes; ich glaube, wir sind in einer bedeutenden geschichtlichen Konstellation, in einem »Knoten« – aber für die Wucht und die Elementarkraft, mit der das vor sich geht, habe ich keine Worte. Man hat den Eindruck, daß das Denken wieder lebendig geworden ist, daß die ganze Geschichte wieder in Fluß kommt und daß es kein »Konzept« gibt, in das man diesen Naturprozeß einsperren, »katalogisieren« könnte. Gott sei Dank! Aber wenn man es nicht so machen will, dann bleibt nur: sich mitten in diesen Fluß hinzustellen und daran zu arbeiten, dafür eine Sprache zu finden.

R. 3. MÄRZ

Bei uns ist alles unverändert. Eiserne Absage. Wir werden noch einmal die Familienmöglichkeit versuchen.
Veröffentlichungen werden in Aussicht gestellt. Lew hat einen bemerkenswerten Brief aus dem Saratower Gebiet von einem Kolchosagronom bekommen (nach dem Interview in »Nowoje wremja«; »Neue Zeit«). In dieser Woche werden wir Sonja Bogatyrjowa[1] treffen, vorige Woche haben wir uns von Jewgenij Popow[2] und seiner Frau verabschiedet; am Sonntag kommt eine große sowjetische Delegation, zu der auch Baklanow, Schmeljow und Portugalow gehören (der uns schon angerufen hat). So ist unser Alltag.
Viele beunruhigende und sehr beunruhigende Nachrichten. Schrecklich. Ich hoffe, daß wir uns in Paris fünf Tage mit Sweta und Koma treffen werden.
Wir haben die ganze Zeit am Umbruch des zweiten (deutschen) Teils unseres Buches »Wir lebten in Moskau« gearbeitet.
Die Wladimows sind glücklich über die Veröffentlichung von »Ruslan«[3]; sie haben eine Einladung von der Leningrader Filmgesellschaft bekommen und lassen sich jetzt die Reisepapiere ausstellen. Und Wojnowitsch von der Moskauer Filmgesellschaft. Der kriegt auch seine Papiere.

---

[1] Sonja I. Bogatyrjowa – Erste Frau von Konstantin Bogatyrjow.
[2] Jewgenij A. Popow – Schriftsteller, Epiker; lebt in Moskau.
[3] Eine Erzählung von Georgij Wladimow über den Wachhund eines Straflagers; ein realistisches und zugleich parabelhaftes, brillant geschriebenes Werk.

R. 12. MÄRZ
Gestern sind wir zum erstenmal seit Dezember 1980 in die Hülchrather Str. 7 gefahren. Es war Vincents Geburtstag und eine Art Einweihung. Als wir dem Taxifahrer die Adresse nannten, sagte er: »Da hat Böll gewohnt.« Wir waren die ersten Gäste. Eine Empfindung: In dieser Wohnung tönte es buchstäblich international. Am meisten hörte man Spanisch. Und es war schön, Annemarie zu beobachten, wie sie klug und ruhig und herzlich die Gäste begrüßte.

ZWISCHENBEMERKUNG
Am 7. April durften wir beide nach Moskau fliegen.

R. 8. APRIL
Ich hoffe, daß die heimatliche Erde uns irgendwelche Kräfte schenkt, doch was auch kommen mag ... Wir werden alle und alles sehen und in etwas besserem Zustand zurückkommmen.
 Als wir ankamen, standen wir in der Schlange zur Paßkontrolle; wir wurden aufgerufen, man ließ uns sogar vor. Lew gab seinen Paß ab; dort saß ein sehr junger Mann, der irgendwelche Listen entweder von oben nach unten, oder von rechts nach links und links nach rechts las, jedenfalls brauchte er sehr lange, kontrollierte irgend etwas in Computern, dann kam zweimal sein Vorgesetzter zu ihm, schließlich stand ich direkt hinter Ljowa; meinen Paß hatte ich noch nicht hingegeben, und sie sagten: »Warten Sie, wir müssen noch etwas prüfen.« Wir warteten eine Stunde. Alle anderen waren schon durch die Paß- und die Zollkontrolle; ein Segen, daß unsere Freunde drüben waren; ganz unerwartet war für uns, daß Michaela, die Frau des Korrespondenten Hans Peter Riese, die schon drei Jahre in Moskau sind, einfach sagte, sie werde nicht weggehen, solange mit uns nicht alles klar sei. Zuerst dachte ich, es hätte irgendwelche technischen Gründe, dann wurde mir klar, daß es Schikane war.
 Ljowa reagierte sehr empfindlich auf alles, mich regte das, was da geschah, schon nicht mehr so sehr auf, obwohl ich wußte, wie sich all die Unseren aufregten. Zuletzt sagte man uns, die Ecke von Lews Paßbild sei so, daß der Stempel nicht richtig darauf wäre. Ununterbrochen kamen Grenzer und andere Zollbeamte. Sie gingen hierhin und dahin, von einem Zimmer ins nächste, brachten irgendwelche Papiere und taten fürchterlich beschäftigt. Aber man

hatte absolut den Eindruck, daß es eine Art Zinnsoldatenspiel war, eine vorgetäuschte Aktivität. Im übrigen wußten wir, daß uns auch ein Korrespondent der »Moskowskije nowosti« erwartete, und die deutschen Fernsehteams standen schon, wie all die Unseren, hinter dem Zoll. Die traten an die leeren Durchgänge, und Ljowa gab ununterbrochen Interviews. Endlich gab man uns die Pässe.

Schon heute kamen einige Gratulationsanrufe aus Köln. Es war alles schon im deutschen Fernsehen gewesen.

L. 9. APRIL

Wir sind in Moskau im Jekaterinenpark gegenüber dem Olympischen Dorf. Für mich ist das noch nicht Moskau, sondern eine merkwürdige, fremde Stadt. Die Glas-Beton-Gebäude ... selbstgefällig, nicht vollständig standardisiert, oder vielleicht doch, weißgrau ... Das ist nicht Moskau, das könnte in Paris sein, in New York, in Köln, wo immer. Nur daß es auf den Straßen alles sehr, sehr dreckig ist. Es gibt mehr Autos als früher, immer starken, penetranten Benzingestank.

Gestern haben mich mehrere Leute an die Strophe aus dem Lied erinnert »Womit die Heimat anfängt ...« Für uns begann die Heimat sehr plastisch, gleich von allen Seiten. Zuerst waren da diese bürokratisch höflichen Grenzbeamten mit den leeren Augen, eindeutig abstoßend. Und es kamen viele trübe Erinnerungen. Vor 45 Jahren habe ich diesen meinen Geburtstag im Gefängnis erlebt.

R. 12. APRIL

Gestern erreichte uns eine schlimme Nachricht, die wir bis jetzt noch gar nicht fassen können. Reso ist tot. Es ist wirklich ganz unmöglich, das zu glauben. Er ist in Weimar an einem Herzinfarkt gestorben. Heute abend werden sie den Sarg zu Nora[1] bringen, und Ljowa und Lena werden wahrscheinlich hingehen. Ich habe einfach nicht die Kraft dazu.

---

[1] Nora Pfeffer – Mutter von Reso Karalaschwili; Schriftstellerin, Germanistin; war damals in Moskau, lebt heute in Köln.

L. APRIL

Unsere Freunde, die Ärzte haben gesagt: »Bring sie zurück nach Köln, und das so schnell wie möglich. Da habt ihr die Medizin des 20. Jahrhunderts, vielleicht kann man dort noch helfen. Wir sind machtlos. Wir haben hier die Medizin des 18. Jahrhunderts.«

Wir flogen also zurück. Steffen Heinemann wartete schon in der Maschine, die er nicht verlassen durfte, da er kein Visum hatte. Er hatte dort für Raja ein Bett vorbereitet.

R. 8. MAI. KÖLN

AN ALLE, DIE MICH UMSORGT HABEN.[1]
An alle, die mich in Moskau behandelt haben:
Anatolij Bruschtejn, Jewgenij Gerf, Berta Gorelik, Jurij Krajman, Julij Krelin, Lew Schimeljowitsch.

»Ihr, meine Lieben,
ich mag diesen ›Rundschreibenstil‹ gar nicht, aber für persönliche Briefe reicht meine Kraft noch lange nicht. Anatolij sagte beim Abschied zu mir, daß er mich hinausboxe, damit ich so schnell wie möglich von der Medizin des 18. Jahrhunderts zur Medizin des 20. Jahrhunderts käme.

Ich will versuchen, Euch die ersten Tage dieses Übergangs zu schildern.

Der Flug war nicht so schwer, wie wir angenommen hatten. Mühe machte nur das Akrobatenstück, aus der Hängeliege in die Toilette zu kommen. Steffens Anwesenheit freute mich sehr. Als sie mich aus dem Flugzeug auf die Tragbahre trugen, zog es höllisch. (Mascha! Ljowa hat sich dann auch noch erkältet.) Ganz gewöhnliche Sanitäter, wie jene auch. Ein gewöhnlicher Krankenwagen, aber die Straßen! Nein, das nächste Mal komme ich nicht ohne Autobahn im Gepäck.

Das Krankenhaus am Samstagabend menschenleer, ein bißchen schubsten sie mich ... Da war mein großes Zimmer und das bekannte, unglaublich bequeme Bett. Im übrigen kam ich sofort in

---

[1] Abgedruckt in: Raissa Orlowa-Kopelew: »Warum ich lebe« (Göttingen 1990), S. 436 ff.

die Röntgenabteilung: Vom Bett auf die Liege, dort machten sie Aufnahmen, dann ging es zurück.

Während des ganzen Fluges hatte ich nichts trinken können, die zwei, drei Schlucke, die ich herunterzwang, taten sehr weh.

Sie hängten mich sofort an den Tropf, über den man alles bekommt: ›Essen und Trinken‹; Antibiotika, harntreibende Mittel, Schlafmittel und gestern außerdem noch viel frisches, rotes Blut. Ich fiel bald in Schlaf. [...] Ljowa bekam ein Bett in meinem Zimmer.

Morgens kam Professor Klein mit zwei anderen Ärzten, von denen einer der Leiter der Hals-Nasen-Ohren-Abteilung war. Sie sahen mir alle in den Hals: Eine kleine Tracheitis, aber damit war nicht alles zu erklären, was mit mir passierte. Klein sagte, daß man zuerst die Ursache für den Entzündungsprozeß finden müßte und dann alles übrige. Und sie brachten mich zu einer Folter mit dem Namen Gastroskopie. Übrigens gab es nur einen einzigen Arzt, der mir bislang begegnet ist, der absolut gleichgültig war. Er fand kein einziges menschliches Wort und kommandierte nur immer seine Assistentin: ›Vor! Zurück! Vor! Zurück!‹ Sie machten eine örtliche Betäubung im Mund und führten einen dünnen Schlauch ein, die Anzeige erschien auf einem Zähler. Es stellte sich heraus, daß ich zwei Herde einer akuten Speiseröhrenentzündung mit Nekroseerscheinungen habe. Er sagte, daß er so etwas in seinem ganzen Leben noch nicht gesehen habe. Ich glaube, es erübrigt sich herumzurätseln, warum.

Hier bekam ich dann gleich Antibiotika und noch eine weißliche Flüssigkeit; ich muß sie in kleinen Schlückchen einnehmen, das lindert. Klein kam nach drei Uhr nachmittags noch einmal, er hatte Dienst im Krankenhaus. Er sagte, daß jetzt vor allem die Entzündung behandelt werden müsse. Bei der ersten Visite hatte er verraten, daß Flüssigkeit im Gewebe sei und noch zwei bis zweieinhalb Liter abgelassen werden müßten, aber das alles später.

Noch einmal zum Ankunftsabend. Ljowa sagte, daß er für zwei Stunden nach Hause führe. Er konnte mich überhaupt nicht hören, wir schrieben einander. Und ich fing an zu schreiben: ›Ljowuschka, mir fällt der Wechsel von meinem menschenbevölkerten Planeten in die Eiswüste komfortabler Einsamkeit schwer.‹ Er schaffte es nicht, es zu lesen, und als ich die Augen aufschlug, saß Brigitte da. Sie und Karl-Heinz hatten uns am Flughafen getroffen,

aber ihre Gesichter waren nur vorübergehuscht. Nun hatten sie schon Wachen eingeteilt: ab 10 Uhr morgens Irene, ab 4 Uhr Elisabeth. Jetzt nutze ich unsere liebe Maria aus (die sich absolut nicht ausgenutzt fühlt! Anmerkung von M.).
(Noch ein mystisches, nicht medizinisches Detail. In den ununterbrochenen Telefonwechsel Köln–Moskau, Köln–Kalifornien drang ein Anruf aus München ein. Es war Marija Belkina. Lew erzählte ihr, wie ich in den schweren Tagen ihr Buch[1] gelesen habe. Sie will nach Köln kommen, hat das Buch für uns.)
Das Ausspeien war wie in Moskau, nur bekam ich statt der großen weißen Schüssel eine elegante Abflußrinne aus Metall. Man hat Euch das natürlich schon oft erzählt, aber auch ich erlebe nun wieder diesen Schock – wie soll man es beschreiben: die Fürsorge, daß alles vorhanden, erreichbar, bequem und leicht für den Patienten ist. Es gibt ein kleines Schaltbrett, vor allem um die Schwester zu rufen. Auf eine Krankenschwester kommen gewöhnlich zehn Zimmer, das heißt zwanzig Patienten. Bisher habe ich nur freundlich lächelnde Schwestern erlebt, die bereit und fähig sind zu helfen. Den Nachtdienst macht Schwester Anni von den Philippinen.
Wegen des pausenlosen Spuckens konnte ich lange nicht einschlafen, schlummerte erst morgens ein bißchen.
Gerade war Professor Pichlmaier da, ihm fehlt noch etwas, er schickt mich zur Ultraschalluntersuchung und noch zu einer Röntgenaufnahme des Brustkorbs.
Das, meine Lieben, ist also mein erster Bericht.
Ljowa ist heute morgen mit 37,3 aufgewacht; er hat die ganze Nacht verzweifelt gehustet. Er sollte lieber mal zwei Tage zu Hause liegenbleiben, aber wie kriegt man ihn dazu?
Ich öffne die Augen und sehe mein Krankenzimmer, das Kreuz an der Wand. Ich schließe die Augen und sehe Eure lieben Gesichter.«

L. 24. MAI. KÖLN

Über die »neuesten« Ereignisse zu schreiben ist sehr schwer, quälend schwer. Vielleicht irgendwann später finde ich die Kraft und werde beschreiben, wie erstaunlich tapfer und beharrlich Raja sich

---

[1] Marija L. Belkina: »Die letzten Jahre der Marina Zwetajewa« (Frankfurt am Main und Leipzig 1991).

ihrer schrecklichen Krankheit widersetzt. Sie wird immer schwächer, sie erlischt. Keine Schmerzen. Immer am Tropf und Spritzen; doch ein quälender Husten, schweres Atmen. Zweimal wurde sie punktiert, aber immer wieder schwillt es an. Sie ißt kaum, einige Teelöffel pürierter Suppen, Obstsaft, vier bis fünf Löffel am ganzen Tag. Wenn sie an einem Stückchen Apfel kaut oder an einer Kirsche, ist es schon ein Ereignis. Und jedesmal freut sie sich darüber. Sie freut sich über die Dusche und wie geschickt die Schwestern alles tun; freut sich, wenn sie zweimal durchs Zimmer geht oder eine Viertelstunde im Sessel sitzt. Es sind in ihr noch viele gute Kräfte, freigebig gute, aus denen Freude wächst.

Unerträglich ist dieses grausame, schreckliche Schicksal; ungerecht, grausam, ungerecht, daß eben sie, die so lebensvoll ist, die so das Leben liebt, das Leben um sich herum, in anderen Menschen, die immer bereit ist, zu helfen, und immer geholfen hat, daß eben sie jetzt hilflos ist, verurteilt. Die Hilflosigkeit bedrückt sie am meisten: Gott sei Dank begreift sie nicht alles, was geschieht. Sie hofft. Wir sprechen darüber, wohin wir im Herbst fahren wollen, was wir machen werden, wenn sie nach Hause zurückkehrt.

Noch vorgestern morgen, nach einigen unruhigen Stunden, als sie immer wieder anders liegen wollte, sagte sie: »Nein, es tut nichts weh, aber ich bin müde, sehr müde« – und plötzlich, ganz still: »Befreie mich von der Müdigkeit, o Mutter Tod.« Ich begann darauf zu schwatzen, sagte etwas Aufmunterndes, scherzte. Ihr Gedächtnis bleibt klar. Doch manchmal wird ihr Bewußtsein getrübt: »Ich will schlafen, nur schlafen ...«

Wir drei (die Töchter und ich) lesen ihr vor. Erst wollte sie nur Turgenew hören. Wir haben bereits »Die Frühlingsfluten«, das »Adelsnest« und »Rudin« vorgelesen. Jetzt lesen wir »Am Vorabend«. Doch gestern abend und heute wollte sie etwas anderes hören. Ich las ihr einige Artikel aus Zeitschriften vor. Sie fragt immer nach politischen Nachrichten, aber viel häufiger über die Angehörigen, über Euch alle, über die Kinder. Diese Woche ist der Atem besonders schwer.

Der Professor, der sie mit Chemotherapie behandelt, sagte zu Sweta (mich »verschont« er), daß es ein »außerordentlicher Fall in seiner Praxis« sei, daß sie »immer noch lebt ...«, »außerordentlich vitale Kraft«. Nach seinen theoretischen und praktischen Erfahrungen »sollte sie schon im Winter sterben«.

Es ist gut, daß die Töchter hier sind. Nachts bleibt immer eine

von ihnen bei ihr. Mich lassen sie nur morgens für anderthalb bis zwei Stunden herein und wieder abends, bevor eine von ihnen zum Nachtdienst kommt. Nun, ich wollte nicht ausführlich schreiben, kann aber kein Ende finden. Habt Ihr Rajas Brief »an alle« erhalten? Sie hat ihn schon in den ersten Tagen hier diktiert.
Jetzt muß ich schon daran denken, was später kommt, an ihre Archive. Die sind voll von unschätzbaren Handschriften, Tagebüchern, Briefen, Notizen, Entwürfen. Schrecklich, jetzt darüber nachzudenken, aber sie darf nicht, sie soll nicht sterben. In diesen Schriften lebt sie weiter.

L. 29. Mai. Köln

Ich kann mich nicht daran gewöhnen, nicht damit abfinden, kann es einfach nicht glauben. Sie ist ja schon nicht mehr sie selbst: der erloschene, nach innen gerichtete Blick, und er war immer nach außen gerichtet. Immer wollte sie erzählen, worüber sie nachdachte, war ungehalten, zornig: »Wie soll denn ein anderer dich verstehen«, und jetzt denkt sie immerfort, denkt schweigend. Woran? Sieht und horcht in sich hinein. Ahnt sie es denn schon? Oder sie spricht leise mit sich selbst. Die Mädchen sind jetzt wichtiger für sie als ich; sie sind geschickter, hören besser, handeln sicherer; sie helfen ihr beim Essen oder wenn sie sich aufrichten will ... Manchmal scheint es mir, als ob sie sich nicht freut, wenn ich komme, und nicht traurig ist, wenn ich gehe. Freut sie sich denn über die Töchter? ... Sie übt mit Marischa deutsche Wörter, und plötzlich bittet sie um Essen, einen Apfel, Tee, ein Stückchen Grapefruit; sie kaut konzentriert, vorsichtig, schluckt zaghaft. Ich lese ihr vor, sie hört zu, spricht manchmal. Heute sagte sie: »Turgenew hat viele Ausdrücke, Metaphern, solche, die heute trivial klingen, und dennoch ist es schön, was er schreibt.« Und noch einmal zu dem Thema: »All die ›Mündlein‹ und ›Äuglein‹ und so weiter bei ihm – Schwülstigkeit der Betrachtung mehr als der Sprache – und dennoch ist er ein Künstler, ein Poet ... Man sieht die Menschen und die Landschaften und die Wohnungen ...; verschiedene Menschen, verschiedene Beziehungen, alles ist einzigartig, und alles ist genau dargestellt, sichtbar, hörbar, fühlbar ...« Sie streitet oder ist einverstanden. Sie war sehr böse, als ich den »Brief an die Deputierten« für sie mit unterschrieben habe: »Ich will keine Plattitüden unterschreiben.« Sie lebt doch, und wie sie lebt ... Herr! Laß ein Wunder geschehen.

L. 30. Mai

Ich habe ihr einen Artikel aus dem »Kölner Stadtanzeiger« vorgelesen und ein paar Seiten aus »Väter und Söhne«. Sie war lebendig, nichts als lebendig.

L. 31. Mai

Karl-Heinz hat mich um sieben Uhr hingefahren, um Mascha abzulösen. Schon beim Betreten des Raumes sah ich, nein, spürte, spürte widerwillig: Es geht zu Ende, sie atmet krächzend, stoßweise, hustet, ohne wieder zu sich zu kommen, schwacher Puls. Aber ich bemerkte noch lebendige Wärme, als ich ihr die Hand küßte. Wie im Schlaf sagte sie: »Alles ist gut.«
Das waren ihre letzten Worte.

Nachwort

von
Klaus Bednarz

Wer Lew Kopelew in seiner mit Büchern, Bildern und Fotos vollgestopften Wohnung am Beethovenpark in Köln besuchen möchte, sollte dies tunlichst nicht zu den Haupt-Nachrichtenzeiten des Fernsehens tun. Dann nämlich sitzt er kerzengerade und angestrengt lauschend in seinem blaßgrünen, zerschlissenen Ohrensessel unmittelbar vor dem TV-Gerät und ist für niemanden ansprechbar. Es sind nicht nur die Nachrichten aus Rußland, die er mit höchster Konzentration und intensiver Anteilnahme geradezu in sich aufsaugt, sondern auch die Bilder vom Krieg im ehemaligen Jugoslawien, vom Kampf der türkischen Armee gegen die kurdische Zivilbevölkerung, von Massakern zwischen Hutu und Tutsi, den Menschenrechtsverletzungen in China, den Überfällen jugendlicher Neo-Nazis in Ostdeutschland und den Brandanschlägen auf Asylbewerberheime in vielen Städten und Gemeinden seiner deutschen Wahlheimat.

Doch nicht nur die schlimmen Folgen alter und immer wieder neu erstehender Feindbilder bewegen ihn, sondern auch die Gleichgültigkeit verantwortlicher Politiker und die offenkundige Vergeßlichkeit der Völker, wenn es darum geht, sich der dunklen Zeiten ihrer Geschichte zu erinnern. In solchen Momenten sind die empörten und sarkastischen Kommentare, aber auch die anteilnehmenden Seufzer noch im Nebenzimmer zu hören.

»Solange man die Zunge bewegen kann, muß man reden«, lautet ein Credo Kopelews. Und ein anderes: »Man muß die Namen der Schuldigen öffentlich nennen.« Und er nennt die Dinge und Personen öffentlich beim Namen. Den Krieg in Tschetschenien bezeichnet er in Zeitungs- und Fernsehinterviews als »Völkermord«, den russischen Präsidenten Boris Jelzin nennt er wegen ebendieses

Krieges einen »Verbrecher«. Den deutschen Außenminister fordert er öffentlich auf, sich für die weltweite Ächtung der mörderischen Landminen einzusetzen, den Bundespräsidenten bittet er um Unterstützung bei der Rettung von Kulturdenkmälern in Weimar.

Seine unstillbare Neugier auf alles, was in der Welt geschieht, die bedingungslose Bereitschaft, jeden Gedanken neu zu denken, und die schier unerschöpfliche Energie bei immer neuen Versuchen der Einmischung lassen den heute 84jährigen »Wanderer in zwei Welten« (Kopelew über Kopelew) noch immer als ein geistiges Kraftwerk erscheinen, das trotz manch altersbedingter Beschwernisse mehr Jugendlichkeit ausstrahlt als viele Vertreter der Enkelgeneration.

Die Aufzeichnungen »Wir lebten in Köln« enden mit dem 31. Mai 1989, dem Todestag von Raja Orlowa. Mehrere Jahre hat es gedauert, bis Lew Kopelew die Arbeit an diesem Buch, das er gemeinsam mit seiner Frau begonnen hatte, fortsetzen konnte. »Die Vergangenheit war ja noch nicht vergangen.«

Doch es waren alles andere als Jahre der Untätigkeit. Da war zunächst die Fortführung seines, wie er es nennt »wichtigsten und liebsten« Werkes, des »Wuppertaler Projekts« – jener einzigartigen Forschungsarbeit über die deutsch-russischen Fremdenbilder vom Mittelalter bis zur Gegenwart, die inzwischen in sechs umfangreichen Bänden ihren Niederschlag gefunden hat. Die Wende in Rußland im Jahre 1989 machte es ihm möglich, nun auch wieder nach Moskau zu fahren, um dort Autoren, Archiv- und Forschungsmaterialien zu suchen. »West-östliche Spiegelungen« lautet der beziehungsreiche Titel dieser Reihe, die demnächst mit vier weiteren Bänden abgeschlossen werden soll.

Nach dem Tod von Raja Orlowa initiierte Lew Kopelew ein neues, diesmal der Zukunft gewidmetes Projekt, die Buchreihe »Forum XXI – Mit dem Fremden leben?«. Getrieben von der Sorge, daß »in diesem Jahrhundert die Menschheitsgeschichte nicht zu Ende geht«, versammelt sie Texte, Erkenntnisse, Träume und Hoffnungen zum 21. Jahrhundert, die dazu beitragen sollen, Feind- und Fremdenbilder abzubauen. Sie soll Anregung sein, über die Lehren der Geschichte im Blick auf die Zukunft »möglichst unvoreingenommen und ernst« nachzudenken. Das Verzeichnis der in- und ausländischen Autoren liest sich – von Böll und Grass über Kohout und Miłosz bis zu Iskander, Kornilow und Bitow – wie ein Gotha der zeitgenössischen europäischen Literatur und Geistesgeschichte.

Zu den gemeinsamen Träumen von Raja Orlowa und Lew Kopelew gehörte, in Rußland und Deutschland gleichermaßen Interesse zu wecken für die Kultur des jeweils anderen sowie die fast tausendjährige gemeinsame Geschichte in Europa. Eine wichtige Etappe auf dem Weg zu diesem Ziel war für Kopelew die Eröffnung der aus dem Wuppertaler Projekt hervorgegangenen Ausstellung »Deutsch-russische Begegnungen im Zeitalter der Aufklärung« im Frühjahr 1994 in Moskau, die seither durch viele russische Städte gewandert ist. Als Parallel-Ausstellung wird sie ab Herbst 1996 in einer Reihe deutscher Städte zu sehen sein – im Sinne Raja Orlowas und Lew Kopelews ein weiterer aufklärerischer Versuch, jenes »Nichtwissen und Nichtwissenwollen« zu bekämpfen, das Bewußtsein und Seele vergiftet, betäubt und verblendet.

Wie in Moskau, war auch in den Kölner Jahren der zentrale Platz in der Wohnung des Ehepaars Orlowa/Kopelew die Küche. Daran hat sich auch nach dem 31. Mai 1989 nichts geändert. Im Gegenteil: Seit die Grenzen zu Osteuropa durchlässig geworden sind, gleicht das Kölner Domizil Kopelews einer großen Karawanserei. Nicht nur unzählige Freunde und Verwandte aus Rußland, der Ukraine, dem Baltikum und anderen Teilen der einstigen Sowjetunion machen hier für kürzer oder länger Station – auch für viele Unbekannte, die sich auf den Weg von Ost nach West machen, ist Lew Kopelew die erste Adresse. Und alle empfängt er mit Selbstverständlichkeit und liebenswürdiger Offenheit. Hört sich Geschichten an und beantwortet Fragen, erteilt Rat und hilft, wo er nur helfen kann. Wohl an keinem anderen Ort in Europa finden so viele deutsch-russische Begegnungen statt wie am Kölner Küchentisch Lew Kopelews. Hier ist Raja Orlowas und Lew Kopelews Traum von den »deutsch-russischen Beziehungen von Mensch zu Mensch« Wirklichkeit geworden; hier werden mehr deutsch-russische Projekte auf den Weg gebracht als in irgendeinem Ministerbüro oder irgendeiner Firmenzentrale. Im stillen und deshalb von der Öffentlichkeit weitgehend unbemerkt hat Kopelew hier den Austausch von Ärzten und Theatergruppen, Wissenschaftlern und Journalisten, Schulklassen und Familien vermittelt. Von hier aus hat er im Winter 1990/91 die humanitäre Hilfe für die notleidende russische Bevölkerung initiiert und im Winter 1995 die medizinischen Hilfsaktionen für verletzte Kinder in Tschetschenien. Wie für Raja Orlowa ist auch für ihn die wichtigste aller Fragen: »Wem muß man helfen?« Und wenn es sein muß, wird er, wo immer sich die

Gelegenheit bietet, bei den Mächtigen persönlich vorstellig, wie etwa bei Michail Gorbatschow, den er bei dessen Deutschlandbesuch höflich, aber bestimmt aufforderte, Care-Pakete nach Rußland vom Zoll zu befreien – mit postwendendem Erfolg.

Seit ihrer Ausbürgerung im Jahr 1981 galten Raja Orlowa und Lew Kopelew in der Sowjetunion als Verfemte. Keine Zeile von ihnen durfte gedruckt werden, ihr Name nur im Zusammenhang mit Beschimpfungen und Verleumdungen öffentlich genannt werden. Raja Orlowa hat das Erscheinen ihrer literaturwissenschaftlichen Arbeiten in Rußland nicht mehr erlebt. Um so größer ist nun die Genugtuung für Lew Kopelew, daß seine Bücher heute auch in Rußland publiziert werden und einen Ehrenplatz in den dortigen Bibliotheken einnehmen; und er ein gefragter Kolumnist und Interviewpartner vieler russischer Zeitungen ist. Seine Artikel und Aufsätze, Vorworte und Interviews, die er seit dem Tod Raja Orlowas in russischer wie deutscher Sprache verfaßt bzw. gegeben hat, füllen inzwischen vierzehn Aktenordner. Und noch immer arbeitet er wie ein Besessener. Selbst im Krankenbett und bei Sanatoriumsaufenthalten diktiert er unablässig und hält mindestens drei seiner wissenschaftlichen Mitarbeiter ständig auf Trab. »Ich habe noch soviel zu tun«, entgegnet er dem gelegentlich staunend fragenden Besucher. »Das bin ich denen, die nicht mehr schreiben können, schuldig.«

Als Titel für sein nächstes Buch hat er ein Zitat Heinrich Bölls gewählt: »Einmischung erwünscht«.

Köln, August 1996   K. B.